ltur	Naturwissenschaften, Technik, Medien
rolingische Renaissance: Pflege antiker Bildung Hofe Karls des Großen (Alkuin); Klöster als Kultur- und dungsträger; **dung einer höfischen** (Ritter-)**Kultur;** iversitäten Heidelberg (1368), Köln (1388); nte: Göttl. Komödie (1336); Petrarca (1304–1374); **rausbildung einer bürgerlichen Kultur** (Anfänge in Oberitalien, nedig)	W0212857 **1452 Joh** die Bibel; **1492 Ch** 1497/98 Vasco da Gama ch Indien (um Afrika)
achiavelli: „Der Fürst" (1513); 7 Paracelsus Stadtarzt in Basel; **ler:** Hieronymus Bosch, Leonardo da Vinci, T. Riemenschneider, recht Dürer, L. Cranach, Michelangelo	1514 **Kopernikus** behauptet, dass sich die Erde um die Sonne dreht; Flugschriften (des Bauernkrieges)
Hobbes (1588–1679); Descartes (1596–1650): **„Cogito ergo sum";** rvantes: Don Quijote (1605/15); P. P. Rubens (1577–1640) 23 Shakespeares Werke erstmals in London erschienen; mbrandts „Nachtwache" (1642); C. Thomasius hält 1687 erste iversitätsvorlesung in deutscher Sprache; lière leitet ab 1689 das Théâtre de la Comédie Française . Bach (1685–1750): Fuge; G. F. Händel (1685–1759)	1633 Inquisitionsprozess gegen **Galileo Galilei;** 1650 erste deutsche Tageszeitung (Leipzig); 1656 Erfindung der Pendeluhr; 1667 entwickelt **Newton** die Differenzial- und Integralrechnung (Streit mit dem deutschen Philosophen **Leibniz** um die Urheberschaft)
mähliche Durchsetzung der **allgemeinen Schulpflicht;** mponisten: Joseph Haydn (1732–1809); lfgang Amadeus Mozart (1756–1791); foe: „Robinson Crusoe" (1719); Rousseau: „Émile"(1762); **reier Schriftsteller" als Beruf** (Lessing); 37 malt J. H. W. Tischbein „Goethe in der Campagna"; ton Raphael Mengs (1728–1779), angeregt durch Johann Joachim nckelmann (1717–1768), bedeutendster Maler des Klassizismus; r Philosoph **Immanuel Kant** (1724–1804) als Vollender und erwinder der Aufklärung; Voltaire als französischer Aufklärer am fe Friedrichs des Großen	1768 **James Watt** erfindet die **Dampfmaschine,** die wesentlich zur industriellen Revolution beiträgt; 1770 entdeckt James Cook erneut Australien; 1771 Galvani entdeckt die galvanische Elektrizität; 1775 erste Nähmaschine in England gebaut; 5.6.1783 Heißluftballon der **Brüder Montgolfier;** 1791/92 C. Chappe erfindet den optischen Flügeltelegrafen (bewegliche Flügel an einem Mast); 1796 Erfindung der Lithografie
10 Gründung der Universität Berlin (Bildungskonzeption W. v. mboldts; der Philosoph Fichte wird erster Rektor); Fichte, Schelling Hegel formulieren die **klass. idealistische deutsche Philosophie;** hopenhauer schreibt dagegen 1818 „Die Welt als Wille und rstellung" Nietzsche: „Wille zur Macht", → Freud: Das Unbewusste); nann Gottfried Schadow (1764–1850): Luther-Denkmal, Plastik edrich der Große (1821); **spar David Friedrich** (1774–1840) als Maler der Romantik; rl Friedrich Schinkel als klassischer Baumeister und Maler '81–1841): Berlin, Schauspielhaus; usiker: **Ludwig van Beethoven** (1770–1827) vertont im Schlusschor iner 9. Symphonie Schillers „Ode an die Freude" (1823); hubert (1797–1828); Schumann (1810–1856); Chopin (1810–1849)	1807 erste Straßengasbeleuchtung in London; 1809 beschreibt T. Sömmening einen elektr. Telegrafen; 1811 Friedr. Krupp gründet ein Stahlwerk in Essen; 1812 F. Koenig erfindet die **Buchdruck-Schnellpresse,** mit der ab 1814 die Londoner „Times" gedruckt wird; 1817 K. F. Drais entwickelt das Laufrad (→ Fahrrad); 1819 der Raddampfer „Savannah" überquert als erstes Dampfschiff den Atlantik in 26 Tagen; 1821 M. Faraday erfindet das Grundprinzip des Elektromotors; ab 1824 Druck einer Berliner Zeitung auf einer Schnellpresse (von Koenig); 1827 Ohm'sches Gesetz entdeckt
30 Delacroix malt „Die Freiheit auf der Barrikade"; 31 **Darwin** beginnt seine Weltreise; 35 Johann Strauß (Vater) wird Hofballmusikdirektor in Wien; 36 Gogol schreibt „Der Revisor"; **urnalist als eigenständiger Beruf;** arles Dickens: „Oliver Twist" (1838/39); itzweg (1808–1885): „Der arme Poet", auch Gedichte; eine und Marx treffen sich 1843 in Paris; **ommunistisches Manifest"** von Marx/Engels (1848); Bogardus baut ab 1848 „Wolkenkratzer" in New York	1832 C. F. Gauß benutzt den Elektromagnetismus für Fernverständigung; 1835 optischer Telegraf von Koblenz nach Berlin; 1835 **Erfindung der Fotografie** (Daguerre) bis 1841 (Talbot); 7.12.1835 Eröffnung der Eisenbahnstrecke Nürnberg–Fürth; ab 1837 entwickelt Morse den elektromagnetischen Schreibtelegrafen (Morseapparat); 1843 Telegrafenlinie Washington–Baltimore (Morse-Technik)

Fortsetzung auf den letzten Seiten

Texte, Themen und Strukturen auf einen Blick

Das Buch teilt sich in fünf große Bereiche:

A Sprechen und Zuhören
A1 Kommunikation im Alltag
A2 Gesprächsformen und Gesprächssituationen

B Texte lesen, verstehen und schreiben
B1 Literatur heute
B2 Sachtexte
B3 Epik
B4 Lyrik
B5 Drama
B6 Film im Fokus

C Medien und materialgestütztes Schreiben
C1 Mediennutzung
C2 Medienanalyse und -kritik

D Sprache und Rhetorik
D1 Sprache und Sprachen
D2 Sprachliche Varietäten
D3 Sprachwandel
D4 Rhetorik

E Wege zur Texterstellung
E1 Schreiben in Schule und Beruf
E2 Grammatik, Rechtschreibung, Zeichensetzung – Sprachkompetenz festigen

Jedes Kapitel startet mit einer **Auftaktseite,** die thematisch in das Kapitel einführt und die zu erwerbenden **Kenntnisse** und **Kompetenzen** aufzeigt.
In den Blöcken B, C und D finden Sie außerdem Einheiten zum **Sprachtraining** sowie **Klausurtrainingseinheiten.** Hier können Sie alle klausur- und abiturrelevanten Aufsatzformen Schritt für Schritt üben und vertiefen. Jedes Klausurtraining endet mit einer **Checkliste.**

Merk- und Methodenwissen finden Sie in gelben bzw. blauen Kästen zusammengefasst:

Information und **Methode**

Differenzierung findet an mehreren Stellen statt:

Sprachtraining Hier üben Sie gezielt den Umgang mit sprachlichen Mitteln, die Sie im Klausurtraining gebrauchen.

Als es Mittag geworden war, … Mit den blauen Starthilfen gelingt Ihnen die Lösung der Aufgaben leichter.

Bei diesen Zusatzaufgaben recherchieren Sie im Internet.

★ Diese Aufgaben können zusätzlich bearbeitet werden.

In diesem Buch wird in den Formulierungen auf geschlechtergerechte Sprache geachtet.
Wenn nur eine grammatische Form verwendet wurde, dient dies der besseren Lesbarkeit.

A Sprechen und Zuhören

A1 Kommunikation im Alltag

A2 Gesprächsformen und Gesprächssituationen

A1 Kommunikation im Alltag

Edward Hopper: Zimmer in New York (1932)

> *„Man kann nicht nicht kommunizieren."*
> *Paul Watzlawick*

1 Beschreiben Sie die dargestellte Situation und die Atmosphäre, die das Bild ausstrahlt.
2 Beziehen Sie den Inhalt des Zitats von Watzlawick auf die Situation des Paares auf dem Bild: Auf welche Weise kommunizieren Frau und Mann miteinander?

In diesem Kapitel erwerben Sie folgende Kenntnisse und Kompetenzen

- Kommunikationsprobleme in Alltagssituationen beschreiben und analysieren,
- nonverbale Kommunikation in ihrer Wirkung erkennen und nutzen,
- unterschiedliche Kommunikationsmodelle und Sprachfunktionen kennen und erläutern,
- gesprächsfördernde Techniken kennen und anwenden,
- Modelle bei der Analyse von Kommunikationsproblemen im Alltag und in literarischen Texten anwenden,
- Möglichkeiten zur Überwindung von Kommunikationsproblemen aufzeigen und beurteilen.

1.1 Kontakt aufnehmen

Begrüßung bei einem Vorstellungsgespräch

Gespräch 1

A: Äh, hallo! Bin ich hier richtig bei Frau Schneider?

B: Guten Tag, Herr Kolker, ja, Sie sind hier richtig bei mir. Wir haben telefoniert.

A: Tja, dann ist ja gut.

B: Bitte nehmen Sie Platz. Darf ich Ihnen etwas zu trinken anbieten?

A: Hm, ja, ne Coke.

Gespräch 2

A: Guten Tag! Mein Name ist Anja Walter. Ich habe in Zimmer Nr. 25 bei Herrn Behrend einen Termin für ein Vorstellungsgespräch. Bin ich hier richtig?

B: Guten Tag, Frau Walter. Ja, ich bin Herr Behrend, Sie sind hier richtig. Herzlich willkommen. Bitte treten Sie ein.

A: Gerne, vielen Dank.

B: Bitte nehmen Sie Platz. Wie war der Weg zu uns, haben Sie ihn gut gefunden?

A: Ich bin rechtzeitig losgefahren und hatte so Zeit, das Gebäude und das richtige Zimmer zu finden.

1 **a** Untersuchen Sie den Aufbau der beiden Gespräche und ermitteln Sie ihre Bestandteile.
b Vergleichen Sie Ihr Ergebnis mit der Grafik auf Seite 13.

2 Führen Sie die Marktplatz-Methode (▶ Methode unten) in der Klasse durch.
a Notieren Sie, mit welchen Worten Sie in das jeweilige Gespräch eingestiegen sind.
b Diskutieren und begründen Sie die Schwierigkeiten und Unterschiede der Gesprächseinstiege.

3 Welche ersten Begegnungen waren Ihnen sympathisch und warum? Geben Sie sich ein positives Feedback (▶ Methode, S. 34 f.) mit Begründung.

4 Am Anfang eines Schuljahres in einer neuen Schule werden häufig Kennenlernspiele durchgeführt. Diskutieren Sie Vor- und Nachteile dieser Spiele. Machen Sie Verbesserungsvorschläge für den Neubeginn in einer fremden Schule.

Methode **Kontaktaufnahme mit der Marktplatz-Methode**

- Alle Schülerinnen und Schüler bewegen sich frei durch den Raum.
- Nach einem akustischen Signal finden sich Paare zusammen, die dann ein Alltagsgespräch miteinander führen.
- Nach einem weiteren akustischen Zeichen wiederholt sich das Verfahren. Auch mit der nächsten Partnerin / dem nächsten Partner soll ein kurzes Alltagsgespräch geführt werden.
- Es sollen mindestens drei Gespräche mit unterschiedlichen Partnern/Partnerinnen geführt werden.

Gespräch
Handlungsplan, z. B. Kontakt herstellen

Gesprächsrahmen

Gesprächseröffnung mit einzelnen Gesprächsschritten → *Gesprächsmitte* untergliedert in Teilphasen = Gesprächssequenzen → *Gesprächsbeendigung* mit einzelnen Gesprächsschritten

5 Sammeln Sie in der Klasse Ideen, wie die Gesprächspartner in den beiden Vorstellungsgesprächen auf Seite 12 das Gespräch beenden könnten. Diskutieren Sie über Vor- und Nachteile der verschiedenen Gesprächsbeendigungen.

6 Rufen Sie sich Ihre Alltagsgespräche aus Aufgabe 2 in Erinnerung. Vergleichen Sie sie mit den beiden Vorstellungsgesprächen. Mit welchem der beiden Gespräche hatten Ihre Gespräche eher Gemeinsamkeiten? Wo lagen die Unterschiede?

7 **a** Sammeln Sie Anreden oder Begrüßungsformeln und gliedern Sie diese nach Situationen, in denen sie benutzt werden.

b Auf welche Art und Weise kommt Kontakt zwischen Fremden zustande? Zum Beispiel:
- in einem Verkaufsgespräch,
- auf dem Sportplatz,
- an der Kinokasse,
- auf dem Bahnsteig bei Zugverspätungen.

Hans Dieter Mummendey: **Selbstdarstellung** (1995)

Oft gerät man in eine Situation, in der man sich gegenüber anderen Personen oder gegenüber einer wie auch immer gearteten Öffentlichkeit selbst darstellen muss. Folgt man zum Beispiel einer privaten Einladung, so kann es passieren, dass der Gastgeber „ganz spontan“ darum bittet, sich doch einmal den anderen gegenüber mit ein paar Worten vorzustellen. Und schon befindet man sich in einer ausgesprochenen Selbstdarstellungssituation, ob es einem nun passt oder nicht. Selbst wenn einem das ganze gegenseitige Sich-Vorstellen so unangenehm sein sollte, dass man lieber unter einem Vorwand den Raum verließe, so könnte man doch nicht sicher sein, dass dies nicht durchschaut und als Schüchternheit, Feigheit oder Überheblichkeit gedeutet würde. Es könnte also sein, dass auch das Verlassen des Raumes als eine Art von Selbstpräsentation interpretiert würde – so hat es den Anschein, als könne niemand dem Phänomen der Selbstdarstellung entfliehen.

Nun kann der Gast zwischen mehreren Möglichkeiten wählen, aber auch diese Wahl kann schwerfallen: Womit soll er beginnen, was soll er den anderen als Erstes über sich selbst mitteilen? Fängt er mit dem Beruflichen an, so werden sie denken, er lebe hauptsächlich für seinen Beruf. Beginnt er mit etwas offensichtlich Unwichtigem, zum Beispiel „Also ich bin eigentlich ein Mensch, der gerne frische Blumen im Zimmer hat“, so könnte der Eindruck entstehen, er sei vielleicht ein wenig eigenartig oder wolle von den wirklich wichtigen Merkmalen der eigenen Person ablenken. Erzählt der Gast vom letzten Urlaub, so könnte er vielleicht als zu stark genuss- oder konsumorientiert eingeschätzt werden, und nennt er dabei beispielsweise Urlaubsziele und Verkehrsmittel, Automarken und Kosten, so provoziert er vielleicht entweder anerkennende oder aber vernichtende Urteile über den eigenen Geschmack, die eigene Kultiviertheit oder die finanziellen Verhältnisse.

Vielleicht bemüht man sich einfach, nicht als Erster von sich erzählen zu müssen, und wartet erst einmal ab, was die anderen über sich sagen. Aber damit ist das Problem nur verschoben: Macht man es nun ganz anders als die anderen, dann präsentiert man sich vielleicht als Nonkonformist. Hält man aber die gleiche Reihenfolge wie die meisten anderen Gäste ein [...], so erscheint die Person unter Umständen als einfallslos oder als Konformist.

Eine solche scheinbar zwanglose Form, sich anderen gegenüber vorzustellen, hat nun noch längst nicht den verbindlichen Charakter wie zum Beispiel die erforderliche Selbstdarstellung anlässlich einer Bewerbung. In einer Bewerbungssituation ist beiden Interaktionspartnern, nämlich dem Bewerber und demjenigen, der über die Bewerbung entscheidet, von vornherein klar, dass sowohl die schriftliche als auch die mündliche Selbstpräsentation einem klar definierten Ziel, nämlich die angestrebte Position zu bekommen, dienen. Es geht für den Bewerber darum, sich optimal darzustellen, und so wird ihm sein Gegenüber vielleicht von vornherein ein gewisses Maß an positiver Selbstdarstellung bei gleichzeitigem Verschweigen ungünstiger Qualifikationsmerkmale und negativ wirkender Eigenschaften konzedieren. Übertreibt der Bewerber dies jedoch, so könnte er vielleicht unglaubwürdig und unseriös wirken.

Die Person, die den Bewerber beurteilt, kann allerdings nicht sicher sein, ob die Selbstpräsentation zutreffend ist. Die Nachteile oder Kosten einer womöglich falschen, für einen der beiden Interaktionspartner ungünstigen Entscheidung sind sicherlich höher als diejenigen bei dem gegenseitigen Sich-Bekanntmachen in einem geselligen Kreis – immerhin geht es für den Bewerber um die berufliche Existenz und für sein Gegenüber unter Umständen um sehr viel Geld. Da verwundert es nicht, wenn sich beide Parteien für diese Situation bestimmte Interaktionsstrategien oder -taktiken zu eigen machen.

Der Bewerber wird vielleicht bei mehreren Bewerbungen nach einem bestimmten System vorgehen, das er je nach Ausmaß seines Misserfolgs oder Erfolgs variiert. Derjenige, der Stellen zu vergeben hat, entwickelt seinerseits eventuell eine Reihe von Kriterien, die er für objektiv hält oder die ihm die jeweilige Entscheidung erleichtern sollen und die er im Bewerbungsgespräch systematisch anwendet. Er kann sich auch wegen der offensichtlichen sozialpsychologischen Kompliziertheit der Bewerbungssituation dazu entschließen, Dritte zurate zu ziehen oder Erkundigungen über das Verhalten der Bewerber in Situationen einzuholen, die keine Bewerbungssituationen sind. [...]

★ **1** Tauschen Sie sich mit einer Partnerin oder einem Partner über Situationen aus, in denen Sie sich im direkten Kontakt mit anderen oder medial selbst darstellen.

2 **a** Lesen Sie den Text und tragen Sie folgende Informationen zusammen:
- Welches Dilemma der Selbstdarstellung beschreibt der Text?
- Welche Möglichkeiten sich vorzustellen werden im Text aufgeführt?
- Welche Vorgehensweise wird einem Bewerber bei seiner Selbstdarstellungsstrategie unterstellt?

b Analysieren Sie den Text (▶ Information, S. 109). Wie relevant ist in der heutigen Zeit die private Selbstdarstellung im Vergleich zu der im Text dargestellten aus dem Jahr 1995?

c Vergleichen Sie: Was unterscheidet die private Selbstdarstellung von der Selbstdarstellung in einer Bewerbungssituation?

3 Stellen Sie die Problematik für den, der einen Bewerber beurteilt, dar.

4 Sammeln Sie Strategien, mit denen Sie sich in einer Bewerbungssituation optimal darstellen können, und diskutieren Sie diese kritisch.

1.2 Gesprächssituationen im Alltag – Kommunikationsmodelle

Sprachfunktionen klären

Yasmina Reza: **Der Gott des Gemetzels** (2006)

[Der Textauszug spielt im Wohnzimmer des Ehepaars Véronique und Michel Houillé, die mit Annette und Alain Reille zusammengekommen sind, um einen Vorfall zwischen ihren beiden Söhnen zu diskutieren. Der 11-jährige Ferdinand Reille hat den gleichaltrigen Bruno Houillé in der Schule mit einem Stock verprügelt und ihm zwei Schneidezähne dabei herausgeschlagen.]

Die Houillés und die Reilles sitzen einander gegenüber.
Es sollte sofort erkennbar sein, dass es sich um das Wohnzimmer der Houillés handelt und die beiden Ehepaare sich soeben kennengelernt haben.
In der Mitte ein niedriger Tisch, bedeckt mit Kunstbänden.
Zwei große Tulpensträuße in Vasen.
Es herrscht eine ernste, herzliche und tolerante Stimmung.

VÉRONIQUE: Also, unsere Stellungnahme … Sie fassen dann Ihre eigene ab … „Am 3. November um 17 Uhr 30 schlug Ferdinand Reille, 11 Jahre, bewaffnet mit einem Stock, nach einer verbalen Auseinandersetzung auf dem Square de l'Aspirant Dunand unserem Sohn Bruno Houillé ins Gesicht. Die Folgen dieser Tat sind neben einer geschwollenen Oberlippe zwei abgebrochene Schneidezähne, beim rechten Schneidezahn einhergehend mit Schädigung des Nervs."
ALAIN: Bewaffnet?
VÉRONIQUE: Bewaffnet? „Bewaffnet" gefällt Ihnen nicht, aha, was sollen wir sagen, Michel, ausgestattet, ausgerüstet, ausgestattet mit einem Stock, ist Ihnen das recht?
ALAIN: Ausgestattet ja.
MICHEL: Ausgestattet mit einem Stock.
VÉRONIQUE: *(korrigiert)* Ausgestattet. Das Ironische an der Sache ist, dass wir den Square de l'Aspirant Dunand immer für einen Hort der Sicherheit gehalten haben, anders als den Parc Montsouris.
MICHEL: Ja, das stimmt. Wir haben immer gesagt, der Parc Montsouris nein, der Square de l'Aspirant Dunand ja.
VÉRONIQUE: So kann man sich irren. Jedenfalls danken wir Ihnen, dass Sie gekommen sind. Keiner hat was davon, wenn wir uns von Gefühlsmechanismen steuern lassen.
ANNETTE: Wir haben zu danken. Wir.
VÉRONIQUE: Ich glaube, wir brauchen uns nicht gegenseitig zu danken. Zum Glück gibt es immer noch die Kunst des zivilisierten Umgangs miteinander, oder?
ALAIN: Die die Jungs offenbar nicht beherrschen. Also, ich meine unserer!
ANNETTE: Ja, unserer! … Und was wird aus dem Zahn, dessen Nerv verletzt ist? …
VÉRONIQUE: Tja, das ist noch unklar. Die Ärzte sind zurückhaltend mit einer Prognose. Anscheinend liegt der Nerv nicht gänzlich bloß.
MICHEL: Nur eine kleine Stelle liegt bloß.
[…]
VÉRONIQUE: Dauerhafter Zahnersatz wird erst nach abgeschlossenem Wachstum eingesetzt.
ANNETTE: Natürlich. Ich hoffe, dass … Ich hoffe, dass alles gut wird.
VÉRONIQUE: Hoffen wir's.
Leichte Unschlüssigkeit.
ANNETTE: Hinreißend, diese Tulpen.
VÉRONIQUE: Die sind von dem kleinen Blumenladen im Mouton-Duvernet-Markt. Sie wissen schon, ganz oben der.
ANNETTE: Ah ja.
VÉRONIQUE: Sie kommen jeden Morgen frisch aus Holland, zehn Euro für einen Arm voll, fünfzig Stück.
ANNETTE: Ach was!
VÉRONIQUE: Sie wissen schon, ganz oben der.
ANNETTE: Ja, ja.
VÉRONIQUE: Haben Sie gewusst, dass er Ferdinand nicht verraten wollte.
MICHEL: Nein, wollte er nicht.

Véronique: Das war beeindruckend, dieses Kind mit seinem zerschmetterten Gesicht, den zerschmetterten Zähnen zu sehen, das ihn partout nicht verraten wollte.

Annette: Kann ich mir vorstellen.

Michel: Aber seien wir ehrlich, Véronique, das lag auch daran, dass er vor seinen Klassenkameraden nicht als Denunziant dastehen wollte, das war nicht nur Tapferkeit.

[…]

1 Interpretieren Sie den Textauszug des Theaterstücks, indem Sie:
- den Inhalt des Dialogs zusammenfassen,
- die Gesprächssituation genau erläutern und ihre Bedeutung für das Gespräch benennen,
- die Beziehung der Figuren zueinander und ihre Gefühle beschreiben.

2 **a** Wie verstehen Sie Véroniques Äußerung „So kann man sich irren. Jedenfalls danken wir Ihnen, dass Sie gekommen sind. Keiner hat was davon, wenn wir uns von Gefühlsmechanismen steuern lassen" und Annettes Reaktion „Wir haben zu danken. Wir" (Z. 36–40)?

b Überlegen Sie, welche nonverbalen (nicht sprachlichen) Ausdrucksmittel wie Gestik, Mimik, Körperhaltung Sie einsetzen würden, um diesen Sätzen eine besondere Bedeutung zu geben.

3 Spielen Sie die Szene zu viert als Improvisation. Achten Sie dabei auf die nonverbalen Ausdrucksmittel.

4 Lesen Sie den nachfolgenden Text und klären Sie die Bedeutung der drei Bühler'schen Sprachfunktionen. Ordnen Sie dann einigen Äußerungen der vier Protagonisten des Theaterstücks die Sprechabsichten (Intentionen) zu.
Äußerung von Alain, Z. 21: „Bewaffnet?"
Sachverhalt: Rückfrage zu einer Aussage
Ausdruck: Alain findet das Wort unpassend.
Sprechabsicht: Appell, denn Alain appelliert an Véronique, das Wort „bewaffnet" gegen ein anderes auszutauschen.

Karl Bühlers Organon-Modell

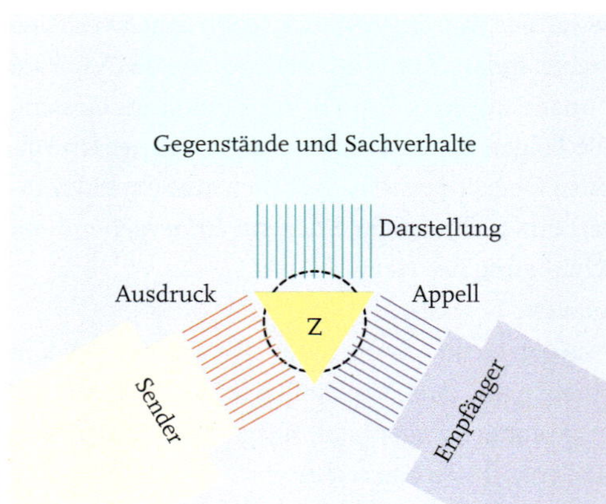

Das Organon-Modell Karl Bühlers (1879–1963), das auch das Dreifundamentenschema oder das Funktionsschema der Sprache genannt wird, diente späteren Kommunikationsmodellen als Grundlage und wurde etwa von Schulz von Thun (▶ S. 18 f.) weiterentwickelt. In seinem Buch „Sprachtheorie" (1934) hat Bühler sein Modell grafisch dargestellt und erläutert:
„Die Sprache", sagt Bühler, „ist dem Werkzeug verwandt; auch sie gehört zu den Geräten des Lebens, ist ein Organon *[gr. für Werkzeug]* wie das dingliche Gerät." Nach Bühler sind beim Sprechen immer drei Komponenten beteiligt, die mithilfe des Sprachzeichens (Z) miteinander in Bezug treten: mindestens ein Sender, mindestens ein Empfänger und Objekte der gegenständlichen Welt. Diese Gegenstände oder Sachverhalte sind der hauptsächliche Anlass der Kommunikation zwischen Sendern und Empfängern. Sie verwenden das sprachliche Zeichen (Z), um sich über Objekte oder sich selbst zu verständigen. Bezieht sich der Schwerpunkt der Kommunikation auf den **Sender,** nennt Bühler diese Funktion des Sprachzeichens (Z) **Ausdruck;** befasst sich die Kommunikation hauptsächlich mit dem **Empfänger,**

dann bezeichnet Bühler diese Funktion als **Appell.** Richtet sich der Sinnbezug des sprachlichen Zeichens (Z) hauptsächlich auf **Gegenstände und Sachverhalte,** nennt er die Funktion **Darstellung.**
Die **Absicht** des Sprechers **(Intention)** entscheidet darüber, welche dieser Funktionen in einer sprachlichen Äußerung jeweils überwiegt.
Eine Person, die z. B. für ein Produkt wirbt und eine Kaufhandlung auslösen will, rückt in ihrer Kommunikation die Appellfunktion in den Vordergrund. Eine Person, die eine Trauerrede während einer Beerdigung hält und damit ihre eigenen Gefühle ausdrückt, betont die Ausdrucksfunktion.
Aber: In jeder Mitteilung sind alle drei Funktionen der Sprache enthalten, wobei jedoch eine Funktion mehr oder weniger stark dominieren kann.

1 Erklären Sie am Beispiel des Sprachzeichens „Feuer" mithilfe des Organon-Modells mögliche Intentionen eines Senders.

Feuer!

Ruft ein Schüler in der Schule laut „Feuer", dann hat er die Intention …

2 Ordnen Sie den Sprachfunktionen des Organon-Modells weitere Textsorten zu.

Ausdruck	**Appell**	**Darstellung**
Gedicht	*Werbeanzeige*	*Newsletter*
Tagebucheintrag	…	…
…	…	…

3 Ein Paar diskutiert:
Sie: „Nie hast du Zeit für mich. Immer gehst du zu deinen Fußballerfreunden!"
Er: „Was redest du da! Das stimmt doch gar nicht, gestern erst waren wir gemeinsam im Kino. Immer diese ungerechten Vorwürfe!"
Sie: „Weil es ein Actionfilm war, den du unbedingt sehen wolltest. An mich hast du gar nicht gedacht!"
Ordnen Sie dieses Gespräch den Sprachfunktionen des Organon-Modells zu. Reflektieren Sie ggf. auch die Schwierigkeiten, die dabei auftreten.

4 Untersuchen Sie das Wortfeld „sprechen" hinsichtlich der drei Sprachfunktionen nach Bühler: Sammeln Sie (auch mithilfe der Wortschatzfunktion eines Computerprogramms) möglichst viele Verben, die zu diesem Wortfeld gehören, und ordnen Sie sie entsprechend dem Modell Bühlers.

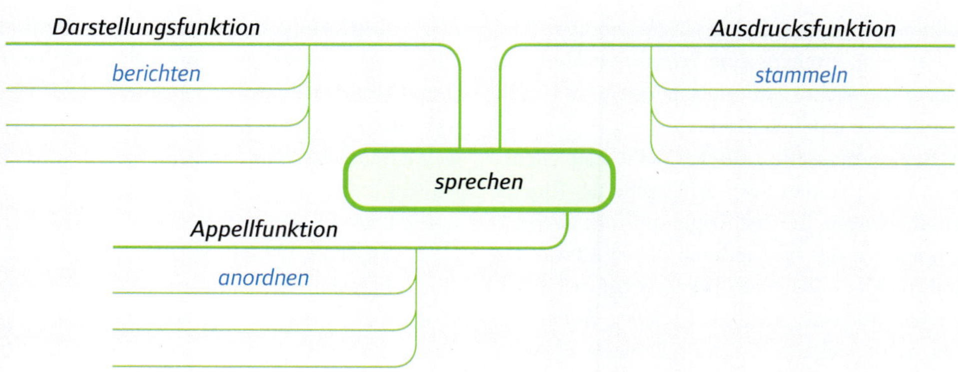

Kommunikationsstörungen erkennen – Das Vier-Seiten-Modell von Friedemann Schulz von Thun

Friedemann Schulz von Thun:

Der vierfache Gehalt einer Äußerung: das Kommunikationsquadrat (2017)

Wenn ich als Mensch, wenn ich als Führungskraft etwas von mir gebe, bin ich auf vierfache Weise wirksam. Jede meiner Äußerungen enthält, ob ich will oder nicht, vier Botschaften gleichzeitig:

- eine Sachinformation (worüber ich informiere),
- eine Selbstkundgabe (was ich von mir zu erkennen gebe),
- einen Beziehungshinweis (was ich von dir halte und wie ich zu dir stehe),
- einen Appell (was ich bei dir erreichen möchte).

Ich (Friedemann Schulz von Thun) habe deswegen 1981 die „vier Seiten einer Äußerung" als ein Quadrat dargestellt und dem Empfänger „vier Ohren" zugeordnet [...]:

Der **Sachinhalt** ist meist direkt ausgesprochen, wir sagen: *explizit.* Im professionellen Kontext spielt er die Hauptrolle oder, sagen wir vorsichtiger, *sollte* er die Hauptrolle spielen. Sachlichkeit ist die Tugend von Menschen, die miteinander zu arbeiten haben, unabhängig davon, ob sie sich mögen und „miteinander können". [...]

Fazit: Die *Sachebene* des Gesprächs ist von großer Bedeutung. Die sach- und menschengerechten Lösungen stehen und fallen nicht selten mit der Qualität des Diskurses auf dieser Ebene. Für die Führungskraft eine zweifache Herausforderung: erstens für solche Sachauseinandersetzungen inhaltlich *(Was)* und dialogisch *(Wie)* gut vorbereitet zu sein, zweitens eine *Teamentwicklung* zu fördern, die sachorientierte Dialoge und Gruppengespräche möglich macht. [...]

Die **Beziehungsseite**. Ob ich will oder nicht: Wenn ich jemanden anspreche, gebe ich (durch Formulierungen, Tonfall, Begleitmimik) auch zu erkennen, wie ich zum anderen stehe und was ich von ihm halte – jedenfalls bezogen auf den aktuellen Gesprächsgegenstand. In jeder Äußerung steckt somit auch ein *Beziehungshinweis,* für welchen der Empfänger oft ein besonders sensibles,

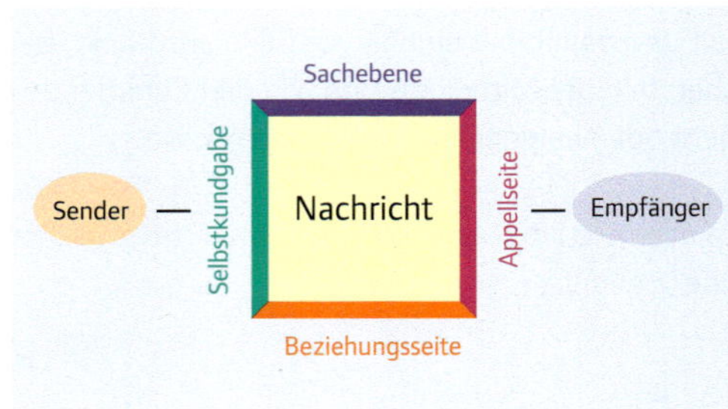

(über)empfindliches Ohr besitzt. Aufgrund dieses Ohres wird entschieden: Wie fühle ich mich behandelt durch die Art, in der du mit mir sprichst? [...]

Tatsächlich werden Beziehungssignale, meist *implizit,* „zwischen den Zeilen", gesendet. Das Nicht-Sprachliche, der Tonfall in der Stimme, die Mimik im Gesicht spielen hier eine viel größere Rolle, als der sachorientierte Sender ahnt. [...] In der Kommunikation zeigt sich aber, wo und wodurch eine Beziehung belastet wird, darum legen wir unser besonderes Augenmerk darauf. Deswegen hilft alles nichts: Als Führungskraft sind Sie nolens volens in die Beziehungsebene verstrickt und stehen vor der Herausforderung, auch auf diesem Parkett zu Hause zu sein. Die soziale Kompetenz, die auf der Sachebene begann (inhaltlich-dialogische Gesprächsführung), erweitert sich hier um eine zwischenmenschliche Dimension. [...]

Die **Selbstkundgabe-Seite.** Immer, wenn ich etwas *von* mir gebe, gebe ich auch etwas von *mir* (kund, preis)! Jede Äußerung enthält auch, ob ich will oder nicht, eine Selbstkundgabe; einen Hinweis darauf, was in mir vorgeht, wie mir ums Herz ist, wofür ich stehe und wie ich meine Rolle auffasse. Dies kann wiederum explizit geschehen („Ich-Botschaft") oder implizit.

Wie schon der Sach- und Beziehungs-Schnabel, so kann auch der Selbstkundgabe-Schnabel sehr unterschiedlich gewachsen sein. Manche Menschen benutzen ihn zur (positiven) Selbstdarstellung („Sieh her, so bin ich!“), manche eher im Sinne der Authentizität: „Ich zeige mich so, wie ich bin, wie mir innerlich zumute ist.“ Ideal wäre es, wenn Ihre Authentizität als Führungskraft erkennbar, aber je nach Situation unterschiedlich ausgeprägt ist. […]

Sie müssten, liebe Leserin, lieber Leser, Ihr Selbstkundgabe-Ohr auf Empfang schalten, um die (implizite) Ich-Botschaft zu erspüren und zu erkennen. – Ganz sicher kann man nicht sein, denn was im Sender wirklich vorgeht, weiß ja nur er selbst (*wenn* er es weiß). […]

Die **Appellseite.** Wenn ich das Wort ergreife und an jemanden richte, will ich auch Einfluss nehmen; ich will den anderen nicht nur „erreichen“, sondern auch etwas „bei ihm erreichen“. Die *Macht des Wortes* ist für Führungskräfte von besonderer Bedeutung, denn der Führungsauftrag enthält die Herausforderung, Menschen zu leiten, zu bewegen, zu motivieren.

Manche Mitarbeiter klagen: „Mein Chef hört sich gern reden, aber je länger ich zuhöre, umso weniger weiß ich, was er von mir will. Wenn er das bloß mal klar sagen würde!“

Kommunikation ist ein Tango, der (mindestens) zu zweit getanzt wird. Statt zu leiden und zu klagen, könnte der Mitarbeiter in die Rolle des Klärungshelfers schlüpfen und dem Chef zurückmelden, was sein Appell-Ohr aufgeschnappt hat und wo er noch vor einem Rätsel steht. […]

Bleibt an dieser Stelle zu erwähnen, dass auch das *Appell-Ohr* einer Führungskraft gut ausgebildet sein sollte: Welche Wünsche und Erwartungen werden an mich, offen oder verdeckt, herangetragen? Die unerfüllten Wünsche von heute sind die Vorwürfe von morgen. Wer sich ungern mit Vorwürfen herumschlägt, sollte ein offenes Ohr für Wünsche entwickeln. Nicht, um sie unbedingt alle zu erfüllen, sondern um sie zu kennen, sich mit ihnen auseinanderzusetzen und dem Mitarbeiter Gehör zu verschaffen. Dieses „Gehör“, dieses Ernst-genommen-Werden kann wichtiger sein als die Wunscherfüllung.

1 Lesen Sie den Text und notieren Sie die wichtigsten Inhalte in Form einer Mindmap (▶ Methode, S. 245).

2 **a** Verfassen Sie jeweils zwei kurze Alltagsszenen zu den Äußerungen „Willst du das anziehen?“, „Ist das dein neuer Freund?“ und „Wann sind Sie denn damit fertig?“.

b Vergleichen Sie Ihre Alltagsszenen und erklären Sie mithilfe des Kommunikationsquadrats von Schulz von Thun, welche Seite der Nachricht in Ihren Szenen eine besondere Rolle spielt.

3 Untersuchen Sie die Kommunikation zwischen Mutter und Sohn im Cartoon unten mithilfe des Vier-Seiten-Modells: Welche Seite der Nachricht betont die Mutter besonders? Welche Seite hört der Sohn und wie reagiert er darauf? Wie zufrieden wird die Mutter mit dieser Reaktion sein?

4 Diskutieren Sie folgende Fragen:
- Inwiefern stellt das Modell von Schulz von Thun eine Weiterentwicklung des Modells von Bühler dar?
- Welchen Nutzen können Sie aus dem Wissen über Kommunikationsmodelle ziehen?

Bernhard Pörksen / Friedemann Schulz von Thun: **Die Macht des Empfängers** (2016)

Pörksen: Sie *[Friedemann Schulz von Thun]* selbst haben ja in Ihrer Beschreibung des Kommunikationsquadrats deutlich gemacht, dass der Sprechende nicht nur vier Botschaften sendet und gewissermaßen – so Ihre Formulierung – „mit vier Schnäbeln spricht", sondern dass der Hörende auch mit vier Ohren empfängt und letztlich selbst darüber entscheidet, was ihm besonders zentral erscheint. Lässt sich nun auch für die Seite des Empfängers ein ähnlich schlagendes Beispiel finden?

Schulz von Thun: Natürlich, ja. Da sagt eine Ehefrau zu ihrem Mann: „So selten, wie du zu Hause bist, da leiden die Kinder auch schon darunter!" Der Empfänger steht nun vor der Entscheidung, welches seiner vier Ohren er „anspringen" lässt bzw. auf welche der vier ankommenden Botschaften er reagieren will. Hört er mit dem *Sach-Ohr?* Geht es ihm primär um die Inhalte der Äußerung? Hört er mit dem *Selbstkundgabe-Ohr?* Versucht er also, den Menschen hinter der Äußerung zu erspüren, ihn zu begreifen? Hört er mit dem *Beziehungs-Ohr* und reagiert vor allem darauf, wie er sich als Mensch angesprochen und behandelt fühlt? Oder hört er mit dem *Appell-Ohr* und wendet sich der Frage zu, wozu der andere ihn mehr oder minder deutlich auffordern möchte? Je nachdem, welches Ohr anspringt, wird er innerlich und dann wohl auch äußerlich unterschiedlich reagieren – und damit den weiteren Gesprächsfaden spinnen. Ob er sich dieser „freien Auswahl" bewusst ist, steht auf einem anderen Blatt, aber er kann nicht nicht auswählen.

Pörksen: Das bedeutet, dass auch die Art und Weise des Zuhörens bestimmt, was geschieht. Das Zuhören legt zumindest in groben Zügen fest, was im Verlauf des Gesprächs in welcher Weise besprochen werden kann, weil man als ein Empfänger mit der ersten, unmittelbaren Reaktion sehr verschiedene *Verstehensmöglichkeiten* auf einen Pfad der weiteren Kommunikation verengt. [...]

Pörksen: Was in Ihren Ausführungen sichtbar wird, ist ein anderes, ein neues Bild von Kommunikation. Man muss sich von dem Gedanken verabschieden, es handele sich um einen linearen Transfer von Information. Das klassische, archaische Kommunikationsmodell ist ja nach folgendem Schema gebaut: Es gibt einen mächtigen Sender, einen Kommunikationskanal und einen vergleichsweise ohnmächtigen Empfänger, der brav decodiert, was ihm an Information vom Sender durch den Kommunikationskanal hindurch zugeschickt wird. Das ist die Transportidee von Kommunikation. In Ihrem Modell haben wir es mit einer Vielzahl möglicher Botschaften zu tun. Und der Empfänger wird selbst bedeutungsmächtig.

Schulz von Thun: So ist es, genau. Der Empfänger hat, schon weil er einen selektiven Gebrauch von den eigenen vier Ohren macht, einen erheblichen Anteil daran, was er an sich heranlässt. Bei manchen Menschen ist beispielsweise das *Beziehungs-Ohr* auf Alarmempfang gestellt, was dazu führt, dass sie jede Äußerung, jeden Blick, jedes Lachen persönlich nehmen und sich sehr leicht beleidigt, kritisch beäugt oder ausgelacht fühlen – mit der Folge, dass sie eine Empathieschwäche entwickeln oder eine Behinderung für die Sachauseinandersetzung.

1 **a** Erklären Sie den Unterschied zwischen der Bedeutung des Empfängers im Organon-Modell und im Vier-Seiten-Modell.

b Stellen Sie dar, wie empathisches Zuhören (▶ S. 32) ein einseitiges Gespräch verändert.

2 **a** Diskutieren Sie, wie sich die Kommunikation verändert, wenn man, statt einseitig zu hören (z. B. nur auf dem Beziehungs-Ohr), alle Seiten des Hörens miteinbezieht.

b Beschreiben Sie verschiedene Reaktionsmöglichkeiten nach dem Vier-Seiten-Modell auf die folgenden Vorwürfe: „Dein Zimmer ist nie aufgeräumt." – „Nie kommst du pünktlich zum Essen." – „Sie haben die Arbeit wieder nicht fertig." – „Sie stören wieder den Unterricht." – „Immer reden Sie um den heißen Brei herum." – „Du machst zu wenig Sport."

3 **a** Erklären Sie die Doublebind-Struktur (▶ Information „Widersprüchliche Botschaften") der folgenden Sätze. Beachten Sie dabei, welchen vordergründigen Sachinhalt die Sätze haben und was eigentlich damit gemeint sein könnte.
   - „Sei spontan!"
   - „Hab mich endlich lieb!"

   b Suchen Sie Lösungen für diese Situationen.

4 Untersuchen Sie Ihre Erfahrungen mit Doublebind-Kommunikationssituationen. Sammeln Sie einige Beispiele und analysieren Sie: Was zeichnet die jeweilige Situation als Doublebind-Situation aus? Wie könnten Sie ihr entgegentreten?

Information **Widersprüchliche Botschaften**

Die sogenannte **Doublebind-Situation** (engl. double bind = Zwickmühle) beschreibt ein Kommunikationsmuster, bei dem zwei widersprüchliche Botschaften gleichzeitig gesendet werden. Beispielsituation: „Es ist alles in Ordnung", sagt sie auf die Frage, wie es ihr gehe. Ihre Stimme und ihre Mimik aber verraten etwas ganz anderes. Der mürrische Tonfall gibt zu erkennen: „Lass mich in Ruhe!" Und ihre heruntergezogenen Mundwinkel signalisieren eigentlich: „Kümmere dich um mich." Die innere Zerrissenheit, die solchen Aussagen zugrunde liegt, entsteht dadurch, dass sich unbewusste Bedürfnisse einen nicht sprachlichen Weg bahnen und deshalb im Gegensatz zur formulierten Aussage stehen.

Rollenverhalten und situativer Kontext

1 Schildern Sie alltägliche Situationen, in denen eine Person den (vermeintlichen) geschlechtsspezifischen Rollenerwartungen nicht entspricht.

2 Rollenkonflikte entstehen nicht nur zwischen den Geschlechtern. Finden Sie weitere Felder für Rollenkonflikte und berichten Sie über eigene Erfahrungen und deren Folgen für die Kommunikation.

Information **Symmetrische und komplementäre Kommunikation**

Kommunikation findet in gesellschaftlichen Zusammenhängen statt und wird daher auch geprägt von den unterschiedlichen Rollen, welche die Gesprächspartner/-innen einnehmen. Diese Rollen werden bestimmt durch die Beziehung zwischen den Beteiligten und die Situation, in welcher die Kommunikation eingebettet ist. Nach den unterschiedlichen Rollen, welche Gesprächspartner/-innen in Kommunikationssituationen einnehmen, unterscheidet man symmetrische und komplementäre Kommunikation.

Symmetrische Kommunikation ist eine Kommunikation unter gleichgestellten Partnerinnen und Partnern (z. B. Arbeitskolleginnen und -kollegen, Schülerinnen und Schülern). Sie zeichnet sich dadurch aus, dass die Kommunizierenden gleiche soziale Rollen, gleiche Funktionen oder Positionen ausfüllen, dass sie gleiche Handlungsmöglichkeiten besitzen und ihr Gespräch insgesamt ausgewogen ist.

Komplementäre Kommunikation: Kommunikation zwischen Menschen mit unterschiedlichen Positionen (z. B. Arbeitnehmer – Chefin; Schülerin – Lehrer). Sie zeichnet sich durch eine hierarchische Ordnung aus, in der die Handlungsmöglichkeiten von der Position abhängig sind. Die Positionen sind nicht austauschbar, der Gesprächsanteil ist zumeist gleich verteilt. Bei Nichtakzeptanz der Rollen kommt es in der Regel zu Konflikten.

3 Entwerfen Sie in Kleingruppen ein Gespräch, in welchem eine Arbeitnehmerin / ein Arbeitnehmer wegen einer nicht fristgerecht erledigten Aufgabe zur Rechenschaft gezogen wird:
- in einer symmetrischen Kommunikationssituation mit einer Kollegin oder einem Kollegen,
- in einer komplementären Kommunikationssituation, in der die Rollen akzeptiert werden,
- in einer komplementären Kommunikationssituation, in der die Rollen nicht akzeptiert werden.

4 Diskutieren Sie anhand von Beispielen, inwieweit auch in komplementären Kommunikationssituationen symmetrische Elemente (▶ Information, S. 21) enthalten sind.

★ 5 Entwerfen Sie eine Spielszene, deren Komik darin besteht, dass Erwartungen an eine Rolle gezielt enttäuscht werden.

Information **Konfliktarten**

Soziale/äußere Konflikte

Als soziale (interpersonelle) Konflikte bezeichnet man alle zwischenmenschlichen Konflikte, in die mindestens zwei Personen oder kleine Gruppen verwickelt sind. Unsere Grundeinstellung gegenüber anderen Menschen, Emotionen sowie unser Rollenverhalten verursachen diese Art von Konflikten. Man unterscheidet folgende soziale/äußere Konflikte voneinander:

- **Wertekonflikte:** Sie entstehen häufig durch kulturell und gesellschaftlich unterschiedliche Erziehung oder grundlegend unterschiedliche Haltungen verschiedener Personen.
- **Strukturkonflikte:** Bei diesen Konflikten geht es um ungleich verteilte Machtverhältnisse. Strukturkonflikte spielen sich deshalb häufiger zwischen Schülerinnen/Schülern und Lehrkräften als unter Schülerinnen/Schülern ab.
- **Sachverhaltskonflikte:** Hauptursachen dieser Konflikte sind falsche oder unzureichende Informationen und verschiedene Interpretationen von Sachverhalten. Liegen allen Beteiligten die gleichen Informationen vor, kann dies zur Lösung des Konfliktes beitragen.
- **Interessenkonflikte:** Sie entstehen aus Konkurrenzsituationen. Bei diesen Konflikten sind grundsätzlich die dahinterliegenden Wünsche und Beweggründe entscheidende Größen für die Lösung des Problems.
- **Beziehungskonflikte:** Diese Konflikte resultieren zumeist aus wiederholten unangenehmen Erfahrungen mit bestimmten Personen. Auslöser können aber auch starke individuelle Emotionen sein.
- **Bedürfniskonflikte:** Eine andere Person stört mich mit ihrem Verhalten oder hindert mich daran, meine Wünsche und Bedürfnisse zu erfüllen.

Innere Konflikte

Innere (intrapersonelle) Konflikte sind solche, die wir mit uns selbst ausfechten. Mindestens müssen wir dann Entscheidungen fällen, von denen wir wissen, dass sie sich auch als falsch herausstellen könnten. Je nachdem wie gut wir das schaffen, sind wir fähig, mit Konflikten umzugehen.

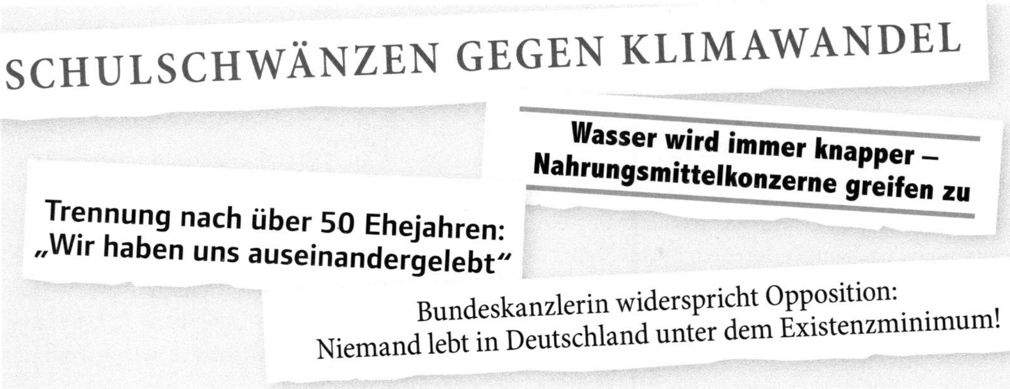

1 Untersuchen Sie die Headlines aus verschiedenen Zeitungen. Um welche Konflikte (▶ Information, S. 22) geht es hier? Wodurch sind sie entstanden und wie unterscheiden sie sich?

2 Analysieren Sie in der Gruppe verschiedene Konflikte, die Sie in Ihrer Schule beobachtet haben:

a Ordnen Sie diese den Konfliktarten zu.

b Untersuchen Sie diese in Bezug auf das Rollenverhalten der am Konflikt Beteiligten. Inwiefern trägt dieses Verhalten zur Entstehung des Konflikts bei?

c Suchen Sie nach Lösungsvorschlägen.

3 Finden Sie weitere Beispiele aus Ihrem Erfahrungsbereich für die in der Information auf Seite 22 genannten Konflikte. Entwickeln Sie gemeinsam Lösungsansätze.

Friedemann Schulz von Thun u. a.:

Alles unter einen Hut? Die Bewältigung der Rollenvielfalt (2017)

Hinzu kommt aber noch ein ganz anderer Aspekt der Führung: Verschiedene Situationen erfordern ein unterschiedliches Rollenrepertoire. Je nach Situation muss die Führungskraft mal als einfühlsamer Coach handeln, der seine Mitarbeiter berät, ein anderes Mal als „Leitwolf", der klar sagt, wo es langgeht, in der dritten Situation als Löwenbändiger, der mit der Peitsche droht, usw. […] Die Führungskraft ist also nicht nur als

- *Fachexperte* gefragt, der sich mit dem Gegenstand auskennt, an dem gearbeitet wird, sondern ebenso als
- *Manager,* der die Arbeit anderer Experten anleitet und koordiniert, die Fäden in der Hand hält, ohne selbst in den fachlichen Details zu stecken, als
- *Mitarbeiter-Coach,* der seine Mitarbeiter bei der Lösung schwieriger Situationen begleitet, indem er zuhört und berät, als
- *Teamentwickler,* der die Fähigkeit der Zusammenarbeit im Team zu verbessern sucht, der Konflikte im Team erkennt und den Mitarbeitern hilft, sie zu klären, aber auch als
- *Verantwortlicher,* der die Last der Verantwortung für Entscheidungen und für die Arbeitsergebnisse seines Teams trägt, als
- *Löwenbändiger,* der auch mal ein Machtwort spricht, Konsequenzen aufzeigt und sie nötigenfalls zieht, als
- *Leitwolf,* der Vorbild für seine Mitarbeiter ist und ihnen neue Wege aufzeigt, auch klar sagt, wo's langgeht, und nicht zuletzt als
- *Angestellter,* der sich selbst seinem Vorgesetzten gegenüber zu verantworten hat und Angestellter des Unternehmens ist.

Da Menschen- und Teamführung heutzutage eine viel größere Rolle spielen als früher, sind im Laufe der Zeit immer neue Rollen hinzugekommen. Die Führungskraft von heute ist also König (als Leitwolf und Löwenbändiger) und Diener (als Mitarbeiter-Coach, Teamentwickler und Angestellter) in einer Person. Es ist ein hoher Anspruch, innerlich solche seelischen Gegensätze zu realisieren und auch noch im richtigen Moment „Zugriff" auf den richtigen Anteil zu haben. Immer besteht die Gefahr, dass sich z. B. dort, wo der Mitarbeiter-Coach gefragt ist, der Experte nach vorne drängt und dort, wo der Löwenbändiger ein Machtwort sprechen müsste, plötzlich ein einfühlsamer Coach auf verlorenem Posten steht.

Stimmige Führung

Diese Gedanken führen zurück zur Frage nach dem Ideal: Wie kommuniziere ich richtig in der Führungsrolle? Unsere Antwort: Es geht um Stimmigkeit, und Stimmigkeit hat drei Komponenten:

1. wesensgemäß, d. h. in Übereinstimmung mit mir selbst,
2. system- und situationsgerecht, d. h. in Übereinstimmung mit dem jeweiligen Kontext,
3. metakommunikativ, d. h. in Auseinandersetzung mit den Rollenpartnern über das „Wie" der gemeinsamen Kommunikation und Kooperation. Denn was für mich „stimmig" ist, kann für dich entsetzlich sein – wohl uns beiden, wenn wir darüber reden können, und wehe uns, wenn nicht! […]

1 Stellen Sie eine Liste mit verschiedenen Rollen und Rollenmerkmalen einer Führungskraft zusammen.

Rolle	*Rollenmerkmal*
Fachexperte	*kennt sich aus*
Manager	…
…	…

2 Welche unterschiedlichen Rollen nehmen Sie in der Schule ein? Wie unterscheiden sich diese von den Rollen einer Führungskraft, wo gibt es Gemeinsamkeiten?

3 Führen Sie eine Gruppenarbeit zum Thema Rollenvielfalt durch.

a Besetzen Sie die Rolle des Chefs und die Rollen der Mitarbeiter. Wählen Sie drei unterschiedliche Führungsrollen aus Ihrer Liste aus Aufgabe 1 aus. Besetzen Sie auch die Mitarbeiter/-innen mit unterschiedlichen Rollen, z. B. „angepasste Mitarbeiterin", „lustiger Mitarbeiter".

b Reflektieren Sie, wie sich die Zusammenarbeit in der Gruppe nach den Rollenwechseln verändert hat.

Beziehungs- und Kommunikationsstörungen in literarischen Texten

Gabriele Wohmann: **Heiraten oder nicht** (2006)

Mich erinnerts an die Auslagen der Fleischabteilung im SB-Markt, an Sülze und Zungenwurst. Er meinte, nach längerem Brüten, ihre neuste Mosaikarbeit. Die dachte sie sich als Tischplatte, das Gestell dafür hatte sie schon in einer Schlosserei anfertigen lassen.

An eine Fleischauslage? Sie klang entsetzt.

Farblich, zunächst mal einfach farblich, beteuerte er vorsichtig. Er hatte sie nicht beleidigen wollen. Schon um des häuslichen Friedens willen nicht.

Farblich müßte es dich an gemaserten roten Marmor erinnern, es sieht wie Marmor aus, nur interessanter.

Gewiß, gewiß. Viel interessanter.

Fleischabteilung, Sülze und wasweißich … du liegst total daneben. Das ist total banausisch, wirklich. Es wird wundervoll aussehen vor der Couch und zwischen den Sesseln.

Das wird es. Aber er dachte ungern an eine Zukunft mit diesem Tisch, der auf ihn blutrünstig wirkte und verwirrend scheckig. Deshalb beschädigte er seine Nachgiebigkeit ein wenig um die Ergänzung: Mir wird immer das Wasser im Mund zusammenlaufen. Vorausgesetzt, man hat Aufschnitt gern, wird dein Tisch den Appetit anregen.

Ha! Ha! machte sie, wandte sich ab, setzte sich an ihren Schreibtisch und wühlte in Papierhaufen.

Du hast mich um meine Meinung gebeten, sagte er und griff sich die zuoberst liegende Zeitung auf dem harmlosen, bis jetzt noch von ihr geduldeten Couchtisch; der wäre demnächst abgemeldet, doch tröstete ihn, daß dieselbe Unordnung sehr bald auch ihr fleischfarbenes Mosaik zudecken würde.

Der Tisch wird außerdem praktisch sein, sagte sie. Man müßte ihn nie abstauben. Man sieht einfach keinen Staub drauf. Und hier hat ja niemand Zeit zum Abstauben.

Dieser Tisch offenbart eine immer größer werdende Vielseitigkeit. Er fand sich etwas zu ironisch, deshalb benutzte er seinen Einfall, die Vielseitigkeit, um sie zu rühmen: Insofern ähnelt er seiner Schöpferin.

Wie meinst du das schon wieder? Erinnere ich an Sülze?

Du bist appetitanregend. Und vielseitig.

Das mußte ihr gefallen. Und ihr gefiel tatsächlich der erste Teil seines Kompliments: Wer wäre nicht gern appetitanregend? Doch der zweite brachte sie ins Grübeln; zwar traf es zu, sie war vielseitig, doch erwies sich das, seit sie ihre Talente ernst nahm, eher als Nachteil. Als deprimierend. Nichts Halbes und nichts Ganzes, beseufzte sie die Lage in Augenblicken des vollen Vertrauens zu ihm, der jetzt verhindern wollte, daß der restliche Tag vom Fatalismus überschattet würde. Von ihren Mosaiken verstand er nichts, ihre blassen Aquarelle gefielen ihm besser, aber es fehlte ihm an Kriterien, um sie zu beurteilen. Sicher war er nur, daß ihre Prosaminiaturen nicht schlecht waren, bestimmt so gut wie andere, wiederum nicht so gut wie bei anderen, wirklich schlecht aber waren ihre Chancen auf dem immer schwierigeren Markt. Er war Leiter der Anzeigenabteilung einer großen Wochenzeitung, von Sprache verstand er was. Ihr zu Kontakten mit dem Feuilleton[1] zu verhelfen war so oft schiefgegangen, daß er es in Übereinstimmung mit ihr aufgegeben hatte. Aber bei der vorletzten Redaktionskonferenz hatte ihm seine Idee, auf der Seite mit den Heiratsannoncen einen Kasten zu plazieren, Titel *Mein Tip*, viel Zustimmung eingebracht, und weil sie beide immer noch nicht herausgefunden hatten, ob es besser wäre, zu heiraten oder nicht zu heiraten, konnte er sie sehr gut dort mit Photo und kurzem witzigem Text einschmuggeln. Namhafte Schriftsteller hatten bereits zugesagt, erste Manuskripte waren eingetroffen, bald würde er die Reihe starten.

Wo du schon am Schreibtisch sitzt, begann er, und sie wußte, wie es weitergehen würde, und unterbrach ihn, einen Unterton der Bitterkeit noch durch die Kränkung überhörte er nicht: Ja ja ja, noch heute kriegst du ihn, meinen Tip. Ich hatte vorhin endlich eine Idee. Ist mir plötzlich zugeflogen.

Es sollte ein Tip sein, wie jemand sich erfolgreich präsentieren kann, sagte er nach der Lektüre der Seite, die sie ihm mit dem wieder munteren, außerdem erwartungsvollen Zuruf *Lies!* auf den Bauch geworfen hatte, als er im Fernsehliegesessel *Aus der Region* sah.

Das genau ist er. So würde ich mich präsentieren.

Und wen möchtest du daraufhin an Land ziehen?

Auf jeden Fall keinen sensiblen Natur- und Gesundheitsfanatiker mit x kitschigen Hobbies.

Sie kam und ging, wirkte ziellos, fragte: Wer macht heut Salat oder irgendwas?

Aha: Sie war in der Wir-sind-beide-berufstätig-Laune. Also Vorsicht. Als ihr heute vormittag die Gleichberechtigungsfrage noch egal gewesen war, hatte sie ihm für den Abend ein Puten-Curry versprochen. Es kam aus dem Gefrierfach, machte nicht übermäßig viel Arbeit, aber sie würzte sehr interessant nach, und er hatte sich aufs Bitte-nicht-stören-Schild aus dem *Bristol* gefreut, das sie immer an die Türklinke zur Küche hängte, wenn sie mutig genug war, Verantwortung zu übernehmen. Immerhin deckte sie anscheinend jetzt den Tisch. Ist das alles noch wegen deinem Mosaik?

Unsinn. Aber ich würde liebend gern das Abendessen übernehmen, *wenn* ich nur kalten blöden marmorierten Aufschnitt im Haus hätte.

Und schon war sie wieder weg. Er memorierte, was er von ihrem Text noch auswendig wußte: Raucherin. Bin es ganz und gar nicht leid, allein zu frühstücken. Keine Hobbies. No sports. Mag weder den *Kleinen Prinz* lesen noch kuscheln noch mit irgendwem Musik hören, bin nicht anschmiegsam und nicht scharf auf Sonnenuntergänge am Meer und brauche ein monströses Quantum an Alleinsein … so ungefähr, aber es fehlte noch einiges an feindseligen Geschossen gegen den Empfänger ihrer Botschaft. Und solang ihre kleine Bosheit nicht gedruckt war, und nie könnte sie gedruckt werden, gab es nur einen Empfänger ihrer Botschaft, ihn. Wirklich weltbewegend fand er die Sache nicht. Nur … an dem Alleinsein war was dran, was ihn irritierte, daß sie es neuerdings offenbar gern war, allein. Wenn sie seine Rückkehr in die Wohnung bemerkte, hörte sie mit dem Geklapper auf ihrer alten Reiseschreibmaschine auf, oder das muntere Gehämmer auf ihren Mosaiksteinchen brach ab. Genierte sie sich vor ihm? Weil sie trotz sinkender Erfolgskurve, abnehmender Nachfrage weitermachte? Oder waren sie zu lang schon zusammen, hatten zu oft und immer leidenschaftsloser *Heiraten oder nicht* diskutiert? Er fand es überflüssig, sich darüber den Kopf zu zerbrechen, normalerweise dachte er nicht einmal daran, und auch jetzt rief er sich zur Ordnung. Ach, diese Frauengefühle, sie hatten etwas Matschiges, waren wahre Rutschpartien. *Bitte nicht stören,* dachte er und daß es etwas Gutes war, wenn sich aus einer großen Liebe (jeder Anfang verändert sich, panta rhei[2], oder?) eine freundliche Zusammengehörigkeit heranbildete.

Als er die Diele auf dem Weg zum Bad überquerte, er wollte sich ein wenig nachrasieren, kreuzte er ihre Route Schlafzimmer Richtung Küche, und diesmal memorierte er laut aus ihrem Tip für den Kasten auf der Heiratsseite; er kam bis zum *Kleinen Prinz* und den Sonnenuntergängen am Meer, als sie ihm ins Wort fiel: Na, wenn das nicht alles schmeichelhaft für dich ist. Wen suche ich denn da wohl? Sie hörte sich etwas patzig an, grinste aber, linker Mundwinkel weggezerrt, eine kleine Grimasse, die er an ihr liebte. Sie zählte auf: Du rauchst, du segelst und surfst nicht, du liest nicht Saint-Exupéry, du bist …

Und du bist … am liebsten allein, hatte er sie unterbrechen wollen, ließ es aber bleiben. Etwas matt, doch von einem Druck befreit, sagte er statt dessen: … ein drolliger kleiner Witzbold.

Geschafft! Eine Diskussion weniger! Gut gemacht! Aufs Ganze gesehen war Versöhnlichkeit immer das Bekömmlichste. Welch ein glücklicher Zufall doch seinen Blick auf die Küchentür gelenkt hatte: An der Klinke hing das *Bitte-nicht-stören*-Schild! Ende gut, alles gut. Bis zum nächsten Mal. Aber vorher gabs ihr Puten-Curry. R

1 **Feuilleton:** literarischer, kultureller oder unterhaltender Teil einer Zeitung

2 **Panta rhei:** griechisch für „alles fließt". Diese Wendung wird dem griechischen Philosophen Heraklit zugeschrieben und bedeutet, dass die Welt auf ewigem Entstehen und Vergehen beruht.

★ **1** Lesen Sie die Kurzgeschichte zu dritt mit den Rollen Erzähler – Mann – Frau in einem erkundenden Prozess:
- **a** Setzen Sie beim ersten Lesen des Textes auf einer Kopie Anführungszeichen bei wörtlicher Rede. Unterstreichen Sie die wörtliche Rede in zwei verschiedenen Farben für Mann und Frau.
- **b** Lesen Sie die Kurzgeschichte dann noch einmal flüssig mit den verteilten Rollen.

2 Beschreiben Sie die Kommunikationsweise der Figuren in der Kurzgeschichte „Heiraten oder nicht".

3 Analysieren Sie die Kommunikationssituation der Kurzgeschichte mit dem Vier-Seiten-Modell (▶ S. 18):
- Was ist der Sachinhalt des Textes? – Worum geht es eigentlich?
- An welchen Stellen sind Selbstoffenbarungen zu erkennen? – Wo wären sie zu erwarten?
- Wie ist die Beziehung der Figuren gestaltet? – Wie standen und stehen sie zueinander?
- Welche Appelle sind erkennbar? – Welche davon werden nur indirekt vermittelt?

4 Schreiben Sie einen inneren Monolog aus der Perspektive der weiblichen Figur (▶ Methode, S. 223). Sie macht sich darüber Gedanken, was sie in einem klärenden Gespräch sagt und in welcher Form.

1.3 Nonverbale Kommunikation

Mimik und Körpersprache

Paul Watzlawick: **Man kann nicht nicht kommunizieren** (2016)

[…] Es muss ferner daran erinnert werden, dass das „Material“ jeglicher Kommunikation keineswegs nur Worte sind, sondern auch alle paralinguistischen Phänomene (wie z. B. Tonfall, Schnelligkeit oder Langsamkeit der Sprache, Pausen, Lachen oder Seufzen), Körperhaltung, Ausdrucksbewegungen (Körpersprache) usw. innerhalb eines bestimmten Kontextes umfasst – kurz, Verhalten jeder Art.

Verhalten hat vor allem eine Eigenschaft, die so grundlegend ist, dass sie oft übersehen wird: Verhalten hat kein Gegenteil, oder um dieselbe Tatsache noch simpler auszudrücken: Man kann sich nicht *nicht* verhalten. Wenn man also akzeptiert, dass alles Verhalten in einer zwischenpersönlichen Situation Mitteilungscharakter hat, d. h. Kommunikation ist, so folgt daraus, dass man, wie immer man es auch versuchen mag, nicht *nicht* kommunizieren kann. Handeln oder Nichthandeln, Worte oder Schweigen haben alle Mitteilungscharakter: Sie beeinflussen andere, und diese anderen können ihrerseits nicht *nicht* auf diese Kommunikationen reagieren und kommunizieren damit selbst. […]

1 Notieren Sie Thesen (Behauptungen), die Watzlawick im Text aufstellt.

2 Schildern Sie alltägliche Situationen, die diese Thesen Watzlawicks veranschaulichen (z. B. eine Situation im Wartezimmer). Was und in welcher Form wird jeweils kommuniziert?

3 Im Magazin der Süddeutschen Zeitung werden in der Artikelserie „Sagen Sie jetzt nichts“ Interviewpartner aufgefordert, nonverbal zu einer Frage Stellung zu nehmen.
Interpretieren Sie die „Antwort“ von Juli Zeh. Halten Sie jeweils Ihren Eindruck auf Karten fest. Vergleichen Sie anschließend Ihre Eindrücke im Plenum.

SZ: Was an anderen macht Sie rasend, Juli Zeh?

4 Führen Sie eine Internetrecherche (▶ Methode, S. 358) zu Juli Zeh durch.
- **a** Besorgen Sie sich das gesamte Interview aus dem Magazin der Süddeutschen Zeitung und sammeln Sie weiteres Material zur Person.
- **b** Entscheiden Sie, ob Ihre Interpretation der „Antwort“ durch weiteres Material über Juli Zeh bestätigt wird.

5 Führen Sie ähnliche Interviews in Ihrer Lerngruppe durch.
- **a** Formulieren Sie Fragen aus Ihrem gemeinsamen Umfeld.
  „Wie empfandest du die Zusammenarbeit in der Gruppe während unseres Projekts?“
  „Was hat dich an der Zusammenarbeit gestört?“
- **b** Verschiedene Interviewpartner „beantworten“ diese Fragen nur mit ihrer Körpersprache, die Zuschauer interpretieren.
- **c** Vergleichen Sie, ob das Gemeinte mit der Interpretation übereinstimmt.

6 Beschreiben Sie alltägliche Situationen, in denen Sie Mimik und Körpersprache bewusst einsetzen, um bei Ihrem Gegenüber eine bestimmte Wahrnehmung auszulösen.

Inszenierungen

... oder dieser?

1 Der Grafiker Klaus Staeck hat als Hintergrund seiner Montage ein Bild des Malers Albrecht Dürer (1471–1528) gewählt, auf welchem die Mutter des Künstlers dargestellt ist.

a Erläutern Sie, was Staeck mit der Montage aussagen will.

b Beantworten Sie die Frage unter dem zweiten Bild und begründen Sie Ihre Antwort.

c Welche Art von Selbstinszenierung spricht Sie persönlich an? Welche finden Sie abschreckend, lächerlich oder unästhetisch? Suchen Sie Beispiele und vergleichen Sie Ihre Meinungen untereinander. Begründen Sie Ihre Auffassung jeweils.

d Hans Dieter Mummendey beschreibt in seinem Text „Selbstdarstellung" auf S. 13 f., dass viele Menschen Selbstdarstellungssituationen eher meiden. Stellen Sie Vermutungen über die Haltung von Cosplayern zu diesem Thema an.

Information **Inszenierungen**

Inszenierungen dienen der gezielten und geplanten Darstellung von Handlungen, Werten und Einstellungen. Öffentliche Medien wie Theater, Kino und Fernsehen setzen Dialoge und Handlungen in Inszenierungen um. Künstler inszenieren sich selbst, um mit ihrem jeweiligen Image ausgewählte Zielgruppen anzusprechen.
Im täglichen Leben sind Inszenierungen Indikatoren für kulturelle Werte und Normen, die gesellschaftlichen Veränderungen unterworfen sind. Der Körper wird durch seine bewusste Gestaltung (z. B. durch Figur, Mimik, Gestik, Haltung, Haare, Tattoos) und die gewählten Accessoires (z. B. Farben, Marken) zur Projektionsfläche und zum Träger der Merkmale einer gewünschten Identität. Er ist damit zugleich Akteur und Produkt. Auch elektronische Geräte und andere Statussymbole oder gerade der bewusste Verzicht auf solche gehören zur Inszenierung.

2 **a** Erläutern Sie, wie und warum sich die gesellschaftliche Wahrnehmung bezogen auf folgende Inszenierungen verändert hat: Tätowierung, Idealfigur, Bräunungsgrad der Haut.

b Beschreiben und kommentieren Sie weitere Beispiele für derartige Prozesse.

Erving Goffman: **Wir alle spielen Theater** (2017)

Wenn ein Einzelner mit anderen zusammentrifft, versuchen diese gewöhnlich, Informationen über ihn zu erhalten oder Informationen, die sie bereits besitzen, ins Spiel zu bringen. Sie werden sich für seinen allgemeinen sozialen und wirtschaftlichen Status, sein Bild von sich selbst, seine Einstellung zu ihnen, seine Fähigkeit, seine Glaubwürdigkeit und dergleichen interessieren. Wenn es auch so scheint, als würden einige dieser Informationen um ihrer selbst willen gesucht, so stehen doch im Allgemeinen praktische Gründe dahinter. Informationen über den Einzelnen tragen dazu bei, die Situation zu definieren, sodass die anderen im Voraus ermitteln, was er von ihnen erwarten wird und was sie von ihm erwarten können. Durch diese Informationen wissen die anderen, wie sie sich verhalten müssen, um beim Einzelnen die gewünschte Reaktion hervorzurufen.
Den Anwesenden sind verschiedene Informationsquellen zugänglich, und es stehen ihnen verschiedene Vermittler (oder „Zeichenträger") zur Verfügung, die die Informationen überbringen. Kennen sie den Einzelnen nicht, so können die Beobachter seinem Verhalten und seiner Erscheinung Hinweise entnehmen, die es ihnen ermöglichen, entweder frühere Erfahrungen mit ähnlichen Personen auszuwerten oder – was entscheidender ist – nicht überprüfte Klischeevorstellungen auf ihn zu übertragen. Aufgrund ihrer früheren Erfahrungen können sie auch erwarten, in einer gegebenen sozialen Umgebung nur Personen einer bestimmten Art anzutreffen. Sie können sich auf das verlassen, was der Einzelne über sich selbst sagt, oder darauf, wie er sich ausweist. Kennen die anderen den Einzelnen oder wissen sie aufgrund von Erfahrungen, die der Interaktion vorangingen, etwas über ihn, können sie sich bei der Vorhersage seines gegenwärtigen und zukünftigen Verhaltens auf Annahmen über die Beständigkeit und Allgemeingültigkeit psychologischer Züge stützen.
Es kann aber vorkommen, dass, während der Einzelne sich in Gegenwart der anderen befindet, nur wenige Ereignisse eintreten, die ihnen schlüssige Informationen vermitteln, die sie benötigen, um ihr eigenes Verhalten richtig zu planen. Viele entscheidende Tatsachen liegen jenseits von Zeit und Raum der Interaktion oder bleiben in ihr verborgen. So können etwa die „wirklichen" oder „echten" Einstellungen, Überzeugungen und Gefühle des Einzelnen nur indirekt aus seinen Eingeständnissen oder seinem offenbar unabsichtlich sprechenden Verhalten erschlossen werden. […]
Die Ausdrucksmöglichkeit des Einzelnen (und damit in seiner Fähigkeit, Eindrücke hervorzurufen) scheint zwei grundlegend verschiedene Arten von Zeichengebung in sich zu schließen: der Ausdruck, den er sich selbst gibt, und der Ausdruck, den er ausstrahlt. […] Die zweite Art umfasst einen weiten Bereich von Handlungen, die von den anderen als aufschlussreich für den Handelnden aufgefasst werden, soweit sie voraussetzen können, dass diese Handlungen aus anderen Gründen als denen der Information unternommen wurden. Wie wir sehen werden, besitzt diese Unterscheidung nur anfangs Gültigkeit. Der Einzelne kann natürlich mit beiden Kommunikationstypen absichtlich Fehlinformationen vermitteln, das eine Mal durch Täuschung, das andere Mal durch Verstellung. […]

1 Setzen Sie die Überschrift „Wir alle spielen Theater" in Beziehung zum Inhalt des Textes.

2 Berichten Sie, welche Erfahrungen Sie bei der spontanen Einschätzung fremder Personen gemacht haben. Bei wem hat sich Ihr erstes Urteil als richtig erwiesen, wo kam es zu Fehleinschätzungen? Suchen Sie Erklärungen dafür.

3 Erörtern Sie an konkreten Beispielen aus dem privaten und beruflichen Bereich, wie bewusst eingesetzte Fehlinformationen eines Kommunikationspartners Ihr Urteil anderen Menschen gegenüber beeinflusste.

Die folgenden Abbildungen zeigen drei Generationen aus dem deutschen Kaiserhaus und die niederländische Königsfamilie.

1 Erläutern Sie, welche Botschaften der deutsche Kaiser Wilhelm II. und die niederländische Königsfamilie mit der Familieninszenierung vermitteln wollen.

2 Welche Unterschiede können Sie feststellen? Welche Klischeevorstellungen werden durch die Inszenierungen bedient?

3 Wie würden Sie sich mit Familienmitgliedern fotografieren lassen? Führen Sie eine Stellprobe durch.

Nonverbale Kommunikation untersuchen – Ein literarisches Beispiel

Franz Kafka: **Der Nachbar** (1917)

Mein Geschäft ruht ganz auf meinen Schultern. Zwei Fräulein mit Schreibmaschinen und Geschäftsbüchern im Vorzimmer, mein Zimmer mit Schreibtisch, Kasse, Beratungstisch, Klubsessel und Telefon, das ist mein ganzer Arbeitsapparat. So einfach zu überblicken, so leicht zu führen. Ich bin ganz jung und die Geschäfte rollen vor mir her. Ich klage nicht, ich klage nicht.

Seit Neujahr hat ein junger Mann die kleine, leer stehende Nebenwohnung, die ich ungeschickterweise so lange zu mieten gezögert habe, frischweg gemietet. Auch ein Zimmer mit Vorzimmer, außerdem aber noch eine Küche. – Zimmer und Vorzimmer hätte ich wohl brauchen können – meine zwei Fräulein fühlten sich schon manchmal überlastet –, aber wozu hätte mir die Küche gedient? Dieses kleinliche Bedenken war daran schuld, dass ich mir die Wohnung habe nehmen lassen. Nun sitzt dort dieser junge Mann. Harras heißt er. Was er dort eigentlich macht, weiß ich nicht. Auf der Tür steht: „Harras, Bureau“. Ich habe Erkundigungen eingezogen, man hat mir mitgeteilt, es sei ein Geschäft ähnlich dem meinigen. Vor Kreditgewährung könne man nicht geradezu warnen, denn es handle sich doch um einen jungen, aufstrebenden Mann, dessen Sache vielleicht Zukunft habe, doch könne man zum Kredit nicht geradezu raten, denn gegenwärtig sei allem Anschein nach kein Vermögen vorhanden. Die übliche Auskunft, die man gibt, wenn man nichts weiß.

Manchmal treffe ich Harras auf der Treppe, er muss es immer außerordentlich eilig haben, er huscht förmlich an mir vorüber. Genau gesehen habe ich ihn noch gar nicht, den Büroschlüssel hat er schon vorbereitet in der Hand. Im Augenblick hat er die Tür geöffnet. Wie der Schwanz einer Ratte ist er hineingeglitten und ich stehe wieder vor der Tafel „Harras, Bureau", die ich schon viel öfter gelesen habe, als sie es verdient.

Die elend dünnen Wände, die den ehrlich tätigen Mann verraten, den Unehrlichen aber decken. Mein Telefon ist an der Zimmerwand angebracht, die mich von meinem Nachbarn trennt. Doch hebe ich das bloß als besonders ironische Tatsache hervor.

Selbst wenn es an der entgegengesetzten Wand hinge, würde man in der Nebenwohnung alles hören. Ich habe mir abgewöhnt, den Namen der Kunden beim Telefon zu nennen. Aber es gehört natürlich nicht viel Schlauheit dazu, aus charakteristischen, aber unvermeidlichen Wendungen des Gesprächs die Namen zu erraten. – Manchmal umtanze ich, die Hörmuschel am Ohr, von Unruhe gestachelt, auf den Fußspitzen den Apparat und kann es doch nicht verhüten, dass Geheimnisse preisgegeben werden.

Natürlich werden dadurch meine geschäftlichen Entscheidungen unsicher, meine Stimme zittrig. Was macht Harras, während ich telefoniere? Wollte ich sehr übertreiben – aber das muss man oft, um sich Klarheit zu verschaffen –, so könnte ich sagen: Harras braucht kein Telefon, er benutzt meines, er hat sein Kanapee an die Wand gerückt und horcht, ich dagegen muss, wenn geläutet wird, zum Telefon laufen, die Wünsche des Kunden entgegennehmen, schwerwiegende Entschlüsse fassen, groß angelegte Überredungen ausführen – vor allem aber während des Ganzen unwillkürlich durch die Zimmerwand Harras Bericht erstatten.

Vielleicht wartet er gar nicht das Ende des Gespräches ab, sondern erhebt sich nach der Gesprächsstelle, die ihn über den Fall genügend aufgeklärt hat, huscht nach seiner Gewohnheit durch die Stadt und, ehe ich die Hörmuschel aufgehängt habe, ist er vielleicht schon daran, mir entgegenzuarbeiten.

1 Untersuchen Sie den Text mithilfe der Aussagen von Watzlawick (▶ S. 27).
- **a** Erläutern Sie, wie der Ich-Erzähler das Verhalten des Nachbarn deutet. Was könnte ihn zu dieser Deutung bewogen haben? Belegen Sie Ihre Einschätzung mit Textstellen.
- **b** Beschreiben Sie die Wirkung, welche diese Deutung auf den Ich-Erzähler hat.
- **c** Diskutieren Sie, ob das Verhalten des Nachbarn auch anders gedeutet werden könnte.

2 **a** Schreiben Sie in Gruppen einen Dialog, den der Ich-Erzähler mit Harras führen könnte.
- **b** Üben Sie dieses Gespräch als Rollenspiel ein und tragen Sie es der Lerngruppe vor.

Information **Nonverbale und paraverbale Kommunikation**

Man unterscheidet zwischen **nonverbaler** und **verbaler Kommunikation.** Unter nonverbaler Kommunikation versteht man alle Signale, die durch **Körpersprache** gesendet werden, wie z. B. Körperhaltung, Gestik und Mimik, aber auch durch die Accessoires, mit denen sich ein Mensch umgibt. Bei der Deutung dieser Signale kann es zu großen Unterschieden kommen, wobei die subjektive Wahrnehmung, der situative Kontext, das Vorwissen, unterschiedliche Kulturkreise und viele andere Faktoren eine Rolle spielen.

Bei der verbalen Kommunikation ist neben den Wörtern auch das **paraverbale Verhalten (Stimmsprache)** von Bedeutung. Darunter versteht man die Intonation, die Lautstärke, das Sprechtempo, die Pausen des Sprechers.

1.4 Gelingende Kommunikation

Gesprächsfördernde Techniken

Beate Brüggemeier: **Empathisch zuhören** (2017)

Zur Fähigkeit des einfühlsamen Zuhörens gehören drei Entwicklungsstufen:
Die *erste Entwicklungsstufe* ist die einfachste. Sie besteht darin, den Inhalt wiederzugeben. Die Fähigkeit, das Gehörte zu wiederholen, ohne zu bewerten, ist das erste Stadium. Dabei geben Sie den Inhalt als Beobachtung wieder.
Die erste Entwicklungsstufe würde in der Umsetzung wie folgt lauten:
Ihre Bekannte sagt: *„Die Produktionsstätte wird nach Polen verlagert.“* Ihre Beobachtung: *„Du hast gehört, die Produktionsstätte wird nach Polen verlagert.“*
Die *zweite Entwicklungsstufe* des empathischen Zuhörens ist, den Inhalt in eigenen Worten wiederzugeben: *„Beziehst du dich auf die Betriebsversammlung, in der die Geschäftsleitung mitteilte, dass die Produktion von Frankfurt nach Danzig verlagert wird?“*
Diesmal haben Sie die Situation mit Ihren eigenen Worten ausgedrückt und gleichzeitig versucht, einen Bezug durch eine genaue Beobachtung herzustellen. Sie haben mit der linken, logisch-analytischen Gehirnhälfte die Beobachtung wiedergegeben.
In der *dritten Stufe* kommt die rechte Gehirnhälfte mit dazu. Sie verbalisieren das Gefühl und das Bedürfnis: *„Beziehst du dich auf die Betriebsversammlung, in der die Geschäftsleitung mitteilte, dass die Produktion von Frankfurt nach Danzig verlagert wird?* (Antwort abwarten.) *Bist du besorgt* (Gefühl), *weil du wissen möchtest, wie es weitergeht* (Bedürfnis nach Klarheit)?“
Sie achten jetzt nicht nur auf das, was gesagt wird, sondern auch darauf, wie sich die Person fühlt und welche Bedürfnisse sie hat. Sie verwenden Ihre beiden Gehirnhälften, um beide Seiten einer Botschaft (Sach- und Gefühlsebene) zu verstehen. Mit empathischen Fragen ermöglichen Sie der anderen Person, sich mit ihren eigenen Gefühlen und Bedürfnissen zu verbinden und dadurch selbst gewählte Handlungsmöglichkeiten zu entdecken. Empathische Fragen sind aus diesem Grund kraftvoller als Informationsfragen wie „Wie fühlst du dich?“ oder „Was brauchst du?“.

1 Entwickeln Sie auf der Grundlage des Textes von Beate Brüggemeier ein Stufenmodell für das empathische Zuhören. Unterscheiden Sie nach nonverbalen und verbalen Mitteln.

Stufen	Sprecher/-in	Zuhörer/-in
1. Stufe	*These: „Fehlinformationen im Internet, sogenannte Fake News, können zu Wahlmanipulationen führen.“*	*„Du hast also gehört …“*
2. Stufe		*„Beziehst du dich auf die Ergebnisse der letzten Wahl …?“*
3. Stufe	…	…
	…	

2 Wenden Sie dieses Stufenmodell nacheinander mit einem Partner oder einer Partnerin an.
a Setzen Sie sich einander gegenüber und entscheiden Sie, wer die Rolle des Sprechers und wer die des Zuhörers übernimmt. Nach dem ersten Durchgang tauschen Sie die Rollen.
b Tauschen Sie sich darüber aus, welche Reaktionen die empathischen Fragen bei Ihnen hervorgerufen haben.

3 Erproben Sie die Reaktionen Ihrer Gesprächspartner in verschiedenen Kommunikationssituationen:
- Führen Sie ein Gespräch, bei dem Sie kurzzeitig auf alle Formen des Rückmeldeverhaltens, auch nonverbales, verzichten.
- Nutzen Sie während eines Gesprächs möglichst viele gesprächsfördernde Techniken (▶ Information).
- Sagen Sie bei einem Telefongespräch mit einer Freundin oder einem Freund längere Zeit einmal nichts, wenn Ihnen etwas erzählt wird. Reflektieren Sie die Reaktion Ihres Gesprächspartners.

Information	**Gesprächsfördernde Techniken**
Umschreiben, mit eigenen Worten wiedergeben	„Sie meinen also, die Veranstaltung am Donnerstag wird zu anstrengend für uns."
Zusammenfassen	„Ich fasse zusammen, was Sie gerade vorgetragen haben. Erstens: …"
Klären, auf den Punkt bringen	„Ich verstehe es so, dass wir am Donnerstag weniger unternehmen sollten."
Einschränkende Wiederholung	Mit Wörtern wie *noch, im Moment, jetzt, gerade, zurzeit, heute, augenblicklich:* „Zurzeit gibt es keine andere Möglichkeit, vielleicht ändert sich dies aber wieder."
In Beziehung setzen	Mit Wörtern wie *einerseits – andererseits, teil – teils, sowohl – als auch, weder – noch:* „Einerseits wollen alle zu vielen Veranstaltungen gehen, andererseits möchten sie viel Freizeit haben. Das widerspricht sich doch."
Nachfragen	Mit Wendungen wie „Können Sie mir ein Beispiel geben?" oder „Was meinen Sie mit …?"
Gefühle ansprechen / empathisch zuhören	Mit gefühlsorientierten Fragen wie „Was empfinden Sie bei dieser Aussage?" oder „Sind Sie besorgt, wenn Sie dies hören?"

Zu einem gelingenden Gespräch gehört natürlich nicht nur das empathische Zuhören, sondern auch der eigene Sprachgebrauch. Kleine Änderungen in der Wortwahl können eine große Wirkung haben.

4 Formen Sie in Ich-Botschaften um:

Befehl	*Beispiel*
Du hörst mir nie zu!	*Ich wünsche mir, dass du mir zuhörst!*
Du redest ständig über Politik!	…
Du musst mir jetzt helfen!	…
Was du sagst, ist falsch!	…

5 Bewerten Sie die beiden folgenden Beispiele zum Feedback-Geben. Stellen Sie sich dabei vor, dass Sie diejenige sind, die das Feedback erhält.

Ein Feedback geben

1. Schülerin: *Dein Referat war viel zu lang. Ich konnte mich so lange gar nicht konzentrieren. Außerdem finde ich, dass du da ziemlich viel Unsinn gesagt hast, du bist doch sonst besser in dem Fach. Du hast dagestanden und immer nur den Lehrer angeschaut wie das Kaninchen die Schlange.*

2. Schülerin: *Ich fand die Medien, die du zur Präsentation deines Referats benutzt hast, sehr gut gewählt, sie passten prima zum Inhalt. Ich schlage dir vor, zwischen dem zweiten und dritten Unterpunkt die längeren Ausführungen zur Kindheit des Autors etwas zu kürzen und stattdessen in deine Präsentation einen Lebenslauf einzufügen, damit wir uns nicht nur auf das Zuhören verlassen müssen. Alles in allem habe ich deinem Referat gerne zugehört und von dir sehr viele interessante Informationen über den Autor bekommen.*

6 Erarbeiten Sie aus dem zweiten Beispiel die Regeln für das Feedback-Geben nach einem Referat, einer Präsentation oder einer Facharbeit.

7 Verwenden Sie die erarbeiteten Regeln bei der nächsten Gelegenheit im Unterricht.

Methode Feedback

Das Wort **Feedback** kommt aus dem Englischen und bedeutet Rückkopplung. Geben wir z. B. nach einem Referat ein Feedback, so stellen wir in subjektiver Form dem Feedback-Nehmer unsere Sicht und Bewertung des Gehörten dar. Am Ende einer Unterrichtsstunde oder eines Seminars wird eher eine der im Folgenden beschriebenen Methoden angewendet, um die Befindlichkeit bzw. Meinung der ganzen Gruppe zu erfragen.

Stimmungsbarometer

Dies ist eine einfache, schnelle, nonverbale Methode, um das momentane Gruppengefühl zu klären und darzustellen. Auf einem Bogen Packpapier wird ein Koordinatenkreuz aufgezeichnet, dessen Mitte den neutralen Nullpunkt darstellt. Das untere Ende der senkrechten Achse ist der absolute Tiefpunkt, das obere Ende kennzeichnet die absolute Hochstimmung. Die Endpunkte des Stimmungsbarometers können mit schematisierten Gesichtern („Smileys") verdeutlicht werden. Jedes Gruppenmitglied hat die Möglichkeit, mit farbigen Klebepunkten oder Plakatschreibern seine aktuelle Stimmungslage zu visualisieren. Es sind keinerlei Erklärungen notwendig.

Schuhsoziogramm

Ein Schüler nimmt alle linken Schuhe sämtlicher Schülerinnen und Schüler der Gruppe und stellt sie rund um ein symbolisches Zentrum auf. Jeder Schuh symbolisiert seinen Besitzer und erhält den für ihn typischen Platz in der Anordnung, d. h., der Schüler ordnet die Schuhe so an, wie er die Gruppe oder Klasse empfindet. Es können Rangunterschiede und Kontraste, Distanz und Nähe, Miteinander und Gegeneinander, Außenseiterprobleme und anderes dargestellt werden. Alle rechten Schuhe bleiben zur Identifizierung angezogen. In der anschließenden Diskussionsrunde kann jeder Schüler sagen, ob er sich richtig platziert fühlt und wo er sich selbst sieht.

Stummes Schreibgespräch

Maximal vier Schülerinnen und Schüler bilden eine Gruppe. Sie notieren stumm auf einem großen Stück Papier, was sie zu dem vorgegebenen Thema (Fragestellung, Meinungsbild etc.) äußern wollen. Sie dürfen sich gegenseitig kommentieren, aber dabei nicht sprechen. Nach einer vorgegebenen Zeit ertönt ein akustisches Signal und die Gruppe wandert an den Nachbartisch. Dort liest sie sich die Notizen der anderen durch, kommentiert diese wieder. Dieser Vorgang wiederholt sich so oft, bis alle Schüler an allen Tischen gewesen sind.

8 **a** Diskutieren Sie: In welchen Unterrichtssituationen sind Feedback-Methoden sinnvoll?
b Stellen Sie die unterschiedlichen Feedback-Methoden einander gegenüber und notieren Sie Vor- und Nachteile. Welche der Methoden bevorzugen Sie? Begründen Sie.

9 Rekapitulieren Sie Ihre Erkenntnisse aus diesem Kapitel (A 1.4) und stellen Sie abschließend Gesprächsregeln für die Klasse auf, die Sie zukünftig beachten wollen, um während des Unterrichts eine gelingende Kommunikation zu gewährleisten.
a Erstellen Sie mithilfe der Schneeball-Methode (▶ Methode unten) ein erstes Regelplakat.
b Entscheiden Sie sich per Punktabfrage für die Gesprächsregeln, die Sie in der Klasse als die wichtigsten erachten und auf ein endgültiges Regelplakat schreiben wollen.
c Fertigen Sie ein Gesprächsregel-Plakat an.

Methode **Schneeball-Methode am Beispiel der Gesprächsregeln**

Jeder Schüler notiert sich drei Gesprächsregeln auf ein Blatt. Er geht mit einem Partner zusammen, beide einigen sich auf vier gemeinsame Gesprächsregeln. Danach gehen zwei Tandems zusammen und einigen sich auf sechs gemeinsame Gesprächsregeln. Diese werden auf einem Plakat notiert und anschließend der Klasse präsentiert.

Gewaltfreie Kommunikation

Vater: Ich erwarte von dir, dass du mindestens 20 Bewerbungen für eine Ausbildungsstelle schreibst.
Tochter: Ich hab mich schon längst bei der Arbeitsagentur nach Adressen erkundigt!
Mutter: Du hättest dich besser auch noch bei der Industrie- und Handelskammer erkundigt!
Tochter: Ich habe doch noch nicht so viel Erfahrung in diesen Dingen!
Vater: Du hast doch in der Schule schon oft Bewerbertraining gemacht. Ist da nichts hängen geblieben?
Tochter: ...

1 **a** Beurteilen Sie die Wirkung des Gesprächs der Eltern mit ihrer Tochter.
b Schreiben Sie aus dem Gespräch die von der Tochter als unangenehm empfundenen Ausdrucksweisen heraus.
c Wie antworten Sie, wenn Ihnen ein Freund oder eine Freundin sagt, dass er/sie nicht so viel Erfahrung hat in manchen Dingen?
d Mit welcher Bemerkung würden Sie als Tochter auf die letzte Frage des Vaters reagieren und warum?
e Finden Sie Möglichkeiten, mit denen der Konflikt gelöst werden könnte.

2 Wie reagieren Sie, wenn Ihnen Folgendes gesagt wird? Formulieren Sie um, sodass aus der Bemerkung kein Konflikt entsteht.
Ich erwarte von Ihnen ... / Immer machst du das so ... / Sie hätten besser ... getan. / Sie sind verpflichtet, auf ... Rücksicht zu nehmen. / Ich meine, Sie sollten eher ... / Sie reden Unsinn. / Machen Sie es doch so, wie ich es Ihnen gezeigt habe.

Marshall B. Rosenberg: Der Prozess der Gewaltfreien Kommunikation (2016)

Um den uns allen gemeinsamen Wunsch, von Herzen zu geben, Wirklichkeit werden zu lassen, richten wir das Licht unseres Bewusstseins auf vier Bereiche – wir sprechen von den vier Komponenten des GFK-Modells *[Gewaltfreie-Kommunikation-Modells]*.

Zuerst beobachten wir, was in einer Situation tatsächlich geschieht: Was hören wir andere sagen, was sehen wir, was andere tun, wodurch unser Leben entweder reicher wird oder auch nicht? Die Kunst besteht darin, unsere Beobachtung dem anderen ohne Beurteilung oder Bewertung mitzuteilen – einfach zu beschreiben, was jemand macht, und dass wir es entweder mögen oder nicht. Als Nächstes sprechen wir aus, wie wir uns fühlen, wenn wir diese Handlung beobachten. Fühlen wir uns verletzt, erschrocken, froh, amüsiert, irritiert usw.? Im dritten Schritt sagen wir, welche unserer Bedürfnisse hinter diesen Gefühlen stehen. Das Bewusstsein dieser drei Komponenten ist uns gegenwärtig, wenn wir die GFK einsetzen, um klar und ehrlich auszudrücken, wie es uns gerade geht.

Eine Mutter kann z. B. diese drei Bestandteile ihrem Sohn gegenüber ausdrücken, indem sie sagt: „Felix, wenn ich in unseren gemeinsamen Räumen zwei zusammengerollte schmutzige Socken unter dem Kaffeetisch sehe und noch drei neben dem Fernseher, dann bin ich irritiert, weil mir Ordnung wichtig ist."

Sie macht dann sofort weiter mit der vierten Komponente – einer sehr spezifischen Bitte: „Würdest du bitte deine Socken in dein Zimmer oder in die Waschmaschine tun?" Dieses vierte Element bezieht sich darauf, was wir vom anderen wollen, sodass unser beider Leben schöner wird. Was kann er oder sie konkret tun, um unsere Lebensqualität zu verbessern?

So besteht die eine Seite der GFK darin, diese vier Informationsteile ganz klar auszudrücken, mit Worten oder auf andere Weise. Auf der anderen Seite nehmen wir die gleichen vier Informationsteile von unseren Mitmenschen auf. Wir treten mit ihnen in Kontakt, indem wir uns darauf einstimmen, was sie beobachten, fühlen und brauchen, und wenn wir dann den vierten Teil hören, ihre Bitte, entdecken wir, was ihre Lebensqualität verbessern würde. Während wir unser Augenmerk auf diese vier Bereiche richten und anderen dabei helfen, das Gleiche zu tun, bauen wir einen Kommunikationsfluss auf, der sich hin und her bewegt: Was ich beobachte, fühle und brauche; um was ich bitte, um mein Leben zu verschönern; was du beobachtest, fühlst und brauchst; worum du bittest, um dein Leben zu verschönern … […]

Gewaltfreie Kommunikation

1. Beschreibung einer konkreten Handlung, die man beobachtet hat und die das Wohlbefinden beeinträchtigt
2. Ausdruck der Gefühle, die durch die Handlung ausgelöst werden
3. Formulierung der Bedürfnisse, welche hinter den Gefühlen stehen
4. Bitte um eine konkrete Handlung – auch die Nichterfüllung der Bitte ist in Ordnung

1 Die gewaltfreie Kommunikation besteht aus vier Komponenten: Beobachtungen, Gefühle, Bedürfnisse, Bitten. Analysieren Sie den Text und arbeiten Sie die Erklärung für die jeweilige Komponente heraus.

2 Erstellen Sie ein Lernplakat zur Methode der Gewaltfreien Kommunikation.

3 Schreiben Sie einen Dialog unter Nutzung der vier Komponenten der Gewaltfreien Kommunikation. Wählen Sie ein Gesprächsbeispiel aus einer Familie oder einem Freundeskreis.

a Führen Sie den Dialog mit verteilten Rollen vor.

b Geben Sie den Rollenspielern ein Feedback (▶ Methode, S. 34 f.).

A2 Gesprächsformen und Gesprächssituationen

A. Paul Weber: Der Gesprächskreis (1971)

1 Berichten Sie von eigenen Erfahrungen in Gesprächskreisen.

a Auf welche Art wurden die Gespräche geführt?

b Das Bild beschreibt metaphorisch, wie Menschen manchmal in Gesprächskreisen miteinander umgehen. Assoziieren Sie, wie sich das Gesprächsklima in dieser Art Gesprächskreis auf die Kommunikation in der Diskussion und das Diskussionsergebnis auswirkt.

In diesem Kapitel erwerben Sie folgende Kenntnisse und Kompetenzen

- Diskussionen analysieren und durchführen,
- Funktion der Moderation in einer Diskussion beschreiben sowie selbst moderieren,
- Argumentationstechniken kennen und anwenden,
- Diskussionsformen und deren Anforderungen unterscheiden,
- Argumentationen analysieren, Argumente bewerten,
- Informationen recherchieren, strukturieren und für einen Vortrag aufbereiten,
- Referate und Vorträge vorbereiten, halten und bewerten,
- Präsentationstechniken und -medien kennen und adäquat einsetzen.

2.1 Diskussion und Debatte – Frei leben, verantwortlich handeln

Eine Diskussion analysieren und durchführen

1 Beschreiben Sie, wie die genannten Themen öffentlich diskutiert werden. Stellen Sie Bezüge her zur Kapitelüberschrift „Frei leben, verantwortlich handeln".

Klimawandel Organspenden Silvesterfeuerwerk Globalisierung …

2 Zeichnen Sie eine Diskussion im Fernsehen auf oder nutzen Sie eine Mediathek. Schauen Sie sich die Diskussion gemeinsam in der Gruppe an und beschreiben Sie Ihren ersten Eindruck. Gehen Sie dabei auf einzelne Teilnehmerinnen und Teilnehmer und auf den Moderator bzw. die Moderatorin ein.

3 **a** Untersuchen Sie das Diskussionsverhalten genauer. Nutzen Sie den Beobachtungsbogen und arbeiten Sie arbeitsteilig. Eine Gruppe sollte sich nur auf die Moderatorenrolle konzentrieren, die anderen beobachten die Diskutierenden.

b Werten Sie Ihre Beobachtungen aus. Informieren Sie sich dazu auch mithilfe des Informationskastens (▶ Information unten und S. 39) über die Rolle der Moderatorin / des Moderators.

c Beurteilen und begründen Sie: Handelt es sich um eine sachliche und faire Diskussion?

Beobachtungsbogen zum Diskussionsverhalten

Der/die Diskutierende XY …

■ formuliert stichhaltige Argumente:	trifft zu	1	2	3	4	5	trifft nicht zu
■ bezieht sich auf seine Vorredner/-innen:	trifft zu	1	2	3	4	5	trifft nicht zu
■ formuliert sachlich-konstruktiv:	trifft zu	1	2	3	4	5	trifft nicht zu
■ reagiert sachlich, nicht emotional:	trifft zu	1	2	3	4	5	trifft nicht zu
■ stört nicht (z. B. durch Zwischenrufe):	trifft zu	1	2	3	4	5	trifft nicht zu
■ spricht mit passender Mimik und Gestik:	trifft zu	1	2	3	4	5	trifft nicht zu
■ lässt andere ausreden:	trifft zu	1	2	3	4	5	trifft nicht zu
■ lässt sich unterbrechen:	trifft zu	1	2	3	4	5	trifft nicht zu

4 Erstellen Sie mithilfe des Informationskastens einen Beobachtungsbogen zum Verhalten von Moderatoren und Moderatorinnen, den Sie bei der nächsten Diskussion in der Klasse anwenden.

Information **Eine Diskussion moderieren**

Eine Moderatorin / Ein Moderator soll eine Gesprächsrunde leiten. Der Begriff „moderat" stammt aus dem Lateinischen und bedeutet „maßvoll", „mäßigend", aber auch „lenkend". Damit ist die Rolle einer Gesprächsleiterin oder eines Gesprächsleiters klar umschrieben: Sie/Er nimmt sich selbst so weit wie möglich zurück und steuert so stark wie nötig die Diskussion, bleibt aber inhaltlich und personell neutral.
Anmoderation: Die Moderatorin / Der Moderator begrüßt die Teilnehmenden, gibt Hinweise zur Organisation, führt zum Thema hin und formuliert die Zielsetzung.

Diskussion: Die Moderatorin / Der Moderator

- sorgt für die Einhaltung der Gesprächsregeln (alle Teilnehmenden einbeziehen, auf gleiche Redeanteile achten, ggf. um Sachlichkeit bzw. Beachtung des Themas bitten etc.).
- sorgt durch aktives/empathisches Zuhören (▶ Information, S. 33) für inhaltliche Klarheit („Habe ich Sie so richtig verstanden, dass Sie zu dieser Frage folgende Einstellung haben …?").

- lenkt bei Bedarf durch Fragen die Diskussion, z. B. indem sie/er Beiträge aufeinander bezieht („Nun hat aber A gerade ausgeführt, dass ... Wie stehen Sie dazu?").
- greift bei Konflikten vermittelnd ein, erkennt Störungen (Unsachlichkeit, Lustlosigkeit, Müdigkeit, Ärger, Aggressivität) und gleicht sie aus.
- sorgt für die Visualisierung und Dokumentation der wichtigsten Ergebnisse (Protokollführer bestimmen, Ergebnisse z. B. auf Flipchart notieren und fotografieren).

Abschluss: Die Moderatorin / Der Moderator formuliert eine Zusammenfassung, zieht ein Fazit, dankt der Gesprächsrunde und sorgt für die Vervielfältigung der Ergebnisse.

Will man sich mit zwei oder mehr Gesprächspartnerinnen und -partnern über ein strittiges Thema konstruktiv austauschen, bietet es sich an, in einer Diskussion die verschiedenen Ansichten zusammenzutragen. So können Meinungen gebildet, verschiedene Aspekte einer Frage näher beleuchtet, Lösungen entwickelt oder Problemstellungen nach unterschiedlichen Pro- und Kontra-Argumenten bewertet werden. Will man zu einer solchen Diskussion beitragen, sollte man sich vorher entsprechend mit dem Thema befasst haben und dabei Expertenmeinungen zurate ziehen. Im Folgenden finden Sie z. B. Expertenmeinungen zum Thema Klimawandel.

Ernst Rauch (Klimaexperte der Münchener Rückversicherungs-Gesellschaft): „Als Geophysiker kann ich aus naturwissenschaftlicher Sicht sagen: Der Klimawandel findet eindeutig statt und zu einem Teil ist auch der Mensch dafür verantwortlich. Dafür sprechen die physikalischen Eigenschaften sogenannter Treibhausgase wie Kohlendioxid, also schlicht und einfach die Physik des Klimawandels."

Mojib Latif (Klimaforscher): „Wir müssen zeigen, dass es möglich ist, dem Klimawandel mithilfe der sauberen Energien Herr zu werden. Denn das Klimaproblem ist letzten Endes ein Energieproblem – und mit sauberer Energie können wir es auch lösen. Deutschland hat weltweit die besten Ingenieure und kann hier einen wichtigen Beitrag leisten."

Birgit Schneider (Professorin für Medienökologie): „Alarmismus führt uns jetzt nicht weiter. Alarmiert sind die meisten Menschen inzwischen schon. Wenn Wissenschaftler über Jahre hinweg Alarm schlagen, wird das zum Klischee. In meiner Forschung habe ich festgestellt, dass alarmierende Bilder schaden können, statt die Menschen aufzurütteln."

Alexander Carius (Mitbegründer der Denkfabrik adelphi): „Es gibt kaum einen seriösen Politiker oder Wirtschaftslenker, der nicht sagt, dass Klimarisiken das größte Problem des 21. Jahrhunderts sind. Beim Wirtschaftsforum in Davos wurden in den vergangenen zehn Jahren als wirkmächtigste und realste Bedrohung die Folgen des Klimawandels genannt – vor allen anderen Risiken wie Terrorismus, Cyber-Kriminalität oder Waffenhandel. Aber wenn die Klimapolitik darüber entscheidet, wie sich die Menschheit entwickelt, dann muss die Antwort mindestens genauso ambitioniert sein. Wir brauchen das größte Programm zur sozial-ökologischen Modernisierung einer Gesellschaft, das es je gegeben hat. [...] Es geht darum, ob es gelingt, völlig neue Formen von Mobilität zu entwickeln. Angesichts der teilweise absurden Diskussion um Abgaswerte und Dieselgate wird übersehen, dass tatsächlich etwas in Bewegung gekommen ist. Die Automobilindustrie hat lange geschlafen, aber sie ist inzwischen schon weiter, als viele denken."

1 Wählen Sie einen der Textauszüge aus und überlegen Sie, für welchen Aspekt des Themas Klimawandel er sich als Expertenmeinung verwenden ließe. Leiten Sie aus dem Aspekt strittige Teilfragen zum Thema Klimawandel ab.

2 Wählen Sie eine der strittigen Fragen aus. Finden Sie Argumente und Beispiele zu der jeweiligen Position.

3 Bereiten Sie im Sinne der Diskussionsvorbereitung mithilfe Ihrer bisherigen Ergebnisse Thesen und Argumente zum Thema auf:

- **a** Fertigen Sie stichwortartige Notizen auf einzelnen Karteikarten an.
- **b** Nummerieren Sie diese dann jeweils nach ihrer Stichhaltigkeit so, dass eine hohe Nummerierung eine hohe Stichhaltigkeit anzeigt.

4 Erproben Sie einige Argumente in einem Partnergespräch. Verwenden Sie dabei Diskussionstechniken, wie sie im Folgenden beschrieben werden (▶ Methode).

Methode Diskussionstechniken

Angriffstechniken

Bestreitetechnik
Die Gültigkeit der Argumente bestreiten: *„Sie haben behauptet, dass … Damit unterstellen Sie … Dabei übersehen Sie …"*

Übertreibungstechnik
„Wollen Sie mit Ihrer Behauptung andeuten, dass alle …?"

Gegenfragetechnik
„Wieso meinen Sie …?"

Umkehrtechnik
Umkehrung des Arguments durch Umkehrung der Kernaussage des Arguments: *„Das wäre richtig, wenn die Annahme stimmte …, aber dazu möchte ich …"*

Vorfragetechnik
Mit einer Frage den Standpunkt anderer Diskussionsteilnehmer ermitteln und sie darauf festlegen, um sie dann argumentativ angreifen zu können: *„Habe ich Sie richtig verstanden, dass Sie … behaupten wollen? – Dann muss ich Ihnen entgegenhalten …"*

Vorwegnahmetechnik
„Sie werden vermutlich einwenden, dass … Darauf möchte ich antworten …"

Verteidigungstechniken

Relativierungstechnik
„Das kann man auch anders sehen: …" – „Sehen Sie das nicht zu dramatisch?"

Kehrseitentechnik
„Ihr Standpunkt ist in einigen Aspekten richtig (oder nicht falsch). Sie übersehen dabei allerdings die Nachteile, dass …"

Einschränkungstechnik
„So problematisch, wie Sie es darstellen, ist die Sache gar nicht: …" – „Welche Wirkung hat denn … überhaupt?"

Umformungstechnik
Sachverhalte und Standpunkte werden zu Problemen oder Fragen: *„Sie haben eben das Problem … angeführt."*

Leerlauftechnik
Den Diskussionspartner seinen Standpunkt vortragen lassen, durch Zusammenfassen Zeit gewinnen: *„Zur besseren Übersicht fasse ich noch einmal zusammen: Sie sind also der Auffassung, dass …"*

5 Nutzen Sie anschließend Ihre Karteikarten, um sich in einer größeren Runde (▶ Methode) über möglichst viele verschiedene Thesen, Argumente und Beispiele zum Thema auszutauschen.

6 Reflektieren Sie die durchgeführte Diskussion mithilfe des Beobachtungsbogens (▶ S. 38). Welche Tipps für künftige Diskussionen nehmen Sie mit?

7 Bereiten Sie mithilfe der Metaplan-Technik (▶ Methode, S. 45) zu folgendem Thema eine weitere Diskussion vor: „Soll die Widerspruchslösung bei Organtransplantationen auch in Deutschland eingeführt werden?" Recherchieren Sie Informationen zu dem Thema, um Ihre Sachkompetenz zu stärken. Reflektieren und bewerten Sie auch diese Diskussion abschließend.

Methode **Eine Diskussion durchführen und beobachten – Die Fünfsatzmethode**

- Teilen Sie die Klasse in zwei Gruppen. Die erste Gruppe führt die Diskussion, die zweite beobachtet das Diskussionsverhalten (Fishbowl-Diskussion, ▶ Information).
- Setzen Sie sich so, dass Sie sich alle gut sehen und hören können.
- Zur besseren Nachverfolgung bzw. zur Ergebnissicherung sollte ein Mitglied der Beobachtungsgruppe die Diskussion zusätzlich protokollieren (▶ S. 372 f.).

Durchführung – Fünfsatzmethode:

1. Knüpfen Sie an Ihre Vorrednerin / Ihren Vorredner an.	*Sie behauptet …; Die gerade geäußerte Meinung, dass …*
2. Stellen Sie die Gegenposition oder Ihre eigene dar.	*Es ist angeführt worden …; ich glaube aber, …*
3. Entkräften Sie die Argumente oder nennen Sie Ihre.	*Dem ist entgegenzuhalten … / Dafür spricht …*
4. Schlussfolgern Sie ggf.	*Deshalb meine ich … / Daher erscheint es mir offensichtlich, dass …*
5. Formulieren Sie ggf. einen Appell/ Vorschlag.	*Ich schlage vor, … / Ich meine, wir müssten …*

Information **Diskussionsformen**

Abhängig vom Hauptzweck, der mit einer Diskussion verfolgt wird, bieten sich verschiedene Arten der Diskussion an.

An einer **Plenumsdiskussion** nehmen alle Anwesenden teil (Plenum: Vollversammlung).

Eine **Fishbowl-Diskussion** dient der Stärkung der Kommunikationskompetenz in Lerngruppen. In einem Innenkreis sitzen die Diskutierenden. Ihr Diskussionsverhalten wird von den anderen Mitgliedern der Lerngruppe beobachtet, die im Außenkreis stehen. Ein einheitlicher Beobachtungsbogen (▶ S. 38) erleichtert die spätere Auswertung.

In einer **Podiumsdiskussion** kommen Expertinnen und Experten zu Wort, die vor einem interessierten Publikum zu einem Thema diskutieren und im Anschluss an diesen Austausch Fragen der Zuhörenden beantworten.

An einer **Talkshow** nehmen Gäste teil, die vor einem Publikum zu einem bestimmten Thema Stellung beziehen. Ihr gesellschaftlicher Hintergrund und ihr Vorwissen können sehr unterschiedlich sein. Der Verlauf einer Talkshow wird stark von der Moderatorin / dem Moderator gesteuert. Sie/Er kann das Publikum in die Diskussion miteinbeziehen. Bei dieser Gesprächsform steht der Unterhaltungswert stärker im Vordergrund.
Die **Debatte** ist eine besondere Form des Austauschs von Argumenten. Schon die Herkunft des Wortes Debatte betont den eher kämpferischen Charakter dieser gedanklichen Auseinandersetzung: Das lateinische Wort „battuere" bedeutet „den Gegner mit Worten schlagen". Debatten werden nötig, wenn in Gremien der Politik und Arbeitswelt über Anträge, Gesetzesvorhaben oder unternehmerische Maßnahmen entschieden werden muss. Es stehen sich meist zwei klar abgegrenzte Pro- und Kontra-Positionen gegenüber. Am Schluss einer Debatte steht in der Regel eine Abstimmung.

Argumente als Kern von Diskussionen und Debatten

1 **a** Tauschen Sie sich in Partnerarbeit über das Böllern an Silvester aus. Schießen Sie mit Raketen und Böllern zum Jahreswechsel oder sind Sie ein Gegner des Silvesterfeuerwerks?

b Beziehen Sie auch gesellschaftlich relevante Überlegungen mit ein, indem Sie einige Pro- und Kontra-Argumente für beide Möglichkeiten sammeln. Nutzen Sie ggf. Argumente aus den folgenden Texten.

Wer hat hier 'nen Knall? (2018)

Immer mehr Menschen wollen das Böllern an Silvester auch der Umwelt zuliebe verbieten. Für andere ist es undenkbar, das neue Jahr ohne Raketen zu begrüßen. Ein Schlagabtausch.

Claudia Fromme: **Was für ein Wahnsinn**

Die Nachbarn feiern Silvester in der Neubausiedlung. Kurz vor Mitternacht gehen alle raus, die ersten Böller fliegen. Einer gerät in die Menge, trifft den Vierjährigen. Sein Schal fängt Feuer, frisst sich in die Haut an seinem Hals. Notarzt, Klinik, mehr als ein Jahr lang kommt der Junge mit einer Kopfmaske in den Kindergarten. Er trägt sie rund um die Uhr, damit das transplantierte Gewebe anwächst. Narben werden bleiben. Er hat noch Glück gehabt, sagen die Ärzte, sein Gesicht ist unversehrt.

Zu krass? Nein, denn über Silvesterfeuerwerke zu reden und das Ding nicht zu Ende zu denken ist, als würde man die Gefahren des Rauchens auf gelbe Fingernägel reduzieren. Böller, Knaller und Raketen gehören verboten. Zu jeder Zeit. Weil es gefährlich ist. Immer wieder sterben Menschen beim Feuerwerk. Wäre die Böllerei verboten, wären sie noch am Leben. […]

Sehr viele Tiere nehmen Geräusche intensiver wahr als Menschen. Schon ein Gewitter ist Stress für Hunde, Katzen und Zootiere, Feuerwerk ist die Hölle. Viele Hunde müssen an Silvester Beruhigungsmittel schlucken. Wildtiere werden aufgescheucht, fliehen in Panik und verbrauchen wertvolle Energiereserven, von denen sie im Winter nur wenig haben. Dem Deutschen Tierschutzbund zufolge dauert es oft Tage und Wochen, bis sie zum normalen Verhalten zurückfinden. In den Parks der Städte sieht das nicht anders aus, Singvögel, die sich zunehmend im Urbanen ansiedeln, werden aufgescheucht. Studien niederländischer Forscher zeigen, dass Vögel an Silvester bis weit nach Mitternacht in Höhen bis tausend Meter aufsteigen, ein irrer Kraftaufwand im Winter. Vor Jahren schon schrieb *Der Falke*, das Journal für Vögelbeobachter, von einer „lebensbedrohlichen Störung". Der Kompromiss eines zentral organisierten Feuerwerks wäre keine Lösung, der plötzliche Lärm in der Silvesternacht ist das Problem. An Dauerbeschallung gewöhnen sich Wildtiere, darum leben sie zum Beispiel auch an Flughäfen. Auch der Feinstaub ist keine Erfindung der Dieselkritiker und Böllergegner. Seit Jahren wird auf einem gleichbleibend hohen Niveau geböllert – mit der Folge, dass durch Silvesterfeuerwerke in

Deutschland in den wenigen Stunden um Mitternacht Feinstaub freigesetzt wird, der inzwischen 15 Prozent der im ganzen Jahr durch Straßenverkehr ausgestoßenen Menge entspricht. […] Die Grenzwerte für Feinstaub werden in der Neujahrsnacht drastisch überschritten, ebenso explodiert das Müllaufkommen. München meldete für die zurückliegende Silvesternacht 60 Tonnen Müll, was zehn Tonnen mehr sind als im vorigen Jahr. Was für ein Wahnsinn. Dass die Deutschen zum vergangenen Jahreswechsel 137 Millionen Euro verballert haben – sei's drum. Wofür Leute ihr Geld ausgeben, bleibt ihnen überlassen. […]
Einige Reiseveranstalter werben inzwischen mit „böllerfreien Urlaubszielen". Schön für Menschen, die verreisen wollen. Aber was ist mit denen, die in der eigenen Stadt feiern wollen, mit Freunden, der Familie? In Paris findet eine Licht- und Lasershow am Eiffelturm statt. Ohne Krach, aber mit fabelhaften Effekten. Ein schönes Vorbild. Davon hätten alle etwas – die Menschen, die Tiere und auch die Umwelt.

Christian Mayer: **Der Rausch einer Nacht**

Kurz vor Mitternacht am 31. Dezember, gleich beginnt das große Leuchten: Die Menschen versammeln sich an öffentlichen Plätzen, in München zum Beispiel am Friedensengel, in Berlin am Brandenburger Tor, in Hamburg an der Alster. Die Sektflaschen stehen bereit, ebenso die Fontänen, Glitzerfeuer und Vulkane. Der Countdown läuft, und dann beginnt ein Schauspiel für die Sinne; es ist laut und wild und die Luft leicht schweflig, wenn Hunderte Raketen gleichzeitig loszischen und still verglühen. Noch als Erwachsener erinnert man sich daran, wie aufregend es war, als man zum ersten Mal dabei sein durfte.
Wer das neue Jahr begrüßt, setzt ein Zeichen: Wir machen weiter, wir lassen uns nicht unterkriegen, wir bleiben trotzig optimistisch, selbst wenn 2019 wieder viele deprimierende Nachrichten zu erwarten sind. Wir freuen uns auf das, was kommt! […]
Es kann befreiend sein, gelegentlich gegen die Vernunft zu handeln – und man sollte dabei auch nicht immer gleich ein schlechtes Gewissen haben. Allerdings brauchen die meisten Menschen für einen solchen Befreiungsversuch einen Anlass, um das Ausbrechen aus gewohnten Verhaltensmustern vor sich selbst zu rechtfertigen. Silvester ist dafür eine gute Gelegenheit. Am letzten Tag des Jahres ist es erlaubt, die Fesseln der Vernunft abzustreifen. Wenigstens für ein paar Stunden. […]
Schon barocke Herrscher zelebrierten mit der friedlichen Verwendung des Schwarzpulvers die Geburt von Thronfolgern. Sie feierten damit militärische Erfolge, große Jubiläen und Geburtstage, immer in der Hoffnung, dass ein kunstvoll präsentiertes Feuerwerk, das gar nicht extravagant genug sein konnte, den eigenen Ruhm mehren würde. […] Noch heute kriegt man Gänsehaut, wenn man die „Feuerwerksmusik" des Komponisten Georg Friedrich Händel hört – ein wahrhaft bombastisches Meisterwerk.
Sind Böller und Raketen heute noch zeitgemäß? Nun, die Fakten sind bekannt. Die Feinstaubbelastung ist hoch, der Lärm beträchtlich. Es gibt die üblichen Müllberge am nächsten Tag und Menschen, die sich beim Knallen verletzen, weil sie zu leichtsinnig sind, manchmal leider auch fahrlässig. Aber ist es deshalb zwingend erforderlich, den Brauch gleich ganz abzuschaffen, wie das Bürgerinitiativen in vielen deutschen Großstädten fordern? Braucht man wirklich einen generellen Verkaufs- und Einführungsstopp für Feuerwerkskörper aller Art? Und sollen Polizei, Ordnungsämter und Feuerwehr das alles überwachen und Strafen verhängen?
Bevor man vorschnell „Ja" schreit, sollte man sich Zeit für eine ehrliche Selbstbetrachtung nehmen. Wie lebt man sonst so, das ganze restliche Jahr über? Wie oft nutzt man das Auto, wie viel Schadstoffe bläst man damit in die Luft? Wohin ging der letzte Urlaub? Vielleicht nach Thailand oder mit einem riesigen Kreuzfahrtschiff übers Meer? Wann hat man bei Amazon noch ein Paket und noch eines und noch eines bestellt – bis die Nachbarn total genervt waren, weil der Lieferdienst fünf Mal die Woche vor dem Haus parkt, mit laufendem Motor? Im Vergleich zu all diesen Sünden, die sich übers Jahr zu einer finsteren Öko-

Bilanz summieren, sind die Schäden durch das Silvesterfeuerwerk fast noch überschaubar. […]

Das Feuerwerk an Silvester gehört für viele einfach dazu. In den ersten Sekunden des neuen Jahres richten sich die Blicke sehnsuchtsvoll in den erleuchteten Himmel, bis der Traum zerplatzt und es Funken regnet. Die Realität holt einen schnell genug wieder ein – am nächsten Morgen zum Beispiel, wenn man verkatert an den Ort der Silvesterfreude zurückkehrt und erst mal die leeren Pyrobehälter einsammelt.

2 Fassen Sie die beiden unterschiedlichen Standpunkte kurz zusammen.

3 Untersuchen Sie die Positionen der Verfasser genauer.

a Notieren Sie die Argumente von Fromme und Mayer.

b Beurteilen Sie, ob die Argumente den Anforderungen entsprechen, die ein Argument erfüllen sollte (▶ Information unten und S. 107).

Information **Argumentieren**

In vielen Kommunikationssituationen geht es darum, Argumente auszutauschen, um z. B. Lösungen zu finden oder Ziele zu vereinbaren. Jeder Kommunikationsteilnehmer ist bestrebt, die anderen von seinem Standpunkt zu überzeugen. Dies gelingt nur dann, wenn die Argumente angemessen formuliert und aufgebaut sind. Eine überzeugende Argumentation besteht in der Regel aus den drei **Bestandteilen Behauptung (These) – Begründung (Argument) – Stützebene (Beispiel, Beleg, Zitat).**

Behauptung, Werturteil, Empfehlung

These

z. B.: „Böller, Knaller und Raketen gehören verboten." (Z. 20 f.)

↓

wird begründet durch Fakten, Beobachtungen, Erfahrungen, Aussagen von Experten

Argument

z. B.: „Weil es gefährlich ist. Immer wieder sterben Menschen beim Feuerwerk." (Z. 21 ff.)

↙ ↓ ↘

wird gestützt durch

Beispiel | ***Beleg*** | ***Zitat***

z. B.: „Kurz vor Mitternacht gehen alle raus, die ersten Böller fliegen. Einer gerät in die Menge, trifft den Vierjährigen. Sein Schal fängt Feuer, frisst sich in die Haut an seinem Hals. Notarzt, Klinik, mehr als ein Jahr lang kommt der Junge mit einer Kopfmaske in den Kindergarten. Er trägt sie rund um die Uhr, damit das transplantierte Gewebe anwächst. Narben werden bleiben." (Z. 7 ff.)

Stellungnahmen zum Thema Globalisierung

a „Die hochgradig spezialisierte und räumlich entgrenzte Arbeitsteilung, ohne die beständiges Wachstum nicht möglich ist, führt sogar unvermeidbar in ein komplexes System der ‚organisierten Unverantwortlichkeit', weil sich die sozialen und ökologischen Wirkungen ökonomischer Handlungen nicht mehr kontrollieren lassen. Mit zunehmender räumlicher Ausdehnung und ökonomischer Verflechtung steigt außerdem die Vulnerabilität, d. h. die Verwundbarkeit oder Krisenanfälligkeit der davon abhängigen Versorgungssysteme." (Wachstumskritiker Niko Paech)

b „Wenn es in den vergangenen zwei Jahrzehnten eine Gewissheit gab, dann diese: Die Welt rückt immer enger zusammen. Der Megatrend der Globalisierung erfasste die Weltwirtschaft in einer neuen Welle kurz nach dem Fall des Eisernen Vorhangs. Dank des Internets schrumpften Distanzen, plötzlich war es egal, ob der Geschäftspartner in Passau oder in Peking saß. Der Welthandel wuchs rasant, die Wertschöpfungsketten wurden global, die Arbeitsteilung immer feingliedriger. Und die Wohlstandsgewinne waren enorm." (Wirtschaftsjournalist Johannes Pennekamp)

c „Der US-Präsident versucht, den Wandel durch neue Handelsbarrieren abzubremsen. Das ist jedoch ein Kampf gegen Windmühlen. Die Globalisierung hat längst ihr Gesicht verändert. Gegen den globalen Austausch von Daten sind Stahlquoten und Strafzölle auf importierte Waschmaschinen machtlos." (Wirtschaftsjournalist Torsten Riecke)

d „Zunehmend erkennen Fachleute Anzeichen dafür, dass die Globalisierung ins Stocken gerät, zumindest aber ein anderes Gesicht bekommt. Als Konsens gilt: Die Globalisierung, wie wir sie kennen, setzt ihren Siegeszug nicht weiter ungebremst fort." (Wirtschaftsjournalist Markus Sievers)

1 Untersuchen Sie die Stellungnahmen zum Thema Globalisierung.
- **a** Entscheiden Sie, welche Grundgedanken als Argumente geeignet sind oder sich zu einem Argument ausarbeiten lassen.
- **b** Gibt es Äußerungen, die ungeeignet sind? Begründen Sie Ihre Antwort.
- **c** Formulieren Sie die Argumente aus.

2 **a** Worin sehen und erfahren Sie Chancen und Gefahren der Globalisierung? Arbeiten Sie für eine überzeugende Argumentation mit der Metaplan-Technik (▶ Methode) und schreiben Sie eine Stellungnahme.
- **b** Erstellen Sie im Unterrichtsgespräch ein Meinungsbild.

Methode **Metaplan-Technik**

Die Metaplan-Technik dient dazu, Argumente zu finden und zu bewerten.
- Formulieren Sie Ihre Argumente zum Thema. Schreiben Sie jedes Argument auf eine neue Karte. Nutzen Sie dazu verschiedenfarbige Karten: grüne für Pro-, rote für Kontra-Argumente.
- Heften Sie die Karten an Pinnwände und ermitteln Sie eine Rangfolge nach der Wichtigkeit. Doppelte und ungeeignete Argumente werden entfernt.
- Notieren Sie eine Argumentationskette. Je nach Aufgabenstellung kann sie linear oder dialektisch (▶ Methode, S. 331) aufgebaut sein. Auch zur Vorbereitung einer Diskussion ist diese Methode nutzbar.

2.2 Vortragssituationen

Referate und Kurzvorträge

1 Nennen Sie Themen, zu denen Sie im Deutschunterricht schon einmal Referate oder Kurzvorträge gehört oder gehalten haben. Tauschen Sie sich über Ihre Erfahrungen mit solchen Vorträgen aus.

Den Arbeitsprozess organisieren

1 Sprechen Sie das Thema Ihres Referats oder Kurzvortrags und den Vortragstermin mit der Lehrkraft genau ab. Dabei geht es besonders darum, das Thema präzise einzugrenzen.

2 Erstellen Sie einen konkreten Zeitplan für alle notwendigen Arbeitsschritte wie Bibliotheks- und Internetrecherche, Materialauswertung, Gliederung des Materials, Zusammenfassung der Ergebnisse und Vorbereitung des Referats bzw. Kurzvortrags.

3 Bereits zu Beginn, aber auch während der Arbeit sollten Sie sich folgende Fragen stellen:
1. **Worüber** spreche ich? Wie und wo können Informationen beschafft werden? Welche Inhalte sind wichtig? Wie werden sie komprimiert und strukturiert?
2. **Zu wem** spreche ich? Wie ist die Gruppe zusammengesetzt? Welche Erwartungen hat sie? Über welches Vorwissen verfügt sie? Wie kann ich sie aktivieren?
3. **Wie** spreche ich? Welche verbalen, paraverbalen und nonverbalen Mittel setze ich ein? Welche Medien nutze ich?

Information **Referate und Kurzvorträge**

Referate und Kurzvorträge sind Formen öffentlichen Redens, deren Wirkung von der adressatengerechten Aufbereitung des Inhalts, dem sinnvollen Einsatz von Medien und Visualisierungstechniken sowie von der rhetorischen Kompetenz und der körpersprachlichen Ausdruckskraft der Vortragenden abhängt.
In einem **Referat** wird ein **abgegrenztes Thema sachlich und informativ** dargestellt. Am Ende kann jedoch durchaus eine eigene Einschätzung formuliert werden. Geeignete **Medien** und **Visualisierungstechniken** erleichtern die Vermittlung und Aufnahme der Informationen.
Ein **Kurzvortrag** behandelt ebenfalls ein **abgegrenztes Thema** und sollte **nicht länger als zehn Minuten** dauern. Er endet mit einer eigenen Einschätzung. Visualisierungstechniken werden nur sehr begrenzt eingesetzt, z. B. in Form einer Folie, auf der knapp die Struktur des Vortrags verdeutlicht wird.

Informationen beschaffen, bewerten und bearbeiten

Die Klasse erhält den Auftrag, zum alljährlichen Weltfrauentag am 8. März Referate über deutsche Schriftstellerinnen zu verfassen. Sie sollen eine Kurzbiografie über die Schriftstellerin Annette von Droste-Hülshoff zusammenstellen und referieren. Ihre ersten Recherchen haben Folgendes ergeben:

Text 1: Annette von Droste-Hülshoff – eine Annäherung

[…] Annettes Mutter Therese von Droste-Hülshoff ist eine geborene von Haxthausen, bis 1803 gehört diese Familie zu den „Vier edlen Säulen" des Fürstbistums Paderborn. Im Bökerhof leben die Großeltern mütterlicherseits zusammen mit meist noch jungen Tanten und Onkeln, die entweder unverheiratet oder aber in der Umgebung verheiratet sind. 1813 verbringt die Mutter mit ihren beiden Töchtern Jenny und Annette zwei Wochen auf dem Hof ihrer Eltern. Hier kommt es zum

Zusammentreffen mit Wilhelm Grimm, der mit August von Haxthausen in Göttingen studiert. Ein älterer Bruder, Werner von Haxthausen (Jg. 1780), hat wegen einer Verschwörung gegen Napoleon nach England flüchten müssen. Er hat in der Familie die Begeisterung für Literatur geweckt und sich unter anderem mit den Brüdern Jakob und Wilhelm Grimm in Kassel befreundet. Der jüngere Bruder August ist in seine Fußstapfen getreten, was die Freundschaften mit dem Göttinger Kreis betrifft, zu dem die Brüder Grimm, Jakob und Wilhelm, aber auch Heinrich Heine, Clemens von Brentano und Achim von Arnim gehören. Schon bei diesem ersten Zusammentreffen mit Wilhelm Grimm kommt es zu einer ambivalenten Beziehung zu der jungen Droste, die die oberflächlich vorgezogene Jenny wohl nicht ganz korrekt interpretiert. Die 16-jährige Annette ist ein lebhaftes Mädchen, das mit ihrem Wissen, ihren Meinungen, ihren Fähigkeiten nicht hinter dem Berg hält, das sich streitbar den jungen Männern stellt, die wohl einerseits angezogen werden von ihr, umso mehr als die eigene Intelligenz die der jungen Dame wahrnehmen muss. Aber andererseits ist eine junge Frau wie Jenny, die als „sanft und still" geschildert wird, den Vorstellungen der Zeit gemäßer. Annette von Droste-Hülshoff wird als Herausforderung empfunden, von der eigenen Familie wohl auch kaum verstanden, von einem Wilhelm Grimm und anderen aber als Konkurrenz, auch als literarische Konkurrenz erlebt, und Literatur ist immer noch eine Männerdomäne. Der Frau wird nur eine Rolle als Dilettantin zugestanden. Schon 1813 schreibt Wilhelm an seinen Bruder Jakob über seinen Aufenthalt auf dem Bökerhof: „Märchen, Lieder und Sagen, Sprüche usw. wissen sie die Menge [...] Die Fräulein aus dem Münsterland wussten am meisten, besonders die jüngste [...] es ist schade, dass sie etwas Vordringliches und Unangenehmes in ihrem Wesen hat; es war nicht gut mit ihr fertig zu werden; sie ist mit 7 Monaten auf die Welt gekommen und hat so durchaus etwas Frühreifes bei vielen Anlagen. Sie wollte beständig brillieren und kam von einem ins andere [...] Die andere ist ganz das Gegenteil, sanft und still." [...]

Quelle: Ingeborg Bauer: Annette von Droste-Hülshoff – eine Annäherung, Norderstedt 2010, S. 61 f.

Text 2: „Die Liebe der jungen Dichterin", eine Buchkritik von Andreas Heimann über Karen Duves Roman „Fräulein Nettes kurzer Sommer"

[...] Annette von Droste-Hülshoff gehört nicht gerade zu den angesagten Autorinnen der Gegenwart. Und über sie und ihr Leben dürften die meisten Zeitgenossen wenig mehr wissen, als dass sie „Die Judenbuche" geschrieben hat, am Bodensee gestorben ist und auf dem 20-Mark-Schein zu sehen war. Nichts davon wird in „Fräulein Nettes kurzer Sommer" erwähnt, dem neuen, ausgesprochen gelungenen Roman von Karen Duve. Sie widmet sich den jungen Jahren der heute fast vergessenen Schriftstellerin Annette von Droste-Hülshoff (1797–1848). Und es gelingt ihr eindrucksvoll, dabei ein Zeitporträt des Vormärz zu entwerfen und eines der Literaten dieser Epoche. Heinrich Straube gehört dazu, den manche für den nächsten Goethe hielten, der dann aber doch eine Fußnote der Literaturgeschichte blieb. Immerhin war er ein Bekannter von Heinrich Heine, der ihn zu schätzen wusste. Wilhelm, nur einer der vielen Brüder Grimm, die in Duves Roman ebenfalls eine wichtige Rolle spielen, hielt Straube dagegen für einen Dünnbrettbohrer. Annette Droste-Hülshoff schätzte Grimm und liebte Straube. Und zumindest Letzteres war ein Problem, das Duve in allen Facetten beleuchtet. Die Eckpunkte der Welt der Dichterin in den Jahren ab 1817, auf die sich der Roman konzentriert, waren Brakel, Bellersen und Bökendorf, tiefste westfälische Provinz. Schon Göttingen, wo Straube und Heine studierten, war weit weg.

Für die junge Droste-Hülshoff, für die zärtliche Bande zu Männern außerhalb katholischer Adelsfamilien tabu zu sein hatten, waren Beziehungen zu genialischen Nachwuchsautoren wie Straube ein Risiko. Und sie hat deswegen auch eine Menge Ärger bekommen. Genau darum geht es Karen Duve, die den Konflikt der jungen Frau mit der alten, konservativen Ständegesellschaft ihrer Umgebung großartig und oft auch mit viel Sinn für Komik erzählt.

Es sollte gar keine große Sache werden, erzählt Duve. Aber dann hat es sie gepackt. „Ich bin in die Zeit völlig reingeschlüpft. Zwei Jahre habe ich nichts anderes gemacht und meinen Bekanntenkreis mit Anekdoten aus dem 19. Jahrhundert strapaziert."

Duve gelingt es, den richtigen Ton zu treffen. Der Roman erzählt nebenbei auch die politische Ideengeschichte der Epoche, in der sich zwar vieles veränderte, junge Frauen, die dichten wollten, aber weiterhin belächelt wurden.

Droste-Hülshoff war für Duve anfangs nicht gerade eine Kultfigur. „Manches, was mir vorher langweilig schien, empfinde ich inzwischen als geradezu sensationell." Und das lässt sich beim Lesen des Romans durchaus nachvollziehen.

Quelle: Andreas Heimann: Die Liebe der jungen Dichterin, Wiesbadener Kurier (03. 01. 2019)

Text 3: Romanauszug aus „Fräulein Nettes kurzer Sommer" von Karen Duve

1. Kapitel
Zu früh geboren

Annette von Droste-Hülshoff war eine Nervensäge. Schon ihre Geburt hatte den Eltern Kummer bereitet. An einem klirrend kalten Januarmorgen des Jahres 1797 war ihre schwangere Mutter, Therese von Droste-Hülshoff – eine Autorität in Anstandsfragen, die normalerweise jedes auffällige Benehmen, dieses bürgerliche Verhalten, wie den Tod scheute –, auf die fixe Idee gekommen, ganz allein auf dem zugefrorenen Burggraben einmal rund um das Hülshoff'sche Wasserschloss zu schliddern, und prompt gestürzt. Mit hochrotem Kopf nach allen Seiten äugend, ob jemand das peinliche Missgeschick beobachtet haben könnte, rappelte sie sich wieder auf, klopfte sich den Schnee vom Rock und verfügte sich beschämt in ihre Gemächer. Kurz darauf setzten die Wehen ein, zwei Monate zu früh, und Therese gebar ein winziges, kümmerliches Geschöpf mit noch winzigeren Händchen, die Finger wie Spatzenkrallen und die Nägel daran kaum wahrnehmbare Häutchen. Man hatte auf einen Sohn gehofft. Eine Tochter – Jenny – gab es ja bereits, wozu also noch eine? Clemens-August II. von Droste-Hülshoff, der wenig glückliche Vater, durfte das ererbte Schloss samt Teehaus, Parkanlage und Pachteinnahmen von etwa hundert umliegenden Bauernhöfen auf insgesamt 750 Hektar Land nur behalten, wenn er mit einer katholischen Frau einen Sohn zeugte. So waren die Bedingungen. Weswegen er sich nach dem frühen Tod seiner ersten Frau auch nur eine kurze Trauerzeit erlaubt und schon bald alle Damenstifte der Umgebung abgeklappert hatte, um sich schließlich mit Therese an das Zeugungsgeschäft zu machen. Und nun dieser weibliche Wurm. Niemand glaubte, dass das Kind überleben würde. Die Mutter war zu schwach, um es zu stillen. Zum Glück gab es im nahen Altenberge eine Webersfrau, Katharina Plettendorf, die ebenfalls gerade niedergekommen war, ungerechterweise mit einem Sohn, aber was sollte man machen. Die Plettendorf zog ins Schloss und rettete der kleinen Freiin das Leben. Allerdings blieb das Kind stets schwächlich und von zarter Gesundheit. Da fehlten eben zwei Monate, und von den ständig wallenden Nebeln rund um die westfälische Wasserburg bekam man auch nicht gerade rote Backen.

Als Annette heranwuchs, gesellte sich zu der zerbrechlichen Konstitution ein heftiges und störrisches Wesen. Sie zeigte wenig Neigung, sich mit angemessenen Beschäftigungen aufzuhalten, stromerte in der matschigen Moorlandschaft herum, kam mit verkrusteten Stiefeln und Kleidersäumen zurück und schwänzte den Unterricht, den sie gemeinsam mit ihrer Schwester und den beiden zur allseitigen Erleichterung schließlich doch noch geborenen Brüdern bei einem Hauslehrer nehmen durfte. […]

Quelle: Karen Duve: Fräulein Nettes kurzer Sommer, Köln 2018, S. 18 f.

1 Beurteilen Sie, ob Sie die Texte für Ihr Referat mit dem Thema „Annette von Droste-Hülshoff (Kurzbiografie)" nutzen können, und begründen Sie Ihre Einschätzung.

2 Prüfen Sie die Quellen der Texte und schätzen Sie ihre Zuverlässigkeit ein (▶ Methode, S. 359).

3 Exzerpieren Sie aus den Quellen relevante Informationen für Ihr Thema.

Text 1: verbringt 1813 Ferien bei Großeltern auf dem Bökerhof, lernt dort Wilhelm Grimm kennen, Grimm kritisiert das vorlaute Wesen von Annette von Droste-Hülshoff

Text 2: lebte von 1787 bis 1848, ab 1817 schwierige Liebesbeziehung zum Literaten Straube …

Text 3: …

4 Reflektieren Sie, welche sprachlichen und inhaltlichen Elemente die von Ihnen gefundenen Textauszüge auszeichnen und wie Sie dieses Material nutzen können, um Ihr Referat interessant und unterhaltsam zu gestalten.

5 Sammeln Sie weiteres Material zu Ihrem Thema. Recherchieren Sie möglichst vielschichtig und qualitätsorientiert (▶ S. 358). Gehen Sie so vor:

a Prüfen Sie, welche Publikationen Sie zu Ihrem Thema in einer Ihnen zugänglichen Bibliothek finden. Sichten Sie bei literarischen Themen Primär- und Sekundärliteratur sowie Lexika.

b Schließen Sie eine Internetrecherche an, z. B. mit den Stichwörtern „Göttinger Kreis", „Vormärz", „Die Judenbuche" …

c Überfliegen Sie die Materialien (▶ Methode, S. 67) und wählen Sie die passenden Texte aus.

d Exzerpieren Sie die relevanten Texte bzw. Textstellen.

6 Gliedern Sie das recherchierte Material evtl. mithilfe einer Mindmap. Erstellen Sie anhand Ihrer Gliederung eine Reihenfolge für Ihr Referat.

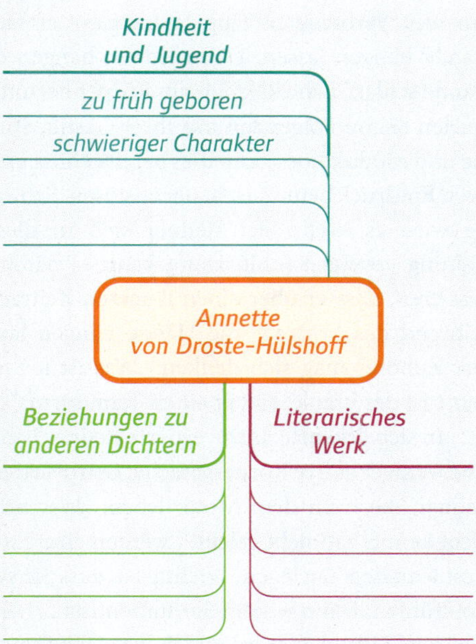

Referat zum Thema:
Annette von Droste-Hülshoff (Kurzbiografie)

Als Einstieg: 20-DM-Schein mit Droste-Hülshoff-Porträt

1. Kindheit und Jugend
1.1 Das Elternhaus
1.2 …

2. Begegnungen mit Dichtern des Vormärz
2.1 Besuch der Brüder Grimm
2.2 Der Göttinger Kreis
2.3 …

3. In Meersburg am Bodensee
3.1 …

7 **a** Arbeiten Sie Ihr Referat aus.

b Entscheiden Sie sich für einen guten Einstieg ins Referat (▶ Methode, S. 50).

c Bereiten Sie für das Resümee eine persönliche Stellungnahme zum Thema vor. Erläutern Sie z. B., wie Sie die Reaktion der Dichter des Vormärz auf die Werke von Annette von Droste-Hülshoff bewerten.

Methode **Ein guter Einstieg ins Referat**

Der Einstieg ins Referat soll die Aufmerksamkeit der Zuhörer sofort wecken. Es bieten sich verschiedene Möglichkeiten an.

- **Ein passendes Zitat verwenden:** Ein interessantes Zitat als Einstieg fesselt die Aufmerksamkeit des Publikums.
- **Einen interessanten Textausschnitt wählen:** Ein geschickt gewählter Textausschnitt aus der dem Referat zugrunde liegenden Literatur weckt das Interesse des Publikums und untermauert die eigene Kompetenz in Bezug auf das Thema.
- **Aktualität aufzeigen:** Die Zuhörer sind an einem Vortrag interessiert, wenn das Referatthema relevant und aktuell ist. Deshalb bietet es sich an, mit einem tagesaktuellen Beispiel einzusteigen. Dabei gilt: Je neuer, desto besser! Für diese Art des Einstiegs eignen sich z. B. Zeitungsausschnitte (Screenshots), ein tagesaktuelles Foto oder auch eine brandaktuelle Statistik.
- **Eine Frage stellen:** Indem Sie dem Publikum zu Beginn eines Referates eine Frage stellen, haben Sie seine Aufmerksamkeit, denn es beginnt, über die Antwort nachzudenken.
- **Eine persönliche Erfahrung erzählen:** Alltagsnahe persönliche Erfahrungen oder kleine Geschichten sind nicht nur extrem einprägsam, sondern schaffen auch sofort Anteilnahme beim Publikum.

Den Vortrag vorbereiten – Sprechtechniken

Michael Ehlers: **Rhetorik – Die Kunst der Rede im digitalen Zeitalter** (2019)

Gestik und Mimik

Der korrekte Einsatz von Gestik und Mimik zählt zu den Hauptschwierigkeiten ungeübter Redner. Auf die Frage „Wohin mit den Händen?“ erlebe ich oftmals verzweifelte Lösungsversuche. Dort sehe ich vor den Weichteilen der Herren verschränkte Hände, auch Franz-Beckenbauer-Gedächtnishaltung genannt. Ich sehe die Arme in die Hüften gestemmt, wie Gary Cooper in *High Noon*. Ich sehe Kugelschreiber, mit denen die tollsten Pirouetten vorgeführt werden, mit denen man ohne Weiteres bei Olympia auftreten kann. Allerdings sehe ich selten Sicherheit. Sprechen wir also von der Gestik, ist die Hauptfrage, die wir uns stellen müssen: „Wohin mit meinen Händen?“, um sicher zu wirken.

Ein weit verbreiteter Tipp lautet ganz einfach: Hände hängen lassen. Dann jedoch hängen die Hände schlaff, nahezu leblos am Körper herunter. Spielen Sie im Folgenden mit Ihrer Gestik, Stimme und Modulation, kann dies bereits einen positiven Eindruck beim Zuschauer auslösen. Schwierig wird es, wenn der Redner sich in dieser Haltung gefangen fühlt. Dann kann es nämlich passieren, dass er über einen längeren Zeitraum während des Vortrags die Hände hängen lässt. Der Zuhörer mag sich denken: „Was ist los mit dem? Ist der krank? Hat er einen Tennisarm?“
[…] In sich gekehrte, introvertierte Redner haben eine weniger aktive Körpersprache. Extrovertierte Redner, die nach dem Motto leben: „Wer mich nicht kennt, hat nicht gelebt!“, werden eine breite Gestik an den Tag legen. Wichtig ist, dass Sie sich wohlfühlen. Dann wirken Sie authentisch. […]
Während Sie reden, werden sich Ihre Hände automatisch bewegen. Das passiert, weil unsere Gestik nicht von unserem Verstand gesteuert wird, außer wir machen ganz bewusste Zeigegesten. Sagen wir beispielsweise: „Mit unserem Umsatz in der Firma muss es nach oben gehen!“, schnellt dabei unser Finger in die Höhe. Wir zeigen quasi wie in

einer Statistik auf, wohin sich der Umsatz bewegt. Das ist eine bewusste Zeigegeste, die wir mit dem Verstand steuern. Der Großteil unserer Gestik wird jedoch vom Unterbewusstsein gesteuert. Sie unterstützt unseren Charakter ganz natürlich, wodurch wir authentisch wirken. […]

Atem-, Stimm- und Sprechtechnik

Atemnot, zittrige Stimme, ein trockener Mund oder auch der berühmte Frosch im Hals: Wer hatte das noch nicht? Dies sind lauter Symptome, die in Drucksituationen auftreten können. Sie wirken sich sehr negativ auf unseren Sprachklang aus.
Unsere Sprache wird auch als „Klang der Seele" bezeichnet. Durch sie transportieren wir zahlreiche Emotionen. Das geschieht jeden Tag, wenn wir mit anderen Menschen kommunizieren. Unsere Sprechtechnik hat enormen Einfluss darauf, wie wir von anderen wahrgenommen werden. Nur wer mit guter Stimme spricht, wird auch rhetorisch überzeugen können. Um die Stimme optimal einzusetzen, spielt die richtige Atmung eine enorme Rolle. Sie versorgt uns nicht nur mit dem nötigen Sauerstoff, sondern ist der Motor unserer Stimme. Reden ist im Grunde nichts anderes als tönendes Ausatmen – und zwischendurch atmen wir instinktiv wieder ein. Ganz einfach, oder? […]

Lautstärke und Modulation

[…] Aber was genau ist Modulation? Es handelt sich um die Gestaltung unseres Sprechens. Reden wir laut oder leise, schnell oder langsam? Wann heben wir die Stimme und wann senken wir sie? Durch Lautstärke und Modulation können wir Satzzeichen hörbar machen. Ein professioneller Redner moduliert seinen Sprechton bei einem normalen Satzende nach unten. Bei einer Aussage bleibt er mit dem Ton darauf, bei einer Frage moduliert er nach oben. Ungeübte Redner bringen dies oft durcheinander. […]
Die Ursache dafür ist zumeist in ihrer Nervosität begründet, die sich ebenfalls auf die Lautstärke ihrer Rede auswirkt.
Wer unsicher ist, spricht leise. In diesem Fall können Sie Ihre Rede noch so professionell vorbereitet haben, Sie werden mit Ihren Inhalten nicht überzeugen können. Wer mit einer starken, gut vernehmlichen Stimme präsentiert, wirkt sicher, wodurch seine Worte glaubhafter werden – selbst dann, wenn der Gehalt seiner Rede schwächelt. Automatisch nehmen wir ihm ab, dass er hinter dem steht, was er sagt. Achten Sie also unbedingt darauf, mit kräftiger Stimme zu sprechen. […]

Pausentechnik

In meiner über 20-jährigen Karriere als Rhetoriktrainer habe ich immer wieder zu verstehen versucht, was den guten Redner von einem absoluten Topredner unterscheidet. Und ich habe über 20 Jahre gebraucht, um den wichtigsten Unterschied zu erkennen: die Pause! Genau, dieser Raum zwischen zwei Aussagen eines Redners oder auch am Ende einer Frage, in dem der Redner nicht spricht. „Reden ist Silber, Schweigen ist …" Der gezielte Einsatz von Pausen ist eine der, vielleicht sogar die, Königsdisziplinen in der Rhetorik. Der ausgezeichnete Komödienschreiber Curt Goetz sagte einst dazu: „Eine Gelegenheit, den Mund zu halten, sollte man nie vorübergehen lassen." Über eine Möglichkeit, Pausen richtig zu nutzen, sind Sie gerade schon gestolpert. Sie haben das Sprichwort in Gedanken ganz automatisch mit dem Wort „Gold" ergänzt. Derselbe Mechanismus greift auch während einer Rede. Wenn Sie als Redner ein Sprichwort nur halb aussprechen, wird es das Publikum für Sie, meist hörbar, vervollständigen. Sinn und Zweck dieser Technik ist es, die Aufmerksamkeit der Zuhörer zu bündeln und eine Verbindung zwischen Ihnen und dem Publikum zu schaffen.
Das Nichtsprechen macht einen Redner zum Topredner. Nur auf den ersten Blick liegt darin ein Widerspruch. […]

1 **a** Stellen Sie die Problemfelder beim Vortragen zusammen, die im Text genannt werden.
b Diskutieren Sie die Lösungsansätze des Verfassers.
c Ergänzen Sie aus eigener Erfahrung Strategien zur Optimierung der Sprechtechnik.
d Überlegen Sie, ob und wie Sie Ihre Sprechtechnik in der täglichen Praxis perfektionieren können.

Mediengestützt referieren – Auswahl der Vortragsweise und der Visualisierungstechnik

1 **a** Nehmen Sie zur Übung die Textauszüge der Texte 1–3 (▶ S. 46–48) und übertragen Sie die Informationen mit wenigen Notizen für einen möglichst freien Vortrag auf einige Karteikarten. Versehen Sie jede Karteikarte mit einer Überschrift.

b Vergleichen Sie Ihre Ergebnisse in Partnerarbeit und begründen Sie Ihre Auswahl.

2 Bereiten Sie für Ihren Vortrag ein Handout vor.

3 **a** Halten Sie Ihr Referat vor einem Testpublikum. Spielen Sie dabei mit den Möglichkeiten des gestaltenden Sprechens, indem Sie die unterschiedlichen Varianten von Gestik, Mimik, Sprechtempo und Stimmführung in ihrer Wirkung erproben.

b Verteilen Sie Beobachtungsaufträge für alle Bestandteile des Vortrags und lassen Sie sich ein Feedback geben. Korrigieren Sie ggf. Ihren Vortrag.

Methode — Visuelle Unterstützung bei Referaten und Kurzvorträgen

Die Aufmerksamkeit der Anwesenden wird erhöht, wenn man außer über den akustischen noch über den optischen Kanal Informationen aufnehmen kann. Als Hilfsmittel eignen sich vor allem die Tafel, der Beamer mit Projektionswand, digitale Präsentationsprogramme (▶ S. 56) oder ein Handout.

- **Folien** dienen dem Vortragenden und den Zuhörern als Orientierung. Sie sollten logisch strukturiert sein und in einer gut lesbaren Schriftgröße übersichtlich beschrieben werden.
- Ein **Handout** von zwei bis maximal vier DIN-A4-Seiten ergänzt als Tischvorlage den Vortrag und erleichtert den Zuhörenden die Orientierung. Es enthält Angaben über die Veranstaltung (Titel, Ort, Datum, Referentin/Referent) sowie stichwortartig Informationen über den Inhalt (Frage/Problemstellung, Gliederung, Argumentationsstruktur, Definitionen, Fazit, Ausblick). Als Anhang können ein Literaturverzeichnis sowie die Materialien (Schaubilder, Statistiken usw.) angefügt werden.
- Ein **Thesenpapier** kann Bestandteil eines Handouts oder ein eigenes Begleitblatt sein. Es fasst – möglichst auf einer DIN-A4-Seite – mit knappen und prägnanten Sätzen den Inhalt in Thesen zusammen. Ein Thesenpapier wird häufig als Grundlage für die nachfolgende Diskussion genutzt und kann daher auch streitbare, polarisierende Behauptungen enthalten, die im Vortrag erläutert werden sollten.

  Auf dem Begleitmaterial sollte Platz für Notizen der Zuhörenden bleiben.

Methode — Vortragsweisen

Ein **ausformulierter Text** kann als Grundlage für den Vortrag dienen. Ein großer Zeilenabstand, eine auch mit etwas Abstand gut lesbare Schriftgröße und markierte Kernaussagen erleichtern die Orientierung und ermöglichen so den Blickkontakt mit den Zuhörenden. Wer mit dem Referieren schon Erfahrung hat, sollte **Karteikarten als Stichwortzettel** nutzen. Sie enthalten auf knappem Raum, kurz formuliert und übersichtlich angeordnet die wichtigsten Zusammenhänge sowie Informationen, die schwer zu behalten sind bzw. ganz korrekt wiedergegeben werden müssen: Daten, Zahlen, Fachbegriffe, Zitate. Zu allen Abschnitten des Vortrags werden gesonderte, fortlaufend nummerierte Karteikarten angelegt. Hervorhebungen, Symbole und Abkürzungen helfen bei der Strukturierung.

Präsentationen

Zum Weltfrauentag wollen Sie Ihre Referate über berühmte Autorinnen anderen Klassen präsentieren. Eine Präsentation unterscheidet sich von einem Kurzvortrag und einem Referat dadurch, dass sie stärker mediengestützt ist.

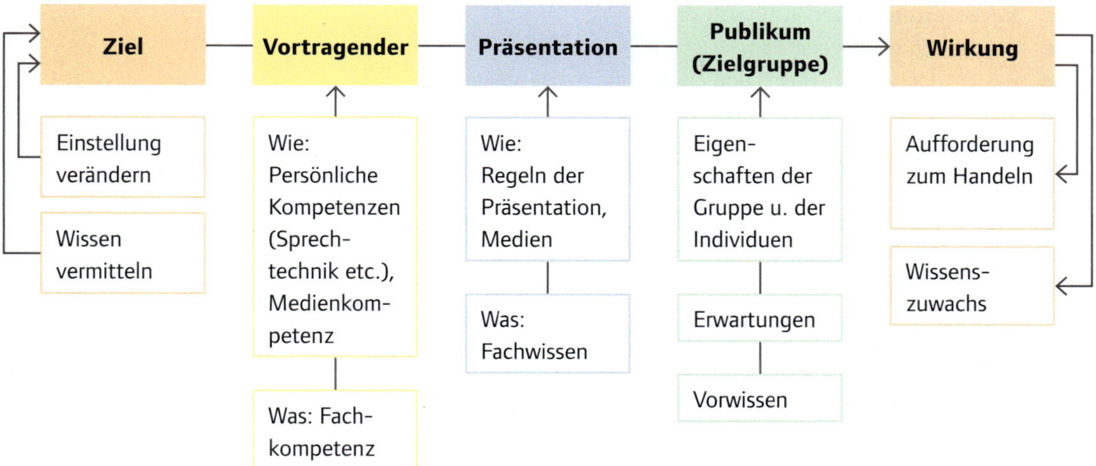

1 Beschreiben Sie das Schema.
2 Nennen Sie aus dem Alltags- und Berufsleben Beispiele für Präsentationen.
   a Erläutern Sie die Auswirkungen unterschiedlicher Anlässe und Zielsetzungen auf die Art der Präsentation.
   b Welche Konsequenzen ergeben sich für die Präsentation durch unterschiedliche Zielgruppen? Nennen Sie auch hier Beispiele.
3 Klären Sie zu Beginn der Erarbeitung Ihrer Präsentation die Ziele und machen Sie sich Gedanken über Ihre Zielgruppe. Notieren Sie Ihre Ergebnisse stichwortartig.

Präsentationen vorbereiten – Den Arbeitsprozess organisieren

1 Erstellen Sie eine Checkliste für die Präsentationsvorbereitung. Nutzen Sie dazu die Vorlage aus dem Methodenkasten (▶ S. 54) und ergänzen Sie sie nach Ihren Belangen. **Tipp:** Kopieren Sie Ihre Checkliste, damit Sie sie auch bei den kommenden Präsentationen nutzen können.
2 Entwerfen Sie kurz vor der Präsentation einen Ablaufplan, vor allem, wenn Sie **im Team präsentieren.** Nutzen Sie für die Eröffnung auch die Methode „Ein guter Einstieg ins Referat" auf Seite 50.

Phase	*Wer?*	*Medien*	*Dauer*	*Beachten!*
Begrüßung	*Jan*	*…*	*2 Min.*	*Zitat: „…"*
Anlass, Thema, Ziel	*Clara*	*Folie 1*	*3 Min.*	*Blickkontakt!*
Organisatorisches	*Dilek*	*Handout, Flipchart*	*2 Min.*	

Methode **Eine Präsentation planen**

Eine Präsentation erfolgt in **drei Schritten: Eröffnung, Hauptteil, Abschluss.**

A Eröffnung: Begrüßung, abgestimmt auf den Teilnehmerkreis; **Vorstellung** der eigenen Person; **Information** zu Anlass, Thema, Ziel, Organisation

→ **Vorbereitung:** Machen Sie sich klar:

- wie Sie sich selbst vorstellen
- was Sie über Anlass, Thema und Zielsetzung sagen wollen
- ob Sie die Verteilung von Material ankündigen, Fragen zulassen etc.
- ...

B Hauptteil

Darstellung der Inhalte: Wichtig ist ein logischer und nachvollziehbarer Aufbau, der auf das Thema abgestimmt ist. Die **Strukturierung** kann z. B. nach der Sachlogik (wie in einem Fachbuch), nach der zeitlichen Abfolge oder im Dreischritt (z. B. Vorteile – Nachteile – Lösung; Was war? – Was ist? – Was wird sein?) erfolgen.

→ **Vorbereitung:** Vergewissern Sie sich, dass Sie folgende Vorarbeiten geleistet haben:

- die Inhalte sinnvoll gegliedert
- für die einzelnen Teile ausreichend Zeit eingeplant
- aussagekräftige Visualisierungen gewählt
- Raum und Technik kontrolliert
- Mittel geplant, um die Aufmerksamkeit der Zuhörenden zu gewinnen und zu erhalten
- ...

C Abschluss

Zusammenfassende Abrundung, Dank an die Zuhörenden, abgestimmt auf die Gruppe und den Ablauf der Präsentation, evtl. **weitere Vorgehensweise,** z. B. Diskussion, Feedback

→ **Vorbereitung:** Planen Sie,

- was Sie in die Zusammenfassung aufnehmen
- mit welchen Worten Sie schließen
- ob eine Diskussion folgen soll, wie Sie diese eröffnen wollen, wie lange sie dauern kann
- ...

Präsentationsmedien

Anita Hermann-Ruess: **Professionell, wirkungsvoll und denkstilgerecht visualisieren** (2017)

Vorgehensweise: Visualisierung einer Präsentation

Erster Schritt: die Strategie entwerfen

Bevor Sie mit der endgültigen Gestaltung Ihrer Visualisierungen beginnen, ist es wichtig, über die Strategie nachzudenken:

- **Verdeutlichen:** Welche komplexen Zusammenhänge wollen Sie anschaulich darstellen? Wo brauchen Sie ein Bild, um Ihre Botschaft einleuchtend zu machen?
- **Beweisen:** Wo können Sie Bilder als Argumente einsetzen? (Ihre Teilnehmer können *sehen,* dass Ihre Kernbotschaft stimmt.) Welche Überzeugungsmittel wollen Sie visualisieren?
- **Emotionalisieren:** Welche emotionalen Aussagen Ihrer Kernbotschaften können Sie über Bilder emotional verstärken?

Zweiter Schritt: das Konzept scribbeln

Scribbeln Sie Ihr Konzept. Scribbeln ist ein Begriff aus der Werbung und bedeutet, mit Bleistift Ideen auf Papier festzuhalten. Wählen Sie das passende Medium. […]

Es gibt Medien, mit denen Sie Ihre Botschaft für die gesamte Dauer der Präsentation visualisieren. Das sind zum Beispiel Flipcharts, Plakate, Moderationswände. Die eignen sich für die Botschaften, die permanent sichtbar sein sollen, zum Beispiel Tagesordnungspunkte oder sehr wichtige Zusammenhänge. Dann gibt es flüchtige Medien wie zum Beispiel Beamer, Overheadprojektor. Diese zeigen Ihre Botschaft nur für kurze Dauer (ohne zu stören). Beachten Sie auch hier: Was sollten Sie permanent sichtbar visualisieren und was nicht?

Dritter Schritt: die fertigen Folien gestalten

Dann erst gestalten Sie […] die endgültigen Anschauungsmittel so, wie Ihre Teilnehmer sie sehen werden. Wählen Sie **ein einheitliches Design pro Kernbotschaft** – schließlich schätzen unterschiedliche limbische[1] Codierungen auch unterschiedliche Formen und Farben. […]

1 **limbisch:** vom limbischen System (Randgebiet zwischen Großhirn und Gehirnstamm) bestimmt; vom limbischen System gehen gefühlsmäßige Reaktionen auf Umweltreize aus

1 Erläutern Sie, welche Unterschiede zwischen dauerhaften und flüchtigen Medien bestehen und aus welchem Grund Sie die einen wie die anderen verwenden.

2 Medien sollen bei der Vermittlung und Aufnahme von Informationen helfen, d. h., sie sollten sinnvoll und ökonomisch eingesetzt werden. Je nach Inhalt und Ziel der Präsentation bieten sich bei den meisten Themen verschiedene Varianten an. Vervollständigen Sie die Tabelle und ergänzen Sie weitere Medien oder Bemerkungen. Nutzen Sie dazu auch den Text von Anita Hermann-Ruess.

	Einsetzbarkeit	***Vorbereitungsgrad***	***Vorteile***	***Nachteile***
Beamer	*für alle Gruppengrößen geeignet* …	*hoch: Anfertigen von Folien, Bereitstellung der Geräte* …	*vielfältige Darstellungsmöglichkeiten* …	*Perfektion kann steril wirken, Abhängigkeit von Technik, flüchtiges Medium* …
Flipchart	*nur für kleine Gruppen geeignet oder als dauerhafte Ergänzung zu den anderen Medien*	*gering, allerdings ist Sorgfalt bei der Beschriftung vonnöten, damit der Text gut lesbar ist*	…	…
…				

3 Wählen Sie für Ihre Zwecke die entsprechenden Medien aus. Machen Sie sich dabei stets auch die Nachteile des Mediums bewusst und versuchen Sie, sie auszugleichen.

4 Bereiten Sie dann die Inhalte medial auf (▶ Information, S. 56).

5 Planen Sie, mit welchen Worten Sie Visualisierungen und Einspielungen verbal begleiten können.

Information **Regeln für eine Präsentation mit digitalen Präsentationsprogrammen**

Mit einem digitalen Präsentationsprogramm kann man Inhalte sehr ansprechend und abwechslungsreich aufbereiten, doch darf dies nie Selbstzweck sein. Um das zu verhindern, sollten Sie die folgenden Regeln beachten:

- Der Inhalt sollte stets im Mittelpunkt stehen, erst in einem zweiten Schritt kommt es auf die Visualisierung an.
- Beschränken Sie die Visualisierungen auf zentrale Aussagen.
- Reduzieren Sie die Textmenge auf einer Folie so weit, dass die Zuhörer alles gut erfassen können. Bedenken Sie dabei, dass Ihr Vortrag durch die Folien unterstützt, aber nicht abgebildet werden soll.
- Gehen Sie sparsam mit unterschiedlichen Schriftgrößen und -arten, Hervorhebungen, Animationen und Farben um, sodass die Übersichtlichkeit gewahrt bleibt.
- Achten Sie auf eine gute Lesbarkeit und eine einheitliche Gestaltung.
- Bereiten Sie einen Sprechtext vor, der mehr sagt als die Aussagen auf den Folien. Achten Sie auf schlüssige Überleitungen, Beispiele und die Ansprache des Publikums.

Zuhörer einbeziehen und aktivieren

Viele Vorträge werden nicht primär aus persönlichem Interesse verfolgt. Oft gehören sie zum Pflichtprogramm, das Lernende und Berufstätige absolvieren müssen. Umso wichtiger ist es für die Referentin oder den Referenten, das Interesse zu wecken und zu erhalten (▶ Methode, S. 50). Sehr effektiv kann auch eine Aktivierung der Zuhörenden durch ein **Impuls- oder Sandwichreferat** sein.

Methode **Impuls- und Sandwichreferat**

Beim **Impulsreferat** laufen die Darstellung und Erarbeitung eines Themas in einem Prozess ab, in dessen Verlauf die/der Vortragende und die Zuhörenden ihre **Rollen wechseln:** Nach einer kurzen Phase der Informationsvermittlung erarbeiten die Zuhörenden arbeitsteilig z. B. Beiträge zu Thesen oder werten Schaubilder aus und präsentieren ihre Ergebnisse. Die/Der Vortragende stellt die Aufgaben und moderiert die Präsentation. Dieser Rollentausch kann je nach Länge des Referats mehrmals erfolgen.
Für ein **Sandwichreferat** bereitet die/der Vortragende **Fragen** vor, welche die Zuhörenden vor Beginn des Referats in Partnerarbeit oder in Gruppen kurz diskutieren, die Ergebnisse werden schriftlich festgehalten. Im Anschluss an das Referat bewerten die Zuhörenden ihre Antworten vor dem Hintergrund des hinzugewonnenen Wissens.

1 Erläutern Sie, welche Anforderungen diese Methoden an die Vortragenden stellen.
2 Erklären Sie, inwiefern die Methoden geeignet sind, die Zuhörenden zu aktivieren.
3 Weitere Möglichkeiten zur Aktivierung des Publikums finden Sie im Folgenden. Ergänzen Sie andere Beispiele und beurteilen Sie, welche Methoden zu Ihrem Vortrag passen.

Kartenabfrage oder Brainstorming: *„Was hat euch bei unserer Präsentation am besten gefallen?“*
Punktabfrage: *„Welche Autorin beeindruckt euch am meisten?“*
Murmelphase: *„Tauscht euch leise über die deutschen Autorinnen aus. Welche Biografien haben euch am meisten überrascht?“*

Fragen stellen *(Die Präsentierenden stellen Fragen und müssen auf die Antworten aus dem Publikum Bezug nehmen): „Ihr habt gerade festgestellt, dass die Autoren des Vormärz Annette von Droste-Hülshoff immer sehr abwertend behandelt haben. Das ist richtig und liegt daran, dass …“*
Blitzlicht: *„Bitte äußert spontan eure Eindrücke zu diesem Vortrag.“*
Galeriegang, Fotogalerie, Zeitleiste: *„Wir haben Porträts der Autorinnen, Zeichnungen, die sie selbst angefertigt haben, sowie Fotografien ihrer Heimatorte in einer Ausstellung zusammengefasst. Ihr könnt sie euch jetzt gerne anschauen.“*
Fragen zulassen: *„Habt ihr Fragen zu dem Unterpunkt ‚Annette von Droste-Hülshoffs frühe Werke'?“*

Eine Präsentation bewerten

1 Beschreiben Sie den Aufbau des Bewertungsbogens unten und diskutieren Sie, welche Parameter Sie ändern oder ergänzen würden bzw. wie Sie den Bogen auf verschiedene Beobachtungssituationen anpassen können.

Bewertungsbogen für eine Präsentation

Bewertung	−3	−2	−1	+1	+2	+3
Gesamteindruck des Referenten						
Eröffnung						hat mit rhetorischer Frage Interesse geweckt
Auftreten				stützt sich ständig an die Wand, sonst aber sicher		
Inhalt						
Thema eingehalten?						
Sprachliche Gestaltung		„Ähm“ häufig benutzt				
Mediengestaltung						
Textmenge auf Folien			zu viel Text pro Folie			
Einheitlichkeit der Gestaltung						
Übersichtlichkeit						

2 Halten Sie die Präsentation vor Ihrer Lerngruppe und lassen Sie sich ein Feedback geben. Verteilen Sie ggf. vor der Präsentation differenzierte Arbeitsaufträge an die einzelnen Mitglieder Ihrer Lerngruppe, damit die Beobachtung nicht zu komplex wird.

B Texte lesen, verstehen und schreiben

B1 Literatur heute

B2 Sachtexte

B3 Epik

B4 Lyrik

B5 Drama

B6 Film im Fokus

B1 Literatur heute

Biblioteca Vasconcelos, Mexiko-Stadt (Mexiko)

Stadtbibliothek Stuttgart (Deutschland)

Binhai-Bibliothek, Tianjin (China)

Public Library, New York (USA)

„Die Lust an der Literatur ist auch die Lust am Leben. Die Kunst, zu lesen, in ein Buch hineinzufallen, darin zu versinken, kaum noch auftauchen zu können, ist ein Stück Lebenskunst.“

Elke Heidenreich

1 **a** Betrachten Sie die abgebildeten Bibliotheken und notieren Sie Ihre Assoziationen. Beziehen Sie Elke Heidenreichs Zitat in Ihre Überlegungen mit ein.

b Tauschen Sie sich in der Gruppe aus: Was lesen Sie und warum? Welche Bibliotheken kennen Sie?

In diesem Kapitel erwerben Sie folgende Kenntnisse und Kompetenzen

- Lesestrategien und Lesetechniken kennen und situationsgemäß nutzen,
- Methoden der Texterschließung und der Textwiedergabe kennen und anwenden,
- die Aussagekraft von kontinuierlichen Texten beurteilen,
- Informationen aus Sachtexten und literarischen Texten wiedergeben.

1.1 Literatur lebt – Lesen in der digitalen Welt

Hannes Vollmuth: Macht Platz (2019)

[In seiner Reportage schildert der Autor einen Besuch in der Zentralbibliothek der Hamburger Bücherhallen. Der Leiter des Fachbereichs Publikumsbetrieb der Bibliothek, Karsten Meincke, hat ihn dabei begleitet, von seiner Arbeit erzählt und Fragen beantwortet.]

[…] Ein rotbrauner Klinkerbau direkt neben dem Hauptbahnhof. Der erste Gedanke, wenn man darauf zuläuft: eine Fabrik. Vier Stockwerke sind mit einem Treppenhaus und einem Aufzug verbunden. Im Erdgeschoss die Jugendmedien, eine Etage höher ein Café und die Kinderbibliothek. Im zweiten Stock Romane. Im dritten sehr viele Computer mit Internetzugang. Sie haben aktuell 472 700 Medien, ausgeliehen und vor Ort in den Regalen. Das Interessanteste seit mehreren Jahren: Diese Bibliothek wird überrannt.

Es ist nicht wegen der Bücher.

Um Punkt zehn wird die Drehtür entsperrt und befördert wie ein Schaufelrad Menschen ins Foyer, in die Arme von Karsten Meincke: Junge Frauen mit Kopftuch, alte Frauen mit Lesebrille im grauen Haar. Männer mit nachlässig geschnürten Timberlands, mit nachtblauen Anzügen, mit beiger Hose und Stock. Jede Menge Schüler mit Rucksäcken. Gestrandete mit Tüten und Monatsbärten. Ein Rollstuhlfahrer. Da sind Reisende, die ziehen ihren Koffer nach.

Die Bibliothek hat kaum geöffnet, schon sind zwei Drittel der Plätze auf vier Stockwerken besetzt. Es wird gelernt, geschrieben, zwischen den Regalen gesessen, in einem Fall leise geweint. Geschlafen, am Handy gespielt, Film geschaut, geflirtet, manchmal gelesen. Am E-Piano still geklimpert, mit Kopfhörer. Es wird gestritten, Sudoku ausgefüllt, leise gesungen, auf dem Boden gelegen, Händchen gehalten (und wenig später geknutscht). Es wird einfach nur aus dem Fenster geschaut, Richtung St. Georg zum Beispiel. Auf allen Ebenen sitzt neben jeder verfügbaren Steckdose irgendwer und lädt sein Handy. […]

An dieser Stelle eine Klarstellung vom Bibliothekar: „Viele Leute kommen nach wie vor wegen der Medien, definitiv.“ Er sagt immer Medien, nie Bücher. […]

Das ist Meincke jetzt echt wichtig: Ohne Bücher würden nicht die Schüler kommen, nicht die Studenten, und die zeitungsgierigen Rentner auch nicht, die ihre Lektüren anschließend unten im Café diskutieren, wo der Kaffee wenig kostet […].

[…]

Es ist jetzt so, dass die Bibliothek nicht mehr nur ein Bücherspeicher ist, wahrscheinlich sogar nie nur war. Sie ist heute auch: ein Ort der Begegnung. Oder um es so pathetisch wie ein Berliner Bibliothekar auszudrücken: ein Forum der Stadtgesellschaft. Wie ein Park, in dem es nie regnet, aber immer sicher ist und warm, inklusive WLAN, Steckdosen, Klo. […]

Bücher sind nicht alles an diesem Ort, aber ohne Bücher wäre alles hier nichts.

Alle Regale fortzuräumen wäre Wahnsinn, sagt deshalb auch Meincke. Die Kulisse aus Büchern, die sogenannte Büchertapete, ist wichtig. Gibt dem Ort seine Aura. Würde. Hält die Konzentration. Bleibt ein unausgesprochenes Versprechen auf: Wissen, Teilhabe, Versenkung. Auch wer nicht liest, braucht die Bücher. […]

★ **1** Besuchen Sie eine Bibliothek in Ihrer Nähe. Erkunden Sie deren Aufbau und Ausstattung. Beobachten Sie die Menschen vor Ort. Vergleichen Sie Ihre Eindrücke mit den Beschreibungen im Artikel oben.

2 Fassen Sie mit eigenen Worten zusammen, welche Möglichkeiten die beschriebene Bibliothek bietet und wie diese Möglichkeiten genutzt werden.

3 Diskutieren Sie die Aussagen in den letzten beiden Textabschnitten (Z. 55 ff.).

Marie Schmidt: **Schlag mich auf** (2019)

So viele Buchstaben waren wahrscheinlich noch nie auf der Welt. Wir lesen alle ununterbrochen. Statusmeldungen, E-Mails, Liveticker, Newsletter, Kurznachrichten, Konzeptpapiere, Push-Mitteilungen, Slogans, Claims und Schlagzeilen und inmitten der Textströme und Buchstabengewitter macht sich eine irre Sehnsucht breit: nach einem besseren Lesen, dem eigentlichen, einer Art Lesen mit großem L.

Es wäre das Gegenteil des alltäglichen Wahns: sich konzentrieren auf lange Geschichten und tiefe Gedanken, statt aus einem Augenwinkel einen Halbsatz wahrzunehmen. Sich eine andere Welt vorstellen, statt den Aktualitäten hinterherzuhecheln. Man würde da keine Nachrichten lesen, sondern schöne Literatur, große Geschichtspanoramen, philosophische Werke. Bücher, ja! Bücher, deren Rücken leise knarzen, wenn wir sie aufschlagen. Deren Papier nach Jahrhunderten riecht, und die Buchstaben flimmern nicht herum, die stehen da für die Ewigkeit. Es bedürfte dazu ruhiger Stunden, wie wir sie in traumhafter Kindheitserinnerung haben: ein sich ewig ausdehnender Samstagvormittag im Bett, während ein Streifen Sonne über das Plumeau[1] wandert, ein verregneter Herbstabend, an dem es leise ums Haus pfeift, aber im Sessel ist es mummelig warm. [...]

Genau diese Abspaltung einer feierlichen von der alltäglichen Beschäftigung schadet dem Lesen aber am meisten. [...] Die unerbittliche Wahrheit ist: Wenn man auf diesen zauberhaften Moment wartet, wird man wahrscheinlich nie mehr im Leben ein Buch lesen. [...]

Im chaotischen Alltag muss das Lesen deshalb entsprechend chaotisch und respektlos angegangen werden. [...]

Neue Medien sind im alltäglichen Umgang mit Büchern übrigens eine großartige Hilfe: Vielleicht fällt das Auge beim Blättern oder Skippen durch ein Buch nur auf einen schillernden Satz. Mit dem Handy kann man den schnell fotografieren und in den digitalen Zettelkasten legen, wo er einem vielleicht nach Jahren in die Hände fällt und neugierig macht. Dann, viel später, liest man doch noch das Buch darum herum. Mit Büchern liebevoll umgehen bedeutet sowieso, sie für eine spätere Lektüre vorzubereiten: durch Anstreichen, Einkringeln, Notizzetteleinkleben, Seitenumknicken. Große Geister lesen so. Heinrich Heine zum Beispiel: berühmt für seine Gedichte und seine Eselsohren. David Foster Wallace hat so viel an die Ränder und auf die Vorschlagblätter geschrieben, dass er die Bücher, die er las, quasi überschrieb. Was E-Reader taugen, hängt natürlich davon ab, inwieweit sie über entsprechende Funktionen verfügen. [...] Gerade die quergelesenen, angemalten Bücher, Bücher, aus denen zitiert und von denen viel geredet wurde, noch bevor wir sie wirklich kennen, haben die besten Chancen, gelesen zu werden. Die Neugier ist angefüttert worden für ein solches Buch, und der Tag kommt, an dem man es Seite für Seite liest. Nicht, weil unbedingt mal wieder gelesen werden muss, sondern weil dieses Buch einen schon so lange interessiert. [...]

1 **Plumeau:** Federbett

1 Fassen Sie die Aussagen des Textes mit eigenen Worten kurz zusammen.

2 Setzen Sie sich in einem Leserbrief an die Autorin mit deren Meinung zum Lesen auseinander. Gehen Sie z. B. auf Ihre eigene Lesepraxis ein, schildern Sie positive oder negative Leseerfahrungen oder nehmen Sie Stellung zu der These, dass neue Medien beim Umgang mit Büchern helfen.

Ella Berthoud u. a.: **Die Romantherapie. 253 Bücher für ein besseres Leben** (2014)

[…] Dies ist ein medizinisches Handbuch der etwas anderen Art.

Zuerst einmal unterscheidet es nicht zwischen körperlichen und seelischen Schmerzen, sondern bietet Ihnen bei einem gebrochenen Herzen ebenso Hilfe wie bei einem angestoßenen Zeh. Zudem behandelt das vorliegende Buch eine Reihe von allgemeinen Lebenslagen wie Geburtstagsblues, Lustlosigkeit oder Midlife-Crisis. Es stellt sich aber auch den größeren Herausforderungen des Lebens wie dem Verlust eines geliebten Menschen oder dem Umstand, plötzlich alleinerziehend zu sein. Ob Schluckauf oder Montagmorgen-Gefühl, Bindungsangst oder fehlender Sinn für Humor – auch hierbei schafft es Abhilfe.

Und es unterscheidet sich noch in anderer Hinsicht von einem herkömmlichen Gesundheitsratgeber: Unser Heilmittel bekommt man nicht in der Apotheke, sondern in einem Buchladen und in der Bücherei (oder als E-Book, wenn Sie mögen). Wir sind Autorinnen und Bibliotherapeutinnen, und unser Arbeitsmittel sind Bücher. In unserem Medizinschrank stehen Balzac und Tolstoj, Saramago, Perec und Proust. […]

Bibliotherapie[1] mittels Ratgeber- und Selbsthilfeliteratur kennt man seit einigen Jahrzehnten. Doch Literaturliebhaber greifen schon seit Jahrhunderten – bewusst oder unbewusst – zur Linderung aller möglichen Leiden zu Romanen. Wenn Sie also wieder einmal ein Stärkungsmittel brauchen oder sich in einem emotionalen Durcheinander befinden, greifen Sie zu einem Buch. Unser Glaube an die Heilkraft der Literatur als die reinste und wirkungsvollste Form der Bibliotherapie gründet sowohl auf unseren eigenen Erfahrungen mit Patienten als auch auf einer ganzen Lawine anekdotischer Beweise. Manchmal ist es die Geschichte selbst, manchmal der Rhythmus der Sprache, die uns Leser verzaubern und dabei ihre Wirkung auf unsere Seelen entfalten, sei sie nun beruhigend oder stimulierend. Manchmal ist es eine Idee oder die Einstellung einer der Figuren, die sich in einer ähnlichen Situation befinden wie wir selbst. Egal was es ist – Bücher haben die Macht, uns in eine andere Welt zu entführen und uns einen anderen Blickwinkel zu eröffnen. Wenn wir in einen Roman vertieft sind, außerstande, unseren Blick von den Seiten zu lösen, dann sehen wir, was die Menschen in der Geschichte sehen, wir fühlen, was sie fühlen, lernen, was sie lernen. Wir mögen *denken,* dass wir im Wohnzimmer auf dem Sofa sitzen, aber der wichtigste Teil von uns, unsere Gedanken, unsere Sinne, unser Geist, sind doch ganz woanders. „Lesen bedeutet für mich nicht nur, eine Vorstellung von dem zu bekommen, was der Autor sagen möchte, sondern mit ihm auf die Reise zu gehen", hat André Gide einmal gesagt. Niemand kehrt von einer solchen Reise als derselbe Mensch zurück, als der er sie begonnen hat. […]

1 **Bibliotherapie:** Unter Bibliotherapie versteht man den Einsatz von Büchern zu therapeutischen Zwecken. Dabei soll die (seelische) Heilung von Patienten durch ausgewählte Lektüre gefördert werden.

1 Führen Sie in Ihrer Klasse ein Blitzlicht (▶ Methode) zu der Frage durch, ob und wie Sie persönlich bereits Erfahrungen mit positiven Auswirkungen von Büchern gemacht haben.

2 Nutzen Sie eine der Lesestrategien (▶ Methode, S. 67), um den Text genau zu erfassen. Verfassen Sie danach eine strukturierte Textwiedergabe (▶ Methode, S. 72).

3 Erläutern Sie, was mit der besonderen Heilkraft der Literatur gemeint ist. Berücksichtigen Sie besonders den letzten Satz des Textes.

4 Vergleichen Sie, welche positiven Aspekte des Lesens von Büchern in den Texten von Marie Schmidt (▶ S. 61) und Ella Berthoud (▶ S. 62) jeweils in den Vordergrund gestellt werden.

Methode **Blitzlicht**

Die Mitglieder einer Lerngruppe oder eines Arbeitsteams äußern reihum kurz und spontan ihre Gedanken, Wünsche, Erwartungen zu einem klar abgegrenzten Thema. Die Beiträge nehmen dabei nicht auf andere Äußerungen Bezug und werden nicht kommentiert. Diese Methode kann in verschiedenen Phasen eines Lern- oder Arbeitsprozesses eingesetzt werden: am Anfang als erste Sammlung von Ideen, als Zwischenbilanz (z. B., um Störungen aufzudecken) oder als Schlussbilanz. Die Beiträge werden dokumentiert.

Wie die Digitalisierung das Leseverhalten verändert (2018)

Die Digitalisierung hat die Welt in den vergangenen Jahren grundlegend verändert – und damit auch das Leseverhalten. Viele junge Menschen besitzen kaum noch Bücher. Die Verkaufszahlen der Printmagazine sinken stetig. Dabei wird nicht unbedingt weniger gelesen, sondern schlichtweg anders. Wie dieses „Anders" aussieht, ist eine spannende Frage. Die Antwort folgt …

Die Welt wurde durch die Digitalisierung neu programmiert, heißt es im Buch „Smarte grüne Welt?". Dieses ist natürlich auch gleich ganz modern als E-Book verfügbar. Heutzutage gibt es kaum noch ein Buch, eine Zeitung, ein Magazin oder ein anderes klassisches Printmedium, welches nicht zusätzlich oder ausschließlich online abrufbar ist. Schon seit mehreren Jahren gehen die Verkaufszahlen der gedruckten Auflagen von Zeitungen jeder Art rasant zurück. Plötzlich werden die Listen der meistverkauften Publikumszeitschriften von TV-Zeitschriften wie der „TV Spielfilm" angeführt. Doch auch die Online-Angebote zum TV-Programm werden gerne genutzt. Nur vereinzelt sind dazwischen Titel wie „Landlust" oder „Bild der Frau" zu finden. Und auch hier geht die Tendenz klar in Richtung Online-Bereich.

[…] Dennoch reicht es durch die Entwicklungen im Rahmen der neuen Medien sowie der Digitalisierung längst nicht mehr aus, die Inhalte schlichtweg von Offline-Kanälen auf eine Online-Präsenz zu verlagern. Stattdessen konsumieren die Leser nicht mehr nur über andere Medien, sondern auch auf eine andere Art und Weise. Ihr Leseverhalten hat sich grundlegend verändert und somit müssen auch die Zeitungen, Magazine & Co ihre Inhalte entsprechend auf die neuen Gewohnheiten anpassen. Wer diese Entwicklung verschläft, muss vielleicht bald nicht nur offline, sondern auch online seine Pforten schließen. […]

Wir leben in einer Wissensgesellschaft, in welcher Informationen einen großen Wert besitzen. Durch das World Wide Web sind diese Informationen mittlerweile jederzeit sowie für jedermann (mit Internetanschluss) und in riesiger Menge verfügbar. Genau diese riesige Menge stellt aber auch ein Problem dar. Gibt der Nutzer einen Suchbegriff bei Google ein, so erhält er Tausende Ergebnisse oder sogar mehrere Millionen – viele davon mit ähnlichen oder sogar gleichen Inhalten. Er muss also erst einmal die Informationsflut filtern und sich aus dieser enormen Auswahl die gewünschte Quelle heraussuchen. Wissen ist plötzlich schneller und umfassender abrufbar als jemals zuvor. Die Inhalte müssen aber zugleich einfacher und möglichst personalisiert sein, damit der Leser eben auch auf der betreffenden Webseite bleibt und nicht direkt zum nächsten Medium „hüpft". Menschen lesen also nicht unbedingt weniger als früher, aber dafür lieber kürzere Texte, wo ihnen Informationen auf einen Blick geboten werden und die ihren Bedarf nach Aktualität, Information sowie Personalisierung stillen. […]

Im Internet muss jeder Text zu einer eigenen kleinen Sensation werden, um sich von der Konkurrenz abzuheben. Die Titel müssen noch reißerischer, die Inhalte noch mehr auf den Punkt gebracht und die Informationen noch aktueller sein – ansonsten liegt die Aufmerksamkeitsspanne der Leser nur bei wenigen Sekunden, höchstens vielleicht zwei bis fünf Minuten. Denn das Internet ist aufregend: Videos, soziale Netzwerke oder brandaktuelle News via Twitter sorgen dafür, dass der Nutzer stets mit „Action" versorgt ist. Informationen sollen nicht mehr nur Wissen vermitteln, sondern sie müssen sozusagen zur Sensation werden. Die Inhalte ehemaliger Printmedien müssen im World Wide Web also ein Erlebnis darstellen. […] Das „Nutzungserlebnis" rückt in den Vordergrund, die eigentliche Information derweil immer mehr in den Hintergrund. […]

Befragungen an der School of Library and Information Science haben noch weitere interessante Besonderheiten im digitalen Leseverhalten entlarvt. Demnach nehmen sich die Leser im Internet viel weniger Zeit für einzelne Texte. Sie wechseln zwischen den Medien, zwischen Artikeln oder zwischen Webseiten schnell hin und her. Sie möchten die Texte auf einen Blick erfassen und springen somit von Stichwort zu Stichwort. Das Lesen hat also nicht mehr in erster Linie das Ziel der Entspannung, sondern soll in möglichst kurzer Zeit möglichst viel Wissen bereitstellen. Fett gedruckte Stichwörter oder übersichtliche Gliederungspunkte sowie Unterüberschriften sind deshalb das A und O für Texte im Internet, damit diese überhaupt noch – zumindest ein Stück weit – gelesen werden.

Viele User springen sogar direkt zum Fazit, weshalb immer mehr Magazine & Co im Internet direkt zu Beginn ihrer Beiträge eine Kurzzusammenfassung bieten. Bei klassischen Artikeln in Printmedien wie dem „Stern" wäre das früher undenkbar gewesen. Viele Besucher auf der Internetseite lesen also nur die ersten Wörter, springen zum nächsten Absatz, lesen wieder nur die ersten Wörter, springen weiter – so lange, bis sie die Informationen gefunden haben, nach welchen sie suchen. Längere Texte werden zwar nach wie vor gelesen, jedoch auch bei den jüngeren Zielgruppen immer noch lieber auf Papier als auf einem digitalen Medium. […]

1 Erarbeiten Sie mithilfe der Fünf-Schritt-Lesemethode (▶ Methode, S. 68), wie sich das Leseverhalten durch die Digitalisierung in den letzten Jahren verändert hat.

2 **a** Nutzen Sie Ihre Ergebnisse aus Aufgabe 1, um in Ihrer Klasse eine Umfrage zum Leseverhalten Ihrer Mitschüler und Ihrer Lehrkräfte durchzuführen.

b Vergleichen Sie das Ergebnis Ihrer Umfrage mit den Aussagen zur Veränderung des Leseverhaltens. Stimmen die Aussagen überein? Wo gibt es Abweichungen? Finden Sie mögliche Gründe dafür.

3 Nehmen Sie Stellung zu der Frage, inwiefern Sie das veränderte Leseverhalten positiv und/oder negativ einschätzen.

Johannes Breckner (Interview), Ernst Osterkamp: **Literaturkritik im Wandel** (2018)

[…] DARMSTADT – *„Rühmen, tadeln, unterhalten“: Diese Facetten der Literaturkritik geben der Herbsttagung der Deutschen Akademie für Sprache und Dichtung*[1] *ihren Titel. […] Im Gespräch gibt Akademiepräsident Ernst Osterkamp Auskunft darüber, was für ihn gute Literaturkritik ausmacht und warum er Kritiken liest.*

Herr Professor Osterkamp, die Akademie macht in diesem Herbst die Lage der Literaturkritik zum Tagungsthema. Warum denn das?
Die Akademie hat sich vorgenommen, in den kommenden Jahren auf ihren Herbsttagungen die Bedingungen des literarischen Lebens genauer in den Blick zu nehmen. Dazu gehört auch die Literaturkritik, die ganz entscheidend ist für die Wahrnehmung der Literatur. Wir meinen, beobachten zu können, dass sich erhebliche strukturelle Veränderungen ergeben haben.

In welcher Weise?
Die digitalen Medien werden immer wichtiger, während auf der anderen Seite in den klassischen Medien der Raum für Literaturkritik immer schmaler wird. Die Feuilleton-Kapazitäten schrumpfen, die Literatur verändert ihren Stellenwert im klassischen Feuilleton, die Rezensionen werden unter Umständen kürzer.

Dafür kann im Internet jeder Leser über Literatur urteilen. Gibt es auch hier die Gefahr eines neuen Populismus?
Das kann ich nicht bestätigen. Aber ich sehe, dass die medialen Bedingungen andere Formen der Kritik produzieren. Der Raum ist unbegrenzt, es gibt keine standardisierten Kriterien, die Rezension wird beglaubigt durch die Person, die sie schreibt. Das ist ein ganz anderes Verfahren als in den klassischen Printmedien, wo die Leser einen klar identifizierbaren Autor erkennen und darauf vertrauen können, dass sein Text redaktionell bearbeitet worden ist.

Welche Folgen hat dieser Wandel?
Wenn der Raum in den Printmedien schmaler wird, bedeutet das, dass Rezensionen kürzer und einfacher werden, um auf Interesse zu stoßen. Redakteure müssen sich fragen: Sollen wir überhaupt noch ästhetisch anspruchsvolle, provokative Werke rezensieren? Sollten wir uns nicht vielmehr dazu entscheiden, die publikumsgängige Literatur zu favorisieren?

Was zeichnet gute Literaturkritik aus?
Gute Literaturkritik misst ein Buch an seinen eigenen Ansprüchen. Sie kann ein Buch durch Vergleiche im Gesamtwerk eines Autors positionieren, sie kann es innerhalb der gegenwärtigen literarischen Landschaft einordnen. Darüber hinaus muss der Autor einer Literaturkritik über klare, identifizierbare ästhetische Kriterien verfügen, die in der Regel dadurch erworben sind, dass man über einen breiten Lektürehintergrund verfügt und die Geschichte der Literatur kennt.

Warum lesen Sie selbst Kritiken? Um eine Entscheidung über die eigene Lektüre zu treffen oder um ohne eigene Lektüre über ein Werk informiert zu sein?
Zentral ist in der Tat die Frage nach der Orientierungsfunktion. Wir alle verfügen nur über sehr begrenzte Zeit, und da kann die Literaturkritik uns orientieren, welches Buch es denn nun wirklich wert ist, dass ich meine Zeit dafür investiere. Angesichts der Breite der literaturkritischen Medien ist es allerdings fraglich, ob die Literaturkritik tatsächlich noch diese Aufgabe wahrnehmen kann.

Literatur braucht Journalismus, braucht Journalismus auch Literatur?
Das denke ich schon. Literatur ist eine der intensivsten Formen der Auseinandersetzung mit Gegenwartsproblemen und eines der großen integrativen Medien, in denen sämtliche Erfahrungsräume einer gegebenen Wirklichkeit zusammenfinden. Das zeichnet sie als komplexes Medium der Gegenwartsreflexion aus. Deswegen freue ich mich immer wieder, wenn ich feststelle, dass Politiker auch Leser sein können. Das ist ein privilegierter Zugang zur Wirklichkeit.

Welche Rolle spielen populäre Fernseh-Kritiker? Sie spielen eine wichtige Rolle und sind symptomatisch für eine grundsätzliche Entwicklung. Der Autor wird vorgestellt, weniger sein Buch. Das kann in der Kürze eines Fernseh-Features auch gar nicht geschehen. Man unterhält sich mit dem Autor, man gewinnt einen Eindruck von ihm. Das Performative wird dominanter als die klassische Textkritik. […]

1 **Deutsche Akademie für Sprache und Dichtung:** Sie fördert die deutsche Sprache und Literatur und verleiht u. a. Preise für deutschsprachige Literatur, literarische Kritik und wissenschaftliche Prosa.

★ **1** **a** Tauschen Sie sich in einer Kleingruppe darüber aus, wie Sie bis jetzt mit Literaturkritik in Berührung gekommen sind (z. B. Online-Buchhandel, Fernsehen …) und welche Bedeutung eine Rezension für Sie hat.

b Stellen Sie Ihre Ergebnisse der Klasse vor.

2 Notieren Sie nach dem ersten Lesen die aus Ihrer Sicht zentralen Aussagen Osterkamps zum Wandel der Literaturkritik.

- *Rezensionen in den klassischen Printmedien werden kürzer*
- *Im Internet kann jeder Leser Kritik produzieren*
- …

3 Beschreiben Sie, wie genau und in welchen Bereichen sich die Literaturkritik in medialen Zeiten verändert. Berücksichtigen Sie dabei auch die Information zur Literaturkritik auf dieser Seite.

4 **a** Erstellen Sie in Gruppenarbeit einen Kriterienkatalog für eine gelungene Rezension.

- *stellt Inhalt und Form anschaulich dar*
- *hilft den möglichen Lesern oder Zuschauern, das Buch oder den Film einzuschätzen*
- …

b Recherchieren Sie im Internet nach Rezensionen zu einem Ihnen bekannten Buch oder Film und beurteilen Sie diese mithilfe Ihrer selbst erarbeiteten Kriterien.

c Stellen Sie Ihre Ergebnisse in der Klasse vor.

Information **Literaturkritik**

Buchrezensionen erfüllen zwei Zwecke: **Orientierung** für die Leserschaft und **Werbung** für die Autorin / den Autor oder den Verlag. Man findet sie im Kulturteil von Tages- oder Wochenzeitungen, in Zeitschriften, im Internet oder im Fernsehen und Radio. Sie sind eine gängige Form der Literaturkritik.
Eine Rezension besteht in der Regel aus Informationen über Inhalt und Form des Buches, Wissenswertem über die Autorin oder den Autor, aus Vergleichen mit anderen Werken oder aus Werturteilen, die auf ästhetischen, moralischen oder weltanschaulichen Maßstäben beruhen. Meist sind Rezensionen sehr subjektiv, da es keinen Regelkatalog gibt, den man abhaken und so herausfinden kann, ob ein Buch nun unter die Kategorie „gut" fällt oder nicht. In erster Linie hängt die Rezension ab vom Geschmack der Rezensierenden oder vom erwarteten Geschmack der Zielgruppe, die diese mit ihrer Rezension erreichen möchten.
Rezensionen werden in ähnlicher Form auch zu Filmen, Computerspielen, Musikalben und weiteren Medien verfasst.

1.2 Lesen – Warum und wie?

In der Wissensgesellschaft des 21. Jahrhunderts kann das Leben – privat und beruflich – nur mithilfe der Lesekompetenz bewältigt werden. Sachtexte spielen dabei eine besondere Rolle. Sie sind in unübersehbaren Mengen und schwer einzuschätzender Qualität verfügbar. Nur mithilfe gezielt eingesetzter Lesestrategien sind eine Orientierung in der Flut von Texten und eine Erfassung des einzelnen Textes möglich. Der Zweck, zu dem ein Text gelesen wird, und die damit verfolgte Absicht sind bestimmend für die Lesestrategie.

Methode **Lesestrategien**

	Selektives Lesen (punktuell)	**Überfliegendes Lesen (diagonal)**	**Fortlaufendes Lesen (intensiv)**
Technik	Der Text wird durchsucht auf Hinweise für seine Verwendungsrelevanz (z. B. Kursiv- oder Fettdruck, Überschriften), einzelne interessierende Stellen werden genauer gelesen.	Der gesamte Text wird überflogen, um einen Überblick über Thema, Inhalt und Aufbau zu erhalten. Wichtige Abschnitte werden ggf. „angelesen".	Der gesamte Text wird gelesen, der Inhalt wird erarbeitet: Text mehrfach intensiv lesen, unbekannte Begriffe klären, Wichtiges markieren, Fragen notieren usw.
Absicht	Die Relevanz des Textes für seine Verwendung prüfen	Einen ersten Überblick gewinnen	Umfassende Informationen gewinnen

1 Beobachten Sie zwei Tage lang genau, welche der Lesestrategien (▶ Methode oben) Sie wann anwenden. Notieren Sie in einer Tabelle wie unten, aus welchem Anlass und bezüglich welcher Textsorte Sie welche Strategie gewählt haben. Bewerten Sie die Effektivität der Strategie im Nachhinein. Was fällt Ihnen auf?

	Anlass	***Strategie***	***Textsorte***	***Effektivität***
Tag 1	*– Smartphone-Nutzung: Posts durchsehen* *...*	*selektives Lesen*	*u. a. Blogeinträge*	*dem Anlass angemessen, da bloßer Zeitvertreib → kaum im Gedächtnis bleibende Inhalte*
Tag 2	*– Bibliotheksbesuch: Recherche Referat* *...*	*überfliegendes Lesen*	*Fachzeitschriften*	*dem Anlass angemessen, da lediglich Vorinformationen zum Referatsthema gesammelt wurden → erste Vertrautheit mit dem Thema*

2 Begründen Sie, welche Lesestrategien im Schulalltag aus welchem Anlass angebracht sind. Berücksichtigen Sie dabei die Medienauswahl, die Ihnen in der Schule zur Verfügung steht. Gibt es weitere Medien, die Sie sich zunutze machen würden, wenn Sie die Möglichkeit dazu hätten?

Lesen mit Methode

Die Fünf-Schritt-Lesemethode wurde in den 1950er-Jahren im angloamerikanischen Raum als effiziente Lesetechnik entwickelt. Nach neueren Erkenntnissen der Hirnforschung müssen diese Schritte ergänzt werden, um neu erworbenes Wissen mit schon vorhandenem zu vernetzen und so eine individuelle Wissenslandschaft zu konstruieren.

Methode **Die Fünf-Schritt-Lesemethode und ihre Erweiterung**

- Vorwissen aktivieren – Erwartungen an den Inhalt klären
- 1. Schritt: Einen ersten Überblick gewinnen
- 2. Schritt: Fragen an den Text stellen
- 3. Schritt: Den Text gründlich und aktiv lesen
- 4. Schritt: Den Inhalt abschnittweise rekapitulieren
- 5. Schritt: Den Inhalt des ganzen Textes rekapitulieren
- Den Inhalt des Textes mit dem Vorwissen vernetzen

Vorwissen aktivieren – Erwartungen an den Inhalt klären

1 Lesen Sie die Überschrift des Textes „Neues Handbuch zur Leseforschung – Wir lesen in ‚unterschiedlichen Qualitätsstufen'" und die Kurzinformation zu Prof. Rolf Parr.

a Formulieren Sie schriftlich Ihre Vermutungen über den Inhalt des Textes.

b Worauf könnte der Begriff „Qualitätsstufen des Lesens" bezogen sein? Assoziieren Sie spontan und tauschen Sie sich im Plenum aus.

Miriam Zeh (Interview), Rolf Parr: **Neues Handbuch zur Leseforschung – Wir lesen in „unterschiedlichen Qualitätsstufen"** (Deutschlandfunk, 04.01.2019)

[Rolf Parr ist Professor für Germanistik an der Universität Duisburg-Essen. Literatur und Medienpraxis sind Gegenstandsbereiche seiner Forschung und Lehre. Er beschäftigt sich u. a. mit Lesestrategien und verändertem Leseverhalten im 21. Jahrhundert. Im Interview spricht er von alten und neuen Lesegewohnheiten, die er sogenannten Qualitätsstufen zuordnet.] […]

Miriam Zeh: Herr Parr, „in unserem Alltag", das schreiben Sie und Alexander Honold, „agieren wir mit größter Selbstverständlichkeit unter Lesenden". Wir gehen also davon aus, dass jeder, dem wir auf der Straße begegnen, lesen kann und dies auch ständig tut. Aber was meinen wir überhaupt heutzutage ganz grundsätzlich damit, wenn wir vom Lesen sprechen?

Rolf Parr: Wir meinen wahrscheinlich alles das als Letztes, was die Schule uns gerne beibringen möchte, nämlich ganze Bücher von der ersten bis zur letzten Zeile zu lesen. Das Lesen im Alltag ist eher ein spontanes Lesen. Ich nehme einzelne Wörter wahr, kleine Zusammenhänge; ich schaue auf einen Fahrplan, ob meine Linie kommt und ob sie zum richtigen Ort fährt; ich werfe einen Blick auf eine Reklame, gucke beim Nachbarn in der Straßenbahn in die Zeitung und lese drei Worte. Dieses Lesen in kleinen Häppchen, in einer kleinen Dosis, kommt heutzutage am häufigsten vor, weniger das Lesen, bei dem ich ein Buch aufschlage und es von der ersten bis letzten Zeile durchlese. […]

Zeh: Die meisten leidenschaftlichen Buchleser würden intuitiv aber wahrscheinlich einen Unterschied empfinden zwischen diesem reinen Informationslesen und der kontemplativen Versenkung in einen Roman oder ein Gedicht. Gibt es zwischen diesen beiden Arten des Lesens einen

Unterschied, den man wissenschaftlich messen oder beschreiben kann?

PARR: Ja, der lässt sich sehr gut beschreiben. Das eine ist in der Tat das informationsentnehmende Lesen zur Orientierung. Das andere ist ein Lesen, bei dem ich selbstvergessen lesen kann. Das ist eine erste Qualitätsstufe des Lesens. Die kennen wir alle aus den Zeiten, wo wir vielleicht noch jugendliche Vielleser waren und ganze Serien verschlungen haben. In meinem Alter war das noch Karl May, aktuell sind es Fantasy-Reihen, die so selbstvergessen von vorne bis hinten gelesen werden, dass die Umwelt dabei vergessen wird.
Eine nächste Qualitätsstufe wäre dann die, bei der ich lese und mir dabei Gedanken mache darüber: „Wie ist so ein Text gemacht?" und meinen Spaß auch daran habe zu sehen: „Ah, ich durchblicke, wie es gemacht ist! Ich verstehe, was ein Autor sich da gedacht hat, was eine Autorin gewollt hat." Das wäre die zweite Qualitätsstufe und auch diese ist natürlich von dem Alltagslesen stark unterschieden. [...]

ZEH: Vor allem diese letzten beiden Qualitätsstufen des Lesens assoziieren wir heute mit einem stummen und einsamen Prozess. Schließlich ist es an Orten, die dem Lesen gewidmet sind, in Lesesälen von Bibliotheken etwa, sehr leise. Der Lektüre eines Romans widmet man sich meist allein. Das war allerdings nicht immer so. Wann hat sich diese Vorstellung vom stummen und einsamen Leser entwickelt?

PARR: Die hat sich erst entwickelt, als Bücher und Lesestoffe überhaupt – auch Zeitungen etwa – sehr viel billiger angeboten wurden als bis dahin. Es gab sehr viel früher sogenannte Lesegesellschaften, schon seit dem 17. Jahrhundert, in denen man sich zum einen Bücher und Zeitungen zusammen kaufte, dann aber auch zusammen daraus vorlas. Oder es war in den bessergestellten bürgerlichen Familien sehr üblich, dass der Vater seiner Familie vorlas. Auch, um zum Beispiel Stoffe zu kontrollieren und Gutes oder Schlechtes auszusortieren. Und das Letzte wäre das gesellige Lesen in dem Sinne, dass Leute, die aus einer Schicht kommen und ähnliche literarische Interessen haben, sich vorlesen und während des Vorlesens gleich wieder zusammen kommentieren, also zusammen rezipieren. Das sind alles Möglichkeiten, die es schon lange gegeben hat.
Ein erstaunlicher Befund ist, dass mit allen den Formen des kollektiven Schreibens im Netz auch wieder neue kollektive Formen des Lesens entstanden sind. Man schaltet sich mit zwei, drei Leuten im Netz zusammen, liest sich wechselseitig etwas vor und kommentiert es gleich wieder. Da sind alte Formen in neuen Medien wieder aufgegriffen worden als Teil einer anderen Revival-Bewegung, nämlich sich wieder in vielfältiger Weise zu verlangsamen und es sich gemütlich einzurichten.
Wenn Sie etwa den Erfolg von Karl Ove Knausgård nehmen, der sieben dicke Bände mit je fast 600 oder 700 Seiten geschrieben hat – dafür muss man sich schon Zeit nehmen, aber das sind Erfolgsbücher. Es sind nicht die dünnen Texte, die erfolgreich sind im Moment, sondern eher die etwas längeren literarischen Texte, also Bücher, in denen man – wie man zu Pubertätszeiten gesagt hätte – einige Zeit „lebt".
[...]

1. Schritt: Einen ersten Überblick gewinnen

1 Lesen Sie den Text zügig durch und berichten Sie kurz über den Inhalt. Achten Sie auf die Gliederung. Das „Anlesen" von Abschnitten hilft bei der ersten Durchsicht.

2. Schritt: Fragen an den Text stellen

Ausgehend von den Ergebnissen der ersten beiden Schritte, können Sie Fragen an den Text stellen, welche die Leseabsicht und das Vorwissen miteinbeziehen. Auch W-Fragen können Sie nutzen (Was? Wer? Wo? Wann? Wie? Warum?). Die Methode des reziproken Lesens (▶ Methode, S. 70) ist zur Erschließung eines Textes in Gruppenarbeit gut geeignet. Eine Gliederung in Sinnabschnitte (Textsegmentierung) dient als Vorbereitung für diese Lesemethode und als Grundlage einer Textzusammenfassung. Äußere Merkmale des Textes, z. B. (Zwischen-)Überschriften oder andere Hervorhebungen, geben manchmal Hinweise für die Gliederung eines Textes in inhaltliche Blöcke (Sinnabschnitte).

1 Unterteilen Sie den Text in Sinnabschnitte, die z. B. inhaltlich eine Einheit bilden.
2 Erschließen Sie den Text in Kleingruppen nach der Methode des reziproken Lesens.

Methode **Reziprokes Lesen**

- Lesen Sie den ersten Sinnabschnitt des Textes in Einzelarbeit:
  Erster Sinnabschnitt (Z. 1–23); Thema: Lesen im Alltag; spontan und häppchenweise
- Bilden Sie 4er-Teams. Jedes Mitglied hat bei der kooperativen Erschließung eine Aufgabe:
  A stellt Fragen, die von den anderen beantwortet werden, z. B.: *Was verstehen wir gewöhnlich unter dem Begriff „Lesen"? Welche Form des Lesens kommt am häufigsten vor?*
  B fasst den Sinnabschnitt zusammen, die anderen ergänzen oder korrigieren bei Bedarf.
  C weist auf schwierige und unklare Textstellen hin, die Gruppe erläutert.
  D formuliert eine Vorhersage darüber, wie der Text (im nächsten Sinnabschnitt) weitergehen könnte. *Parr wird voraussichtlich die Qualitätsstufen des Lesens benennen (vgl. Überschrift).*
- Nach der Erarbeitung eines Sinnabschnitts werden die Rollen getauscht: B stellt Fragen usw.

3. Schritt: Den Text gründlich und aktiv lesen

1 Fertigen Sie eine Kopie des Textes an und lesen Sie ihn aktiv durch (▶ Methode unten). Entscheiden Sie, welche Art von Markierung Sie für was nutzen möchten, und fügen Sie Ihre Markierungen ein.
2 Notieren Sie auch Stichwörter am Rand des Textes.
spontanes Lesen; Informationslesen vs. kontemplative Versenkung; informationsentnehmendes Lesen zur Orientierung; selbstvergessenes Lesen …

Methode **Aktiv lesen – Stifte oder Textmarker verwenden**

Ein einheitliches **Repertoire von Markierungen** (möglichst fächerübergreifend) erleichtert die **Orientierung im Text.** Durch den kreativen, gezielten, sparsamen Einsatz von Farben, Symbolen, Unterstreichungen und Vermerken kann ein Text so bearbeitet werden, dass Struktur, Inhalt und Sprache optisch leichter erfassbar sind.

- **Stifte:** Farben, Symbole, Zeichen, Unterstreichungen, Rahmen. Variationen ermöglichen eine große Vielfalt von Ausdrucksmöglichkeiten, z. B. unterschiedliche Unterstreichungen (einfach, doppelt, unterbrochen, wellenförmig).
- **Textmarker:** Verschiedene Farben als Signale für unterschiedliche Textpassagen, z. B.
  - Aufbau: Einleitung, Sinnabschnitte
  - Aussage: Argumente pro und kontra, Fazit, Wertung
  - Besondere Angaben: Fakten, Zitate, Beispiele, Namen, Zahlen
  - Sprachliche Besonderheiten: umgangssprachliche Wendungen, wertende Formulierungen

- **Abkürzungen/Vermerke am Rand:** Merkhilfen für die Einordnung einzelner Textstellen, z. B. vgl. Z. … (Hinweis auf Textzusammenhang), Def. (Definition), Bsp. (Beispiel), Lex. (unbekannten Begriff nachschlagen), ugs. (umgangssprachlich), Zus. (Zusammenfassung), iron. (ironisch). Zeichen/Symbole legen die Bedeutung einzelner Textpassagen für die Arbeit fest. Beispiele: ? = noch unklar, ! = sehr wichtig, +/– = gut/abwegig, → = Folgerung, ↔ = Widerspruch

4. Schritt: Den Inhalt abschnittweise rekapitulieren

1 Machen Sie sich nach jedem Sinnabschnitt bewusst, was Sie inhaltlich verstanden haben. Formulieren Sie dazu Zwischenüberschriften zum jeweiligen Abschnitt.

2 Schreiben Sie zu den einzelnen Abschnitten Exzerpte (▶ Information). Wählen Sie dabei eigene Formulierungen. So können Sie überprüfen, ob Sie den Text wirklich verstanden haben.

Information **Exzerpt**

Beim Exzerpieren (lat. „herausklauben", „auslesen") werden gezielt Informationen aus einem Text ausgewählt und in kurzer, prägnanter Form aufgeschrieben. Wichtig ist, dass Sie die Vielzahl der Textinformationen reduzieren und sie mit eigenen Worten formulieren.
Das **objektive Exzerpt** gibt den Text als Ganzes wieder, d. h., alle wesentlichen Informationen werden der Reihe nach in knapper Form schriftlich fixiert.
Beim **subjektiven Exzerpt** geht man aspektorientiert vor und filtert die Inhalte heraus, die für das Erkenntnisinteresse und die Fragestellung relevant sind. Der Vorteil eines Exzerpts ist, dass man später auf wichtige Inhalte zurückgreifen kann, ohne den ganzen Text erneut lesen zu müssen. Eingangs sollten Autor, Überschrift und Quelle des Textes notiert werden, um die Zuordnung des Exzerpts zu gewährleisten.

Rolf Parr, Miriam Zeh: Neues Handbuch zur Leseforschung – Wir lesen in „unterschiedlichen Qualitätsstufen" (Deutschlandfunk, 04.01.2019) – Interview

- *Die Interviewpartner Parr und Zeh gehen der Frage nach, was das Lesen ist und was wir meinen, wenn wir vom Lesen sprechen.*
- *Parr erläutert den Unterschied zwischen reinem Informationslesen und der besinnlichen Vertiefung in ein Buch.*
- *Er bilanziert, dass es beim Lesen Qualitätsstufen gibt: „das informationsentnehmende Lesen zur Orientierung" (Z. 33 f.) und „ein Lesen, bei dem ich selbstvergessen lesen kann" (Z. 34 f.) …*

5. Schritt: Den Inhalt des ganzen Textes rekapitulieren

1 Gewinnen Sie zum Schluss einen Gesamtüberblick über den Text. Nutzen Sie dazu Ihr Exzerpt. Gehen Sie als Vorbereitung die Schritte 1 bis 4 noch einmal gedanklich durch.

2 Bereiten Sie für diesen Sachtext eine strukturierte Textwiedergabe (▶ Methode, S. 72) vor. Orientieren Sie sich am folgenden Muster.
Das Interview „Neues Handbuch zur Leseforschung – Wir lesen in ‚unterschiedlichen Qualitätsstufen'", das Miriam Zeh mit Rolf Parr führte, erschien am 04. 01. 2019 im Deutschlandfunk. Es thematisiert … / geht zunächst auf … ein, bevor es der Frage … nachgeht.
Parr entwickelt eine Antwort auf die Frage … Im Fokus des Textes steht …
Parr resümiert abschließend … / Zum Schluss …

Methode **Textwiedergabe von Sachtexten und literarischen Texten**

- Sachtexte – Strukturierte Textwiedergabe
  Ziel der strukturierten Textwiedergabe ist es, den Text so zu erschließen, dass die Gliederung des Textes und der Argumentationsgang deutlich werden.

Einleitung	Hauptteil	Schluss
Die Einleitung zur strukturierten Textwiedergabe entfällt, wenn die strukturierte Textwiedergabe Teil einer Texterörterung ist. Falls das nicht der Fall ist, sollte sie Folgendes beinhalten: ■ Autor/-in ■ Titel ■ Erscheinungsort/-jahr ■ Kernaussage des Textes	Der Hauptteil ist eine sachliche, präzise und knappe Wiedergabe des Textes im Präsens. Wertneutral und chronologisch beschränkt man sich auf das Wesentliche in maximal zehn Sätzen. *Auf Zitate wird hier, anders als bei der Sachtextanalyse, verzichtet.*	Der Schlussteil entfällt, wenn die strukturierte Textwiedergabe Teil einer Texterörterung ist. Falls das nicht der Fall ist, bezieht sich der Schlussteil auf die Intention des Autors oder der Autorin.

- Literarische Texte – Inhaltsangabe
  Ziel der Inhaltsangabe ist es, die Leser/-innen oder Zuhörer/-innen über den Inhalt einer Erzählung, eines Romans, einer Kurzgeschichte etc. zu informieren.

Einleitung	Hauptteil	Schluss
In der Einleitung nennt man zunächst alle äußeren Merkmale: ■ Autor/-in ■ Titel ■ Textsorte ■ Kernaussage des Textes ■ Erscheinungsdatum	Der Hauptteil ist eine sachliche, präzise und knappe Wiedergabe des Geschehens und bezieht sich auf: ■ Figuren ■ Handlung ■ Ort ■ Zeit *Auf Zitate wird hier, anders als bei der literarischen Interpretation, verzichtet.*	Der Schlussteil bezieht sich auf die Pointe des Textes bzw. die Intention des Autors oder der Autorin.

Den Inhalt des Textes mit dem Vorwissen vernetzen

Kehren Sie noch einmal zur Ausgangsaufgabe zurück und werten Sie die Aufzeichnungen aus, welche Sie vor der gründlichen Lektüre zu Ihren Erwartungen an den Text gemacht haben.

1 Entscheiden Sie, ob der Text Ihre Erwartungen erfüllt hat. Begründen Sie Ihre Antwort.
Meine an die Überschrift gebundene Erwartung ist enttäuscht / nicht enttäuscht worden, denn …

2 Berichten Sie im Plenum darüber, inwiefern der Text Ihr Vorwissen ergänzt oder Ihre Einstellung zu dem Thema verändert hat.

B2 Sachtexte

1 Tauschen Sie sich in Partnerarbeit über Ihre Erfahrungen mit dem Lesen von Zeitungen und Zeitschriften aus.

a Gestalten Sie eine eigene Mindmap zum Thema Sachtexte. Mögliche Oberbegriffe können z. B. Quellen, Arten, Eigenschaften sowie die Analyse von Sachtexten sein.

b Tauschen Sie sich mit einem Partner / einer Partnerin über Ihre Mindmap aus.

In diesem Kapitel erwerben Sie folgende Kenntnisse und Kompetenzen

- Sachtexte nach Typen und Intentionen unterscheiden,
- informierende und argumentierende Sachtexte analysieren,
- Informationen aus diskontinuierlichen Sachtexten (Grafiken und Schaubilder) entnehmen.

2.1 Sachttexttypen im Überblick – Intentionen unterscheiden

Julia Anderton: **Das ist privat! SMS, E-Mails, Zettelchen und WhatsApp: Gilt das Briefgeheimnis auch für Kinder?** (2019)

Pling! Schon wieder! Im Minutentakt gehen neue WhatsApp-Nachrichten auf dem Smartphone der 16-jährigen Tochter ein, die seit Tagen so seltsam verschlossen ist. Schweigsam sitzt sie beim Abendessen, die Nachrichten aber beantwortet sie anschließend in Sekundenschnelle. Wer ihr da wohl so viel schreibt? Und zu welchem Thema? Nach dem Abendessen geht das Mädchen unter die Dusche, das Handy liegt derweil unbeobachtet auf dem Küchentisch. Die Gelegenheit präsentiert sich auf dem Silbertablett: Da könnte man als besorgte Mutter doch mal schnell in den Nachrichtenverlauf linsen, um herauszufinden, was die Tochter umtreibt. Oder ist das eine schlechte Idee – doch lieber Hände weg?

Juristisch gesehen befinden sich Eltern in einer solchen Situation in einer Grauzone. „Ob Eltern die Post, E-Mails und SMS ihrer minderjährigen Kinder lesen dürfen, ist umstritten", erklärt die Wiesbadener Rechtsanwältin Julia Salzmann. In Paragraf 202 des Strafgesetzbuchs konkretisiere sich ein strafrechtlicher Schutz des Briefgeheimnisses als Teil des allgemeinen Persönlichkeitsrechts der Bürger untereinander, der die private schriftliche Kommunikation schützt – eine Altersbegrenzung ist dort nicht genannt. Eltern könnten sich daher beim Öffnen von Briefen ihrer Kinder strafbar machen […], zumal die Wahrung des Briefgeheimnisses zusätzlich in der UN-Kinderrechtskonvention verankert ist. […]

Strafbarkeit wegen der Verletzung des Briefgeheimnisses gemäß § 202 Abs. 1, 2 des Strafgesetzbuches

„(1) Wer unbefugt

1. einen verschlossenen Brief oder ein anderes verschlossenes Schriftstück, die nicht zu seiner Kenntnis bestimmt sind, öffnet oder
2. sich vom Inhalt eines solchen Schriftstücks ohne Öffnung des Verschlusses unter Anwendung technischer Mittel Kenntnis verschafft,

wird mit Freiheitsstrafe bis zu einem Jahr oder mit Geldstrafe bestraft, wenn die Tat nicht in § 206[1] mit Strafe bedroht ist. […]"

1 **§ 206 StGB:** Verletzung des Post- oder Fernmeldegeheimnisses

★ **1** Beantworten Sie spontan die Frage „Gilt das Briefgeheimnis auch für Kinder?" und formulieren Sie ein Argument.

2 Lesen Sie die beiden Sachtexte und klären Sie dann, wer die jeweiligen Adressaten der Texte sind.

3 **a** Bestimmen Sie jeweils den Sachtexttyp und die Textsorte und ordnen Sie beiden Texten eine Intention zu (▶ Information, S. 75). Belegen Sie Ihre Ergebnisse an konkreten Textstellen.

b Der Text von Julia Anderton enthält auch wertende Passagen. Suchen Sie diese heraus. Widerspricht diese Tatsache der von Ihnen gewählten Zuordnung?

Information **Sachtexttypen und ihre Intentionen im Überblick**

Sachtexte haben im Gegensatz zu fiktionalen Texten einen pragmatischen Zweck. Autorinnen und Autoren verfolgen in der Regel bestimmte **Intentionen:** Sie wollen z. B. belehren, informieren, dokumentieren, überzeugen oder beeinflussen. Für das Lesepublikum hat ein Sachtext ebenso eine Funktion: Es will z. B. Zusammenhänge verstehen, Fähigkeiten erwerben, Tatsachen dokumentiert oder die eigene Meinung bestätigt sehen. Wegen ihrer Zweckorientierung nennt man Sachtexte auch **Gebrauchstexte** oder **pragmatische Texte.** Die Geburtsurkunde gehört ebenso zu dieser Gattung wie das Pamphlet, das Essay oder der Aufsatz in einer Fachzeitschrift. Sachtexte kann man am besten nach ihrer Intention unterscheiden (entsprechend den Sprachfunktionen in Karl Bühlers Organon-Modell ▶ S. 16 f.). Die wichtigsten Sachtexttypen sind:

Sachtexttypen (Darstellungsweisen)	Wirkungsabsichten (Intentionen)	Sprache, Stil (rhetorische Mittel)	Beispiele für Textsorten
deskriptiv	informieren, dokumentieren, erklären, darstellen	sachlich-nüchtern, anschaulich	Bericht, Lexikonartikel, Dokumentation, Protokoll, Anleitung
narrativ	darstellen, unterhalten	anreichernd, ausschmückend, farbig, Spannung aufbauend	Reportage, Werbung, Buchvorstellung, Predigt
argumentativ	begründen, abwägen, überzeugen	objektiv-ausgewogen	Erörterung, Antrag
		subjektiv-einseitig	politische Rede, Leserbrief, Rezension, Kommentar
appellativ	aufrufen	adressatenbezogen, drängend	Wahlaufruf, Werbetext
normativ	verbindlich regeln	nüchtern, klar, präzise	Hausordnung, Anordnung, Satzung, Gesetz
expressiv	sich selbst ausdrücken	ausdrucksstark, kreativ	Tagebuch, Liebesbrief

In konkreten Sachtexten kommen die **verschiedenen Intentionen häufig gemischt** vor. Beispielsweise enthält auch eine Wahlkampfrede, die die Zuhörerschaft für eine bestimmte politische Position gewinnen will, informative, darstellende Passagen. In der Regel ist der intentionale Schwerpunkt aber eindeutig.

4 **a** Machen Sie sich mit dem Organon-Modell (▶ S. 16 f.) vertraut bzw. wiederholen Sie es kurz.

b Ordnen Sie den beiden Texten auf S. 74 bestimmte Sprachfunktionen nach dem Organon-Modell zu (Darstellung, Ausdruck, Appell). Achten Sie darauf,
- wer oder was im Mittelpunkt des Interesses steht,
- ob und in welcher Weise die Meinung des Autors zum Ausdruck gebracht wird,
- ob der Leser unmittelbar angesprochen wird.

5 Wählen Sie Sachtexte aus Zeitungen und Zeitschriften aus. Tauschen Sie diese in einer kleinen Gruppe aus und bestimmen Sie den Sachtexttyp.

Text 1

Gesetz über genetische Untersuchungen bei Menschen (Gendiagnostikgesetz – GenDG)

§ 1 Zweck des Gesetzes

Zweck dieses Gesetzes ist es, die Voraussetzungen für genetische Untersuchungen und im Rahmen genetischer Untersuchungen durchgeführte genetische Analysen sowie die Verwendung genetischer Proben und Daten zu bestimmen und eine Benachteiligung aufgrund genetischer Eigenschaften zu verhindern, um insbesondere die staatliche Verpflichtung zur Achtung und zum Schutz der Würde des Menschen und des Rechts auf informationelle Selbstbestimmung zu wahren.

Text 2

Gero von Randow: **Baby nach Wunsch** (2018)

[…] Babys sind süß, Aids ist hässlich. In China wurden jetzt Zwillinge geboren, die angeblich gegen HIV resistent sind, weil ein Embryonenforscher ihre Gene mit einer Technik namens Crispr/Cas9 verändert haben will […]. Der Mann besitzt eine Gentechnik-Firma. Gibt es bessere Reklame? Man beruhige sich nicht damit, dass der Nachweis des Experiments aussteht. Der Wissenschaftler ist kein Unbekannter. Experten, die mit seiner Arbeit vertraut sind, halten seinen Erfolg für möglich. Das ist das Neue: Die Phase der Gemütlichkeit ist beendet, in der die Debatte um die Manipulation des menschlichen Erbguts mit dem Hinweis entschärft werden konnte, bis dahin werde noch viel Zeit vergehen.

Die Nachricht aus China hat Empörung ausgelöst, gerade unter Wissenschaftlern. In vielen Ländern dürfen sie zwar die Gene von überzähligen Embryonen verändern, doch sie dürfen daraus keine Menschen entstehen lassen. In China gilt so ein Verbot nicht, jedenfalls nicht grundsätzlich. Jetzt scheint das Land um den Ruf seiner Wissenschaft zu fürchten. Gut so.

[…]

Text 3

Ulrich Bahnsen: **Die Macht der Gene** (2019)

„Sie hat die Nase vom Vater und das Lachen ihrer Mutter“ – schon durch solche Beobachtungen wissen wir, dass unsere körperlichen und psychischen Merkmale nicht zufällig sind. Wir ähneln unseren Eltern und Verwandten im Aussehen, im Charakter und bei Risiken für Krankheiten, weil wir die Gene unserer Eltern und Großeltern geerbt haben. Jedoch ist die Erblichkeit unserer Eigenschaften – Wissenschaftler kennen 17 000 – kompliziert, denn sie folgt nicht den Mendel'schen Regeln[1]. Anders als bei typischen Erbkrankheiten wie der Mukoviszidose[2] gibt es kein einzelnes Gen für Körpergröße oder Blutdruck. Auch nicht für melancholische Persönlichkeit oder Kontaktfreude. Auf all diese Eigenschaften haben viele Tausende Stellen im Erbgut einen sehr kleinen Einfluss, der im Zusammenspiel aber mächtig werden kann. Unsere Gene steuern etwa zu 80 Prozent die individuellen Unterschiede in der Körpergröße oder im Hinblick auf das Risiko für Schizophrenie[3]. Die Neigung zu einer Depression hängt dagegen nur zu 40 Prozent von unseren Genen ab, beim Body-Mass-Index[4] sind es 60 Prozent.

1 **Mendel'sche Regeln:** beschreiben den Vererbungsvorgang bei Merkmalen, deren Ausprägung von jeweils nur einem Gen bestimmt wird, und sind nach ihrem Entdecker Gregor Mendel benannt

2 **Mukoviszidose:** eine angeborene Stoffwechselerkrankung

3 **Schizophrenie:** eine psychische Störung, bei der die Gedanken und Wahrnehmungen der Betroffenen verändert sind

4 **Body-Mass-Index:** Maßzahl für die Bewertung des Körpergewichts eines Menschen in Relation zu seiner Körpergröße

Text 4

Etta Wilken: **Das provokative Essay: Ethische Fragen zur Bewertung Pränataler Diagnostik und zum Schwangerschaftsabbruch** (2008)

Vorgeburtliche Untersuchungen haben eine wichtige präventive Bedeutung. Sie ermöglichen die Früherkennung und Behandlung von Risiken für Mutter und Kind. Pränatale Diagnostik kann jedoch auch zur unerwarteten Erfassung nicht behandelbarer genetischer Abweichungen oder pränataler Schädigungen führen und dann konflikthafte Entscheidungen erfordern. Aber auch bei der gezielten invasiven Diagnostik aufgrund spezieller Risiken geraten Eltern/Mütter bei einem positiven Befund unter einen schwierigen Entscheidungszwang. Aufgrund sozialer Erwartungen und Einstellungen, diffuser Ängste und Sorgen entscheiden sich solche Eltern/Mütter deshalb in der Regel für einen Abbruch der Schwangerschaft. Um werdenden Eltern tatsächlich Entscheidungsfreiräume zu bieten und auch das Leben mit einem behinderten Kind akzeptieren zu können, helfen deshalb keine moralisierenden Appelle, sondern es müssen vielfältige begleitende Hilfen angeboten werden.

Text 5

Paula@paula34687 21. Juni
Pränatale Diagnostik ist ein kompliziertes Thema. Bin persönlich dafür. Sollte aber nicht vom Gehalt der Eltern abhängen, ob man diese Tests nutzt oder nicht. #trisomie21 #down-syndrom

1 Vergleichen Sie, wie sich Ihre eigene Haltung durch die Lektüre der Texte 1–5 formt und verändert.

2 **a** Klären Sie, worin der Unterschied zwischen Sachtexttyp und Sachtextsorte besteht (▶ Information, S. 75).

b Bestimmen Sie für die Texte jeweils den Sachtexttyp, die Intention und die Adressaten.

c Im Folgenden finden Sie eine Liste möglicher Sachtextsorten:

Bildstrecke	Blogeintrag	Interview	Kommentar	Essay	Leserbrief
Lexikoneintrag	Nachricht	Porträt	Reportage	Twittermeldung	Gesetzestext

Ordnen Sie die Texte 1–5 einer der genannten Textsorten zu und begründen Sie Ihre Zuordnung.
Text 1 ist ein Gesetzestext. Er ist normativ …

3 **a** Arbeiten Sie im Rückgriff auf die konkreten Textbeispiele die Gemeinsamkeiten und Unterschiede folgender Textsorten heraus:
- Gesetzestext und Nachricht
- Twittermeldung und Essay

b Suchen Sie für eine Sachtextsorte Ihrer Wahl mindestens drei weitere aktuelle Beispiele aus und zeigen Sie anhand dieser Beispiele die charakteristischen Merkmale der jeweiligen Textsorte auf. Recherchieren Sie dazu in Zeitungen und Zeitschriften.

4 Verfassen Sie eine Antwort auf das Essay (Text 4) als Leserbrief (▶ Information, S. 258). Berücksichtigen Sie dabei nach Bedarf die Informationen und Positionen aus den übrigen Sachtexten des Kapitels (▶ S. 76–77).

5 Recherchieren Sie aktuelle Haltungen in den Medien zum Thema Pränataldiagnostik. Dokumentieren Sie Ihre Ergebnisse in einem kurzen Sachtext mit informierendem Charakter.

2.2 Informierende Texte untersuchen

Informationen aus Sachtexten gewinnen und strukturieren

Tina Baier: **Die Zwillingskrisen** (2019)

Spätestens jetzt sollte klar sein, dass das weltweite Artensterben genauso bedrohlich ist wie der Klimawandel. Der Bericht des Weltbiodiversitätsrats macht deutlich, dass die Erde auf einen ökologischen Kollaps zusteuert, wenn nichts dagegen unternommen wird. Das Frustrierende dabei ist, dass selbst im besten Fall nur noch eine Verlangsamung des Schwunds erreichbar ist, kein Stopp. Trotzdem muss das Menschenmögliche getan werden, um wenigstens das zu schaffen. Denn wie der Klimawandel kann auch das Artensterben die Erde in nicht allzu ferner Zukunft zu einem unwirtlichen Planeten machen. Beides hängt zusammen und beschleunigt sich gegenseitig. Die ansteigenden Temperaturen treiben das Artensterben voran, weil viele Tiere und Pflanzen nur in einem bestimmten Temperaturbereich überleben können. Wird dieser überschritten, müssen sie in kühlere Regionen ausweichen. Ist das nicht möglich, sterben sie.

Die Korallen dürften zu den ersten Arten gehören, die davon betroffen sind. Dem Bericht zufolge verschwinden 99 Prozent dieser Nesseltiere, wenn der Temperaturanstieg bei zwei Grad angelangt ist. Umgekehrt ist alles, was den Arten hilft, gut fürs Klima. Biodiversität[1] gewährleistet, dass Ökosysteme wie Wälder und Ozeane funktionieren, die wenigstens einen Teil des menschengemachten Kohlendioxids aus der Atmosphäre herausfiltern.

Wegen dieser Zusammenhänge zwischen Artensterben und Klimawandel sprechen manche Wissenschaftler bereits von „twin crises", Zwillingskrisen. Es ist dem Weltbiodiversitätsrat, der sich eigentlich gar nicht mit dem Klima beschäftigt, hoch anzurechnen, dass er es geschafft hat, über seinen Tellerrand zu blicken und eine stärkere Zusammenarbeit von Artenschützern und Klimaschützern zu fordern. Viel zu oft arbeiten diese nämlich gegeneinander statt miteinander.

Die Artenkrise ist sogar noch schwieriger zu lösen als die Klimakrise. Beides sind globale Probleme, auch beim Artenschwund gibt es kaum eine Region auf der Erde, die verschont ist. Doch eine Lösung, die beim Klima – zugegebenermaßen stark vereinfacht – darin besteht, den Ausstoß des Treibhausgases CO_2 zu reduzieren, ist bei den Arten viel komplexer. Um das Abholzen des Regenwalds in Südamerika zu stoppen, sind ganz andere Schritte erforderlich, als um den Handel mit allen möglichen Körperteilen geschützter Tierarten in Asien in den Griff zu bekommen oder eine Umstellung der intensiven Landwirtschaft in Europa und den USA voranzutreiben. […]

Weil die Ursachen so unterschiedlich sind, muss das Artensterben überall anders bekämpft werden. Ein allgemeingültiges Rezept gibt es nicht. Hinzu kommt, dass es gegen das Massensterben von Tieren und Pflanzen keine technischen Lösungen gibt. Mit Artenschutz lässt sich kein neuer Markt generieren, kein Geld verdienen. Trotzdem muss endlich damit begonnen werden. Und zwar schnell.

Die Menschen müssen aufhören, zu viel Wald abzuholzen, die Weltmeere zu überfischen und auch noch alles zuzumüllen. Es muss ins kollektive Bewusstsein dringen, dass saubere Luft zum Atmen, Wasser zum Trinken und fruchtbare Böden nicht kostenlos und unbegrenzt zur Verfügung stehen. Und eines ist klar: Es wird nicht funktionieren, von den Bürgern zu verlangen, im Einklang mit der Natur zu leben, wenn das System um sie herum darauf keinerlei Rücksicht nimmt.

1 **Biodiversität:** biologische Vielfalt

1 **a** Tauschen Sie sich mit einer Partnerin oder einem Partner über die zentralen Inhalte des Textes und über persönliche Erfahrungen zu diesem Thema aus.
b Formulieren Sie die Kernaussage.

2 Klären Sie in Partnerarbeit, welcher Textsorte der Text angehört und welche Intention die Autorin verfolgt (▶ Information, S. 75). Begründen Sie Ihre Antwort.

3 Untersuchen Sie die Ausführungen von Tina Baier auf Merkmale informierender Texte (▶ Information).

4 **a** Legen Sie eine Folie über den Text und markieren Sie die wichtigsten Informationen.
b Vergleichen Sie Ihre Ergebnisse in Gruppen. Begründen Sie jeweils, warum Ihnen bestimmte Informationen wichtig erscheinen. Einigen Sie sich auf ein gemeinsames Ergebnis.
c Notieren Sie das Ergebnis arbeitsteilig: Einige Gruppen notieren auf einem Stichwortzettel, andere Gruppen erstellen eine Mindmap (▶ Methode, S. 245).

5 Beurteilen Sie drei verschiedene Varianten zur Strukturierung der Inhalte (Stichwortzettel, Mindmap und das Strukturierungsbeispiel unten). Welches halten Sie für besonders gelungen (vollständig, aussagekräftig, übersichtlich, gut strukturiert)?

„Die Zwillingskrisen"
Artensterben und Klimawandel sind gleich bedrohlich

Zwillingskrisen
↓
Artensterben und Klimawandel

durch ansteigende Temperaturen verstärkt
sehr schwierig zu bekämpfen, da Ursachen unterschiedlich

durch Abholzen von Regenwäldern verstärkt
einfacher zu bekämpfen, da Ursache nur CO_2-Ausstoß

Zusammenarbeit von Klimaschützern und Artenschützern zwingend notwendig

Information **Informierende Texte**

Informierende Texte setzen sich mit einem Gegenstand, einer Handlung oder einem Sachverhalt auseinander. Sie haben den **Anspruch auf Objektivität,** können kritisch sein, aber beinhalten in der Regel **keine ausdrücklichen Meinungsäußerungen.** Ihre Intention besteht in der Darstellung von nachweisbaren Fakten, mit denen sie den Rezipienten die Möglichkeit zu sachlich begründeten Urteilen und Handlungen geben.

6 **a** Beurteilen Sie, ob folgende Beispiele zum Sachtexttyp der informierenden Texte gehören (▶ Information oben und S. 75). Nutzen Sie dabei die Kenntnisse über Kommunikationsmodelle (▶ Bühler, S. 16 f.): Nachricht, Horoskop, Gebrauchsanweisung, Kommentar, Bericht, Gesetzestext, Garantieschein, Testament, Protokoll einer Mieterversammlung, Angebot, Schulbuchkapitel, Partneranzeige, Beschreibung, Blogeintrag, Referat, Beipackzettel eines Medikaments, Wahlkampfrede
b Erläutern Sie, welche Probleme Sie bei der Zuordnung erkannt haben. Welche Konsequenzen ergeben sich daraus für den Umgang mit Texten, die einen hohen Informationsanteil haben?

Informationen vergleichen und bewerten

Stefan Schmitt: **Wie geht es dem Klima?** (2019)

Text 1: Was wir wissen

[…] Auf dem Hohenpeißenberg in Oberbayern, südwestlich von München und mit Blick auf den Alpenhauptkamm, thront in knapp tausend Meter Höhe ein früheres Kloster, dem die Säkularisierung[1] nicht die strenge Disziplin ausgetrieben hat. Denn das historische Gemäuer beherbergt ein meteorologisches Observatorium und dieses wiederum eine der ältesten fortlaufenden Messreihen der Welt. Seit 1781 haben hier Generationen von Naturforschern, Wettermönchen gleich, die Temperatur gemessen. […]

Die Messreihe in Oberbayern zeigt ähnlich wie viele andere an den unterschiedlichsten Orten aufwärts. Plus 1,8 Grad Celsius seit dem Jahr 1880, etwas mehr als im bundesweiten Durchschnitt. Im globalen Mittel hat sich die bodennahe Lufttemperatur vom Beginn des Industriezeitalters an um etwa ein Grad Celsius erwärmt. […]

Das Observatorium im alten Kloster gehört heute zum Deutschen Wetterdienst (DWD), dessen Forscher im ganzen Land nicht nur die Erwärmung festhalten, sondern auch deren Folgen. So protokollieren sie etwa, dass die Stieleiche im Vergleich zum langjährigen Mittel ihre Blätter heute ein paar Tage später verliert, im Vegetationskalender das Zeichen für den Winteranfang. […]

Auch in der japanischen Kaiserstadt Kyoto kommt der Frühling immer früher. Seit dem Jahr 800 notieren dort die Gärtner den Beginn der Kirschblüte („Hanami"). Meist lag der zwischen dem 10. und 20. April. Inzwischen öffnen sich die Blüten immer rascher nach dem Monatsersten.

In den Bergen ziehen sich die Eiszungen zurück. Weltweit haben die Gebirgsgletscher – außerhalb von Arktis und Antarktis – seit dem Beginn der Industrialisierung erheblich an Eismasse eingebüßt. An vielen Küsten steigen die Pegel und global betrachtet der Meeresspiegel insgesamt. Gleichzeitig wird das Meerwasser saurer und zusehends wärmer. […]

All diese Trends mögen auf den ersten Blick subtil erscheinen, und der Begriff „globale Erwärmung" maskiert eine Vielzahl höchst unterschiedlicher Folgen. Man kann es sich als ein Plus an Energie in der erdumspannenden Wettermaschine vorstellen: Wärmere Meere können Wirbelstürme stärker machen. Wärmere Luft nimmt mehr Feuchtigkeit auf, was heftigere Regengüsse begünstigt. […]

Von der globalen Erwärmung zu sprechen ist nicht falsch. Von einer globalen Eskalation zu sprechen wäre treffender.

Das Klima hat sich schon immer gewandelt, heißt es oft. Tatsächlich überdauern Spuren früherer Erwärmungen und Abkühlungen aus der tiefen Erdgeschichte: Auf Grönland haben Forscher Eis geborgen, das älter als 100 000 Jahre ist, in der Antarktis gar 420 000 Jahre. […]

Forscher rekonstruierten […] sowohl Episoden, in denen zuerst die Temperatur anstieg und danach der Gehalt von Kohlendioxid (CO_2) in der Atmosphäre wuchs, als auch solche, in denen es umgekehrt war. […] Mit keiner der natürlichen Ursachen aus der Vergangenheit lässt sich indes der aktuelle Erwärmungstrend erklären.

Was heute passiert, ist auch nach paläoklimatischen Maßstäben bemerkenswert: Mit ihrem Anstieg um gut ein Grad Celsius (was nach wenig klingt relativ zu den plus drei Grad oder mehr, die Forscher bis zum Jahr 2100 für möglich halten) im Lauf der letzten anderthalb Jahrhunderte dürfte die globale Mitteltemperatur bereits höher liegen als während der gesamten Erdneuzeit („Holozän") und so hoch wie seit 120 000 Jahren nicht mehr. Die CO_2-Konzentration in der Erdatmosphäre, die – allen Klimakonferenzen zum Trotz – nach wie vor zunimmt, liegt mindestens so hoch wie seit 800 000 Jahren nicht mehr.

[…] Im Jahr 1957 hat der Chemiker Charles David Keeling auf dem hawaiianischen Vulkan Mauna Loa ein Messgerät postiert, das eines der berühmtesten Diagramme der Wissenschaftsgeschichte hervorbrachte, die „Keeling-Kurve". Sie belegt, was überall geschieht: Kontinuierlich ändert sich das Mischungsverhältnis der Lufthülle. Bald liegt die CO_2-Konzentration anderthalbmal so hoch wie in vorindustrieller Zeit.

[...] Was die Keeling-Kurve nach oben treibt, ist das Kohlendioxid aus der Verbrennung fossiler Energieträger – der Klimawandel der Gegenwart, er ist menschengemacht.

Wie geht die Geschichte weiter? Forscher bilden die bekannten Wechselwirkungen zwischen Atmosphäre, Ozeanen, Eismassen und Kontinenten in Computermodellen ab. Hier lässt sich an den Stellschrauben des Klimasystems drehen, und die Konsequenzen lassen sich im Zeitraffer durchrechnen. Mit einer Wettervorhersage für das Jahrhundert verwechseln darf man ihre Szenarios nicht. Vielmehr zeigen sie, was *wahrscheinlich* passieren kann. [...]

In den digitalen Was-wäre-wenn-Welten wird der Wahrscheinlichkeitsrahmen abgesteckt, in dem die reale Zukunft spielen kann – im Sinne der Definition von Klima: wohin sich die Statistik des Wetters entwickeln wird.

1 **Säkularisierung:** Verweltlichung, Lockerung der Bindung an die Religion

Stefan Schmitt: **Wie geht es dem Klima?** (2019)

Text 2: Was wir nicht wissen

[...] „Heißzeit", so lautet das Wort des Jahres 2018. Gekürt hat es, fraglos unter dem Eindruck des Dürresommers, im Dezember die Gesellschaft für deutsche Sprache in Mannheim. Doch in die Schlagzeilen gebracht hatte den Begriff das Potsdam-Institut für Klimafolgenforschung (PIK). In einer Fachzeitschrift hatten PIK-Wissenschaftler zusammen mit internationalen Kollegen im August eine Art Schreckensschau des Möglichen zusammengestellt. In ihrem Aufsatz skizzierten sie, wie bei weiterer Erwärmung in der Natur kritische Schwellen überschritten werden (das arktische Meereis schmilzt, Urwälder sterben ab), was wiederum die Erwärmung beschleunigt, woraufhin weitere Schwellen erreicht werden (am Ende wird das Eis der Ostantarktis instabil) – ein sich selbst verstärkender Effekt. Diese Kaskade würde langfristig in eine um viele Grad wärmere Welt führen und für Jahrtausende eben: in die Heißzeit.

Wie weit die roten Linien [...] jeweils noch entfernt sind, das wird in Grad Celsius zusätzlicher Erwärmung ausgedrückt. Mit wie viel Emissionen aber werden diese Temperaturschwellen erreicht? Das bleibt unklar, und zwar nicht nur, weil Ökosysteme komplex sind und zuweilen sprunghaft reagieren. Es liegt auch am zentralen blinden Fleck der Klimaforschung, der „Klimasensitivität".

[...] Als in den 1970er-Jahren die US-amerikanische National Academy of Sciences als erste große Forschervereinigung vor dem Treibhauseffekt warnte, bezifferte sie den Effekt einer CO_2-Verdopplung auf plus 1,5 bis plus 4,5 Grad Celsius – eine riesige Spannweite. Bis heute hat man sie kaum verkleinern können.

[...] Selbst falls – Gedankenspiel! – am 31. Januar das letzte Molekül CO_2 aus einem Schornstein aufstiege, niemand könnte genau sagen: Wie lange und bis auf welches Niveau würde die globale Mitteltemperatur trotzdem noch weiter ansteigen? Gewiss ist, dass die Natur träge reagiert, dass sie auf dem einmal eingeschlagenen Weg erst einmal fortschreitet. Unklar bleibt, wie träge und, andererseits, wie empfindlich („sensitiv").

[...] Kaum einfacher ist es mit der Zuordnung einzelner Wetterlagen, etwa der aktuellen Schneemengen in den Alpen. Einerseits dürfte der Klimawandel künftig eine Vielzahl von Extremen begünstigen. Andererseits ist, um seinen konkreten Beitrag zum Wetter zu beziffern, eine meteorologisch-statistische Auswertung des Einzelfalls vonnöten. [...] Oft, wenn die Frage „War das jetzt der Klimawandel?" fällt, fußen die Antworten auf schierer Plausibilität.

Auch im Verständnis wichtiger Teile des Erdklimasystems klaffen noch Wissenslücken: Welche Rolle etwa die Wolken abhängig von ihrer Höhe bei Erwärmung und Abkühlung spielen, ist bis heute schwer durchschaubar. Wie dynamisch die großen Eisschilde auf Grönland und in der Antarktis sind, haben Glaziologen[1] in der Vergangenheit unterschätzt. Wie viel Wärme der Ozean schon aufgenommen hat und wie viel er folglich noch schlucken kann, ist zumindest unklar. […] Man könnte auch sagen: Es ist unklar, wie weit die Menschheit es noch treiben kann, bis sie – ganz prinzipiell – die Kontrolle über das Klima verliert.

1 **Glaziologen:** Wissenschaftlerinnen und Wissenschaftler, die sich mit Eis und Schnee befassen

1 Gehen Sie beim Untersuchen der Texte arbeitsteilig vor:
a Eine Partnerin / ein Partner stellt die wesentlichen Informationen aus Text 1, die/der andere die Informationen aus Text 2 grafisch dar (▶ Mindmap, S. 245, Strukturdiagramm, S. 149, etc.).
b Tauschen Sie Ihre Ergebnisse aus und vergleichen Sie die Darstellung Ihrer Partnerin / Ihres Partners mit dem entsprechenden Text. Fehlt etwas oder ist es zu ausführlich? Beurteilen Sie die Informationswiedergabe und korrigieren Sie ggf. das Ergebnis.

2 Setzen Sie die Informationen der beiden Texte in Bezug zueinander. Welche Informationen decken sich, welche ergänzen einander? Suchen und erklären Sie ggf. widersprüchliche Aussagen.

3 **a** Lesen Sie erneut den Text „Die Zwillingskrisen" (▶ S. 78). Beschreiben Sie, inwieweit sich Ihr Leseverhalten und Ihr Textverständnis dadurch geändert haben, dass Sie nun über weitere Informationen aus den beiden anderen Texten verfügen.
b Vergleichen Sie, wie das Thema Biodiversität und Klimaschutz in den drei Texten aufbereitet wurde.

4 Schreiben Sie einen Informationstext zum Thema Biodiversität und Klimaschutz, indem Sie
– zuerst aus Ihren bisher erarbeiteten Aufzeichnungen zu den drei Texten einen Stichwortzettel erstellen und darauf alle Ihnen wichtig erscheinenden Informationen notieren,
– dann den Bericht des Weltbiodiversitätsrats lesen und in einer visualisierten Form darstellen,
– schließlich den Unterschied zwischen Bestäubung und Nahrungsmittelproduktion sowie Landdegradierung und Nahrungsmittelproduktion erläutern.

Berichte des Weltbiodiversitätsrats aus den Jahren 2016 bis 2018

Thematische Berichte

Der erste thematische Bericht mit dem Fokus Bestäuber, Bestäubung und Nahrungsmittelproduktion wurde 2016 fertiggestellt.

Kernergebnisse sind:

- Die Produktion vieler qualitativ hochwertiger pflanzlicher Lebensmittel, vor allem Obst und Gemüse, hängt von der Blütenbestäubung ab.
- In vielen Gebieten der Erde werden seit einigen Jahren dramatische Verluste der Blütenbestäuber beobachtet.
- Der dramatische Verlust von Bienenvölkern in Europa und Nordamerika und in anderen Weltregionen tritt nicht in gleicher Weise auf.
- Die intensive landwirtschaftliche Produktion und besonders die Anwendung von Pestiziden[1] stellt eine Hauptgefährdungsursache für die Blütenbestäuber und somit die Bestäubung dar.

Ein weiterer thematischer Bericht wurde 2018 zu Landdegradierung[2] und Wiederherstellung erarbeitet.

Kernergebnisse sind:

- Die stetige Expansion und nicht nachhaltige Bewirtschaftung von Acker- und Weideland ist der weltweit größte direkte Verursacher der Landdegradierung und verursacht einen erheblichen Verlust an Biodiversität und Ökosystemleistungen[3].
- Die Landdegradierung hat in vielen Teilen der Welt ein „kritisches" Niveau erreicht. Feuchtgebiete sind dabei besonders stark betroffen.
- Durch eine steigende Nachfrage nach Nahrungsmitteln und Biokraftstoffen wird die Landdegradierung in Zukunft wahrscheinlich weiter voranschreiten.

- Durch Vermeidung, Verringerung und Umkehrung von Landdegradierung könnten bis 2030 mehr als ein Drittel der Treibhausgasemissionen eingespart werden.

1 **Pestizide:** Schädlingsbekämpfungsmittel

2 **Landdegradierung:** vom Menschen verursachte Prozesse, die den Rückgang oder Verlust der biologischen Vielfalt zur Folge haben

3 **Ökosystemleistungen:** Dienstleistungen der Natur für den Menschen, die er durch die Lebensräume und Lebewesen wie Tiere und Pflanzen bezieht

Information und Wertung unterscheiden

Das große Sterben – Weltbericht sieht Vielfalt in Gefahr (2019)

Weltweite Einigkeit

Die Menschheit sieht sich zurzeit einem nie da gewesenen Niedergang der Natur gegenüber. Das ist eine zentrale Botschaft des gerade in Paris vorgestellten Berichts des Weltbiodiversitätsrats – und dieser Niedergang beschleunigt sich in jüngster Zeit sogar noch. Nach Sichtung von 15 000 Studien sind sich die Wissenschaftler weitgehend einig, dass die Artenvielfalt heute mindestens zehn bis zu mehrere Hundert Mal so schnell zurückgeht wie im Schnitt der vergangenen zehn Millionen Jahre. […] 132 Staaten haben den Bericht in Paris unterzeichnet. Nun müssen sie handeln und Entscheidungen treffen, wie sich der größte Feind der Artenvielfalt – der maßlose Flächenverbrauch der Landwirtschaft – nachhaltig eindämmen lässt.

Die Insekten

Niemand vermag exakt zu sagen, wie viele Insektenarten es gibt. Der Biodiversitätsrat schätzt, dass unter den 8 Millionen Tier- und Pflanzenarten etwa 5,5 Millionen Insekten sind. Lokale Studien aus aller Welt zeigen, dass manche Insektenpopulationen besonders schnell zurückgehen, etwa die von Wildbienen oder Schmetterlingen. Nach vorsichtigen Schätzungen könnte etwa jede zehnte Insektenspezies vom Aussterben bedroht sein.

Die Bestäuber

75 Prozent aller essbaren Nutzpflanzen müssen von Tieren besucht werden, um Samen oder Früchte tragen zu können. So bestäuben Mücken Kakaobäume, Hummeln Obstgehölze, Beerensträucher und Gemüsepflanzen wie Gurken. Doch seit 50 Jahren geht ihre Artenzahl auf allen Kontinenten zurück, in Agrarlandschaften schrumpfen ihre natürlichen Lebensräume, eine dramatische Entwicklung, denn gerade Landwirte sind auf die Leistung dieser Insekten angewiesen. Weltweit könnten die Bauern durch das Bestäuber-Sterben Erträge im Wert von 210 bis 515 Milliarden Euro verlieren, und zwar Jahr für Jahr, schätzt der Biodiversitätsrat.

1 Analysieren Sie, warum es sich bei diesem Artikel nicht um einen rein informierenden Text handelt.
  a Notieren Sie die Informationen des Textes.
  b Stellen Sie die im Text enthaltenen Thesen zusammen und entscheiden Sie, ob diese schlüssig begründet werden.
  – *Die Unterzeichner des Weltberichts von Paris müssen handeln, um …*
  c Finden Sie Belegstellen, die zeigen, dass der Text nicht nur informiert. Welche Konsequenzen hat das im Hinblick auf die Wirkung des Textes?

2 Erörtern Sie, ob die Darstellung dem Bericht des Biodiversitätsrats (▶ S. 82 f.) entspricht.

2.3 Argumentierende Sachtexte analysieren

Thema, These und Argumente eines Kommentars erschließen

Martin Muno: **Rodung der Regenwälder – die Kapitulation vor den Klimazielen** (2019)

Weltweit wurde 2018 eine Waldfläche von der Größe Englands zerstört. Zum Teil fielen Hunderte Jahre alte Bäume den Kettensägen zum Opfer. Was Martin Muno fragen lässt: „Sind wir eigentlich noch zu retten?“

Thema des Textes

These

Minute für Minute gehen umgerechnet 30 Fußballfelder Wald verloren. Das heißt, bis Sie, werte Leserin oder werter Leser, diesen Kommentar bis zum Ende gelesen haben, ist eine Waldfläche von rund 100 Fußballfeldern zerstört worden – zum Teil für immer. Diese Zahlen stammen nicht aus abstrakten Berechnungen, sondern beruhen auf der Auswertung von Satellitenbildern und wurden vom Projekt „Global Forest Watch“ zusammengefasst und veröffentlicht. Dabei weiß doch jedes Kind, wie bedeutend die globalen Waldflächen für das ökologische Gleichgewicht unseres Planeten sind. Zur Erinnerung: Weltweit absorbieren allein die Regenwälder rund ein Drittel des von Menschen verursachten Ausstoßes von Treibhausgasen. Nicht umsonst gelten sie als die grünen Lungen unseres Planeten. Die Tatsache, dass diese Flächen Jahr für Jahr drastisch schrumpfen, sollte uns alarmieren.

Argument 1

Argumentationsstützen zu Argument 1: **Belege**

Argumentationsstützen zu Argument 1: **Erläuterung**

Argumentationsstützen zu Argument 1: **Belege**

Aus Wäldern werden Weiden

Es geht dabei nicht um temporäre Phänomene wie Waldbrände oder Wanderfeldbau, bei denen die zerstörten Flächen später wieder aufgeforstet werden. Es geht um dauerhafte Rodungen: Aus Wäldern – vor allem in Asien und Lateinamerika – werden Viehweiden oder Plantagen. Regenwälder werden gefällt, um unseren Hunger nicht nur nach billigem Tropenholz, sondern vor allem auch nach Fleisch, Soja, Biotreibstoff oder Palmöl zu stillen. Wer also nur mit dem Finger auf ferne Herrscher wie etwa Brasiliens rechtsextremen Präsidenten Jair Bolsonaro zeigt, macht es sich zu einfach. Auch wenn dieser offen zu Protokoll gibt, dass ihm Umwelt- und Klimaschutz herzlich egal ist. Denn das individuelle Konsumverhalten trägt auch dazu bei, ob Tausende Kilometer vom eigenen Wohnort entfernt Wälder dauerhaft zerstört werden – mit

Argumentationsstützen zu Argument 1: **Erläuterung**

Argumentationsstützen zu Argument 1: **Belege**

erheblichen Folgen: In Brasilien werden indigene Völker gewaltsam aus ihren Dörfern vertrieben, um Farmen Platz zu machen. In Indonesien und Malaysia sind Orang-Utans vom Aussterben bedroht. Doch jenseits dieser lokalen Auswirkungen hat der Verlust der Waldflächen Folgen für jeden Menschen auf diesem Planeten – sprich: Wer den Raubbau der Wälder hinnimmt, kann die nationalen und internationalen Klimaziele gleich in die Mülltonne treten.

Argumentationsstützen zu Argument 1: **Belege**

Argumentationsstützen zu Argument 1: **Erläuterung**

Umweltschutz beginnt auf dem Teller

Dass Klimaschutz im Bewusstsein vieler Menschen angekommen ist, beweist nicht zuletzt die Bewegung #Fridays for Future. Viele Menschen machen hier bereitwillig mit und hinterfragen ihr Konsumverhalten: Da werden alte Glühbirnen durch moderne LED-Leuchten ersetzt und der alte Kühlschrank gegen ein energiesparenderes Modell ausgetauscht. Der ist ja auch viel schöner.

Argument 2: Normatives Argument

Argumentationsstützen zu Argument 2: **Belege**

Doch was nutzen all diese hippen neuen Produkte, wenn weltweit nicht entschiedener gegen den Raubbau der Wälder vorgegangen wird? Für uns Verbraucher wäre am besten, wenn es klare Informationen gäbe, ob für die Herstellung eines Produktes Wälder zerstört wurden. Doch das ist bei Weitem nicht in Sicht. Im Gegenteil: Selbst das Obst von Bio-Smoothies soll nach einem Bericht der Umweltorganisation Amazon Watch auf illegal abgeholzten Flächen angebaut worden sein. Wenn wir also keine Gewissheit haben können, ob unsere Produkte aus nachhaltigem Anbau oder aus Raubbau stammen, sollten wir ihren Konsum einschränken. Das mag erst einmal nach Verzicht klingen. Aber es hilft, die Wälder zu schützen. Denn egal, wo der Baum steht, der dann weiter wachsen darf: Er schützt auch unser Klima – egal, wo wir wohnen.

Argumentationsstützen zu Argument 2: **Erläuterungen**

Fazit: Verbesserungsvorschlag

★ **1** Erläutern Sie mithilfe des Textes „Rodung der Regenwälder – die Kapitulation vor den Klimazielen", welchen persönlichen Beitrag zur Zerstörung, aber auch zur Rettung der Regenwälder jeder Einzelne möglicherweise leistet.

2 Erstellen Sie eine Farblegende, in der Sie erklären, wie Farbmarkierungen und Randbegriffe zusammengehören.
Orange steht für ein Argument, Magenta steht für …

3 Vollziehen Sie den Aufbau der Argumentation nach, indem Sie die unvollständige Argumentationspyramide (▶ S. 86 und Methode, S. 86) in Ihr Heft übernehmen und die fehlenden Elemente ergänzen.

4 Beurteilen Sie die Argumentation abschließend: Hat der Autor Sie bzw. Ihre Lerngruppe von seiner Meinung überzeugen können? Begründen Sie Ihre Antwort.

THEMA:
Ist die Menschheit trotz Raubbau an der Natur noch zu retten? (vgl. Z. 4)

THESE:
… … …

ARGUMENT 1:
… … …

ARG.-STÜTZE 1:
„Das heißt, bis Sie, werte Leserin oder werter Leser, diesen Kommentar bis zum Ende gelesen haben, ist eine Waldfläche von rund 100 Fußballfeldern zerstört worden – zum Teil für immer." (Z. 6–9)

ARG.-STÜTZE 2:
… … …

ARGUMENT 2:
„Dass Klimaschutz im Bewusstsein vieler Menschen angekommen ist, beweist nicht zuletzt die Bewegung #Fridays for Future." (Z. 50–52)

ARG.-STÜTZE 1:
„Viele Menschen machen hier bereitwillig mit und hinterfragen ihr Konsumverhalten: Da werden alte Glühbirnen durch moderne LED-Leuchten ersetzt und der alte Kühlschrank gegen ein energiesparenderes Modell ausgetauscht. Der ist ja auch viel schöner." (Z. 52–57)

ARG.-STÜTZE 2:
… … …

FAZIT:
… … …

Methode **Argumentationspyramide**

Thema eines Textes

These
(Meinung, Werturteil, Forderung, Prognose)

↑

Argumente
begründen den Geltungsanspruch der These

Beispiele **Belege** **Erläuterungen** **Aufzeigen von Konsequenzen** **Zitate** **…**
stützen und sichern die Argumente ab

Fazit
(Zusammenfassung, Verbesserungsvorschlag, Zukunftsidee, Appell, Warnung usw.)

Pro & Contra: Soll es auf Autobahnen ein Tempolimit geben? (2019)

Jens Kleindienst: **Pro**

Kennen Sie das auch? Man kommt bei der Heimfahrt aus dem Urlaub über die Grenze – und schon steigt der Puls. Das entspannte Mitschwimmen im Verkehrsstrom ist vorbei, nun drängeln die Ungeduldigen wieder, fahren zu dicht auf, überholen rechts, obwohl man selbst mit 130 oder 140 unterwegs ist. Das ist stressig, das ist gefährlich und provoziert bei dichtem Verkehr Staus. Letzteres, weil das viele Bremsen und Beschleunigen sich hochschaukelt, wie das Wasser in der Schüssel, das beim Hin- und Herschubsen irgendwann über den Rand schwappt. Schon die Tatsache, dass der harmonisierte Verkehr besser fließt, müsste bei chronisch verstopften Autobahnen als Argument genügen.
Weniger Unfälle und Schadstoffe braucht es da gar nicht mehr. Ein Tempolimit mögen einige als Spaßbremse empfinden, als Beschneidung ihrer persönlichen Freiheit. Es gibt aber kein Grundrecht auf Raserei, und Selbstverwirklichung bei Tempo 200 ist Egoismus pur. Deshalb ist es gegen jeden Menschenverstand, kein generelles Tempolimit einzuführen.

Markus Lachmann: **Contra**

Deutschland hat ein neues Lieblingsthema: ein generelles Tempolimit auf Autobahnen. Nun wird mal wieder die große Moralkeule geschwungen und denjenigen, die mehr als 130 Stundenkilometer fahren, ein schlechtes Gewissen eingeredet. Die Umwelt! Die Menschen! Wenn man schon über Umwelt redet, sollte man auch mal darüber debattieren, wie viele Arbeitnehmer morgens alleine mit ihrem Auto zur Arbeit fahren, statt Fahrgemeinschaften zu bilden. Oder darüber, dass der Autobahnausbau mancherorts aus „ökologischen Gründen“ verhindert wird, der daraus resultierende Stau aber die Umwelt schädigt. Zudem wird so getan, als könne man jederzeit unbegrenzt über freie Straßen rasen.
Humbug! Nur noch ein Bruchteil der Autobahnkilometer hat kein Tempolimit. Die Unfälle gerade in der Rushhour passieren wegen auffahrender Lkw, zu geringen Abstands oder Handy-Guckens am Steuer. Man sollte nicht denen, die sich an die Regeln halten, mit Moral kommen, sondern diejenigen, die Regeln brechen, härter bestrafen.

1 Führen Sie in Ihrer Lerngruppe zur Frage, ob es ein Tempolimit auf Autobahnen geben soll, ein Meinungsbarometer (▶ Methode, S. 371) durch.

2 **a** Arbeiten Sie in Partnerarbeit und identifizieren Sie in den beiden Texten die jeweilige These des Autors sowie die eingesetzten Argumente und Argumentationsstützen.
b Erstellen Sie für jeden Text eine eigene Argumentationspyramide (▶ Methode, S. 86).
c Diskutieren Sie in Partnerarbeit, welche der Argumente Sie überzeugen. Ergänzen Sie eigene Argumente und begründen Sie Ihre Haltung zum Thema.
d Vergleichen Sie Ihre Ergebnisse im Plenum.

Ulrike Gastmann: **Zu jung für diese Welt** (2019)

Jugendliche schwänzen für den Klimaschutz die Schule. Sie verdienen keine Häme, sondern unsere Unterstützung.

Es ist ein früher Samstagnachmittag in Leipzig, die Innenstadt ist in neblig-kaltes Grau getaucht. Die oberen Etagen des City-Hochhauses, das man hier den „Uni-Riesen" nennt, sind fast ganz im tief hängenden Nebeldunst verschwunden. Aber die großflächigen Fenster des kleinen Buchhandlungs-Cafés, in dem wir sitzen, öffnen den Blick auf die Stadt, auf den Thomaskirchhof, die umliegenden Banken und Warenhäuser. Die kleine Rasenfläche nebenan, auf der es zu fast jeder Jahreszeit von Menschen wimmelt, liegt verlassen und leer da. Offenbar zollen heute alle Leipziger dem grässlichen Winterwetter Tribut.

Alle? Nicht ganz.

Plötzlich erscheint ein Polizeiwagen mit Blaulicht. Zwei weitere folgen. Die Hoffnung meines Kindes, live einen Banküberfall erleben zu können, zerschlägt sich jedoch, als Menschen in weißen Schutz-Overalls auftauchen. Viele von ihnen tragen schwarze Luftballons in den Händen. Die Weißgekleideten führen einen langen Demonstrationszug vorwiegend junger Menschen gegen den Kohlekompromiss an. Die Aufmerksamkeit des Kindes ist jetzt noch wacher. Umweltthemen interessieren ihn schon länger. Mehr als Banküberfälle. Was mir nur recht sein soll.

Gemeinsam lesen wir die Aufschriften auf Plakaten und Spruchbändern: „There is no Planet B", „Hambi[1] bleibt" und „Klima schützen, Kohle stoppen". Ich erkläre, worin genau das Ziel der Demonstration besteht: dass die Teilnehmer den schrittweisen Ausstieg aus dem Braunkohleabbau bis zum Jahr 2038 ablehnen und den sofortigen Kohleausstieg wollen. Dass sie ankündigen, weiter friedlich, aber hartnäckig für Klima-Gerechtigkeit zu kämpfen. Das findet das Kind gut. Es weiß aber auch sofort eine Antwort, als ich frage, warum manche Menschen mit dem sofortigen Kohleausstieg ihre Schwierigkeiten haben: Weil sie ihre Arbeitsplätze verlieren könnten.

Man verstehe diese Zeilen bitte nicht als Lobgesang einer stolzen Mutter auf ihren kongenialen[2] Sprössling. Sie sollen lediglich zeigen, wie schnell bereits ein Neunjähriger Zusammenhänge und Probleme beim Zusammenprall politischer Positionen kapieren kann.

Warum mir das wichtig ist? Weil mich die öffentlichen Diskussionen mit ihrem ironischen oder besorgten Tonfall über die anhaltenden Schülerdemonstrationen „Fridays for Future" ärgern. In herablassendem oder bissigem Ton wird konstatiert, dass sich die Jugend plötzlich für etwas einsetzt und dafür mitunter sogar den Unterricht schwänzt, animiert von einem sechzehnjährigen Mädchen aus Schweden. Dem wiederum unterstellt man mit zielsicherer Ferndiagnose, von den Medien oder den Eltern oder von beiden instrumentalisiert zu werden. Große Aufregung.

Dass die Schüler wie auch die Teilnehmer der Leipziger Demo in diesen Wochen bei meist miesem Wetter durch die Städte ziehen, dass sie ein ernstes Anliegen haben, das uns alle betrifft, spielt offenbar keine so große Rolle.

Natürlich kann man sich streiten über das Ausmaß der Schäden, die unser Umgang mit dem Planeten anrichtet. Man kann für Umweltschutz demonstrieren oder es bleiben lassen. Man kann selbstverständlich auch Aktionsformen bei Demonstrationen kritisieren. Immer.

Sich aber über das wachsende Engagement junger Menschen lustig zu machen, die wissen, dass ihre Zukunft und die des Planeten auf dem Spiel steht, und sie als Schulschwänzer abzutun, ist mir unverständlich. Wenn es den Kritikern tatsächlich um ausgefallene Schulstunden geht, sollten sie ihre Entrüstung besser gegen die sächsische Sparpolitik richten. Wegen der sind in Sachsen in den vergangenen Jahren aufgrund von Lehrermangel Hunderte von Schulstunden ausgefallen. Lehrer mussten ihren Schülern erklären, dass sie heute wieder einmal „ausnahmsweise" im Unterricht zwischen zwei Klassen pendeln müssen. Klassen mussten manchmal für einen ganzen Tag zu Hause bleiben. Oder sie wurden mit „Stillbeschäftigung" unterrichtet. Soll heißen: Die Schüler lösten Aufgaben, die ein gehetzter Lehrer in der Pause rasch an die Tafel geschrieben hatte.

Dass man das Unterricht nennen kann, wage ich zu bezweifeln. Welche Erfolgserlebnisse soll der einzelne Schüler in solchen Stunden erfahren, welche Bestätigung die Lehrkraft daraus ziehen?
[...]
Beim Klimawandel und unserer verfehlten Umweltpolitik werden wir mit ein paar Nachbesserungen nicht davonkommen. Dass dies jetzt vor allem junge Leute erkennen und Alarm schlagen, ist für mich mehr als ein Hoffnungszeichen. Sie verdienen dafür Respekt, Gehör und Unterstützung. Mit jugendlichem Engagement und der Besonnenheit von wirklich Erwachsenen – nicht solchen, die vorgeben, welche zu sein – könnte es in Zukunft in eine bessere Richtung gehen.

Übrigens: *Kinder an die Macht!* heißt nicht nur ein unvergesslicher Song von Herbert Grönemeyer, sondern auch der diesjährige Literaturwettbewerb des hiesigen Amtsgerichts für alle Leipziger Schüler ab Klasse 5.
Ich bin sicher: Die Kinder und Jugendlichen werden einiges zu sagen haben.
Wir sollten hinhören.

1 **Hambi:** Abkürzung für Hambacher Forst, ein Waldgebiet, das zwecks Braunkohlegewinnung abgeholzt werden sollte

2 **kongenial:** geistesverwandt, geistig ebenbürtig

1 Untersuchen Sie den Text von Ulrike Gastmann:
- **a** Notieren Sie das Thema des Textes in Form einer Entscheidungsfrage.
- **b** Geben Sie die Position der Autorin (These) in einem Satz wieder und belegen Sie dies am Text.
- **c** Ermitteln Sie die Argumente und Argumentationsstützen des Textes und tragen Sie diese in eine Argumentationspyramide ein (▶ Methode, S. 86).
- **d** Bestimmen Sie jeweils den Argumenttyp (▶ Information unten) und begründen Sie Ihre Zuordnung.
- **e** Überprüfen Sie, ob der Text über ein Fazit verfügt. Ergänzen Sie ggf. Ihre Argumentationspyramide.

2 Recherchieren Sie den gegenwärtigen Stand des Engagements von Jugendlichen und Schülern in Deutschland und erläutern Sie, inwieweit die aktuelle Entwicklung Ulrike Gastmanns Argumentation relativiert oder bestätigt.

Information **Argumenttypen und ihre Funktionen – Beschreibungsvokabular**

Tipp: Die folgenden fett hervorgehobenen sowie die kursiv gesetzten Wörter können Sie bei der Analyse von Argumentationen als Beschreibungsvokabular nutzen.
Argumente sollen Zuhörende oder Lesende dazu bewegen, den **Geltungsanspruch einer These** anzuerkennen. Eine These gewinnt besonderes Gewicht, wenn sie von *stichhaltigen,* möglichst *unstrittigen* Argumenten untermauert wird. Man unterscheidet folgende Argumenttypen:

- **Faktenargument:** Dieses Argument bringt eine These in Beziehung mit *unstrittigen, verifizierbaren (nachprüfbaren)* **Tatsachenaussagen und Daten** (Zahlenangaben, Statistiken). Faktenargumente gelten in der überwiegenden Mehrzahl der Fälle als *überzeugend.* Handelt es sich dabei allerdings um einen Hinweis auf einen **Einzelfall,** so ist ein solches Argument nicht besonders *beweiskräftig,* da ein *Einzelfall* oft durch andere Einzelfälle *widerlegt* werden kann.
- **Autoritätsargument:** Diese Argumentart *stützt* eine These dadurch, dass die ähnlich lautende **Position einer weithin akzeptierten Autorität** hinzugezogen wird. Dabei kann es sich z. B. um einen Experten oder eine anerkannte Persönlichkeit handeln. *Zwingend* muss ein solches Argument jedoch nicht sein, da ebenso andere Autoritäten mit gegenteiligen Positionen angeführt werden können.

- **Plausibilitätsargument:** Dieses Argument bezieht sich auf die **eigenen Lebenserfahrungen,** die die Begründung allgemein einleuchtend und nachvollziehbar erscheinen lassen sollen. Ähnliches kann durch die **Berufung auf den gesunden Menschenverstand** oder den **Hinweis auf Gewohnheit und Tradition** bewirkt werden. Das Problem von Plausibilitätsargumenten besteht darin, dass die Erfahrung *rein zufällig* sein kann und den Erfahrungen der Hörer oder Leser nicht entsprechen muss, was die *Verallgemeinerbarkeit erheblich einschränkt* und wodurch das Argument an *Überzeugungskraft verliert.* Ein Fehlschluss ist möglich, indem vom Teil aufs Ganze geschlossen und ein *Pauschalurteil* ausgesprochen wird.
- **Normatives Argument:** Die These soll *fundiert* werden, indem sie mit **weithin akzeptierten Wertmaßstäben** (Normen) verknüpft wird (z. B. mit Gesetzen oder gesellschaftlichen Konventionen). In Gesellschaften, in denen auch fundamentale Normen stetig an Gültigkeit verlieren, ist ein solches Argument allerdings nicht mehr für jeden einleuchtend.
- **Analogisierendes Argument:** Eine These soll damit *abgesichert* werden, dass ein **Beispiel aus einem anderen Bereich** als dem gerade diskutierten hinzugezogen wird. Das möglichst *glaubwürdig* gewählte Beispiel wird genutzt, um die zu vertretende These durch eine **Parallelisierung von Sachverhalten** zu *bekräftigen.* Es lässt sich *entkräften,* indem man deutlich macht, dass das Beispiel einige andere Begleitumstände aufweist und daher als Argument nicht *hieb- und stichfest* ist.
- **Indirektes Argument:** Dieses Argument soll eine These dadurch *plausibel erscheinen lassen,* dass die **gegenteilige Meinung als unstimmig,** *in sich widersprüchlich, logisch nicht zwingend* oder *realitätsfern* vorgeführt wird.

Bernd Kramer: **Meine Sklaven** (2018)

Der Anstand verlangt, dass wir Menschen respektvoll behandeln, die uns im Alltag begegnen: Kollegen, Freunde, Fremde auf der Straße. Muss das nicht auch für diejenigen gelten, mit denen wir nur über die Dinge verbunden sind, die wir kaufen? Unser Autor hatte ein schlechtes Gewissen und wollte wissen, wie viel Missachtung in seinem Rechner steckt.

Tag für Tag verbringen wir Stunden miteinander, bei der Arbeit oder abends, wenn ich einen Film schaue. Trotzdem ist er mir erschreckend fremd. Vor zwei Jahren habe ich den Laptop gekauft. Über sein Vorleben weiß ich kaum etwas.

Was ist passiert, bevor er auf meinen Schreibtisch kam? Und wer musste leiden, damit ich an ihm arbeiten kann?

Natürlich weiß ich, dass unser Lebensstil Kosten hat, die andere tragen müssen. Manchmal versuche ich dagegen anzusteuern, meistens nicht. Ich kaufe Fair-Trade-Kaffee, aber ganz normale Schokolade. Ich habe ein paar nachhaltig produzierte T-Shirts im Schrank, die meisten anderen Klamotten stammen aber von den Standardmarken.

Im Internet mache ich unter slaveryfootprint.org einen Test. Ich beantworte Fragen zu meiner Ernährung, meiner Wohnsituation, meinem Kleidungsbestand. Die Seite hat die Produktionswege von Hunderten alltäglichen Gegenständen auf Sklavenarbeit hin untersucht und mit Punkten versehen. Am Ende erfahre ich: Mein persönlicher Lebensstil beruht auf der Arbeit von 23 Sklaven. Zu einem großen Teil ist diese Zahl auf Elektronikprodukte zurückzuführen.

Man kann sich fragen, wie genau man so einen Schätzwert nehmen sollte und ob mit dem Begriff Sklaverei hier etwas freigiebig hantiert wird. Aber der Test erinnert mich daran: Hinter den Dingen, die wir kaufen, verbergen sich immer Beziehungen zu anderen Menschen. Der Anstand verlangt, dass wir Menschen respektvoll behandeln, die uns im Alltag begegnen, Kollegen, Freunde, Fremde auf der Straße. Muss das nicht auch für diejenigen gelten, mit denen wir nur über die Dinge verbunden sind, die wir kaufen? Die Bergarbeiter, die Mineralien für die IT-Industrie abbauen? Die

Menschen, die in den Fabriken die Geräte zusammenschrauben?

Das Etikett auf der Unterseite verrät, dass mein Laptop in China gefertigt wurde, und das Montagedatum: 18. September 2016. Ich rufe bei der Kundenhotline an. „Wo wurde mein Laptop gefertigt?", frage ich einen Mitarbeiter. Der Servicemann am anderen Ende der Leitung reagiert merklich irritiert. „Na, in China", sagt er. Pause. „Warum wollen Sie das denn wissen?" Weitere Infos finde er im System nicht. Aber ich könne ja eine Mail schreiben.

Es ist wahrscheinlich, dass mein Laptop aus Chongqing stammt, einer Millionenstadt im Herzen Chinas. [...]

Ende 2016, als auch mein Notebook entstand, schleuste die in Hongkong ansässige Organisation „Students and Scholars Against Corporate Misbehavior" einen verdeckten Mitarbeiter in ein Montagewerk ein. Das Ergebnis: Berufsschüler aus der Region wurden dort offenbar systematisch zu billiger Arbeit gezwungen, mit Schichten von zwölf Stunden, teils über Monate hinweg, ohne einen einzigen Ruhetag. Ein Manager soll dem verdeckten NGO-Mitarbeiter gegenüber gesagt haben, dass Berufsschulpraktikanten rund 60 Prozent der Belegschaft stellen. Das wäre illegal. Das Gesetz erlaubt zehn Prozent. „Die Schülerpraktikanten sind gut, weil sie so flexibel sind", wird der Fabrikmanager im Report der Organisation zitiert. „Es dauert nur wenige Wochen, um neue Praktikanten bei den Schulen zu bestellen."

Angeblich sollen auch Geräte meines Herstellers in der Fabrik produziert werden. Sicher sagen lässt sich das kaum. Auf eine Anfrage der britischen Zeitung „Guardian" zu den Vorwürfen äußerte sich mein Hersteller nicht. Auf seiner Internetseite beteuert er, dass er keine Zwangsarbeit von Schülern dulde und seine Geschäftspartner sorgfältig kontrolliere. Aber lässt sich das überprüfen?

Peter Pawlicki macht mir wenig Hoffnung. „Sie werden verschwindend wenig über Ihren Computer herausfinden." Pawlicki arbeitet für die Monitoring-Organisation Electronics Watch, die öffentliche Einrichtungen beim Einkauf von möglichst sozial produzierter IT unterstützt. Was nahezu unmöglich ist: „In der Elektronikbranche gibt es kein sozial nachhaltiges Produkt." Man könne den Herstellern daher nur das Versprechen abnehmen, dass sie reagieren, wenn irgendwo in ihrer Lieferkette Missstände bekannt werden. Dafür sammeln Pawlicki und sein Team die Informationen von Arbeitsorganisationen vor Ort. „Aber wir können immer nur aktiv werden, wenn in den Fabriken ein Produkt hergestellt wird, das unsere Mitglieder aus den öffentlichen Verwaltungen beziehen." Mein Hersteller steht nicht auf der Liste von Electronics Watch. [...]

Wie verworren die Lieferwege sind, zeigt die Geschichte von Susanne Jordan aus Bichl in Oberbayern. Sie arbeitete zunächst bei einer kleinen Rating-Agentur, die Nachhaltigkeit von Unternehmen bewertet – und wunderte sich: Es gibt fairen Kaffee, faire Kleidung, aber warum keinen fairen Computer? Also gründete sie einen Verein, um selbst sozial nachhaltige IT herzustellen. Fürs Erste nur eine Maus. Das simpelste aller IT-Geräte. Das dürfte doch ein Leichtes sein – oder?

Tatsächlich tüftelte sie knapp drei Jahre, ehe sie den Prototyp präsentierte. Montieren lässt Jordan die Maus in einer Integrationswerkstatt in Regensburg – zu Bedingungen nach dem deutschen Arbeitsrecht. Aber wurden auch die rund 20 Bauteile der Maus fair produziert? Jordan versuchte, den Weg jedes Teils nachzuzeichnen, vom Zulieferer über dessen Zulieferer bis zu den Rohstoffproduzenten. Sie reiste nach China, sprach mit Unternehmen, erntete aber mit ihren Nachfragen wenig Verständnis. Die Spuren verlieren sich schnell. Woher bezieht der Schalterhersteller die Bleche? Und wo werden das Silber, das Zink und das Kupfer abgebaut, aus denen das Blech entsteht? Alles dunkel. Die Lieferwege ergeben ein komplexes Schaubild mit vielen Pfeilen – für ein Gerät, das doch eigentlich so simpel ist.

Nach einer Woche schickt mir der Hersteller endlich eine Antwort. Sie fällt kurz aus. Bedauerlicherweise könne man mir den Produktionsort nicht nennen. „Derartige Daten stehen uns nicht zur Verfügung", heißt es knapp.

1 Erläutern Sie, welche inhaltliche Verbindung zwischen Titel und Text besteht. Halten Sie den Ausdruck „Sklaven" für angemessen?

2 Analysieren Sie die Argumentationsstruktur des Textes von Bernd Kramer.

a Erstellen Sie eine vollständige Argumentationspyramide. Ermitteln Sie dabei auch die Argumenttypen des Textes (▶ Information, S. 89 f.).

b Verfassen Sie eine ausformulierte Sachtextanalyse (▶ Methode, S. 110). Untersuchen Sie im Besonderen, ob Kramer häufiger auf bestimmte Argumenttypen zurückgreift. Belegen Sie dabei Ihre Aussagen durch angemessenes und korrektes Zitieren (▶ S. 360 ff.).

Die sprachlichen Mittel, ihre Absicht und Wirkung untersuchen

Lea-Melissa Vehling: **Willst du mit mir hausen, mit der Bestie draußen?**[1] (2018)

Zwischen Hitze und katastrophalen Wolkenbrüchen: Deutschlands Wetter wütet, der Klimawandel wirkt. Doch auch im Bösen rumort das Gute des Menschen. Eine Glosse.

Dass Wetter und Wohlbefinden eng beieinander wohnen, wie der Franzose weiß, lässt sich kaum bestreiten. Seit einiger Zeit macht uns das Wetter vor allem aber die Füße nass. Kaum entladen sich die Wolken, sind unter sämtlichen Vordächern entlang von Häuserfassaden eng zusammengedrängt Menschen zu beobachten, die gemeinschaftlich analysieren, schwadronieren oder aufgeregt ihre Smartphones zücken, um das Ereignis zu dokumentieren. Daraufhin überschwemmen Beiträge wie jüngst unter dem Hashtag #Unwetter die Seiten von Instagram und Co. Verständlich: Extreme Schwankungen sind hierzulande eher ungewohnt. Der Verdacht fällt deshalb schnell auf den Klimawandel.

Nicht so in den Vereinigten Staaten. Tornados gehören zu Amerika wie überdimensionierte Autos und XXL-Burger. Regelmäßig erschallt dort die Tornadosirene, die zur Suche nach einem geschützten Ort auffordert. Bei Häusern aus Holz ist das gar nicht immer so einfach. So kommt es vor, dass Betroffene ohne Keller auf die Badewanne als einzigen gemauerten Bestandteil des Hauses ausweichen müssen. Mutter, Vater, Kind verteilen sich auf alle verfügbaren Sanitäranlagen im Haus. Klimawandel hin oder her, das Kuscheln in der Badewanne gehört dazu – und das war schließlich schon immer so.

Klimawandel als sozialer Motor?

Gelassenheit ist Trumpf. Bringt aber oft nicht weiter. Ein Drittel der Amerikaner glaubt immer noch nicht an den anthropogenen[2] Klimawandel. In Deutschland hingegen wecken jeder heiße Tag und jedes laute Gewitter neue Aufgeregtheit um den Treibhauseffekt. Schön, wenn daraus auch ein umweltbewussteres Verhalten folgt. Noch schöner, wenn Blitze und Donner auch noch für Begegnungen und prall gefüllte Feeds in sozialen Netzwerken sorgen. Der Klimawandel als sozialer Motor.

Das Verhalten der Menschen lässt jedenfalls vermuten, dass das klimatisch zunehmend verkorkste Wetter bisher vor allem ihren Wunsch nach menschlicher Nähe erfüllt. Sie finden sich, wenn sie dicht an dicht unter Dachvorsprüngen und Regenschirmen stehen oder aufgeregt den Wetterbericht an der Supermarktkasse diskutieren und gemeinsam im nächstgelegenen Unterschlupf auf die nächste Trockenphase warten. Da ist es fast schade, so darf man als junger Mensch sagen, dass die deutschen Windgeschwindigkeiten keine Annäherungsversuche in der Badewanne hergeben.

1 vgl. „Willst du mit mir hausen, so lass die Bestie draußen" (Zitat von Johann Wolfgang Goethe)

2 **anthropogen:** durch Menschen hervorgerufen

1 Zur Intention einer Glosse (▶ Information unten) gehört es auch, unterhaltsam zu sein und Schmunzeln zu erzeugen. Beschreiben Sie, ob bzw. inwiefern die Glosse von Lea-Melissa Vehling auf Sie eine solche Wirkung hat.

2 Bestimmen Sie das Thema und die These der Glosse. Gehen Sie folgendermaßen vor:
- Vergegenwärtigen Sie sich die Fragen, die sich die Autorin in dem Text stellt.
- Notieren Sie anschließend zentrale Aussagen, die Antworten auf diese Fragen geben.
- Überlegen Sie nun, ob es der Autorin tatsächlich um diese Fragen geht oder ob sich hinter diesen Fragen – durch ironische Brechung – ein weiteres Thema mit entsprechender These der Autorin verbirgt.

Information **Glosse**

Als Glosse (von griech.-lat. *glossa* = Zunge, Sprache) bezeichnet man eine journalistische Textsorte der Meinungsäußerung, die einen Sachverhalt auf eine besondere, meist humorvolle, ironische oder satirische Art kommentiert. Eine Glosse ist sehr subjektiv und emotional gefärbt und nimmt pointiert Stellung zu politischen und kulturellen Tagesereignissen.
Um die besondere Wirkung einer Glosse zu erfassen, muss man den Text auf der Ebene der sprachlich-rhetorischen Mittel genauer untersuchen. Zuvor sollte man aber das Thema und die Argumentationsstruktur der Glosse erfasst haben, damit man die Bedeutung der eingesetzten Mittel versteht und ihre Funktion im Kontext der Glosse erläutern kann.

Methode **Leselupe – Einen Text auf sprachliche Mittel untersuchen**

Mithilfe der Leselupe können Sie die sprachlich-rhetorische Gestaltung eines Textes, hier einer Glosse, wie im Folgenden dargestellt untersuchen:
- Wählen Sie z. B. mit Unterstützung des „Hauses der Stile" (▶ Information, S. 339) und der Liste der rhetorischen Figuren (▶ Information, S. 337 f.) ein im Text verwendetes rhetorisches Mittel aus und markieren Sie es auf einer Kopie des Textes in einer Farbe.
- Notieren Sie den Namen dieses rhetorischen Mittels, mit der gleichen Farbe markiert, am Textrand. Sollte dieses rhetorische Mittel noch weitere Male im Text auftauchen, so nutzen Sie die gleiche Markierungsfarbe und notieren den Namen erneut am Rand.
- Verfahren Sie auf diese Weise mit allen rhetorischen Mitteln, die Sie im Text entdecken, und nutzen Sie jeweils verschiedene Farben für die unterschiedlichen rhetorischen Mittel.
- Zusätzlich können Sie am Rand Erklärungen ergänzen.

Die Methode Leselupe lässt sich natürlich auch auf andere Textsorten übertragen.

Leselupe

Willst du mit mir hausen, mit der Bestie draußen? — rhetorische Frage, lit. Zitat; Reim, Metapher

Zwischen Hitze und katastrophalen Wolkenbrüchen: Deutschlands Wetter wütet, der Klimawandel wirkt. — Hyperbel, Alliteration
Doch auch im Bösen rumort das Gute des Menschen. Eine Glosse. — Antithese
Dass Wetter und Wohlbefinden eng beieinander wohnen, wie der Franzose weiß, lässt sich kaum bestreiten. — Alliteration
Seit einiger Zeit macht uns das Wetter vor allem aber die Füße nass. — Umgangssprache
Kaum entladen sich die Wolken, sind unter sämtlichen Vordächern entlang von Häuserfassaden eng zusammengedrängt Menschen zu beobachten, die gemeinschaftlich analysieren, schwadronieren oder aufgeregt ihre Smartphones zücken, — Klimax
um das Ereignis zu dokumentieren. Daraufhin überschwemmen Beiträge — Metapher
wie jüngst unter dem Hashtag #Unwetter die Seiten von Instagram und Co. Verständlich: Extreme Schwankungen sind hierzulande eher ungewohnt. Der Verdacht fällt deshalb schnell auf den Klimawandel.

3 Machen Sie sich mit den Ergebnissen der sprachlichen Analyse aus der Leselupe oben vertraut und setzen Sie einige davon in einen argumentierenden Dreischritt (▶ Methode unten) um.

4 Untersuchen Sie für die übrigen Abschnitte des Textes von Lea-Melissa Vehling die sprachlich-rhetorische Gestaltung. Nutzen Sie dazu eine Folie oder eine Kopie, greifen Sie dabei auf das „Haus der Stile" (▶ Information, S. 339) und die Liste der rhetorischen Figuren (▶ Information, S. 337 f.) zurück.

5 Bereiten Sie die Ergebnisse Ihrer Analyse in Form argumentierender Dreischritte auf.

6 Verfassen Sie auf der Grundlage Ihrer Vorarbeiten eine zusammenhängende Sprachanalyse (▶ Checkliste, S. 110), die aufzeigt, wie die sprachliche Gestaltung das eigentliche Grundanliegen der Glosse unterstützt.

Methode **Analyseergebnisse umsetzen – Der argumentierende Dreischritt**

Die Ergebnisse einer Detailanalyse müssen in einen erklärenden und deutenden Text umgesetzt werden. Dies kann in einem **argumentierenden Dreischritt** geschehen:

1. Eine Behauptung über einen Textausschnitt aufstellen, z. B.: *Die Autorin ist der Auffassung, dass der Klimawandel zu einer räumlichen Annäherung der Menschen führt.*
2. Die Behauptung mit einer oder zwei Textstellen belegen und fachbegrifflich einordnen, z. B.: *Die Autorin belegt dies mit dem Beispiel, dass sich bei Starkregen Menschen unter Dächern schutzsuchend zusammenfinden und dabei gemeinsam das Ereignis per Handy dokumentieren. Sie ergänzt ein weiteres Beispiel, diesmal aus den USA, wo zwar Unwetterwarnungen zur Tagesordnung gehörten, aber auch dort die Menschen Nähe zueinander fänden durch die gemeinsame Flucht in die Badewanne als einzigen gemauerten Bestandteil des Hauses.*
3. Die Funktion der genannten Mittel erläutern und zeigen, dass sie die Behauptung stützen, z. B.: *Um die Situation anschaulich darzustellen, greift die Autorin gleich in der Überschrift ein Goethe-Zitat auf und wandelt es in eine rhetorische Frage um. Schwere Unwetter, von ihr metaphorisch mit einer Bestie verglichen, förderten die Romantik zwischen den Menschen, so ihre These.*

Ariane Bemmer: **Können bitte alle aufhören, vom Klimaschutz zu reden!** (2018)

Das Klima retten? Wozu? Dem Klima ist egal, wie es ist. Wer dem Klimaschutz zu wahrer Bedeutung verhelfen will, steht vor einem Vokabelproblem. Eine Glosse.

Am Anfang war das Wort. Und das war schon falsch. Alle reden von Klimaschutz und Klimarettung gar, Konferenz hier und da und noch eine obendrauf, wie jetzt der internationale Klimagipfel im polnischen Kattowitz. Aber so richtig verfängt das Thema nicht, es berührt nicht, und warum nicht?

Klima ist laut dem Umweltbundesamt „im engen Sinn definiert als statistisches Durchschnittswetter, das in einer Region über Monate bis hin zu Tausenden von Jahren herrscht". Klima ist also das Ergebnis einer Gleichung. Eine Formel schützen oder retten? Ist doch Quatsch. Die Formel ist sich doch egal, anders gesagt: Klima ist immer, sogar auf dem Mond. Auch wenn es da nicht regnet.

Was zu schützen oder retten wäre, sind Mensch, Tier und Natur. Denen geht es an den Kragen, wenn das Klima sich ändert, nicht dem Klima. Vielleicht wäre ja für die Welt von morgen etwas gewonnen, wenn aus dem Klimaschutz der Menschenschutz würde? Worte machen Einstellungen. Einstellungen machen Verhaltensänderungen. Wer kauft sich einen SUV und fährt damit drei Mal um die Ecke, um Kiwis aus Neuseeland einzukaufen, wenn er damit den Menschenschutz gefährdet? Wer steigt unter diesem Verdacht ins Flugzeug für ein überflüssiges Shoppingwochenende in Kopenhagen? Wer steigt aus internationalen Verhandlungen aus, die das Überleben des Menschen auf dem Planeten sichern sollen?

Das richtige „Wording", wie es im neudeutschen PR-Sprech heißt, kann einen Erfolg zwar nicht garantieren, aber das falsche ist auf alle Fälle ein Hindernis. Und Klimaschutz hat nicht geschafft, den Touch loszuwerden, letztlich ein Hobbythema von Öko-Freunden zu sein. Es erinnert immer noch an selbst organisierte Busreiseunternehmen namens „Prima Klima", an Selbstgestricktes und Naturfreundliches. Es klingt unernst und irgendwie zu luftig. Was es nicht ist. Es ist von existenzieller Relevanz. Aber das muss sich mal rumsprechen – vielleicht in anderen Worten.

1 Tauschen Sie sich mit einer Partnerin oder einem Partner über Ihre Einstellung zum Thema Klimaschutz aus. Stimmen Sie Ariane Bemmers Haltung eher zu oder lehnen Sie sie ab? Beziehen Sie außerdem mit ein, wie sich die Klimaschutzdebatte nach Erscheinen der Glosse weiterentwickelt hat, z. B. durch die Bewegung „Fridays for Future".

2 Verfassen Sie eine Analyse zur Glosse von Ariane Bemmer.

- **a** Bestimmen Sie das Thema und die These.
- **b** Analysieren Sie die Argumente und die Argumentationsstruktur des Textes.
- **c** Untersuchen Sie die sprachlich-rhetorische Gestaltung der Glosse.
- **d** Verbinden Sie Ihre Ergebnisse zu argumentierenden Dreischritten (▶ Methode, S. 94).

2.4 Aufbereitete Information – Diskontinuierliche Sachtexte

So einfach geht gesund – die richtige Ernährung

Was ist die Grundlage für eine gesunde Ernährung? Die folgenden Ernährungsempfehlungen für die Menschen in Deutschland basieren auf wissenschaftlichen Erkenntnissen. Zahlreiche Fachverbände für Ernährungsfragen geben entsprechende Empfehlungen.

Viel Trinken hält Sie in Gang

Die Basis für die tägliche Ernährung stellen sechs Portionen (je 150 bis 200 ml) energiearme Flüssigkeit dar. Gut geeignet dafür sind z. B. ungesüßter Tee und Kaffee, Mineral- und Leitungswasser oder Fruchtsaftschorlen mit mindestens zwei Dritteln Wasseranteil.
Wie unverzichtbar Wasser für unseren Körper ist, zeigt die Tatsache, dass er zu mindestens 60 Prozent aus Wasser besteht. Es dient uns als Transport- und Lösungsmittel für Stoffwechselprodukte und Nährstoffe. Außerdem trägt es zur lebenswichtigen Regulierung unserer Körpertemperatur bei.

Gemüse und Obst für einen gesunden Körper

Es wird empfohlen, täglich fünf Portionen (eine Portionsgröße entspricht einer Handvoll) Obst und Gemüse zu sich zu nehmen. Sie liefern uns Mineralstoffe, Vitamine und Spurenelemente, die für unseren Stoffwechsel nötig sind und die der Körper nicht selbst bilden kann. Zwei Obstportionen und drei Gemüseportionen sollten je nach saisonalem Angebot als Rohkost- oder Obstsalat, als Smoothie zum Frühstück, als Beilage zum Mittagessen oder als Snack zwischendurch verzehrt werden.

Es darf auch genascht werden

Gesund zu leben heißt nicht, ganz auf Süßigkeiten oder gesüßte Getränke verzichten zu müssen. Der Konsum sollte aber in Maßen geschehen und Sie sollten deshalb davon nicht mehr als eine Portion täglich zu sich nehmen. Das kann z. B. ein Schokoriegel, ein Stück Kuchen oder ein zuckerhaltiges Erfrischungsgetränk sein.

Die Ernährungspyramide

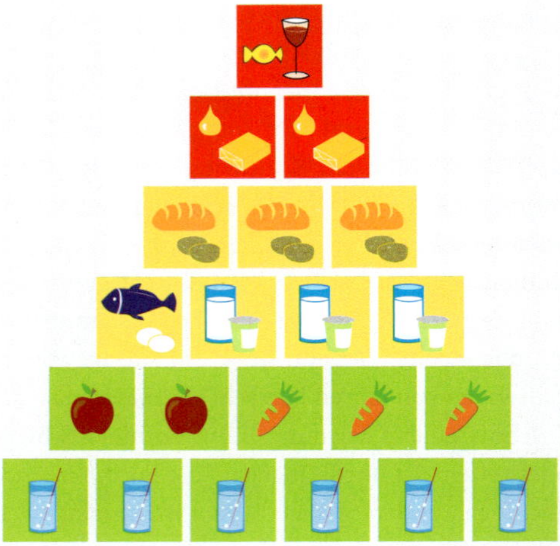

1 Benennen Sie das Thema des Artikels.
In diesem Artikel geht es um … / Dieser Artikel handelt von …

2 Meist werden Informationsgrafiken gemeinsam mit linearen Texten wie z. B. Berichten oder Reportagen veröffentlicht. Ihre Inhalte ergänzen sich oder nehmen aufeinander Bezug.
- **a** Erläutern Sie die Gestaltung des Artikels in Bezug auf die Text-Bild-Beziehung. Welche Rolle kommt dem Text zu, welche der Grafik?
- **b** Bewerten Sie die Gestaltung des Textes und der Grafik.

3 Entscheiden Sie, welche Art von Informationsgrafik vorliegt. Beziehen Sie sich dabei auf die folgende Übersicht.

Information **Informationsgrafiken**

Informationsgrafiken sind Mittel der visuellen Kommunikation, um komplexe Sachverhalte grafisch aufzubereiten und leicht verständlich darzustellen. Wie der Name Informationsgrafik – kurz: Infografik – schon sagt, verschmelzen hier Information und Grafik zu einer Darstellungsform. Infografiken visualisieren Zahlen und Zusammenhänge oder stellen Abläufe, Geschehnisse und Situationen dar.
Informationsgrafiken spielen als Gestaltungs- und Erläuterungselemente in allen Medien (Zeitungen, Zeitschriften, Fernsehen, Internet) eine bedeutende Rolle und werden besonders in Sachtexten mit technischen, ökonomischen oder naturwissenschaftlichen Themenstellungen eingesetzt. Je nach ihrem Darstellungszweck lassen sich drei Typen von Informationsgrafiken unterscheiden, die in der Praxis häufig auch kombiniert auftreten:

Bildstatistiken beantworten die Fragen „Wie viele?“ und „Wann?“. Sie setzen Zahlen visuell um und ermöglichen eine zeitliche Einordnung von Daten. Typische statistische Infografiken sind Diagramme wie beispielsweise Säulen-, Balken- oder Kreisdiagramme (▶ Information, S. 254).

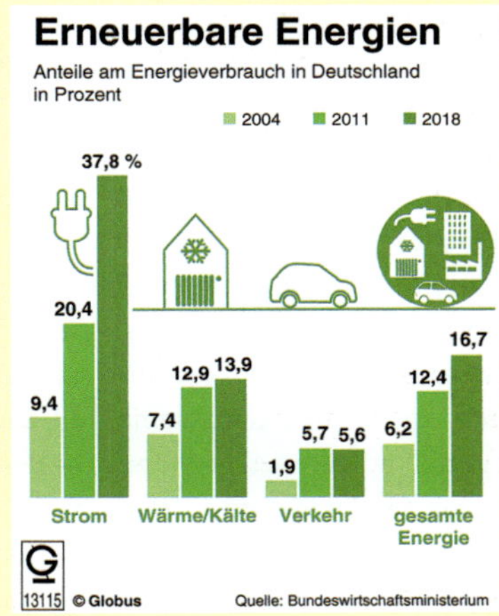

Kartografische Infografiken beantworten die Frage nach dem „Wo?“. Sie visualisieren Informationen mit einem Raumbezug und zeigen einen Ereignisraum oder die räumliche Verteilung von bestimmten Aspekten eines Themas. Regionale oder globale Sachzusammenhänge können so leichter nachvollzogen werden.

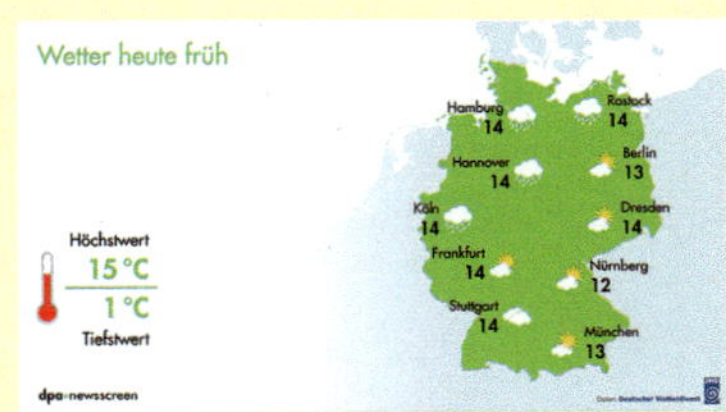

Prinzipdarstellungen beantworten die Fragen nach dem „Was?“ und „Wie?“. Sie beschreiben die Funktionsweise oder geben den Aufbau von Dingen wieder, z. B. aus der Welt der Technik oder der Naturwissenschaft. Prinzipdarstellungen können z. B. Sachbilder, Strukturbilder oder Prozessgrafiken sein.

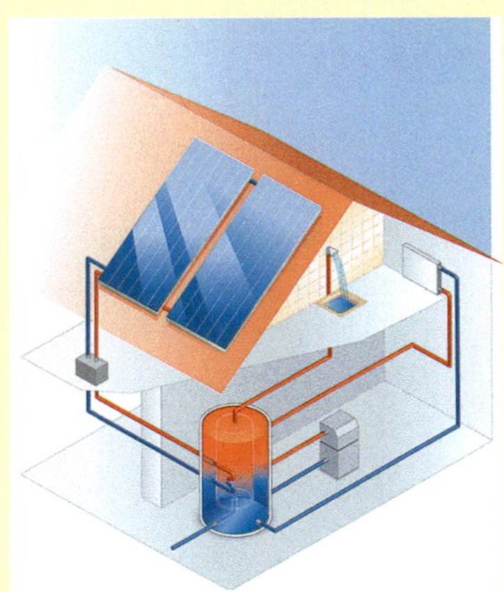

Prinzipdarstellungen verstehen und anwenden – Wie Saft entsteht

Die Herstellung von Apfelsaft

Die geernteten Äpfel werden beim Fruchtsaftproduzenten angeliefert und nach der Annahme sortiert und gereinigt. Anschließend werden sie maschinell zerkleinert und ausgepresst. Die ausgepressten Früchte, den Trester, verwendet man zur Herstellung von Pektin (Geliermittel) oder Viehfutter. Der gepresste Saft wird durch Zentrifugieren von festen Rückständen gereinigt und entweder zu Fruchtsaftkonzentrat oder Fruchtsaft aus Direktsaft weiterverarbeitet.

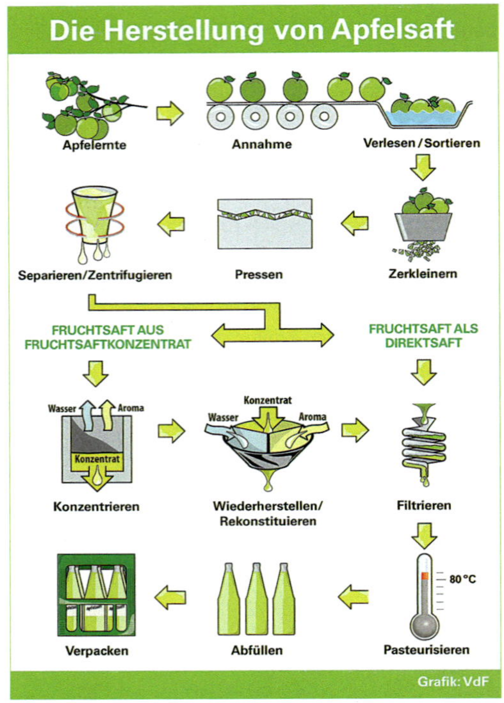

Das Fruchtsaftkonzentrat wird gewonnen, indem man dem Fruchtsaft bei niedrigen Temperaturen und unter Vakuum Wasser und Aroma entzieht, sodass sich das Volumen auf ca. ein Sechstel reduziert. So lassen sich Konzentrat und Aroma platzsparend und vor allem lange lagern und transportieren. Das Wiederherstellen des Fruchtsafts am Bestimmungsort erfolgt durch das Zusammenfügen von Konzentrat, Aroma und der Zugabe von speziell aufbereitetem Wasser. In der Fachsprache bezeichnet man diesen Prozess als Rekonstituieren. Anschließend erfolgt, wie auch beim Direktsaft nach dem Zentrifugieren, das Filtrieren, um Schweb- und Trübstoffe zu entfernen. Beide Saftarten werden danach durch Pasteurisieren bei 80 °C konserviert, bevor die Abfüllung in Tanks für die weitere Lagerung sowie in Flaschen oder Kartonverpackungen für den Endverbraucher erfolgt. Abschließend werden die einzelnen Flaschen bzw. Kartonverpackungen in Kisten oder andere Gebinde lager- und transportfertig verpackt und in den Handel gebracht.

1 **a** Vergleichen Sie das Schaubild und den Text. Notieren Sie, welche Textabschnitte sich welchen Bildern zuordnen lassen. Was fällt Ihnen auf?

Schaubild	*Text*
1. Apfelernte	*Z. 1*
2. …	*Z. …*

b Stellen Sie Vor- und Nachteile in Form einer Tabelle wie unten dar. Berücksichtigen Sie neben der Inhaltsebene auch die Verstehensebene.

	Vorteile	*Nachteile*
Text		
Schaubild		

c Begründen Sie, welche Art der Darstellung Sie bevorzugen.

2 In welchem Zusammenhang sind Ihnen in Ausbildung oder Praktikum Prinzipdarstellungen begegnet? Nennen Sie, was dort dargestellt wurde und wie Sie mit dem Schaubild umgegangen sind.

Bildstatistiken analysieren, verstehen und einsetzen – Die Ernährungssituation in Deutschland

1 **a** Wie viele der von Ihnen eingekauften Lebensmittel verbrauchen Sie nach Ihrer Schätzung tatsächlich und was werfen Sie weg? Welche Lebensmittel stehen oben auf der „Wegwerfliste“, welche unten?

b Erstellen Sie gemeinsam in der Klasse eine Bildstatistik (▶ Information, S. 97) zum Wegwerfen von Lebensmitteln.

2 Weshalb werden Nahrungsmittel weggeworfen? Nennen Sie Gründe.

3 Überlegen Sie in Partnerarbeit, welche Maßnahmen dazu führen könnten, die Menge an weggeworfenen Lebensmitteln zu reduzieren.

1

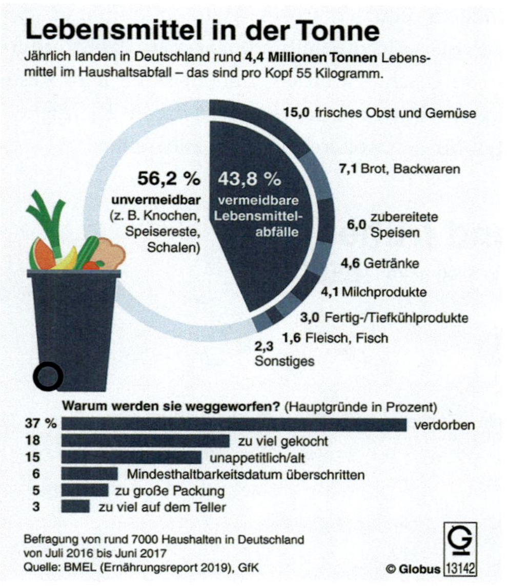

1 Betrachten Sie die Infografik „Lebensmittel in der Tonne“.

a Fassen Sie die wesentlichen Aussagen zusammen.

b Vergleichen Sie die Angaben mit Ihren eigenen Erfahrungen.

2 Im Folgenden finden Sie eine ausformulierte Analyse zu dieser Infografik. Lesen Sie die Analyse und notieren Sie mit Zeilenangaben, welche Punkte der Checkliste (▶ S. 101) vorkommen.

3 Beurteilen Sie die Beispiellösung anhand der Checkliste.

4 Erstellen Sie anhand des Beispieltextes eine Liste von Textprozeduren (Textbausteine, Formulierungen), die Sie bei der Analyse von Infografiken verwenden können.

Die Infografik thematisiert …

Schaubildanalyse der Informationsgrafik „Lebensmittel in der Tonne“

Das Schaubild „Lebensmittel in der Tonne“ liegt als dpa-Globus-Grafik vor. Die zugrunde liegenden Daten gehen sowohl auf das Bundesministerium für Ernährung und Landwirtschaft (Ernährungsreport 2019) zurück als auch auf das Marktforschungsinstitut GfK. Das Zahlenmaterial basiert auf einer Befragung von rund 7000 Haushalten in Deutschland in einem Zeitraum von Juli 2016 bis Juni 2017. Die Infografik thematisiert sowohl die Menge und Art der in Deutschland pro Kopf weggeworfenen Lebensmittel als auch die Motive dafür, dass die Lebensmittel in der Tonne landen. Ein Erscheinungsdatum ist nicht angegeben.

Das Schaubild besteht aus der Überschrift, einer weiteren Erklärung zur Gesamtmenge der weggeworfenen Lebensmittel in Deutschland im Untertitel sowie zwei miteinander verbundenen Diagrammelementen. Die oberen zwei Drittel der Grafik werden von einem Kreisdiagramm dominiert, im unteren Drittel befindet sich ein Balkendiagramm. Darüber hinaus findet sich am linken Bildrand mittig die Abbildung einer Mülltonne, aus der stilisierte Lebensmittel herausragen. Abgesehen von den bunten Lebensmitteln ist die gesamte Grafik in Schwarz und Grau gehalten.

Zunächst einmal wird durch den Untertitel deutlich, dass in Deutschland pro Person jährlich 55 kg Lebensmittel im Haushaltsabfall landen. Das Kreisdiagramm veranschaulicht in Prozentangaben, wie sich diese Menge anteilig zusammensetzt. Auffällig ist, dass rund 55 % der Menge als „unvermeidbar“ kategorisiert werden, so z. B. Knochen oder Speisereste. Allerdings gelten fast 44 % der weggeworfenen Lebensmittel als vermeidbare Abfälle. Den größten Anteil an den weggeworfenen Lebensmitteln (15 %) haben frisches Obst und Gemüse. Danach folgen mit großem Abstand Brot und Backwaren mit 7,1 % und zubereitete Speisen mit 6 %. Interessant ist, dass Fleisch und Fisch lediglich 1,6 % der weggeworfenen Lebensmittel ausmachen. Im Balkendiagramm werden in Prozent die wichtigsten Gründe für das Wegwerfen von Lebensmitteln angeführt. Die meisten Lebensmittel werden weggeworfen, weil sie verdorben sind (37 %). Weitere wichtige Gründe sind, dass zu viel gekocht wurde (18 %) oder die Lebensmittel nicht mehr appetitlich aussehen (15 %). Zu erwähnen ist, dass die angeführten Werte in der Summe nur 84 % ergeben, also diverse quantitativ marginale Gründe nicht angeführt sind.

Zusammenfassend lässt sich festhalten, dass in Deutschland zu viele Lebensmittel weggeworfen werden. Schaut man sich an, was häufig im Müll landet, dann trüge zunächst ein stärker am Bedarf orientiertes Einkaufsverhalten bei frischem Obst und Gemüse bzw. Brot/Backwaren deutlich dazu bei, die Menge der vermeidbaren Lebensmittelabfälle zu reduzieren. Des Weiteren könnte bei der Lebensmittelzubereitung stärker auf die Erfordernisse geachtet werden. Zudem sollte man Reste ggf. nicht wegwerfen, sondern daraus Kleinigkeiten für den weiteren Verzehr zubereiten.

2

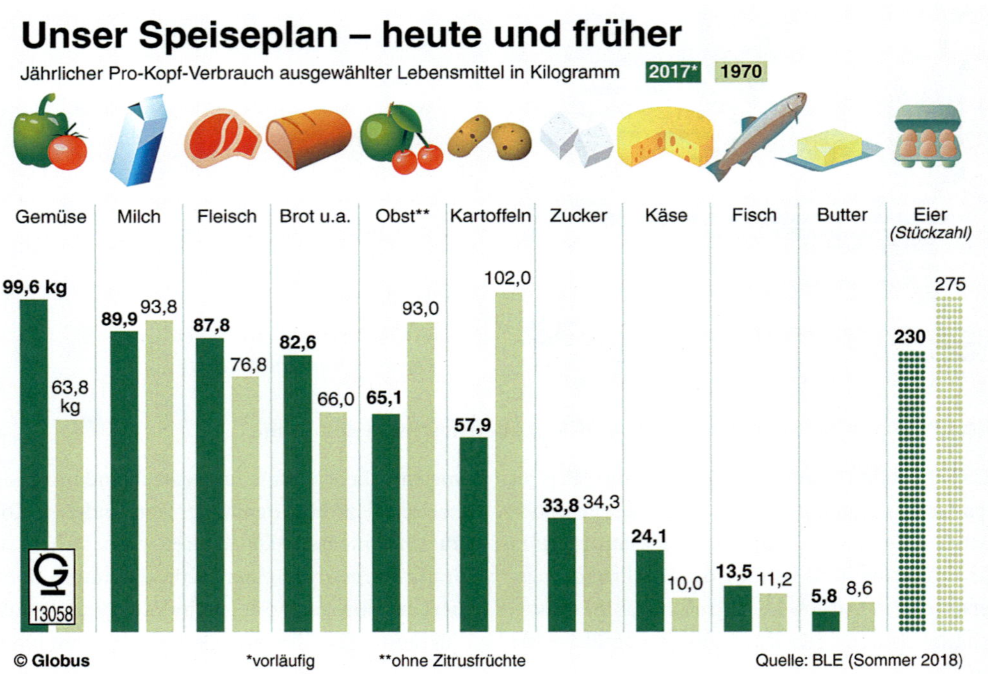

1 Verfassen Sie mithilfe der Checkliste sowie der oben erarbeiteten Textprozeduren eine vollständige Schaubildanalyse zu der Informationsgrafik „Unser Speiseplan – heute und früher“.

★ 2 Ihre Schule plant eine Neugestaltung des Mensaangebots. Sie sollen als Mitglied der Schülervertretung in die Planung einbezogen werden und Ihre Ideen mit einem kurzen Vortrag einbringen. In diesem möchten Sie den derzeitigen Lebensmittelkonsum und die Anforderungen an eine nachhaltige Ernährung thematisieren und verknüpfen. Verwenden Sie dazu die Informationsgrafiken Nr. 1–4 (▶ S. 99–101). Bereiten Sie entsprechende Notizkarten für Ihren Vortrag vor und bringen Sie sie in eine günstige Reihenfolge.

3

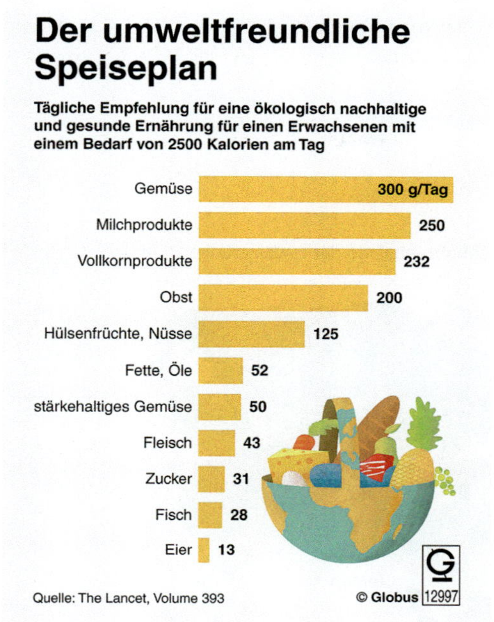

4

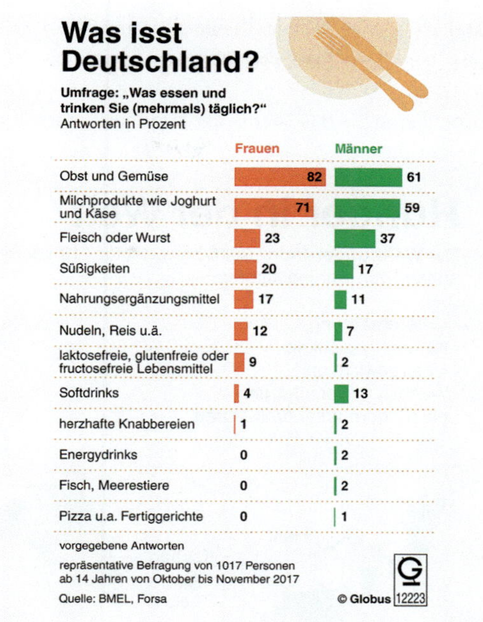

Checkliste **Analyse einer Informationsgrafik**

A Einleitung

- Art der Informationsgrafik
- Erscheinungsdatum und -ort
- Herausgeber, Verfasser
- Datenquelle der Infografik
- Titel, Untertitel
- Thema

B Hauptteil

Gestaltung und Aufbau der Infografik

- Art der Visualisierung des Zahlenmaterials (z. B. Diagrammart und -aufbau)
- Einsatz sprachlicher und bildlicher Elemente sowie Text-Bild-Relation
- Anordnung der einzelnen Elemente
- Farbgestaltung

Inhaltliche Analyse

- Beschriftung, Legende
- Art des Zahlenmaterials (absolute Zahlen/Prozentzahlen/Schätzungen)
- Aussageinhalt(e) der Infografik (Aussagegehalt der einzelnen Teile sowie des Zusammenspiels der Teile)

Zusammenspiel von inhaltlichen Aussagen und grafischer Gestaltung

C Schluss

- Zusammenfassung der Kernaussage, ggf. mit Folgerungen, Ratschlägen, Bezug auf Ursachen
- Beurteilung der Gestaltung, Text-Bild-Relation usw.
- Beurteilung der Zweckmäßigkeit der Infografik in Bezug auf die Aussageabsicht

Kartografische Infografiken beschreiben und verstehen – Die weltweite Ernährungslage

1 Formulieren Sie das Thema der Informationsgrafik präzise in einem Satz.

5

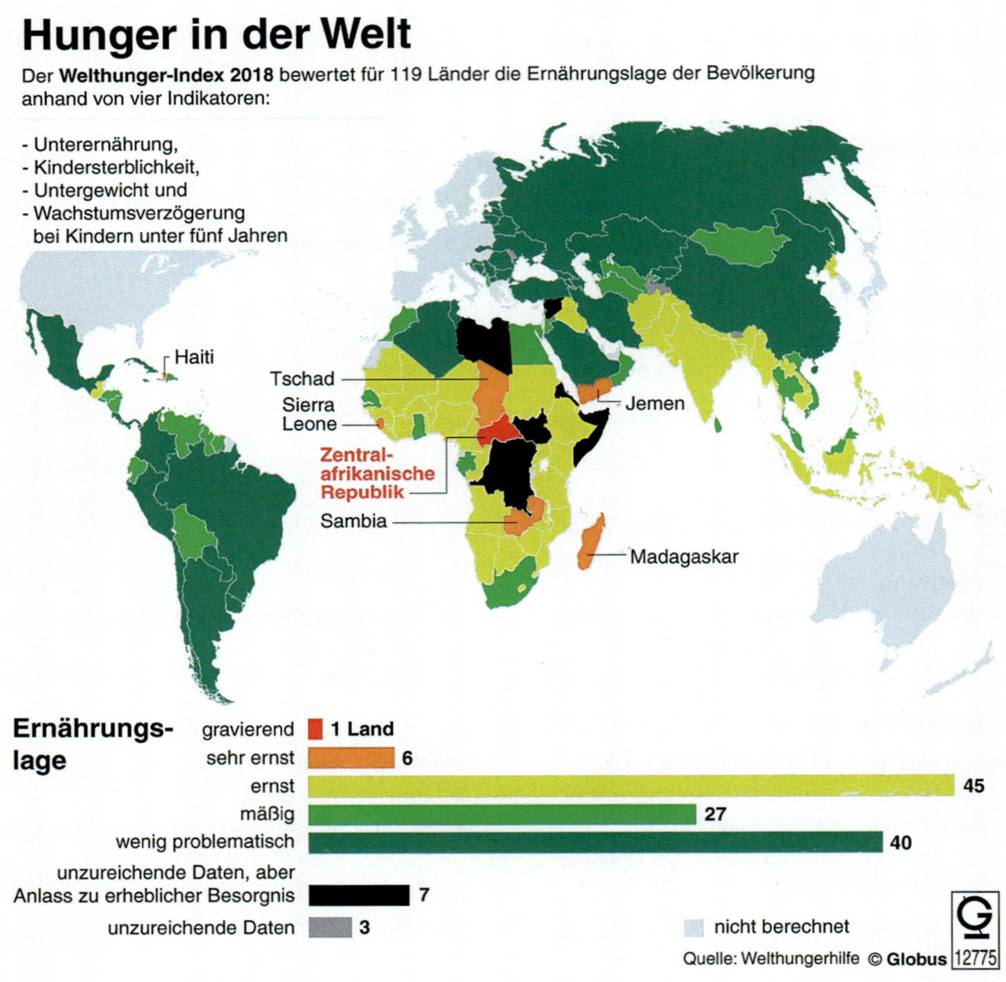

2 Analysieren Sie das Schaubild:
- Beurteilen Sie Quelle und Herausgeber.
- Beschreiben Sie den Aufbau.
  Das Schaubild trägt die Überschrift ... Die oberen zwei Drittel werden von ... dominiert. ...
- Benennen Sie die Kriterien, nach denen die Daten zusammengestellt wurden.
- Formulieren Sie anhand der Infografik fünf Kernaussagen zur Ernährungslage auf der Welt.
  Es handelt sich um eine dpa-Globus-Grafik, die auf Zahlenmaterial der Welthungerhilfe basiert. ...

3 Diskutieren Sie, weshalb hier unterschiedliche Darstellungsformen kombiniert wurden, und bewerten Sie die Übersichtlichkeit der dargestellten Informationen.

2.5 Sprachtraining

1 Erweitern Sie Ihren Wortschatz.

inspirieren variieren evaluieren suggerieren reagieren revolutionieren motivieren manipulieren adaptieren rekapitulieren deklinieren rezitieren konzeptionieren intendieren produzieren Kombination Interpretation Argumentation Qualifikation Diskussion Applikation Innovation Kommunikation Diskretion Implikation Konstruktion Reaktion Relation Inklusion Konnotation Sozialisation

a Ordnen Sie die Wörter alphabetisch und nach Wortarten sortiert in eine Tabelle wie unten ein. Ergänzen Sie dabei zu den Nomen jeweils den Artikel. Was fällt Ihnen auf?

b Bilden Sie aus den Nomen Verben und aus den Verben Nomen.

c Klären Sie Ihnen unbekannte Wörter, nötigenfalls mithilfe eines Wörterbuchs.

Nomen/Substantiv	***Verb***
die Adaptation	*adaptieren*

2 a Tragen Sie weitere 20 Nomen (Substantive) zusammen, die auf -ion oder -tion enden.
Explosion, Kollision, …

b Vergleichen Sie in Partnerarbeit und klären Sie Ihnen unbekannte Wörter.

3 a Bilden Sie auch zu folgenden Verben Nomen und beschreiben Sie die Wortbildung:
kommentieren – analysieren – polemisieren – akzeptieren

b Finden Sie jeweils drei weitere Nomen, die in gleicher Weise gebildet werden wie die vier Nomen aus Aufgabe 3 a. Überprüfen Sie, ob es auch zu diesen Verben auf -ieren gibt.

4 Bestimmen Sie mithilfe der Information die Tempus- bzw. Partizipformen der folgenden Verben mit -ieren.

ich habe variiert regulierend er improvisierte sie reduziert reduzierend polemisierend wir exportieren sie akzeptieren wir analysierten er hat telefoniert ihr kommentiert zitiert sie trainierte er manipuliert wir haben argumentiert ihr habt euch qualifiziert ich relativiere rekapitulierend wir interpretierten sie suggerierten sie hat impliziert motivierend sie reagierten er variiert sie deklinierte wir haben respektiert analysiert

Präsens	***Präteritum***	***Perfekt***	***Partizip Präsens***	***Partizip II***
		ich habe variiert		

Information **Verben mit der Endung -ieren**

Bei Verben, deren Infinitiv auf -ieren endet, ist die Schreibung des langen i als -ie- zu beachten. Das ie bleibt auch in allen anderen Verbformen erhalten. Verben mit -ieren folgen folgendem Flexionsschema:

Präsens	**Präteritum**	**Perfekt**	**Partizip Präsens**	**Partizip II**
er/sie/es interpretiert	er/sie/es interpretierte	er/sie/es hat interpretiert	interpretierend	interpretiert

Von diesen Verben abgeleitete Nomen weisen häufig die Endung -ion auf, z. B. *argumentieren – die Argumentation.*

1 Formulieren Sie die folgenden Sätze um, indem Sie Relativsätze bilden. Achten Sie auf die Kommas.

– Die streng logisch argumentierende Autorin sprach sich für den Artenschutz aus.

Die Autorin, die streng logisch argumentierte, sprach sich für den Artenschutz aus.

a) Eine einseitig informierende und polemisierende Berichterstattung widerspricht dem Anspruch von verantwortungsbewusstem Journalismus.

b) In einer alle involvierenden und effektiv motivierenden Rede lobte der Redakteur sein Team.

c) Bei einigen sich von den Kernaussagen des Zeitungsartikels provoziert fühlenden Lesern hatte der Zeitungsartikel zu Unmut geführt.

d) Der konstruktiv kritisierende Experte erinnerte an die Verantwortung aller Beteiligten.

e) Die Kommunikationsregeln nicht respektierende Diskussionsbeiträge sind unerwünscht.

2 Üben Sie die indirekte Redewiedergabe.

a Überlegen Sie, welche die passende Verbform der indirekten Redewiedergabe in den Beispielsätzen ist. Gleichen Sie Ihre Überlegungen mit der Information unten und auf Seite 381 ab. Besprechen Sie Zweifelsfälle mit einem Partner / einer Partnerin.

a) Du sagtest: „Ich rufe dich an." → Du sagtest, dass du mich *anriefest / anrufen würdest*.

b) Er rät ihr: „Lass die Finger davon." → Er rät ihr, dass sie die Finger davon *lassen solle / ließe*.

c) Sie meinte: „Ich habe keine Zeit." → Sie meinte, dass sie keine Zeit *habe / hätte / haben würde*.

d) „Ich liebe dich", gestand ihm das Mädchen. → Das Mädchen gestand ihm, dass sie ihn *liebe / liebte / lieben würde*.

e) „Es gibt keinerlei Grund zur Sorge", erklärte der Anwalt. → Der Anwalt erklärte, dass es keinerlei Grund zur Sorge *gebe / gäbe / geben würde*.

b Beurteilen Sie folgendes Beispiel. Welcher Denkfehler liegt hier vor?

Wir sangen: „Weil heute dein Geburtstag ist." → Wir sangen, dass heute dein Geburtstag *ist / sei / sein würde*.

Information **Arten der Redewiedergabe**

Um fremde Äußerungen/Gedanken wiederzugeben, hat man diverse sprachliche Möglichkeiten:

- **Indirekte Rede:** Die indirekte Rede wird durch einen Hauptsatz eingeleitet, der deutlich macht, wessen Äußerung wiedergegeben wird *(Das Orakel von Delphi prophezeit, …)*. Dann folgt die eigentliche Redewiedergabe in Form eines dass-Satzes (im Indikativ oder Konjunktiv) oder als uneingeleiteter Nebensatz (im Konjunktiv), z. B.: *Das Orakel von Delphi prophezeit, dass kein Mensch weiser als Sokrates sei/ist. Das Orakel von Delphi prophezeit, kein Mensch sei weiser als Sokrates.* (▶ Mehr zur indirekten Rede, S. 381 f.)
- **Paraphrase (Umschreibung):** Was andere gesagt oder geschrieben haben, lässt sich auch sinngemäß als Paraphrase im Indikativ wiedergeben. Mit den folgenden Redewendungen kann eine Umschreibung fremden Gedankenguts kenntlich gemacht werden: *Nach seiner Meinung …, nach Auffassung von …, laut …,* z. B.: *Nach Auffassung des Anwalts gibt es keinerlei Grund zur Sorge.* (▶ Mehr zur Paraphrase, S. 332)
- **Zitat:** Zitate sind wörtliche Übernahmen einzelner Wörter, ganzer Sätze oder Abschnitte. Werden Zitate in einen eigenen Satz integriert, müssen sie am Anfang und Ende mit Anführungszeichen markiert und grammatisch angepasst werden (▶ Richtiges Zitieren, S. 361), z. B.: *So gibt es dem Anwalt zufolge „keinerlei Grund zur Sorge".*

2.6 Klausurtraining: Einen Sachtext analysieren – „Baby nach Wunsch" von Gero von Randow

Aufgabenbeispiel

Analysieren Sie den Text „Baby nach Wunsch" von Gero von Randow aus der Wochenzeitung „Die Zeit". Berücksichtigen Sie dabei die Wirkungsabsicht, den inhaltlichen und gedanklichen Aufbau sowie die sprachliche Gestaltung.

Gero von Randow: **Baby nach Wunsch** (2018)

[…] Die Risiken der Technik sind hoch: zunächst einmal für das genetisch veränderte Individuum und dessen Nachkommen, denn man weiß zu wenig über das Zusammenspiel von Erbanlagen. Erst recht unbekannt sind die gesellschaftlichen Folgen. Nur ein Beispiel: Genmanipulation wird teuer sein, mit der Folge, dass die Spaltung der Gesellschaft in die Erbanlagen eingeschrieben werden könnte. Hier die Reichen, Gesunden und Schönen, dort der minderwertige Rest. Damit bräche ein neues Zeitalter an.

Wissenschaftler fordern daher ein weltweites Moratorium[1] für die Übertragung genmanipulierter Embryonen in den Mutterleib. Klingt vernünftig, passt aber schlecht in die politische Landschaft. Weltweite Verabredungen haben keine Konjunktur. Da mag das Klimaproblem noch so dringlich, die Bedrohung durch Kernwaffen noch so beängstigend oder die Migration noch so herausfordernd sein, die Losung der neuen Zeit lautet: „Wir zuerst!"

Wofür ließe sich ein Moratorium nutzen? Zum Beispiel für die Einigung auf eine Positivliste: Sie würde abschließend jene Erbkrankheiten aufzählen, die solche Eingriffe rechtfertigten. Reine Optimierung bliebe verboten, einschließlich des besseren Schutzes vor Infektionskrankheiten, denn dafür gibt es weniger riskante Verfahren.

Schwieriger wäre es, die erlaubten Risiken zu definieren. Vertrackt ist außerdem die Verteilungsfrage; der Zugang zu neuen Gentherapien darf jedenfalls nicht allein dem Markt überlassen werden. Und schließlich: Wer kontrolliert? Es wurde schon die Gründung einer internationalen Behörde vorgeschlagen, ähnlich der Internationalen Atomenergieagentur (IAEA)[2] in Wien, mit weitreichenden Inspektionsrechten. Fragt sich nur, wie realistisch das alles ist, denn auf der anderen Seite der Machtverteilung finden wir die Faktoren Macht und Profit.

Ein kategorisches Verbot freilich wäre eine besonders schlechte Idee. Die Großmächte der Wissenschaft würden sich ohnehin nicht darauf einlassen. Es wäre außerdem nicht zu rechtfertigen. Religiöse Einwände gegen die Genmanipulation kommen beispielsweise nicht infrage, denn die werden nicht von allen Religionen angeführt, und nicht jeder Erdenbürger ist religiös. Ein schwereres Geschütz ist da schon die Menschenwürde. Aber wie will man begründen, dass die Manipulation des Erbguts ein Verstoß gegen die Würde ist, also gegen den Achtungsanspruch, den jedes Individuum hat? Ist der Sitz dieser Würde denn die DNA?

Gewiss, die Menschen, die aus den Embryonen entstehen können, werden nicht vorab um Zustimmung zur Genveränderung gebeten. Aber es wird ja ohnehin niemand gefragt, unter welchen Umständen er geboren werden will und ob überhaupt.

Manchmal übrigens droht in dieser Debatte die Stimme der Kranken unterzugehen. Viele Krankheiten liegen jeweils nur an einem einzigen Gen. Eine Technik, es gefahrlos auszuschalten, wäre ein Segen. Die Forschung darf nach ihr suchen, nur nicht um jeden Preis.

1 **Moratorium:** ein vereinbarter Aufschub

2 **IAEA (International Atomic Energy Agency):** unabhängige wissenschaftliche Organisation, die die Gefährdung der internationalen Sicherheit durch die Atomenergie prüft

Die Aufgabenstellung verstehen

1 Strukturieren Sie Ihr Vorwissen zum Aufgabentyp „Analyse von Sachtexten" in Form einer Mindmap.

2 a Lesen Sie die Aufgabenstellung noch einmal. Benennen Sie, welche Anforderungen der Operator „analysieren" an Sie und Ihren Text stellt.

b Überlegen Sie, inwiefern Ihre Analyse über die in der Aufgabe genannten Aspekte (Wirkungsabsicht, inhaltlicher und gedanklicher Aufbau, sprachliche Gestaltung) hinausgehen muss. Gleichen Sie Ihre Überlegungen mit der Methode und der Checkliste am Ende dieses Klausurtrainings ab.

Erstes Textverständnis formulieren

1 Lesen Sie den Text aktiv durch (▶ Methode, S. 70 f.). Klären Sie unbekannte Begriffe mithilfe eines Wörterbuchs. Notieren Sie bereits erste sprachliche oder inhaltliche Auffälligkeiten am Rand.

2 a Benennen Sie in ein bis zwei kurzen Sätzen das Thema des Textes.

In dem Text geht es um … *Der Text handelt von …*

b Tauschen Sie sich mit einem Partner über das Thema des Textes aus.

Den Text analysieren und interpretieren

1 Zentral für die Untersuchung der Wirkungsabsicht sowie des inhaltlich-gedanklichen Aufbaus ist die Kernthese/Hauptaussage eines Textes. Was will der Verfasser mit seinem Text erreichen oder aussagen? Formulieren Sie die Kernthese Gero von Randows mit eigenen Worten und prüfen Sie, ob es sich um eine explizite oder implizite These handelt (▶ Information).

Gero von Randow vertritt in seinem Text die Auffassung, dass …

Information **Explizite und implizite Thesen**

Explizite These: Der Autor / Die Autorin formuliert seinen/ihren Standpunkt ausdrücklich, sodass die Behauptung (These) im Text wörtlich zitierbar vorliegt.
Implizite These: Die Position des Autors / der Autorin ist nur indirekt aus dem Textganzen zu erschließen.

Hinweis: Es ist hilfreich, zunächst unmittelbar am und im Text zu arbeiten (Aufgabe 2), um die Ergebnisse dann in übersichtlicher Form zu visualisieren (Aufgabe 3).

2 a Untersuchen Sie den Text auf Thesen. Markieren Sie diese auf einer Kopie des Textes farbig.

b Arbeiten Sie in einem zweiten Schritt die Argumente und Belege/Beispiele heraus, indem Sie diese mit zwei weiteren Farben markieren und Randnotizen machen (▶ S. 84 f. und Methode, S. 329).

Tipp: Wenn Sie nach den Argumenten eines Sachtextes suchen, dann geht es darum, diejenigen Aussagen zu finden, die sich logisch an die These mit den Konjunktionen „weil" oder „denn" anschließen lassen. Manchmal folgt eine These auch erst nach einem Argument.

c Benennen Sie, wenn möglich, die Argumenttypen, z. B. Plausibilitätsargument, Autoritätsargument … (▶ Information, S. 89 f.).

„[…] denn man weiß zu wenig über das Zusammenspiel von Erbanlagen" (Z. 3 f.) → Faktenargument

Information **Analyse der gedanklichen Struktur argumentierender Texte**

Die Analyse argumentativer Texte zielt darauf, die **Struktur der Textaussagen** zu ermitteln, den **funktionalen Zusammenhang** der Textaussagen zu erfassen, zu beschreiben und zuletzt auch zu beurteilen. Argumentative Texte sind ihrer Natur nach thetische Texte. Das bedeutet, dass der Text eine Fülle von Behauptungen enthält, die im Gegensatz zu Tatsachenaussagen begründet und diskutiert werden müssen. Je nach Verwendungszusammenhang können solche Behauptungen (= **Thesen**) in Form von Urteilen, Meinungen, Forderungen oder Prognosen formuliert sein. **Argumente** wiederum sind Aussagen, durch die die Thesen begründet oder glaubhaft gemacht werden (▶ Information, S. 89 f.).
Um Argumente zu untermauern oder zu veranschaulichen, werden sogenannte **Argumentationsstützen** (Belege, Beispiele, Erläuterungen) eingesetzt (▶ Methode, S. 329).
Die Schwierigkeit bei der Analyse von Sachtexten besteht zum einen darin, genau zwischen **erzählenden,** rein **informierenden** oder **appellierenden Anteilen** und **argumentierenden Passagen** mit ihren typischen Strukturelementen These, Argument und Argumentationsstütze zu unterscheiden. Zum anderen handelt es sich sowohl bei Thesen als auch bei Argumenten und Argumentationsstützen in der Regel um Aussagen, die oft begründungsbedürftig sind und häufig im Text auch begründet werden: Eine Aussage wird durch eine andere Aussage begründet, die wiederum durch eine dritte Aussage begründet wird (oder begründet werden müsste) usw. Man kann also sagen, dass ein argumentativer Text aus vielen Thesen besteht. Eine so unspezifische Analyse hilft jedoch nicht weiter. Es ist nicht zuletzt begrifflich zu differenzieren; deshalb wird die erste Aussage **These,** die zweite **Argument** und die dritte **Argumentationsstütze** (Subargument) genannt.
In der **Praxis** kommen Texte vor, in denen manche Argumente keine Stützen haben, während anderen Argumenten gleich mehrere absichernde Aussagen zugeordnet sind.

3 Übertragen Sie Ihre Ergebnisse in eine Tabelle wie unten. Gehen Sie in der dritten Spalte kurz auf den Inhalt des jeweiligen Textabschnitts ein.

Zeile	*Textfunktion/ Argumentationsschritt*	*Inhaltsaspekt*
1 *...*	*These/Behauptung* *...*	*Bewertung der Gentechnik durch den Verfasser als risikoreich* *...*

4 Unter Sprachhaltung wird verstanden, in welchem sprachlichen Ton eine Autorin / ein Autor ihre/seine Meinung zu einem Thema in einem Text vermittelt. Im Folgenden sind Begriffe angeführt, mit denen sich eine Sprachhaltung charakterisieren lässt. Wählen Sie aus, welche Ihrer Ansicht nach die Sprachhaltung des Textes am besten beschreiben. Begründen Sie Ihre Entscheidung anhand entsprechender Textstellen.
sachlich, kritisch, ablehnend, zustimmend, engagiert, ironisch, pessimistisch, nüchtern, optimistisch, realistisch, abwertend, polemisch, appellativ, distanziert, humorvoll, unentschieden, neutral

5 Ordnen Sie die Wortwahl (▶ Information, S. 339) und den dominierenden Satzbau (▶ Information, S. 108 oben) des Textes „Baby nach Wunsch" ein. Berücksichtigen Sie, dass in einem Text unterschiedliche Stilebenen auftreten können.

6 **a** Untersuchen Sie den Text hinsichtlich sprachlich-stilistischer Mittel.
b Beschreiben Sie die jeweilige Wirkung der von Ihnen herausgearbeiteten sprachlichen Mittel (▶ Information, S. 337 f.).

7 Beurteilen Sie, welchen Einfluss die von Ihnen herausgearbeiteten sprachlichen Mittel auf die Leserlenkung im Text von Gero von Randow haben (▶ Information).

Information **Parataxe und Hypotaxe**

Mit **Parataxe** wird die Aneinanderreihung von Hauptsätzen bezeichnet (Satzreihe). Diese können durch Punkte, Kommas, Semikolons oder koordinierende Konjunktionen (z. B. *und, oder, aber*) verbunden sein. **Rhetorisch** leistet die Parataxe einerseits eine Konzentration auf das Wesentliche, bewirkt Dynamik und ist leicht verständlich. Andererseits kann die Reihung sehr kurzer und einfacher Sätze auch schnell monoton wirken oder der Leser vermisst die Darstellung von Zusammenhängen.
z. B.: *Ein kategorisches Verbot freilich wäre eine besonders schlechte Idee. Die Großmächte der Wissenschaft würden sich ohnehin nicht darauf einlassen. Es wäre außerdem nicht zu rechtfertigen.*
Mit **Hypotaxe** werden Satzgefüge bezeichnet, die aus Haupt- und untergeordneten Nebensätzen bestehen (▶ Information, S. 378). Die Verknüpfung erfolgt überwiegend durch Konjunktionen oder Relativpronomen. Nebensätze können dem Hauptsatz voran- und nachgestellt sein oder auch eingeschoben werden. Da sie ihrerseits auch unterbrochen werden können, können sich sehr lange und komplexe Satzgefüge ergeben, die zulasten der Lesbarkeit gehen. **Rhetorisch** leistet die Hypotaxe die Darstellung von inhaltlichen und/oder logischen Zusammenhängen durch Konjunktionen (z. B. kausal, temporal). Hypotaxe ist oft Kennzeichen eines gehobenen bis literarischen Stils und zeichnet häufig Fachtexte aus.
z. B.: *Reine Optimierung bliebe verboten, einschließlich des besseren Schutzes vor Infektionskrankheiten, denn dafür gibt es weniger riskante Verfahren.*
Oft treten in Texten **Mischformen** von Parataxe und Hypotaxe auf. Hier gilt es, die Funktion ausgewählter Passagen zu bestimmen, die in einer der beiden Formen verfasst wurden.

8 Überlegen Sie, wer als Adressatenkreis für den Text infrage kommt. Informieren Sie sich dazu auch über das Publikationsmedium (Wochenzeitung „Die Zeit") und dessen Zielgruppe.

Information **Leserlenkung in Sachtexten**

In Sachtexten werden verschiedene sprachliche und formale Mittel genutzt, um die Wahrnehmung der Leser/-innen zu lenken:

Leserlenkung durch	Beispiel
direkte Ansprache	*Können Sie sich vorstellen, Ihr ungeborenes Kind gentechnisch optimieren zu lassen?*
Wir-Formeln	*Fragt sich nur, wie realistisch das alles ist, denn auf der anderen Seite der Machtverteilung finden wir die Faktoren Macht und Profit.*
Strukturierungshilfen	*Für diese Behauptung gibt es drei zentrale Argumente.*
rhetorische Fragen	*Wofür ließe sich ein Moratorium nutzen?*
Kontrastierungen	*Es ist heute üblich zu glauben, dass … Tatsächlich aber …*

9 **a** Bestimmen Sie auf Grundlage Ihrer bisherigen Analyse die Wirkungsabsicht des Textes.

b Leiten Sie aus Ihrer Textuntersuchung ab, welcher Sachtexttyp den vorliegenden Text dominiert, und bestimmen Sie die Textsorte (▶ Information, S. 75).

10 a Untersuchen Sie die Leserlenkung (▶ Information, S. 108) in den Fragen, die Gero von Randow in seinem Text stellt. Klären Sie dabei, ob es sich um rhetorische Fragen handelt.

b Markieren Sie im Text Begriffe, die den Gedankengang sprachlich strukturieren.
- *„zunächst einmal" (Z. 1 f.)*
- …

c Überprüfen Sie, ob bzw. inwiefern der Autor das Mittel der Kontrastierung zur Leserlenkung einsetzt.

11 Bewerten Sie anhand Ihrer Analyseergebnisse, inwiefern Gero von Randow seine Position in dem Text schlüssig und überzeugend darlegt. Berücksichtigen Sie dabei die im Informationskasten unten aufgeführten Kriterien.
Hinweis: Es geht hier nicht um Ihre Meinung zu dem Thema, sondern nur darum, wie gelungen eine Verfasserin oder ein Verfasser ihren/seinen Text ausführt.

	☺	😐	☹	*Bezug auf Argumentation/Sprache des Textes*
Allgemeingültigkeit				
Nachvollziehbarkeit				
Relevanz				
Überprüfbarkeit				
Aktualität				
Adressatenorientierung				

Information **Kriterien zur Beurteilung argumentativer Texte**

- **Allgemeingültigkeit:** Argumente und Argumentationsstützen entsprechen dem Erfahrungshorizont des Hörers/Lesers.
- **Nachvollziehbarkeit/Plausibilität:** Argumente und Argumentationsstützen widersprechen zumindest nicht den Erwartungen und Vorstellungen des Hörers/Lesers.
- **Relevanz:** Argumente und Argumentationsstützen haben einen erkennbaren Zusammenhang mit dem Thema.
- **Überprüfbarkeit/Richtigkeit:** Argumente und Argumentationsstützen erscheinen richtig und überprüfbar.
- **Aktualität:** Argumente und Argumentationsstützen haben für die gegenwärtige Situation des Hörers/Lesers oder für einen laufenden öffentlichen Diskurs Bedeutung.
- **Adressatenorientierung:** Argumente und Argumentationsstützen sind adressatengerecht ausgewählt und formuliert.

Den Schreibplan erstellen und den eigenen Text schreiben

1 Durch die Vorarbeiten haben Sie die wesentlichen Aspekte für die Sachtextanalyse vorbereitet und diese bereits weitgehend strukturiert. Ordnen Sie die Ergebnisse Ihrer Vorarbeiten dem in der Methode (▶ S. 110) dargelegten Aufbau zu und stellen Sie sicher, dass Sie zu allen dort genannten Analyseteilen Material gesammelt haben.

2 Formulieren Sie auf der Basis Ihrer Ergebnisse aus den vorherigen Schritten eine vollständige und zusammenhängende Sachtextanalyse zum Text von Gero von Randow. Nutzen Sie die Formulierungsbausteine auf Seite 332, um die Argumentationsweise des Autors zu beschreiben.

Methode **Aufbau einer schriftlichen Analyse zu einem argumentativen Text**

Einleitung
- Vorstellung des Textes mit Angaben zu Autor/-in, Titel, Textsorte, Erscheinungsdatum, ggf. Publikationsorgan, Thema

Hauptteil: strukturierte, aspektorientierte Darstellung der Analyseergebnisse:
- (zentrale) These des Textes, Intention und (mutmaßlicher) Adressatenkreis
- ggf. äußerer Aufbau mit Absatzgliederung und Zwischenüberschriften
- Analyse des inhaltlich-gedanklichen Aufbaus mit Argumentationsstruktur
- Sprache (Sprachhaltung, Stilebene, Sprachbilder, rhetorische Figuren, Wortwahl usw.), ggf. auch direkt verknüpft mit dem inhaltlich-gedanklichen Aufbau

Schluss
- Bewertung des Textes anhand der Kriterien zur Beurteilung argumentativer Texte

Den eigenen Text überarbeiten

1 Tauschen Sie Ihren Text mit einem Lernpartner aus und prüfen Sie die Texte gegenseitig anhand der Checkliste. Schreiben Sie Ihre Anmerkungen in eine Tabelle. Konzentrieren Sie sich vornehmlich auf den Inhalt, den logischen Aufbau sowie den Ausdruck und weniger auf sprachlich-formale Mängel.

Gut gelungen	*Noch unklar / Fragen*	*Meine Verbesserungsvorschläge*
...	...	...

2 **a** Schauen Sie sich die Überarbeitungstabelle Ihres Lernpartners an und prüfen Sie, welche der Vorschläge Sie übernehmen möchten.
b Schreiben Sie eine Endfassung Ihrer Sachtextanalyse.

Checkliste **Analyseaufsatz überprüfen**

- Werden einleitend Autor/-in, Titel, Textsorte, Erscheinungsjahr, Medium genannt?
- Gibt es begründete Ausführungen zu den vermuteten Adressaten und zur Textintention?
- Wird die Kernthese/-aussage des Textes richtig und mit eigenen Worten wiedergegeben?
- Ist der Gedankengang (Thesen, Argumente …) klar nachgezeichnet und mit dem Inhalt verknüpft? Wird deutlich gemacht, wo argumentiert, wo erläutert/erklärt und wo erzählt wird?
- Werden sprachliche Besonderheiten / rhetorische Figuren mit Blick auf ihre Wirkung untersucht?
- Werden Sprachstil(e) (nüchtern, subjektiv, objektiv …) und der Satzbau beschrieben?
- Werden die Mittel der Leserlenkung untersucht?
- Findet abschließend eine kritische Bewertung oder Einordnung statt?
- Liegt eine sinnvolle Gliederung in Absätze vor? Wird eine klare und im Ausdruck richtige Sprache verwendet?
- Werden Inhalte korrekt in der indirekten Rede wiedergegeben?
- Werden Textbelege/Zitate sinnvoll und korrekt eingebracht?

B3 Epik

Tamara de Lempicka: Kizette (Tochter der Künstlerin) in Rosa (1926)

„Erzählen ist eine zutiefst menschliche Eigenschaft und eine zentrale Fähigkeit für das Leben in der Gemeinschaft."

Silke Heimes

1 **a** Etwas erzählen, etwas erzählt bekommen – welche Rolle spielt das für Sie in Ihrem Leben?
b Beziehen Sie Bild und Zitat aufeinander, indem Sie Bezüge zwischen Lesen und Erzählen herstellen.

In diesem Kapitel erwerben Sie folgende Kenntnisse und Kompetenzen

- verschiedene Untergattungen der Gattung Epik kennen, in ihrer Besonderheit erfassen,
- erzähltheoretische Grundkenntnisse in Erinnerung rufen, erweitern und systematisieren,
- Erzählstrategien in idealtypischen Erzählungen erkennen, sich ihrer Funktion bewusst werden und sie in der Analyse und in eigenen Produktionen anwenden,
- Kenntnisse über verschiedene literaturgeschichtliche Epochen erwerben,
- Analysen und Interpretationen zu Erzähltexten schriftlich verfassen.

Silke Heimes: **Erzählen als Grundhaltung** (2017)

[…] Der Mensch ist ein erzählendes Wesen, das sich nicht zuletzt seine eigene Biografie selbst erzählt. Die persönliche Vergangenheit, mit zahlreichen Gedächtnislücken behaftet, ergibt nur durch unser eigenes Erzählen ein kohärentes Ganzes. So passiert es auch, dass wir vergangene Erlebnisse anders erzählen als diejenigen, mit denen zusammen wir sie erlebt haben. Mitunter erzählen wir Ereignisse nämlich so, wie sie hätten sein können, und nicht, wie sie waren.

In der Pädagogik macht man sich die Tatsache, dass das menschliche Gehirn narrativ[1] strukturiert ist und Erzählen ein gutes Memorieren von Inhalten ermöglicht, schon lange zunutze. Märchen und Geschichten stellten lange den Modus des alltäglichen Lehrens und Lernens dar und auch die moralische Erziehung der Kinder erfolgte häufig über Erzählungen. In der Werbung und im Journalismus setzt man heutzutage ebenfalls auf Geschichten, weil diese neben Fakten Emotionen transportieren und eine Verbindung zur persönlichen Lebenswelt des Lesers beziehungsweise Konsumenten herstellen können.

Erzählungen aktivieren im Gehirn mehr Regionen als reine Informationen, weil sie die Fantasie anregen und Bilder entstehen lassen. Sie verleihen Ereignissen Bedeutung und lassen den Leser nicht nur mitdenken, sondern auch mitfühlen. Geschichten unterhalten und vermitteln Botschaften deswegen effektiver als reine Fakten und haben zudem den Vorteil, dass sie einfacher weitererzählt werden können.

Erzählungen finden sich unter anderem im Mythos[2], in der Legende[3], der Fabel, dem Märchen, der Novelle, dem Epos, dem Roman […].

Weil die Grundbedingungen menschlichen Lebens über Zeiten und Kulturen hinweg in vielen Bereichen ähnliche Konstellationen aufweisen, beschreiben große archetypische[4] Erzählungen menschliches Denken und Handeln. Liebe, Tod, Eifersucht, das Weibliche, das Männliche, der Held auf seinem gefährlichen Weg – dies alles sind archetypische Erzählmuster. Deswegen funktionieren auch Geschichten besonders gut, die nach dem Prinzip der sogenannten Heldenreise gestrickt sind, in der Motive wie Aufbruch, Initiation, Kampf, Rückkehr und Weisheit eine große Rolle spielen. […]

1 **narrativ:** in erzählender Form
2 **Mythos:** Rede, Erzählung oder sagenhafte Geschichte, die das Leben der Menschen mit der Götterwelt verbindet
3 **Legende:** kurze, religiöse Erzählung über Leben und Tod bzw. Leiden von Heiligen
4 **archetypisch:** im kollektiven Unbewussten angesiedelte Urbilder oder menschliche Vorstellungsmuster

1 **a** Listen Sie auf, welche Funktionen und Bedeutungen die Autorin dem Erzählen zuschreibt.
b Diskutieren Sie diese Zuschreibungen im Abgleich mit Ihren eigenen Erfahrungen.

2 **a** Die Autorin nennt verschiedene literarische Erzählformen (vgl. Z. 34 f.): Sammeln Sie Beispiele für diese und weitere epischen Formen aus Ihrer Leseerfahrung.
b Welche Erzählformen und Genres (z. B. Kriminal-, Helden-, Liebesgeschichten) bevorzugen Sie?

Information **Epik**

Das gattungsspezifische Merkmal der Epik ist das Erzählen, das sich über einen Erzähler / eine Erzählerin (► S. 150 ff.) ereignet. Der Begriff Epik leitet sich vom antiken griechischen **Epos** ab. Dies waren Texte, die in Versen geschrieben waren und mündlich vorgetragen wurden. Diese Geschichten handelten von Göttern und Helden. Am bekanntesten sind die „Ilias“ und die „Odyssee“ von Homer, der vermutlich Ende des 8. Jahrhunderts v. Chr. lebte. Die **Versform** blieb noch eine Weile bestehen, doch immer mehr setzte sich die Prosaform in allen Untergattungen (z. B. Fabel, Sage, Legende, Anekdote u. a. m.) durch. Werke der Gattung Epik, besonders Romane, gehören heute zu den meistgelesenen Büchern und Texten.

3.1 Kurzgeschichten der Gegenwart – Zusammen allein

Peter Stamm: **Am Eisweiher** (1999)

Peter Stamm

Ich war mit dem Abendzug aus dem Welschland nach Hause gekommen. Damals arbeitete ich in Neuchâtel, aber zu Hause fühlte ich mich noch immer in meinem Dorf im Thurgau. Ich war zwanzig Jahre alt.

Irgendwo war ein Unglück geschehen, ein Brand ausgebrochen, ich weiß es nicht mehr. Jedenfalls kam mit einer halben Stunde Verspätung nicht der Schnellzug aus Genf, sondern ein kurzer Zug mit alten Wagen. Unterwegs blieb er immer wieder auf offener Strecke stehen, und wir Passagiere begannen bald, miteinander zu sprechen und die Fenster zu öffnen. Es war die Zeit der Sommerferien. Draußen roch es nach Heu und einmal, als der Zug eine Weile gestanden hatte und das Land um uns ganz still war, hörten wir das Zirpen der Grillen.

Es war fast Mitternacht, als ich mein Dorf erreichte. Die Luft war noch warm und ich trug die Jacke über dem Arm. Meine Eltern waren schon zu Bett gegangen. Das Haus war dunkel und ich stellte nur schnell meine Sporttasche mit der schmutzigen Wäsche in den Flur. Es war keine Nacht zum Schlafen.

Vor unserem Stammlokal standen meine Freunde und berieten, was sie noch unternehmen sollten. Der Wirt hatte sie nach Hause geschickt, die Polizeistunde war vorüber. Wir redeten eine Weile draußen auf der Straße, bis jemand aus dem Fenster rief, wir sollten endlich ruhig sein und verschwinden. Da sagte Stefanie, die Freundin von Urs: „Warum gehen wir nicht im Eisweiher baden? Das Wasser ist ganz warm."

Die anderen fuhren schon los und ich sagte, ich würde nur schnell mein Fahrrad holen und dann nachkommen. Zu Hause packte ich meine Badehose und ein Badetuch ein, dann fuhr ich hinter den anderen her. Der Eisweiher lag in einer Mulde zwischen zwei Dörfern. Auf halbem Weg kam mir Urs entgegen.

„Stefanie hat einen Platten", rief er mir zu. „Ich hole Flickzeug."

Kurz darauf sah ich dann Stefanie, die an der Böschung saß. Ich stieg ab. „Das kann eine Weile dauern, bis Urs zurückkommt", sagte ich. „Ich gehe mit dir, wenn du magst." Wir schoben unsere Fahrräder langsam den Hügel empor, hinter dem der Weiher lag. Ich hatte Stefanie nie besonders gemocht, vielleicht weil es hieß, sie treibe es mit jedem, vielleicht aus Eifersucht, weil Urs sich nie mehr ohne sie zeigte, seit die beiden zusammen waren. Aber jetzt, als ich zum ersten Mal mit ihr allein war, verstanden wir uns ganz gut und redeten über dies und jenes.

Stefanie hatte im Frühjahr die Matura gemacht und arbeitete bis zum Beginn ihres Studiums im Herbst als Kassiererin in einem Warenhaus. Sie erzählte von Ladendieben und wer im Dorf immer nur die Aktionen und wer Kondome kaufe. Wir lachten den ganzen Weg. Als wir beim Weiher ankamen, waren die anderen schon hinausgeschwommen. Wir zogen uns aus, und als ich sah, dass Stefanie keinen Badeanzug dabeihatte, zog auch ich meine Badehose nicht an und tat, als sei das selbstverständlich. Der Mond war nicht zu sehen, aber unzählige Sterne und nur schwach die Hügel und der Weiher.

Stefanie war ins Wasser gesprungen und schwamm in eine andere Richtung als unsere Freunde. Ich folgte ihr. Die Luft war schon kühl gewesen und die Wiese feucht vom Tau, aber das Wasser war warm wie am Tag. Nur manchmal, wenn ich kräftig mit den Beinen schlug, wirbelte kaltes Wasser hoch. Als ich Stefanie eingeholt hatte, schwammen wir eine Weile nebeneinander her, und sie fragte mich, ob ich in Neuchâtel eine Freundin hätte, und ich sagte Nein.

„Komm, wir schwimmen zum Bootshaus", sagte sie.

Wir kamen zum Bootshaus und schauten zurück. Da sahen wir, dass die anderen wieder am Ufer waren und ein Feuer angezündet hatten. Ob Urs schon bei ihnen war, konnten wir aus der Entfernung nicht erkennen. Stefanie kletterte auf den Steg und stieg von dort auf den Balkon, von dem wir als Kinder oft ins Wasser gesprungen waren. Sie legte sich auf den Rücken und sagte, ich solle zu ihr kommen, ihr sei kalt. Ich legte mich neben sie, aber sie sagte: „Komm näher, das hilft ja so nichts."

Wir blieben eine Zeit lang auf dem Balkon. Inzwischen war der Mond aufgegangen und schien so hell, dass unsere Körper Schatten warfen auf dem grauen, verwitterten Holz. Aus dem nahen Wald hörten wir Geräusche, von denen wir nicht wussten, was sie bedeuteten, dann, wie jemand auf das Bootshaus zuschwamm und kurz darauf rief Urs: „Stefanie, seid ihr da?"

Stefanie legte den Finger auf den Mund und zog mich in den Schatten des hohen Geländers. Wir hörten, wie Urs schwer atmend aus dem Wasser stieg und wie er sich am Geländer hochzog. Er musste nun direkt über uns sein. Ich wagte nicht, nach oben zu schauen, mich zu bewegen.

„Was machst du da?" Urs kauerte auf dem Geländer des Balkons und blickte auf uns herab. Er sagte es leise, erstaunt, nicht wütend und er sagte es zu mir.

„Wir haben gehört, dass du kommst", sagte ich. „Wir haben geredet und dann haben wir uns versteckt, um dich zu überraschen."

Jetzt schaute Urs zur Mitte des Balkons und auch ich schaute hin und sah dort ganz deutlich, als lägen wir noch da, den Fleck, den Stefanies und mein nasser Körper hinterlassen hatten.

„Warum hast du das gemacht?", fragte Urs. Wieder fragte er nur mich und schien seine Freundin gar nicht zu bemerken, die noch immer regungslos im Schatten kauerte. Dann stand er auf und machte hoch über uns aus dem Geländer zwei Schritte und sprang mit einer Art Schrei, mit einem Jauchzer, in das dunkle Wasser. Noch vor dem Klatschen des Wassers hörte ich einen dumpfen Schlag, und ich sprang auf und schaute hinunter.

Es war gefährlich, vom Balkon herunterzuspringen. Es gab im Wasser Pfähle, die bis an die Oberfläche reichten, als Kinder hatten wir gewusst, wo sie waren. Urs trieb unten im Wasser. Sein Körper leuchtete seltsam weiß im Mondlicht, und Stefanie, die nun neben mir stand, sagte: „Der ist tot." Vorsichtig stieg ich vom Balkon hinunter auf den Steg und zog Urs an einem Fuß zu mir. Stefanie war vom Balkon gesprungen und schwamm, so schnell sie konnte, zurück zu unseren Freunden. Ich zog Urs aus dem Wasser und hievte ihn auf den kleinen Steg neben dem Bootshaus. Er hatte am Kopf eine schreckliche Wunde.

Ich glaube, ich saß die meiste Zeit einfach nur da neben ihm. Irgendwann, viel später, kam ein Polizist und gab mir eine Decke, und erst jetzt merkte ich, wie kalt mir war. Die Polizisten nahmen Stefanie und mich mit auf die Wache und wir erzählten, wie alles gewesen war, nur nicht, was wir auf dem Balkon getan hatten. Die Beamten waren sehr freundlich und brachten uns, als es schon Morgen wurde, sogar nach Hause. Meine Eltern hatten sich Sorgen gemacht.

Stefanie sah ich noch bei der Beerdigung von Urs. Auch meine anderen Freunde waren da, aber wir sprachen nicht miteinander, erst später, in unserem Stammlokal, nur nicht über das, was in jener Nacht geschehen war. Wir tranken Bier, und einer sagte, ich weiß nicht mehr, wer es war, es reue ihn nicht, dass Stefanie nicht mehr komme. Seit sie dabei gewesen sei, habe man nicht mehr vernünftig reden können.

Einige Monate später erfuhr ich, dass Stefanie schwanger war. Von da an blieb ich an den Wochenenden oft in Neuchâtel und fing sogar an, meine Wäsche selbst zu waschen.

1 Äußern Sie erste Eindrücke zum Text.

2 Beschreiben Sie die Art und Weise, wie der Ich-Erzähler (▶ Information, S. 152 f.) von den dramatischen Ereignissen erzählt. Gleichen Sie Ihren Befund mit anderen möglichen Gestaltungsmitteln (▶ Information unten) ab.
In der Kurzgeschichte „Am Eisweiher" berichtet der 20-jährige Protagonist, dessen Namen wir nie erfahren, vornehmlich in sachlich beschreibenden Hauptsätzen … Die Erzählweise wirkt … und hat die Funktion …

3 **a** Nehmen Sie zum Verhalten des Ich-Erzählers Stellung. Beziehen Sie bei Ihren Überlegungen insbesondere die folgende Textstelle mit ein: „Von da an blieb ich an den Wochenenden oft in Neuchâtel und fing sogar an, meine Wäsche selbst zu waschen."
b Einige Monate nach Urs' Tod sitzt der Ich-Erzähler an dessen Grab und denkt über seine Schuld nach. Verfassen Sie einen inneren Monolog (▶ Methode, S. 223) des Ich-Erzählers.

Information **Sprachlich-stilistische Gestaltungsmittel**

Der bewusste Einsatz von sprachlichen Mitteln soll beim Leser bestimmte Wirkungen erzielen.

Folgende Fragen dienen als erste Orientierung:
- Wie werden Gedanken, Inhalte und Absichten sprachlich umgesetzt?
- Was will der Text mit seinen sprachlichen Mitteln erreichen?
- Welche Wirkung geht von der sprachlichen Gestaltung aus?

Weiterführende Fragen zur Analyse der sprachlichen Gestaltung:
- **Wortwahl:**
  Welcher Stilebene (z. B. bildungssprachlich, umgangssprachlich) entstammen die Wörter? Gibt es Wörter, die insbesondere für eine Figur verwendet werden (z. B. bestimmte Adjektive zur Charakterisierung)? Dominieren bestimmte Wortfelder (z. B. Natur, kindliches Erleben, Berufswelt)?
- **Satzbau:**
  Sind die Sätze verschachtelt (Hypotaxe / Aneinanderreihung von vielen Nebensätzen) oder einfach aufgebaut (Parataxe / Häufung von Hauptsätzen)? Sind die Sätze unvollständig (Ellipsen)? Werden bestimmte Satzarten (Aussage-, Ausrufe-, Fragesätze) bevorzugt?
- **rhetorische Figuren:**
  Werden sprachliche Bilder verwendet (Vergleiche, Metaphern, Personifikationen, Symbole)? Gibt es Lautmalereien (Onomatopoesien), Beschönigungen (Euphemismen), Wiederholungen des Anfangslautes (Alliterationen), Wiederholungen eines Wortes oder einer Wortgruppe am Satzanfang (Anaphern), Wiederholungen gleicher syntaktischer Fügungen (Parallelismen), Übertreibungen (Hyperbeln), inhaltliche Gegenbehauptungen (Antithesen), rhetorische Fragen u. a.? Wird Ironie eingesetzt?

Sibylle Berg: **Nacht** (2001)

Sie waren mit Tausenden aus unterschiedlichen Türen in den Abend geschoben. Es war eng auf den Straßen, zu viele Menschen müde und sich zu dicht, der Himmel war rosa. Die Menschen würden den Himmel ignorieren, den Abend und würden nach Hause gehen. Säßen dann auf der Couch, würden Gurken essen und mit einem kleinen Schmerz den Himmel ansehen, der vom Rosa ins Hellblaue wechseln würde, dann lila, bevor er unterginge. Eine Nacht wie geschaffen, alles hinter sich zu lassen, aber wofür? Sie funktionierten in dem, was ihnen Halt schien, die Menschen in der Stadt, und Halt kennt keine Pausen, Regeln, keine stille Zeit, in der Unbekanntes Raum hätte zu verunsichern mit dummen Fragen.

Das Mädchen und der Junge gingen nicht nach Hause. Sie waren jung, da hat man manchmal noch Mut. Etwas ganz Verrücktes müsste man heute tun, dachten beide unabhängig voneinander, doch das ist kein Wunder, denn bei so vielen Menschen auf der Welt kann es leicht vorkommen, dass sich Gedanken gleichen. Sie gingen auf einen Berg, der die Stadt beschützte. Dort stand ein hoher Aussichtsturm, bis zu den Alpen konnte man schauen und konnte ihnen Namen geben, den Alpen. Die hörten dann darauf, wenn man sie rief. Die beiden kannten sich nicht, wollten auch niemanden kennen in dieser Nacht, stiegen die 400 Stufen zum Aussichtsturm hinauf. Saßen an entgegengesetzten Enden, mürrisch zuerst, dass da noch einer war. So sind die Menschen, Revierverletzung nennt man das. Doch dann vergaßen sie die Anwesenheit und dachten in die Nacht. Vom Fliegen, vom Weggehen und Niemals-Zurückkommen handelten die Gedanken, und ohne dass es ihnen bewusst gewesen wäre, saßen sie bald nebeneinander und sagten die Gedanken laut.

Sibylle Berg

Die Gedanken ähnelten sich, was nicht verwundert, bei so vielen Menschen auf der Welt, und doch ist es wie Schicksal, einen zu treffen, der spricht, was du gerade sagen möchtest. Und die Worte wurden weich, in der Nacht, klare Sätze wichen dem süßen Brei, den Verliebte aus ihren Mündern lassen, um sich darauf zum Schlafen zu legen. Sie hielten sich an der Hand, die ganze Nacht, und wussten nicht, was schöner war. Die Geräusche, die der Wind machte, die Tiere, die sangen, oder der Geruch des anderen. Dabei ist es so einfach, sagte der Junge, man muss nur ab und zu mal nicht nach Hause gehen, sondern in den Wald. Und das Mädchen sagte, wir werden es wieder vergessen, das ist das Schlimme. Alles vergisst man, das einem gut tut, und dann steigt man wieder in die Straßenbahn, morgens, geht ins Büro, nach Hause, fragt sich, wo das Leben bleibt. Und sie saßen immer noch, als der Morgen kam, als die Stadt zu atmen begann. Tausende aus ihren Häusern, die Autos geschäftig geputzt, und die beiden erkannten, dass es das Ende von ihnen wäre, hinunterzugehen ins Leben. Ich wollte, es gäbe nur noch uns, sagte der Junge. Das Mädchen nickte, sie dachte kurz: So soll das sein, und im gleichen Moment verschwand die Welt. Nur noch ein Aussichtsturm, ein Wald, ein paar Berge blieben auf einem kleinen Stern.

1 Fassen Sie den Inhalt der Geschichte in wenigen Sätzen zusammen und formulieren Sie das Thema, um das es geht. Beginnen Sie so: *Die Kurzgeschichte „Nacht" von Sibylle Berg thematisiert … Sie erzählt die Geschichte von zwei Jugendlichen, die …*

2 **a** Der Junge und das Mädchen „erkannten, dass es das Ende von ihnen wäre, hinunterzugehen ins Leben" (Z. 75 ff.). Loten Sie verschiedene Deutungsmöglichkeiten dieses Satzes und des Endes der Geschichte aus.

b Verfassen Sie mit wenigen Sätzen ein alternatives Ende. Schließen Sie an den letzten Satz der Geschichte mit folgenden Worten an: *Als es Mittag geworden war, …*

c Einsamkeit wird häufig als Volkskrankheit in modernen Gesellschaften bezeichnet. Diskutieren Sie in der Gruppe, wie es dazu kommen kann, dass gerade in pulsierenden Metropolen auch viele junge Menschen vereinsamen.

3 Sibylle Bergs Text thematisiert die unerfüllte Sehnsucht. Dieser inhaltliche Aspekt wird auch auf der sprachlichen Ebene erfahrbar. Legen Sie eine Tabelle wie unten an. Benennen und deuten Sie in der rechten Spalte die unterstrichenen Sprachbilder und sprachlichen Merkmale des Textes:

Sie waren mit Tausenden aus unterschiedlichen Türen in den Abend geschoben.	
Die Menschen würden den Himmel ignorieren, den Abend und würden nach Hause gehen. Säßen dann auf der Couch, würden Gurken essen und mit einem kleinen Schmerz den Himmel ansehen, der vom Rosa ins Hellblaue wechseln würde, dann lila, bevor er unterginge.	*– Verwendung des Konjunktivs II*
Doch dann vergaßen sie die Anwesenheit und dachten in die Nacht.	
Und die Worte wurden weich, in der Nacht, klare Sätze wichen dem süßen Brei, den Verliebte aus ihren Mündern lassen, um sich darauf zum Schlafen zu legen.	
Tausende aus ihren Häusern, die Autos geschäftig geputzt, und die beiden erkannten, dass es das Ende von ihnen wäre, hinunterzugehen ins Leben.	

4 Kurze Prosatexte der Gegenwartsliteratur passen oft nicht in das traditionelle Raster literarischer Gattungen. Prüfen Sie, inwiefern die Kurzgeschichten von Peter Stamm und Sibylle Berg dennoch die klassischen Merkmale einer Kurzgeschichte (▶ Information) aufweisen.

Information **Merkmale der Kurzgeschichte**

Die **Kurzgeschichte** hat sich nach dem Vorbild der amerikanischen Short Story entwickelt. In Deutschland wurde sie zu einer wichtigen Gattung der Nachkriegsliteratur. Eine Kurzgeschichte konzentriert sich auf ein wichtiges Ereignis aus dem Leben einer oder mehrerer Figuren und verdichtet das Geschehen auf einen Augenblick, der für die Figuren von besonderer Bedeutung ist. Kennzeichnend sind u. a. folgende **Merkmale:**

- äußere Umstandsbegrenzung / **Kürze,**
- **unvermittelter Beginn** und **offenes Ende,**
- **Wechsel von äußerer und innerer Handlung,**
- Wiedergabe des **inneren Geschehens** durch erlebte Rede, inneren Monolog usw.,
- **Alltäglichkeit** von Thematik und Sprache,
- sprachliche Mittel der **Andeutung, Mehrdeutigkeiten** und **Metaphern,**
- **Wendepunkt,**
- **typisierte Charaktere** (im Gegensatz zu individualisierten Charakteren).

Kurzgeschichten nach 1945 – Krieg und Heimkehr

„Die Apokalypse hat die Lebenden verändert. Was vor dieser Zeit war, ist nicht mehr fassbar, erscheint wie ein Märchen, das versunken und verklungen ist. Ein anderer Ton bestimmt das Leben, ein Ton, der aus der Welt der Trümmer geboren wurde." (Hans Werner Richter, 1947)

München in Trümmern, 1945

1 **a** Beschreiben Sie, wie das Bild und das Zitat auf Sie wirken. Sammeln Sie Ihre Eindrücke in einem Cluster.
b Leiten Sie aus dem Zitat Vermutungen ab, welchen Einfluss der überstandene Krieg auf die Literatur der Nachkriegsjahre gehabt haben könnte.
c Überprüfen Sie Ihre Vermutungen im weiteren Verlauf des Unterrichts anhand der folgenden Kurzgeschichten von Borchert und Böll sowie der Information von S. 123.

2 Welche Bedeutung hatte Hans Werner Richter für die Literatur nach 1945? Recherchieren Sie.

Wolfgang Borchert: **An diesem Dienstag** (1947)

Die Woche hat einen Dienstag.
Das Jahr hat ein halbes Hundert.
Der Krieg hat viele Dienstage.

An diesem Dienstag
übten sie in der Schule die großen Buchstaben. Die Lehrerin hatte eine Brille mit dicken Gläsern. Die hatten keinen Rand. Sie waren so dick, dass die Augen ganz leise aussahen.
Zweiundvierzig Mädchen saßen vor der schwarzen Tafel und schrieben mit großen Buchstaben:
DER ALTE FRITZ[1] HATTE EINEN TRINKBECHER AUS BLECH. DIE DICKE BERTA[2] SCHOSS BIS PARIS. IM KRIEGE SIND ALLE VÄTER SOLDAT.
Ulla kam mit der Zungenspitze bis an die Nase. Da stieß die Lehrerin sie an. Du hast Krieg mit ch geschrieben, Ulla. Krieg wird mit g geschrieben. G wie Grube. Wie oft habe ich das schon gesagt. Die Lehrerin nahm ein Buch und machte einen Haken hinter Ullas Namen. Zu morgen schreibst du den Satz zehnmal ab, schön sauber, verstehst du? Ja, sagte Ulla und dachte: Die mit ihrer Brille.
Auf dem Schulhof fraßen die Nebelkrähen das weggeworfene Brot.

An diesem Dienstag
wurde Leutnant Ehlers zum Bataillonskommandeur befohlen.
Sie müssen den roten Schal abnehmen, Herr Ehlers.
Herr Major?
Doch, Ehlers. In der Zweiten ist so was nicht beliebt.
Ich komme in die zweite Kompanie?
Ja, und die lieben so was nicht. Da kommen Sie nicht mit durch. Die Zweite ist an das Korrekte gewöhnt. Mit dem roten Schal lässt die Kompanie sie glatt stehen. Hauptmann Hesse trug so was nicht.
Ist Hesse verwundet?
Nee, er hat sich krank gemeldet. Fühlte sich nicht gut, sagte er. Seit er Hauptmann ist, ist er ein bisschen flau geworden, der Hesse. Versteh ich nicht. War sonst immer so korrekt. Na ja, Ehlers, sehen Sie zu, dass Sie mit der Kompanie fertig werden. Hesse hat die Leute gut erzogen. Und den Schal nehmen Sie ab, klar?

Türlich, Herr Major.

Und passen Sie auf, dass die Leute mit den Zigaretten vorsichtig sind. Da muss ja jedem anständigen Scharfschützen der Zeigefinger jucken, wenn er diese Glühwürmchen herumschwirren sieht. Vorige Woche hatten wir fünf Kopfschüsse. Also passen Sie ein bisschen auf, ja?

Jawohl, Herr Major.

Auf dem Wege zur zweiten Kompanie nahm Leutnant Ehlers den roten Schal ab. Er steckte eine Zigarette an. Kompanieführer Ehlers, sagte er laut. Da schoss es.

An diesem Dienstag
sagte Herr Hansen zu Fräulein Severin:

Wir müssen dem Hesse mal wieder was schicken, Severinchen. Was zu rauchen, was zu knabbern. Ein bisschen Literatur. Ein Paar Handschuhe oder so was. Die Jungens haben einen verdammt schlechten Winter draußen. Ich kenne das. Vielen Dank.

Hölderlin vielleicht, Herr Hansen?

Unsinn, Severinchen, Unsinn. Nein, ruhig ein bisschen freundlicher. Wilhelm Busch oder so was. Hesse war doch mehr für das Leichte. Lacht doch gern, das wissen Sie doch. Mein Gott, Severinchen, was kann dieser Hesse lachen!

Ja, das kann er, sagte Fräulein Severin.

An diesem Dienstag
trugen sie Hauptmann Hesse auf einer Bahre in die Entlausungsanstalt. An der Tür war ein Schild:

OB GENERAL, OB GRENADIER[3]
DIE HAARE BLEIBEN HIER.

Er wurde geschoren. Der Sanitäter hatte lange dünne Finger. Wie Spinnenbeine. An den Knöcheln waren sie etwas gerötet. Sie rieben ihn mit etwas ab, das roch nach Apotheke. Dann fühlten die Spinnenbeine nach seinem Puls und schrieben in ein dickes Buch: Temperatur 41,6. Puls 116. Ohne Besinnung. Fleckfieberverdacht.

Der Sanitäter machte das dicke Buch zu. Seuchenlazarett Smolensk stand da drauf. Und darunter: Vierzehnhundert Betten.

Die Träger nahmen die Bahre hoch. Auf der Treppe pendelte sein Kopf aus den Decken heraus und immer hin und her bei jeder Stufe. Und kurz geschoren. Und dabei hatte er immer über die Russen gelacht. Der eine Träger hatte Schnupfen.

An diesem Dienstag
klingelte Frau Hesse bei ihrer Nachbarin. Als die Tür aufging, wedelte sie mit dem Brief. Er ist Hauptmann geworden. Hauptmann und Kompaniechef, schreibt er. Und sie haben über 40 Grad Kälte. Neun Tage hat der Brief gedauert. An Frau Hauptmann Hesse hat er obendrauf geschrieben. Sie hielt den Brief hoch. Aber die Nachbarin sah nicht hin. 40 Grad Kälte, sagte sie, die armen Jungs. 40 Grad Kälte.

An diesem Dienstag
fragte der Oberfeldarzt den Chefarzt des Seuchenlazaretts Smolensk: Wie viel sind es jeden Tag?

Ein halbes Dutzend.

Scheußlich, sagte der Oberfeldarzt.

Ja, scheußlich, sagte der Chefarzt.

Dabei sahen sie sich nicht an.

An diesem Dienstag
spielten sie die Zauberflöte. Frau Hesse hatte sich die Lippen rot gemacht.

An diesem Dienstag
schrieb Schwester Elisabeth an ihre Eltern: Ohne Gott hält man das gar nicht durch. Aber als der Unterarzt kam, stand sie auf. Er ging so krumm, als trüge er ganz Russland durch den Saal.

Soll ich ihm noch was geben?, fragte die Schwester.

Nein, sagte der Unterarzt. Er sagte das so leise, als ob er sich schämte.

Dann trugen sie Hauptmann Hesse hinaus. Draußen polterte es. Die bumsen immer so. Warum können sie die Toten nicht langsam hinlegen. Jedes Mal lassen sie sie so auf die Erde bumsen. Das sagte einer. Und sein Nachbar sagte leise:

Zicke zacke juppheidi
Schneidig ist die Infanterie.

Der Unterarzt ging von Bett zu Bett. Jeden Tag. Tag und Nacht. Tagelang. Nächte durch. Krumm ging er. Er trug ganz Russland durch den Saal. Draußen stolperten zwei Krankenträger mit einer leeren Bahre davon. Nummer 4, sagte der eine. Er hatte Schnupfen.

An diesem Dienstag
saß Ulla abends und malte in ihr Schreibheft mit großen Buchstaben:
IM KRIEG SIND ALLE VÄTER SOLDAT.
IM KRIEG SIND ALLE VÄTER SOLDAT.
Zehnmal schrieb sie das. Mit großen Buchstaben. Und Krieg mit G. Wie Grube.

1 **Alter Fritz:** volkstümlicher Name für Friedrich den Großen, König von Preußen und Kurfürst von Brandenburg (1712–1786)

2 **Dicke Berta:** Spitzname für ein Geschütz (kurze Marinekanone)

3 **Grenadier:** Angehöriger einer mit Handgranaten ausgestatteten Kampftruppe der Landstreitkräfte, ursprünglich auch Granatier

★ **1** Welche Erwartungshaltung erzeugt die Überschrift der Kurzgeschichte bei Ihnen? Assoziieren Sie.

2 Borcherts Text besteht aus ausschnitthaften Einzelszenen – verschiedenen Textteilen, die zusammenmontiert werden (▶ Methode).
- **a** Arbeiten Sie in neun Kleingruppen. Jede Gruppe notiert zu einer Szene der Kurzgeschichte (ab Z. 4) Informationen zu Ort, Geschehen und Figuren. Fügen Sie die Notizen aller Kleingruppen anschließend zum Tafelbild zusammen. Verdeutlichen Sie im Plenum die Zusammenhänge zwischen den einzelnen Szenen mit Pfeilen.
- **b** Gleichen Sie Ihre Ergebnisse mit den Informationen zur Montagetechnik im Kasten unten ab.

3
- **a** Interpretieren Sie mittels Ihrer Textkenntnis die Aussage, dass es im Krieg viele Dienstage gibt.
- **b** Erläutern und kommentieren Sie die Aussage und das Verhalten der Lehrerin im historischen Kontext sowie aus heutiger Perspektive.

Methode **Montagetechnik**

Bei der **Montagetechnik** handelt es sich um eine komplexe Erzählstruktur modernen Erzählens. Die Montage kann in unterschiedlicher Form stattfinden:
- Auf der **Handlungsebene** können parallele Handlungen und Ereignisse auf unterschiedlichen Zeitebenen sowie innere und äußere Handlung (Wirklichkeits- und Bewusstseinsfragmente) verbindungslos ineinander verschachtelt werden.
- Auf der **Stilebene** lässt sich unterschiedliches Sprachmaterial mischen, indem andere Textteile in die Erzählhandlung hineinmontiert werden, z. B. aus Presse, Werbung, Sachtexten.

Die Montagetechnik ermöglicht die **simultane Wahrnehmung** verschiedener Sinneseindrücke. Sie ist Ausdruck der Wahrnehmung moderner Wirklichkeit wie z. B. Reizüberflutung und Orientierungslosigkeit.

Heinrich Böll: **An der Brücke** (1949)

Die haben mir meine Beine geflickt und haben mir einen Posten gegeben, wo ich sitzen kann: ich zähle die Leute, die über die neue Brücke gehen. Es macht ihnen ja Spaß, sich ihre Tüchtigkeit mit Zahlen zu belegen, sie berauschen sich an diesem sinnlosen Nichts aus ein paar Ziffern, und den ganzen Tag, den ganzen Tag geht mein stummer Mund wie ein Uhrwerk, indem ich Nummer auf Nummer häufe, um ihnen abends den Triumph einer Zahl zu schenken. Ihre Gesichter strahlen, wenn ich ihnen das Ergebnis meiner Schicht mitteile, je höher die Zahl, umso mehr strahlen sie, und sie haben Grund, sich befriedigt ins Bett zu legen, denn viele Tausende gehen täglich über ihre neue Brücke …

Aber ihre Statistik stimmt nicht. Es tut mir leid, aber sie stimmt nicht. Ich bin ein unzuverlässiger Mensch, obwohl ich es verstehe, den Eindruck von Biederkeit zu erwecken.

Insgeheim macht es mir Freude, manchmal einen zu unterschlagen und dann wieder, wenn ich Mitleid empfinde, ihnen ein paar zu schenken. Ihr Glück liegt in meiner Hand. Wenn ich wütend bin, wenn ich nichts zu rauchen habe, gebe ich nur den Durchschnitt an, manchmal unter dem Durchschnitt, und wenn mein Herz aufschlägt, wenn ich froh bin, lasse ich meine Großzügigkeit in einer fünfstelligen Zahl verströmen. Sie sind ja so glücklich! Sie reißen mir förmlich das Ergebnis jedes Mal aus der Hand, und ihre Augen leuchten auf, und sie klopfen mir auf die Schulter. Sie ahnen ja nichts! Und dann fangen sie an zu multiplizieren, zu dividieren, zu prozentualisieren, ich weiß nicht was. Sie rechnen aus, wie viel heute jede Minute über die Brücke gehen und wie viel in zehn Jahren über die Brücke gegangen sein werden. Sie lieben das zweite Futur, das zweite Futur ist ihre Spezialität – und doch, es tut mir leid, dass alles nicht stimmt …

Wenn meine kleine Geliebte über die Brücke kommt – und sie kommt zweimal am Tage –, dann bleibt mein Herz einfach stehen. Das unermüdliche Ticken meines Herzens setzt einfach aus, bis sie in die Allee eingebogen und verschwunden ist. Und alle, die in dieser Zeit passieren, verschweige ich ihnen. Diese zwei Minuten gehören mir, mir ganz allein, und ich lasse sie mir nicht nehmen. Und auch wenn sie abends wieder zurückkommt aus ihrer Eisdiele, wenn sie auf der anderen Seite des Gehsteiges meinen stummen Mund passiert, der zählen, zählen muss, dann setzt mein Herz wieder aus, und ich fange erst wieder an zu zählen, wenn sie nicht mehr zu sehen ist. Und alle, die das Glück haben, in diesen Minuten vor meinen blinden Augen zu defilieren[1], gehen nicht in die Ewigkeit der Statistik ein: Schattenmänner und Schattenfrauen, nichtige Wesen, die im zweiten Futur der Statistik nicht mitmarschieren werden …

Es ist klar, dass ich sie liebe. Aber sie weiß nichts davon, und ich möchte auch nicht, dass sie es erfährt. Sie soll nicht ahnen, auf welche ungeheure Weise sie alle Berechnungen über den Haufen wirft, und ahnungslos und unschuldig soll sie mit ihren langen braunen Haaren und den zarten Füßen in ihre Eisdiele marschieren, und sie soll viel Trinkgeld bekommen. Ich liebe sie. Es ist ganz klar, dass ich sie liebe.

Neulich haben sie mich kontrolliert. Der Kumpel, der auf der anderen Seite sitzt und die Autos zählen muss, hat mich früh genug gewarnt, und ich habe höllisch aufgepasst. Ich habe gezählt wie verrückt, ein Kilometerzähler kann nicht besser zählen. Der Oberstatistiker selbst hat sich drüben auf die andere Seite gestellt und hat später das Ergebnis einer Stunde mit meinem Stundenplan verglichen. Ich hatte nur einen weniger als er. Meine kleine Geliebte war vorbeigekommen, und niemals im Leben werde ich dieses hübsche Kind ins zweite Futur transponieren[2] lassen, diese meine kleine Geliebte soll nicht multipliziert und dividiert und in ein prozentuales Nichts verwandelt werden. Mein Herz hat mir geblutet, dass ich zählen musste, ohne ihr nachsehen zu können, und dem Kumpel drüben, der die Autos zählen muss, bin ich sehr dankbar gewesen. Es ging ja glatt um meine Existenz.

Der Oberstatistiker hat mir auf die Schulter geklopft und hat gesagt, dass ich gut bin, zuverlässig und treu. „Eins in der Stunde verzählt", hat er gesagt, „macht nicht viel. Wir zählen sowieso einen gewissen prozentualen Verschleiß hinzu. Ich werde beantragen, dass Sie zu den Pferdewagen versetzt werden."

Pferdewagen ist natürlich die Masche. Pferdewagen ist ein Lenz[3] wie nie zuvor. Pferdewagen gibt es höchstens fünfundzwanzig am Tage, und alle halbe Stunde einmal in seinem Gehirn die nächste Nummer fallen zu lassen, das ist ein Lenz! Pferdewagen wäre herrlich. Zwischen vier und acht dürfen überhaupt keine Pferdewagen über die Brücke, und ich könnte spazieren gehen oder in die Eisdiele, könnte sie mir lange anschauen oder sie vielleicht ein Stück nach Hause bringen, meine kleine ungezählte Geliebte …

1 **defilieren:** feierlich an jemandem, besonders an einer hochgestellten Persönlichkeit, vorbeiziehen

2 **transponieren:** in einen anderen Bereich übertragen

3 **Lenz:** poetisch für Frühling, hier: eine leichte, bequeme Arbeit

1 Untersuchen Sie Heinrich Bölls Text über einen Kriegsheimkehrer.
- **a** Beschreiben Sie die Situation, in der sich der Ich-Erzähler gegenwärtig befindet.
- **b** Diskutieren Sie, ob das Verhalten des Ich-Erzählers auf Resignation oder Zuversicht beruht.
- **c** Überlegen Sie, welche metaphorische Bedeutung die Brücke haben kann.

2 Interpretieren Sie die Kurzgeschichte, indem Sie Antworten auf die Fragen im Methodenkasten unten finden. Übertragen Sie dazu die folgende Tabelle in Ihr Heft und füllen Sie die Leerstellen.

Thema / zentrale Motive	*zwischen Liebe und Statistik* ...
Figuren/Beziehungen	...
entscheidende Ereignisse	*Ich-Erzähler hat die Aufgabe, auf einer Brücke die Passanten zu zählen, aber er lässt sich vom Anblick einer Frau ablenken* ...
Aufbau	...
Ort/Zeit/Atmosphäre	...
Erzähler	*Ich-Erzähler*
Erzählverhalten	...
Sprache	...

3 Vergleichen Sie, wie Erfahrungen und Folgen des Krieges in den Kurzgeschichten von Wolfgang Borchert und Heinrich Böll dargestellt werden. Benennen Sie Unterschiede und Gemeinsamkeiten.

★ **4** „Ein anderer Ton bestimmt das Leben" – so beschreibt Hans Werner Richter die neue Richtung, die die Literatur nach 1945 einschlägt. Auf eine andere Art und Weise als in Kurzgeschichten drückt sich diese neue Richtung in lyrischen Texten aus. Suchen Sie im Internet z. B. nach einem Hörbeispiel des Gedichts „Todesfuge" von Paul Celan und hören Sie sich dieses an. Tauschen Sie sich aus: Wie erweitert das Gedicht Ihre bisher aus den Kurzgeschichten gewonnenen Vorstellungen von der Nachkriegsliteratur?

Methode — Interpretation von Kurzprosa – Grundlegende Fragen zur Analyse

- Was ist das **Thema** des Textes und welches sind seine zentralen **Motive**?
- Welche Figuren kommen vor und in welcher **Beziehung** stehen sie zueinander?
- Was sind die entscheidenden **Handlungen** oder **Ereignisse**? Wie ist der Handlungsablauf?
- Wie ist der **Aufbau**? Gibt es z. B. einen unvermittelten Anfang und ein offenes Ende?
- Wie sind **Ort, Zeit** und **Atmosphäre** der Geschichte gestaltet? Gibt es Besonderheiten in der Zeitstruktur, z. B. Rückblenden oder Vorausdeutungen? Wie sind verschiedene Zeitebenen miteinander verbunden, z. B. durch Assoziationen oder durch „Schnitt" wie im Film?
- Wer ist der **Erzähler** / die **Erzählerin** der Geschichte? Handelt es sich um eine **Ich-Erzählung** oder um eine **Er-/Sie-Erzählung**?
- Welche **Erzählstrategie** (▶ Informationen, S. 150 ff.) herrscht vor: auktorial (kommentierend, bewertend), personal (an eine Figur gebunden) oder neutral? Wie werden Äußerungen und Gedanken einer Figur wiedergegeben, z. B. durch direkte/indirekte Rede, durch inneren Monolog oder erlebte Rede?
- Gibt es Besonderheiten in der **Sprache,** z. B. verschiedene Stilebenen (▶ Haus der Stile, S. 339), Metaphern und Vergleiche, Wiederholungen etc. (▶ rhetorische Figuren, S. 337 f.)? Wie wirken diese?

Information **Epochenüberblick: Nachkriegsliteratur (ca. 1945–1960)**

Geschichtlicher Hintergrund: Der Zweite Weltkrieg war zu Ende, Deutschland lag in Trümmern und wurde in **Besatzungszonen** aufgeteilt – die amerikanische, englische, französische und die sowjetische. Ein Neuanfang musste sowohl im politischen als auch im gesellschaftlich-kulturellen Leben gefunden werden, und zwar in Auseinandersetzung mit der Schuld am Krieg und dem begangenen Völkermord. Bald schon entzweiten sich die Siegermächte und der **Kalte Krieg** begann. Ein **Eiserner Vorhang** trennte die westlichen Zonen von der Ostzone. Schließlich wurden 1949 zwei deutsche Staaten gegründet: die **Bundesrepublik Deutschland** und die **Deutsche Demokratische Republik.** Zementiert wurde die Teilung durch die Einbindung der beiden Staaten in die Bündnissysteme von westlicher NATO und östlichem Warschauer Pakt 1955.

Literatur: Zunächst waren die Leser an den Werken der Autoren interessiert, die Deutschland während des Nazi-Regimes nicht verlassen hatten und stattdessen in die **innere Emigration** gegangen waren, und weniger an den **Exilautoren,** die nun zurückkehrten. Lediglich der aus Amerika in die Schweiz zurückkehrende Thomas Mann (1875–1955) war mit seinen Werken fester Bestandteil des Literaturkanons und galt als deutscher Beitrag zur Weltliteratur. Keiner der neuen Generation der Nachkriegsautoren sah sich vorerst imstande, große Zeit- und Gesellschaftsromane zu schreiben. Vielmehr entstand eine ganz neue Form: die **Kurzgeschichte.** In Anlehnung an die amerikanische Short Story wurde sie zur dominierenden Gattung der **Trümmer- oder Kahlschlagliteratur.**

In der DDR versuchte der Staat, die Autoren in den Dienst zum Aufbau einer sozialistischen Gesellschaft zu stellen. Daher spricht man auch von **Aufbauliteratur.** Als Vorbild wurden diejenigen Exilautoren gesehen, die von jeher dem Marxismus nahestanden, wie z. B. Bertolt Brecht (1898–1956) oder Anna Seghers (1900–1983); sie wurden mit offenen Armen willkommen geheißen. Die Schriftsteller der DDR sollten auf den **sozialistischen Realismus** festgelegt werden, andernfalls waren sie von einem Veröffentlichungsverbot bedroht. Diese Vorgehensweise hatte die Flucht vieler Autoren in den Westen zur Folge. Die Prinzipien des sozialistischen Realismus waren u. a.: direkte Widerspiegelung der gesellschaftlichen Realität, Verständlichkeit und die Darstellung einer positiven Zukunftsperspektive.

Wichtige Autorinnen/Autoren:
West: Marie Luise Kaschnitz (1901–1974), Max Frisch (Schweiz, 1911–1991), Alfred Andersch (1914–1980), Heinrich Böll (1917–1985), Wolfgang Borchert (1921–1947), Friedrich Dürrenmatt (Schweiz, 1921–1990)
Ost: Bruno Apitz (1900–1979), Erwin Strittmatter (1912–1994), Erich Loest (1926–2013), Heiner Müller (1929–1995)

3.2 Bildhaftes Erzählen – Parabeln

Franz Kafka: **Kleine Fabel** (1931)

„Ach", sagte die Maus, „die Welt wird enger mit jedem Tag. Zuerst war sie so breit, dass ich Angst hatte, ich lief weiter und war glücklich, dass ich endlich rechts und links in der Ferne Mauern sah, aber diese langen Mauern eilen so schnell aufeinander zu, dass ich schon im letzten Zimmer bin, und dort im Winkel steht die Falle, in die ich laufe." – „Du musst nur die Laufrichtung ändern", sagte die Katze und fraß sie.

Bertolt Brecht: **Der hilflose Knabe** (1930)

Herr K. sprach über die Unart, erlittenes Unrecht stillschweigend in sich hineinzufressen, und erzählte folgende Geschichte: „Einen vor sich hinweinenden Jungen fragte ein Vorübergehender nach dem Grund seines Kummers. ‚Ich hatte zwei Groschen für das Kino beisammen', sagte der Knabe, ‚da kam ein Junge und riß mir einen aus der Hand', und er zeigte auf einen Jungen, der in einiger Entfernung zu sehen war. ‚Hast du denn nicht um Hilfe geschrien?' fragte der Mann. ‚Doch', sagte der Junge und schluchzte ein wenig stärker. ‚Hat dich niemand gehört?' fragte ihn der Mann weiter, ihn liebevoll streichelnd. ‚Nein', schluchzte der Junge. ‚Kannst du denn nicht lauter schreien?' fragte der Mann. ‚Dann gib auch den her.' Nahm ihm den letzten Groschen aus der Hand und ging unbekümmert weiter." Ⓡ

Bertolt Brecht: **Maßnahmen gegen die Gewalt** (1930)

Als Herr Keuner, der Denkende, sich in einem Saale vor vielen gegen die Gewalt aussprach, merkte er, wie die Leute vor ihm zurückwichen und weggingen, blickte um und sah hinter sich stehen – die Gewalt. „Was sagtest du?" fragte ihn die Gewalt. „Ich sprach mich für die Gewalt aus", antwortete Herr Keuner.

Als Herr Keuner weggegangen war, fragten ihn seine Schüler nach seinem Rückgrat. Herr Keuner antwortete: „Ich habe kein Rückgrat zum Zerschlagen. Gerade ich muß länger leben als die Gewalt." Und Herr Keuner erzählte folgende Geschichte: In die Wohnung des Herrn Egge, der gelernt hatte, nein zu sagen, kam eines Tages in der Zeit der Illegalität ein Agent, der zeigte einen Schein vor, welcher ausgestellt war im Namen derer, die die Stadt beherrschten, und auf dem stand, daß ihm gehören solle jede Wohnung, in die er seinen Fuß setze; ebenso sollte ihm auch jedes Essen gehören, das er verlange; ebenso sollte ihm auch jeder Mann dienen, den er sähe.

Der Agent setzte sich in einen Stuhl, verlangte Essen, wusch sich, legte sich nieder und fragte mit dem Gesicht zur Wand vor dem Einschlafen: „Wirst du mir dienen?"

Herr Egge deckte ihn mit einer Decke zu, vertrieb die Fliegen, bewachte seinen Schlaf, und wie an diesem Tage gehorchte er ihm sieben Jahre lang. Aber was immer er für ihn tat, eines zu tun hütete er sich wohl: das war, ein Wort zu sagen. Als nun die sieben Jahre herum waren und der Agent dick geworden war vom vielen Essen, Schlafen und Befehlen, starb der Agent. Da wickelte ihn Herr Egge in die verdorbene Decke, schleifte ihn aus dem Haus, wusch das Lager, tünchte die Wände, atmete auf und antwortete: „Nein." Ⓡ

1 **a** Stellen Sie die Aussage des Bildteils (▶ Information unten) in Kafkas „Kleiner Fabel" dar. Nehmen Sie auf einen der folgenden Aspekte Bezug: Mut und Feigheit, mangelnde Eigeninitiative, Unglück, falsche Lebensplanung.
b Ziehen Sie Rückschlüsse von Kafkas Text auf Ihr eigenes Leben.

2 **a** Welche belehrende Absicht steckt hinter Brechts Kalendergeschichte „Der hilflose Knabe"? Fassen Sie sie in wenigen Sätzen zusammen.
b Wie beurteilen Sie das Verhalten des Knaben und das von Herrn Keuner? Stellen Sie Überlegungen darüber an, wie man sich in Situationen erlittenen Unrechts verhalten kann.

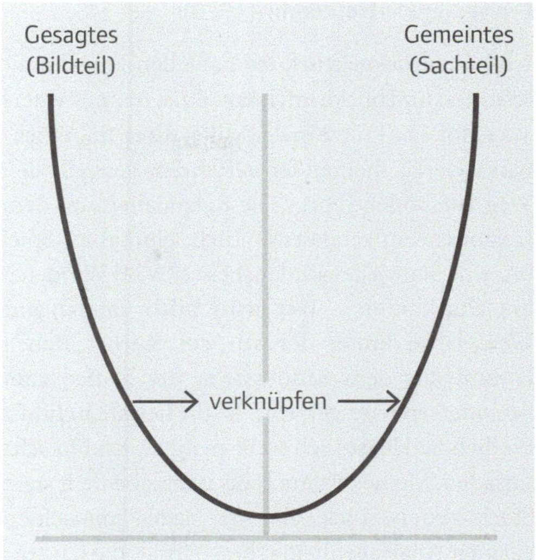

3 Die Parabel „Maßnahmen gegen die Gewalt" besteht aus zwei Geschichten, der Keuner-Geschichte und der Egge-Geschichte. In beiden Geschichten werden Möglichkeiten angeboten, wie man auf Gewalt reagieren kann.
a Beschreiben und bewerten Sie die Maßnahmen, die Herr Egge ergreift.
b Beschreiben und bewerten Sie Herrn Keuners Maßnahmen.
c Erörtern Sie, wie diese beiden Einzelgeschichten in der Gesamtparabel zusammenwirken.

Information **Die Parabel**

Wie die Fabel spricht auch die Parabel in Bildern, die übertragen werden müssen, um sie zu verstehen. Die Parabel enthält meist eine allgemeine Erkenntnis oder eine Lebensweisheit. Dabei müssen die Leser durch den Denk- und Übertragungsvorgang der Analogiebildung (Finden von Ähnlichkeiten bzw. eines Vergleichspunktes) den dargestellten Bildteil der Parabel (metaphorischer Bereich) mit einem Sachteil (thematischer Bereich, Deutungsebene) verknüpfen.
Parabeln findet man oft in der Bibel. Dort werden sie Gleichnisse genannt. Sie werden dazu genutzt, den Gläubigen religiös-sittliche Wahrheiten mittels eines Bildes zu erläutern.
Im 20. Jahrhundert schrieben vor allem **Franz Kafka** (1883–1924) und **Bertolt Brecht** (1898–1956) bedeutende Parabeln.

Die Merkmale einer Parabel sind:
- zumeist kurze Erzählung,
- ein Bildteil wird auf einen Sachteil bezogen,
- will eine Erkenntnis vermitteln,
- ermöglicht persönliche Deutungen, auch eigene Ideen und Erfahrungen können einfließen.

Bildteil wortwörtliche Bedeutung (Erzähltes/Thema)	Rezipient erfasst: Inhalt, Figuren, Handlung	→	**Sachteil übertragene Bedeutung** (Gemeintes/Thema)	Rezipient erfasst: verallgemeinerte Aussage über den Menschen und sein Leben an sich

Franz Kafka: **Heimkehr** (1920)

Ich bin zurückgekehrt, ich habe den Flur durchschritten und blicke mich um. Es ist meines Vaters alter Hof. Die Pfütze in der Mitte. Altes, unbrauchbares Gerät, ineinander verfahren, verstellt den Weg zur Bodentreppe. Die Katze lauert auf dem Geländer. Ein zerrissenes Tuch, einmal im Spiel um eine Stange gewunden, hebt sich im Wind. Ich bin angekommen. Wer wird mich empfangen? Wer wartet hinter der Tür der Küche? Rauch kommt aus dem Schornstein, der Kaffee zum Abendessen wird gekocht. Ist dir heimlich, fühlst du dich zu Hause? Ich weiß es nicht, ich bin sehr unsicher. Meines Vaters Haus ist es, aber kalt steht Stück neben Stück, als wäre jedes mit seinen eigenen Angelegenheiten beschäftigt, die ich teils vergessen habe, teils niemals kannte. Was kann ich ihnen nützen, was bin ich ihnen und sei ich auch des Vaters, des alten Landwirts Sohn. Und ich wage nicht, an der Küchentür zu klopfen, nur von der Ferne horche ich, nur von der Ferne horche ich stehend, nicht so, dass ich als Horcher überrascht werden könnte. Und weil ich von der Ferne horche, erhorche ich nichts, nur einen leichten Uhrenschlag höre ich oder glaube ihn vielleicht nur zu hören, herüber aus den Kindertagen. Was sonst in der Küche geschieht, ist das Geheimnis der dort Sitzenden, das sie vor mir wahren. Je länger man vor der Tür zögert, desto fremder wird man. Wie wäre es, wenn jetzt jemand die Tür öffnete und mich etwas fragte. Wäre ich dann nicht selbst wie einer, der sein Geheimnis wahren will.

1 Welche Assoziationen ruft die Überschrift „Heimkehr" in Ihnen hervor?

2 Der Ich-Erzähler hat sich entschlossen heimzukehren, doch sein Entschluss gerät ins Wanken. Zeigen Sie am Text, wie sich die Haltung des Ich-Erzählers verändert.

★ 3 Setzen Sie Kafkas Parabel „Heimkehr" in Bezug zum biblischen Gleichnis „Der verlorene Sohn" (Lukas 15, 11–32), welches auch das Rembrandt-Gemälde rechts thematisiert.
   a Welche Gemeinsamkeiten und Unterschiede erkennen Sie zwischen den Texten?
   b Denken Sie den Text Kafkas weiter. Wie könnte der Heimkehrer von seiner Familie aufgenommen werden?

4 Das Verhältnis Franz Kafkas zu seinem Vater Hermann war von Konflikten geprägt. In vielen Texten Kafkas finden sich despotische Vaterfiguren, deren Erwartungen die Söhne nicht erfüllen können. Wenden Sie dieses Wissen auf die Parabel „Heimkehr" an und interpretieren Sie den Text mithilfe der produktionsorientierten Methode (▶ „Methoden des Interpretierens", S. 127, und Information, S. 128 f.).
Rückkehr in ein Zuhause, das nun als bedrohlicher Schauplatz beschrieben wird, anstatt ein Ort der Zuflucht zu sein …

Rembrandt van Rijn: Die Heimkehr des verlorenen Sohnes (1668/69)

Methoden des Interpretierens

Eine zentrale Aufgabe im Deutschunterricht ist die Interpretation von epischen, lyrischen oder dramatischen Texten. Hierfür stehen unterschiedliche Interpretationsansätze zur Verfügung.

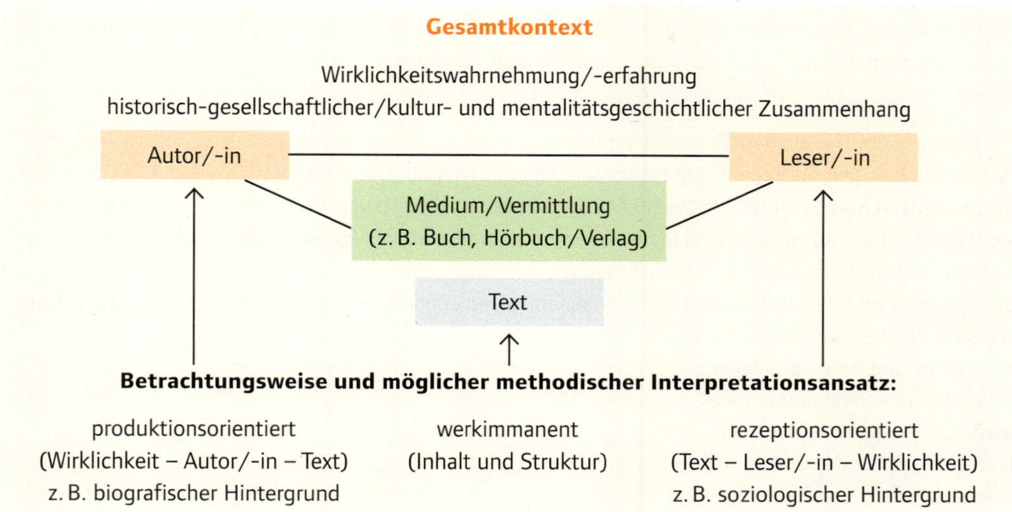

1 Erklären Sie in Partnerarbeit wechselseitig das Modell. Berücksichtigen Sie dabei besonders die drei Interpretationsansätze. Nehmen Sie dazu auch die Informationen auf den folgenden Seiten zu Hilfe.

2 Rekonstruieren Sie zu einer der von Ihnen erarbeiteten Parabeln mithilfe einer hermeneutischen Spirale (▶ Information, S. 128), wie sich Ihr Textverständnis entwickelt hat. Tauschen Sie sich in Kleingruppen über diese Verstehensprozesse aus.

Michael P. Olson (Interview), Martin Walser: **„Es gibt nur subjektive Interpretation"** (1988)

NEW GERMAN REVIEW: Herr Walser, zur Frage, warum liest man überhaupt, haben Sie selbst geäußert, das Geschriebene sei unfertig und müsse von jedem Leser erst zum Leben erweckt und dadurch vollendet werden. Heißt das also, dass man von dem literarischen Text her allerlei Interpretationen konkretisieren kann?

MARTIN WALSER: Ja, wahrscheinlich muss man, man kann nicht nur, man muss. Es lässt sich kein Verständnis vorschreiben. Ein Text ist nicht eine mathematische Gleichung, die nur eine Lösung hat. Der Text wird von jedem Leser anders gelesen. […]

NGR: […] Ist eine rein subjektive Interpretation gefährlich?

WALSER: Es gibt nur subjektive Interpretation. Ich glaube, der Unterschied entsteht erst durch die Fähigkeit, das eigene Verständnis mitzuteilen. Da sind alle Leute nicht gleich geübt, vielleicht auch nicht gleich begabt. Aber sicher kann jemand ein tiefes Leseerlebnis haben, aber er ist nicht imstande, das anderen mitzuteilen. Die Mitteilung der eigenen Leseerfahrung kann natürlich gelernt werden […].

3 **a** Stellen Sie Bezüge her zwischen den Aussagen des Interviews und den Informationen auf den folgenden Seiten.

b Führen Sie eine Diskussion zu Walsers These „Es gibt nur subjektive Interpretation".

Information **Theorien des Verstehens**

Jede Leserin, jeder Leser setzt sich individuell mit der Frage nach dem Sinn eines Textes auseinander. Will man aber eine Übereinkunft darüber erzielen, wie Texte zu verstehen sind, benötigt man eine gemeinsame Theorie des Verstehens. Die Notwendigkeit begründet der englische Literaturwissenschaftler Terry Eagleton damit, „dass wir ohne irgendeine Art von Theorie, wie unreflektiert und unbewusst sie auch immer sein mag, gar nicht erst wüssten, was überhaupt ein ‚literarisches Werk' ist oder wie wir es lesen sollen".

Die **literarische Hermeneutik** stellt eine solche Theorie des Verstehens auf. Sie beschreibt, wie Leser/-innen sich den Text als Bedeutungszusammenhang erschließen. Dabei bedient sie sich des Modells der **hermeneutischen Spirale:** Der Leser / Die Leserin erschließt sich von einem sprachlichen und kulturellen Vorverständnis ausgehend eine immer höhere Verständnisebene, indem er/sie immer speziellere Aspekte und Bezüge eines Textes berücksichtigt.
Die Textdeutung führt in diesem Modell von einem grundlegenden Vorverständnis zu einem ersten Textverständnis. Dies ruft Assoziationen hervor und führt so zu einem erweiterten Vorverständnis, das wiederum zu einem erweiterten Textverständnis führt und so fort. Sofern der Leser / die Leserin diesen Prozess mit offenem Geist verfolgt, wird das Textverständnis mit jedem Durchlaufen der Spirale differenzierter, klarer und begründeter.

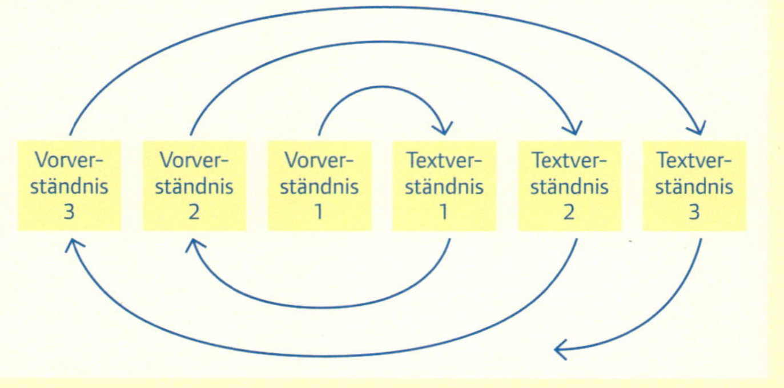

Ein Beispiel zu Kafkas „Heimkehr" (▶ S. 126):

„Heimkehr": Wahrscheinlich kommt die Hauptfigur nach einer längeren Abwesenheit nach Hause.

↘ *Der Ich-Erzähler schreibt, er sei angekommen, aber was dann folgt, scheint dem zu widersprechen. Er scheint tief greifende Probleme zu haben mit seinen Familienangehörigen, die er hinter der Tür vermutet.*

↙ *Es ist bekannt, dass Kafka ein schwieriges Verhältnis zu seinem Vater hatte. Das kann sich auch in dieser Erzählung spiegeln.*

↘ *Die Geschichte erinnert an das biblische Gleichnis vom verlorenen Sohn – durch einen Vergleich wird die bedrückende, belastete Situation in Kafkas Erzählung noch deutlicher.*

↙ *Die Einordnung als Parabel fordert mich dazu auf, die Geschichte bildlich zu verstehen. Welche grundlegende menschliche Erfahrung erkenne ich in ihr?*

↘ ...

Das **hermeneutische Dreieck** zwischen Autor/-in, Text und Leser/-in liefert Anhaltspunkte für die verschiedenen methodischen Vorgehensweisen bei der Interpretation von Texten. Dabei lassen sich folgende Ansätze unterscheiden:

Werkimmanente Methode
Diese Methode versucht, den Text nur aus sich selbst heraus zu verstehen. Äußere Informationen, z. B. zum Leben des Autors oder zu historischen Umständen, werden dabei für die Deutung nicht herangezogen.
Die werkimmanente Methode umfasst vor allem die folgenden Untersuchungsschritte:

- Im ersten Schritt untersucht sie die strukturellen und sprachlichen Aspekte des Textes, die sogenannte Form des Textes. Die Analyse erschließt dabei z. B. die Erzählstrategie oder das Versmaß. Auf der sprachlichen Ebene nimmt sie z. B. sprachliche Bilder, rhetorische Figuren oder den Satzbau unter die Lupe.
- In einem weiteren Schritt versucht der/die Deutende, **Inhalt** und **Form** aufeinander zu beziehen. Aus dem Verhältnis von Inhalt und Form – sie können sich z. B. unterstützen oder auch in einem Spannungsverhältnis zueinander stehen – lassen sich Erkenntnisse über die **Aussage** des Textes ableiten und belegen.
- Die werkimmanente Methode sollte immer den Ausgangspunkt jeder weiterführenden Interpretation bilden.

Werkübergreifende Methoden
Diese Methoden haben gemeinsam, dass sie Informationen zur Deutung des Textes heranziehen, die außerhalb des Textes liegen.

- **Produktionsorientierte Methode**
  Sie ordnet den Text literaturgeschichtlich in seine Epoche (z. B. den Expressionismus) ein. Geprüft wird etwa, ob ein Werk stilbildend bzw. richtungsweisend war oder ob es den literarischen Trend der Epoche lediglich nachahmte.
  Bei einer geistes-, kultur- und sozialgeschichtlichen Betrachtung wird das einzelne Werk als Teil einer größeren geschichtlichen Entwicklung von Stoffen und Denkmustern untersucht. Im biografisch-psychologischen Kontext kommen – ggf. unterstützt von psychoanalytischen Deutungsansätzen – Lebenszeugnisse des Autors zum Tragen. Tagebücher, Briefe, Vorträge und Medienauftritte können Hinweise auf Lebenserfahrungen und Weltsicht des Autors geben. Eine Analyse kann zeigen, inwieweit diese Aspekte Einfluss auf die Themenwahl und die Darstellungsweise des Werkes genommen haben.
- **Rezeptionsorientierte Methode**
  Dieser Ansatz untersucht das Verhältnis zwischen Leser/-in und Text. Er geht von der Annahme aus, dass literarische Texte mit ihren tendenziell offenen, nicht festgelegten Aussagen erst mit der **Deutung durch den Leser** ihre Aussage entfalten. So lässt sich etwa analysieren, wie Leserinnen und Leser unterschiedlicher sozialer Herkunft auf einen Text reagieren. Die **Rezeptionsgeschichte** geht der Frage nach, wie sich die Leserreaktionen auf einen Text über längere Zeiträume entwickelt haben und ob solche Entwicklungen zeitgeschichtlich bedingt sind.

Aktuelle literarische Werke entziehen sich oft dem hermeneutischen Verständnisprozess. Sie spielen mit Sinn und Bedeutung und beziehen sich z. B. als Parodie oder Zitat auf andere Texte **(Intertextualität).** Dadurch verwischen die Grenzen zwischen den Texten – das Werk wird zum Teil eines umfassenden Textgefüges, dem sich kein eindeutiger Sinn zuordnen lässt.

3.3 Sprachtraining

1 Erweitern Sie Ihren Wortschatz.

a Welche der Wörter aus dem Wortspeicher sind Synonyme? Lesen Sie bei Bedarf die Information unten und finden Sie die korrekten Wortpaare.

der/die Handelnde · logisch/zeitlich aufeinanderfolgend · wertungsfrei · der Aufbau · knapp · chronologisch · der Handlungsort · die Textsorte · der/die Schriftsteller/-in · wesentlich · kurz · die Handlung · relevant · der Schauplatz · die Überschrift · das Geschehen · der/die Autor/-in · die Zeitform · die Aussageabsicht · der Blickwinkel · die Textart · die Eigenschaft · der Titel · die Intention · die Figur · die Perspektive · die Gliederung · das Tempus · neutral · das Merkmal

b Vergleichen Sie Ihre Ergebnisse in Partnerarbeit.

c Ordnen Sie die Adjektive aus dem Wortspeicher mit ihren Synonymen in eine Tabelle wie unten. Ergänzen Sie anschließend die Antonyme (▸ Information) zu den Adjektiven.

Adjektiv	Synonym	Antonym
neutral	*wertungsfrei*	*wertend*
relevant	*wesentlich*	…
…	…	…

2 Üben Sie die Verwendung von Fachbegriffen.

a Kombinieren Sie jeweils ein Adjektiv und ein Nomen aus dem Wortspeicher. Bilden Sie auf diese Weise vier Wortgruppen mit einem fachlichen Bezug zur Kurzepik (bzw. deren Untergattungen).
die neutrale Perspektive, …

b Formulieren Sie die vier Wortgruppen zu vollständigen Sätzen um und reichern Sie jede Satzaussage mit weiteren Informationen zur Kurzepik (bzw. deren Untergattungen) an.
die neutrale Perspektive – Die Kurzgeschichte ist in sachlich-neutraler Erzählperspektive verfasst.

c Formulieren Sie die zuvor erarbeiteten Aussagen in ihr Gegenteil um und leiten Sie die Sätze jeweils mit „Es ist irritierend, wenn …“ ein.
Es ist irritierend, wenn Kurzgeschichten in wertender Erzählperspektive verfasst sind.

Information **Synonyme und Antonyme**

Synonyme sind Wörter, Begriffe oder Ausdrücke, die einen **gleichen oder sehr ähnlichen Bedeutungsumfang** haben (z. B. *Apfelsine – Orange, echt – wahr*). Demgegenüber bezeichnen **Antonyme bedeutungsgegensätzliche Wörter** (z. B. *Krieg – Frieden, echt – unecht*).
In der Literatur werden Synonyme und Antonyme häufig als sprachliche Mittel verwendet. Der Einsatz von Antonympaaren dient vor allem in der Lyrik und der Rhetorik als Stilmittel, um Eindrücklichkeit zu erzielen (▸ Information „Rhetorische Figuren“, *Antithese*, S. 337).
Im schriftlichen Ausdruck sind insbesondere Synonyme effektive Hilfsmittel, um Wortwiederholungen zu vermeiden. So kann man beispielsweise durch die Verwendung von Synonymen des Verbs *sagen* (z. B. *bemerken, behaupten, anführen, erwähnen, vorbringen, nennen, äußern, zum Ausdruck bringen, erklären, deutlich machen …*) dazu beitragen, dass ein Text besser lesbar, lebendiger und abwechslungsreicher wird.

1 **a** Formulieren Sie Satzanfänge mit den Präpositionen *hinsichtlich* und *bezüglich* und kombinieren Sie diese mit den folgenden Nomen:
die Handlung – der Ort – das Geschehen – die Figuren – der Autor – die Intention
die Handlung → Bezüglich der Handlung ist auffällig, dass …

b Überlegen Sie, welchen Kasus die folgenden Ausdrücke jeweils erfordern – Genitiv oder Akkusativ.
bezüglich – hinsichtlich – in Bezug auf – was … betrifft – angesichts – in Hinsicht auf – betreffend – mit Blick auf

mit Genitiv	
mit Akkusativ	

c Wählen Sie vier der aufgelisteten Ausdrücke aus 1 b und formulieren Sie damit Satzaussagen mit fachlichem Bezug zur Kurzepik (bzw. deren Untergattungen).
Was den Aufbau einer Kurzgeschichte betrifft, ist der lineare, ausschnitthafte und knappe Handlungsverlauf typisch.
Mit Blick auf das Geschehen …

2 Üben Sie das sachlich-neutrale Schreiben über einen literarischen Text. Verbessern Sie die folgenden Beispielsätze, indem Sie sie sachlich-neutral umformulieren.
– Die seltsame Geschichte „Die Kirschen" von Wolfgang Borchert wird in einer viel zu engen Wohnung erzählt, wo der Papa in der Küche herumhockt und der Sohn nebenan im Bett faulenzt, weil er irgendwie nicht fit ist.
In der Kurzgeschichte „Die Kirschen" von Wolfgang Borchert ist der Handlungsort eine kleine Wohnung. Der Vater befindet sich in der Küche und sein Sohn liegt im Nebenzimmer krank im Bett.

a) Der wichtigste Mensch in der kurzen Geschichte ist Hugo Müller. Der ist ein abgehalfterter Typ, der mal Polizist war, aber inzwischen ein oller Rentner ist. Der sitzt mittags depressiv vor dem Fernseher und weiß nichts mit sich anzufangen.
b) Die Tochter hat keinen guten Draht zu ihrer Mutter und denkt immer nur an sich, ohne Rücksicht auf Verluste.
c) Schlussendlich ist festzustellen, dass die Parabel, die ich eben analysiert habe, irgendwie keine Logik hat und eher verwirrend ist. Das ist ja typisch für Kafka.
d) Diese witzige Fabel ist an dem Punkt am spannendsten, wo die Maus den Fuchs austrickst, aber leider hat am Ende doch die Maus das Nachsehen, weil der Fuchs sie eben doch auffrisst.
e) „Ein netter Kerl" von Gabriele Wohmann ist so eine Erzählung, in der sich alle in der Familie über jemanden lustig machen, mit dem die Rita verlobt ist. Sie findet das natürlich nicht cool und sagt das und da sagen sie dann alle mehr oder weniger nichts mehr und sind verlegen.

Information **Literatur beschreiben und analysieren: sachlich-neutraler Stil**

Der sprachliche Stil von Beschreibungen und Analysen literarischer Texte ist typischerweise informierend und sachlich. Inhaltsangaben, Charakterisierungen und Interpretationen werden in knapper (Berichts-) Form und weitestgehend ohne persönliche Wertung verfasst. Vermeiden Sie beim Schreiben ausschmückende und wertende Ausdrücke und verwenden Sie Fachbegriffe. Konzentrieren Sie sich auf die wesentlichen Aspekte und gliedern Sie Ihre Aussagen klar und logisch. In einem eigenen Abschnitt am Ende einer Analyse oder Interpretation können Sie, je nach Aufgabenstellung, Ihre eigene Meinung formulieren. Dabei sollten Sie auf ein angemessenes Sprachniveau und auf eine hinreichende Begründung Ihrer Meinung achten.

3.4 Klausurtraining: Einen kurzen Prosatext interpretieren – „Drüben" von Botho Strauß

Aufgabenbeispiel

1 Analysieren und interpretieren Sie den Text.

a Untersuchen Sie die Lebenssituation und das Verhalten der alten Frau. Beziehen Sie dabei auch die Erzählweise der Geschichte mit ein.

b Verdeutlichen Sie, inwieweit der Text Konflikte zwischen den Generationen zeigt. Setzen Sie sich dazu gezielt mit dem Verhalten der Tochter und des Schwiegersohns auseinander und arbeiten Sie mögliche Motive für deren Handeln heraus.

Botho Strauß: **Drüben** (1987)

Hinter dem Fenster sitzt sie, es ist Sonntagnachmittag, und sie erwartet Tochter und Schwiegersohn zum Kaffee. Der Tisch ist seit Langem für drei Personen gedeckt, die Obsttorte steht unter einer silbernen Glocke. Die alte Frau hat sich nach dem Mittagsschlaf umgezogen. Sie trägt jetzt ein russischgrünes Kostüm mit weißer Schluppenbluse. Sie hat ein Ohrgehänge mit Rubinen angelegt und die Fingernägel matt lackiert. Sie sitzt neben der aufgezogenen Gardine im guten Zimmer, ihrem „Salon", und wartet. Seit bald vierzig Jahren lebt sie in dieser Wohnung im obersten Stockwerk eines alten, ehemaligen Badehotels. Die Zimmer sind alle niedrig und klein und liegen an einem dunklen Flur. Sie blickt durch ihr Fenster auf den Kurgarten und den lehmfarbenen Fluss, der träg durch den Ort zieht und ihn in zwei einander zugewandte Häuserzeilen teilt, in ein stilles, erwartungsloses Gegenüber von Schatten- und Sonnenseite. Auf der Straße vor dem Haus bewegt sich nur zäh der dichte Ausflugsverkehr.
Sie hält ihren Kopf aufgestützt und ein Finger liegt auf den lautlos sprechenden Lippen.
Nun wird sie doch ein wenig unruhig. Sie steht auf, rückt auf dem Tisch die Gedecke zurecht, faltet die Servietten neu, füllt die Kaffeesahne auf. Setzt sich wieder, legt die Hände lose in den Schoß. Wahrscheinlich sind sie in einen Stau geraten …
Sie kommt in Gedanken und muss sich ablenken. Aus der Truhe holt sie die Häkeldecke, setzt die Brille auf. Doch das Warten ist stärker, es fordert, dass man sich still verhält, damit nichts Schlimmes passiert ist. Sie legt die angefangene Decke beiseite und blickt wieder hinaus auf den Fluss.
Am anderen Ufer, ihr gerade gegenüber, steht eine behäbige Gründerzeitvilla, etwas unförmig geworden durch etliche Erweiterungsbauten. In früherer Zeit der Ruhesitz eines berühmten Wagner-Sängers, stand sie lange baufällig und leer, bis vor wenigen Jahren ein Altersheim darin eingerichtet wurde.
Hier hat sie sich ein Zimmer ausgesucht, schon vorsorglich einen Platz reserviert, für später einmal.
Sie meint, von dort werde sie dann – später einmal! – auf das Haus hinübersehen, in dem sie mehr als ihr halbes Leben zugebracht hat, auf die Fenster der vierten Etage zurückblicken, in der sie mit ihrer Mutter, ihrem Mann, den aufwachsenden Kindern so lange gewohnt hat. Sie würde sich auch bemühen, die Menschen, die nach ihr dort einzögen, kennenzulernen und einen Kontakt zu ihnen zu finden. Aber das hat alles noch eine Weile Zeit. Später einmal, wenn sie die Treppen nicht mehr wird steigen können. Drüben gibt es einen Aufzug. Vor dem Balkonzimmer, das sie sich ausgesucht hat, sind meist die Rollläden heruntergelassen. Hin und wieder tritt eine schrullige Person im Bademantel heraus und schlägt mit einem Tuch in der Luft herum. Es sieht aus, als wolle sie ein Insekt oder üblen Rauch vertreiben. Jedoch, sobald sie ins Zimmer zurücktritt und die Tür hinter sich verschlossen hat, wirft sie erst recht die

Arme hoch und gebärdet sich mit Entrüstung gegen das lästige Draußen. „Geh weg, du helle, falsche Welt!", so schimpfen die Arme. Früher zogen auf dem Fluss viele Lastkähne vorbei.
Sie sind jetzt über eine Stunde zu spät. Die alte Frau kann sich nicht mehr in Geduld fassen. Es könnte ihnen schließlich etwas zugestoßen sein. So weit ist der Weg doch nicht, selbst bei zähem Verkehr, sie müssten längst hier sein.
Aber sie haben sich gar nicht auf den Weg gemacht zu ihr. Die Tochter und ihr Mann haben die Einladung bei der Mutter einfach vergessen. Sie sind unter Mittag ein Stück ins Land hinausgefahren, haben Freunde besucht und sitzen nun zusammen in einem Gartenrestaurant bei Kaffee und Kuchen. Die Freunde haben noch zu einem Umtrunk in die Wochenendhütte eingeladen, da fällt es nun doch der Tochter ein, siedend heiß, sagt man wohl, dass sie bei der Mutter erwartet werden. So wie die Stimmung aber ist hier draußen, endlich aufgeräumt und unbeschwert, und endlich Sonne!, da sträubt sich bei ihr alles, jetzt noch aufzubrechen, nach Haus zu fahren und sich zur Mutter in die stickige Wohnung zu setzen. Ihrem Mann ist es noch weniger recht, und so wird er zum Telefon geschickt, um eine Ausrede zu finden und abzusagen.
Die alte Frau sucht unterdessen in allen Zimmern nach ihrem Portemonnaie. Aus irgendeinem Grund fiel ihr plötzlich ein, dass sie der Tochter noch zwanzig Mark mitgeben muss für den Glaser. Da klingelt das Telefon. Der Schwiegersohn spricht von auswärts und entschuldigt sich. Sie seien gerade dabei, sich eine Eigentumswohnung anzusehen. Die Frau sagt ein wenig ungewiss: „Na, dann beeilt euch mal nicht." Der Mann setzt nun vorsichtig nach und meint, sie möge nicht länger warten, es würde heute wohl nichts mehr mit dem Kaffee … „Ach so", sagt die Alte still, und sie verabschieden sich.
Sie steht eine Weile auf dem dunklen Flur. Sie stützt beide Arme in die Hüfte und blickt auf den Läufer. Das Portemonnaie ist noch im Einkaufsbeutel! … Tatsächlich findet sie es dort, nimmt zwanzig Mark heraus und legt sie unter den Kristallaschenbecher auf dem Garderobentisch.
Dann geht sie langsam zurück in den „Salon" und steht vor dem gedeckten Tisch. Jetzt ist es zu spät zum Kaffeetrinken. Sie räumt die Teller und Tassen, die Bestecke und Servietten zusammen und stellt sie in den Schrank. Dann setzt sie sich an den Tisch auf ihren Platz, ein wenig schräg, die Beine zur Seite gestellt. Sie stützt den Ellbogen auf und legt wieder den Finger zwischen die flüsternden Lippen.

Ein Interpretationsaufsatz folgt immer einem bestimmten Aufbau. Durch Einhalten dieses Aufbaus ist der Grundstein gelegt für einen logisch durchdachten und gut gegliederten Aufsatz.

Methode **Der Aufbau eines Interpretationsaufsatzes**

Ein Interpretationsaufsatz gliedert sich in
- **Einleitung:** In der Einleitung müssen Autorin/Autor, Titel des Textes und die Textsorte (z. B. Kurzgeschichte, Parabel, Fabel etc.) genannt werden. Auch das Thema und – soweit bekannt – das Erscheinungsjahr sollten in einem kurzen Einleitungssatz stehen, ebenso wie die zentrale Interpretationsthese.
- **Hauptteil:** Eine kurze Textbeschreibung bildet den Anfang des Hauptteils, dann folgt die lineare oder aspektorientierte (▶ Methode, S. 135) Analyse/Interpretation des Textes (je nach Aufgabenstellung). Beschreibung, Analyse und Interpretation sollten stets aufeinander bezogen sein. Zum Beispiel bei einer Figurencharakterisierung: Wie verhält sich die Figur (Beschreibung), welche sprachlichen Mittel unterstützen die Einschätzung (sprachliche Analyse) und warum verhält sich die Figur so (Deutung)?
- **Schlussteil:** Der Schlussteil rundet den Text ab, indem ein Fazit gezogen und eine Stellungnahme oder Wertung zum Text abgegeben werden.

Die Aufgabenstellung verstehen

1 **a** Lesen Sie die Aufgabenstellung (▶ S. 132) genau und suchen Sie die Schlüsselwörter.
b Besprechen Sie in Partnerarbeit, unter welchen Aspekten der Text interpretiert werden soll. Halten Sie Ihre Überlegungen in Stichpunkten fest. Besprechen Sie Ihre Ergebnisse anschließend in der Gruppe.

Information **Interpretieren**

Eine Interpretation ist das Ergebnis eines komplexen Verstehensprozesses. Will man einen Text richtig verstehen, muss man sich intensiv mit den Inhalten und Strukturen desselben befassen.
Bei genauerer Auseinandersetzung mit dem Text durch die **werkimmanente Analyse** (▶ Information, S. 129) gewinnt man Erkenntnisse, die man sinnvoll zueinander in Beziehung setzen muss, ähnlich den Teilen eines Puzzles, um ein Gesamtbild zu bekommen. Aber auch andere, **werkübergreifende Informationen,** über die man verfügt, sollten berücksichtigt werden. Dies sind Informationen zu der Entstehungszeit des Textes, zur Biografie des Autors oder zu Charakteristika und Merkmalen der literarischen Epoche, in der der Text verfasst wurde.

Erstes Textverständnis und Ideen formulieren

1 Lesen Sie den Text in einem ersten Lesedurchgang kurz durch und machen Sie stichwortartig erste Notizen zum Inhalt. Bedenken Sie dabei bereits die Aspekte der Aufgabenstellung.
- *alte, wartende Dame in ihrer Wohnung*
- *…*

2 Gliedern Sie den Text nach einem weiteren Lesedurchgang in Sinnabschnitte und fassen Sie die Informationen zusammen.
- *Z. 1–11: Beschreibung einer alten Frau, die …*

3 Entwerfen Sie eine zentrale Interpretationsthese, die sich auf die Aspekte der Aufgabenstellung bezieht.

Den Text analysieren und interpretieren

1 Stellen Sie die Informationen zusammen, die Sie für den ersten Teil Ihrer Einleitung benötigen: Autor/-in, Titel, Textsorte, Erscheinungsdatum und das Thema.

2 Untersuchen Sie den Text nun genau, indem Sie systematisch wichtige inhaltliche Aspekte gemäß der Aufgabenstellung auf einer Kopie des Textes markieren und stichwortartige Randnotizen festhalten.

Hinter dem Fenster sitzt sie, es ist Sonntagnachmittag, und sie erwartet Tochter und Schwiegersohn zum Kaffee. Der Tisch ist seit Langem für drei Personen gedeckt, die Obsttorte steht unter einer silbernen Glocke.	Häufung des Pronomens „sie“
Die alte Frau hat sich nach dem Mittagsschlaf umgezogen. Sie trägt jetzt ein russischgrünes Kostüm mit weißer Schluppenbluse. Sie hat ein Ohrgehänge mit Rubinen angelegt und die Fingernägel matt lackiert. Sie sitzt neben der aufgezogenen Gardine im guten Zimmer, ihrem „Salon“, und wartet.	Die alte Frau hat sich fein gemacht → erwartet ein für sie wichtiges Ereignis
Seit bald vierzig Jahren lebt sie in dieser Wohnung im obersten Stockwerk eines alten, ehemaligen Badehotels. Die Zimmer sind alle niedrig und klein und liegen an einem dunklen Flur.	Namenlose Figuren → Stellvertreterfunktion

Methode **Verfahren der Interpretation – Linear oder aspektorientiert**

- **Das lineare Verfahren** besteht darin, den Text Schritt für Schritt, Zeile für Zeile zu interpretieren. Der Gedankengang der Deutung folgt dem Lesegang. Das Verfahren ist besonders für kurze Prosatexte, wie z. B. Kurzgeschichten, oder für die Interpretation von Lyrik geeignet. Es wird meist in der Sekundarstufe I für die ersten Versuche der Textinterpretation bevorzugt und kommt in der Sekundarstufe II seltener vor.
- **Das aspektorientierte Verfahren** zielt auf eine Deutung, die an Interpretationsschwerpunkten orientiert ist und das Material systematisiert. Beim Lesen des Textes werden Gesichtspunkte festgelegt, die bei der Interpretation eine besondere Rolle spielen sollen und bereits bei der Aufstellung der Thesen verwendet werden. Dann werden alle Textbeobachtungen zusammengezogen, die sich den verschiedenen Gesichtspunkten zuordnen lassen. Dieses Verfahren ist für die Langformen der Epik (Roman) oder für die Dramenanalyse besonders geeignet.

Folgende Gesichtspunkte finden sich häufig bei der Analyse und Interpretation eines Kurzprosatextes:
Figuren
Orte sowie Räume
Erzählstrategien
Handlungsaufbau und Zeitgestaltung
Gattung
Die sprachliche Gestaltung ist dabei immer im direkten Bezug zum Inhalt zu untersuchen.

Den Schreibplan erstellen und den eigenen Text schreiben

1 Ordnen Sie nun Ihre Untersuchungsergebnisse im Rahmen einer Gliederung der Einleitung, dem Hauptteil und dem Schluss Ihres Textes sowie (im Rahmen des Hauptteils) den beiden Aufgabenteilen a und b zu und bringen Sie sie in eine sinnvolle Reihenfolge.

Einleitung
- *Autor: Botho Strauß*
- *Titel, Untertitel: …*
- *Erscheinungsjahr: …*
- *Textsorte: …*
- *Thema: Als ein zentrales Thema des Textes kann sicherlich das Altwerden in unserer heutigen Gesellschaft genannt werden. Die alte Frau wird als einsam und isoliert dargestellt. …*
- *Interpretationsthese: …*

Hauptteil
Zu Aufgabe a:
- *Die Lebenssituation der alten Frau ist gekennzeichnet durch …*
- *Die Frau geht mit dieser Situation in einer eher passiven, duldenden Weise um …*
- *Die Erzählweise der Geschichte …*

Zu Aufgabe b:
- *…*

Schluss
Deutungsthese im Fazit aufgreifen: …
- *…*

Methode **Grundlegende Probleme – und wie man sie lösen kann**

Problem	Lösung
■ wichtige Sachverhalte vergessen	■ **Gliederung:** vor der Niederschrift eines Aufsatzes alle wichtigen Aspekte in einer Gliederung zusammenstellen und die Gliederungspunkte bei der Niederschrift abhaken
■ sich in nicht beweisbaren Spekulationen verlieren	■ **aktives Lesen:** nach der Festlegung von Interpretationsthesen den Text erneut gründlich lesen; die Interpretationsthesen dabei auf den Gesamttext beziehen und nicht nur auf eine einzige passende Stelle
■ die Gedanken ungeordnet wiedergeben und vieles nachträglich ergänzen	■ **Schreibplanung:** den Text beim aktiven Lesen mit Notizen versehen; diese den einzelnen Gliederungspunkten mit verschiedenfarbigen Markern zuordnen und sie so bündeln; jedes „Bündel" abarbeiten, bevor der nächste Gliederungsaspekt in Angriff genommen wird
■ beschreibende und deutende Aussagen ohne Bezug zueinander lassen	■ **Schreibplanung:** nach gründlichem Durcharbeiten des Textes Interpretationsthesen formulieren und Teilergebnisse immer auf diese übergreifenden Thesen beziehen

2 Schreiben Sie einen Einleitungssatz zu Ihrem Interpretationsaufsatz. Überprüfen Sie zuvor Ihre zentrale Interpretationsthese und optimieren Sie sie ggf.

Formulierungsbausteine: Einleitungssätze
- *Im Jahr … erschien …s Kurzgeschichte …, in der thematisch … im Mittelpunkt steht / es thematisch um … geht.*
- *Die Kurzgeschichte … von … wurde … veröffentlicht. Thema ist …*
- *In der Kurzgeschichte … von … aus dem Jahr … wird … thematisiert.*

3 Verfassen Sie eine Textbeschreibung (▶ Information). Nutzen Sie Ihre Notizen zu den Sinnabschnitten.

Information **Textbeschreibung**

Zu Beginn des Hauptteils steht eine sogenannte Textbeschreibung. Wenn es sich um einen kurzen Text, wie etwa bei einer Kurzgeschichte, handelt, dann ähnelt die Textbeschreibung einer Inhaltszusammenfassung. Jedoch sollte der Inhalt aspektorientiert wiedergegeben werden, man sollte also nur das erwähnen, was für den Interpretationsaufsatz von Interesse sein wird. Anders verhält es sich bei der Textbeschreibung zu einem Dramen- oder Romanauszug, denn hier muss zusätzlich eine Einordnung der Szene oder des Auszugs ins Gesamtwerk geleistet werden.
Da sich die Textbeschreibung zwischen der Einleitung und dem Hauptteil befindet, kommt sie – anders als die Inhaltsangabe – ohne eigenen Einleitungs- und Schlusssatz aus.

4 Formulieren Sie nun im Hauptteil Ihre Untersuchungsergebnisse aus. Verwenden Sie dazu passende Textbelege. Orientieren Sie sich an Ihrer in der Gliederung gewählten Reihenfolge.

Information **Eine These ausführen**

In einer Interpretationsthese drückt sich Ihr persönliches, vertieftes Textverständnis aus, das Sie auf der Grundlage Ihrer mehrfachen Lektüre, Ihres Leseeindrucks und der daran orientierten systematischen Interpretation gewonnen haben. Sie deuten den Text aspektorientiert, wobei diese Deutung zu belegen und zu erläutern ist.

These ↓	deuten, behaupten
Beleg für die These Textzitat und/oder Beschreibung eines Gestaltungsphänomens, evtl. mit Zeilenangabe ↓	zitieren, beschreiben
Deutung des Belegs gedankliche Erschließung des Textbelegs ↓	erklären, interpretieren
abschließende gedankliche Rückbindung an die These (→ These)	resümieren

These: *An mehreren Stellen spielt der Kontrast von innen (dunkel) und außen (hell) eine Rolle in der Erzählung.*
Beleg: *„Die Zimmer sind alle niedrig und klein und liegen an einem dunklen Flur. Sie blickt durch ihr Fenster auf den Kurgarten und den lehmfarbenen Fluss, der träg durch den Ort zieht und ihn in zwei einander zugewandte Häuserzeilen teilt, in ein stilles, erwartungsloses Gegenüber von Schatten- und Sonnenseite." (Z. 14 ff.) „So wie die Stimmung aber ist hier draußen, endlich aufgeräumt und unbeschwert, und endlich Sonne!, da sträubt sich bei ihr alles, jetzt noch aufzubrechen, nach Haus zu fahren und sich zur Mutter in die stickige Wohnung zu setzen." (Z. 84 ff.)*
Deutung: *Tochter und Mutter haben sich räumlich voneinander entfernt. Die Mutter lebt noch immer in ihrer alten, dunklen Wohnung, die Tochter zieht es an helle, lebendige Orte. Diese Trennung kann auch als emotionale Trennung interpretiert werden.*
Rückbindung: *Licht wird hier mit Freude, Lebendigkeit und Jugend, Dunkelheit mit Alter, Sorge und Isolation in Verbindung gebracht.*

5 Schaffen Sie geeignete Überleitungen zwischen These, Beleg, Deutung und Rückbindung. Folgende Formulierungsbausteine können Ihnen dabei helfen:

Formulierungsbausteine: Verknüpfungssätze

- **Gelenkstelle These – Textbeleg:** *Ein Beleg für diese Behauptung ist z. B. in Zeile … zu finden. Hier wird … als … bezeichnet. Die Formulierung „ …" (Z. …) lässt z. B. eine solche Deutung zu. Auch die Wortwahl / der Hinweis / das Detail in Z. … stützt diese Deutung, dort heißt es nämlich: „…"*
- **Gelenkstelle Textbeleg – Deutung des Belegs:** *Diese Textstelle lässt erkennen, dass … Damit wird hervorgehoben, dass … Diese Formulierung kann im Textzusammenhang als Kritik an … / Hinweis auf … / Kommentar zu … verstanden werden; sie besagt, dass …*
- **Gelenkstelle gedankliche Erschließung – Rückbindung an die These:** *Die zitierten Textstellen belegen beispielhaft, dass … Auch diese Formulierungen / Gestaltungsphänomene / inhaltlichen Akzentuierungen untermauern/stützen die Ausgangsthese, dass …*

6 Wichtig ist auch der Bezug von Form und Inhalt. Überprüfen Sie Ihren Text daraufhin, ob Sie beides zueinander in Beziehung gesetzt haben. Folgende Formulierungen können Ihnen helfen:

Formulierungsbausteine: Inhalt-Form-Bezug
In der Kurzgeschichte wird durch … dargestellt, wie … Formal wird diese Aussage unterstrichen durch … Bei der Darstellung der … herrscht die … Erzählform vor. Dadurch entsteht ein/eine …, der/die plausibel erscheint, denn … Eine formale Besonderheit, die in der Kurzgeschichte auffällt, ist … Diese formale Eigenheit des Textes korrespondiert auf der inhaltlichen Ebene mit …

7 Verfassen Sie den Schluss Ihres Aufsatzes, indem Sie ein Fazit ziehen, kurz Stellung nehmen und eine Wertung abgeben. Nutzen Sie die folgenden Hilfestellungen.

Formulierungsbausteine: Schlussgedanken
- *Meine zentrale Interpretationsthese, dass …, konnte insbesondere durch … belegt werden.*
- *Alles in allem ergibt die werkimmanente Betrachtung des Textauszugs, dass …*
- *Als Resümee der Analyse ergibt sich, dass …*

Information **Leitfragen für den Schluss eines Interpretationsaufsatzes**

Folgende Fragestellungen können Ihnen eine Anregung für Ihren Schlussteil geben:
- Passen inhaltliche Aussage und formale Gestaltung zusammen?
- Ist die gedankliche Entfaltung der Aussage überzeugend oder gibt es Gedankensprünge, Abschweifungen, Wiederholungen etc., die die Aussagekraft des Textes schmälern?
- Ist der Text mit anderen Werken dieser Zeit oder mit themengleichen Werken vergleichbar?
- Ist die Sichtweise des Erzählers akzeptabel? Ist der Text heute noch aktuell?
- Ist die Wirklichkeitsdarstellung, der weltanschauliche Standpunkt aus heutiger Sicht noch nachvollziehbar oder gar unterstützenswert?

Den eigenen Text überarbeiten

1 Lesen Sie Ihren Aufsatz noch einmal aufmerksam durch. Nutzen Sie die Fragen der Checkliste für Ihre Überarbeitung. Prüfen Sie insbesondere, ob der Aufbau schlüssig ist und die Textteile sinnvoll verknüpft sind. Verbessern Sie Rechtschreib- und Zeichensetzungsfehler.

Checkliste **Einen Interpretationsaufsatz schreiben**

- Werden in der Einleitung Autor/-in, Titel, Textsorte und Thema genannt?
- Endet die Einleitung mit einer zentralen Interpretationsthese?
- Ist die Textbeschreibung aspektorientiert, knapp und präzise?
- Ist die Überleitung zum Interpretationsteil fließend gestaltet?
- Werden die Interpretationsthesen durch Textbelege unterstützt?
- Werden formale und sprachliche Aspekte herangezogen?
- Wird richtig zitiert?
- Enthält der Schluss ein Fazit, eine Stellungnahme und evtl. eine Wertung?
- Ist der Aufsatz überarbeitet und korrigiert?

3.5 Erzählen in großer Form

Romanvorstellungen

Buch:

Lene Nimptsch, eine junge Frau aus dem vierten Stand[1], verliebt sich in den adligen Offizier Baron Botho von Rienäcker. Beide lieben sich aufrichtig, wissen dabei aber, dass ihre Verbindung aufgrund der herrschenden Normen von der Gesellschaft nicht akzeptiert werden würde. Der Höhepunkt und Beginn des Endes ihrer Beziehung ist ein Ausflug zur Gaststätte „Hankels Ablage“, wo sie Bothos Kameraden mit ihren Mätressen begegnen. Ihnen wird klar, dass sie ihre Beziehung nicht öffentlich machen können. Am Tag nach dem Ausflug erhält Botho einen Brief von seiner Mutter, in dem sie ihn auffordert, seinen familiären Verpflichtungen nachzukommen und seine wohlhabende Cousine Käthe zu heiraten, um damit die finanziellen Probleme der Rienäckers zu beheben. Botho beendet daraufhin seine Beziehung zu Lene und heiratet Käthe. Der zweite Teil des Romans erzählt das weitere Schicksal von Botho und Lene.

Autor:

Theodor Fontane (1819–1898) ist der bedeutendste Erzähler des literarischen Realismus in Deutschland. Der gelernte Apotheker machte mit 30 Jahren das Schreiben zum Beruf, zunächst als Journalist und Theaterkritiker. Erst spät begann er, erfolgreich Epik und Lyrik zu schreiben. Seine Romane und Novellen, die vielfach verfilmt wurden, zählen zu den meistgelesenen Klassikern des 19. Jahrhunderts.

1 **vierter Stand:** Begriff für Anfang des 19. Jahrhunderts aufkommende Lohnarbeiter, Proletariat

Buch:

Doris, das kunstseidene Mädchen, ist Sekretärin bei einem zudringlichen Rechtsanwalt. Sie will nicht mehr tagaus, tagein Briefe tippen, sondern ein Star werden, will die große Welt erobern. Die große Welt, das ist für die achtzehnjährige Doris Berlin. In Berlin stürzt sie sich in das Leben der Tanzhallen, Bars und Literatencafés, macht Konversation, lässt sich in vornehme Lokale einladen, goutiert die „gute Gesellschaft“ – und bleibt doch allein. Ihre Affären mit Männern aus „besseren Kreisen“ sind kurzlebig, die erträumte Filmkarriere bleibt Illusion, der große Katzenjammer stellt sich ein. Doch Doris weiß sich zu trösten …

Autorin:

Irmgard Keun, 1905 in Berlin geboren, hat mit ihren ersten beiden Romanen „Gilgi – eine von uns“ und „Das kunstseidene Mädchen“ (1931 und 1932) sensationelle Erfolge. 1933 beschlagnahmen die Nazis ihre Bücher. 1935 geht sie ins Exil. Joseph Roth wird ihr Lebensgefährte. 1940, nach der Trennung von Roth, kehrt sie mit falschen Papieren nach Deutschland zurück, wo sie unerkannt lebt. Im biederen Literaturbetrieb der Nachkriegszeit kann sie nicht mehr an ihre früheren Erfolge anknüpfen, bis ihre Romane Ende der 1970er-Jahre von einem breiten Publikum wiederentdeckt werden. Irmgard Keun stirbt 1982.

Buch:
Es war die unwahrscheinliche Geschichte eines unverlangt eingesandten Manuskriptes, das den Verlag sofort begeisterte, und es wurde eines der erfolgreichsten Debüts: Mit ihrer Geschichte von Sascha, die ihr Schicksal selbst in die Hand nimmt, hat Alina Bronsky die Herzen ihrer Leser erobert.
Was macht ihr Debüt so besonders? Da ist zum einen die siebzehnjährige Sascha Naimann, die aus Moskau nach Deutschland gekommen ist und mit ihren zwei jüngeren Geschwistern im Scherbenpark lebt – einem Hochhaus-Ghetto, in dem eigene Gesetze herrschen, die sie mit wilder Entschlossenheit bricht. Da ist zum anderen das katholische Elite-Gymnasium, das Sascha wegen ihrer Hochbegabung und ihrer prekären Lebenssituation angenommen hat, mitsamt den behüteten und ausstaffierten Mitschülerinnen, die keinen Schimmer von Algebra haben, aber ein volles Freizeitprogramm. Und da ist der Ton, in dem Sascha ihre Geschichte erzählt: Selbstbewusst und geradeheraus, beiläufig und trocken kommentiert sie ihre Umgebung, das verzweifelte Streben nach Glück, Freiheit und Wohlstand, das Scheitern ringsum und das eigene Aufbegehren.

Autorin:
Alina Bronsky, geboren 1978 in Jekaterinburg/Russland, verbrachte ihre Kindheit auf der asiatischen Seite des Ural-Gebirges und ihre Jugend in Marburg und Darmstadt. Nach abgebrochenem Medizinstudium arbeitete sie als Texterin in einer Werbeagentur und als Redakteurin bei einer Tageszeitung. Sie lebt in Frankfurt und telefoniert bis heute fast täglich mit ihren Großeltern in Sibirien. „Scherbenpark" ist ihre erste literarische Veröffentlichung.

1 Betrachten Sie die drei Coverfotos der Romane und begründen Sie, welches Ihnen am besten gefällt.

2 Lesen Sie die drei Buchvorstellungen. Begründen Sie, welchen Roman Sie am ehesten lesen möchten. Beziehen Sie das entsprechende Cover in Ihre Begründung ein.
Ich würde am ehesten den Roman … lesen wollen, weil der Klappentext …

★ **3** Setzen Sie sich mit der Gestaltung und Wirkung des Buchcovers von „Irrungen, Wirrungen" auseinander (▶ S. 139). Beschreiben Sie die junge Frau (Kleidung, Haltung) und die Umgebung möglichst genau. Welche Wirkung erzielt die Abbildung im Zusammenspiel mit dem prominent gesetzten Titel des Romans?

Romananfänge im Vergleich

Theodor Fontane: **Irrungen, Wirrungen** (1888) – Romananfang

An dem Schnittpunkte von Kurfürstendamm und Kurfürstenstraße, schräg gegenüber dem „Zoologischen", befand sich in der Mitte der Siebzigerjahre noch eine große, feldeinwärts sich erstreckende Gärtnerei, deren kleines, dreifenstriges, in einem Vorgärtchen um etwa hundert Schritte zurück gelegenes Wohnhaus, trotz aller Kleinheit und Zurückgezogenheit, von der vorübergehenden Straße her sehr wohl erkannt werden konnte. Was aber sonst noch zu dem Gesamtgewese der Gärtnerei gehörte, ja die recht eigentliche Hauptsache derselben ausmachte, war durch eben dies kleine Wohnhaus wie durch eine Kulisse versteckt, und nur ein rot und grün gestrichenes Holztürmchen mit einem halb weggebrochenen Zifferblatt unter der Turmspitze (von Uhr selbst keine Rede) ließ vermuten, dass hinter dieser Kulisse noch etwas anderes verborgen sein müsse, welche Vermutung denn auch in einer von Zeit zu Zeit aufsteigenden, das Türmchen umschwärmenden Taubenschar und mehr noch in einem gelegentlichen Hundegeblaff ihre Bestätigung fand. Wo dieser Hund eigentlich steckte, das entzog sich freilich der Wahrnehmung, trotzdem die hart an der linken Ecke gelegene, von früh bis spät aufstehende Haustür einen Blick auf ein Stückchen Hofraum gestattete. Überhaupt schien sich nichts mit Absicht verbergen zu wollen, und doch musste jeder, der zu Beginn unserer Erzählung des Weges kam, sich an dem Anblick des dreifenstrigen Häuschens und einiger im Vorgarten stehenden Obstbäume genügen lassen.

Es war die Woche nach Pfingsten, die Zeit der langen Tage, deren blendendes Licht mitunter kein Ende nehmen wollte. Heut aber stand die Sonne schon hinter dem Wilmersdorfer Kirchturm, und statt der Strahlen, die sie den ganzen Tag über herabgeschickt hatte, lagen bereits abendliche Schatten in dem Vorgarten, dessen halb märchenhafte Stille nur noch von der Stille des von der alten Frau Nimptsch und ihrer Pflegetochter Lene mietweise bewohnten Häuschens übertroffen wurde. Frau Nimptsch selbst aber saß wie gewöhnlich an dem großen, kaum fußhohen Herd ihres die ganze Hausfront einnehmenden Vorderzimmers und sah, hockend und vorgebeugt, auf einen rußigen alten Teekessel, dessen Deckel, trotzdem der Wrasen[1] auch vorn aus der Tülle[2] quoll, beständig hin und her klapperte. Dabei hielt die Alte beide Hände gegen die Glut und war so versunken in ihre Betrachtungen und Träumereien, dass sie nicht hörte, wie die nach dem Flur hinausführende Tür aufging und eine robuste Frauensperson ziemlich geräuschvoll eintrat. Erst als diese Letztre sich geräuspert und ihre Freundin und Nachbarin, eben unsre Frau Nimptsch, mit einer gewissen Herzlichkeit bei Namen genannt hatte, wandte sich diese nach rückwärts und sagte nun auch ihrerseits freundlich und mit einem Anfluge von Schelmerei: „Na, das is recht, liebe Frau Dörr, dass Sie mal wieder rüberkommen. Und noch dazu vons ‚Schloss'. Denn ein Schloss is es und bleibt es. Hat ja 'nen Turm. Un nu setzen Sie sich … Ihren lieben Mann hab ich eben weggehen sehen. Und muss auch. Is ja heute sein Kegelabend."

Die so freundlich als Frau Dörr Begrüßte war nicht bloß eine robuste, sondern vor allem auch eine sehr stattlich aussehende Frau, die, neben dem Eindruck des Gütigen und Zuverlässigen, zugleich den einer besonderen Beschränktheit machte. Die Nimptsch indessen nahm sichtlich keinen Anstoß daran und wiederholte nur: „Ja, sein Kegelabend. Aber, was ich sagen wollte, liebe Frau Dörr, mit Dörren seinen Hut, das geht nicht mehr. Der is ja schon fuchsblank und eigentlich schimpfierlich[3]. Sie müssen ihn ihm wegnehmen und einen andern hinstellen. Vielleicht merkt er es nich … Und nu rücken Sie ran hier, liebe Frau Dörr, oder lieber da drüben auf die Hutsche[4] … Lene, na Sie wissen ja, is ausgeflogen un hat mich mal wieder in Stich gelassen."

„Er war woll hier?"

„Freilich war er. Und beide sind nu ein bisschen auf Wilmersdorf zu; den Fußweg lang, da kommt keiner. Aber jeden Augenblick können sie wieder hier sein."

„Na, da will ich doch lieber gehn."

„O nich doch, liebe Frau Dörr. Er bleibt ja nich. Und wenn er auch bliebe, Sie wissen ja, der is nicht so."

„Weiß, weiß. Und wie steht es denn?"

„Ja, wie soll es stehn? Ich glaube, sie denkt so was, wenn sie's auch nich wahrhaben will, und bildet sich was ein."

„O du meine Güte", sagte Frau Dörr, während sie, statt der ihr angebotenen Fußbank, einen etwas höheren Schemel heranschob. „O du meine Güte, denn is es schlimm. Immer wenn das Einbilden anfängt, fängt auch das Schlimme an. Das is wie Amen in der Kirche. […]"

1 **Wrasen:** Dampf
2 **Tülle:** Ausguss einer Kanne
3 **schimpfierlich:** schändlich schäbig
4 **Hutsche:** Fußbank

1 **a** Lesen Sie den Romananfang genau und versuchen Sie, einen Lageplan des Gärtnereianwesens anzufertigen. Bestimmen Sie mithilfe des Textes auch, an welchem Standort sich der Erzähler befindet.

b Stellen Sie Vermutungen an, welche Funktion die Ortsbeschreibungen zu Beginn des Romans haben könnten. Nutzen Sie dazu auch das nachfolgende Fontane-Zitat.

„[…] Das erste Kapitel ist immer die Hauptsache und in dem ersten Kapitel die erste Seite, beinah die erste Zeile. Die kleinen Pensionsmädchen haben so Unrecht nicht, wenn sie bei Briefen oder Aufsätzen alle Heiligen anrufen: ‚Wenn ich nur erst den Anfang hätte.' Bei richtigem Aufbau muss in der ersten Seite der Keim des Ganzen stecken. Daher diese Sorge, diese Pusselei. Das Folgende kann mir nicht gleiche Schwierigkeiten machen […].“ Theodor Fontane

2 **a** Erklären Sie das Fontane-Zitat mit eigenen Worten.

b Erarbeiten Sie aus dem Romananfang, welcher Konflikt hier bereits angedeutet wird. Lesen Sie dazu noch einmal die Zeilen 81–101.

c Beschreiben Sie die Erzählweise des Romananfangs (▶ S. 150 ff.) und gehen Sie dabei auch darauf ein, wie diese auf Sie wirkt.

Ins Auge fällt die … Erzählstrategie. Besonders gut lässt sich das an folgenden Stellen des Textes nachvollziehen: … Zur Zeitgestaltung lässt sich sagen, dass …

Information **Epochenüberblick: Realismus (ca. 1850–1890)**

Geschichtlicher Hintergrund: Die bürgerliche Revolution von 1848/1849 verfehlte ihr Ziel, einen einheitlichen und demokratisch verfassten Nationalstaat zu errichten. Dies lag nicht zuletzt an der Spaltung des Bürgertums in einen konservativen und einen radikaldemokratischen Flügel. Daher ergriff nun die preußische Regierung die Initiative zur Bildung eines Nationalstaates. Preußen war damals der mächtigste deutsche Einzelstaat. Der preußische Ministerpräsident **Otto von Bismarck** setzte 1871 die **Proklamation des Deutschen Reiches** mit dem preußischen **König Wilhelm I.** als Kaiser durch. Große Teile des Bürgertums akzeptierten bald den Mangel an demokratischen Freiheiten und waren mehr oder weniger mit der sogenannten Realpolitik einverstanden. Dazu trug vor allem der **wirtschaftliche Aufschwung** in den Bereichen Industrie, Technik und Handel bei, der in dem neu entstandenen Großraum des Reiches stattfand.

Nach wie vor stand im Kaiserreich der **Adel** an der Spitze der Gesellschaft. Die führenden Positionen bei Hof, in der Diplomatie, in der Verwaltung und beim Militär waren durch ihn besetzt. Allerdings gab es nun auch eine neue Oberschicht: das wirtschaftlich erfolgreiche **Großbürgertum** (= die Bourgeoisie). Es eiferte dem Adel in seinem Lebensstil nach und setzte sich aus Unternehmern, Bankiers und Geschäftsleuten zusammen. Eine weitere Spielart des Bürgertums war das Bildungsbürgertum. Zu dieser Schicht gehörten höhere Beamte, Ärzte, Rechtsanwälte, Architekten und Ingenieure. Am unteren Ende der Hierarchie hingegen wurde die **Industriearbeiterschaft** (der vierte Stand) immer größer und wichtiger. Sie kämpfte für bessere Arbeits- und Lebensbedingungen und für die Möglichkeit zur Teilnahme am gesellschaftlichen und politischen Leben. Die Regierung unter Bismarck reagierte zum einen mit Unterdrückungsmaßnahmen, zum anderen wurden die ersten Schritte hin zu einer Sozialgesetzgebung gemacht mit einer Krankenversicherung (1883), einer Unfallversicherung (1884) und einer Alters- und Invalidenversicherung (1889).

Weltbild und Lebensauffassung: Der Siegeszug von Naturwissenschaften, Technik und industrieller Produktion, die Nationalstaatsgründung und der ökonomische Aufschwung führten zu **Fortschrittsoptimismus,** aber auch zu Erfahrungen des Verlusts traditioneller Werte und Orientierungen. Das materielle Streben der Menschen wurde von vielen Denkern verurteilt. Doch der Idealismus der Klassik war passé. **Karl Marx** etwa erklärte die Kultur zum bloßen „Überbau", der gänzlich von den Produktionsverhältnissen der Gesellschaft abhängig sei. In der **Evolutionstheorie** von **Charles Darwin** verliert der Mensch, der bisher als die Krone der Schöpfung galt, seine biologische Sonderstellung. **Pessimismus und Skeptizismus** stehen als neue geistige Haltungen dem weiterhin propagierten Fortschrittsoptimismus entgegen.

Literatur: Im Realismus standen die herrschenden Gesellschaftsverhältnisse im Zentrum der Betrachtung. Es wurde das Leben dargestellt, wie es war, allerdings musste die Fiktion glaubwürdig und stimmig sein. Berühmte Autoren im Ausland – die Realismusdefinition galt für einen großen Teil der Kunst und Literatur in ganz Europa des 19. Jahrhunderts – waren **Gustave Flaubert**, **Charles Dickens** und **Leo Tolstoi**. Analytisch zeichneten diese Autoren ein genaues Bild vom Menschen und seiner Umgebung. Der deutsche Realismus war ein wenig anders und wurde deshalb auch als **poetischer Realismus** bezeichnet. Hier wurde die Wirklichkeit poetisch-verklärend bearbeitet, was konkret bedeutete, dass sich der Autor weniger distanziert-kritisch zu seinen Figuren verhält als in den anderen europäischen Ländern. Er war in gewisser Weise sentimental und versöhnlich. In Deutschland wendete man sich mehr der engeren, oft ländlich-dörflichen Heimat zu, was als Regionalismus bezeichnet wird, oder man wich in die Vergangenheit aus (Historismus).

Wichtige Autorinnen und Autoren: **Gustav Freytag** (1816–1895), **Theodor Storm** (1817–1888), **Gottfried Keller** (1819–1890), **Theodor Fontane** (1819–1898), **Wilhelm Busch** (1832–1908)

1 **a** Stellen Sie die Informationen zur Epoche des Realismus (▶ Information oben) in einer Mindmap (▶ Methode, S. 245) dar.
b Grenzen Sie den literaturgeschichtlichen Begriff des Realismus von unserem im Alltag gebräuchlichen Wort „Realismus" ab.

2 Beschreiben Sie, welche Merkmale des Realismus Sie im Romananfang (▶ S. 142 f.) erkennen können.

3 Bereiten Sie ein Referat (▶ S. 46–52) zum Leben und Werk Fontanes vor. Erläutern Sie darin auch, warum er als Vertreter des Realismus gelten kann.

Irmgard Keun: **Das kunstseidene Mädchen** (1932) – Romananfang

Das war gestern Abend so um zwölf, da fühlte ich, dass etwas Großartiges in mir vorging. Ich lag im Bett – eigentlich hatte ich mir noch die Füße waschen wollen, aber ich war zu müde wegen dem Abend vorher, und ich hatte doch gleich zu Therese gesagt: „Es kommt nichts bei raus, sich auf der Straße ansprechen zu lassen, und man muss immerhin auf sich halten."

Außerdem kannte ich das Programm im Kaiserhof schon. Und dann immer weiter getrunken – und ich hatte große Not, heil nach Hause zu kommen, weil es mir doch ohnehin immer schwerfällt, Nein zu sagen. Ich hab gesagt: „Bis übermorgen." Aber ich denke natürlich gar nicht dran. So knubbelige Finger und immer nur Wein bestellt, der oben auf der Karte steht, und Zigaretten zu fünf – wenn einer so schon anfängt, wie will er da aufhören?

Im Büro war mir dann so übel, und der Alte hat's auch nicht mehr dick und kann einen jeden Tag entlassen. Ich bin also gleich nach Hause gegangen gestern Abend – und zu Bett ohne Füße waschen. Hals auch nicht. Und dann lag ich so und schlief schon am ganzen Körper, nur meine

Augen waren noch auf – der Mond schien mir ganz weiß auf den Kopf – ich dachte noch, das müsste sich gut machen auf meinem schwarzen Haar, und schade, dass Hubert mich nicht sehen kann, der doch schließlich und endlich der Einzige ist, den ich wirklich geliebt habe. Da fühlt ich wie eine Vision Hubert um mich, und der Mond schien, und von nebenan drang ein Grammofon zu mir, und da ging etwas Großartiges in mir vor – wie auch früher manchmal – aber da doch nie so sehr. Ich hatte ein Gefühl, ein Gedicht zu machen, aber dann hätte es sich womöglich reimen müssen, und dazu war ich zu müde. Aber ich erkannte, dass etwas Besonderes in mir ist, was auch Hubert fand und Fräulein Vogelsang von der Mittelschule, der ich einen Erlkönig hinlegte, dass alles starr war. Und ich bin ganz verschieden von Therese und den anderen Mädchen auf dem Büro und so, in denen nie Großartiges vorgeht. Und dann spreche ich fast ohne Dialekt, was viel ausmacht und mir eine Note gibt, besonders da mein Vater und meine Mutter ein Dialekt sprechen, das mir geradezu beschämend ist.

Und ich denke, dass es gut ist, wenn ich alles beschreibe, weil ich ein ungewöhnlicher Mensch bin. Ich denke nicht an Tagebuch – das ist lächerlich für ein Mädchen von achtzehn und auch sonst auf der Höhe. Aber ich will schreiben wie Film, denn so ist mein Leben und wird noch mehr so sein. Und ich sehe aus wie Colleen Moore, wenn sie Dauerwellen hätte und die Nase mehr schick ein bisschen nach oben. Und wenn ich später lese, ist alles wie Kino – ich sehe mich in Bildern. Und jetzt sitze ich in meinem Zimmer im Nachthemd, das mir über meine anerkannte Schulter gerutscht ist, und alles ist erstklassig an mir – nur mein linkes Bein ist dicker als mein rechtes. Aber kaum. Es ist sehr kalt, aber im Nachthemd ist schöner – sonst würde ich den Mantel anziehn.

Und es wird mir eine Wohltat sein, mal für mich ohne Kommas zu schreiben und richtiges Deutsch – nicht alles so unnatürlich wie im Büro. Und für jedes Komma, was fehlt, muss ich der Hopfenstange von Rechtsanwalt – Pickel hat er auch und Haut wie meine alte gelbe Ledertasche ohne Reißverschluss – ich schäme mich, sie noch in anständiger Gesellschaft zu tragen – solche Haut hat er im Gesicht. Und überhaupt halte ich von Rechtsanwälten nichts – immer happig aufs Geld und reden wie'n Entenpopo und nichts dahinter. Ich lass mir nichts anmerken, denn mein Vater ist sowieso arbeitslos, und meine Mutter ist am Theater, was auch unsicher ist durch die Zeit. Aber ich war bei der Hopfenstange von Rechtsanwalt. Also – ich lege ihm die Briefe vor, und bei jedem Komma, was fehlt, schmeiß ich ihm einen sinnlichen Blick. Und den Krach seh ich kommen, denn ich hab keine Lust zu mehr. Aber vier Wochen kann ich sicher noch hinziehn, ich sag einfach immer, mein Vater wäre so streng, und ich müsste abends gleich nach Haus. Aber wenn ein Mann wild wird, dann gibt es keine Entschuldigung – man kennt das. Und er wird wild mit der Zeit wegen meinen sinnlichen Blicken bei fehlenden Kommas. Dabei hat richtige Bildung mit Kommas gar nichts zu tun. Aber fällt mir nicht ein mit ihm und so weiter. Denn ich sagte auch gestern zu Therese, die auch auf dem Büro und meine Freundin ist: „Etwas Liebe muss dabei sein, wo blieben sonst die Ideale?"

Und Therese sagte, sie wäre auch ideal, weil sie so mit Seele und Schmerz mit einem Verheirateten, der nichts hat und an Scheidung nicht denkt und nach Goslar gezogen ist – und sie ist dann ganz vertrocknet und 38 geworden letzten Sonntag und sagt 30 – und 40 sieht man ihr an – und alles wegen dem Laumann. Und so ideal bin ich wieder nicht. Denn das sehe ich nicht ein.

Und habe mir ein schwarzes, dickes Heft gekauft und ausgeschnittne weiße Tauben draufgeklebt und möchte einen Anfang schreiben: Ich heiße somit Doris und bin getauft und christlich und geboren. Wir leben im Jahre 1931. Morgen schreibe ich mehr. [...]

1 Beschreiben Sie, wie der Romananfang von Irmgard Keun auf Sie wirkt.

2 a Geben Sie kurz den Inhalt des Romanauszugs wieder und gehen Sie dabei besonders auf die Situation ein, in der sich die Protagonistin befindet.

b Erläutern Sie anhand von ausgewählten Textstellen die Erzählweise (▶ S. 150 ff.) und die sprachlichen Besonderheiten des Textes.

Die Erzählweise des Romananfangs wird durch den inneren Monolog von Doris bestimmt. Dieser wirkt … Über ihre eigene Sprache stellt Doris fest, dass sie fast ohne Dialekt spricht (Z. 44). Des Weiteren wird ihre Sprache durch … bestimmt.

3 a Formulieren Sie in Stichworten, wie Doris' Geschichte weitergehen könnte. Stellen Sie Ihre Entwürfe in der Klasse vor.

b Informieren Sie sich im Internet oder in einem Literaturlexikon über die weitere Handlung des Romans und vergleichen Sie diese mit Ihren Entwürfen.

c Verschaffen Sie sich einen Überblick über den historischen Hintergrund des Romans (▶ Information).

4 Diskutieren Sie in Ihrer Klasse über Doris' Aussage: „Dabei hat richtige Bildung mit Kommas gar nichts zu tun" (▶ S. 144, Z. 91 f.).

Information **Epochenüberblick: Weimarer Republik – Neue Sachlichkeit (1919–1933)**

Geschichtlicher Hintergrund: Diese Zeit war von großen politischen, gesellschaftlichen und wirtschaftlichen Belastungen geprägt. Nach der Niederlage im **Ersten Weltkrieg** begann mit der Weimarer Republik ein erster Versuch, Deutschland als demokratischen Staat zu organisieren. Jedoch führten die ökonomischen und psychosozialen Folgen der Niederlage zu den Wirren der **Novemberrevolution 1918/1919.** Weitere Putschversuche und Generalstreiks folgten und 1924 kam es zur **Inflation,** 1929 zur **Weltwirtschaftskrise.** Viele Menschen aus dem Bürgertum und aus der Arbeiterschicht rutschten in die Armut. Links- und vor allem Rechtsextreme stießen bei den verzweifelten Menschen auf offene Ohren. 1933 kam es zur „Machtergreifung" Hitlers, der als Reichskanzler das demokratische System gänzlich beseitigte.

Weltbild und Lebensauffassung: Große Teile der Bevölkerung lehnten die Demokratie ab. Viele trauerten dem Kaiserreich nach. Die **Untertanenmentalität** und der **autoritäre Charakter** blieben in Deutschland daher erhalten. Der Begriff der **Goldenen Zwanziger** beschreibt das schillernde Nachtleben und das Aufkommen eines modernen Lebensstils im Großstadtmilieu.

Literatur: Bezeichnend für die Zeit war die Vielzahl der verschiedenen Stile. Besondere Bedeutung erhielt eine neue Form des Realismus: die **Neue Sachlichkeit.** Dieser Begriff steht für **eine kritische Sicht der Wirklichkeit,** die zwischen kühl-distanzierter Betrachtung und satirischer Zuspitzung steht. Die großen **Gesellschaftsromane** beschreiben die Entwicklungen in der Gesellschaft und die Rolle des Individuums darin, ohne jedoch althergebrachte Sinndeutungen und Wertungen übernehmen zu wollen. Das Erzählen wurde nun modern, komplex vielschichtig und von Reflexionen durchzogen. Das Theater wollte gesellschaftliche Mechanismen aufdecken und zur Veränderung aufrufen, es wurde politisch. Ein Beispiel ist hier **Bertolt Brechts episches Theater.** Die Lyrik wurde zur **Gebrauchslyrik,** sie wollte nicht mehr klassisch-romantisch sein.

Wichtige Autorinnen und Autoren: **Alfred Döblin** (1878–1957), **Egon Erwin Kisch** (1885–1948), **Erich Maria Remarque** (1898–1970), **Bertolt Brecht** (1898–1956), **Erich Kästner** (1899–1974), **Irmgard Keun** (1905–1982)

Alina Bronsky: **Scherbenpark** (2008) – Romananfang

Manchmal denke ich, ich bin die Einzige in unserem Viertel, die noch vernünftige Träume hat. Ich habe zwei, und für keinen brauche ich mich zu schämen. Ich will Vadim töten. Und ich will ein Buch über meine Mutter schreiben. Ich habe auch schon einen Titel: „Die Geschichte einer hirnlosen rothaarigen Frau, die noch leben würde, wenn sie auf ihre kluge älteste Tochter gehört hätte." Vielleicht ist das nur ein Untertitel. Ich habe Zeit, es mir genau zu überlegen, denn ich habe noch nicht angefangen zu schreiben.

Die meisten Leute, die in unserem Viertel leben, haben gar keine Träume. Ich habe extra gefragt. Und die Träume der wenigen, die welche haben, sind so kläglich, dass ich an deren Stelle lieber gar keine hätte.

Annas Traum zum Beispiel ist, reich zu heiraten. Er soll Richter sein und Mitte dreißig und, wenn es geht, nicht ganz so hässlich.

Anna ist siebzehn, genau wie ich, und sie sagt, sie würde so einen sofort heiraten, wenn er käme. Dann könnte sie endlich aus dem Solitär aus- und in das Penthouse des Richters einziehen. Keiner außer mir weiß, dass Anna manchmal mit der Straßenbahn in die Innenstadt fährt und dreizehn Runden um das Landgericht dreht, in der Erwartung, dass der Richter endlich rauskommt, sie entdeckt, ihr eine rote Rose schenkt, sie erst zum Eis und dann in seine Penthouse-Wohnung einlädt.

Sie sagt, man muss für sein Glück kämpfen, sonst zieht es an einem vorbei.

„Weißt du denn, was Solitär eigentlich heißt, du dumme Kuh?", frage ich. „Das ist ein besonders edler Diamant, der einzeln in der Krone sitzt. Das muss dir doch gefallen. Du wirst nie wieder in einem Solitär wohnen, wenn du hier ausziehst."

„Das hast du dir gerade ausgedacht. Sie hätten nie im Leben diesen Betonklotz nach einem Diamanten benannt", sagt Anna. „Und überhaupt, wenn man zu viel weiß, wird man schnell alt und runzlig." Das ist ein russisches Sprichwort.

Da Annas Richter auf sich warten lässt, schläft sie gerade mit Valentin, der auch so einen Traum der Kategorie C hat. Er will einen nagelneuen schneeweißen Mercedes. Vorher muss er seinen Führerschein machen, deswegen trägt er vor der Schule Anzeigenblättchen aus. Da das damit verdiente Geld viel zu langsam zusammen- und viel zu mickrig daherkommt, geht Valentin zweimal die Woche zu einem älteren Ehepaar putzen. Das Ehepaar wohnt am anderen Ende der Stadt, und die Putzstelle hat dem Valentin seine Mutter vermittelt, die bei deren Nachbarn sauber macht. Keiner darf wissen, dass Valentin putzen geht, sonst machen ihn die Jungs fertig, und Anna macht Schluss.

Valentin hat meistens einen Gesichtsausdruck, als hätte ihm jemand einen Kaktus in die Hose gesteckt. Ich denke, das kommt daher, dass er weiß: Selbst wenn er irgendwann genug Kohle für einen Führerschein beisammen hat, für einen weißen Mercedes muss er zwei Leben lang putzen gehen. Im dritten Leben kann er dann vielleicht einsteigen.

Peter der Große dagegen träumt von einer echten Blondine mit dunklen Augen. Er war vorher mit Anna zusammen, sie hat braune Augen, ist aber nicht echt – jedenfalls nicht als Blondine. Jetzt hat er eine andere, aus seiner Klasse. Das ist für ihn aber unpraktischer, weil sie in der Innenstadt wohnt und nicht im Solitär. Er flucht seitdem, dass er sein halbes Leben in der Straßenbahn verbringt. Dort hält er nach weiteren Blondinen Ausschau.

An mir war er noch nie interessiert – mein Haar ist zu dunkel.

Ich heiße Sascha Naimann. Ich bin kein Kerl, auch wenn das hierzulande jeder denkt, der meinen Namen hört. Ich habe aufgehört zu zählen, wie oft ich das den Leuten schon erklärt habe. Sascha ist eine Kurzform von Alexander UND von Alexandra. Ich bin Alexandra. Mein Rufname ist Sascha, so hat mich meine Mutter immer genannt, und so will ich auch heißen. Wenn ich mit Alexandra angesprochen werde, reagiere ich nicht. Das kam früher öfter vor, als ich in der Schule neu war. Jetzt passiert es eigentlich nur noch, wenn ein neuer Lehrer kommt.

Manchmal denke ich, dass ich nie wieder neue Menschen kennenlernen will, weil ich es satt habe, jedem das Gleiche von vorn zu erklären.

Warum ich Sascha heiße und wie lange ich schon in Deutschland lebe und warum ich so gut Deutsch kann, ungefähr elfmal besser als alle Russlanddeutschen zusammen.

Ich kann Deutsch, weil mein Kopf voll ist mit grauer Substanz, die wie eine Walnuss aussieht und makroskopisch viele Windungen hat, mikroskopisch dagegen eine stolze Menge Synapsen. Ich habe vielleicht ein paar Millionen Synapsen mehr als Anna, bestimmt sogar. Außer Deutsch kann ich auch Physik, Chemie, Englisch, Französisch und Latein. Wenn ich mal eine Zwei kriege, kommt der Lehrer zu mir und entschuldigt sich. Besonders gut kann ich Mathe. Als wir vor sieben Jahren nach Deutschland kamen, war es das einzige Fach, das ich in der fünften Klasse auf Anhieb konnte. Genau genommen hätte ich auch die Aufgaben der achten Klasse lösen können. In Russland war ich auf einem mathematischen Lyzeum. In Deutschland konnte ich am Anfang zwar kein Deutsch, aber die Zahlen natürlich trotzdem. Ich habe die Gleichungen als Erste gelöst, und immer richtig. Ich war die Einzige in der Klasse, die mit den Worten Algebra und Geometrie etwas anfangen konnte. Meine Mitschüler haben beides für Krankheiten gehalten. […]

Plakat zum Film „Scherbenpark"
nach dem gleichnamigen Roman von Alina Bronsky;
Regie: Bettina Blümner;
Produktion: Eyeworks Film Gemini GmbH

1 Sammeln Sie in der Klasse erste Eindrücke zu diesem Romananfang.

2 Beschreiben Sie anhand des Textes die persönliche Situation der Protagonistin Sascha Naimann.
Zu Beginn des Romans „Scherbenpark" von Alina Bronsky erfährt der Leser, dass die Protagonistin Sascha Naimann aus Russland kommt und …

3 Vergleichen Sie die Träume der Figuren des Romanauszugs miteinander. Wählen Sie dazu eine geeignete Methode aus den Visualisierungen zu literarischen Texten (▶ Methode, S. 148) aus.

4 **a** Beschreiben Sie anhand des Filmplakats, wie die Hauptdarstellerin auf Sie wirkt.
Die Hauptdarstellerin des Films „Scherbenpark" erweckt auf den ersten Blick den Eindruck, als ob sie …

b Nutzen Sie die Information „Figuren und ihre Konstellationen" (▶ S. 204), um eine erste Figurencharakterisierung zur Hauptperson Sascha Naimann aus Alina Bronskys Roman „Scherbenpark" zu verfassen.

5 Recherchieren Sie den weiteren Handlungsverlauf des Romans und erläutern Sie, wie der Roman endet.

6 **a** Diskutieren Sie in der Klasse, welchen der drei Romane Sie am liebsten ganz lesen würden, und begründen Sie Ihre Wahl ausführlich.

b Gehen Sie im Unterrichtsgespräch auch auf die Frage ein, ob die Erzählstrategie des Autors (▶ S. 150 ff.) Einfluss auf Ihre Auswahl hatte und ob sich Unterschiede zu Ihrem ersten Eindruck (Buchvorstellungen) ergeben haben.

c Vergleichen Sie Ihre Ergebnisse der Figurencharakterisierung der literarischen Vorlage mit Ihrer Einschätzung der Filmfigur aus Aufgabe 4a.

Methode Visualisierungen zu literarischen Texten

Anforderungen der Aufgabe	Methoden der Erarbeitung
Die Situation erkennen ■ die in einem literarischen Text entworfene Situation strukturieren	**Tabelle:** Die in einem literarischen Text dargestellten Elemente einer Situation stellen Sie in einer Tabelle systematisch in Spalten und Zeilen gegliedert dar. **Mindmap:** Von einem Kernbegriff ausgehend stellen Sie die Elemente auf Ästen dar. **Strukturdiagramm:** Sie stellen grafisch dar, welche Faktoren in der Situation wie wirken. Neben Stichworten können Sie auch Pfeile, Gegensatzpfeile, Umkreisungen, Barrieren etc. verwenden (Beispiel ▶ S. 149).
Den Prozess nachvollziehen ■ Handlungsabläufe bzw. gedankliche Entwicklungen in Texten beschreiben	**Flussdiagramm:** Sie drücken in Stichworten den dargestellten Handlungsverlauf in einer vertikalen grafischen Anordnung aus, die zeitliche und/oder logische Zusammenhänge klarmacht. **Zeitleiste:** Sie stellen Handlungsabläufe in horizontaler Anordnung linear dar, indem Sie den im Text behandelten Zeitraum auf einer Leiste eintragen, ihn unterteilen und die Hauptereignisse stichwortartig den verschiedenen Zeitpunkten zuordnen. Parallele Handlungsstränge können bei beiden Methoden durch die Anordnung (links/rechts, oberhalb/unterhalb der Leiste) und/oder durch verschiedene Farben verdeutlicht werden.
Personenkonstellationen darstellen ■ die Beziehungen der handelnden Personen zueinander deutlich machen	**Soziogramm:** Sie stellen grafisch die Beziehungen der Protagonisten zueinander dar. Es können z. B. Verwandtschaftsverhältnisse und Zu- bzw. Abneigungen durch Symbole kenntlich gemacht oder Personengruppen zusammengefasst werden. Soziogramme dienen in erster Linie dazu, Strukturen deutlich zu machen.

Beispiel: Ein Strukturdiagramm zum Vergleich der Träume im Romananfang „Scherbenpark"

Träume der Protagonisten

Sascha (Ich-Erzählerin) → Traum
- will Buch über ihre Mutter schreiben
- will Vadim töten

beurteilt/schildert Träume der Bewohner

Träume ↔ **Saschas Beurteilung**

- Großteil der Bewohner ohne Träume → alle anderen Träume sind kläglich → besser ist es, keine zu haben
- Annas Traum
  → reich heiraten
  → Mann soll Richter sein,
  → Mitte 30 und nicht ganz so hässlich
- Valentins Traum → Traum der Kategorie C
  → nagelneuer, schneeweißer Mercedes
- Peters Traum
  → echte Blondine mit braunen Augen

Information **Tendenzen der Gegenwartsliteratur – 1989 bis heute**

Die Gegenwartsliteratur bleibt immer im Fluss. Beginnt sie für die Literaturgeschichte heute mit der **Wiedervereinigung Deutschlands,** so wird man im Jahr 2050 mit großer Wahrscheinlichkeit einen anderen Anfangspunkt finden müssen. Dann wird eine neue Autorengeneration für eine neue Lesergeneration schreiben. Die **Zeitgenossenschaft** von Autor/-in und Leser/-in ist ein wesentliches Kriterium für die Gegenwartsliteratur. Die Schriftstellerinnen und Schriftsteller der Gegenwart schreiben für ein Lesepublikum, **das zeitgeschichtliche und persönliche Erfahrungen** mit ihnen teilt.

Der Begriff Gegenwartsliteratur ist somit keine Epochenbezeichnung, sondern steht für einen zeitlichen Rahmen und stellt einen Sammelbegriff für deutschsprachige Werke dar, die nach dem Mauerfall 1989 verfasst wurden.

Die Gegenwartsliteratur zeichnet sich durch eine große Vielfalt aus und umfasst die Werke der **Postmoderne,** die **Literatur der Wende** und die **Popliteratur,** aber auch z. B. zeitgenössische Lyrik oder Kinder- und Jugendliteratur.

Ein **Rezeptionsproblem** speziell unserer Zeit liegt in der **Fülle der Publikationen.** Allein 7000 deutschsprachige Romane drängen jährlich auf den Buchmarkt. Ein wesentlicher Unterschied zu anderen literarischen Perioden besteht auch darin, dass Bücher heute nicht nur in gedruckter Form angeboten werden, sondern digital verfügbar und mithilfe des Internets oftmals sehr gut zugänglich sind.

Besonders folgende Themen stehen aktuell in der Literatur im Vordergrund:

- Erinnerungsliteratur, z. B. Zweiter Weltkrieg, Holocaust, Nachkriegszeit
- Wiedervereinigung Deutschlands und Nachwendezeit
- Migration
- Internet und neue Medien

3.6 Elemente literarischen Erzählens

Franz Kafka: **Die Verwandlung** (1912)

Als Gregor Samsa eines Morgens aus unruhigen Träumen erwachte, fand er sich in seinem Bett zu einem ungeheueren Ungeziefer verwandelt. Er lag auf seinem panzerartig harten Rücken und sah, wenn er den Kopf ein wenig hob, seinen gewölbten, braunen, von bogenförmigen Versteifungen geteilten Bauch, auf dessen Höhe sich die Bettdecke, zum gänzlichen Niedergleiten bereit, kaum noch erhalten konnte. Seine vielen, im Vergleich zu seinem sonstigen Umfang kläglich dünnen Beine flimmerten ihm hilflos vor den Augen. „Was ist mit mir geschehen?", dachte er. Es war kein Traum. Sein Zimmer, ein richtiges, nur etwas zu kleines Menschenzimmer, lag ruhig zwischen den vier wohlbekannten Wänden. Über dem Tisch, auf dem eine auseinandergepackte Musterkollektion von Tuchwaren ausgebreitet war – Samsa war Reisender –, hing das Bild, das er vor Kurzem aus einer illustrierten Zeitschrift ausgeschnitten und in einem hübschen, vergoldeten Rahmen untergebracht hatte. Es stellte eine Dame dar, die mit einem Pelzhut und einer Pelzboa versehen, aufrecht dasaß und einen schweren Pelzmuff, in dem ihr ganzer Unterarm verschwunden war, dem Beschauer entgegenhob.

[...]

1 **a** Sammeln Sie in der Klasse erste Eindrücke zum Erzählanfang von Kafkas „Die Verwandlung".

b Beschreiben Sie Besonderheiten der Erzählweise und nutzen Sie dazu auch die Informationskästen zu den Erzählstrategien (▶ Information unten und folgende Seiten).

c Erläutern Sie, wie sich die Wirkung des Textes ändert, wenn man eine andere Erzählstrategie verwendet. Schreiben Sie dazu den Anfang der „Verwandlung" in eine Ich-Erzählung um oder nutzen Sie die auktoriale Erzählstrategie. Nennen Sie Möglichkeiten und Grenzen der unterschiedlichen Varianten.

Erzählstrategien – Ein Modell

Der folgende Versuch, die Fülle der bekannten erzählerischen Möglichkeiten auf drei idealtypische Erzählstrategien zu reduzieren, erhebt keinen Anspruch auf eine verbindliche Vollständigkeit. Es handelt sich um Konstrukte, die drei Grundmöglichkeiten erzählerischen Vorgehens zusammenfassen. In längeren Erzählgattungen wie Romanen oder Novellen kann die Erzählstrategie wechseln bzw. können Kombinationen auftauchen. Als Ansatz der Konstruktion dient die Kategorie des Erzählverhaltens, das auktorial, personal oder neutral sein kann.

Information Erzählstrategien – 1. auktorial

Beim auktorialen Erzählen erscheint der Erzähler als souveräner Schöpfer der erzählten Welt, durch die er die Lesenden sicher leitet. Häufig wählt er einen **Erzählstandort,** der als „olympisch" bezeichnet wird, d. h., der Erzähler thront göttergleich über der erzählten Welt, ist prinzipiell allwissend und allgegenwärtig, kennt alle Zusammenhänge und kann jederzeit in die Köpfe und Herzen der Figuren schauen, also

Beispiele:
Das Mädchen und der Junge gingen nicht nach Hause. Sie waren jung, da hat man manchmal noch Mut. Etwas ganz Verrücktes müsste man heute tun, dachten beide unabhängig voneinander, doch das ist kein Wunder, denn bei so vielen Menschen auf der Welt kann es leicht vorkommen, dass sich Gedanken gleichen. Sie gingen auf einen Berg, der die Stadt beschützte.

zwischen **Außensicht** und **Innensicht** wechseln. Von dieser Allwissenheit macht er jedoch nicht durchgehend Gebrauch, um nicht zu viel zu verraten und um die Spannung zu erhöhen. Der auktoriale Erzähler gibt den Lesenden dadurch Orientierung, dass er z. B. die Figuren direkt charakterisiert, Vorausdeutungen und Rückblenden einfügt und das Geschehen oder das Verhalten der Figuren kommentiert. Dabei kann er Zustimmung und Wohlwollen oder kritische Distanz ausdrücken **(Erzählhaltung).**
Da der Erzähler nicht zu den Handlungsträgern der Geschichte gehört, also nicht primär von sich selbst erzählt, bedient er sich in der Regel der **Er-/Sie-Erzählform.** Dabei herrscht als **Darbietungsform** der **Erzählbericht** vor, in dem der Erzähler das Wort behält und Beschreibungen, Reflexionen und Kommentare einwebt. Er lässt aber auch die Figuren zu Wort kommen: Diese **Figurenrede** kann in Form der direkten oder indirekten Rede, des Redeberichts oder der zusammenfassenden Gedankenwiedergabe erfolgen.

Dort stand ein hoher Aussichtsturm, bis zu den Alpen konnte man schauen und konnte ihnen Namen geben, den Alpen. Die hörten dann darauf, wenn man sie rief. Die beiden kannten sich nicht, wollten auch niemanden kennen in dieser Nacht, stiegen die 400 Stufen zum Aussichtsturm hinauf. Saßen an entgegengesetzten Enden, mürrisch zuerst, dass da noch einer war.
Sibylle Berg: Nacht

Rienäckers Wohnung lag keine tausend Schritt von dem Hause der Frau Nimptsch. Aber Lene wusste nichts davon und nahm ihren Weg oft durch die Landgrafenstraße, was sie vermieden haben würde, wenn sie von dieser Nachbarschaft auch nur eine Ahnung gehabt hätte.
Doch es konnt ihr nicht lange ein Geheimnis bleiben.
Theodor Fontane: Irrungen, Wirrungen

1 Beschreiben Sie in arbeitsteiliger Gruppenarbeit, inwieweit die Romanauszüge in der rechten Spalte der jeweils beschriebenen Erzählstrategie entsprechen.
  a Jede Gruppe untersucht einen Textauszug und notiert ihre Beobachtungen. Nutzen Sie so viele Fachbegriffe wie möglich. Belegen Sie Ihre Beobachtungen mit der entsprechenden Textstelle.
  b Bereiten Sie in der Gruppe eine kurze Präsentation Ihrer Erzählstrategie für die Klasse vor.

Information

Erzählstrategien – 2. neutral

Beim neutralen Erzählen steht der Erzähler wie beim auktorialen Erzählen außerhalb der Figurenwelt. Im Gegensatz zum auktorialen Erzählen fehlen aber die Kommentare und Reflexionen sowie die direkten Figurencharakterisierungen und Erläuterungen.
Der **Erzählstandort** liegt in der Distanz, in der ein um Objektivität bemühtes Registrieren der Vorgänge möglich ist.
Eine Form der neutralen Erzählstrategie ist es auch, die Geschehnisse **multiperspektivisch** darzubieten, d. h., sie aus Sicht verschiedener Figuren unvermittelt und unkommentiert

Beispiele:
10.53 Uhr – Ein kanariengelber Fiat tastete sich vorsichtig in die Kurve, schlitterte trotzdem, die junge Frau am Steuer hatte Mühe, das Fahrzeug in der Gewalt zu behalten. Sie fuhr Schritt-Tempo aus der Kurve heraus, sie bemerkte den Wagen am Baum, sie schloss einen Moment die Augen, sie schrie leise auf. Ihre Mutter, die neben ihr saß, bekreuzigte sich, flüsterte: Else, um Himmels willen, fahr weiter […]. – Wir müssen das der Polizei melden, Mutter. – Polizei? Kind, fahr weiter […].
Max von der Grün: Das Stenogramm

aneinanderzureihen. Im Übrigen dominiert die **Außensicht** auf die Figuren. Die **Erzählhaltung** ist neutral, also weder affirmativ noch kritisch. Es herrscht die **Er-/Sie-Erzählform** vor, unterbrochen von Passagen, in denen die Figuren in der Ich-Form zu Wort kommen. Überhaupt nimmt unter den **Darbietungsformen** neben dem referierend-sachlichen **Erzählbericht** die **Figurenrede** einen breiten Raum ein, da der neutrale Erzähler es vorzieht, dass sich die Figuren selbst präsentieren. Daher ist die favorisierte **Darbietungsform** neben dem unkommentierten Referieren der Geschehnisse das **szenische Erzählen,** die Wiedergabe der **Wechselrede der Figuren** ohne erläuternde Zwischenbemerkungen des Erzählers.

An diesem Dienstag
schrieb Schwester Elisabeth an ihre Eltern: Ohne Gott hält man das gar nicht durch. Aber als der Unterarzt kam, stand sie auf. Er ging so krumm, als trüge er ganz Russland durch den Saal. Soll ich ihm noch was geben?, fragte die Schwester. Nein, sagte der Unterarzt. Er sagte das so leise, als ob er sich schämte.
Wolfgang Borchert: An diesem Dienstag

2 Verändern Sie die Erzählstrategie eines Beispiels. Bringen Sie z. B. auktoriale Elemente in einen Textauszug ein.

Information **Erzählstrategien – 3. personal**

Beim personalen Erzählen schlüpft der Erzähler in die Rolle einer der Figuren der erzählten Welt, aus deren Sicht er dann in diese Welt blickt. Der **Erzählstandort** liegt häufig in einer relativ geringen Distanz zum erzählten Geschehen, was seinen Überblick einschränkt. Der Erzähler sieht und hört nichts anderes als die Figur, deren Sicht er gewählt hat, und weiß auch nicht mehr als diese. So kann er die Gedanken und Gefühle anderer Figuren auch nicht unmittelbar wiedergeben, sondern muss sie aus deren Verhalten und deren Äußerungen schließen. Dennoch ist das personale Erzählen weitgehend von der Innensicht geprägt, nämlich von der Innensicht des miterlebenden Erzählers, seinen Gedanken und Gefühlen.
In der **Erzählhaltung** ergibt sich dieselbe Bandbreite wie beim auktorialen Erzählen. Sehr häufig ist die personale Erzählstrategie mit der **Ich-Erzählung** verbunden. Das Ich erzählt dabei von eigenen Erlebnissen und gehört somit zu den Handlungsträgern der Geschichte. In einer im modernen Erzählen nicht seltenen Variante

Beispiele:
Ich ziehe mir die Socken aus. Wer wohnt denn noch in diesem Haus? Haben Sie eine Frau? Was für einfache Fragen wären das gewesen. Neugierde ist keine Sünde, aber eine große Schweinerei, hat meine Mutter immer gesagt. Das ist auch so ein russischer Spruch. Sie war sehr neugierig. Ich bin nicht neugierig, und vielleicht erfahre ich deswegen vieles sehr früh. Meistens früher, als mir lieb ist. [...]
Alina Bronsky: Scherbenpark

Erst bei der Tür merkte er, was ihn dorthin eigentlich gelockt hatte; es war der Geruch von etwas Essbarem gewesen. Denn dort stand ein Napf mit süßer Milch gefüllt, in der kleine Schnitten von Weißbrot schwammen. Fast hätte er vor Freude gelacht, denn er hatte noch größeren Hunger als am Morgen, und gleich tauchte er seinen Kopf fast bis über die Augen in die Milch hinein. [...]
Franz Kafka: Die Verwandlung

kann der Erzähler jedoch auch die **Er-/Sie-Erzählform** wählen und gleichwohl aus der Sicht einer Figur erzählen. Der Erzähler nimmt dann trotz der Er-/Sie-Erzählform ganz die Position einer Figur ein und erlebt die erzählte Welt mit den Gedanken und Empfindungen dieser Figur. Es handelt sich dann um die **Darbietungsform der erlebten Rede** (z. B.: *Er wusste nicht, was er machen sollte. Sollte er sich getäuscht haben?*). Werden die Gedanken, Wahrnehmungen und Gefühle (Bewusstseinsstrom) dagegen in der Ich-Erzählform dargeboten, spricht man von einem **inneren Monolog.**

3 Nutzen Sie die drei Informationskästen zu den Erzählstrategien (S. 150 ff.), um ein zusammenfassendes Schaubild zu erstellen. Stellen Sie Ihre Ergebnisse in der Klasse vor.

Erzählstrategien

auktorial ⋮ | *neutral* ⋮ | … ⋮

Information **Ort und historische Zeit**

Der **Ort** oder der Schauplatz des Geschehens gehört z. B. zu einer bestimmten Landschaft oder zu einem bestimmten Lebensraum und wird von seiner je eigenen **Atmosphäre** geprägt. Immer erweckt er bestimmte Vorstellungen und Assoziationen beim Leser / bei der Leserin und trägt daher zum Textverständnis wesentlich bei. Es kann sich um einen realen Ort handeln, der die erzählte Geschichte in der Wirklichkeit verankert und ihr ein bestimmtes Lokalkolorit gibt, oder um einen Fantasieort, der sich auf keiner Landkarte findet. Der Ort kann der Hauptgegenstand des Erzählens sein, wie z. B. im Genre des Großstadtromans oder des Heimatromans. Es gibt bestimmte Orte in der Literatur, die in ihrer idealtypischen Gestaltung mehr oder minder feste Traditionen herausgebildet haben, wie z. B. die ländlich-dörfliche Idylle, der unheimliche Wald, das wilde Meer, die erhabene Bergwelt usw. Häufig erhält der Ort über seine reine Gegenständlichkeit hinaus Bedeutung, indem seine Atmosphäre mit dem Gang der Handlung und/oder mit den Gefühlslagen und Stimmungen der Figuren korrespondiert und diese verdeutlicht. Im Extremfall kann die Darstellung des Ortes reine Projektion der Stimmung oder des Lebensgefühls einer Figur sein, sodass man von einer „Seelenlandschaft“ spricht. Der Ort mit seiner Atmosphäre kann aber auch im Gegensatz zur Befindlichkeit einer Figur stehen und diese damit ironisch brechen. Im Hinblick auf die **Zeit** ist zu fragen, ob und inwieweit die erzählte Geschichte **historisch verortet** ist, ob sie sich also klar erkennbar einer historischen Situation oder einer Epoche zuordnen lässt und welche Bedeutung der historische Bezugspunkt für das erzählte Geschehen hat. Wie der Ort kann auch die Zeit im Zentrum des Erzählinteresses stehen, so geht es im sogenannten Zeitroman um die Darstellung eines Abschnitts der Geschichte, häufig mit kritischer Intention. Direkt erkennbar wird der Zeitbezug einer Erzählung durch das Nennen von Jahreszahlen oder das Einbeziehen allgemein bekannter historischer Ereignisse bzw. Personen, indirekt erkennbar wird er durch die Darstellung der Lebensumstände der Figuren, ihrer Verhaltensweisen, Kleidungsstile, Wohnungen usw.

4 **a** Stellen Sie dar, welche Funktion(en) der Ort und die Zeit des Geschehens bei Erzählanfängen einnehmen kann. Nutzen Sie dazu den Informationskasten auf Seite 153 .

Ort:
- *die Atmosphäre prägen*
- *zum Textverständnis beitragen*
- *die Geschichte in der Wirklichkeit verankern*
- …

Zeit:
- *zur Rhythmisierung der Erzählung beitragen*
- *das Leserinteresse wecken und erhalten*
- …

b Vergleichen Sie die drei Romananfänge (▶ S. 140–147) hinsichtlich ihrer Gestaltung des jeweiligen Ortes und gehen Sie dabei auch auf die historische Zeit ein, in der der Roman spielt (▶ S. 153).

5 Auch die Darstellung der Figuren und ihrer Beziehungen gehört zum Modell des Erzählens. Bei den Romananfängen im Kapitel 3.5 steht jeweils eine Frau im Vordergrund der Handlung. Vergleichen Sie die Figurengestaltung (▶ Information, S. 204) und die Charaktere der drei Frauenfiguren miteinander. Gehen Sie darauf ein, wie einerseits der jeweilige historische Kontext und andererseits die Erzählweise die Darstellung der Frauen beeinflussen.

Lene	***Doris***	***Sascha***
lebt mit ihrer Ziehmutter in …	*hat ein Zimmer bei ihren Eltern*	*lebt im Solitär mit ihren drei Geschwistern*

Information **Handlung und Zeitgestaltung**

Die Handlung eines epischen Textes kann **chronologisch,** d. h. kontinuierlich (linear) in ihrer zeitlichen Abfolge erzählt werden oder diskontinuierlich in Form von **Rückblenden** und **Vorausdeutungen.** Zu unterscheiden ist auch zwischen verschiedenen **Handlungsebenen.** Neben der Ebene der **äußeren Handlung,** der Kette der Ereignisse, in der von den Aktionen der Figuren berichtet wird, gibt es die Ebene der **inneren Handlung,** dem Geschehen, das im Bereich der Erinnerungen, Zukunftspläne, Fantasien, Träume usw. der Figuren abläuft. Eine Komplexität im Handlungsgefüge kann nicht nur durch die Kombination dieser Ebenen erreicht werden, sondern auch durch den **Zusammenschnitt mehrerer Parallelhandlungen** auf der äußeren Handlungsebene oder durch die Verschachtelung von **Rahmenerzählung** und **Binnenerzählung.** Dabei erzählt eine Figur, die Teil der zunächst erzählten Handlung ist, ihrerseits eine Geschichte. Ein wichtiger erzähltechnischer Aspekt in Bezug auf die Darstellung der Handlung ist schließlich noch das Verhältnis von **Erzählzeit** (die Zeit, in der die Geschichte erzählt bzw. gelesen werden kann) und **erzählter Zeit** (der Zeitraum, in dem sich das erzählte Geschehen abspielt). Das Verhältnis, in dem beide zueinander stehen, trägt zur Rhythmisierung einer Erzählung und damit zur Spannung und zum Erhalt des Leseinteresses wesentlich bei. Drei Möglichkeiten sind hierbei zu unterscheiden:

- **Zeitdeckung:** Erzählzeit und erzählte Zeit sind ungefähr deckungsgleich, z. B. im szenischen Erzählen;
- **Zeitraffung:** die Erzählzeit ist kürzer als die erzählte Zeit, z. B. im Erzählbericht, wenn Zeitspannen übersprungen oder Vorgänge stark zusammengefasst wiedergegeben werden;
- **Zeitdehnung:** die Erzählzeit ist länger als die erzählte Zeit, z. B. wenn Gedanken und Gefühle einer Figur in einem kurzen Handlungsmoment ausführlich wiedergegeben werden oder der Erzähler längere Kommentare und Reflexionen einfügt.

6 Stellen Sie den Inhalt des Informationskastens zur Handlung und Zeitgestaltung grafisch (z. B. in einer Mindmap) dar. Nutzen Sie zusätzlich die vorangegangenen Romananfänge, um konkrete Beispiele in Ihr Schaubild zu integrieren.

Methode **Mit Erzählstrategien produktiv-gestaltend umgehen**

Steckbriefe

Jedes Mitglied einer Lerngruppe schreibt eine Art Steckbrief zu einer erfundenen Figur: Name, Alter, Beruf, Hobbys, Aussehen, typische Verhaltensweisen und Eigenschaften. Die Steckbriefe werden verlost. Danach schreibt jedes Gruppenmitglied zu der ausgelosten Figur in der Er-/Sie-Erzählform eine Geschichte in auktorialer Weise. Anschließend werden die Geschichten untereinander ausgetauscht und von der neuen Bearbeiterin / dem neuen Bearbeiter umgeschrieben, und zwar in der Ich-Erzählform im Rahmen der personalen Erzählstrategie. Zum Schluss werden beide Geschichten vorgelesen und im Hinblick auf ihre jeweilige Wirkung verglichen.

Alltagsszenen

Verfolgen Sie auf dem Pausenhof, im Bus, in einem Café, bei einer Feier etc. die Gespräche. Machen Sie sich entsprechende Aufzeichnungen und schreiben Sie dann in einer neutralen Erzählstrategie mit deutlichen Passagen szenischen Erzählens einen Text, der Bestandteil eines Romans sein könnte. Geben Sie Ihrem Text einen Titel. Danach können Sie selbst oder ein anderes Mitglied Ihrer Lerngruppe die neutrale Erzählfigur durch eine auktoriale ersetzen, die Kommentare etc. einstreut.

Montage

Überlegen Sie sich Situationen, in denen zwei Menschen kurz vor einem Treffen stehen, z. B.: Junge auf dem Weg zur Freundin, von zu Hause ausgezogene Tochter unterwegs zu einem Elternteil. Einigen Sie sich in Partnerarbeit auf eine Situation sowie darauf, welche Figur Sie übernehmen wollen und ob Sie im Rahmen der personalen Erzählstrategie einen Text in der erlebten Rede schreiben oder aber einen inneren Monolog. Nach dem Verfassen sollen beide Texte zu einem gemeinsamen Text montiert werden, in dem jeweils ein Abschnitt aus der einen Figurensicht auf einen aus der anderen Sicht folgt.

Bildimpuls

Lassen Sie sich von einem Bild (▶ z. B. rechts), auf dem ein Raum, ein Gebäude, eine Straße bzw. ein Platz oder eine Landschaft abgebildet ist, zu einer Geschichte anregen. Reflektieren Sie, welche Erzählstrategie Sie wählen wollen oder spontan gewählt haben, und erläutern Sie diese Entscheidung.

7 Bilden Sie Kleingruppen und nutzen Sie die Vorschläge des obigen Methodenkastens, um eigene Texte zu verfassen. Achten Sie besonders auf die Umsetzung der jeweiligen Erzählstrategie.

3.7 Sprachtraining

Theodor Fontane: Effi Briest (1895)

In Front des schon seit Kurfürst Georg Wilhelm[1] von der Familie von Briest bewohnten Herrenhauses zu Hohen-Cremmen fiel heller Sonnenschein auf die mittagsstille Dorfstraße, während nach der Park- und Gartenseite hin ein rechtwinklig angebauter Seitenflügel einen breiten Schatten erst auf einen weiß und grün quadrierten Fliesengang und dann über diesen hinaus auf ein großes, in seiner Mitte mit einer Sonnenuhr und an seinem Rande mit Canna indica[2] und Rhabarberstauden besetztes Rondell warf. Einige zwanzig Schritte weiter, in Richtung und Lage genau dem Seitenflügel entsprechend, lief eine ganz in kleinblättrigem Efeu stehende, nur an einer Stelle von einer kleinen weiß gestrichenen Eisentür unterbrochene Kirchhofsmauer, hinter der der Hohen-Cremmener Schindelturm mit seinem blitzenden, weil neuerdings erst wieder vergoldeten Wetterhahn aufragte.

1 **Kurfürst Georg Wilhelm** (1595–1640): Kurfürst und Markgraf von Brandenburg und Herzog in Preußen, entstammte dem Geschlecht der Hohenzollern

2 **Canna indica:** Pflanze, die auch indisches Blumenrohr genannt wird

1 Erweitern Sie Ihren Wortschatz.

a Notieren Sie aus dem oben abgedruckten Romananfang Ihnen unbekannte Wörter.

b Klären Sie die Bedeutung dieser Wörter, indem Sie ein Nachschlagewerk (Wörterbuch, Online-Lexikon o. Ä.) konsultieren.

2 Sammeln Sie in einer tabellenartigen Übersicht alle expliziten und impliziten Textinformationen, die Sie zu den genannten Figuren, zum Ort der Handlung und zur erzählten Zeit finden.

Art der Textinformation	***Textstelle (Zeile, Zitat)***	***Bemerkungen/Deutungen in eigenen Worten***
Figuren	*Z. 2: „Familie von Briest"*	*„von" deutet auf Adelsfamilie hin*
Ort der Handlung	*Z. 2 f.: „Herrenhaus"* …	…
erzählte Zeit	…	

3 Der erste Satz des Romans zieht sich von Zeile 1 bis Zeile 11. Lösen Sie den Satz in kurze Hauptsätze auf. Beginnen Sie so: *Das Herrenhaus zu Hohen-Cremmen wurde schon seit Kurfürst Georg Wilhelm von der Familie von Briest bewohnt. In seiner Front fiel …*

Methode **Anspruchsvolle literarische Texte verstehen**

Nicht nur Romananfänge wie diese ersten Sätze aus „Effi Briest" stellen oft eine Herausforderung für das Verständnis dar. Die sprachliche Gestaltung mancher literarischer Texte ist anspruchsvoll aufgrund komplexer Satzkonstruktionen, in denen viele Informationen auf engem Raum enthalten sind. Insbesondere in älteren Texten können unbekannte, teils veraltete Wörter das Textverständnis erschweren. Sie nähern sich einem Text, indem Sie:

- unbekannte Wörter nachschlagen,
- Informationen aus dem Text in übersichtlicher Form (z. B. in einer Tabelle) sammeln und
- komplexe Sätze in kürzere Einzelsätze auflösen.

1 a Legen Sie eine Tabelle wie unten an und ordnen Sie die Begriffe der passenden Ebene zu. Klären Sie die Bedeutung der sprachlichen Phänomene, ergänzen Sie den Artikel und, soweit möglich, die Pluralform.

Kompositum Parataxe Futur (I u. II) Tempus Schachtelsatz Präteritum
Substantivierung Verb Imperativ Hypotaxe Präsens Deklarativ Adjektiv
Partizip Personalpronomen Pronomen Konjunktion Interjektion Adverb
Attribut Perfekt Wortgruppe Interrogativ Präposition Konjunktiv (I u. II)

Wortebene	***Satzebene***	***Zeitebene***
das Kompositum (= zusammengesetztes Nomen), die Komposita *…*	*die Parataxe (= Satzreihe), die Parataxen* *…*	*…*

b Untersuchen Sie den Romananfang von „Effi Briest" auf das Vorkommen der oben angegebenen Phänomene und notieren Sie zu jedem aufgefundenen Phänomen ein Beispiel aus dem Text.
Tempus = Präteritum („fiel", Z. 3), …

c Beschreiben Sie unter Einbeziehung von Textbeispielen zwei sprachliche Besonderheiten genauer, die Ihnen im Hinblick auf den Romananfang von „Effi Briest" bemerkenswert erscheinen.
Ein auffälliges sprachliches Gestaltungsmerkmal des Romananfangs von „Effi Briest" sind die langen, sowohl hypotaktisch als auch parataktisch gestalteten Sätze. In diesen Satzkonstruktionen sind … enthalten. Der Leser …

2 Üben Sie die Beschreibung der Erzählstrategie eines literarischen Textes (▶ Informationen, S. 150 ff.).

a Die meisten der folgenden Aussagen sind inhaltlich fehlerhaft. Finden Sie die Fehler und korrigieren Sie die falschen Aussagen.

a) Die Begriffe „Autor" und „Erzähler" sind Synonyme.
b) Der Erzähler des Romans „Effi Briest" heißt Theodor Fontane.
c) Der Er-Erzähler ist eine Figur, die selbst ein Teil der Handlung ist; er gehört zur Welt der Erzählung und kann auktorial oder personal angelegt sein.
d) Die Begriffe „Erzählzeit" und „erzählte Zeit" haben nichts miteinander zu tun.
e) Wenn die Erzählzeit länger ist als die erzählte Zeit, spricht man von Zeitraffung.
f) Ob ein literarischer Text eine auktoriale oder eine personale Erzählstrategie verfolgt, lässt sich nicht immer genau feststellen.
g) Zur Figurenrede gehören direkte (wörtliche) Rede, indirekte Rede, erlebte Rede und Dialog.
h) Der innere Monolog ist eine Sonderform der Erzählperspektive.

b Ordnen Sie die in Aufgabe 2 a genannten Begriffe zur Beschreibung erzählender Texte den folgenden Kategorien zu. Ergänzen Sie ggf. fehlende Merkmale und/oder Zusatzinformationen.

Erzählform	***Erzählstrategie***	***Figurenrede***	***Zeit***
Er-Erzähler (nicht mit Autor identisch) *…*	*auktorial* *personal* *…*	*…*	*…*

c Formulieren Sie fünf weitere Aussagen zu sprachgestalterischen und erzähltechnischen Besonderheiten von „Effi Briest".

3.8 Klausurtraining: Einen Erzählanfang interpretieren – „Effi Briest" von Theodor Fontane

Aufgabenbeispiel

Analysieren und interpretieren Sie den Anfang von Theodor Fontanes Roman „Effi Briest". Berücksichtigen Sie dabei besonders die Darstellung des Ortes und die persönliche Situation Effis. Gehen Sie auch auf die erzählerischen und sprachlichen Gestaltungsmittel ein.

Theodor Fontane: **Effi Briest** (1895) – Romananfang

In Front des schon seit Kurfürst Georg Wilhelm[1] von der Familie von Briest bewohnten Herrenhauses zu Hohen-Cremmen fiel heller Sonnenschein auf die mittagsstille Dorfstraße, während nach der Park- und Gartenseite hin ein rechtwinklig angebauter Seitenflügel einen breiten Schatten erst auf einen weiß und grün quadrierten Fliesengang und dann über diesen hinaus auf ein großes, in seiner Mitte mit einer Sonnenuhr und an seinem Rande mit Canna indica[2] und Rhabarberstauden besetztes Rondell warf. Einige zwanzig Schritte weiter, in Richtung und Lage genau dem Seitenflügel entsprechend, lief eine ganz in kleinblättrigem Efeu stehende, nur an einer Stelle von einer kleinen weiß gestrichenen Eisentür unterbrochene Kirchhofsmauer, hinter der der Hohen-Cremmener Schindelturm mit seinem blitzenden, weil neuerdings erst wieder vergoldeten Wetterhahn aufragte. Fronthaus, Seitenflügel und Kirchhofsmauer bildeten ein einen kleinen Ziergarten umschließendes Hufeisen, an dessen offener Seite man eines Teiches mit Wassersteg und angeketteltem Boot und dicht daneben einer Schaukel gewahr wurde, deren horizontal gelegtes Brett zu Häupten und Füßen an je zwei Stricken hing – die Pfosten der Balkenlage schon etwas schief stehend. Zwischen Teich und Rondell aber und die Schaukel halb versteckend standen ein paar mächtige alte Platanen.

Auch die Front des Herrenhauses – eine mit Aloekübeln und ein paar Gartenstühlen besetzte Rampe – gewährte bei bewölktem Himmel einen angenehmen und zugleich allerlei Zerstreuung bietenden Aufenthalt; an Tagen aber, wo die Sonne niederbrannte, wurde die Gartenseite ganz entschieden bevorzugt, besonders von Frau und Tochter des Hauses, die denn auch heute wieder auf dem im vollen Schatten liegenden Fliesengange saßen, in ihrem Rücken ein paar offene, von wildem Wein umrankte Fenster, neben sich eine vorspringende kleine Treppe, deren vier Steinstufen vom Garten aus in das Hochparterre des Seitenflügels hinaufführten. Beide, Mutter und Tochter, waren fleißig bei der Arbeit, die der Herstellung eines aus Einzelquadraten zusammenzusetzenden Altarteppichs galt; ungezählte Wollsträhnen und Seidendocken lagen auf einem großen, runden Tisch bunt durcheinander, dazwischen, noch vom Lunch her, ein paar Dessertteller und eine mit großen, schönen Stachelbeeren gefüllte Majolikaschale. Rasch und sicher ging die Wollnadel der Damen hin und her, aber während die Mutter kein Auge von der Arbeit ließ, legte die Tochter, die den Rufnamen Effi führte, von Zeit zu Zeit die Nadel nieder und erhob sich, um unter allerlei kunstgerechten Beugungen und Streckungen den ganzen Kursus der Heil- und Zimmergymnastik durchzumachen. Es war ersichtlich, dass sie sich diesen absichtlich ein wenig ins Komische gezogenen Übungen mit ganz besonderer Liebe hingab, und wenn sie dann so dastand und, langsam die Arme hebend, die Handflächen hoch über dem Kopf zusammenlegte, so sah auch wohl die Mama von ihrer Handarbeit auf, aber immer nur flüchtig und verstohlen, weil sie nicht zeigen wollte, wie entzückend sie ihr eigenes Kind finde, zu welcher Regung mütterlichen Stolzes sie voll berechtigt war. Effi trug ein blau und weiß gestreiftes, halb kittelartiges Leinwandkleid, dem erst ein fest zusammengezogener, bronzefarbener Ledergürtel die Taille gab; der Hals war frei, und über Schulter und Nacken fiel ein breiter Matrosenkragen. In allem, was sie tat, paarten sich Übermut und Grazie, während ihre lachenden braunen Augen eine große, natürliche Klugheit und viel Lebenslust und Herzensgüte verrieten. Man nannte sie die „Kleine", was sie sich nur gefallen lassen musste, weil die schöne, schlanke Mama noch um eine Handbreit höher war.

Eben hatte sich Effi wieder erhoben, um abwechselnd nach links und rechts ihre turnerischen Drehungen zu machen, als die von ihrer Stickerei gerade wieder aufblickende Mama ihr zurief: „Effi, eigentlich hättest du doch wohl Kunstreiterin werden müssen. Immer am Trapez, immer Tochter der Luft. Ich glaube beinah, dass du so was möchtest."

„Vielleicht, Mama. Aber wenn es so wäre, wer wäre schuld? Von wem hab ich es? Doch nur von dir. Oder meinst du von Papa? Da musst du nun selber lachen. Und dann, warum steckst du mich in diesen Hänger, in diesen Jungenskittel? Mitunter denk ich, ich komme noch wieder in kurze Kleider. Und wenn ich die erst wieder habe, dann knicks ich auch wieder wie ein Backfisch[3], und wenn dann die Rathenower herüberkommen, setze ich mich auf Oberst Goetzes Schoß und reite hopp, hopp. Warum auch nicht? Drei Viertel ist er Onkel und nur ein Viertel Courmacher[4]. Du bist schuld. Warum kriege ich keine Staatskleider? Warum machst du keine Dame aus mir?"

„Möchtest du's ?"

„Nein." Und dabei lief sie auf die Mama zu und umarmte sie stürmisch und küsste sie.

„Nicht so wild, Effi, nicht so leidenschaftlich. Ich beunruhige mich immer, wenn ich dich so sehe …"

1 **Kurfürst Georg Wilhelm (1595–1640):** Kurfürst und Markgraf von Brandenburg und Herzog in Preußen, entstammte dem Geschlecht der Hohenzollern

2 **Canna indica:** Pflanze, die auch indisches Blumenrohr genannt wird

3 **Backfisch:** veraltetes Wort für Jugendliche oder Teenager

4 **Courmacher:** Verehrer

Information **Aufbau eines Interpretationsaufsatzes zu einem Textauszug (Roman/Drama)**

Bei der Analyse eines Romanauszugs oder einer Dramenszene ist lediglich ein Teil des Ganzen der Untersuchungsgegenstand. Jedoch wird dieser Teil immer vor dem Hintergrund des gesamten Werks betrachtet. Grundsätzlich entspricht der **Aufbau** des Aufsatzes demjenigen zur Kurzprosa (▶ Methode, S. 133). Zu beachten sind darüber hinaus Bezüge zum Gesamttext, zu weiteren Textstellen oder zu Besonderheiten der Figuren.

- **Textbeschreibung:** Als Überleitung zur Textbeschreibung sollte der vorliegende Auszug in den Zusammenhang des Gesamttextes eingeordnet werden, indem der Entwicklungsstand des Geschehens bis zum Auszug kurz dargelegt wird. In der weiteren Textbeschreibung werden die vorkommenden Figuren vorgestellt und eine knappe Darstellung des inhaltlichen Schwerpunkts des Auszuges gegeben. Außerdem sind die erzähltechnischen Merkmale und Besonderheiten im Bezug zum Gesamttext zu beschreiben und aufzudecken.
- **Deutung:** Bei der Deutung sollten die durch die Aufgabenstellung vorgegebenen Aspekte im Mittelpunkt stehen. Denkbar sind u. a. Vergleiche mit ähnlich gelagerten Textauszügen, das Aufdecken von Besonderheiten im Handlungsverlauf oder die Charakterisierung besonderer Verhaltensweisen der handelnden Figuren. Auch der Bezug zur Epoche, in der das Werk entstanden ist und die es ggf. in besonderer Weise geprägt hat, sollte hergestellt werden.
- **Fazit:** Aus dem Schwerpunkt der Deutung ergeben sich die zentralen Ansatzpunkte des Fazits, die sich auf die Aspekte der Aufgabenstellung und der zentralen Interpretationsthese beziehen sollten.

Die Aufgabenstellung verstehen

1 Lesen Sie die Aufgabenstellung gründlich und entnehmen Sie ihr die Schlüsselbegriffe. Notieren Sie sämtliche Anforderungen, die in der Aufgabenstellung enthalten sind.

Information **Aspektorientierte Aufgabenstellungen**

Eine aspektorientierte Aufgabenstellung gibt bestimmte Untersuchungsaspekte vor.
Man unterscheidet:

- inhaltliche Aspekte (z. B. Situation, Verfassung oder Gestaltung einer Figur, Figurenbeziehungen, Handlungsaufbau, Entfaltung eines Themas oder Motivs),
- gestalterische Aspekte (z. B. Erzählweise, erzählerische/sprachliche Gestaltungsmittel),
- weiterführende Aspekte (z. B. Blick auf das gesamte Werk oder die Epoche).

Erstes Textverständnis und Ideen formulieren

1 Lesen Sie den Text ein erstes Mal. Machen Sie sich bereits Notizen (auf einer Kopie) und markieren Sie Stellen, die Ihnen jetzt bereits wichtig erscheinen.

2 Kennzeichnen Sie am Rand mit zwei Farben die Stellen, in denen der Ort dargestellt wird und in denen es um Effis persönliche Situation geht.
Ort: – Herrenhaus zu Hohen-Cremmen (Z. 2 f.)
– „rechtwinklig angebauter Seitenflügel" (Z. 5 f.)
...

3 Untersuchen Sie den Text auf erste auffällige erzählerische und sprachliche Gestaltungsmittel und markieren Sie diese mit weiteren Farben.

Den Text analysieren und interpretieren

1 Notieren Sie die wesentlichen Informationen für den Einleitungssatz (▶ Methode, S. 133).

2 **a** Bilden Sie eine zentrale Interpretationsthese, die die Ausrichtung Ihrer Interpretation im Hauptteil bestimmen wird (Worum geht es im Textauszug? Welche Bedeutung hat es für die Gesamthandlung?).
Im ersten Kapitel von „Effi Briest" wird Effi als ... dargestellt. Das könnte darauf hindeuten, dass ...

b Vergleichen Sie Ihre Interpretationsthese mit denen Ihrer Mitschülerinnen und Mitschüler und beurteilen Sie jeweils die Tauglichkeit. Achten Sie darauf, dass die Thesen über eine bloße Beschreibung hinausgehen und nicht zu eng formuliert sind.

3 **a** Legen Sie eine Stichwortliste an, in der Sie festhalten, was die Leserin / der Leser über den Ort des Geschehens erfährt. Nehmen Sie die Information auf Seite 153 zu Hilfe.
- *zunächst Beschreibung Front des Herrenhauses, danach Garten*
- *„vergoldeter Wetterhahn"*
- *„mächtige alte Platanen"*
- *...*

b Sammeln Sie des Weiteren Aspekte, die auf mögliche Vorausdeutungen der weiteren Handlung hinweisen könnten.
- *„... weil die schöne, schlanke Mama noch um eine Handbreit höher war." (Z. 78 ff.)*
- *... die schief stehende Schaukel könnte auf ein baldiges Ende der Kindheit ...*
- *...*

4 Untersuchen Sie die Erzählweise. Beantworten Sie dazu folgende Fragen:

- Welche Erzählstrategie herrscht vor?
- In welchem Raum spielt das Geschehen?
- Wie wird der Ort beschrieben?
- In welchem Verhältnis stehen erzählte Zeit und Erzählzeit?

Schlagen Sie hierzu auch die Informationen auf den Seiten 150–154 nach und nutzen Sie Ihre Ergebnisse aus Aufgabe 3.

Die Erzählstrategie wird hauptsächlich durch einen … Erzähler bestimmt, der an einigen Stellen auch … Die Beschreibung des Ortes ist sehr detailliert, wodurch der Leser einen genauen Einblick in das bisherige Leben der Protagonistin Effi gewinnen kann. Dies erkennt man besonders an …

5 Führen Sie nun eine Sprachanalyse durch. Gehen Sie hierzu ähnlich vor wie im folgenden Textauszug. Legen Sie zur Auswertung Ihrer Untersuchungsergebnisse eine vergleichbare Tabelle an.

Eben hatte sich Effi wieder erhoben, um abwechselnd nach links und rechts ihre turnerischen Drehungen zu machen, als die von ihrer Stickerei gerade wieder aufblickende Mama ihr zurief: „Effi, eigentlich hättest du doch wohl Kunstreiterin werden müssen. Immer am Trapez, immer Tochter der Luft. Ich glaube beinah, dass du so was möchtest."
„Vielleicht, Mama. Aber wenn es so wäre, wer wäre schuld? Von wem hab ich es? Doch nur von dir. Oder meinst du von Papa? Da musst du nun selber lachen. Und dann, warum steckst du mich in diesen Hänger, in diesen Jungenskittel? …"

Text	***Sprachliche Form***	***Deutung/Wirkung***
„Eben hatte sich Effi wieder erhoben …"	*langer Satz (Hypotaxe) mit folgender wörtlicher Rede*	*hypothetische bzw. ironische Äußerung der Mutter, keine Frage nach Effis wirklichen Wünschen*
„Immer am Trapez, immer …"	*Ellipse*	*Wesen der Artistik wird durch elliptischen Satzbau betont*
„Tochter der Luft"	*Metapher*	*verstärkt den Eindruck vom „Wildfang" Effi*
„… warum steckst du mich in diesen Hänger, in diesen Jungenskittel?"	*Correctio*	*Effi verstärkt durch den nachfolgenden, korrigierenden Begriff „Jungenskittel" ihren (scheinbaren?) Unmut über ihre derzeitige Kleidung*

6 Entwickeln Sie aus den vorangegangenen Analyseergebnissen eine Interpretation des Romananfangs, indem Sie z. B. die Ortsdarstellung und die Charakterisierung Effis aufeinander beziehen und das hier angelegte Konfliktpotenzial des Romans daraus ableiten.

Den Schreibplan erstellen und den eigenen Text schreiben

1 Ordnen Sie die bisher erarbeiteten Untersuchungsergebnisse im Rahmen einer Gliederung der Einleitung, dem Hauptteil oder dem Schluss Ihres Aufsatzes zu.

2 Schreiben Sie einen Einleitungssatz zu Ihrem Interpretationsaufsatz. Nutzen Sie dazu die Formulierungsbausteine von Seite 136.

Im vorliegenden Anfang des Romans „Effi Briest" aus dem Jahr 1895 geht es um Effi, eine Tochter aus höherem Hause, die …

3 Verfassen Sie eine Textbeschreibung (▶ Information, S. 136). Nutzen Sie Ihre Notizen.
Zum inhaltlichen Aufbau des Romananfangs kann festgehalten werden, dass … Dies hat zur Folge, dass die Leserin / der Leser …
Der Romananfang beginnt mit einer detaillierten Beschreibung des Anwesens und des Gartens der Familie von Briest. Dies wirkt auf den Leser / die Leserin …

4 Formulieren Sie nun im Hauptteil Ihre Untersuchungsergebnisse aus. Verwenden Sie dazu passende Textbelege. Orientieren Sie sich an Ihrer in der Gliederung gewählten Reihenfolge.
Bei Betrachtung der Erzählweise fallen die detaillierten Beschreibungen auf, die …
Effis Verhalten wirkt …, was sich besonders gut in Zeile XX feststellen lässt. Außerdem wird dies auf der sprachlichen Ebene durch … unterstützt, wie man z. B. in Zeile XX beobachten kann.
Untersucht man die verwendeten Stilmittel, fällt insbesondere … ins Auge. Dies bewirkt … Effi wird von ihrer Mutter als „Tochter der Luft" bezeichnet. Diese Metapher wirkt …
Durch den Wechsel der Erzählstrategie zwischen einem … Erzähler (vgl. Z. XX) und einem … Erzähler (vgl. Z. XX) …
Fontane verwendet überwiegend eine zeitdeckende Erzählweise. Dies führt dazu, dass …
Bei der Beschreibung des Ortes fällt auf, dass …

5 Verfassen Sie den Schluss Ihres Aufsatzes, indem Sie ein Fazit ziehen. Hinweis: Hier ist darauf zu achten, dass Sie einen Bezug zur Aufgabenstellung und Ihrer Interpretationshypothese herstellen.
Zusammenfassend lässt sich feststellen, dass … Diese Feststellung unterstützt meine Interpretationshypothese …

Den eigenen Text überarbeiten

1 Kontrollieren Sie Ihren Aufsatz mithilfe der Checkliste unten.

2 **a** Überprüfen Sie Ihren Aufsatz noch einmal auf unpräzise Formulierungen und stilistische Schwächen.
b Kontrollieren Sie, ob Sie die Fachbegriffe zur Analyse erzählender Texte (▶ Information, S. 159) richtig verwendet haben.

3 **a** Überprüfen Sie Ihren Text ein letztes Mal im Hinblick auf Rechtschreib-, Grammatik- und Zeichensetzungsfehler. Achten Sie besonders auf korrektes Zitieren und Belegen.
Tipp: Nutzen Sie dafür ein Nachschlagewerk.
b Führen Sie eine Schreibkonferenz durch, um Rückmeldungen zu Ihrem Aufsatz zu erhalten (▶ S. 357). Arbeiten Sie nach der Schreibkonferenz überzeugende Tipps Ihrer Mitschüler/-innen in Ihren Text ein.

Checkliste **Einen Erzählausschnitt interpretieren**

- Hat Ihr Aufsatz einen klaren **Aufbau,** der durch Absätze gegliedert ist?
- Haben Sie einleitend **Textsorte, Titel, Autor/-in, Erscheinungsjahr** und **Thema** genannt?
- Haben Sie eine **Interpretationsthese** formuliert?
- Haben Sie sämtliche in der Aufgabe genannte **Untersuchungsaspekte** berücksichtigt und dabei **Inhalt, Sprache und Form in Beziehung gesetzt**?
- Endet Ihr Aufsatz mit einem zusammenfassenden **Fazit**?
- Haben Sie sachlich formuliert und Ihre Beobachtungen durch **Verweise** und **Zitate** belegt?
- Ist der Text **sprachlich richtig** (Rechtschreibung, Grammatik, Zeichensetzung)?
- Haben Sie korrekte Fachbegriffe verwendet?

3.9 Analyse literarischer Texte: Schritt für Schritt zum Aufsatz

Methode **Arbeitsschritte zur Anfertigung eines Interpretationsaufsatzes**

Arbeitsschritte	Besondere Anforderungen
Planen	
1. Phase: Die Aufgabenstellung verstehen	
■ die thematischen Schwerpunkte der Aufgabe nachvollziehen ■ Anforderungen der in der Aufgabe genannten Operatoren (z. B. analysieren, vergleichen) erfassen	■ mit einer stichwortartigen Schreibplanung Vorsorge treffen, dass vom Thema nicht abgewichen wird ■ durch die Prüfung der Operatoren die richtigen Schwerpunkte setzen
2. Phase: Erstes Lesen / Spontanreaktion	
■ erstes Lesen des Textes ■ Spontanreaktion festhalten	■ vorsichtig mit ersten Markierungen umgehen, nicht zu viel markieren
3. Phase: Die Einleitung planen, die zentrale Interpretationsthese aufstellen	
■ mehrmaliges Lesen des Textes ■ dabei Verstehensprozesse in Notizen und Markierungen umsetzen ■ die anfänglichen Spontanreaktionen jetzt als Ideen-Steinbruch verwenden und die zentrale Interpretationsthese aufstellen ■ Informationen für die Einleitung zusammenstellen	■ dem Drang zum verfrühten Beginn des Interpretationsaufsatzes widerstehen ■ den Inhalt erfassen (Einleitung), das Wesentliche erkennen (Interpretationsthese)
4. Phase: Den Hauptteil planen: Interpretationsthesen erarbeiten	
■ die zentralen Aussagen des Textes mit eigenen Worten knapp und treffend schriftlich festhalten („Wegweiser" für die spätere Niederschrift in Form von Thesen) ■ Thesen ausarbeiten, belegen, deuten und die Deutung auf die These zurückführen ■ Beobachtungen zu Inhalt, Form und Sprache aufeinander beziehen	■ die Thesen so formulieren, dass sie über eine Beschreibung des Textes hinausgehen ■ inhaltliche Überschneidungen vermeiden ■ die formalen und sprachlichen Eigenheiten des Textes nicht vernachlässigen ■ nicht nur Details betrachten, sondern die Elemente in ihrer gedanklichen Verknüpfung rekonstruieren
Schreiben	
5. Phase: Die Einleitung	
■ Formulierung einer Einleitung (Autor/-in, Titel, Textsorte, evtl. Erscheinungsjahr) und kurze Skizzierung des Inhalts ■ die zentrale Interpretationsthese formulieren	■ die zentrale Interpretationsthese nicht zu eng fassen und über eine reine Beschreibung inhaltlicher Aspekte hinausführen

6. Phase: Textbeschreibung

- kurze Wiedergabe des Inhalts und der Struktur des Textes
- Einbettung des Romanauszugs / der Dramenszene in den Gesamtzusammenhang des Werks

- schwerpunktmäßig die wesentlichen Aspekte im Präsens wiedergeben
- mit eigenen Worten formulieren
- die Einbettung erfolgt danach, was für den Auszug / die Szene wichtig ist
- keine textbezogenen Informationen voraussetzen

7. Phase: Geordnete Wiedergabe der Textanalyse im Hauptteil

- schriftliche Wiedergabe der Analyseergebnisse
- Nutzung der zentralen Aussagen/Interpretationsthesen zur Abschnittbildung und als „roten Faden"
  (Reihenfolge:
  1. Textaussage = beschreibende Ausführung,
  2. textanalytische Erläuterungen dazu mit Textbeleg,
  3. Deutung = interpretierende Erläuterung mit Rückbindung an die These)

- keine bloße Textwiedergabe; nicht zu eng an der Wörtlichkeit des Textes „kleben", den Text gedanklich rekonstruieren und in die eigene Sprache „übersetzen"
- den Gedankengang immer bis zur Deutung vorantreiben
- interpretatorische Behauptungen nicht ohne „Beweis" lassen
- Fachbegriffe verwenden
- nicht mit der Länge des Aufsatzes beeindrucken wollen, sondern mit Präzision, Stichhaltigkeit und gründlicher Entfaltung des eigenen analytischen Gedankens

8. Phase: Kontextuierung

- evtl. Wissen über eine literarische Epoche, die Biografie des Autors / der Autorin, politisch-soziale, geistesgeschichtliche und sonstige Hintergründe des Textes zur weiterführenden Kommentierung nutzen
- mit dem eigenen Text verknüpfen

- den von der Aufgabenstellung geforderten Textbezug beachten, d. h., nicht nur „Wissensgepäck" abladen (Kriterium für die Verwendung von Hintergrundwissen ist, ob sich damit die Deutung des Textes weiter entfalten lässt)

9. Phase: Den Schluss verfassen – Ein Resümee ziehen

- Formulierung eines Textabschlusses in Form eines Resümees mit Stellungnahme oder Wertung

- nicht auf formelhafte Wendungen ausweichen
- wörtliche Wiederholungen von Ausführungen aus den Phasen 6–8 vermeiden

Überarbeiten

10. Phase: Textkontrolle/Textüberarbeitung

- Prüfung des Aufsatzes, insbesondere im Hinblick auf Fehler in sprachlichem Ausdruck, Rechtschreibung und Zeichensetzung sowie korrektes Zitieren (unveränderter Wortlaut, Einpassen des Zitats in die eigene Syntax, Zeilen- oder Seitenbeleg)

- grammatikalische und orthografische Sicherheit
- um einem Aufmerksamkeitsverlust entgegenzuwirken, die Ausführungen Satz für Satz (ggf. vom Ende her) überprüfen

1 Überlegen Sie zuerst für sich alleine, was Sie unter dem Begriff „Heimat" verstehen, und halten Sie Ihre Überlegungen in Stichworten fest. Tauschen Sie sich anschließend mit Ihrer Gruppe aus und diskutieren Sie Ihre Ergebnisse.

2 Suchen Sie sich Begriffe aus der Wortwolke aus und verfassen Sie einen Text in Versform zum Thema Heimat. Mögliche Anfänge könnten sein:
Heimat heißt …
Heimat. Du bist für mich …
Zuhause. Hier fühle ich mich …

In diesem Kapitel erwerben Sie folgende Kenntnisse und Kompetenzen

- einen Zugang zu Gedichten finden, Ideen für Interpretationen entwickeln und ausarbeiten,
- formale und sprachliche Gestaltungsmerkmale benennen und ihre Funktion für die Textaussage und -wirkung erläutern,
- Kenntnisse über verschiedene literaturgeschichtliche Epochen erwerben und diese für die eigene Interpretation nutzen,
- den Wandel des Heimatbegriffs in verschiedenen literaturgeschichtlichen Epochen nachvollziehen und mit eigenen Vorstellungen vergleichen.

4.1 Zur Struktur lyrischer Texte

Fynn Kliemann: **Zuhause** (2018)

Die Nacht ist noch jung
Aber wir sind schon alt
Die Kerze noch warm
Aber die Füße sind kalt
Ich warte auf mehr
Du wartest auf mich
Doch so weit bin ich nicht
Bleibe ein Kind
Ritz meinen Namen in Bänke
Und piss in den Wind

Ich bin riesig
Aber du viel größer als ich
Alles jetzt, alles wichtig
Aber wichtiger als du ist mir nichts
Auch mit faltiger Haut
Das hier bleibt unser Tattoo
Ganz egal wo wir landen
Mein Zuhause ist kein Ort
Das bist du
(Das bist du)

Ich brauche 'nen Rahmen
Du ziehst so weit auf, wie du kannst
Ich denke in Farben
Und du bemalst jede Wand
Ich kippe die Welt
Und fange gerade erst an
Für dich bleib ich selbst
Dein dickes Fell
Hält uns beide zusammen

Ich bin riesig [...]

Ich will 'nen Jetski du 'nen Hund
Wir kaufen 'n Grundstück mit 'nem Teich
Ich will so viel
Du bringst mir bei
Dass leben manchmal reicht
Immer hektisch nach außen
Doch mache ich mit dir heimlich Pause
Ich wollt dir nur sagen
Ich komm gern nach Hause

Ich bin riesig [...]

Patrick Salmen: **Zehn, König** (2014)

Da saßen sie nun
Fortwährend auf zwei
Weißen Plastikstühlen
In einer Parzelle des
Kleingartenvereins
Zur kleinen Heimat
Und spielten Karten

Aussetzen, zwei ziehen
Bube
Ich wünsche mir ...

Ich wünsche mir, dass das immer so bleibt
Und Pik

Ass
Letzte Karte
Zehn
König
Gewonnen

Dann mischte er die Karten erneut und teilte sie aus
Und sie spielten erneut eine Partie
Für Partie

Hier in der kleinen Parzelle
Und irgendwann fragte sie ihn
Ob er das denn wirklich so meine
Dass das immer so bleiben solle

Acht, aussetzen

Da saßen sie nun
Fortwährend auf zwei
Weißen Plastikstühlen
In einer kleinen Parzelle
Des Kleingartenvereins
Zur kleinen Heimat
Und spielten Karten

1 Lesen Sie die Texte von Kliemann und Salmen (▶ S. 166). Erläutern Sie zunächst für jeden Text einzeln, dann im Vergleich, welche Heimatgefühle beschrieben werden.

2 Benennen Sie für beide Texte Merkmale, die die Texte als Lyrik erscheinen lassen.

Das lyrische Ich

Nefvel Cumart: **Zwei Welten** (1996)

zwischen
zwei
welten
inmitten
unendlicher
einsamkeit
möchte
ich eine brücke sein

doch kann ich
kaum fuß fassen
an dem einen ufer
vom anderen
löse ich mich
immer mehr

die brücke bricht
droht mich
zu zerreißen
in der mitte

Hermann Hesse: **Kennst du das auch?** (1901)

Kennst du das auch, daß manchesmal
Inmitten einer lauten Lust,
Bei einem Fest, in einem frohen Saal,
Du plötzlich schweigen und hinweggehn mußt?

Dann legst du dich aufs Lager ohne Schlaf
Wie Einer, den ein plötzlich Herzweh traf;
Lust und Gelächter ist verstiebt wie Rauch,
Du weinst, weinst ohne Halt –
Kennst du das auch? R

Hermann Hesse

1 Wählen Sie eines der beiden Gedichte aus und schreiben Sie dazu einen Tagebucheintrag aus der Sicht des lyrischen Ich.

2 Erarbeiten Sie, wie sich das lyrische Ich in beiden Gedichten fühlt, und belegen Sie Ihre Ergebnisse jeweils am Text.

3 Vergleichen Sie die Gedichte von Cumart und Hesse im Hinblick auf die Sprechsituation. Achten Sie auf die Verwendung von Pronomen (ich, du) und beschreiben Sie die Wirkung dieser Sprechweise auf die Leserinnen und Leser.

4 Hermann Hesse hat 1919 ein Selbstbildnis gemalt. Recherchieren Sie dieses Selbstbildnis.
- **a** Überlegen Sie, aus welchem Grund Künstlerinnen und Künstler Selbstporträts schaffen. Vergleichen Sie sprachliche Mittel und Mittel der bildenden Kunst bei der Selbstdarstellung.
- **b** Vergleichen Sie die gestalterischen Mittel und Funktionen von Selbstporträts in der Kunst mit den Möglichkeiten und Funktionen von Selfies, die mit dem Handy gemacht werden.

Information **Das lyrische Ich**

Wie zu jedem Erzähltext ein Erzähler oder eine Erzählerin gehört, so gehört zu jedem Gedicht **eine Sprecherin / ein Sprecher** – nicht gleichzusetzen mit dem Autor oder der Autorin. Sie/Er kann in der 1., 2. oder 3. Person Singular oder im Plural vorkommen. Werden Gedanken, Gefühle und Beobachtungen in der Ich-Form mitgeteilt, spricht man von einem **lyrischen Ich.**

Der Vers – Grundelement des Gedichts

Rose Ausländer: **Das Schönste** (1984)

Ich flüchte in dein Zauberzelt Liebe im atmenden Wald wo Grasspitzen sich verneigen weil es nichts Schöneres gibt

1 **a** Lesen Sie den Text „Das Schönste" von Rose Ausländer und setzen Sie ihn in eine Versform. Vergleichen Sie Ihr Ergebnis zunächst mit dem Ihrer Partnerin oder Ihres Partners. Recherchieren Sie dann nach dem Originaltext der Dichterin und vergleichen Sie diesen ebenfalls mit Ihren Ergebnissen.
b Beschreiben Sie, wie die Versform die Aussage und Wirkung des Gedichts verändert.

2 Deuten Sie die Metapher „Zauberzelt" und erklären Sie ausgehend von dieser Deutung auch den Begriff des Flüchtens sowie die Beschreibung der Natur.

3 Fassen Sie Ihre Überlegungen aus Aufgabe 1 und 2 in einem kurzen Text zusammen. Formulieren Sie auch einen Einleitungssatz, der die Autorin, den Gedichttitel und das Thema des Gedichts benennt.

★ **4** Sie haben zum Einstieg ein eigenes Gedicht in Versform verfasst (▶ S. 165). Reflektieren Sie, weshalb Sie die Verse in der jeweiligen Form angeordnet haben. Überprüfen Sie, ob Sie die Versform noch einmal ändern würden, um die Aussage Ihres Gedichts hervorzuheben.

Eduard Mörike: **Lied vom Winde** (1867)

Sausewind, Brausewind!
Dort und hier!
Deine Heimat sage mir!

„Kindlein, wir fahren
Seit viel vielen Jahren
Durch die weit weite Welt,
Und möchten's erfragen,
Die Antwort erjagen,
Bei den Bergen, den Meeren,
Bei des Himmels klingenden Heeren,
Die wissen es nie.
Bist du klüger als sie,
Magst du es sagen.
– Fort, wohlauf!
Halt uns nicht auf!
Kommen andre nach, unsre Brüder,
Da frag wieder."

Halt an! Gemach,
Eine kleine Frist!
Sagt, wo der Liebe Heimat ist,
Ihr Anfang, ihr Ende?

„Wer's nennen könnte!
Schelmisches Kind,
Lieb ist wie Wind,
Rasch und lebendig,
Ruhet nie,
Ewig ist sie,
Aber nicht immer beständig.
– Fort! Wohlauf! auf!
Halt uns nicht auf!
Fort über Stoppel und Wälder und Wiesen!
Wenn ich dein Schätzchen seh,
Will ich es grüßen.
Kindlein ade!"

1 Benennen Sie das Thema der Gedichte von Tauchert-da Cruz (unten) und Mörike (▶ S. 168). Beschreiben Sie das momentane Lebensgefühl des jeweiligen lyrischen Ich.

2 Untersuchen Sie die Verse bei Tauchert-da Cruz und Mörike.

a Vergleichen Sie, in welchem Verhältnis Sätze und Verse in den beiden Gedichten stehen. Nutzen Sie die Begriffe aus dem Informationskasten.

- *Mörikes „Lied vom Winde“ zeichnet sich hauptsächlich durch den Zeilenstil aus, was bewirkt …*
- *Die oft verwendeten Enjambements im Gedicht „Insel“ …*

b Erläutern Sie, welche Funktion und Wirkung die jeweilige Versform im Hinblick auf die Aussage der Gedichte hat.

3 Im Gedicht „Zwei Welten“ von Cumart (▶ S. 167) und im Gedicht „Insel“ von Tauchert-da Cruz taucht die Metapher der Brücke auf. Vergleichen Sie Bedeutung und Funktion dieser Metapher, indem Sie Unterschiede und Gemeinsamkeiten erläutern.

Clara Tauchert-da Cruz: **Insel** (1987)

Draußen und dazwischen
ohne Wurzeln
ins Niemandsland.

Das Herkunftsland
hat dich längst vergessen,
das fremde Land
ist dir fremd geblieben.

Lähmender Raum,
wo Gebärden
sich verlieren
und zu Eis werden.
Ein Vakuum,
wo du zweisprachig
stumm bist.

Eine Brücke
wolltest du sein.
Eine Insel
bist du.

Information **Verhältnis von Vers und Satz im Gedicht**

Lyrische Texte sind in der Regel in Versen abgefasst, d. h., die Zeilen brechen an einer von der Dichterin oder dem Dichter und nicht zufällig vom Buchformat bestimmten Stelle ab. Diese Brechung des Sprachflusses gibt den Wörtern durch ihre Stellung (z. B. am Versanfang oder -ende) eine besondere Akzentuierung. Neben den horizontalen Bezügen, die sich durch die Wort- und Satzfolge ergeben, stellen sich durch die Anordnung der Verse auch vertikale Bezüge her, die durch klangliche oder optische Mittel verstärkt werden können.
Zeilenstil: Satzende und Versende stimmen überein; der Vers schließt mit einer Pause.
Enjambement (frz. Zeilensprung): Der Satz überspringt das Versende und setzt sich im folgenden Vers fort. Am Versende bzw. beim „Sprung“ entsteht keine Pause.
Hakenstil: In einer Folge von Enjambements erscheinen die Verse durch die übergreifenden Satzbögen gleichsam verhakt.

Klang, Reim, Rhythmus und Gedichtformen

Die lautliche Ebene spielt eine bedeutende Rolle für die Wirkung und den Sinngehalt eines Gedichts. In einigen Epochen, z. B. in der Romantik, wird die lautliche Ebene sogar zum Hauptbedeutungsträger. Sprache wird so zu Klangmaterial, welches das Gedicht trägt und dessen Aussagewert unterstützt. In Gedichten üblich sind End- und Binnenreime, Lautmalereien und Alliterationen (▶ Information, S. 171). Des Weiteren sind Gedichte oft metrisch-rhythmisch ausgestaltet. Fallende und steigende Metren (Versmaße) beeinflussen durch ihre Rhythmisierung (fließend, abgehackt, fortlaufend) den Hör- bzw. Leseprozess und damit das Verständnis.

Theodor Storm: Die Stadt (1852)

Am grauen Strand, am grauen Meer
Und seitab liegt die Stadt;
Der Nebel drückt die Dächer schwer,
Und durch die Stille braust das Meer
Eintönig um die Stadt.

Es rauscht kein Wald, es schlägt im Mai
Kein Vogel ohn' Unterlass;
Die Wandergans mit hartem Schrei
Nur fliegt in Herbstesnacht vorbei,
Am Strande weht das Gras.

Doch hängt mein ganzes Herz an dir,
Du graue Stadt am Meer;
Der Jugend Zauber für und für
Ruht lächelnd doch auf dir, auf dir,
Du graue Stadt am Meer.

1 **a** Im Gedicht „Die Stadt" findet man viele Begriffe aus dem Wortfeld „Natur". Notieren Sie diese Begriffe und finden Sie Assoziationen (z. B. *„Meer" = unendliche Weite, „Nebel" = traurig/drückend*).
b Beschreiben Sie, in welchem Verhältnis die Naturbegriffe zum Thema des Gedichts „Die Stadt" stehen.

2 Fassen Sie den Inhalt des Gedichts mit wenigen Worten zusammen. Klären Sie dabei insbesondere die Beziehung des lyrischen Ich zu seiner Stadt.

3 **a** Benennen Sie die Reimform und bestimmen Sie das Metrum des Gedichts (▶ Information, S. 171). Wie wirkt sich dieses auf den Rhythmus des Gedichts aus?
b Untersuchen Sie, inwiefern weitere sprachliche Mittel (Satzbau, Wiederholungen, Anreden) den Rhythmus und die Stimmung des Gedichts beeinflussen.
c Inwiefern lässt sich das Gedicht „Die Stadt" einer bestimmten Gedichtform (▶ Information) zuordnen?

4 Tragen Sie das Gedicht Ihrer Partnerin oder Ihrem Partner vor. Gestalten Sie Ihren Vortrag entsprechend Ihren Ergebnissen zu Metrum, Rhythmus und Stimmung des Gedichts.

★ **5** Schreiben Sie ein Haiku (▶ Information) unter dem Titel „Meine Stadt".

Information **Strophen- und Gedichtformen**

- **Ballade:** Strophisch regelmäßig gegliederte längere Gedichtform mit Reim und Tendenz zu festem Metrum. Wesentlich für die Ballade ist ihr erzählender und dramatischer Charakter.
- **Elegie:** Drückt zumeist eine resignierend wehmütige Stimmung aus.
- **Haiku:** Kurze Gedichtform, die in Japan entstanden ist. Besteht aus drei Versen zu 5 – 7 – 5 Silben. Der strenge Aufbau zwingt zu extremer Verdichtung.
- **Lied:** Strophisch gebaute Gedichtform mit relativ kurzen Versen und Reimbindung. Reim und Metrum werden oft nicht streng durchgehalten. Zuweilen ist ein **Refrain (Kehrreim)** zu finden, d. h. die regelmäßige Wiederholung eines oder mehrerer Verse.
- **Ode:** Reimlose, strophisch gegliederte lange Gedichtform, die einem festen Metrum folgen kann, aber nicht muss. Typisch für die Ode ist der hohe und pathetische Sprachstil zum Ausdruck der Würde und Größe des behandelten Themas.
- **Sonett:** Zwei vierzeiligen Strophen (Quartetten), meist mit dem Reimschema abba/abba, folgen zwei dreizeilige Strophen (Terzette), wobei Letztere häufig im Reimschema verbunden sind, z. B. cdc/dcd oder cde/cde oder ccd/eed. Mit der formalen Zäsur (Einschnitt) zwischen Quartetten und Terzetten geht in der Regel auch ein inhaltlicher Schnitt einher.

Maurice Reinhold von Stern: Das Schwarzbrot (1860–1938)

Ein Päckchen von der Mutter! Und darin,
wie achtlos beigelegt, von grobem Schrot
ein Stück heimatliches Roggenbrot. –
Tat sie das wohl mit einem tiefern Sinn?

Ich riech das Brot. Nach Heimat duftet es.
Dies Korn ward in der Heimaterde reif,
ich kenn' den Duft. Ich sinne und begreif':
Sie will, dass ich die Heimat nicht vergess'.

Ich schließ' die Augen, führ' das Brot zum Mund
und kost' davon. Es schmeckt so gut und mild.
Und plötzlich mir im Mund der Bissen quillt –
o Mutterherz, o Heimatgrund!

Dies Stückchen Schwarzbrot führt mich
heut nach Haus.
Ich seh' das Land. Der Roggen rauscht im Wind.
's ist alles, wie es war. Ich bin ein Kind
und ruh' am Heimatherzen wieder aus.

1 Fassen Sie den Inhalt des Gedichts von Maurice Reinhold von Stern zusammen und vergleichen Sie die Aussage mit eigenen Erfahrungen im Hinblick auf Heimat und typische Gerichte.

2 **a** Vergleichen Sie die Form der Gedichte „Das Schwarzbrot" und „Die Stadt" (▶ S. 170) und benennen Sie Gemeinsamkeiten und Unterschiede der Reime und Metren/Rhythmen.

b Erläutern Sie, inwiefern die Form der Gedichte jeweils die Aussage unterstützt.

Information **Reim und Metrum**

Reim

- **Endreim:** Der genaue Gleichklang der Versenden vom letzten betonten Vokal an („See" – „Schnee"; „Wasser" – „blasser"). Endreimschemata können sein:
  - Paarreim: aa
  - Kreuzreim: abab
  - umarmender Reim: abba
  - Schweifreim: aabccb
  - dreifache Reimreihe: abcabc
  - Haufenreim: aaa …
- **Binnenreim:** Zwei oder mehrere Wörter in ein und demselben Vers reimen sich.
- **Anfangsreim:** Die ersten Wörter zweier Verse reimen sich.
- **Schlagreim:** Zwei unmittelbar aufeinanderfolgende Wörter reimen sich.
- **Unreiner Reim,** auch **Assonanz:** Nur die Vokale, nicht aber die Konsonanten stimmen überein („sagen" – „Raben").
- **Stabreim,** auch **Alliteration:** Mehrere Wörter beginnen mit demselben Buchstaben.
- **Verswaise:** Ein reimloser Vers steht innerhalb einer gereimten Strophe.
- **Kadenz** (Silbenfall am Versschluss). Man unterscheidet:
  - **männlich**/stumpf: einsilbiger Reim, Vers endet mit Hebung („… und fallend gießt")
  - **weiblich**/klingend: zweisilbiger Reim, Vers endet mit Hebung und Senkung („… das andre übersteigend")

Metrum (Versmaß)

Die Abfolge von betonten und unbetonten Silben bestimmt in der gesprochenen Sprache den Rhythmus oder Sprachfluss. Klingt diese Abfolge – wie in vielen Gedichten – regelmäßig, wird von einem Versmaß oder einem Metrum gesprochen. Die Lehre vom Versmaß heißt **Metrik.** Die kleinste rhythmische Einheit einer geregelten Abfolge von betonten (x́: Hebung) und unbetonten Silben (x: Senkung) nennt man Versfuß (Takt):

- **Jambus** (steigend): xx́ z. B. Gedícht
- **Trochäus** (fallend): x́x z. B. Díchter
- **Anapäst** (steigend): xxx́ z. B. Anapä́st
- **Daktylus** (fallend): x́xx z. B. Dáktylus

Rhetorische Figuren – Bildfeld, Personifikation, Metapher und Vergleich

Ein wichtiges Element für die Deutung lyrischer Texte ist ihre Bildlichkeit. Die Art und Weise, wie die sprachlichen Bilder konstruiert und kombiniert sind, bestimmt die Aussage eines Gedichts weitgehend. Es ist deshalb wichtig, ein Gespür für den Umgang mit solchen sprachlichen Mitteln zu entwickeln. Die Funktion und Wirkung rhetorischer Mittel zu erkennen, ist ein weiterer zentraler Aspekt der sprachlichen Analyse. Rhetorische Figuren werden nicht nur in der Lyrik, sondern in allen Textgattungen eingesetzt.

Safiye Can: **Möglicherweise ganz und gar** (2017)

Vielleicht ist Heimat eine Zeile Kurt Cobain[1]
ein Vers Attilâ Ilhan[2]
eine tausendjährige Sehnsucht,
ergraut das Haar
der Regenduft auf dem Ackerland
ein Blick aus dem Fenster, schwarzweiß
ein Furchenweg mit Laub am Herbsttag
oder Onkel Cemil mit Wollmütze,
wenn er lacht.

Vielleicht ist Heimat die Sternschnuppe
aus Lloret de Mar[3]
diese eine Millisekunde oder
die Republik Adygeja[4]
ist die Stadtbibliothek Offenbach
mit Ernst Buchholz darin
oder der Haustürschlüssel, ausgehändigt
dem Exilanten.

Vielleicht ist Heimat eine todernste Sache
mit Schnauzbart
oder ein barfußgelaufenes Stück Seebrücke
die Zerbrechlichkeit der Mohnblume
unsrer Kindheit
ein Callithrix jacchus, ein Weißbüschelaffe
oder ein Hello-Kitty-Luftballon
versteckt sich gar in Zuckerwatte.

Vielleicht ist Heimat ein Nomade
mit Tukumbut[5]
rastet hier und dort
oder ein Mickey-Mouse-Shirt
und Schnürschuhe
an der Ostsee
und das Haar zum Zopf geflochten
ist ein zersprungenes Glas, auf das man tritt
jener unverhoffte Stich in der Brustgegend.

Safiye Can

Vielleicht ist Heimat das Hineinfallen
ins eigne Bett
nach Partynächten, Jeans und Sneakers noch an
und innehalten und innehalten.
Ist ein tanzendes Paar selbstvergessen
im Tangotakt
der weißbraune Anblick zweier Pferde
manchmal der Frankfurter Flughafen Halle B
oder einfach nur Fouzias Stimme.

Vielleicht ist Heimat die Wurzel aus acht
oder ein rüsseliges Ding mit Zimt obendrauf
ist ein Chamäleon, das sich angleicht.
Vielleicht aber ist sie Frau Grün
vom Erdgeschoss, die über alle schimpft
vielleicht.

1 **Kurt Cobain:** US-amerikanischer Grungemusiker
2 **Attilâ Ilhan:** türkischer Schriftsteller
3 **Lloret de Mar:** Stadt im Nordosten Spaniens
4 **Adygeja:** kleine, autonome Republik im Süden Russlands
5 **Tukumbut:** Berbermütze aus rotem Filz

Joseph von Eichendorff: Die Heimat (1819)

An meinen Bruder

Denkst du des Schlosses noch auf stiller Höh?
Das Horn lockt nächtlich dort, als ob's dich riefe,
Am Abgrund grast das Reh,
Es rauscht der Wald verwirrend aus der Tiefe –
O stille, wecke nicht, es war als schliefe
Da drunten ein unnennbar Weh.

Kennst du den Garten? – Wenn sich Lenz erneut,
Geht dort ein Mädchen auf den kühlen Gängen
Still durch die Einsamkeit,
Und weckt den leisen Strom von Zauberklängen,
Als ob die Blumen und die Bäume sängen
Rings von der alten schönen Zeit.

Ihr Wipfel und ihr Bronnen rauscht nur zu!
Wohin du auch in wilder Lust magst dringen,
Du findest nirgends Ruh,
Erreichen wird dich das geheime Singen, –
Ach, dieses Bannes zauberischen Ringen
Entflieh'n wir nimmer, ich und du!

Caspar David Friedrich:
Die Ruine von Schloss Teplitz (um 1828)

1 Lesen Sie die Gedichte von Can (▶ S. 172) und Eichendorff. Wählen Sie arbeitsteilig in einem Lerntandem jeweils ein Gedicht aus und untersuchen Sie, mit welchen Bildern gearbeitet wird. Überlegen Sie, welche der festgehaltenen Momente sich z. B. in einem Fotoalbum finden ließen.

2 Ein wichtiges Stilmittel, das Eichendorff nutzt, ist die Personifikation (▶ Information, S. 175). Sammeln Sie Personifikationen aus dem Gedicht „Die Heimat" in einer Tabelle und klären Sie jeweils deren Bedeutung und Funktion.

Personifikation	*Bedeutung*	*Funktion/Wirkung*
– *Das Horn lockt […], als ob's dich riefe (V. 2)*	– *Horn als Instrument, das zur Versammlung ruft*	– *magische Anziehungskraft der Nacht*
– *als schliefe […] ein unnennbar Weh (V. 5 f.)*	…	– *schmerzhafte Erinnerung an die Heimat*
– *[…] die Blumen und die Bäume sängen (V. 11)*	…	…

3 **a** Beschreiben Sie das Gemälde „Die Ruine von Schloss Teplitz". Nutzen Sie für Ihre Beschreibung mindestens eine Metapher, einen Vergleich und eine Personifikation (▶ Information, S. 174 f.).
b Diskutieren Sie, inwiefern das Bild zu dem Gedicht von Eichendorff passt.

Rose Ausländer: Biografische Notiz (1976)

Ich rede
von der brennenden Nacht
die gelöscht hat
der Pruth[1]

von Trauerweiden
Blutbuchen
verstummtem Nachtigallgesang

vom gelben Stern[2]
auf dem wir
stündlich starben
in der Galgenzeit

nicht über Rosen
red ich

Fliegend
auf einer Luftschaukel
Europa Amerika Europa

ich wohne nicht
ich lebe

1 **Pruth:** Nebenfluss der Donau

2 **gelber Stern:** Zwangskennzeichen, das Juden im Nationalsozialismus tragen mussten

1 Der Titel des Gedichts von Rose Ausländer legt nahe, dass das Gedicht mit der Biografie der Autorin zu tun hat. Informieren Sie sich deshalb kurz über diese.

2 Untersuchen Sie die Metaphern (▶ Information, S. 175) im Gedicht von Ausländer. Legen Sie dafür eine Tabelle wie unten an. Überlegen Sie, welche Bedeutung und Funktion bzw. Wirkung die Metaphern haben. Bedenken Sie dabei auch den historischen Hintergrund.

Metapher	*Bedeutung*	*Funktion/Wirkung*
– *der brennenden Nacht (V. 2)*	– *allgegenwärtige Bedrohung*	– *Schrecken des Krieges, Angst*
– *Trauerweiden Blutbuchen (V. 5 f.)*	…	– *Verwüstung allen Lebens während der NS-Zeit*
– *vom gelben Stern auf dem wir […] (V. 8 ff.)*	– *Stigmatisierung als Jüdinnen und Juden*	…
…	…	…

3 Nutzen Sie Ihre Untersuchung der Bildlichkeit des Gedichts für eine kurze Interpretation, in der Sie klären, worin die „biografische Notiz" des Gedichts besteht.

★ 4 Sammeln Sie Metaphern, die Sie im Alltag verwenden. Reflektieren Sie, weshalb Metaphern für unseren Sprachgebrauch von Bedeutung sind.

Information **Bildfeld, Vergleiche, Metaphern und Personifikationen**

In lyrischen Texten findet sich häufig ein entfaltetes Bildfeld (z. B. „Rose", „Feuer"), das sich aus mehreren Sprachbildern (Vergleichen, Metaphern) zusammensetzt.

Der Vergleich: Hier handelt es sich um einen rational nachvollziehbaren Übertragungsvorgang zwischen dem Sach- und dem Bildbereich. Vergleiche sind dadurch erkennbar, dass beide Bereiche durch ein „wie" miteinander verbunden sind. Beispiel: „Das Leben ist wie ein Jahrmarkt."

Die Metapher: Eine Metapher ist eine Bedeutungsübertragung ohne das Vergleichswort „wie". Dabei werden zwei semantische Bereiche sprachlich verknüpft, die gewöhnlich unverbunden sind. Beispiel: „Alex hat ein dickes Fell" steht für „Alex hält viel aus, ist widerstandsfähig".

Die Personifikation: Eine Sonderform der Metapher ist die Personifikation, bei der Gegenstände oder Begriffe vermenschlicht werden. Beispiel: „Schläft ein Lied in allen Dingen …"

Hilde Domin: **Mit leichtem Gepäck** (1962)

Gewöhn dich nicht.
Du darfst dich nicht gewöhnen.
Eine Rose ist eine Rose.[1]
Aber ein Heim
ist kein Heim.

Sag dem Schoßhund Gegenstand ab
der dich anwedelt
aus den Schaufenstern.
Er irrt. Du
riechst nicht nach Bleiben.

Ein Löffel ist besser als zwei.
Häng ihn dir um den Hals,
du darfst einen haben,
denn mit der Hand
schöpft sich das Heiße zu schwer.

Es liefe der Zucker dir durch die Finger,
wie der Trost,
wie der Wunsch,
an dem Tag
da er dein wird.

Du darfst einen Löffel haben,
eine Rose,
vielleicht ein Herz
und, vielleicht,
ein Grab.

lyrisches Ich spricht „dich" an

Imperativ als Aufforderung, nichts an sich zu binden → formale Ordnung (5 Strophen à 5 Verse) steht im Gegensatz zum Inhalt (keine Gewöhnung, kein Heim)

Metapher, die an Luxus des Alltäglichen erinnert

Löffel als Symbol für den wenigen eigenen Besitz

Modalverb „dürfen" als Hoffnungsschimmer

1 Anspielung auf den Vers „Rose is a rose is a rose" der amerik. Schriftstellerin und Kunstsammlerin Gertrude Stein

1. Lesen Sie das Gedicht von Hilde Domin und beschreiben Sie, welche Stimmung es vermittelt.
2. Das Gedicht wurde bereits bearbeitet. Versuchen Sie, die Bearbeitung nachzuvollziehen, eigene Beobachtungen zu ergänzen und weitere Stilmittel zu markieren. Sie können eigenständig arbeiten und eine Folie verwenden oder das Gedicht gemeinsam in der Klasse am interaktiven Whiteboard analysieren.
3. Schreiben Sie unter Zuhilfenahme der Gedichtbearbeitung eine eigene Interpretation. Beachten Sie dabei, dass die von Ihnen gefundenen Stilmittel nicht nur benannt, sondern auf ihre inhaltliche und sprachliche Funktion und Wirkung untersucht werden sollen. Erschließen Sie aus dieser Bearbeitung die zentralen Aussagen des Gedichts.

4.2 Das Motiv Heimat in verschiedenen Epochen

Karl Holtz: Berliner Straßenszene (1920/23)

Wassily Kandinsky: Murnau mit Kirche II (1910)

1 Betrachten Sie die beiden Gemälde. Sprechen Sie mit einem Partner oder einer Partnerin zunächst darüber, welches Bild in Ihnen eher Heimatgefühle weckt.

a Erstellen Sie arbeitsteilig jeweils zu einem der beiden Bilder eine Mindmap mit Begriffen, die die Malweise und die Motivauswahl von K. Holtz bzw. von W. Kandinsky beschreiben.

b Beide Bilder sind vor rund hundert Jahren entstanden. Überlegen Sie gemeinsam, ob bzw. wie sich heutige künstlerische Darstellungen der gleichen Orte von diesen Bildern unterscheiden würden.

Information **Literarisches Motiv**

Als **literarisches Motiv** wird allgemein ein thematisches Element eines Textes verstanden, das im Text selbst wiederholt auftritt oder einem Schema entspricht, das bereits in anderen literarischen Werken vorkommt, wie z. B. das Motiv der Dämmerung, des Liebesleids, des Doppelgängers, der Heimkehr oder Trennung.
Mit der Verwendung eines solchen Motivs stellt der/die Schreibende oder der/die Lesende Beziehungen zu anderen motivgleichen Texten her. Diese Beziehungen wirken sich auf den Aussagegehalt und das Verständnis der Texte aus.

Barock

Sebastian Vrancx: Plünderung eines Dorfes (1615)

Andreas Gryphius: **Tränen des Vaterlandes** (1636)

Wir sind doch nunmehr ganz, ja mehr dann ganz verheeret!
Der frechen Völker Schar, die rasende Posaun
Das vom Blut fette Schwert, die donnernde Karthaun[1]
Hat aller Schweiß, und Fleiß, und Vorrat aufgezehret.

Die Türme stehn in Glut, die Kirch' ist umgekehret.
Das Rathaus liegt im Graus, die Starken sind zerhaun,
Die Jungfern sind geschänd't, und wo wir hin nur schaun
Ist Feuer, Pest, und Tod, der Herz und Geist durchfähret.

Hier durch die Schanz und Stadt rinnt allzeit frisches Blut.
Dreimal sind schon sechs Jahr, als unser Ströme Flut
Von Leichen fast verstopft, sich langsam fort gedrungen.

Doch schweig ich noch von dem, was ärger als der Tod,
Was grimmer denn die Pest, und Glut und Hungersnot,
Dass auch der Seelen Schatz so vielen abgezwungen.

1 **Karthaun:** ein Geschütz aus dem 15. und 16. Jahrhundert

1 Betrachten Sie das Bild und lesen Sie das Gedicht: Halten Sie Gemeinsamkeiten und Unterschiede fest und beschreiben Sie die Wirkung, die die künstlerische und die sprachliche Darstellungsform auf Sie haben.

2 **a** Fassen Sie mit eigenen Worten den Inhalt der einzelnen Strophen des Gryphius-Gedichts zusammen. Achten Sie dabei auf sprachliche Eigenheiten und fragliche Sachverhalte.

b Analysieren Sie die Form des Gedichts und klären Sie mithilfe der Information auf Seite 170, um welche Gedichtform es sich handelt. Gleichen Sie auch Ihre strophenweise Inhaltszusammenfassung mit der Beschreibung der Gedichtform ab.

3 Untersuchen Sie die rhetorischen Figuren (▶ Information, S. 337 f.) und erklären Sie, welche Funktion und Wirkung diese im Gedichtzusammenhang haben.

4 Untersuchen Sie mithilfe des Infokastens unten, welche Epochenmerkmale in Gryphius' Gedicht zum Tragen kommen.

Information **Epochenüberblick: Barock (ca. 1600–1750)**

Geschichtlicher Hintergrund: Das zentrale Ereignis in Deutschland war der **Dreißigjährige Krieg** (1618–1648), der große Verwüstungen hinterließ. In manchen Gebieten kam fast die Hälfte der Bevölkerung um. Für den Wiederaufbau mussten Kräfte vereint werden, was in den einzelnen deutschen Fürstentümern zur Entwicklung des Absolutismus führte. Charakteristisch für den **Absolutismus** ist, dass ein Herrscher ohne Mitwirkung anderer gesellschaftlicher Institutionen die Entscheidungsgewalt in seiner Person vereint. Der berühmteste Vertreter des Absolutismus war der französische **König Ludwig XIV.** Sein Hof von Versailles war ein Symbol der Macht und die deutschen Fürsten versuchten, ihm nachzueifern. Die Gesellschaft war weiterhin eine Ständegesellschaft, in der Adel und Klerus zwar nur zehn Prozent der Bevölkerung ausmachten, aber die meisten Privilegien besaßen.

Weltbild und Lebensauffassung: Die religiöse Einheit Deutschlands war durch die Reformation und die Gegenreformation zerstört. Die Macht der Kirche war ins Wanken geraten, u. a. aufgrund des Dreißigjährigen Krieges, der als Religionskrieg begonnen und den Glauben gespalten hatte. Die Religion war weiterhin sehr wichtig für die Menschen, doch nach der langen und entbehrungsreichen Zeit des Krieges wandte man sich immer mehr auch den Genüssen des Diesseits zu. Dies führte zu einer **Zerrissenheit zwischen Jenseitshoffnung und Diesseitsorientierung.** Die Lebensfreude zeigte sich vor allem in der **barocken Mode** und der **barocken Kunst:** Alles war sehr prunkvoll und überladen. Die Mathematik und die Naturwissenschaften erlebten mit dem Rationalismus (**René Descartes,** 1596–1650) und der neuzeitlichen Physik (**Isaac Newton,** 1642–1727) einen Aufschwung.

Literatur: Die Fürstenhöfe waren literarische Zentren, oft hatte ein Fürst einen Hofpoeten, den er förderte. Auch Städte mit Schulen und Universitäten waren literarische Hochburgen. Im Barock wurde die neuhochdeutsche Literatursprache entwickelt und die meisten der bis heute wichtigen literarischen Gattungen und Formen.
Poetiken wurden als normative Regelwerke und Anleitungen für die Dichtung verfasst. Sie stellten die Kunst als erlernbar dar. Festgelegt wurden in ihnen u. a. die Themen und Stoffe, die den Gattungen zuzuordnen waren (z. B. der Epik die Darstellung ländlicher Idyllen und Schäferspiele, der Lyrik die Leitideen „memento mori" = bedenke, dass du sterben wirst, „vanitas" = Vergänglichkeit und „carpe diem" = nutze den Tag; in allen Gattungen finden sich Lobpreisungen der Herrscher). Mit der Vorliebe für Metaphern, Allegorien und Embleme als Darstellungsmittel wurde die Dichtung zu einem Spiel des **Verschlüsselns** (aufseiten des Dichters) und **Entschlüsselns** (aufseiten der Leserschaft).

Wichtige Autorinnen und Autoren: **Martin Opitz** (1597–1639), **Simone Dach** (1605–1659), **Paul Fleming** (1609–1640), **Andreas Gryphius** (1616–1664), **Johann Jakob Christoffel von Grimmelshausen** (1622–1676), **Christian Hofmann von Hofmannswaldau** (1622–1676)

Sturm und Drang und Weimarer Klassik

Georg Oswald May:
Bildnis des Johann Wolfgang Goethe (1779)

Johann Heinrich Wilhelm Tischbein:
Goethe in der Campagna (1786/87)

Johann Wolfgang Goethe:
Aus dem Tagebuch der Schweizer Reise

Ich saug' an meiner Nabelschnur
Nun Nahrung aus der Welt.
Und herrlich rings ist die Natur,
Die mich am Busen hält.
Die Welle wieget unsern Kahn
Im Rudertakt hinauf,
Und Berge Wolken angetan
Entgegnen unserm Lauf.

Aug mein Aug, was sinkst du nieder?
Goldne Träume, kommt ihr wieder?
Weg, du Traum, so gold du bist,
Hier auch Lieb und Leben ist.
Auf der Welle blinken
Tausend schwebende Sterne,
Liebe Nebel trinken
Rings die türmende Ferne,
Morgenwind umflügelt
Die beschattete Bucht,
Und im See bespiegelt
Sich die reifende Frucht.

Johann Wolfgang Goethe:
Auf dem See

Und frische Nahrung, neues Blut
Saug ich aus freier Welt;
Wie ist Natur so hold und gut,
Die mich am Busen hält!
Die Welle wieget unsern Kahn
Im Rudertakt hinauf,
Und Berge, wolkig himmelan,
Begegnen unserm Lauf.

Aug, mein Aug, was sinkst du nieder?
Goldne Träume, kommt ihr wieder?
Weg, du Traum! so gold du bist;
Hier auch Lieb und Leben ist.

Auf der Welle blinken
Tausend schwebende Sterne,
Weiche Nebel trinken
Rings die türmende Ferne;
Morgenwind umflügelt
Die beschattete Bucht,
Und im See bespiegelt
Sich die reifende Frucht.

1 Links oben sehen Sie Goethe in jungen Jahren und rechts ein Gemälde, das ihn auf seiner Italienreise zeigt. Recherchieren Sie online und verfassen Sie einen Lebenslauf Goethes.

2 Lesen Sie die beiden Gedichte von Goethe. Vergleichen Sie genau und finden Sie die Unterschiede. Welches gefällt Ihnen besser? Begründen Sie.

3 Diskutieren Sie, inwiefern sich die Gesamtaussage des Gedichts durch die Unterschiede ändert, und stellen Sie Vermutungen darüber an, warum Goethe sein Gedicht noch einmal umgeschrieben hat.

4 Sortieren Sie sowohl die Bilder als auch die beiden Gedichte von Seite 179 in Goethes Lebenslauf ein. Welches Gedicht hat der junge Goethe verfasst und welches wirkt auf Sie, als hätte Goethe es erst in späteren Jahren geschrieben? Begründen Sie Ihre Vermutung. Recherchieren Sie auch die Entstehungsjahre beider Gedichte.

Johann Wolfgang von Goethe: **Die Lustigen von Weimar**[1] (1813)

Donnerstag nach Belvedere[2],
Freitag gehts nach Jena fort:
Denn das ist, bei meiner Ehre,
Doch ein allerliebster Ort!
Samstag ists, worauf wir zielen,
Sonntag rutscht man auf das Land;
Zwäzen, Burgau, Schneidemühlen
Sind uns alle wohlbekannt.

Montag reizet uns die Bühne;
Dienstag schleicht dann auch vorbei,
Doch er bringt zu stiller Sühne
Ein Rapuschchen[3] frank und frei.
Mittwoch fehlt es nicht an Rührung:
Denn es gibt ein gutes Stück;
Donnerstag lenkt die Verführung
Uns nach Belveder' zurück.

Und es schlingt ununterbrochen
Immer sich der Freudenkreis
Durch die zweiundfunfzig Wochen,
Wenn mans recht zu führen weiß.
Spiel und Tanz, Gespräch, Theater,
Sie erfrischen unser Blut;
Lasst den Wienern ihren Prater;
Weimar, Jena, da ists gut!

1 **Die Lustigen von Weimar:** vermutlich eine Anspielung auf die Komödie „Die lustigen Weiber von Windsor" von William Shakespeare

2 **Belvedere:** Lustschlossanlage in der Nähe der Stadt Weimar

3 **Rapuschchen:** von (ost)mitteldt. Rapusche = Gedränge, Durcheinander, hier evtl. Anspielung auf das Kartenspiel Rapuse

1 **a** Informieren Sie sich auf einer geeigneten Landkarte über die Lage der im Gedicht genannten Orte.
b Erstellen Sie anhand der Gedichtaussagen einen tabellarischen „Wochenplan": Führen Sie jeweils Ort, Beschäftigung und Lebensgefühl an.
c Welcher Gesamteindruck des Lebens der „Lustigen von Weimar" ergibt sich aus dieser Übersicht? Beziehen Sie auch ein, wie das Gedicht sich an manchen Stellen mit Andeutungen begnügt.

2 Recherchieren Sie zur Stadt Weimar. Informieren Sie sich auch über das Goethehaus.

3 Vergleichen Sie die Art und Weise, wie Goethe als „Insider" das Weimarer Leben beschreibt, mit der Darstellung der Epoche in der Information auf Seite 181.

Information

Epochenüberblick: Sturm und Drang und Klassik

Sturm und Drang (1765–1785)

Der Sturm und Drang ist eine literarische Bewegung innerhalb der Epoche der Aufklärung. Der Begriff „Sturm und Drang" wurde von Maximilian Klinger (1752–1831) geprägt, der ein Drama mit gleichlautendem Titel geschrieben hatte. In ihm lehnte sich ein tugendhafter junger Mann gegen die Generation der Väter auf. Neben dem Protest gegen eine verkrustete Welt gelten den Autoren des Sturm und Drang Emotionen, Affekte, Gefühle als Grundlage humaner Selbstverwirklichung. Am deutlichsten kommt dieser neue Humanismus in der Philosophie des **Pantheismus** zum Ausdruck. Gott ist danach eine in der Natur wirkende schöpferische Kraft, die der Mensch über sein Gefühl für die Wunder der Natur im unendlich Großen und unendlich Kleinen erfährt.

Wesentliche Charakteristika der Sturm-und-Drang-Literatur sind:

- der **Geniegedanke:** Der schöpferische Mensch ist ein Kind der Natur und wie diese folgt er Regeln, die er in sich spürt. Er hält sich nicht an Autoritäten und rebelliert gegen Dogmatismus, Zwang und Reglement.
- der **Naturenthusiasmus:** Die Mutter Natur gilt als schöpferisches und göttliches Prinzip. Das Leben nach und in der Natur gilt als Lebensideal und gesellschaftliche Norm.
- der **Liebes- und Freundschaftskult**
- das **Freiheitspathos** und der **gefühlsbetonte Patriotismus**

Klassik (ca. 1786–1805)

Mit dem Begriff Klassik wird allgemein die Phase der höchsten Vollendung einer Kultur bezeichnet.
Die **deutsche Klassik** wird meist von 1786 bis 1805 datiert, d. h. von Johann Wolfgang Goethes (1749–1832) Reise nach Italien, auf der er sich intensiv mit der Antike auseinandersetzte, bis zum Tod Friedrich Schillers (1759–1805). Mit **Weimarer Klassik** wird im Allgemeinen die Zeit bezeichnet, in der Wieland, Goethe, Herder und Schiller in Weimar wirkten. Zeitgleich entstandene Werke anderer Autoren werden in der Regel der **Aufklärung** oder der **Romantik** zugerechnet oder gar keiner Epoche zugeordnet (Hölderlin, Jean Paul, Kleist).

Ludovike Simanowiz: Friedrich Schiller (1794)

Nach Goethes Italienreise hatte sich sein künstlerisches und wissenschaftliches Bewusstsein verändert. Auch seinem **Menschenbild** lagen nun andere Werte zugrunde: Durch die Ausbildung der Vernunft und Selbstkontrolle sowie durch die sittliche Läuterung sollte eine allseits gebildete, alle humanen Kräfte und Fähigkeiten harmonisch in Einklang bringende Persönlichkeit geformt werden.
Die Werke Goethes und Schillers, die diese „Erziehungsarbeit" vollbringen sollten, machen die deutsche Klassik aus. Die Literatur orientiert sich formal an den antiken Vorbildern. Durch Maß, Gesetz und Formstrenge wollten beide Klassiker das **vollendete Schöne** formen. Die Anschauung des Schönen sollte den Menschen zum **Wahren und Guten** führen. Schönheit wird dabei als Harmonie zwischen dem Sinnlichen und dem Gesetz der Vernunft verstanden. Ein vollkommener Ausgleich zwischen Vernunft und Gefühl, Geist und Natur, Gesetz und Freiheit wurde angestrebt. Nach den Vorstellungen der Klassik liegen allem Sichtbaren und Vergänglichen zeitlos gültige Gesetzmäßigkeiten und Urbilder (Ideale) zugrunde, die es in der Dichtung aufzuzeigen gilt.

Johann Gaudenz von Salis-Seewis: Abendsehnsucht (1789)

Wenn der Abend sich senkt, flieh' ich die laute Stadt
Und durchwandre stumm feuchtes Gefild' umher,
Voll die Seele von Sehnsucht
Und voll süßer Erinn'rung.

Safranfarbiger Schein rändet den Horizont
Und durchglüht das Gebüsch, welches den Hügel kränzt,
Wo die stöhnende Windmühl'
Ihren langsamen Flügel wälzt.

An die Schleusen gelehnt, schau ich den Weidengrund,
Frisch von perlendem Tau, und wie des duftenden
Reps gelbblühende Felder
Noch ein röthender Nachschein färbt.

Nur der Emmerling zirpt oben im Erlenstrauch;
Stille waltet umher, auf dem umbüschten Dorf,
Das der krähende Haushahn
Und aufwallender Rauch verräth.

Frischer dünstet der Thau; tiefere Dämmerung
Spannt den trübenden Flor über die Fernung hin.
Wo die Formen vernachten,
Weilt hinstarrend der lange Blick.

Länder dehnen sich dort hinter der Fläche Rand:
Aber trennende Nacht füllet den weiten Raum
Hin zu meinen Geliebten,
Und die Thräne der Sehnsucht rinnt.

1 Untersuchen Sie das Gedicht, indem Sie zentrale Begriffe und Symbole herausschreiben und Assoziationen bilden. Vergleichen Sie Ihre Ergebnisse mit Ihrer Partnerin oder Ihrem Partner. Sind Ihre Ergebnisse ähnlich oder lässt das Gedicht verschiedene Deutungen zu?

2 Informieren Sie sich anhand der Informationen auf Seite 181 und 185 über die Epochen Sturm und Drang sowie Romantik. Stellen Sie Bezüge zu dem Gedicht von Salis-Seewis her und diskutieren Sie an diesem Beispiel die Problematik, literarische Texte bestimmten Epochen zuzuordnen.

Romantik

1 Überlegen Sie mit Ihrer Partnerin oder Ihrem Partner, was Sie unter den Begriffen „Romantik" oder „romantisch" verstehen. Legen Sie eine Mindmap an und sammeln Sie Ihre Ideen.

2 Betrachten Sie das Bild von Caspar David Friedrich auf der nächsten Seite. Beschreiben Sie die Gefühle, die es in Ihnen hervorruft. Passen diese zu den in Ihrer Mindmap gesammelten Ideen?

Caspar David Friedrich:
Der Wanderer über dem Nebelmeer (um 1818)

Joseph von Eichendorff: Heimweh (1826)

Wer in die Fremde will wandern,
Der muss mit der Liebsten gehn,
Es jubeln und lassen die andern
Den Fremden alleine stehn.

Was wisset ihr, dunkele Wipfel,
Von der alten, schönen Zeit?
Ach, die Heimat hinter den Gipfeln,
Wie liegt sie von hier so weit!

Am liebsten betracht ich die Sterne,
Die schienen, wie ich ging zu ihr,
Die Nachtigall hör ich so gerne,
Sie sang vor der Liebsten Tür.

Der Morgen, das ist meine Freude!
Da steig ich in stiller Stund
Auf den höchsten Berg in die Weite,
Grüß dich, Deutschland, aus Herzensgrund!

1 Halten Sie in einer Mindmap zum Titel „Heimweh“ fest, welche Erfahrungen, Erinnerungen und Empfindungen des lyrischen Ich diesen Begriff mit Bedeutung füllen.

2 Beschreiben Sie die Sprechweise des lyrischen Ich genau. Achten Sie dabei auf Zeichensetzung und Anreden.

3 **a** Vergleichen Sie das Bild von Friedrich mit dem Gedicht von Eichendorff. Beziehen Sie in Ihren Vergleich auch die Informationen zur Epoche der Romantik (▶ Information, S. 185) ein.

b Vergleichen Sie die literaturwissenschaftliche Verwendung der Begriffe „romantisch“/„Romantik“ mit der alltagssprachlichen (▶ Aufgabe 1, S. 182).

Friedrich Hölderlin: Die Heimat (1800)

Froh kehrt der Schiffer heim an den stillen Strom,
Von Inseln fernher, wenn er geerntet hat;
So käm auch ich zur Heimat, hätt ich
Güter so viele, wie Leid, geerntet.

Ihr teuern Ufer, die mich erzogen einst,
Stillt ihr der Liebe Leiden, versprecht ihr mir,
Ihr Wälder meiner Jugend, wenn ich
Komme, die Ruhe noch einmal wieder?

Am kühlen Bache, wo ich der Wellen Spiel,
Am Strome, wo ich gleiten die Schiffe sah,
Dort bin ich bald; euch traute Berge,
Die mich behüteten einst, der Heimat

Verehrte sichre Grenzen, der Mutter Haus
Und liebender Geschwister Umarmungen
Begrüß' ich bald und ihr umschließt mich,
Dass, wie in Banden, das Herz mir heile,

Ihr treugebliebnen! aber ich weiß, ich weiß,
Der Liebe Leid, dies heilet so bald mir nicht,
Dies singt kein Wiegensang, den tröstend
Sterbliche singen, mir aus dem Busen.

Denn sie, die uns das himmlische Feuer leihn,
Die Götter schenken heiliges Leid uns auch,
Drum bleibe dies. Ein Sohn der Erde
Schein ich; zu lieben gemacht, zu leiden.

1 **a** Klären Sie die Aussage des Gedichts Strophe für Strophe.
b Halten Sie zusammenfassend fest, was für das lyrische Ich Heimat ausmacht. Vergleichen Sie dies mit Ihren eigenen Vorstellungen von Heimat.

2 Vergleichen Sie die Heimatgefühle in den Gedichten von Eichendorff (▶ S. 183) und Hölderlin: Benennen Sie Gemeinsamkeiten und Unterschiede. Gehen Sie dabei auch auf die sprachliche Form ein, in der diese Gefühle jeweils ausgedrückt werden.

★ **3** Üben Sie, das Gedicht „Die Heimat" klangvoll zu lesen. Achten Sie dabei auf die Betonungen einzelner Wörter und auf den Zeilenstil. Tragen Sie das Gedicht Ihrer Partnerin / Ihrem Partner vor und geben Sie sich gegenseitig ein Feedback.

Bettina von Arnim: Auf diesem Hügel überseh ich meine Welt! (1835)

Auf diesem Hügel überseh ich meine Welt!
Hinab ins Tal, mit Rasen sanft begleitet,
Vom Weg durchzogen, der hinüber leitet,
Das weiße Haus inmitten aufgestellt,
Was ist's, worin sich hier der Sinn gefällt?

Auf diesem Hügel überseh ich meine Welt!
Erstieg ich auch der Länder steilste Höhen,
Von wo ich könnt die Schiffe fahren sehen
Und Städte fern und nah von Bergen stolz umstellt,
Nichts ist's, was mir den Blick gefesselt hält.

Auf diesem Hügel überseh ich meine Welt!
Und könnt ich Paradiese überschauen,
Ich sehnte mich zurück nach jenen Auen,
Wo Deines Daches Zinne meinem Blick sich stellt,
Denn der allein umgrenzet meine Welt.

Bettina von Arnim (anonyme Miniatur)

1 Lesen Sie das Gedicht von Bettina von Arnim (▶ S. 184). Zeichnen Sie eine Skizze aus der Perspektive des lyrischen Ich und machen Sie deutlich, wie dieses seine Welt betrachtet.

2 Interpretieren Sie das Gedicht von Bettina von Arnim. Erstellen Sie:
   a eine Inhaltsanalyse (Wiedergabe der einzelnen Strophen, Handeln und Erleben des lyrischen Ich),
   b eine Formanalyse (Strophen, Verse, Reimschema, Rhythmus, Metrum) und
   c eine Sprachanalyse (sprachliche Bilder, Motive, rhetorische Figuren, Aufbau der Strophen). Betrachten Sie dabei immer auch Funktion und Wirkung im Zusammenhang.

3 Veranschaulichen Sie mithilfe der Gedichte von Eichendorff, Hölderlin und Arnim den Begriff der „romantischen Sehnsucht" (▶ Information).

Information **Epochenüberblick: Romantik (ca. 1795–1835)**

Geschichtlicher Hintergrund: Die Zeit war geprägt durch die **Revolutions- und die napoleonischen Kriege.** Zunächst gelang es Napoleon, West- und Mitteleuropa unter französischer Vormacht weitgehend umzugestalten. Dies gilt besonders auch für Deutschland, das seit dem Ende des Heiligen Römischen Reiches Deutscher Nation und der Niederlage Preußens 1806 unter französischer Oberhoheit stand. Doch Napoleons Herrschaft brach zusammen und mit dem **Wiener Kongress** (1815) begann die Epoche der **Restauration,** die die alte Staatenordnung neu etablierte. Die Fürstentümer regierten wieder in alter absolutistischer Manier, alle freiheitlichen Bestrebungen wurden unterdrückt und die Hoffnung auf die Bildung eines deutschen Nationalstaates mit einer liberalen Verfassung wurde bitter enttäuscht.

Weltbild und Lebensauffassung: Diese Zeit wurde von den fortschrittlichen Kräften als Krisenzeit erlebt. Alle Hoffnungen auf einen Wandel der politischen Verhältnisse hatten sich zerschlagen. Hinzu kam die Erkenntnis, dass im Zuge der **Industrialisierung** der Mensch nicht mehr als Individuum wahrgenommen wurde, sondern als Arbeitskraft, die leicht zu ersetzen war und kein Recht auf Selbstverwirklichung hatte. Das romantische Ich suchte aber nach jener Selbstverwirklichung und schuf sich Fluchträume in einer idyllisch verklärten Natur, in der Fiktion eines ursprünglichen Lebens in einer geordneten, heilen Welt des Mittelalters. Man beschäftigte sich daher wieder mit mittelalterlicher Dichtung, woraus sich die philologische Erforschung der deutschen Sprache und Literatur entwickelte und die Germanistik als Wissenschaft geboren wurde. Sehnsucht war das bestimmende Gefühl der Epoche, dabei hatte die **romantische Sehnsucht** kein konkret benennbares Ziel, wollte eigentlich auch nie an ein Ziel kommen, sondern speiste sich aus sich selbst heraus und konnte hingebungsvoll genossen werden.

Literatur: Die Literatur poetisierte bzw. romantisierte die Welt. Die Romantiker liebten Märchen und fantastische Erzählungen. Daneben war die Lyrik die bevorzugte Gattung, da man sich hier intensiv seinen Gefühlen widmen konnte. An dem Versuch, die Welt ganzheitlich zu erfassen, scheiterten die Romantiker. Viele Werke blieben Fragmente. Frauen begannen, eine wichtige Rolle in der Literatur zu spielen. Sie traten nun als Vermittlerinnen und Produzentinnen von Literatur hervor. Man traf sich in Salons, in denen über Literatur und Philosophie diskutiert wurde.

Wichtige Autorinnen und Autoren: **Jean Paul** (1763–1825), **Friedrich Hölderlin** (1770–1843), **Novalis** (1772–1801), **E. T. A. Hoffmann** (1776–1822), **Karoline von Günderode** (1780–1806), **Bettina von Arnim** (1785–1859), **Jacob Grimm** (1785–1863) und **Wilhelm Grimm** (1786–1859), **Joseph von Eichendorff** (1788–1857), **Annette von Droste-Hülshoff** (1797–1848), **Heinrich Heine** (1797–1856)

Expressionismus

★ 1 Betrachten Sie das Gemälde: Welche Adjektive fallen Ihnen ein, mit denen Sie das Gemälde beschreiben können? Welche Gefühle rufen diese in Ihnen hervor? Geben Sie dem Bild einen Titel.

2 Beschreiben Sie das Gemälde von Jakob Steinhardt genauer.
   - a Gehen Sie auf die abgebildeten Personen ein. Wie und wo werden die Menschen hier dargestellt?
   - b Was ist für die Bildsprache des Expressionismus typisch? Wie wählt J. Steinhardt Farbgebung und Perspektive?
   - c Wie wird der Wohnraum Stadt dargestellt?

Die meisten Personen im Gemälde von Jakob Steinhardt sind kaum zu erkennen und gehen in der Masse unter. Im Bildvordergrund …

★ 3 Schreiben Sie, passend zu Ihren vorangegangenen Überlegungen und Beschreibungen, einen kurzen lyrischen Text zu dem Gemälde.

Gemälde von Jakob Steinhardt (1913)

Georg Heym: Die Stadt (1911)

Sehr weit ist diese Nacht. Und Wolkenschein
Zerreißet vor des Mondes Untergang.
Und tausend Fenster stehn die Nacht entlang
Und blinzeln mit den Lidern, rot und klein.

Wie Aderwerk gehn Straßen durch die Stadt,
Unzählig Menschen schwemmen aus und ein.
Und ewig stumpfer Ton von stumpfem Sein
Eintönig kommt heraus in Stille matt.

Gebären, Tod, gewirktes Einerlei,
Lallen der Wehen, langer Sterbeschrei,
Im blinden Wechsel geht es dumpf vorbei.

Und Schein und Feuer, Fackeln rot und Brand,
Die drohn im Weiten mit gezückter Hand
Und scheinen hoch von dunkler Wolkenwand.

1 Beschreiben Sie die Wirkung, die das Gedicht „Die Stadt" auf Sie hat.

2
   - a Schreiben Sie alle Nomen auf, die in diesem Gedicht vorkommen. Notieren Sie dazu, ob diese Nomen für Sie eher positiv, negativ oder neutral konnotiert sind. Vergleichen Sie Ihre Ergebnisse.
   - b Untersuchen Sie, welche rhetorischen Mittel Heym verwendet, um den von Ihnen notierten Nomen eine bestimmte Wirkung zu verleihen.
   - c Formulieren Sie auf dieser Grundlage in wenigen Sätzen einen Deutungsansatz für das ganze Gedicht. Beziehen Sie dabei auch die spezielle Gedichtform (▶ S. 170) mit ein.

★ 3 Vergleichen Sie das Gedicht in Form, Sprache und Aussage mit dem ebenfalls „Die Stadt" betitelten Gedicht von Theodor Storm (▶ S. 170).

Georg Trakl: **In der Heimat** (1913)

Resedenduft durchs kranke Fenster irrt;
Ein alter Platz, Kastanien schwarz und wüst.
Das Dach durchbricht ein goldener Strahl und fließt
Auf die Geschwister traumhaft und verwirrt.

Im Spülicht treibt Verfallnes, leise girrt
Der Föhn im braunen Gärtchen; sehr still genießt
Ihr Gold die Sonnenblume und zerfließt.
Durch blaue Luft der Ruf der Wache klirrt.

Resedenduft. Die Mauern dämmern kahl.
Der Schwester Schlaf ist schwer. Der Nachtwind wühlt
In ihrem Haar, das mondner Glanz umspült.

Der Katze Schatten gleitet blau und schmal
Vom morschen Dach, das nahes Unheil säumt,
Die Kerzenflamme, die sich purpurn bäumt.

Max Herrmann-Neiße: **In der Fremde** (1920)

Als mich die unbekannte Stadt
in ihrer Nacht gefangen hielt,
was kamst du nicht in meinen Traum?

Mir war's, als ob dein Lächeln matt,
todmatt mir um die Wangen spielt –
doch kamst du nicht in meinen Traum!

Dann sank ich wie ein welkes Blatt,
das niemandes Verlangen hielt,
in einen totenbangen Traum,

der schwer auf fremder Ruhestatt
mich bis zur Früh in Bangen hielt,
bis in des Tages wachen Traum,

in einer unbekannten Stadt,
die nichts für die Verbannten hat,
nicht Bleibe und kein Liebeslicht
und keinen Traum, der Liebes spricht,

und du kamst nicht. – Was kamst du nicht?

1 Lesen Sie nur die Überschrift der Gedichte von Trakl und Neiße. Welche inhaltlichen Erwartungen haben Sie? Welche Gefühle könnten das lyrische Ich Ihrer Vorstellung nach leiten?

2 **a** Wählen Sie eines der beiden Gedichte aus und erarbeiten Sie für dieses das Zusammenspiel von bildlicher Sprache und inhaltlicher Aussage. Identifizieren Sie dazu Metaphern, Vergleiche und Personifikationen und suchen Sie nach möglichen Deutungen für diese.

b Tauschen Sie Ihre Ergebnisse mit jemandem aus, der das jeweils andere Gedicht bearbeitet hat. Führen Sie Ihre Ergebnisse in einem tabellarischen Vergleich unter den Vergleichsaspekten Thema, lyrisches Ich, zentrale inhaltliche Aussagen, sprachliche Bilder und Gedichtform zusammen.

3 Veranschaulichen Sie mithilfe der Gedichte von Heym, Trakl und Neiße die Informationen zum Expressionismus als literarischer Epoche (▶ S. 188).
Alle drei Gedichte zeichnen sich durch eine einprägsame Bildlichkeit aus. …

Information **Epochenüberblick: Expressionismus (ca. 1910–1925)**

Geschichtlicher Hintergrund: Kaiser Wilhelm II. wollte das neu gegründete Deutsche Reich als wichtige politische Größe unter den Weltmächten positionieren. Aus diesem Grund trieb er die Kolonialpolitik und den Ausbau der deutschen Flotte voran. Infolge des Attentats 1914 auf den österreichischen Thronfolger und seine Frau kam es zum **Ersten Weltkrieg,** in dem durch technisch-militärische Neuerungen in noch nie da gewesenem Maße Menschen getötet oder so schwer verletzt wurden, dass sie bis zum Ende ihres Lebens schwere physische und psychische Schäden davontrugen. Der Krieg endete 1918 mit einer Niederlage Deutschlands.

Weltbild und Lebensauffassung: Die Zeit um 1900 wurde von der um 1880 geborenen Generation oft als verkrustet empfunden. Technischen Neuerungen stand sie skeptisch gegenüber. Man meinte, dass das Alte zugrunde gehen müsse, damit Neues entstehen könne. Verschiedene Ereignisse galten daher als Vorboten eines nahen Weltuntergangs, einer Apokalypse, wie z. B. der Untergang der Titanic (1912). Mit dem Ersten Weltkrieg brach dann die erwartete **Apokalypse,** besonders für die junge Generation, herein.

Literatur: Ein radikaler Bruch mit den bisherigen ästhetischen Darstellungsweisen wurde vollzogen. Man versuchte, neu und visionär auf Zukünftiges zu blicken. Kennzeichen des Expressionismus sind Wortneuschöpfungen, das Aufbrechen grammatikalischer Strukturen bis hin zum Stammeln, der Reihungsstil, eine starke, einprägsame Bildlichkeit sowie eine drastische Farbsymbolik. In der Literatur orientierte man sich an der Malerei, die sich vom Gegenständlichen abwendete und zunehmend abstrakter wurde.

Wichtige Autorinnen und Autoren: Else Lasker-Schüler (1869–1945), Gottfried Benn (1886–1956), Georg Heym (1887–1912), Georg Trakl (1887–1914), Franz Werfel (1890–1945)

Exilliteratur

Carl Zuckmayer: **Elegie von Abschied und Wiederkehr** (1939)

Ich weiß, ich werde alles wiedersehn.
Und es wird alles ganz verwandelt sein,
ich werde durch erloschne Städte gehn,
darin kein Stein mehr auf dem andern Stein –
und selbst noch wo die alten Steine stehen,
sind es nicht mehr die altvertrauten Gassen –
Ich weiß, ich werde alles wiedersehen
und nichts mehr finden, was ich einst verlassen.

Der breite Strom wird noch zum Abend gleiten.
Auch wird der Wind noch durch die Weiden
gehn,
die unberührt in sinkenden Gezeiten
die stumme Totenwacht am Ufer stehn.
Ein Schatten wird an unsrer Seite schreiten
und tiefste Nacht um unsre Schläfen wehn –
Dann mag erschauernd in den Morgen reiten,
der lebend schon sein eignes Grab gesehn.

Ich weiß, ich werde zögernd wiederkehren,
wenn kein Verlangen mehr die Schritte treibt.
Entseelt ist unsres Herzens Heimbegehren,
und was wir brennend suchten, liegt entleibt.
Leid wird zu Flammen, die sich selbst verzehren,
und nur ein kühler Flug von Asche bleibt –
Bis die Erinnrung über dunklen Meeren
ihr ewig Zeichen in den Himmel schreibt.

Else Lasker-Schüler: **Die Verscheuchte** (1934)

Es ist der Tag im Nebel völlig eingehüllt,
Entseelt begegnen alle Welten sich –
Kaum hingezeichnet wie auf einem Schattenbild.

Wie lange war kein Herz zu meinem mild …
Die Welt erkaltete, der Mensch verblich.
– Komm bete mit mir – denn Gott tröstet mich.

Wo weilt der Odem, der aus meinem Leben wich? –
Ich streife heimatlos zusammen mit dem Wild
Durch bleiche Zeiten träumend – ja, ich liebte dich.

Wo soll ich hin, wenn kalt der Nordsturm brüllt –?
– Die scheuen Tiere aus der Landschaft wagen sich –
Und ich – vor deine Tür, ein Bündel Wegerich.

Bald haben Tränen alle Himmel weggespült,
An deren Kelchen Dichter ihren Durst gestillt,
Auch du und ich.

Und deine Lippe, die der meinen glich,
Ist wie ein Pfeil nun blind auf mich gezielt –.

Else Lasker-Schüler

1 Aktivieren Sie Ihr historisches Wissen zum Thema Nationalsozialismus. Sammeln Sie in einem Brainstorming (▶ Methode) Vermutungen, von welchen Themen und welchen Stimmungen Gedichte dieser Zeit – je nach Lebenssituation der Lyrikerinnen und Lyriker – geprägt sein könnten.

2 Klären Sie ausgehend vom Titel zentrale Aussagen des Gedichts von Carl Zuckmayer (▶ S. 188). Informieren Sie sich dazu auch über die Gedichtform Elegie (▶ S. 170).

3 Recherchieren Sie zur Autorin Else Lasker-Schüler und erstellen Sie eine kurze Biografie.

4 Erarbeiten Sie, welche Motive und sprachlichen Mittel das Gedicht „Die Verscheuchte" bestimmen. Welche Wirkung erzielt Lasker-Schüler durch die Verwendung dieser Motive und sprachlichen Mittel?

5 Klären Sie die dialogische Situation des Gedichts: Wer könnte das Du sein, an das sich das lyrische Ich in einigen Versen richtet?

6 Erläutern Sie Unterschiede in der formalen Gestaltung der Gedichte von Zuckmayer und Lasker-Schüler und deren Relevanz für die Wirkung und Aussage der Gedichte.

Methode **Brainstorming**

Gruppen von mindestens 5, höchstens 30 Personen haben 10 bis 20 Minuten Zeit, um spontane Äußerungen zu sammeln, zu dokumentieren und nach Schwerpunkten zu ordnen. Die Beiträge werden nicht kommentiert oder bewertet. Variation: Die Teilnehmerinnen und Teilnehmer können ihre Ideen auf Karten notieren, die eingesammelt und geordnet werden.

Bertolt Brecht: Über die Bezeichnung Emigranten (1937)

Immer fand ich den Namen falsch, den man uns gab:
Emigranten.
Das heißt doch Auswandrer. Aber wir
Wanderten doch nicht aus, nach freiem Entschluss
Wählend ein andres Land. Wanderten wir doch auch nicht
Ein in ein Land, dort zu bleiben, womöglich für immer
Sondern wir flohen. Vertriebene sind wir, Verbannte.
Und kein Heim, ein Exil soll das Land sein, das uns da
Aufnahm

Unruhig sitzen wir so, möglichst nahe den Grenzen
Wartend des Tags der Rückkehr, jede kleinste Veränderung
Jenseits der Grenze beobachtend, jeden Ankömmling
Eifrig befragend, nichts vergessend und nichts aufgebend
Und auch verzeihend nichts, was geschah, nichts verzeihend.
Ach, die Stille der Sunde täuscht uns nicht! Wir hören die
Schreie

Aus ihren Lagern bis hierher. Sind wir doch selber
Fast wie Gerüchte von Untaten, die da entkamen
Über die Grenzen. Jeder von uns
Der mit zerrissenen Schuhn durch die Menge geht
Zeugt von der Schande, die jetzt unser Land befleckt.
Aber keiner von uns
Wird hier bleiben. Das letzte Wort
Ist noch nicht gesprochen.

Bertolt Brecht

1 Bertolt Brecht beginnt sein Gedicht mit den Worten: „Immer fand ich den Namen falsch, den man uns gab: Emigranten. Das heißt doch Auswandrer." Überlegen Sie mit Ihrer Partnerin oder Ihrem Partner, was Brecht an der Bezeichnung „Auswanderer" stören könnte.

2 Informieren Sie sich über die Exilliteratur zwischen 1933 und 1945 (▶ Information, S. 191). Welche Aspekte finden Sie in dem Gedicht von Brecht wieder?

3 Betrachten Sie das nebenstehende Gemälde von Felix Nussbaum. Welche für die Exilliteratur typischen Motive finden ihren Niederschlag auch in diesem Bild?

★ **4** Gestalten Sie ein Interview mit dem lyrischen Ich aus dem Brecht-Gedicht. Welche Fragen könnten Sie diesem stellen? Notieren Sie auch mögliche Antworten.

Felix Nussbaum: Die Vertriebenen (1941)

Information **Exilliteratur (1933–1945)**

Geschichtlicher Hintergrund: Am 30. Januar 1933 wurde **Adolf Hitler** vom Reichspräsidenten **Paul von Hindenburg** zum Reichskanzler ernannt. Seit Juli 1932 war die NSDAP eine der stärksten Parteien im Reichstag. Hitler ging systematisch vor, um politische Gegner auszuschalten: Er schränkte Grundrechte ein bzw. schaffte sie ab, verbot Gewerkschaften und ließ Politiker anderer Parteien verfolgen und in Haft nehmen. Bereits 1933 flüchteten Hunderttausende aus Deutschland, da ihnen politische oder religiöse Verfolgung drohte.

Literatur: Als Exilliteratur wird die Literatur von Schriftstellerinnen und Schriftstellern beschrieben, die unfreiwillig ihr Heimatland verlassen mussten. Während der Zeit des Nationalsozialismus flohen viele Autorinnen und Autoren aus Deutschland und schrieben aus der Ferne über die Geschehnisse unter der Diktatur Adolf Hitlers. Die Literatur ist geprägt von Kritik am nationalsozialistischen Regime, aber oft sind es auch sehr gefühlsbetonte Texte, in denen Sehnsucht nach dem Heimatland zur Sprache kommt, ebenso wie die Einsamkeit im Exil. Oft kehrten die Autorinnen und Autoren nach vielen Jahren wieder nach Deutschland zurück und schrieben über die katastrophalen Zustände, die sie im zerstörten Deutschland vorfanden.

Wichtige Autorinnen und Autoren: **Bertolt Brecht** (1898–1956), **Else Lasker-Schüler** (1869–1945), **Hilde Domin** (1909–2006), **Thomas Mann** (1875–1955), **Anna Seghers** (1900–1983)

Heimat im 21. Jahrhundert

Quentin Lichtblau (Interview), **Alena Dausacker:** **„Den Begriff ‚Heimat' sollte man nicht einfach hergeben"** (2018)

Alena Dausacker hat ihre Masterarbeit über Heimat geschrieben. Und findet ein Heimatministerium fragwürdig.

JETZT: *Alena, warum hast du dich überhaupt wissenschaftlich mit dem Begriff „Heimat" auseinandergesetzt?*

ALENA DAUSACKER: Weil ich eine meiner Heimaten gefunden habe, wo man sie klassischerweise nicht erwartet: im Internet. In meiner Masterarbeit ging es um die Frage, ob technische Medien oder mediale Umfelder als Heimat gewertet werden können. Am Begriff Heimat interessieren mich aber auch andere Fragen: Was bedeutet der Begriff im Moment? Wie hat er sich gewandelt? Wie kann man mit ihm umgehen, ohne dieses schwere Erbe des NS-Heimatbegriffs und ohne Kitsch? Das finde ich extrem spannend.

Wo siehst du denn die Gründe dafür, dass gerade viele den Begriff „Heimat" so wahnsinnig wichtig finden?

Heimat hat immer etwas mit Sehnsucht zu tun, vor allem nach der Kindheit und ihrer Unbeschwertheit. Aber auch nach dem einfachen, vorindustriellen Leben auf dem Land. Bei „Heimat" schwingt immer eine Art verlorene Geborgenheit mit. Das ist gerade aktuell, weil sich viele Menschen aus einer Vielzahl von Gründen nicht geborgen fühlen. Einerseits hat natürlich die AfD diesen Begriff in den gesellschaftlichen Diskurs zurückgebracht. Aber auch unabhängig von diesen nationalistischen Tönen haben Ereignisse wie die Finanz- und Eurokrise viele Menschen ratlos gemacht, sie suchen nach Halt, Identität und damit auch nach einer Heimat.

Im vergangenen Jahr haben sich bereits die Grünen um einen neuen Heimatbegriff bemüht, um das Wort nicht der rein nationalistischen Auslegung zu überlassen. Was hältst du von solchen Plänen?
Das halte ich für ziemlich sinnvoll! Den Begriff „Heimat" sollte man nicht einfach hergeben, finde ich. Er ist so emotional aufgeladen und positiv besetzt – wenn man sich diesem Wort komplett verwehrt und sagt: „Es gibt eigentlich keine Heimat mehr", stößt man damit einen Haufen Leute vor den Kopf. In den 70er- und 80er-Jahren gab es in der politischen Linken bereits einmal die Idee, „Heimat" als „Gestaltungsbedürfnis für das eigene Umfeld" zu verstehen, also eine positive, progressive Deutung auszuprobieren, die nicht ständig diese Verlustangst ins Zentrum rückt. Eine gute Idee, finde ich. [...]

Sowohl die Heimat-Debatte der Grünen als auch das neue Heimatministerium binden das Heimatgefühl an den Nationalstaat, was laut deinem Twitter-Thread „no fucking sense at all" macht. Was wäre denn die richtige Bezugsgröße für einen „guten" Heimatbegriff?
Meiner Meinung nach gibt es nicht nur eine Heimat, sondern mehrere Heimaten. Eine nationale Vorstellung von Heimat finde ich erst einmal furchtbar, weil man dabei so viel verallgemeinern muss. Das Quasi-Vorbild beim neuen Heimatministerium ist ja die schon länger bestehende bayerische Version davon – und die meinen mit ihrer Heimat ja den ländlichen Raum, die Berge, Dörfchen mit Kirche und so weiter. Damit können aber Großstädter aus Hamburg oder Berlin überhaupt nichts anfangen, für die bedeutet Heimat etwas völlig anderes. In Deutschland gibt es so unterschiedliche soziale, wirtschaftliche und landschaftliche Strukturen – das alles über einen Kamm zu scheren, ist relativ zwecklos. Der einzige Weg, über den „Heimat" als nationales Konzept ansatzweise funktionieren könnte, wäre eine extreme Verknüpfung mit sozialstaatlichen Gedanken. Der Staat wäre dann insofern eine Heimat, dass er derjenige ist, der einen auffängt, wenn man in Not gerät.

Könnte man nicht auch sagen: Die Benennung eines Heimatministeriums ist erst mal nur Symbolik, die Namensgebung beruhigt vielleicht ein paar besorgte Menschen, was spricht also dagegen?
Wenn die Schaffung eines Heimatministeriums eine rein kosmetische Maßnahme sein soll, dann frage ich mich: Worüber will man damit eigentlich hinwegtäuschen? Heimat heißt auch: Hier fühle ich mich wohl, hier kann ich gut leben, hier will ich bleiben. Einen solchen Zustand herzustellen, war schon immer Aufgabe des Staates, dafür braucht es doch kein eigenes Ministerium! Und wenn man dann aus reiner Symbolik doch eines erschafft, dann ist das auch ein Eingeständnis, dass man anderweitig bei der Aufgabe versagt hat, bei den Bürgern einen positiven Bezug zum Staat zu schaffen.

Gibt es denn in anderen Sprachen eigentlich auch Äquivalente zum deutschen Wort „Heimat"?
Teilweise. In den meisten Sprachen sind diese Wörter sehr nah am lateinischen „patria". Damit ist meistens das „Vaterland" gemeint, was etwas anderes, räumlich viel Größeres ist als „Heimat". Im Englischen gibt es „home", aber das bedeutet wiederum eher etwas Kleineres, man würde es wohl eher mit „Zuhause" übersetzen.

Was sind denn eigentlich deine ganz persönlichen „Heimaten"?
Meine kindliche Heimat ist in Schwaben, meine Wahlheimat ist das Ruhrgebiet, meine mediale Heimat ist Twitter, dann noch ein paar weitere reale, digitale und fiktive Orte. Man könnte das eigentlich „Heimatnetzwerk" nennen, ich fühle mich sowohl an den einzelnen Punkten heimisch als auch auf den Wegen dazwischen. Ich mag es, an Orten zu sein, bei denen ich weiß, wo ich bin, wo ich mich geborgen fühle und wo ich die Menschen kenne. Außerdem ist mir wichtig, diese Erfahrungen zu teilen. Wenn man eine schöne Heimat hat, warum sollte man sie dann nicht auch mit anderen teilen?

1 Nehmen Sie spontan Stellung zur Aussage Dausackers, sie habe ihre Heimat im Internet gefunden. Begründen Sie, ob Sie diese Definition von Heimat nachvollziehen können.

2 Lesen Sie das Interview mit Alena Dausacker (▶ S. 191 f.). Fassen Sie jede Antwort stichwortartig zusammen.

3 Erklären Sie, welche Probleme Dausacker mit der Vorstellung einer „nationalen Heimat“ hat. Erläutern Sie, welchen Vorschlag sie macht, um den Heimatbegriff zu definieren.

4 Beantworten Sie für sich selbst die letzte Frage des Interviews: „Was sind eigentlich Ihre ganz persönlichen ‚Heimaten‘?“

Nora Gomringer: **Daheim** (2015)

Mamaundpapaundkindundkinderschwesterundkinder
bruderundkinderonkelundhoppehoppeundfallefallein
dengrabenundgefressenvonrabenundangesabbertvom
hundundmeerschweinundseinekurzenbeinchenver
schwindenimschlundundgelbervogelimkäfigundnach
barundnachbarsfrauundputzeundputzesmannund
mamasloverundpapasblondeundpapasblondeshelles
undmamastablettenundhundehitzeundnachbarskatze
undidylleinderreihe

Alev Tekinay: **Dazwischen** (2001)

Jeden Tag packe ich den Koffer
ein und dann wieder aus.

Morgens, wenn ich aufwache,
plane ich die Rückkehr,
aber bis Mittag gewöhne ich mich mehr
an Deutschland.

Ich ändere mich
und bleibe doch gleich
und weiß nicht mehr,
wer ich bin.

Jeden Tag ist das Heimweh
unwiderstehlicher,
aber die neue Heimat hält mich fest
Tag für Tag noch stärker.

Und jeden Tag fahre ich
zweitausend Kilometer
in einem imaginären Zug
hin und her,
unentschlossen zwischen
dem Kleiderschrank
und dem Koffer,
und dazwischen ist meine Welt.

1 Äußern Sie spontan Gedanken, die Ihnen zu den Titeln „Daheim“ und „Dazwischen“ einfallen. Lesen Sie anschließend die Gedichte und klären Sie, ob sich Ihre spontanen Gedanken darin wiederfinden.

2 Lesen Sie das Gedicht „Daheim“ Ihrer Partnerin oder Ihrem Partner vor. Verändern Sie dabei die Lesegeschwindigkeit. Inwiefern ändert sich die Bedeutung des Gedichts, wenn Sie es langsam oder schnell vortragen?

3 Vergleichen Sie die formale Gestaltung beider Gedichte. Stellen Sie Thesen darüber auf, was beide Autorinnen durch die formale Gestaltung ausdrücken möchten.
Das Gedicht „Daheim“ kommt ohne Satzzeichen, Wortzwischenräume und korrekte Groß- und Kleinschreibung aus. …

4 Schreiben Sie einen Leserbrief an Gomringer oder Tekinay, in dem Sie ein konstruktives Feedback zu dem jeweiligen Gedicht geben und Ihre eigenen Erfahrungen zum Thema Heimat mitteilen.

4.3 Sprachtraining

1 Erweitern Sie Ihren Fachwortschatz.

a Sammeln Sie in einer Mindmap Fachbegriffe (Nomen) aus dem Bereich Lyrik, die Ihnen geläufig sind.

b Ordnen Sie die gesammelten Begriffe den Kategorien „Inhalt“, „Form“ und „Sprache“ zu.

Inhalt	***Form***	***Sprache***
lyrisches Ich	*Metrum*	*Metapher*
...	...	...

c Vergleichen Sie Ihre Begriffssammlung und -zuordnung mit einem Partner oder einer Partnerin. Ergänzen Sie Ihre Aufzeichnungen und erklären Sie sich gegenseitig unbekannte Termini.

d Bilden Sie die korrekten Pluralformen zu den folgenden Nomen. Vergleichen Sie anschließend mit einem Partner und überprüfen Sie Zweifelsfälle im (Online-)Wörterbuch.
das Reimschema – das Thema – das Metrum – der Jambus – der Trochäus – das Enjambement – das Sonett

2 Ordnen Sie den Sätzen unten passende Verben zu. Oft haben Sie mehrere Möglichkeiten.

untersuchen analysieren aufsagen bestimmen interpretieren einordnen
rezitieren zuordnen erkennen verstehen vergleichen wiedergeben

a) Um ein Gedicht zu ..., sollte man das Fachvokabular kennen.
b) Das Gedicht lässt sich einer bestimmten Epoche ... / in eine bestimmte Epoche ...
c) Die Aussageabsicht eines Gedichts ist nicht immer eindeutig zu ...
d) Form und Sprache eines Gedichts kann man auf ihre Wirkung hin ...
e) Mehrere Gedichte lassen sich miteinander ...
f) Will man ein Gedicht vor Publikum ..., sollte man es ...

3 Formulieren Sie Passivsätze und üben Sie die Bildung des Partizips II.

a Bilden Sie zu jedem Verb aus dem Wortspeicher einen Passivsatz mit Bezug zum Thema Lyrik.
Das Reimschema wird untersucht.

b Vergleichen Sie die gebildeten Partizip-II-Formen. Was stellen Sie fest?

c Rekapitulieren Sie die Unterschiede der Partizip-II-Formen mithilfe der Information.

Information **Passivkonstruktionen**

Das **Passiv betont das Geschehen** / die Handlung in einem Satz; der Handelnde selbst ist von nebensächlicher Bedeutung. In wissenschaftlichen Arbeiten (z. B. bei der Beschreibung literarischer Texte) dienen Formulierungen im Passiv der Betonung von Objektivität und der persönlichen Distanzierung.
Passiv: *Der Text wird (vom Verfasser des Aufsatzes) interpretiert.* Aktiv: *Der Verfasser des Aufsatzes interpretiert den Text.*
Die Passivformen werden mit der **konjugierten Form des Hilfsverbs** und dem **Partizip II** gebildet. Das Partizip II bildet man in der Regel mit der Vorsilbe ge- (z. B. *gemacht, gelaufen*). Bei regelmäßigen Verben und Verben mit gemischter Konjugation fügt man die Endung -t an (z. B. *suchen – gesucht; nennen – genannt*). Bei unregelmäßigen Verben steht die Endung -en (z. B. *schreiben – geschrieben*). Bei Verben mit bestimmten Vorsilben (be-, emp-, ent-, er-, ge-, miss-, ver-, zer-) entfällt in der Partizip-II-Form das ge- (z. B. *empfinden – empfunden*); ebenso verhält es sich mit den Verben auf -ieren (z. B. *analysieren – analysiert*). Bei zusammengesetzten Verben steht der Verbzusatz (häufig eine Präposition) vor ge- (z. B. *aufwachen – aufgewacht*).

1 Üben Sie die Groß- und Kleinschreibung, besonders bei Nominalisierungen.

a Wenden Sie die Regeln der Groß- und Kleinschreibung (▶ Information) korrekt an.

a) gestern abend rezitierte der schauspieler das gedicht „herbstliebe" im übrigen mit andächtiger stimme.

b) das gedicht „vorfrühling" stammt von hugo von hofmannsthal und wird im folgenden analysiert werden.

c) im gedicht „die stadt" (theodor storm) heißt es in vers 10: „am strande weht das gras."

d) des weiteren vermitteln sowohl der inhalt als auch die sprachlichen mittel dieses lyrischen textes dem leser das gefühl, dass alles übrige unwichtig ist und nur das auf und ab der wellen zählt.

e) die rezension enthält nicht viel neues, sondern das übliche: wenig lob und viel kritik.

f) das einhalten eines logisch durchdachten und gut gegliederten aufbaus ist das a und o eines guten interpretationsaufsatzes.

b Stellen Sie fest, bei welchen Formen in den Sätzen a) bis f) es sich um Nominalisierungen handelt, und rekapitulieren Sie die Regeln zu deren Bildung mithilfe der Information unten.

a) im Übrigen → Nominalisierung des Adjektivs „übrig", zu erkennen an dem Nomenbegleiter „im" (Präposition + Artikel)

c Bilden Sie fünf weitere Sätze, die jeweils mindestens eine nominalisierte Wortform enthalten.

d Tauschen Sie Ihre Ergebnisse aus und überprüfen Sie sie gegenseitig auf Korrektheit.

2 **a** Bei welchen Wörtern der folgenden Beispielsätze handelt es sich um Denominalisierungen?

a) Das Buch konnte dank hoher Spendeneinnahmen umfassend restauriert werden.

b) Der Schriftsteller war zeit seines Lebens als Menschenrechtler aktiv gewesen.

c) Die Autorin erreichte trotz massiver Unterstützung nur den dritten Platz.

d) Der Redner ließ sich angesichts der Unruhe im Publikum auf keine weiteren Fragen ein.

e) Der Empfang beginnt abends um 20 Uhr.

f) Bei diesem Gewitter wird mir angst und bange.

b Formulieren Sie die Sätze so um, dass die denominalisierten Wendungen wegfallen.

Das Buch konnte umfassend restauriert werden, weil es hohe Spendeneinnahmen gab.

Information **Groß- und Kleinschreibung nominalisierter und denominalisierter Wörter**

Nomen (Substantive) werden großgeschrieben. Auch Wörter anderer Wortarten schreibt man groß, wenn sie im Satz als Nomen gebraucht werden (Nominalisierung). Man erkennt sie oft an einem typischen Nomenbegleiter (wie einem Artikel, einem Indefinitpronomen oder einem Zahladjektiv), z. B. *im Folgenden, etwas Neues, das Schreiben.*

Es gibt jedoch auch den – im Vergleich deutlich seltener vorkommenden – Fall, dass aus Nomen oder Substantivstämmen Wörter anderer Wortarten abgeleitet werden. Diese werden kleingeschrieben. Denominalisierte Wörter sind beispielsweise solche, die formgleich als Nomen vorkommen, aber zu Präpositionen geworden sind. Man erkennt sie u. a. daran, dass sie keine typischen Nomenbegleiter mehr bei sich haben. Einige dieser Präpositionen (z. B. *kraft, zeit, dank, um … willen*) verlangen den Genitiv: *Es beschäftigte sie zeit ihres Lebens. Er hielt lange durch dank seines starken Willens.*

Neben Präpositionen werden auch Adverbien (auch solche auf -s) kleingeschrieben, die aus Nomen entstanden sind, wie *anfangs, teils, willens, abends, sonntags,* Adjektive in Verbindung mit *sein, werden, bleiben (mir wurde angst, sie war schuld)* sowie unbestimmte Pronomen und Zahlwörter, z. B. *ein paar* (= einige), aber: *ein Paar* (= zwei zusammengehörende) *Schuhe.*

4.4 Klausurtraining: Gedichte interpretieren und vergleichen – „Emigranten-Monolog" von Mascha Kaléko und „In der Fremde III" von Heinrich Heine

Aufgabenbeispiel

1 Interpretieren Sie das Gedicht „Emigranten-Monolog" von Mascha Kaléko.
2 Vergleichen Sie das Gedicht mit Heinrich Heines Gedicht „In der Fremde III", indem Sie inhaltliche, formale und sprachliche Unterschiede und Gemeinsamkeiten herausarbeiten.

Mascha Kaléko: **Emigranten-Monolog** (1945)

Ich hatte einst ein schönes Vaterland –
so sang schon der Flüchtling Heine[1].
Das seine stand am Rheine,
das meine auf märkischem Sand.

Wir alle hatten einst ein (siehe oben!).
Das fraß die Pest, das ist im Sturz zerstoben.
O Röslein auf der Heide[2],
dich brach die Kraftdurchfreude[3].

Die Nachtigallen wurden stumm,
sahn sich nach sicherm Wohnsitz um,
und nur die Geier schreien
hoch über Gräberreihen.

Das wird nie wieder, wie es war,
wenn es auch anders wird.
Auch wenn das liebe Glöcklein tönt,
auch wenn kein Schwert mehr klirrt.

Mir ist zuweilen so, als ob
das Herz in mir zerbrach.
Ich habe manchmal Heimweh.
Ich weiß nur nicht, wonach.

R

1 **Flüchtling Heine:** Heine übersiedelte 1831 nach Paris, da seine Werke in Deutschland zensiert wurden.

2 **O Röslein auf der Heide:** Anspielung auf Goethes Gedicht „Heidenröslein"

3 **Kraft durch Freude (KdF):** politische Organisation zur NS-Zeit, verantwortlich für die Freizeitgestaltung der Bevölkerung

Heinrich Heine: **In der Fremde III** (1844)

Ich hatte einst ein schönes Vaterland.
Der Eichenbaum
Wuchs dort so hoch, die Veilchen nickten sanft.
Es war ein Traum.

Das küsste mich auf Deutsch und sprach auf Deutsch
(Man glaubt es kaum,
Wie gut es klang) das Wort: „Ich liebe dich!"
Es war ein Traum.

Die Aufgabenstellung verstehen

1 **a** Notieren Sie, welche Arbeitsschritte die Aufgabenstellung von Ihnen verlangt.
- *Ich soll eine Einleitung, einen Hauptteil und einen Schluss verfassen.*
- ...

b Bestimmen Sie die Reihenfolge Ihrer Arbeitsschritte. Vergleichen Sie Ihre Listen in Partnerarbeit.

Erstes Textverständnis und Ideen formulieren

1 Notieren Sie Ihre ersten Leseeindrücke, Assoziationen und Ideen zum Gedicht von Mascha Kaléko auf Seite 196 stichwortartig.

2 Begründen Sie, ob eine der folgenden Deutungsthesen auf Kalékos Gedicht „Emigranten-Monolog" zutrifft, bzw. entwickeln Sie eine eigene Deutungsthese. Stützen Sie die von Ihnen gewählte Deutungsthese durch Belegstellen im Text.

A Das lyrische Ich träumt davon, wieder in sein Heimatland zurückzukehren.
B Das lyrische Ich beschreibt seine Gefühle hinsichtlich seiner neuen Heimat.
C Das lyrische Ich berichtet vom Heimatverlust durch den Krieg und zeigt sich mit anderen Vertriebenen solidarisch.

3 Lesen Sie das Gedicht von Heinrich Heine „In der Fremde III" auf Seite 196. Entwickeln Sie dazu eine eigene Deutungsthese und vergleichen Sie diese mit Ihrer Partnerin oder Ihrem Partner.

Information **Fragen an ein Gedicht stellen**

Die Beantwortung der folgenden Fragen hilft Ihnen bei der Gedichtinterpretation:
- Wie lässt sich der Inhalt des Gedichts strophenweise zusammenfassen?
- Welche Stimmung wird in dem Gedicht ausgedrückt? Welche Gefühle werden durch das Lesen hervorgerufen?
- Welche Wörter fallen besonders auf, sind besonders bedeutungsvoll?
- Nennt das Gedicht Dinge, Personen, Ereignisse usw. direkt beim Namen? Oder umschreibt es sie? Werden sie nur verhüllt genannt?
- Zu welcher Zeit ist das Gedicht entstanden? Hat der Titel des Gedichts eine Verbindung zur Epoche?
- Gibt es Personalpronomen im Gedicht? Verändern sich diese im Verlauf?
- Ist ein lyrisches Ich vorhanden? An wen wendet es sich?
- Welche formalen Kriterien (Strophen, Verse, Reimschema, Metrum, Enjambements) liegen vor?
- Wie ist die Sprache des Gedichts: einfach oder kunstvoll? Alltagssprache, Umgangssprache, Hochsprache oder poetische Sprache?
- Welche rhetorischen Figuren werden benutzt (Vergleiche, Metaphern, Personifikationen ...)? Was ist deren Funktion und Wirkung?
- Inwiefern unterstützt die Form die Aussage des Gedichts?

Den Text analysieren und interpretieren

1 Erläutern Sie die Markierungen und Randkommentare zu dem Gedicht von Mascha Kaléko. Gleichen Sie ab, welche der Fragen aus der Information auf Seite 197 damit behandelt werden.

Mascha Kaléko: **Emigranten-Monolog** (1945)

5 Strophen → 4 Verse, keine einheitliche Reimform, kein klares Metrum	Ich hatte einst ein schönes Vaterland – so sang schon der Flüchtling Heine. Das seine stand am Rheine, das meine auf märkischem Sand.	*Vergangenheit* *Lyrisches Ich bezieht sich auf Juden Heine → vergleichbares Schicksal*
Das „Ich" wird zum „Wir" → Verbundenheit mit allen Vertriebenen	Wir alle hatten einst ein (siehe oben!). Das fraß die Pest, das ist im Sturz zerstoben. O Röslein auf der Heide, dich brach die Kraftdurchfreude. *unreiner Reim*	*Abbruch des Zitats → Distanz* *Metaphern für die Zerstörung durch Gewaltherrschaft, Krieg* *„Heidenröslein" (Goethe), nationalsozialist. Organisation KdF → Metapher für die Zerstörung der Kultur*
	Die Nachtigallen wurden stumm, sahn sich nach sicherm Wohnsitz um, und nur die Geier schreien hoch über Gräberreihen.	*Gegenwart* *Allgegenwärtigkeit des Todes*
	Das wird nie wieder, wie es war, wenn es auch anders wird. Auch wenn das liebe Glöcklein tönt, auch wenn kein Schwert mehr klirrt.	*Hoffnungslosigkeit* *Zukunft* *Dreifache Wiederholung der Konjunktionen „auch wenn" → Vergessen ist unmöglich*
Innenleben des lyrischen Ich wird erkennbar	Mir ist zuweilen so, als ob *Enjambement* das Herz in mir zerbrach. Ich habe manchmal Heimweh. Ich weiß nur nicht, wonach.	

2 Setzen Sie die begonnene Kennzeichnung formaler, sprachlicher und inhaltlicher Merkmale auf einer Kopie des Textes fort. Orientieren Sie sich dazu an den Fragen aus der Information auf Seite 197.

3 Notieren Sie nun systematisch Ihre Untersuchungsergebnisse zu den Fragen aus dem Informationskasten.

4 Bilden Sie Kategorien, denen Sie die Fragen und die zugehörigen Antworten zuordnen können, z. B. Form, Sprache etc. Stellen Sie in Ihren Notizen Bezüge zwischen den Kategorien her, z. B. durch beschriftete Pfeile oder Markierungen in der gleichen Farbe.

5 Bereiten Sie den Vergleich der Gedichte vor, indem Sie die folgende Tabelle in Ihr Heft übernehmen und weiter ausfüllen.

Vergleichskriterien	*„Emigranten-Monolog" (1945)*	*„In der Fremde III" (1844)*
Thema		
Zentrale inhaltliche Aussagen		
Strophenaufbau	*5 Strophen → 4 Verse*	
Reimschema, Metrum		
Rhetorische Figuren		*Metapher „Eichenbaum" (V. 2): Eiche als Symbol des deutschen Nationalstaates*
Sprachliche Besonderheiten	*Personalpronomen verändern sich von „ich" (V. 1) zu „wir" (V. 5) zu „ich" (V. 19, 20)*	
Epochenbezug	*Exilliteratur*	

Den Schreibplan erstellen und den eigenen Text schreiben

1 Entwickeln Sie als Leitfaden für den ersten Teil Ihres Interpretationsaufsatzes (Interpretation des Gedichts von Mascha Kaléko) ein Flussdiagramm (▶ S. 148), in dem Sie die Reihenfolge Ihrer Untersuchungsaspekte festlegen.

2 Verfassen Sie Ihren Interpretationsaufsatz, indem Sie das von Ihnen angefertigte Flussdiagramm verschriftlichen. Wenden Sie sich zunächst dem Gedicht „Emigranten-Monolog" zu. Analysieren Sie das Gedicht nach den vorgegebenen Analyseschritten:

a Machen Sie in einem Einleitungssatz Angaben zu Autorin, Titel, Textsorte, Erscheinungsjahr und Thema.

b Gestalten Sie die von Ihnen gewählte Deutungsthese schriftlich aus. Stellen Sie Ihre Untersuchungsergebnisse auf inhaltlicher, sprachlicher und formaler Ebene in einem schlüssigen Zusammenhang dar. Belegen Sie Ihre Ausführungen durch passende Textzitate (▶ Information, S. 361).

3 Verfassen Sie auf der Basis Ihrer Tabelle oben als zweiten Teil Ihres Interpretationsaufsatzes einen Vergleich der Gedichte von Mascha Kaléko und Heinrich Heine. Falls es in der Aufgabenstellung nicht anders formuliert ist, ist für das zweite Gedicht (hier: Heine) keine vollständige Analyse notwendig, sondern lediglich eine vergleichende Untersuchung. Folgende Formulierungen können Ihnen beim Gedichtvergleich helfen:

Formulierungsbausteine: Vergleich von Texten/Gedichten

- *Die Texte/Gedichte weisen einige Gemeinsamkeiten auf. In beiden steht das Thema … / die Erfahrung des/der … im Mittelpunkt. Die Texte/Gedichte stimmen überein in … Ähnlich wie in … Text/Gedicht zeigt sich auch in … Text/Gedicht, dass … Legt man beide Texte nebeneinander, so ergibt sich … Beide Autoren …*
- *Die beiden Texte/Gedichte weisen aber auch deutliche/markante Unterschiede auf. / Bei näherer Betrachtung fallen aber auch einige Unterschiede auf.*
- *Während das lyrische Ich in … Gedicht, äußert sich das lyrische Ich in … Gedicht eher … Im ersten Text/Gedicht …, wohingegen im zweiten Text/Gedicht …*

- *Ein wesentlicher Unterschied ist auch im Hinblick auf die Sprache / die formale Gestaltung erkennbar, denn … Ganz anders angelegt ist der zweite Text / das zweite Gedicht, weil … Unterschiede zeigen sich auch in der Wortwahl der beiden Texte/Gedichte, denn bei … heißt es … Demgegenüber wählt … Formulierungen wie …*
- *Die Unterschiede lassen sich auch mit Blick auf die Epochenzugehörigkeit erklären … Zieht man die unterschiedlichen geschichtlichen und literaturhistorischen Hintergründe hinzu, so zeigt sich, dass …*

4 Formulieren Sie im Schlussteil des Aufsatzes ein abschließendes Fazit. Als Hilfe können hierzu folgende Formulierungen dienen:

Formulierungsbausteine: Schluss eines Gedichtvergleichs
- *Abschließend lässt sich zu den Gedichten Folgendes festhalten: …*
- *Ein Vergleich des Gedichts … von … mit dem Gedicht … von … ist vor dem Hintergrund von … sinnvoll. / Folgende Aspekte eignen sich zum Vergleich der Gedichte von … und … Vor diesem Hintergrund kann man konstatieren, dass …*

Den eigenen Text überarbeiten

1 Überarbeiten Sie Ihren Aufsatz mithilfe der folgenden Checkliste.

Checkliste **Eine Gedichtinterpretation schreiben**

Vorbereitung des Aufsatzes
- Haben Sie die Aufgabenstellung auf besondere Aspekte der Interpretation hin geprüft?

Einleitung
- Wurden Autor/-in, Titel und Erscheinungsjahr (evtl. Erscheinungsort) genannt?
- Wurde das Thema formuliert und eine Deutungsthese aufgestellt?

Hauptteil
- Haben Sie den Inhalt wiedergegeben und dabei die Zusammenfassung mit der Deutung verknüpft?
- Haben Sie die Ergebnisse Ihrer Sprachanalyse gedeutet: Sprachbilder, rhetorische Figuren, Sprachvarietäten, andere Auffälligkeiten?
- Haben Sie die Ergebnisse der Formanalyse gedeutet: Anordnung der Verse und Strophen, Reim, Metrum, Kadenzen?
- Haben Sie Ihre Deutungsthese überprüft und begründet sowie treffende Zitate angeführt?
- Wurden im Falle eines Gedichtvergleichs Gemeinsamkeiten und Unterschiede herausgearbeitet?

Schluss
- Haben Sie eine abschließende Beurteilung vorgenommen, bei der Sie an eigene Leseerfahrungen anknüpfen und sich zu Thema, Form und Sprache äußern?

Textüberarbeitung
- Haben Sie Ausdruck, Rechtschreibung und Grammatik korrigiert?
- Haben Sie Ihre Analyse mit Textbelegen gestützt?
- Ist Ihre Analyse in der Zeitform Präsens verfasst?

B5 Drama

„Woyzeck" von Georg Büchner (2003) in einer Inszenierung des Thalia Theaters Hamburg ; Szene mit Peter Moltzen und Norman Hacker; Regie: Michael Thalheimer

1 Betrachten und beschreiben Sie die Szene und die Figuren.

a Wie wirken die beiden Personen auf Sie?

b Worum könnte es in der dargestellten Szene gehen? In welchem Verhältnis scheinen die beiden Männer zueinander zu stehen?

In diesem Kapitel erwerben Sie folgende Kenntnisse und Kompetenzen

- den Inhalt, Aufbau und die typischen Merkmale eines dramatischen Textes mit verschiedenen Verfahren erarbeiten,
- Figuren in ihrer dramatischen Konzeption charakterisieren,
- die Beziehungen der Figuren analysieren und darstellen,
- die sozialen, politischen und historischen Voraussetzungen und Bedingungen dramatischer Texte untersuchen,
- eine eigene Position zu den in Theatertexten dargestellten Positionen entwickeln und darstellen.

5.1 Grundformen dramatischer Texte

Inszenierung Bühne Publikum Szene Rolle Botenbericht
Regisseur Regieanweisung Schauspieler Aufführung Monolog
Dialog Beiseitesprechen Akt Kostüme Bühnenbild

★ 1 Verfassen Sie einen zusammenhängenden Text, der Ihre Vorstellungen vom Theater und der Gattung Drama wiedergibt. Verwenden Sie dabei möglichst viele der im Kasten oben aufgeführten Begriffe.

Georg Büchner: Woyzeck (geschrieben 1836/37, 1879 erschienen, Uraufführung 1913)

[Der arme Soldat Woyzeck versucht, seine Geliebte Marie und ihr gemeinsames uneheliches Kind zu versorgen, indem er zusätzliche Arbeiten annimmt. Er dient einem Hauptmann als Laufbursche und einem Arzt als Versuchsperson für Ernährungsexperimente.

Marie beginnt ein Verhältnis mit einem Tambourmajor[1]. Vom Hauptmann in aller Öffentlichkeit schikaniert und vom Arzt immer mehr unter Druck gesetzt, entwickelt Woyzeck Wahnvorstellungen und eine grenzenlose Eifersucht. Er kauft sich ein Messer und bringt Marie im Wahn um.]

Hauptmann auf einem Stuhl, Woyzeck rasiert ihn.

HAUPTMANN: Langsam, Woyzeck, langsam; eins nach dem andern! Er macht mir ganz schwindlig. Was soll ich dann mit den zehn Minuten anfangen, die Er heut zu früh fertig wird? Woyzeck, bedenk Er, Er hat noch seine schöne dreißig Jahr zu leben, dreißig Jahr! Macht dreihundertsechzig Monate, und Tage, Stunden, Minuten! Was will Er denn mit der ungeheuren Zeit all anfangen? Teil Er sich ein, Woyzeck!

WOYZECK: Jawohl, Herr Hauptmann!

HAUPTMANN: Es wird mir ganz angst um die Welt, wenn ich an die Ewigkeit denke. Beschäftigung, Woyzeck, Beschäftigung! Ewig, das ist ewig, das ist ewig – das siehst du ein; nun ist es aber wieder nicht ewig, und das ist ein Augenblick, ja ein Augenblick, Woyzeck, es schaudert mich, wenn ich denke, dass sich die Welt in einem Tag herumdreht! Was 'n Zeitverschwendung! Wo soll das hinaus? Woyzeck, ich kann kein Mühlrad mehr sehn, oder ich werd melancholisch.

WOYZECK: Jawohl, Herr Hauptmann.

HAUPTMANN: Woyzeck, Er sieht immer so verhetzt aus! Ein guter Mensch tut das nicht, ein guter Mensch, der sein gutes Gewissen hat. – Red Er doch was, Woyzeck! Was ist heut für Wetter?

WOYZECK: Schlimm, Herr Hauptmann, schlimm; Wind!

HAUPTMANN: Ich spür's schon, 's ist so was Geschwindes draußen; so ein Wind macht mir den Effekt wie eine Maus. *(Pfiffig.)* Ich glaub, wir haben so was aus Süd-Nord?

WOYZECK: Jawohl, Herr Hauptmann.

HAUPTMANN: Ha, ha, ha! Süd-Nord! Ha, ha, ha! Oh, Er ist dumm, ganz abscheulich dumm! *(Gerührt.)* Woyzeck, Er ist ein guter Mensch – aber *(mit Würde)* Woyzeck, Er hat keine Moral! Moral, das ist, wenn man moralisch ist, versteht Er. Es ist ein gutes Wort. Er hat ein Kind, ohne den Segen der Kirche, wie unser hochehrwürdiger Herr Garnisonsprediger sagt, ohne den Segen der Kirche, es ist nicht von mir.

WOYZECK: Herr Hauptmann, der liebe Gott wird den armen Wurm nicht drum ansehen, ob das Amen drüber gesagt ist, eh er gemacht wurde. Der Herr sprach: Lasset die Kleinen zu mir kommen!

HAUPTMANN: Was sagt Er da? Was ist das für eine kuriose Antwort? Er macht mich ganz konfus mit seiner Antwort. Wenn ich sag: Er, so mein ich Ihn, Ihn –

Woyzeck: Wir arme Leut – Sehn Sie, Herr Hauptmann: Geld, Geld! Wer kein Geld hat – Da setz einmal eines seinesgleichen auf die Moral in der Welt! Man hat auch sein Fleisch und Blut. Unsereins ist doch einmal unselig in der und der andern Welt. Ich glaub, wenn wir in Himmel kämen, so müssten wir donnern helfen.

Hauptmann: Woyzeck, Er hat keine Tugend, Er ist kein tugendhafter Mensch! Fleisch und Blut? Wenn ich am Fenster lieg, wenn's geregnet hat, und den weißen Strümpfen so nachseh, wie sie über die Gassen springen – verdammt, Woyzeck, da kommt mir die Liebe! Ich hab auch Fleisch und Blut. Aber, Woyzeck, die Tugend, die Tugend! Wie sollte ich dann die Zeit herumbringen? Ich sag mir immer: du bist ein tugendhafter Mensch, *(gerührt)* ein guter Mensch, ein guter Mensch.

Woyzeck: Ja, Herr Hauptmann, die Tugend, ich hab's noch nit so aus. Sehn Sie, wir gemeine Leut, das hat keine Tugend, es kommt nur so die Natur; aber wenn ich ein Herr wär und hätt ein' Hut und eine Uhr und eine Anglaise und könnt vornehm reden, ich wollt schon tugendhaft sein. Es muss was Schönes sein um die Tugend, Herr Hauptmann. Aber ich bin ein armer Kerl.

Hauptmann: Gut, Woyzeck. Du bist ein guter Mensch, ein guter Mensch. Aber du denkst zu viel, das zehrt; du siehst immer so verhetzt aus. – Der Diskurs hat mich ganz angegriffen. Geh jetzt und renn nicht so; langsam, hübsch langsam die Straße hinunter!

1 **Tambourmajor:** führt bei Paraden Militärkapellen und Spielmannszüge an

1 Erschließen Sie sich den Text in Kleingruppen durch szenisches Lesen (▶ Methode unten).

2 Beschreiben Sie den Verlauf des Gesprächs zwischen Woyzeck und dem Hauptmann.
Schon an den Gesprächsanteilen ist zu erkennen, dass zunächst der Hauptmann eindeutig der dominante Gesprächspartner ist. Inhaltlich zeigt sich dies besonders an …

3 Bauen Sie ein Standbild (▶ Methode unten), welches das Verhältnis von Woyzeck zum Hauptmann darstellt.

Methode **Möglichkeiten des szenischen Spiels**

Dramen sind für eine Inszenierung auf der Bühne bestimmt. Erst dort erreichen sie ihre volle Wirkungskraft. Das bloße Lesen kann also dem Text nicht gerecht werden. Ratsam ist es, die textanalytische Lektüre durch ein szenisches Interpretieren zu ergänzen:

- **Standbilder bauen:** Einige Schüler/-innen übernehmen die Rollen der Protagonisten einer Textstelle und werden von „Standbildbauern" entsprechend der Textstelle arrangiert. Durch Standbilder lässt sich die Bedeutung einer Textstelle besser erschließen, etwa wenn Macht- oder Abhängigkeitsverhältnisse oder sonstige Konstellationen zwischen Personen dargestellt werden.
- **Eine szenische Lesung durchführen:** Eine Textstelle erschließt sich oft besser, wenn sie laut und betont vorgelesen wird. Probieren Sie beim Lesen verschiedene Sprechweisen, aber auch Haltungen, Bewegungen und Gebärden aus. Tragen Sie die Szene vor.
- **Szenen improvisiert spielen:** Die Szene wird ohne Textbuch gespielt. Wichtig sind dabei Haltung, Gestik, Mimik und Betonung. Der Text wird frei improvisiert. Das Publikum teilt seine Beobachtungen mit und vergleicht das Spiel der Figuren mit seinem Textverständnis.
- **Rollengespräche führen:** Eine Möglichkeit, sich einen Charakter zu erschließen und sich in eine Figur einzufühlen, ist das Rollengespräch. Dieses Gespräch wird vom Spieler spontan aus der Rolle heraus improvisiert. Es kann sich dabei um einen Rollenmonolog (Selbstgespräch) handeln oder um einen Rollendialog (ein Gespräch zwischen zwei Figuren).

4 Charakterisieren Sie die beiden Figuren (▶ Information unten).

Der Hauptmann	***Woyzeck***
– *mag keine Eile (ihm wird schwindelig davon)* – *besserwisserisch* …	– *ist sich seiner Armut bewusst* – *hat laut Eigenaussage keine Moral, da er zu wenig Geld habe* …

5 Verfassen Sie einen inneren Monolog (▶ Methode, S. 223) von Woyzeck zu dieser Szene.
„Warum redet der Hauptmann so viel? Ich arbeite doch nur für ihn, um Marie und das Kind durchzubringen. Jetzt soll ich auch noch mit ihm diskutieren. Kann er mich nicht in Ruhe lassen? …“

6 Setzen Sie sich kritisch mit den vom Hauptmann ins Spiel gebrachten Begriffen „Zeit“, „Augenblick“, „Gewissen“, „Moral“ und „Tugend“ auseinander und erläutern Sie, was Sie unter diesen Begriffen verstehen und wie der Hauptmann sie verwendet.

7 Klären Sie durch eine Internetrecherche, warum Georg Büchner „Woyzeck“ 1836/37 geschrieben hat, das Stück aber erst 1879 gedruckt und 1913 uraufgeführt wurde.

Information **Figuren und ihre Konstellationen**

Zum Verstehen eines epischen Textes trägt ganz wesentlich das Erfassen der Figuren und ihrer Beziehung untereinander bei. Der Gesamteindruck von einer Figur wird durch die **direkten Charakterisierungen** vermittelt, die der Erzähler vornimmt: einerseits durch seine Beschreibungen aus der **Außensicht,** andererseits durch die Wiedergabe von Gedanken und Gefühlen aus der **Innensicht** der Figur. Hinzu kommen **indirekte Charakterisierungen:** die Beobachtungen und Urteile anderer Figuren und die Rückschlüsse, die der Leser / die Leserin aus dem Verhalten und den Reden einer Figur ziehen kann. In einer **Charakteristik** oder einem **Figurenporträt** kann der Gesamteindruck von einer Figur festgehalten werden. Einzugehen ist dabei auf folgende Aspekte:

- äußeres Erscheinungsbild und Art und Weise des Auftretens (Habitus),
- Herkunft (Familie, Milieu, Ort bzw. Region), Bildungsgang,
- berufliche und soziale Stellung,
- Charaktereigenschaften,
- religiöse und weltanschauliche Vorstellungen,
- Fähigkeiten und Schwächen,
- Wünsche und Ziele,
- Beziehungen und Verhalten gegenüber anderen Figuren.

Um einen Überblick über die **Figurenkonstellation** in einem epischen Text zu gewinnen, ist es hilfreich, sie in einer grafischen Darstellung zu visualisieren.

Methode **Soziogramm**

Ein **Soziogramm** ist eine grafische Darstellung, die der Visualisierung bzw. Veranschaulichung von **Figurenkonstellationen** in literarischen Texten dient. Die Figuren werden zeichnerisch miteinander in Beziehung gebracht. Nähe und Ferne zwischen den Figuren, aber auch ihre wechselseitige Abneigung und Zuneigung werden durch unterschiedliche Abstände zwischen ihnen, durch (beschriftete) Pfeile → und Gegenpfeile ↔ in unterschiedlicher Stärke, durch Einkreisungen, Barrierestriche etc. ausgedrückt.

5.2 Bausteine klassischer und moderner Dramen

Das Drama in der Aufklärung

Gotthold Ephraim Lessing: **Nathan der Weise** (1779) – Personenverzeichnis

SULTAN SALADIN
SITTAH, dessen Schwester
NATHAN, ein reicher Jude in Jerusalem
RECHA, dessen angenommene Tochter
DAJA, eine Christin, aber in dem Hause des Juden, als Gesellschafterin der Recha
EIN JUNGER TEMPELHERR
EIN DERWISCH
DER PATRIARCH von Jerusalem
EIN KLOSTERBRUDER
EIN EMIR, nebst verschiednen MAMELUCKEN des Saladin

Die Szene ist in Jerusalem

„Nathan der Weise", Bad Hersfelder Festspiele (2013); Szene mit Dirk Glodde und Stephan Schad; Regie: Holk Freytag

Gotthold Ephraim Lessings: **Nathan der Weise** (1779) – Eine Inhaltsangabe

I. Aufzug, 1.–6. Auftritt:

Der reiche jüdische Geschäftsmann Nathan kehrt von einer Reise nach Jerusalem zurück und erfährt von Daja, dass sein Haus abgebrannt ist, seine Adoptivtochter Recha jedoch von einem Tempelherrn aus den Flammen gerettet wurde. Recha glaubt, von einem Engel gerettet worden zu sein, aber der rational denkende Nathan überzeugt Recha, dass die Rettung kein Wunder war.

II. Aufzug, 1.–9. Auftritt:

Sultan Saladin und seine Schwester Sittah spielen eine Partie Schach, die Saladin – abgelenkt durch seine Geldsorgen – verliert. Al-Hafi, ehemals Derwisch und jetzt der Finanzverwalter des Sultans, kommt hinzu und man beschließt, bei Nathan, der mit Al-Hafi befreundet ist, Geld zu borgen. Daja, Recha und Nathan warten indessen auf den Tempelherrn. Dieser reagiert zunächst sehr abweisend auf Nathans Dank für Rechas Rettung. Nathan gelingt es aber, die Vorurteile des Tempelherrn gegenüber Juden zu entkräften, und die beiden werden Freunde. Der Name des Tempelherrn, Curd von Stauffen, weckt Erinnerungen bei Nathan.

III. Aufzug, 1.–10. Auftritt:

Beim Besuch des Tempelherrn in Nathans Haus wird eine Zuneigung zwischen dem Tempelherrn und Recha spürbar. Saladins Schwester Sittah schlägt Saladin vor, Nathan zu überlisten, um an sein Geld zu kommen. Doch Saladin hat Skrupel und schickt Sittah weg. Als Nathan eintrifft, stellt der Sultan ihm die Frage, welche Religion die richtige sei. Nathan wittert eine Falle und erzählt Saladin die Ringparabel mit der Botschaft, dass jede Religion die wahre sei. Saladin ist von dieser Botschaft stark beeindruckt und bietet Nathan seine Freundschaft an. Unterdessen entschließt sich der Tempelherr, um Recha anzuhalten, die – wie Daja ihn wissen lässt – getauft ist und keine Kenntnis davon hat, dass Nathan sie adoptiert hat.

IV. Aufzug, 1.–8. Auftritt:

Der Tempelherr wendet sich an den Patriarchen, um ihn zur Adoption der Christin Recha zu befragen. Seine Frage formuliert er allgemein und nennt keinen Namen. Der Patriarch zeigt sich intolerant und erklärt, ein Jude, der ein christliches Kind adoptiere, müsse auf dem Scheiterhaufen sterben. Der Tempelherr wird zu Saladin und Sittah bestellt, denen eine starke Ähnlichkeit mit ihrem verstorbenen Bruder Assad auffällt. Im Gespräch zwischen dem Klosterbruder und Nathan kommt zur Sprache, dass Recha die Tochter des Wolf von Filneck ist, eines Freundes von Nathan.

V. Aufzug, 1.–8. Auftritt:
Nathan erklärt dem Tempelherrn, Rechas leiblicher Bruder, Leu von Filneck, sei aufgetaucht. Bei ihm solle der Tempelherr um Rechas Hand anhalten. Als alle im Sultanspalast versammelt sind, eröffnet Nathan den Anwesenden, dass es sich bei diesem Leu von Filneck um den Tempelherrn selbst handele, dieser also Rechas Bruder sei. Der Sultan lüftet zum Schluss ein weiteres Geheimnis: Wolf von Filneck sei identisch mit Saladins verstorbenem Bruder Assad. Recha und der Tempelherr seien somit Nichte und Neffe von Saladin und Sittah.

1 Was macht diese Geschichte aus Ihrer Sicht auch heute noch interessant und spannend für die Theaterbühne? Sammeln Sie Stichworte für einen Werbetext.

2 Entwickeln Sie ein Soziogramm (▶ Methode, S. 204) zur Figurenkonstellation im Drama „Nathan der Weise". Das unten stehende Soziogramm kann Ihnen als Ausgangspunkt dienen.

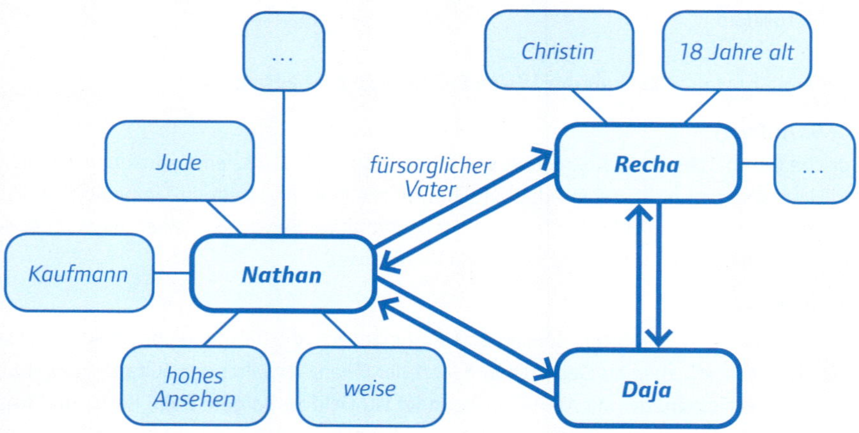

★ 3 Formulieren Sie den in Aufgabe 1 angedachten Werbetext für das Programmheft eines Theaters aus.

Gotthold Ephraim Lessing: Nathan der Weise (1779) – III/7

[...]
NATHAN: Vor grauen Jahren lebt' ein Mann in Osten,
Der einen Ring von unschätzbarem Wert'
Aus lieber Hand besaß. Der Stein war ein
Opal, der hundert schöne Farben spielte,
Und hatte die geheime Kraft, vor Gott
Und Menschen angenehm zu machen, wer
In dieser Zuversicht ihn trug. Was Wunder,
Dass ihn der Mann in Osten darum nie
Vom Finger ließ; und die Verfügung traf,
Auf ewig ihn bei seinem Hause zu
Erhalten? Nämlich so. Er ließ den Ring
Von seinen Söhnen dem geliebtesten;
Und setzte fest, dass dieser wiederum
Den Ring von seinen Söhnen dem vermache,
Der ihm der liebste sei; und stets der liebste,
Ohn' Ansehn der Geburt, in Kraft allein
Des Rings, das Haupt, der Fürst des Hauses werde. –
Versteh mich, Sultan.
SALADIN: Ich versteh dich. Weiter!

Nathan: So kam nun dieser Ring, von Sohn zu Sohn,
Auf einen Vater endlich von drei Söhnen;
Die alle drei ihm gleich gehorsam waren,
Die alle drei er folglich gleich zu lieben
Sich nicht entbrechen konnte. Nur von Zeit
Zu Zeit schien ihm bald der, bald dieser, bald
Der dritte, – sowie jeder sich mit ihm
Allein befand, und sein ergießend Herz
Die andern zwei nicht teilten, – würdiger
Des Ringes; den er denn auch einem jeden
Die fromme Schwachheit hatte, zu versprechen.
Das ging nun so, solang es ging. – Allein
Es kam zum Sterben, und der gute Vater
Kömmt in Verlegenheit. Es schmerzt ihn, zwei
Von seinen Söhnen, die sich auf sein Wort
Verlassen, so zu kränken. – Was zu tun? –
Er sendet in geheim zu einem Künstler,
Bei dem er, nach dem Muster seines Ringes,
Zwei andere bestellt, und weder Kosten
Noch Mühe sparen heißt, sie jenem gleich,
Vollkommen gleich zu machen. Das gelingt
Dem Künstler. Da er ihm die Ringe bringt,
Kann selbst der Vater seinen Musterring
Nicht unterscheiden. Froh und freudig ruft
Er seine Söhne, jeden ins besondre;
Gibt jedem ins besondre seinen Segen, –
Und seinen Ring, – und stirbt. – Du hörst doch, Sultan?

Saladin *(der sich betroffen von ihm gewandt):*
Ich hör, ich höre! – Komm mit deinem Märchen
Nur bald zu Ende. – Wird's?

Nathan: Ich bin zu Ende.
Denn was noch folgt, versteht sich ja von selbst. –
Kaum war der Vater tot, so kömmt ein jeder
Mit seinem Ring, und jeder will der Fürst
Des Hauses sein. Man untersucht, man zankt,
Man klagt. Umsonst; der rechte Ring war nicht
Erweislich; – *(nach einer Pause, in welcher er des Sultans Antwort erwartet)*
Fast so unerweislich, als
Uns itzt – der rechte Glaube.

Saladin: Wie? das soll
Die Antwort sein auf meine Frage? …

Nathan: Soll
Mich bloß entschuldigen, wenn ich die Ringe
Mir nicht getrau zu unterscheiden, die
Der Vater in der Absicht machen ließ,
Damit sie nicht zu unterscheiden wären.

Saladin: Die Ringe! – Spiele nicht mit mir! – Ich dächte,
Dass die Religionen, die ich dir
Genannt, doch wohl zu unterscheiden wären.
Bis auf die Kleidung, bis auf Speis und Trank!

Nathan: Und nur vonseiten ihrer Gründe nicht.
Denn gründen alle sich nicht auf Geschichte?
Geschrieben oder überliefert! – Und
Geschichte muss doch wohl allein auf Treu
Und Glauben angenommen werden? – Nicht? –
Nun, wessen Treu und Glauben zieht man denn
Am wenigsten in Zweifel? Doch der Seinen?
Doch deren Blut wir sind? doch deren, die
Von Kindheit an uns Proben ihrer Liebe
Gegeben? die uns nie getäuscht, als wo
Getäuscht zu werden uns heilsamer war? –
Wie kann ich meinen Vätern weniger
Als du den deinen glauben? Oder umgekehrt. –
Kann ich von dir verlangen, dass du deine
Vorfahren Lügen strafst, um meinen nicht
Zu widersprechen? Oder umgekehrt.
Das Nämliche gilt von den Christen. Nicht? –

Saladin: (Bei dem Lebendigen! Der Mann hat
recht. Ich muss verstummen.)

Nathan: Lass auf unsre Ring'
Uns wieder kommen. Wie gesagt: die Söhne
Verklagten sich; und jeder schwur dem Richter,
Unmittelbar aus seines Vaters Hand
Den Ring zu haben. – Wie auch wahr! – Nachdem
Er von ihm lange das Versprechen schon
Gehabt, des Ringes Vorrecht einmal zu
Genießen. – Wie nicht minder wahr! – Der Vater,
Beteurte jeder, könne gegen ihn
Nicht falsch gewesen sein; und eh' er dieses
Von ihm, von einem solchen lieben Vater,
Argwohnen lass': eh' müss' er seine Brüder,
So gern er sonst von ihnen nur das Beste
Bereit zu glauben sei, des falschen Spiels
Bezeihen; und er wolle die Verräter

Schon auszufinden wissen; sich schon rächen.
Saladin: Und nun, der Richter? – Mich verlangt zu hören,
Was du den Richter sagen lässest. Sprich!
Nathan: Der Richter sprach: Wenn ihr mir nun den Vater
Nicht bald zur Stelle schafft, so weis ich euch
Von meinem Stuhle. Denkt ihr, dass ich Rätsel
Zu lösen da bin? Oder harret ihr,
Bis dass der rechte Ring den Mund eröffne? –
Doch halt! Ich höre ja, der rechte Ring
Besitzt die Wunderkraft, beliebt zu machen;
Vor Gott und Menschen angenehm. Das muss
Entscheiden! Denn die falschen Ringe werden
Doch das nicht können! – Nun; wen lieben zwei
Von euch am meisten? – Macht, sagt an! Ihr schweigt?
Die Ringe wirken nur zurück? und nicht
Nach außen? Jeder liebt sich selber nur
Am meisten? – Oh, so seid ihr alle drei
Betrogene Betrüger! Eure Ringe
Sind alle drei nicht echt. Der echte Ring
Vermutlich ging verloren. Den Verlust
Zu bergen, zu ersetzen, ließ der Vater
Die drei für einen machen.
Saladin: Herrlich! herrlich!
Nathan: Und also; fuhr der Richter fort, wenn ihr
Nicht meinen Rat, statt meines Spruches, wollt:
Geht nur! – Mein Rat ist aber der: ihr nehmt
Die Sache völlig wie sie liegt. Hat von
Euch jeder seinen Ring von seinem Vater:
So glaube jeder sicher seinen Ring
Den echten. – Möglich; dass der Vater nun
Die Tyrannei des *einen* Rings nicht länger
In seinem Hause dulden wollen! – Und gewiss;
Dass er euch alle drei geliebt, und gleich
Geliebt: indem er zwei nicht drücken mögen,
Um einen zu begünstigen. – Wohlan!
Es eifre jeder seiner unbestochnen
Von Vorurteilen freien Liebe nach!
Es strebe von euch jeder um die Wette,
Die Kraft des Steins in seinem Ring' an Tag
Zu legen! komme dieser Kraft mit Sanftmut,
Mit herzlicher Verträglichkeit, mit Wohltun,
Mit innigster Ergebenheit in Gott
Zu Hilf'! Und wenn sich dann der Steine Kräfte
Bei euern Kindes-Kindeskindern äußern:
So lad' ich über tausend tausend Jahre
Sie wiederum vor diesen Stuhl. Da wird
Ein weisrer Mann auf diesem Stuhle sitzen
Als ich; und sprechen. Geht! – So sagte der
Bescheidne Richter.
Saladin: Gott! Gott!
Nathan: Saladin,
Wenn du dich fühlest, dieser weisere
Versprochne Mann zu sein: …
Saladin *(der auf ihn zustürzt und seine Hand ergreift, die er bis zu Ende nicht wieder fahren lässt):* Ich Staub? Ich Nichts?
O Gott!
Nathan: Was ist dir, Sultan?
Saladin: Nathan, lieber Nathan! –
Die tausend tausend Jahre deines Richters
Sind noch nicht um. – Sein Richterstuhl ist nicht
Der meine. – Geh! – Geh! – Aber sei mein Freund.
[…]

1 **a** Formieren Sie ein Standbild (▶ Methode, S. 203) zum Dialog zwischen Nathan und Saladin.
b Erläutern Sie mithilfe Ihres Standbildes die Situation, in der sich Nathan befindet. Nutzen Sie dazu auch das Szenenfoto auf Seite 205 und die Inhaltsübersicht auf Seite 205 f.

2 Führen Sie eine Dialoganalyse (▶ Methode, S. 209) durch: Untersuchen Sie dazu arbeitsteilig jeweils vier bis fünf der im Methodenkasten genannten Aspekte.
Der 7. Auftritt im 3. Aufzug zeigt/behandelt/beschreibt …

3 Verfassen Sie einen Tagebucheintrag des Sultans Saladin, der auf dessen Dialog mit Nathan Bezug nimmt.

★ **4** Tragen Sie zusammen, was Sie über die drei Weltreligionen Christentum, Islam und Judentum und deren Verhältnis zueinander in der Gegenwart wissen. Versuchen Sie auf dieser Grundlage, Bezüge zu Ihren Interpretationsergebnissen zu Lessings Ringparabel herzustellen.

Methode **Analyse von Dramenszenen – Dialoganalyse**

- **Kontextuierung der Szene:** Stellung im Dramenzusammenhang und -aufbau, Vorgeschichte, Bedeutung der Szene für den weiteren Verlauf, Vorerwartungen des Publikums …
- **Gesprächssituation:** Ort, Zeit, Atmosphäre …
- **Figuren:** Motive, persönliche Situation, Weltanschauung, Verhaltensweisen, Eigenschaften …
- **Figurenkonstellation:** Beziehungen zueinander, gesellschaftlicher Kontext …
- **Formaler Aufbau:** Gliederung, Verteilung von Dialog und Monolog, Regieanweisungen …
- **Gesprächsgegenstand:** Inhalt des Gesprächs, Position, Argumente …
- **Gesprächsverlauf:** Art des Beginns und des Endes, Konfliktentwicklung, Wendepunkt(e) …
- **Gesprächsart:** Diskussion, Verhör, Streit, Entscheidungssuche, Plauderei …
- **Gesprächsverhalten:** Redeanteil, Sprecherwechsel, Gesprächsbeteiligung, Redeinitiative, symmetrisch (gleichberechtigt), komplementär (sich ergänzend), überlegen (superior), unterlegen (inferior), Formen sprachlichen Handelns (fragen, vorwerfen, bitten, informieren …)
- **Gesprächsstörung:** Missverständnisse, Widersprüche, Täuschungen …
- **Sprachschicht, Sprachstil** (▶ Information, S. 339): Hochsprache – Alltagssprache – Jargon, geschlechtsspezifisch, zeittypisch, sprachliche Brüche
- **Rhetorische Figuren und ihre Funktion** (▶ Information, S. 337 f.): Antithesen, Ellipsen, Euphemismen, Hyperbeln, Ironie, Metaphern …
- **Adressatenbezug:** Adressaten in und außerhalb der Szene, Art der Ansprache

Die Epoche der Aufklärung

„Aufklärung ist der Ausgang des Menschen aus seiner selbst verschuldeten Unmündigkeit. Unmündigkeit ist das Unvermögen, sich seines Verstandes ohne Leitung eines anderen zu bedienen. Selbst verschuldet ist diese Unmündigkeit, wenn die Ursache derselben nicht am Mangel des Verstandes, sondern der Entschließung und des Mutes liegt, sich seiner ohne Leitung eines anderen zu bedienen. Sapere aude! Habe Mut, dich deines eigenen Verstandes zu bedienen!, ist also der Wahlspruch der Aufklärung."

Immanuel Kant

1 Mit diesen Worten beginnt der Philosoph Immanuel Kant seine berühmte Schrift „Beantwortung der Frage: Was ist Aufklärung?" (1784).

a Rekapitulieren Sie Kants Aussagekette, z. B. in Form eines Flussdiagramms (▶ Methode, S. 148).

b Setzen Sie sich mit den wichtigsten Begriffen, die Kant verwendet, kritisch auseinander. Nutzen Sie dazu die Placemat-Methode (▶ Methode, S. 210).

c Kommentieren Sie den von Kant vorgeschlagenen Wahlspruch der Aufklärung.

Methode **Placemat**

- Notieren Sie in der Mitte eines großen Blatts den jeweiligen Begriff und lassen Sie darunter Platz für das Ergebnis.
- Unterteilen Sie das restliche Blatt gemäß der Anzahl der beteiligten Gruppenmitglieder in Felder. Jedes Gruppenmitglied schreibt seine Gedanken zum Begriff in ein Feld.
- Anschließend wird das Blatt gedreht. Schreiben Sie Kommentare und Ergänzungen zu den Beiträgen der anderen. Drehen Sie das Blatt so lange, bis Ihr Feld wieder vor Ihnen liegt.
- Notieren zum Schluss ein gemeinsames Ergebnis in der Mitte.

★ **d** Erörtern Sie (▶ Information, S. 329 f.), ob Kant unsere Gegenwart als aufgeklärtes Zeitalter bezeichnen würde, indem Sie an Beispielen diskutieren, inwiefern Menschen auch heute aus eigenem Verschulden unmündig bleiben.

„Vernunft, Freiheit, Toleranz" – Zitate zur Aufklärung

Voltaire: „Was ist Toleranz? Sie ist Menschlichkeit überhaupt. Wir sind alle gemacht aus Schwächen und Fehlern, darum sei erstes Naturgesetz, dass wir uns wechselseitig unsere Dummheiten verzeihen."

Denis Diderot: „Durch Vernunft, nicht durch Gewalt soll man die Menschen zur Wahrheit führen."

Immanuel Kant: „Dass die Menschen, wie die Sachen jetzt stehen, im Ganzen genommen, schon imstande wären, oder darin auch nur gesetzt werden könnten, in Religionsdingen sich ihres eigenen Verstandes ohne Leitung eines anderen sicher und gut zu bedienen, daran fehlt noch sehr viel."

„Ein Fürst, der es seiner nicht unwürdig findet, zu sagen: dass er es für Pflicht halte, in Religionsdingen den Menschen nichts vorzuschreiben, sondern ihnen darin volle Freiheit zu lassen […], ist selbst aufgeklärt […]."

„Es ist so bequem, unmündig zu sein. Habe ich ein Buch, das für mich Verstand hat, einen Seelsorger, der für mich Gewissen hat, einen Arzt, der für mich die Diät beurteilt usw., so brauche ich mich ja nicht selbst zu bemühen. Ich habe nicht nötig zu denken, wenn ich nur bezahlen kann […]."

„Es ist nur eine Religion, aber es kann vielerlei Arten des Glaubens geben."

1 Welches Zitat gefällt Ihnen am besten? Begründen Sie Ihre Wahl.

2 Sammeln Sie mithilfe eines Clusters Wörter und Ausdrücke, die den Begriff der Aufklärung konkretisieren.

3 Tragen Sie zusammen, welche Lebensbereiche in den Zitaten angesprochen werden, und stellen Sie Bezüge zu den Informationen aus dem Epochenüberblick zur Aufklärung (▶ Information unten) her.

4 Erläutern Sie den Zusammenhang der Zitate auf Seite 210 mit dem Satz von Kant „Aufklärung ist der Ausgang des Menschen aus seiner selbst verschuldeten Unmündigkeit".

5 Verfassen Sie einen Leserbrief (▶ Information, S. 258) zum Thema „Aufklärung in Zeiten von Informationsflut, Social Media und Fake News". Beziehen Sie sich dabei auf die Zitate zur Aufklärung.

Information **Epochenüberblick: Aufklärung (ca. 1720–1800)**

Geschichtlicher Hintergrund: Nach dem Ende des Dreißigjährigen Krieges musste in Deutschland Aufbauarbeit geleistet werden. Dies organisierten ganz überwiegend die mächtigen Territorialfürsten, die gleichzeitig ihre Macht ausbauten. Alle staatliche Gewalt war auf diese Herrscher konzentriert **(Absolutismus),** was sie auch gerne öffentlich demonstrierten: Sie ließen prächtige Schlösser bauen und beschafften so etlichen Handwerkern, Künstlern und Bauleuten Arbeit. Durch die Bautätigkeit kamen der Handel und die Produktion in Schwung und die Einführung des Wirtschaftssystems des **Merkantilismus** unterstützte diese Entwicklung. Vorbild für die neuen Schlösser war Versailles, das Schloss des französischen „Sonnenkönigs", **Ludwigs XIV.** Vor allem der Adel und der Klerus, die Geistlichen, profitierten von dieser Entwicklung und stützten die ständische Gesellschaftsordnung. Die Sprache bei Hof war Französisch.

Weltbild und Lebensauffassung: Anstöße zu einem neuen Denken gingen u. a. von Frankreichs bürgerlichen Intellektuellen aus. Im Zentrum stand das Individuum, dessen Streben nach Freiheit im Denken und im wirtschaftlichen Handeln zu seinem Recht kommen sollte. Das Bürgertum wurde sowohl in den großen Städten als auch an den Fürstenhöfen immer stärker. Von den absolutistischen Herrschern forderte man die (Menschen-)Rechte des Einzelnen ein, von der Kirche wurde Toleranz verlangt. In Philosophie und Wissenschaft berief man sich auf Erfahrung **(Empirismus)** und Verstand **(Rationalismus).** Das Wissen und Können eines Menschen sollten künftig die Stellung in der Gesellschaft bestimmen und nicht, in welche Gesellschaftsschicht er geboren worden war. Die bürgerlichen Wertvorstellungen besagten, dass alle Menschen als vernunftbegabte Wesen von Natur aus einander gleich seien. Sie unterscheiden sich nur durch Verstand und Bildung.

Literatur: Die Literatur sollte unterhalten und belehren. Letzteres war die wichtigste Aufgabe bei der Bildung des bürgerlichen Individuums. Auch sollte ein fremdes Schicksal nacherlebt werden können. Besonders das Drama spielte hierbei eine wichtige Rolle, es sollte das Publikum erziehen und „aufgeklärte" Einsichten bewirken. Das **bürgerliche Trauerspiel** ist die wichtigste literarische Neuerung in der Aufklärung. Im Zentrum steht hier die bürgerliche Weltauffassung. Standeskonflikte zwischen Adel und Hof einerseits und dem Bürgertum andererseits werden darin auf die Bühne gebracht. Wichtige Werke sind „Emilia Galotti" und „Minna von Barnhelm" von **Lessing**, „Kabale und Liebe" von **Schiller.**

Wichtige Autorinnen und Autoren: **Johann Christoph Gottsched** (1700–1766), **Immanuel Kant** (1724–1804), **Gotthold Ephraim Lessing** (1729–1781), **Sophie von La Roche** (1730–1807), **Christoph Martin Wieland** (1733–1813), **Friedrich Schiller** (1759–1805)

Das klassische (aristotelische) Drama

Das europäische Drama hat seinen Ursprung im antiken Griechenland. Das zeigen schon einige gattungsspezifische Bezeichnungen, die aus dem Griechischen stammen: **Drama** (Handlung, Schauspiel), **Theater** (Zuschauerraum, Schauspielhaus), **Szene** (Bühne, Teil der Bühnenhandlung), **Dialog** (Wechselrede der Figuren) und **Monolog** (Einzelrede), **Tragödie** (Trauerspiel) und **Komödie** (Lustspiel). Das Drama hat religiöse Wurzeln und entwickelte sich aus kultischen Handlungen mit Umzügen, Verkleidungen, Gesang und Tanz. Aus diesen volkstümlichen Traditionen schufen die attischen Dichter wie die drei berühmtesten, **Aischylos** (ca. 525–456 v. Chr.), **Sophokles** (497/96–406/405 v. Chr.) und **Euripides** (480–406 v. Chr.), eine künstlerische Ausdrucksform, die als „klassische" Tragödie oder Komödie Eingang in die Literatur des Abendlandes gefunden hat. Inhalte der griechischen **Tragödien** waren Mythen (Geschichten von Göttern und Heroen) und historische Ereignisse. Als Thema stand die Beschränktheit des menschlichen Wollens und Könnens im Hinblick auf ethische Maßstäbe und göttliche Schicksalsmächte im Mittelpunkt. Der Erste, von dem eine Theorie des Dramas überliefert wurde und der dabei Grundsätzliches zu dessen Funktion und Struktur beschrieb und festlegte, war der griechische Philosoph **Aristoteles** (384–321 v. Chr.). Seine nur in Bruchstücken erhaltene **„Poetik"** (Lehre von Wesen, Form und Wirkung der Dichtung) führt Maßstäbe und Regeln auf, die in der Geschichte des Theaters lange Zeit als verbindlich galten. Auch moderne Theaterschriftsteller, wie z. B. **Bertolt Brecht** (1898–1956), setzten ihre theoretischen Überlegungen meist bei Aristoteles an, um das Neue und Andersartige ihrer Stücke aufzuzeigen.

Aristoteles: Kennzeichen der Tragödie (um 335 v. Chr.)

- Die Tragödie ist die Nachahmung einer edlen und abgeschlossenen Handlung von einer bestimmten Größe in gewählter Rede, derart, dass jede Form solcher Rede in gesonderten Teilen erscheint und dass gehandelt und nicht berichtet wird, und dass mithilfe von Mitleid und Furcht eine Reinigung (Katharsis) von eben derartigen Affekten bewerkstelligt wird.
- Es dürfen also Handlungen, die gut aufgebaut sind, weder an einem beliebigen Punkte beginnen noch an einem beliebigen Punkte aufhören.
- Die Teile der Handlungen müssen so zusammengesetzt sein, dass das Ganze sich verändert und in Bewegung gerät, wenn ein einziger Teil umgestellt oder weggenommen wird. Wo aber Vorhandensein oder Fehlen eines Stückes keine sichtbare Wirkung hat, da handelt es sich gar nicht um einen Teil des Ganzen.
- Die Tragödie versucht so weit wie möglich, sich in einem einzigen Sonnendurchlauf oder doch nur wenig darüber hinaus abzuwickeln.

1 Überprüfen Sie mithilfe des Textauszugs, welche der von Aristoteles genannten Kennzeichen einer Tragödie in Lessings Drama „Nathan der Weise" zu finden sind.

2 Klären Sie mithilfe der Information auf Seite 213, ob „Nathan der Weise" ein geschlossenes Drama ist.

a Lesen Sie erneut die Inhaltsangabe auf Seite 205 f. und veranschaulichen Sie, wie sich die fünf Aufzüge den im Informationskasten aufgelisteten Akten eines geschlossenen Dramas zuordnen lassen.

b Erarbeiten Sie eine Handlungsanalyse (▶ Information, S. 216). Zeichnen Sie dazu ein Schema nach Gustav Freytag (▶ Information) und tragen Sie dort den Handlungsverlauf ein.

3 Vergleichen Sie den Aufbau eines geschlossenen Dramas mit dem Handlungsaufbau in einem Film oder einer Serienfolge Ihrer Wahl.

Information **Das geschlossene Drama nach Aristoteles**

Die **geschlossene Form** des Dramas folgt den Regeln, die Aristoteles aufgestellt hat. Die Hauptform des Dramas ist die Tragödie. Sie besteht in der Regel aus **fünf Akten.**
Gustav Freytag (1816–1895), Schriftsteller und Literaturwissenschaftler, betont in seiner Abhandlung „Die Technik des Dramas“ die auf Aristoteles zurückgehenden drei Einheiten: **die Einheit der Handlung, der Zeit und des Ortes.** Was die Einheit der Handlung angeht, so sollte sich jede Szene zwingend aus der vorigen ergeben und somit die Ursache bilden für das Geschehen der nächsten: Nichts geschieht zufällig **(„Prinzip der durchgängigen Kausalität in der Handlungsführung“).** Einheit der Zeit meint: Die Handlung spielt sich an einem einzigen Tag ab, Einheit des Ortes bedeutet, dass der Handlungsort immer gleich bleibt. **Freytags** pyramidales Schema stellt die Theorie des klassischen, aristotelischen Dramas in idealtypischer Weise dar:

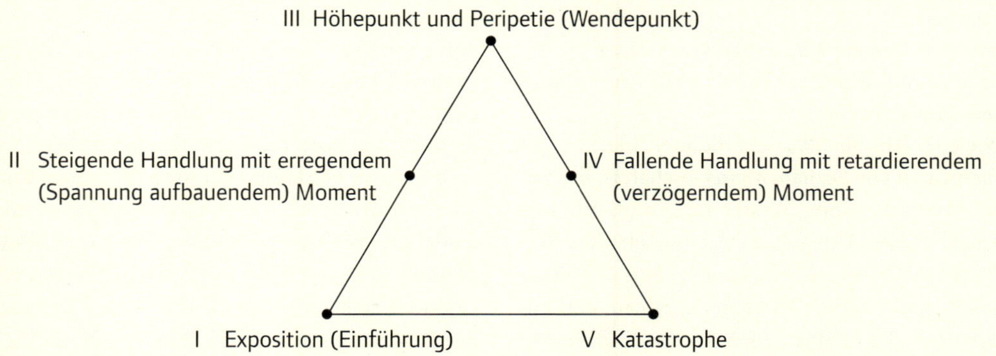

1. Akt, Exposition: Die Zuschauer werden in Zeit und Ort der Handlung eingeführt. Sie lernen die wichtigsten Personen des Stückes kennen und erfahren, was vorher passierte. In der Exposition wird der Konflikt des Dramas bereits angedeutet.
2. Akt, steigende Handlung mit erregendem Moment: Die Handlung gewinnt nun an Dynamik: Der Konflikt entwickelt sich und spitzt sich so weit zu, bis eine Entladung unausweichlich scheint. Es werden Intrigen gesponnen und Ränke geschmiedet.
3. Akt, Höhepunkt/Wendepunkt: In diesem Akt nun erreicht der Konflikt seinen Höhepunkt. Der Held / Die Heldin steht in der entscheidenden Auseinandersetzung, in der sich das weitere Schicksal entscheidet. Der Wendepunkt (die Peripetie) führt zu Sieg oder Niederlage, zu Absturz oder Erhöhung.
4. Akt, fallende Handlung: Die Handlung treibt dem Ende zu, dennoch wird die Spannung noch einmal gesteigert, indem die Entwicklung im sogenannten **retardierenden Moment** verzögert wird. Die Handlung scheint einen anderen Verlauf zu nehmen, als im Wendepunkt angedeutet. Kurzzeitig scheint es so, als könne es noch zu einem guten Ende kommen.
5. Akt, Katastrophe: Im Schlussakt entwickelt sich die Lösung des Konflikts mit dem Untergang des Helden / der Heldin. Der Tod ist jedoch oft mit einem inneren Sieg, einer tief greifenden Erkenntnis oder Verklärung des Helden / der Heldin verbunden.

Bertolt Brechts episches Theater

Die wohl wichtigste Variante der offenen Dramenform entwickelte seit Ende der 1920er-Jahre Bertolt Brecht (1898–1956) mit seinem **epischen Theater.** Der „dramatischen Form" des aristotelischen Theaters setzte Brecht seine „epische Form" entgegen. Unter „episch" verstand er eine Art der Darbietung des Geschehens, wie sie der Erzähler in der epischen Gattung verwendet. Dem Publikum sollte die Illusion genommen werden, es verfolge ein unmittelbares Geschehen. Die sogenannte „vierte Wand", die sich im klassischen Theater fiktiv zwischen Bühnen- und Zuschauerraum befindet und die suggeriert, man erlebe unbemerkt von den Akteuren die Bühnenhandlung mit, sollte aufgebrochen werden, indem das Publikum z. B. direkt angesprochen wird. Grundlegend für Brecht ist dabei die sogenannte Straßenszene. Ein Zeuge spielt einen Unfall nach, er berichtet spielerisch anderen vom Geschehen, ist aber nicht unmittelbar beteiligt. Der Zeuge braucht keine schauspielerischen Fähigkeiten, er stellt keine Illusionen und Emotionen dar, sondern wiederholt lediglich das Geschehene. Seine Darstellung hat aber Folgen und Wirkungen für die Gesellschaft (z. B. durch Schuldzuweisungen und daraus resultierende Schadenersatzforderungen). Mit dieser **offenen** Form des Theaters verfolgt Brecht eine ganz andere Wirkungsabsicht als die, die er dem traditionellen, **geschlossenen,** aristotelischen Drama zuschrieb.

Bertolt Brecht: **Der gute Mensch von Sezuan** (1943)

Vorspiel

Eine Straße in der Hauptstadt von Sezuan

Es ist Abend. Wang, der Wasserverkäufer, stellt sich dem Publikum vor.

WANG: Ich bin Wasserverkäufer hier in der Hauptstadt von Sezuan. Mein Geschäft ist mühselig. Wenn es wenig Wasser gibt, muß ich weit danach laufen. Und gibt es viel, bin ich ohne Verdienst. Aber in unserer Provinz herrscht überhaupt große Armut. Es heißt allgemein, daß uns nur noch die Götter helfen können. Zu meiner unaussprechlichen Freude erfahre ich von einem Vieheinkäufer, der viel herumkommt, daß einige der höchsten Götter schon unterwegs sind und auch hier in Sezuan erwartet werden dürften. Der Himmel soll sehr beunruhigt sein wegen der vielen Klagen, die zu ihm aufsteigen. Seit drei Tagen warte ich hier am Eingang der Stadt, besonders gegen Abend, damit ich sie als erster begrüßen kann. Später hätte ich ja dazu wohl kaum mehr Gelegenheit, sie werden von Hochgestellten umgeben sein und überhaupt stark überlaufen werden. Wenn ich sie nur erkenne! Sie müssen ja nicht zusammen kommen. Vielleicht kommen sie einzeln, damit sie nicht so auffallen. Die dort können es nicht sein, die kommen von der Arbeit. *Er betrachtet vorübergehende Arbeiter.* Ihre Schultern sind ganz eingedrückt vom Lastentragen. Der dort ist auch ganz unmöglich ein Gott, er hat Tinte an den Fingern. Das ist höchstens ein Büroangestellter in einer Zementfabrik. Nicht einmal diese Herren dort – *zwei Herren gehen vorüber* – kommen mir wie Götter vor, sie haben einen brutalen Ausdruck wie Leute, die viel prügeln, und das haben die Götter nicht nötig. Aber dort, diese drei! Mit denen sieht es schon ganz anders aus. Sie sind wohlgenährt, weisen kein Zeichen irgendeiner Beschäftigung auf und haben Staub auf den Schuhen, kommen also von weit her. Das sind sie! Verfügt über mich, Erleuchtete! *Er wirft sich zu Boden.*

DER ERSTE GOTT *erfreut:* Werden wir hier erwartet?

WANG *gibt ihnen zu trinken:* Seit langem. Aber nur ich wußte, daß ihr kommt.

DER ERSTE GOTT: Da benötigen wir also für heute Nacht ein Quartier. Weißt du eines?

WANG: Eines? Unzählige! Die Stadt steht zu euren Diensten, o Erleuchtete! Wo wünscht ihr zu wohnen?

Die Götter sehen einander vielsagend an.

DER ERSTE GOTT: Nimm das nächste Haus, mein Sohn! Versuch es zunächst mit dem allernächsten!

Wang: Ich habe nur die Sorge, daß ich mir die Feindschaft der Mächtigen zuziehe, wenn ich einen von ihnen besonders bevorzuge.

Der erste Gott: Da befehlen wir dir eben: nimm den nächsten!

Wang: Das ist der Herr Fo dort drüben! Geduldet euch einen Augenblick! *Er läuft zu einem Haus und schlägt an die Tür. Sie wird geöffnet, aber man sieht, er wird abgewiesen.*

Er kommt zögernd zurück.

Wang: Das ist dumm. Der Herr Fo ist gerade nicht zu Hause, und seine Dienerschaft wagt nichts ohne seinen Befehl zu tun, da er sehr streng ist. Er wird nicht wenig toben, wenn er erfährt, wen man ihm da abgewiesen hat, wie?

Die Götter *lächelnd:* Sicher.

Wang: Also noch einen Augenblick! Das Haus nebenan gehört der Witwe Su. Sie wird außer sich sein vor Freude. *Er läuft hin, wird aber anscheinend auch dort abgewiesen.*

Wang: Ich muß dort drüben nachfragen. Sie sagt, sie hat nur ein kleines Zimmerchen, das nicht instand gesetzt ist. Ich wende mich sofort an Herrn Tscheng.

Der zweite Gott: Aber ein kleines Zimmer genügt uns. Sag, wir kommen.

Wang: Auch wenn es nicht aufgeräumt ist? Vielleicht wimmelt es von Spinnen.

Der zweite Gott: Das macht nichts. Wo Spinnen sind, gibt's wenig Fliegen.

Der dritte Gott *freundlich zu Wang:* Geh zu Herrn Tscheng oder sonstwohin, mein Sohn, ich ekle mich vor Spinnen doch ein wenig.

Wang klopft wieder wo an und wird eingelassen.

Stimme *aus dem Hause:* Verschone uns mit deinen Göttern! Wir haben andere Sorgen! […]

Wang *schimpft ihm nach:* Du schieläugiger Schieber! Hast du keine Gottesfurcht? Ihr werdet in siedendem Pech braten für eure Gleichgültigkeit! Die Götter scheißen auf euch! Aber ihr werdet es noch bereuen! Bis ins vierte Glied werdet ihr daran abzuzahlen haben! Ihr habt ganz Sezuan mit Schmach bedeckt! *Pause.* Jetzt bleibt nur noch die Prostituierte Shen Te, die kann nicht nein sagen. *Er ruft „Shen Te". Oben im Fenster schaut Shen Te heraus.*

Wang: Sie sind da, ich kann kein Obdach für sie finden. Kannst du sie nicht aufnehmen für eine Nacht?

Shen Te: Ich glaube nicht, Wang. Ich erwarte einen Freier. Aber wie kann denn das sein, daß du für sie kein Obdach findest?!

Wang: Das kann ich jetzt nicht sagen. Ganz Sezuan ist ein einziger Dreckhaufen.

Shen Te: Ich müßte, wenn er kommt, mich versteckt halten. Dann ginge er vielleicht wieder weg. Er will mich noch ausführen.

Wang: Können wir nicht inzwischen schon hinauf?

Shen Te: Aber ihr dürft nicht laut reden. Kann man mit ihnen offen sprechen?

Wang: Nein! Sie dürfen von deinem Gewerbe nichts erfahren! Wir warten lieber unten. Aber du gehst nicht weg mit ihm?

Shen Te: Es geht mir nicht gut, und wenn ich bis morgen früh meine Miete nicht zusammenhabe, werde ich hinausgeworfen.

Wang: In solch einem Augenblick darf man nicht rechnen.

Shen Te: Ich weiß nicht, der Magen knurrt leider auch, wenn der Kaiser Geburtstag hat. Aber gut, ich will sie aufnehmen. *Man sieht sie das Licht löschen.* […] R

1. ★ Wie wirken die Götter auf Sie?
2. Formulieren Sie mit eigenen Worten, wie die Gesellschaftsstrukturen in der Stadt Sezuan beschrieben werden.
3. Führen Sie eine Situationsanalyse (▶ Information, S. 216) durch, indem Sie den Ort, die Atmosphäre, die Personen, die Rollenverteilung, die wirtschaftlichen Verhältnisse und weitere Aspekte untersuchen.
4. Erfinden Sie eine Szene zu einer Leerstelle (▶ Methode, S. 223). Wählen Sie entweder die Situation, in der Wang erfolglos an eine Tür klopft (vgl. Z. 62 ff.), oder schreiben Sie ein Gespräch der Götter (vgl. Z. 51).
5. Suchen Sie Beispiele aus dem Szenenauszug für den Verfremdungseffekt (▶ Information, S. 219) und beschreiben Sie die Funktion und Wirkung.

6 Analysieren Sie die Handlung, die Figuren und die Dialoge. Nutzen Sie dazu Methoden der Visualisierung zu literarischen Texten (▶ Methode, S. 148) und beziehen Sie auch die Ergebnisse aus Aufgabe 3 mit ein.

Information **Die vier Analysekategorien der werkimmanenten Ebene**

Eine Dramenszene lässt sich auf unterschiedliche Aspekte hin untersuchen:
Bei der **Handlungsanalyse** werden die Art (z. B. Intrige, Verschwörung) und der Verlauf der Handlung untersucht, also z. B. wie sich der Konflikt entwickelt, wie er sich aufbaut, seinen Höhepunkt erreicht und sich wieder auflöst, welche Ursachen er hat und wie er gelöst wird.
Die **Figurenanalyse** widmet sich den Lebensumständen und dem Verhalten einzelner Figuren, fragt nach ihren Charaktereigenschaften, Überzeugungen und Wertvorstellungen.
Die **Dialoganalyse** (▶ Methode, S. 209) untersucht das kommunikative Verhalten der Figuren, ihre Standpunkte und Argumente, die sprachliche Gestaltung sowie die Gesprächsentwicklung.
Bei der **Situationsanalyse** schließlich geht es um die Bedingungen oder Voraussetzungen einer Szene, die sich aus dem Vorausgegangenen ergeben. Hier sind auch zeittypische Eigenschaften, z. B. Herrschaftsstrukturen, von Bedeutung.
Diese vier Analyseebenen hängen eng zusammen, sodass sich an vielen Stellen Schnittmengen ergeben.

Bertolt Brechts **Der gute Mensch von Sezuan** (1943) – Eine Inhaltsangabe

Vorspiel:
Eine Straße in der Hauptstadt von Sezuan
Drei Götter suchen in der Provinz Sezuan nach guten Menschen. Sie treffen den Wasserverkäufer Wang, der über Armut und Hoffnungslosigkeit klagt. Mithilfe von Wang finden die Götter eine Unterkunft bei der armen Prostituierten Shen Te, die für die Bereitstellung des Nachtquartiers von den Göttern 1000 Silberdollar erhält.

„Der gute Mensch von Sezuan" im Berliner Gorki Studio (2007)

Szene 1: Ein kleiner Tabakladen
Shen Te hat sich von dem Geld einen kleinen Tabakladen gekauft. Sie hilft vielen Menschen, die ihre Freundlichkeit jedoch schamlos ausnutzen, wodurch sie in eine finanzielle Notlage gerät. Shen Te erfindet den skrupellosen Vetter Shui Ta und schlüpft in dessen Maske.

Zwischenspiel: Unter einer Brücke
Im Traum beauftragen die Götter Wang, Shen Te genau zu beobachten.

Szene 2: Der Tabakladen
Shui Ta erscheint im Laden und vertreibt die Menschen, die die Güte Shen Tes missbraucht haben. Um Geldforderungen der Hausbesitzerin zu erfüllen, soll Shen Te reich heiraten.

Szene 3: Abend im Stadtpark
Shen Te lernt den arbeitslosen Flieger Sun kennen, der sich im Park umbringen will. Aus Mitleid verwickelt sie ihn in ein Gespräch und verliebt sich in ihn.

Zwischenspiel: Wangs Nachtlager in einem Kanalrohr
Im Traum erzählt Wang den Göttern von den guten Taten Shen Tes.

Szene 4: Platz vor Shen Tes Tabakladen
Suns Mutter erzählt Shen Te, dass Sun gegen Zahlung von 500 Silberdollar eine Stelle in Peking als Flieger bekommen könne. Shen Te gibt ihr 200 Silberdollar, die sie sich von ihren Nachbarn, einem alten Ehepaar, geliehen hat und die eigentlich zur Rettung des Ladens gedacht waren.

Zwischenspiel vor dem Vorhang
Shen Te singt in der Maske von Shui Ta das „Lied von der Wehrlosigkeit der Götter und Guten".

Szene 5: Der Tabakladen
Sun fordert von Shui Ta, dass Shen Te den Laden verkaufen solle, um die fehlenden 300 Silberdollar für die Stelle in Peking aufbringen zu können. Die Hausbesitzerin erklärt sich bereit, diese Summe für den Laden zu bezahlen. Kurz danach erfährt Shui Ta jedoch, dass Sun ohne Shen Te nach Peking gehen will. Shui Ta jagt Sun davon. Doch Sun kommt zurück und gewinnt wieder Shen Tes Herz.

Zwischenspiel vor dem Vorhang
Shen Te klagt, dass sie die geliehenen 200 Silberdollar nicht mehr zurückzahlen kann.

„Der gute Mensch von Sezuan" in der Schaubühne, Berlin (2010)

Szene 6: Nebenzimmer eines billigen Restaurants in der Vorstadt
Shen Te gesteht ihrem Bräutigam Sun, dass sie ihm die versprochenen 300 Silberdollar nicht geben könne, weil sie dem alten Ehepaar noch 200 Silberdollar schulde. Sun will Shen Te erst heiraten, nachdem er mit Shui Ta gesprochen hat. Da Shen Te aber nicht gleichzeitig als Shui Ta auftreten kann, wartet Sun vergeblich auf diesen und die Hochzeit fällt aus.

Zwischenspiel: Wangs Nachtlager
Im Traum spricht Wang mit den Göttern und bittet sie, der in Geldnot geratenen Shen Te zu helfen. Doch die Götter lehnen ab.

Szene 7: Hof hinter Shen Tes Tabakladen
Die schwangere Shen Te verliert ihren ganzen Besitz und zögert dennoch, einen Blankoscheck ihres Verehrers Shu Fu anzunehmen. Erneut greift Shui Ta ein und eröffnet mithilfe des Schecks eine Tabakfabrik, in der die Hilfebedürftigen, die im Tabakladen Unterschlupf gefunden haben, als billige Arbeitskräfte schuften sollen.

Zwischenspiel: Wangs Nachtlager
Wang erbittet von den Göttern erfolglos ein mildes Urteil für Shen Te.

Szene 8: Shui Tas Tabakfabrik
Frau Yang berichtet, dass ihr Sohn Sun gezwungen worden sei, in der Fabrik zu arbeiten, um die geliehenen 200 Silberdollar zurückzuzahlen. In kurzer Zeit sei er vom einfachen Angestellten zum skrupellosen Aufseher aufgestiegen.

Szene 9: Shen Tes Tabakladen
Shen Te wird vermisst. Shui Ta wird angeklagt, Shen Te gefangen zu halten.

Zwischenspiel: Wangs Nachtlager
Wang erzählt den Göttern vom Verschwinden Shen Tes. Die Götter wollen helfen.

Szene 10: Gerichtslokal
Die Götter treten in der Gerichtsverhandlung gegen Shui Ta als Richter auf. Shui Ta gibt seine wahre Identität preis und rechtfertigt sein Verhalten mit den Zwängen der wirtschaftlichen Verhältnisse. Die Götter wollen jedoch in Shen Te weiterhin nur den guten Menschen sehen. Sie schweben, ohne ein Urteil gesprochen zu haben, auf einer Wolke davon.

Epilog
Einer der Schauspieler tritt vor den Vorhang und fordert das Publikum auf, die offenen Fragen selbst zu beantworten.

1 Finden Sie in der Inhaltsangabe oben Beispiele für die Prinzipien des Verfremdungseffekts (▶ Information, S. 219).
- *Prinzip der Historisierung: Brecht verlegt die Handlung nach China und in die Vergangenheit, damit sich der Zuschauer nicht mit den handelnden Personen identifiziert, sondern über gesellschaftliche Missstände nachdenkt.*

...

Bertolt Brecht: **Die Bühne begann zu erzählen** (1936)

Zum Verständnis der Vorgänge war es nötig geworden, die *Umwelt*, in der die Menschen lebten, „groß" und „bedeutend" zur Geltung zu bringen.

Diese Umwelt war natürlich auch im bisherigen Drama gezeigt worden, jedoch nicht als selbständiges Element, sondern nur von der Mittelpunktsfigur des Dramas aus. Sie erstand aus der Reaktion des Helden auf sie. Sie wurde gesehen, wie der Sturm gesehen werden kann, wenn man auf einer Wasserfläche die Schiffe ihre Segel entfalten und die Segel sich biegen sieht. Im epischen Theater sollte sie aber nun selbständig in Erscheinung treten.

Die Bühne begann zu erzählen. Nicht mehr fehlte mit der vierten Wand zugleich der Erzähler. Nicht nur der Hintergrund nahm Stellung zu den Vorgängen auf der Bühne, indem er auf großen Tafeln gleichzeitig andere Vorgänge an andern Orten in die Erinnerung rief, Aussprüche von Personen durch projizierte Dokumente belegte oder widerlegte, zu abstrakten Gesprächen sinnlich faßbare, konkrete Zahlen lieferte, zu plastischen, aber in ihrem Sinn undeutlichen Vorgängen Zahlen und Sätze zur Verfügung stellte – auch die Schauspieler vollzogen die Verwandlung nicht vollständig, sondern hielten Abstand zu der von ihnen dargestellten Figur, ja forderten deutlich zur Kritik auf. Von keiner Seite wurde es dem Zuschauer weiterhin ermöglicht, durch einfache Einfühlung in dramatische Personen sich kritiklos (und praktisch folgenlos) Erlebnissen hinzugeben. Die Darstellung setzte die Stoffe und Vorgänge einem Entfremdungsprozeß aus. Es war die Entfremdung, welche nötig ist, damit verstanden werden kann. Bei allem „Selbstverständlichen" wird auf das Verstehen einfach verzichtet. Das „Natürliche" muß das Moment des *Auffälligen* bekommen. Nur so konnten die Gesetze von Ursache und Wirkung zutage treten. Das Handeln der Menschen mußte zugleich so sein und mußte zugleich anders sein können. [R]

1 **a** Erstellen Sie eine Liste mit den Veränderungen in der Dramenkonzeption, die Brecht im Text beschreibt.

b Erläutern Sie anhand des Textes und der Information zum Verfremdungseffekt, welche Folgen nach Brecht die Episierung des Theaters für Inhalt, Handlungsaufbau, Bühne, Bühnenbild, Schauspielende und Publikum hat.

Information **Verfremdungseffekt**

- **Prinzip der Historisierung:** Die Handlung, an der vertraute gesellschaftliche Verhältnisse gezeigt werden sollen, wird in andere historische oder geografische Räume verlegt.
- **Dialektisches Prinzip:** Das Publikum stößt immer wieder auf Widersprüche:
  - **a** im Aufbau der Handlung, indem Szenen mit gegensätzlichen Aussagen einander folgen;
  - **b** im Verhalten der Figuren, deren Sagen und Handeln nicht übereinstimmen oder die als gespaltene Persönlichkeiten dargestellt werden.
- **Prinzip der Demonstration und Desillusionierung:**
  - **a** Die Darstellerinnen und Darsteller identifizieren sich nicht mit ihren Rollen, sondern treten aus diesen Rollen heraus, indem sie sich plötzlich an das Publikum wenden. Sie treten dabei an die Rampe, um einen Text, z. B. ein Lied, vorzutragen, der die Handlung kommentiert. Sie *sind* nicht die darzustellende Figur, sondern sie *zeigen* sie.
  - **b** Das Bühnenbild bietet keinen vermeintlich realen Schauplatz bzw. keine stimmungsvolle Kulisse, sondern durch Tafeln, Projektionen und andere Mittel der Bühnentechnik werden zusätzliche Informationen zur Handlung sowie Kommentare abgegeben.

- **Prinzip verschiedener „Sprachebenen“:** Die Sprache ist weder die gehobene literarische Sprache des traditionellen Theaters noch eine gebräuchliche Alltagssprache, sondern eine Kunstsprache mit verschiedenen Sprachebenen. Dabei wechseln die Figuren z. T. sprunghaft ihre Sprachebene und verwenden, häufig unangemessen, Sprichwörter oder Zitate.

Zwei Beispiele im Vergleich – „Nathan der Weise“ und „Der gute Mensch von Sezuan“

Bertolt Brecht: **Die dramatische und die epische Form des Theaters** (1938)

Dramatische Form des Theaters	**Epische Form des Theaters**
Die Bühne „verkörpert“ einen Vorgang	sie erzählt ihn
verwickelt den Zuschauer in eine Aktion und verbraucht seine Aktivität	macht ihn zum Betrachter, aber weckt seine Aktivität
ermöglicht ihm Gefühle	erzwingt von ihm Entscheidungen
vermittelt ihm Erlebnisse	vermittelt ihm Erkenntnisse
der Zuschauer wird in eine Handlung hineinversetzt	er wird ihr gegenübergesetzt
es wird mit Suggestion gearbeitet	es wird mit Argumenten gearbeitet
die Empfindungen werden konserviert	bis zu Erkenntnissen getrieben
der Mensch wird als bekannt vorausgesetzt	der Mensch ist Gegenstand der Untersuchung
der unveränderliche Mensch	der veränderliche und verändernde Mensch
Spannung auf den Ausgang	Spannung auf den Gang
eine Szene für die andere	jede Szene für sich […]
was der Mensch soll	was der Mensch muß
seine Triebe	seine Beweggründe
das Denken bestimmt das Sein	das gesellschaftliche Sein bestimmt das Denken[1]

1 Kernthese der Philosophie von Karl Marx (1818–1883)

1 Wählen Sie drei Gegenüberstellungen aus und erläutern Sie diese mit eigenen Worten. Benutzen Sie bei Ihrer Erläuterung Beispiele aus den beiden Verlaufsübersichten zu „Nathan der Weise“ (▶ S. 205 f.) und „Der gute Mensch von Sezuan“ (▶ S. 216 ff.).

2 **a** Vergleichen Sie die beiden Inhaltsangaben der Dramen unter den aufgelisteten Aspekten miteinander.

Vergleichsaspekte	**„Nathan der Weise“**	**„Der gute Mensch von Sezuan“**
▪ Äußerer Aufbau / Gliederung ▪ Handlungsführung und Spannungsaufbau ▪ Gestaltung von Anfang und Schluss ▪ Orte und Zeiträume / zeitliche Zusammenhänge ▪ Figuren (Herkunft und Stand, Lebensumstände, Leitlinien des Handelns, Eigenschaften) und ihre Konstellation ▪ Idee/Anliegen des Stücks	*geschlossenes Drama in fünf Aufzügen*	

b Fassen Sie die Unterschiede der beiden Dramen in eigenen Worten zusammen.
c Erläutern Sie die mögliche Wirkung der beiden Dramenformen auf den Zuschauer.

3 Begründen Sie, welches der beiden Stücke Sie für einen Theaterbesuch auswählen würden.

4 Vergleichen Sie den Umgang mit dem Thema Religion in Brechts „Der gute Mensch von Sezuan" und Lessings „Nathan der Weise".

Das Drama der Gegenwart

Urs Widmer: **Top Dogs** (1997)

[Topmanager ohne Job sollen mithilfe der New Challenge Company ihr Leben in den Griff bekommen. Waren sie früher in der Position, Mitarbeiter zu entlassen, gehören sie nun selbst zu den Gekündigten. Sie sind die „Top Dogs", entlassene Topmanager, deren Ziel es ist, möglichst schnell einen neuen Job zu bekommen. Bihler und Tschudi sollen ein Rollenspiel spielen. Bihler übernimmt die Rolle des Chefs, der einen Topmanager, gespielt von Tschudi, entlassen soll. Mitten in der Szene fällt Bihler aus seiner Rolle.]

2. Heute sind wieder die Churchills[1] gefragt

Bihler, Tschudi.

Bihler *Chefpose:* Herr Tschudi. Danke, dass Sie gleich rüberkommen konnten. Ich kenne ja Ihren Terminkalender. Ein, zwei Minuten nur. Wir redimensionieren das Management. Sie waren ja selber am Konzept beteiligt und haben ihm zugestimmt. Ich habe jetzt von jedem meiner Mitarbeiter auf der mittleren und höheren Managementebene eine Leistungsanalyse erstellen lassen. Kinley and Finley, Sie haben sich ja mit den Herren unterhalten. Die sind zum Schluss gekommen, dass Sie sich zu sehr auf Ihren Lorbeeren ausruhen, Tschudi. Natürlich haben Sie Leistung erbracht. Selbstverständlich. Aber Lorbeeren gehören auf den Kopf, in die Suppe vielleicht, aber nicht unter den Hintern. Ich muss mich auf den Ersten Dritten von Ihnen trennen.

Tschudi: Aber wieso, ich habe doch immer …

Bihler: Es ist vorbei mit den fetten Jahren. Da haben wir gerade im Management großzügig eingekauft. Auf Halde sozusagen, nur für den Fall, dass. Und damit die Konkurrenz die nicht kriegt. Leute mit dreihunderttausend per annum und einem Output von plus minus null. Jetzt sitzen wir mit einem Überhang an Managern da. Die Schweiz ist keine Insel der Seligen mehr. Jetzt bläst auch bei uns ein kalter Wind. Wir müssen ein Global Player sein, oder die Konkurrenz dreht uns die Luft ab. Wir sind nicht mehr 1980. Wo soll ich einen wie Sie einsetzen, Tschudi, in diesem neuen Klima, das ja schon weit härtere Burschen schier umbringt. Jüngere. Sagen Sie doch selbst.

Tschudi: Einer in meinem Alter hat ein Knowhow, das nicht so leicht …

Bihler: Im Krieg brauche ich andere Männer als im Frieden. Heute brauche ich Generäle, die als Allererste in den Dschungel gehen. Die draufhalten können. Heute gibt es echte Tote. Sie müssen mit dem Flammenwerfer in die Konkurrenz rein und die ausräuchern. Sonst sind Sie dran. Churchill war im Frieden eine Niete. Aber im Krieg war er ein Ass. Heute sind wieder die Churchills gefragt.

Tschudi: Wie wollen Sie die laufenden Projekte mit Leuten, die keine Ahnung …

Bihler: Ich bin froh, dass Sie das ansprechen. Ich wollte es eben selber tun. Natürlich, die laufenden Projekte. Ich mache Ihnen einen Vorschlag. Ich kenne Ihre Qualitäten, Tschudi. Und unter uns, gerade um Sie tut es mir besonders leid. Ich bin sehr froh, dass ich Ihnen für Ihr laufendes Projekt einen Teilzeitvertrag anbieten kann. Befristet. Übers Gehalt einigen wir uns sicher, da sind sicher fünfzig Prozent Ihrer bisherigen Bezüge drin, wenn nicht mehr.

Tschudi: Fünfzig Prozent? Aber das sind ja dann ganze …

Bihler: Da draußen sind Hunderte von solchen, wie Sie einer sind. White-Collar-Schrott. Die kriechen auf den Knien in mein Büro, nur um von mir einen Vertrag zu kriegen, für die Hälfte, ohne Sozialabgaben, ohne Alterssicherung. Ich muss nur so machen. *Schnipst.* Business, das ist Krieg. Blut und Tränen. So ist das.

Tschudi *schreit:* Sie sind ein Monster. Ein Monster sind Sie. Mit mir machen Sie das nicht. Nicht mit mir. *Will ab. Aber:*

Bihler *ganz anderer Ton, den Tränen nahe:* So hat der mit mir geredet. Wörtlich so. Fast wörtlich. Mehr als zwanzig Jahre lang habe ich ein Know-how für die Firma aufgebaut, da können Sie lange suchen. Und dann eliminiert der ganze Managementebenen mit einem Federstrich. Eine flache und transparente Führungsstruktur, schnelle Entscheidungsprozesse, und dann ein paar junge Spunde, die mit den Flammenwerfern. Die bearbeiten jetzt den asiatischen Raum. Rein in den Markt und ausräuchern. Manche kommen da natürlich im Leichensack zurück, eine Handvoll Kohle. Aber die Hälfte schafft es. Der Markt, das ist ein Schlachtfeld. Der Handel ist Krieg. Blut und Tränen.

Tschudi: Nehmen Sie es nicht zu tragisch. Herr Bihler. Es spricht für Sie, dass Sie nicht alles mitmachen.

Bihler *schluchzend:* Genau.

Tschudi: Die sind wie die Säue. Da haben Sie ganz recht. So was wie ne Ethik, eine Moral, das war einmal. Die scheuen vor nichts zurück.

Bihler *sich allmählich erholend:* Woher wissen die überhaupt, dass ich das nicht könnte? Beim Militär war ich Panzerfahrer, da habe ich jede Menge Infanterienester platt gefahren.

Tschudi: Das haben wir hinter uns, Gott sei Dank.

Bihler: Supponiert natürlich. War ja kein Ernstfall weit und breit.

Tschudi: Das war ein Festtag, als ich den ganzen Krempel zurückfasste[2], für immer!

Bihler: Wer sagt, wenn man mir einen Flammenwerfer gibt, dass ich das nicht kann? Gerade im asiatischen Markt. Die Asiaten, die haben auch keine Hemmungen. Hat man in Vietnam gesehen, wie die mit den Amerikanern umgesprungen sind. Draufhalten, einfach draufhalten. Dann rennen die wie die Fackeln.

Tschudi: Jetzt machen Sie aber einen Punkt.

Bihler: Richtiggehend gern würd ich das machen, voll Rohr den Feind wegfegen, und dann rein in den Markt und die strategischen Positionen besetzen, bevor die paar Überlebenden auch nur den Kopf heben.

Tschudi: Beruhigen Sie sich doch.

Bihler: Da hätt ich richtiggehend Spaß dran.

Tschudi: Jetzt gehen Sie aber zu weit.

Bihler: Wieso fragen die mich nicht mal? Können Sie mir das sagen?

Tschudi: Ich habs gleich gesagt. Ein Monster.

Bihler *stolz:* Ja. Bin ich. Der Markt braucht heute Monster. Monster. Monster …

Er entfernt sich aufgebracht, die Schlacht der Wörter beginnt.

1 **Winston Churchill:** britischer Premierminister während des Zweiten Weltkrieges; berühmt ist seine Blut-Schweiß-und-Tränen-Rede (engl. „blood, sweat and tears") vom 13.05.1940, in der er die britische Bevölkerung auf einen verlust- und entbehrungsreichen Krieg gegen Nazideutschland einstimmt

2 **zurückfassen** (schweizerdeutsch): Rückgabe der Militärausrüstung

1 Entwerfen Sie einen Verlaufsbogen, orientiert am Inhalt und an der Wortwahl der Szene. Übertragen Sie die folgende Tabelle in Ihr Heft und ergänzen Sie sie.

Zeile	***Inhalt***	***Wortwahl***
(Z. 1–36)	*Bihler teilt Tschudi in typischer Wirtschaftssprache mit, dass er entlassen sei.*	*z. B. redimensionieren, Leistungsanalyse, Output, Überhang, Global Player …*
(Z. 37–45)	*Bihler wird zunehmend emotionaler, als er Tschudi seine Vorstellungen von einem harten Manager darstellt.*	*z. B. Generäle, Dschungel …*

Zeile	*Inhalt*	*Wortwahl*
(Z. 46–69)	*Bihler erklärt Tschudi die Modalitäten seiner Entlassung.*	*z. B. Projekte, Teilzeitvertrag …*
(Z. 70–…)	*Bihler bricht aus seiner Rolle aus. …*	*z. B. eliminiert …*

2 Führen Sie eine szenische Lesung (▶ Methode, S. 203) durch.

3 Erläutern Sie den Titel der Szene. Recherchieren Sie auch zur Blut-Schweiß-und-Tränen-Rede von Winston Churchill.

4 Schreiben Sie einen Tagebucheintrag (▶ Methode), den Tschudi nach diesem Gespräch verfasst.

5 Entwerfen Sie eine Rollenbiografie (▶ Methode) zur Figur Bihler.

6 Welches Bild haben Sie von Spitzenmanagern in Industrie und Wirtschaft? Inwiefern entsprechen Bihler und Tschudi diesem Bild?

Methode **Produktionsorientierte Verfahren zum Erschließen von Dramentexten**

In produktionsorientierten Verfahren setzt man sich mit Texten intensiv auseinander, indem neue Texte entstehen, z. B.:

- **Inneren Monolog, Brief, Tagebucheintrag schreiben:** Um sich einer Figur zu nähern, kann es hilfreich sein, sich ausführlich über ihre Gedanken, Gefühle und Beweggründe ihrer Handlungen Klarheit zu verschaffen. Ausgehend von einer genauen Figurenanalyse (▶ Information, S. 216) wird in der Ich-Form z. B. ein selbstreflektierender Monolog, ein Brief oder Tagebucheintrag verfasst. Eine vergleichbare Funktion erfüllt eine Rollenbiografie.
- **Rollenbiografie verfassen:** In einer Rollenbiografie gibt eine literarische Figur in der Ich-Form möglichst umfassend Informationen über sich preis, z. B. zu:
  - Geschlecht, Alter, Name, Nationalität etc. der Figur,
  - äußeren Merkmalen: z. B. Sprache, Stimme, Körperbau, Aussehen, Kleidung,
  - sozialer Stellung und sozialen Beziehungen: Schichtzugehörigkeit, Beziehungen, Freundschaften, Abneigungen, Feindschaften,
  - Alltagsleben: Interessen, Freizeitverhalten, Beruf, Arbeit, Partnerschaften etc.,
  - inneren Werten: Gefühlen, Träumen, Idealen, Wertesystemen.
- **Leerstellen ausfüllen:** Dichter lassen oft bewusst Ereignisse weg bzw. schildern diese lediglich durch einen Bericht einer Figur (z. B. eines Boten). Es kann interessant sein, diese Leerstelle mit Ereignissen auszufüllen, sprich: sie in den Dramentext einzufügen, um sich so einem vertieften Verständnis des Textes zu nähern.
- **Verlegen eines Dramentextes in eine andere Zeit oder Umgebung:** Durch das Transponieren eines Dramentextes in die Gegenwart, in die Vergangenheit, an einen anderen Ort oder in eine andere Gesellschaftsschicht kann man die Zeitbedingtheit eines Dramentextes erfahren, die Probleme in einer bestimmten Zeit oder Situation genauer erfassen oder die Aktualität eines vermeintlich „veralteten“ Textes erkennen.

Urs Widmer: **Top Dogs** (1997)

3. Die Schlacht der Wörter

Alle.

Jenkins/Wrage: Slump, slump, slump.
Müller: Management-buyout.
Krause: Break-even-point.
Wrage: Kreativität.
Neuenschwander: Point-of-no-return.
Deér: Competition.
Müller: New-public-Management.
Deér: Cash-flow.
Jenkins: Unternehmensphilosophie.
Wrage: Firmenkultur.
Neuenschwander: Anforderungsprofil.
Müller: Marketingstrategie.
Krause: Produktqualität.
Tschudi: Einsatz.
Müller: Finanzrahmen.
Deér: Revolution.
Krause: Umstrukturierung.
Jenkins: Umsatzwachstum.
Bihler: Produktionsausstoß.
Neuenschwander: Leistungsanreiz.
Deér: Projektmanagement.
Bihler: Kostenkontrolle.
Krause: Motivation.
Tschudi: Belastbarkeit.
Wrage: Kostenvorgabe.
Krause: Produkttraining.
Deér: Investitionsstrategie.
Neuenschwander: Marktabklärung.
Bihler: Mitarbeiterzufriedenheit.
Wrage: Optimierung.
Müller: Echtzeitdatenbank.
Neuenschwander: Leistungsbeurteilung.
Jenkins: Job-sharing.
Neuenschwander: Karriereanker.
Wrage: Arbeitsmarktfähigkeit.
Krause: Hotline.
Jenkins: Job-Portfolio.
Wrage: Effizienzsteigerung.
Müller: Total quality management.
Krause: Business reengineering.
Deér: Lean Management.
Tschudi: Review-Kultur.
Wrage: Emotionsorientierte Führung.

„Top Dogs" im Theater Neumarkt in Zürich (1996)

Bihler: Kostenoptimierung.
Müller: All-you-can-afford-Methode.
Jenkins: Cash-cow.
Bihler: Cross-Cultural-Management.
Deér: Humankapital.
Tschudi: Just-in-time-delivery.
Jenkins: Reframing.
Neuenschwander: Spill-over-effect.
Tschudi: Leveraged-buyout.
Bihler: Management by deligation.
Wrage: Management by love.
Deér: Optimum workforce mix.
Krause: Top-down-Management.
Bihler: Zero base budgeting.
Jenkins: Social information processing approach.
Krause: Task-Force.
Müller: Technology assessment.
Neuenschwander: Innovations-Management.
Tschudi: Spin-off-Task-Force.
Wrage: Konzentrationsvision.
Deér: High-cost-producer.
Bihler: Fringe benefits.
Müller: Downsizing.
Krause: Strong-buy.
Neuenschwander: Outsourcing.
Müller: Business Process Reengineering.
Jenkins: Interaktives Entlohnungsdesign.
Wrage: Total-Quality-Programm.
Jenkins: Outplacing.
Krause: Szenario-Management.
Deér: Sustainable Development.
Neuenschwander: Global Manager.
Müller: Corporate Identity.
Krause: Hot Groups.

JENKINS: Rapid Prototyping.
WRAGE: Recruitment.
TSCHUDI: Kündigungskultur.
JENKINS: Downward-mobility.
BIHLER: Weltmarkt.
TSCHUDI: Marktmacht.
DEÉR: Ökoeffizienz.
BIHLER: Konkurrenzdruck.
TSCHUDI: Produkte-Pipeline.
BIHLER: Pre-Marketing.
KRAUSE: Risikostreuung.
NEUENSCHWANDER: Management-buyin.
JENKINS: Job description.
NEUENSCHWANDER: Assessment.
JENKINS: Quality Control.
NEUENSCHWANDER: Consumer demand.
JENKINS: Shareholder-Value.
WRAGE: Kompetenz.
MÜLLER: Früh-Indikatoren.
KRAUSE: Output.
DEÉR: Purchasing.
BIHLER: Bonus.
DEÉR: Leadership.
BIHLER: Motivator.
TSCHUDI: Sales Training.
BIHLER: Joint-ventures.
MÜLLER: Strategische Allianz.
WRAGE: Risikobereitschaft.
MÜLLER: Training-on-the-Job.
TSCHUDI: Fringe benefits.
KRAUSE: Promotion.
WRAGE: Know-how.
JENKINS: Buy.
TSCHUDI: Hold.
NEUENSCHWANDER: Sell.
DEÉR: Down-side-risk.
MÜLLER: Up-side-potential.
KRAUSE: Return on Equity.
BIHLER: Zeithorizont.
TSCHUDI: Aufbruchstimmung.
BIHLER: Aggressives Wachstum.
MÜLLER: Change-Management.
WRAGE: Mean-and-lean-Management.
KRAUSE: Teamplayer.
NEUENSCHWANDER: Rationalisierungsschub.
BIHLER: Wertsteigerung.

1 **a** Suchen Sie Begriffe heraus, die Sie kennen, und definieren Sie diese.
b Suchen Sie einen passenden Oberbegriff zu allen Wörtern.

2 **a** Beschreiben Sie die Unterschiede zwischen dieser Szene und einer konventionellen Dramenszene.
b Worin besteht für Sie die Aussage dieser „Schlacht der Wörter“?

3 **a** In dieser Szene spielen alle Top Dogs – die entlassenen Manager – mit. Entwerfen Sie einen Bühnenaufbau, der einen wirkungsvollen Rahmen für diese Szene darstellt.
b Vergleichen Sie Ihre Ideen anschließend mit dem Szenenfoto auf Seite 224. Inwiefern unterscheidet sich Ihr Ergebnis von der Züricher Inszenierung?
c Inszenieren Sie diese Szene, beachten Sie dabei auch Ihre bisherigen Arbeitsergebnisse.

Absichten und Wirkungen des zeitgenössischen Theaters

Wolfram Lotz: **Rede zum unmöglichen Theater** (2016)

[Wolfram Lotz gehört zu den wichtigsten deutschen Nachwuchsdramatikern. Seine Stücke werden an vielen Theatern im deutschsprachigen und europäischen Raum aufgeführt.]

Brüder und Schwestern,
man hat versucht, uns zu erzählen, dass die Zeit linear vergeht. Das stimmt, aber wir glauben es nicht!
Man hat versucht, uns zu erzählen, dass alles von oben nach unten fällt. Das stimmt, aber wir glauben es nicht!
Man hat über Jahrtausende versucht, uns zu erzählen, dass wir sterben müssen. Auch wenn es stimmt, glauben wir es nicht!
Die Würstchen der Wahrheit, die für uns gebraten werden, wollen wir nicht mehr essen. Wir wollen nicht mehr Zaungäste oder Zaunkönige oder

Bachstelzen sein bei den Bedingungen des Lebens, denn das hier, Brüder uns Schwestern, ist unser Leben. Wir haben ein Recht darauf, über die Bedingungen unseres Lebens zu entscheiden, und nicht nur darüber, ob wir nach dem Abiball Tischler oder Schreiner werden. […]

Wenn wir schreiben, fordern wir eine Autonomie von der Welt! Darüber sollten wir uns im Klaren sein. Wenn wir schreiben, so schreiben wir nicht einfach die Welt ab (wie sollte das überhaupt gehen), sondern wir entwerfen Vorschläge, Änderungen, Forderungen, indem wir die Welt nicht sehen, wie sie ist, sondern wie sie für uns ist, und wie sie sein könnte, wenn man uns lassen würde, oder wie sie nicht wäre, niemals.

Wenn wir schreiben, so propagieren wir die Fiktion! Die Fiktion ist unsere kümmerliche Hand, die aus der Kiste der Wirklichkeit heraus nach süßen Früchtchen greift, die dort doch hängen müssen, an einem Baum oder meinetwegen auch an einer Wäscheleine oder an der Kralle eines dicken, fröhlichen Vogels, der dort hoffentlich seine freundlichen Runden dreht, wie dem auch sei: Wir wollen nach diesen süßen Früchtchen greifen! Wer sollte uns verbieten, nach diesen Früchtchen zu greifen! Wer will uns noch drohen, uns dann aus dem Paradies zu vertreiben, wir sind da ja gar nicht! Wir wollen Früchtchen fressen, viele süße Früchtchen! Jetzt geht's los!

Es gibt einen Ort! Brüder und Schwestern, es gibt einen Ort! Ihr wisst, dass ich das Theater meine. Das Theater ist der Ort, wo Wirklichkeit und Fiktion aufeinandertreffen, und es ist also der Ort, wo beides seine Fassung verliert in einer heiligen Kollision. Das Theater ist der Berg Harmaggedon[1]!

Was sind Theaterstücke anderes als Anleitungen für die Wirklichkeit?

Das Theater ist der Ort, an dem die Fiktion in Wirklichkeit umgewandelt wird. Jaja, aber dann lasst uns das auch machen!

Machen wir doch!, rufen die Würstchenpeter des Bestehenden. Das aber, Brüder und Schwestern, ist eine Lüge, und ich bitte Euch, sie als solche zu erkennen.

Denn die Fiktion, die diese Pimmelschwäne für das Theater entwerfen, hat keine Autonomie. Im Wissen darum, dass die Fiktion aufsetzen wird auf der Landebahn der Wirklichkeit, passen sie diese zuvor an die Wirklichkeit an. So opfern sie die Fiktion auf dem Altaratartrara der Wirklichkeit. Dabei darf nicht die Wirklichkeit die Fiktion bestimmen, sondern die Fiktion muss die Wirklichkeit verändern! Oder ist es wirklich unser Wunsch, zu sterben? Ist diese Wirklichkeit etwa vollkommen? Was für eine blöde Frage: Nein, natürlich nicht, sie ist ungenügend, die Wirklichkeit ist ein löchriger Schuh, den wir uns so nicht anziehen werden! […]

1 **Berg Harmaggedon:** Ort, an dem gemäß der biblischen Offenbarung des Johannes der endzeitliche Entscheidungskampf zwischen Gut und Böse stattfindet

1 Klären Sie die Aussagen des Textes und setzen Sie sich kritisch mit diesen auseinander:
- **a** Klären Sie, wer mit „wir", „Brüder und Schwestern", „Würstchenpeter" und „Pimmelschwäne" angesprochen bzw. gemeint ist.
- **b** Erläutern Sie, wofür das Bild von den „süßen Früchtchen" steht.
- **c** Beschreiben Sie mit eigenen Worten, worin Lotz die Aufgabe und Chance des Theaters zwischen Fiktion und Wirklichkeit sieht. Nehmen Sie kritisch Stellung zu seiner Auffassung.

2 Überprüfen Sie anhand der Dramenauszüge in diesem Kapitel, inwieweit Theaterstücke „Anleitungen für die Wirklichkeit" sind.
Besonders das Drama „Nathan der Weise" zeigt, dass Theater „Anleitung für die Wirklichkeit" sein kann. Der zentrale Begriff der Toleranz …

3 Ziehen Sie Ihre Erfahrungen mit anderen Medien hinzu. Können diese Einfluss auf die Wirklichkeit haben?

★ **4** **Projekt:** Setzen Sie ein Ihnen bekanntes Drama oder Teile daraus als szenisches Spiel um. Verfassen Sie dazu ein Programmheft und entwerfen Sie ein Plakat dafür.

5.3 Sprachtraining

1 Überprüfen Sie Ihren Fachwortschatz.

a Formulieren Sie die Umschreibungen zu den folgenden Fachbegriffen im Kreuzworträtsel.

													9		3		10		11
			5								8	T	H	E	M	A	T	I	K
1	D	R	A	M	A				4				A		O		H		A
			K	7					F				N		N		E		T
		6	T	R	A	G	Ö	D	I	E			D		O		A		A
				H					G				L		L		T		S
				E					U				U		O		E		T
				T					R				N		G		R		R
				O									G						O
				R															P
		2	D	I	A	L	O	G											H
				K															E

b Notieren Sie alle Begriffe mit Artikel im Singular und Plural. Markieren Sie Stellen, deren Rechtschreibung ungewöhnlich ist und deshalb besonders beachtet werden sollte.

2 Die folgenden Wörter stammen aus dem Griechischen und weisen deswegen noch typische Buchstabenkombinationen (ph, th, rh) dieser Sprache auf. Überprüfen Sie mithilfe des Wörterbuchs, für welche der folgenden Wörter auch eine dem deutschen Sprachgebrauch angepasste Schreibweise (mit f, t, r) möglich ist bzw. empfohlen wird.

photographieren Geographie Phase sympathisch Phänomen
Philosophie Therapie Theorie Rhythmus Rhombus Mikrophon

3 **a** Finden Sie bedeutungsverwandte Wortpaare bzw. Antonyme im Wortspeicher.

Epilog Komödie Regie Exposition Szene Spannungsaufbau Protagonist
Tragödie Monolog Spannungsabfall Katastrophe modernes Drama
Prolog Dramaturgie Dialog Antagonist klassisches Drama Akt

b Erklären Sie die Bedeutung der Begriffe.

Information **Rechtschreibung von Fremdwörtern aus dem Bereich Drama**

Das europäische Drama hat seinen Ursprung im antiken Griechenland. Viele Fachbegriffe, die in Verbindung mit dem Drama stehen, entstammen deshalb dem Griechischen. Ein Signal dafür sind im Deutschen ungebräuchliche Schreibweisen, z. B. die Buchstabenkombinationen th, ph und rh, wie in *Theater, Phase, Rhetorik.*

In einigen Fällen sind auch eingedeutschte Schreibweisen erlaubt bzw. werden sogar empfohlen, z. B. *Biographie – Biografie; Telephon – Telefon; Gruppenphoto – Gruppenfoto.*

Der weitaus größte Teil der Fremdwörter, insbesondere im Bereich von Fachsprache, ist aber (noch) nicht an die deutsche Schreibweise angeglichen, z. B. *Thron, Diphtong, rhetorisch.*

1 Üben Sie Satzmodelle zur Figurencharakterisierung. Formulieren Sie aus den Wortvorgaben sprachlich sowie inhaltlich korrekte Sätze. Schließen Sie ggf. auch den Quellenverweis mit ein.
Hauptfigur – Franz Woyzeck – Beruf Soldat – (S. xy, Z. z–zz)
Die Hauptfigur der Dramenhandlung heißt Franz Woyzeck und übt den Beruf des Soldaten aus (vgl. S. xy, Z. z–zz).

a) Woyzeck – 30 Jahre – Partnerschaft mit Marie Zickwolf – gemeinsamer unehelicher Sohn Christian (1 Jahr)
b) Protagonist – zu wenig Geld – Zusatzverdienst: Durchführung von Experimenten des Doktors (Erbsendiät)
c) Woyzecks Verhalten: Unruhe, Hektik (vgl. S. xy / Szene z) – paranoide Züge / Psychose → Bsp. …

2 Formulieren Sie treffende Aussagen zur Figurencharakterisierung, indem Sie die folgenden Zitate als Beleg in Ihre Sätze einbeziehen. Entnehmen Sie dem Wortspeicher unten dafür geeignete Verben.
Selbsteinschätzung – Woyzeck (zum Hauptmann): „Aber ich bin ein armer Kerl." (Kapitel B 5.1, S. 203, Z. 77)
Woyzeck bezeichnet sich selbst als „arme[n] Kerl", z. B. im Gespräch mit dem Hauptmann (Kapitel B 5.1, S. 203, Z. 77).

a) Fremdeinschätzung – Hauptmann: „Woyzeck, Er sieht immer so verhetzt aus!" (Kapitel B 5.1, S. 202, Z. 23–24)
b) Selbsteinschätzung – Hauptmann: „Ich sag mir immer: du bist ein tugendhafter Mensch, *(gerührt)* ein guter Mensch, ein guter Mensch." (Kapitel B 5.1, S. 203, Z. 67–69)
c) Fremdeinschätzung – Hauptmann: „Woyzeck, Er ist ein guter Mensch – aber *(mit Würde)* Woyzeck, Er hat keine Moral!" (Kapitel B 5.1, S. 202, Z. 36–37)

bezeichnen als	(aus)sagen über	charakterisieren als	meinen zu	beschreiben (als)
beurteilen	bewerten	(sich selbst) loben	tadeln	abwerten

3 Üben Sie Formulierungen zur Darstellung von Figurenkonstellationen. Formulieren Sie die folgenden Beispielsätze um. Verstärken Sie Übereinstimmungen oder Unterschiede durch die Ausdrücke „sowohl – als auch", „weder – noch", „während" oder „zwar – aber".
Franz Woyzeck und Marie Zickwolf sind der sozial schwachen Schicht zugehörig.
Sowohl Franz Woyzeck als auch Marie Zickwolf sind …

a) Woyzeck verdient hin und wieder etwas Geld, Marie nicht.
b) Woyzeck ist finanziell abhängig vom Doktor und vom Tambourmajor.
c) Woyzeck misst der Beziehung zu Marie einen hohen Stellenwert zu, aber Marie schadet dem Vertrauensverhältnis durch Untreue.
d) In dieser Szene kann man dem Hauptmann keine seelische Grausamkeit unterstellen, er behandelt Woyzeck aber herablassend.

Information **Figuren und ihre Konstellationen sprachlich differenziert erfassen**

Die Charakterisierung von Figuren und Figurenkonstellationen bedarf eines differenzierten sprachlichen Ausdrucks. Hilfreich können dabei ein- oder zweiteilige Konjunktionen sein, die Übereinstimmung oder Unterschiede markieren.
Markierung von Übereinstimmung: *und; sowohl – als auch; nicht nur – sondern auch; weder – noch*
Markierung von Unterschieden: *während; trotz; obwohl; (je)doch; (an)statt; zwar – aber*

5.4 Klausurtraining: Einen Dramenauszug interpretieren – „Nathan der Weise“ von Gotthold Ephraim Lessing

Aufgabenbeispiel

Interpretieren Sie den 5. Auftritt im 2. Aufzug von Lessings Drama „Nathan der Weise“. Legen Sie dabei einen besonderen Schwerpunkt auf die Analyse der Figuren Nathan und Tempelherr und ihres Verhältnisses zueinander.

Gotthold Ephraim Lessing: **Nathan der Weise** (1779) – 2. Aufzug, 5. Auftritt

Nathan und bald darauf der Tempelherr.

NATHAN: Fast scheu ich mich des Sonderlings. Fast macht
Mich seine raue Tugend stutzen. Dass
Ein Mensch doch einen Menschen so verlegen
Soll machen können! – Ha! er kömmt. – Bei Gott!
Ein Jüngling wie ein Mann. Ich mag ihn wohl
Den guten, trotz'gen Blick! den prallen Gang!
Die Schale kann nur bitter sein: der Kern
Ist's sicher nicht. – Wo sah ich doch dergleichen? –
Verzeihet, edler Franke[1] …

TEMPELHERR: Was?

NATHAN: Erlaubt …

TEMPELHERR: Was, Jude? was?

NATHAN: Dass ich mich untersteh,
Euch anzureden.

TEMPELHERR: Kann ich's wehren? Doch
Nur kurz.

NATHAN: Verzieht, und eilet nicht so stolz,
Nicht so verächtlich einem Mann vorüber,
Den Ihr auf ewig Euch verbunden habt.

TEMPELHERR: Wie das? – Ah, fast errat ich's. Nicht? Ihr seid …

NATHAN: Ich heiße Nathan; bin des Mädchens Vater,
Das Eure Großmut aus dem Feu'r gerettet;
Und komme …

TEMPELHERR: Wenn zu danken: – spart's! Ich hab
Um diese Kleinigkeit des Dankes schon
Zu viel erdulden müssen. – Vollends Ihr,
Ihr seid mir gar nichts schuldig. Wusst' ich denn,
Dass dieses Mädchen Eure Tochter war?
Es ist der Tempelherren Pflicht, dem ersten
Dem besten beizuspringen, dessen Not
Sie sehn. Mein Leben war mir ohnedem
In diesem Augenblicke lästig. Gern,
Sehr gern ergriff ich die Gelegenheit,
Es für ein andres Leben in die Schanze
Zu schlagen: für ein andres – wenn's auch nur
Das Leben einer Jüdin wäre.

NATHAN: Groß!
Groß und abscheulich! – Doch die Wendung lässt
Sich denken. Die bescheidne Größe flüchtet
Sich hinter das Abscheuliche, um der
Bewundrung auszuweichen. – Aber wenn
Sie so das Opfer der Bewunderung
Verschmäht: was für ein Opfer denn verschmäht
Sie minder? – Ritter, wenn Ihr hier nicht fremd,
Und nicht gefangen wäret, würd' ich Euch
So dreist nicht fragen. Sagt, befehlt: womit
Kann man Euch dienen?

TEMPELHERR: Ihr? Mit nichts.

NATHAN: Ich bin
Ein reicher Mann.

TEMPELHERR: Der reichre Jude war
Mir nie der bessre Jude.

NATHAN: Dürft Ihr denn
Darum nicht nützen, was demungeachtet
Er Bessres hat? nicht seinen Reichtum nützen?

TEMPELHERR: Nun gut, das will ich auch nicht ganz verreden;
Um meines Mantels willen nicht. Sobald
Der ganz und gar verschlissen; weder Stich

Noch Fetze länger halten will: komm ich
Und borge mir bei Euch zu einem neuen,
Tuch oder Geld. – Seht nicht mit eins so finster!
Noch seid Ihr sicher; noch ist's nicht so weit
Mit ihm. Ihr seht; er ist so ziemlich noch
Im Stande. Nur der eine Zipfel da
Hat einen garst'gen Fleck; er ist versengt.
Und das bekam er, als ich Eure Tochter
Durchs Feuer trug.
NATHAN *(der nach dem Zipfel greift und ihn betrachtet)*: Es ist doch sonderbar,
Dass so ein böser Fleck, dass so ein Brandmal
Dem Mann ein bessres Zeugnis redet, als
Sein eigner Mund. Ich möchte' ihn küssen gleich –
Den Flecken! – Ah, verzeiht! – Ich tat es ungern.
TEMPELHERR: Was?
NATHAN: Eine Träne fiel darauf.
TEMPELHERR: Tut nichts!
Er hat der Tropfen mehr. – (Bald aber fängt
Mich dieser Jud' an zu verwirren.)
NATHAN: Wärt
Ihr wohl so gut, und schicktet Euern Mantel
Auch einmal meinem Mädchen?
TEMPELHERR: Was damit?
NATHAN: Auch ihren Mund an diesen Fleck zu drücken.
Denn Eure Kniee selber zu umfassen,
Wünscht sie nun wohl vergebens.
TEMPELHERR: Aber, Jude –
Ihr heißet Nathan? – Aber, Nathan – Ihr
Setzt Eure Worte sehr – sehr gut – sehr spitz –
Ich bin betreten – Allerdings – ich hätte …
NATHAN: Stellt und verstellt Euch, wie Ihr wollt. Ich find
Auch hier Euch aus. Ihr wart zu gut, zu bieder,
Um höflicher zu sein. – Das Mädchen, ganz
Gefühl; der weibliche Gesandte, ganz
Dienstfertigkeit; der Vater weit entfernt –
Ihr trugt für ihren guten Namen Sorge;
Floht ihre Prüfung; floht, um nicht zu siegen.
Auch dafür dank ich Euch –
TEMPELHERR: Ich muss gestehn,
Ihr wisst, wie Tempelherren denken sollten.
NATHAN: Nur Tempelherren? *sollten* bloß? und bloß
Weil es die Ordensregeln so gebieten?
Ich weiß, wie gute Menschen denken; weiß,
Dass alle Länder gute Menschen tragen.
TEMPELHERR: Mit Unterschied, doch hoffentlich?
NATHAN: Jawohl;
An Farb', an Kleidung, an Gestalt verschieden.
TEMPELHERR: Auch hier bald mehr, bald weniger, als dort.
NATHAN: Mit diesem Unterschied ist's nicht weit her.
Der große Mann braucht überall viel Boden;
Und mehrere, zu nah gepflanzt, zerschlagen
Sich nur die Äste. Mittelgut, wie wir,
Find't sich hingegen überall in Menge.
Nur muss der eine nicht den andern mäkeln.
Nur muss der Knorr[2] den Knuppen[3] hübsch vertragen.
Nur muss ein Gipfelchen sich nicht vermessen,
Dass es allein der Erde nicht entschossen.
TEMPELHERR: Sehr wohl gesagt! – Doch kennt Ihr auch das Volk,
Das diese Menschenmäkelei zuerst
Getrieben? Wisst Ihr, Nathan, welches Volk
Zuerst das auserwählte Volk sich nannte?
Wie? wenn ich dieses Volk nun, zwar nicht hasste,
Doch wegen seines Stolzes zu verachten,
Mich nicht entbrechen könnte? Seines Stolzes;
Den es auf Christ und Muselmann vererbte,
Nur sein Gott sei der rechte Gott! – Ihr stutzt,
Dass ich, ein Christ, ein Tempelherr, so rede?
Wenn hat, und wo die fromme Raserei,
Den bessern Gott zu haben, diesen bessern
Der ganzen Welt als besten aufzudringen,
In ihrer schwärzesten Gestalt sich mehr
Gezeigt, als hier, als itzt? Wem hier, wem itzt
Die Schuppen nicht vom Auge fallen … Doch
Sei blind, wer will! – Vergesst, was ich gesagt;
Und lasst mich! *(Will gehen.)*
NATHAN: Ha! Ihr wisst nicht, wie viel fester
Ich nun mich an Euch drängen werde. – Kommt,
Wir müssen, müssen Freunde sein! – Verachtet

Mein Volk so sehr Ihr wollt. Wir haben beide
Uns unser Volk nicht auserlesen. Sind
Wir unser Volk? Was heißt denn Volk?
Sind Christ und Jude eher Christ und Jude,
Als Mensch? Ah! wenn ich einen mehr in Euch
Gefunden hätte, dem es gnügt, ein Mensch
Zu heißen!
Tempelherr: Ja, bei Gott, das habt Ihr, Nathan!
Das habt Ihr! – Eure Hand! – Ich schäme mich,
Euch einen Augenblick verkannt zu haben.
Nathan: Und ich bin stolz darauf. Nur das Gemeine
Verkennt man selten.
Tempelherr: Und das Seltene
Vergisst man schwerlich. – Nathan, ja;
Wir müssen, müssen Freunde werden.
Nathan: Sind
Es schon. – Wie wird sich meine Recha freuen! –
Und ah! welch eine heitre Ferne schließt
Sich meinen Blicken auf! – Kennt sie nur erst!
Tempelherr: Ich brenne vor Verlangen. – Wer stürzt dort
Aus Euerm Hause? Ist's nicht ihre Daja?
Nathan: Jawohl. So ängstlich?
Tempelherr: Unsrer Recha ist
Doch nichts begegnet?

1 **Franke:** Bezeichnung für christliche Westeuropäer, die sich nach dem Ersten Kreuzzug in der Region Palästina und Syrien ansiedelten

2 **Knorr:** Ast, Baumstumpf

3 **Knuppen:** Auswuchs am Baum

Die Aufgabenstellung verstehen

1 Entnehmen Sie der Aufgabenstellung die Schlüsselbegriffe und notieren Sie, welche Anforderungen darin enthalten sind.

Erstes Textverständnis und Ideen formulieren

1 Lesen Sie den Text ein erstes Mal. Machen Sie sich stichwortartig erste Notizen zum Inhalt und zu den Figuren. Klären Sie schwierige Stellen, indem Sie Wörter nachschlagen, noch einmal in den Inhaltsüberblick (▶ S. 205 f.) schauen und sperrige Sätze in eine für Sie verständlichere Sprache übertragen.

2 Halten Sie den Verlauf des Gesprächs in seinen zentralen Abschnitten fest. Markieren Sie dazu zunächst auf einer Kopie Schlüsselstellen und Wendepunkte.

3 **a** Unterstreichen Sie auf der Kopie in verschiedenen Farben wichtige Aussagen zur Charakterisierung der beiden Figuren und zu deren Beziehung. Machen Sie sich ggf. Randnotizen.

b Achten Sie in einem zweiten Durchgang besonders auf sprachliche Auffälligkeiten, z. B.: Wo werden Metaphern oder Redewendungen eingesetzt, welche Wirkung haben diese? Wie drückt sich die Gefühlslage der Figuren sprachlich aus? Wie gestaltet sich der Redefluss (z. B. Wiederholungen, Satzabbrüche, Pausen etc.)? Arbeiten Sie auch hier mit Markierungen und Randnotizen wie im Beispiel unten:

Nathan und bald darauf der Tempelherr.	*Nebentext*
Nathan: Fast scheu ich mich des Sonderlings. Fast macht	*Wortwiederholung*
Mich seine raue Tugend stutzen. Dass	*Nathan führt ein Selbstgespräch, fast*
Ein Mensch doch einen Menschen so verlegen	*einen inneren Monolog: Ausdruck*
Soll machen können! – Ha! er kömmt. – Bei Gott!	*seiner Unsicherheit*
Ein Jüngling wie ein Mann. Ich mag ihn wohl	*Fremdcharakterisierung*
Den guten, trotz'gen Blick! den prallen Gang!	*des Tempelherrn*
Die Schale kann nur bitter sein: der Kern	
Ist's sicher nicht. – Wo sah ich doch dergleichen? –	*Vorgriff auf die weitere Dramen-*
Verzeihet, edler Franke …	*handlung*

Tempelherr: Was?	Tempelherr ist kurz angebunden:
Nathan: Erlaubt …	kein Interesse an Gespräch mit Nathan
Tempelherr: Was, Jude? was?	*Unpersönliche, anonyme Anrede*
Nathan: Dass ich mich untersteh,	*Unsicherheit, fast Unterwürfigkeit*
Euch anzureden.	
Tempelherr: Kann ich's wehren? Doch	
Nur kurz.	
Nathan: Verzieht, und eilet nicht so stolz,	
Nicht so verächtlich einem Mann vorüber,	
Den Ihr auf ewig Euch verbunden habt.	

Den Text analysieren und interpretieren

1 a Formulieren Sie eine vorläufige zentrale Interpretationsthese, die die Ausrichtung Ihrer Interpretation im Hauptteil bestimmen wird.
In dem Dialog zwischen dem Juden Nathan und dem christlichen Tempelherrn deutet sich bereits an, dass …

b Vergleichen Sie Ihre Interpretationsthese mit den Thesen Ihrer Mitschülerinnen und Mitschüler und beurteilen Sie jeweils die Tauglichkeit. Achten Sie darauf, dass die Thesen über eine bloße inhaltliche Beschreibung hinausgehen und nicht zu eng formuliert sind.

2 Ordnen Sie den Auftritt in das Gesamtgeschehen des Dramas ein.
Tipp: Beachten Sie dabei die Darstellung des pyramidalen Baus klassischer Dramen (▶ S. 213).
Der Auftritt ist Teil der … Handlung des Dramas. Es handelt sich um das erste Zusammentreffen Nathans und des Tempelherrn …

3 Stellen Sie aus der zu bearbeitenden Textstelle sowie der Inhaltsübersicht (▶ S. 205 f.) grundlegende Informationen zu den beiden Figuren Nathan und Tempelherr in einer Tabelle zusammen.

Name/Bezeichnung	***Nathan***	***Tempelherr***
Beruf	*Kaufmann*	*Tempelritter*
Wohnort	*Jerusalem*	*Jerusalem*
Religionszugehörigkeit	*Jude*	…
Ungefähres Alter	…	…
…	…	…

4 Charakterisieren Sie die Figuren hinsichtlich Ihres Auftretens und Gesprächsverhaltens sowie auf Grundlage der Meinungen, die sie vertreten. Greifen Sie dazu auf Ihre Vorarbeiten aus Aufgabe 3 zurück und orientieren Sie sich an den Aspekten zur Figurenanalyse (▶ Information, S. 216) und zur Dialoganalyse (▶ Methode, S. 209). Klären Sie z. B. folgende Fragen:
- Was ist der Gesprächsanlass in diesem Dialog?
- Wie verhalten sich die beiden Figuren?
  Nathan ist – entgegen seinem sonst sehr selbstsicheren Auftreten – sehr zurückhaltend und hat Bedenken, den Tempelherrrn anzusprechen (Z. 1–5). Der Tempelherr …
- Verändern sich die Einstellungen der Figuren während des Gesprächsverlaufs?

5 Wie entwickelt sich die Beziehung zwischen Nathan und dem Tempelherrn in der vorliegenden Szene? Kombinieren Sie Soziogramm (▶ Methode, S. 204) und Flussdiagramm (▶ Methode, S. 148), um diese Entwicklung mit passenden Attributen (z. B. *abweisend, dankbar, überschwänglich …*) darzustellen. Orientieren Sie sich an dem unten stehenden Diagramm und vervollständigen Sie es in Ihrem Heft.

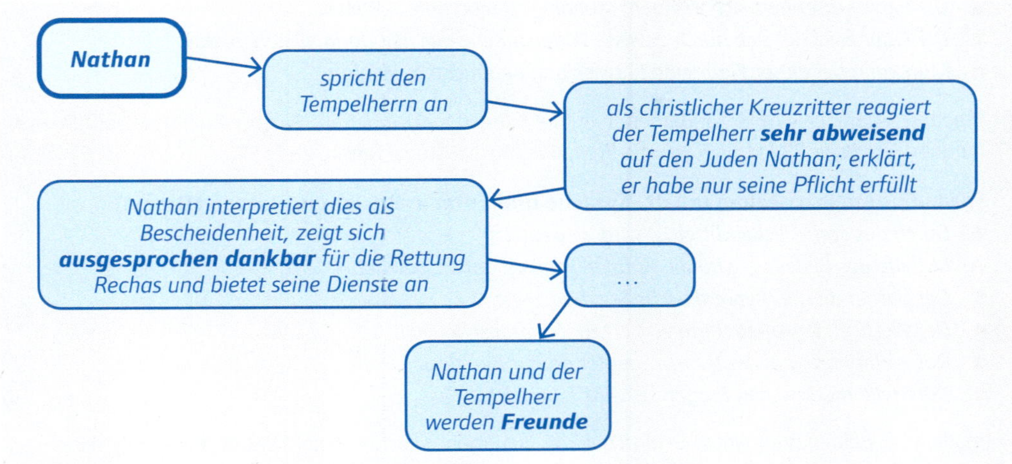

6 Setzen Sie die Ergebnisse Ihrer Figuren- und Dialoganalyse in Bezug zu Ihrer vorläufigen zentralen Interpretationsthese und notieren Sie, welche Funktion die Szene für die Handlung des Dramas und für die Wirkung der Figuren auf das Publikum hat.

Den Schreibplan erstellen und den eigenen Text schreiben

1 Ordnen Sie die bisher erarbeiteten Untersuchungsergebnisse im Rahmen einer Gliederung der Einleitung, dem Hauptteil oder dem Schluss zu.

Einleitung
- *Autor: Gotthold Ephraim Lessing*
- *Titel: …*
- …

Hauptteil
- *Überblick Gesprächsverlauf*
- *Charakterisierung Tempelherr*
- …

Schluss
- *Funktion der Szene für das Stück*
- …

2 Formulieren Sie einen Einleitungssatz mit den Publikationsdaten und benennen Sie das Thema.

3 Geben Sie den Szeneninhalt (Reflexionen, Argumentationen, Wendepunkt etc.) kurz wieder vor dem Hintergrund der gesamten Handlung des Dramas. Nutzen Sie dazu Ihre Vorarbeiten aus Aufgabe 2, Seite 232.

Tipp: Verwenden Sie bei Ihrer Darstellung den Konjunktiv der indirekten Rede (▶ S. 381).

4 **a** Formulieren Sie nun den Hauptteil aus, in dem Sie sich insbesondere der Charakterisierung Nathans und des Tempelherrn sowie deren Beziehung zueinander widmen. Belegen Sie Ihre Beschreibungen und Behauptungen an Textstellen. Nutzen Sie Ihre Vorarbeiten aus den Aufgaben 3 a, Seite 231, und 3–5, Seite 232 f.

Formulierungsbausteine: Eine Figur charakterisieren

- *Die Figur zeigt mit ihrem Verhalten, dass …*
- *Der Zuschauer erfährt durch diesen Auftritt, dass die Figur …*
- *Als wesentliche Charaktereigenschaft der Figur erscheint …*
- *Die Figur präsentiert sich in einem Monolog/Dialog auf … Weise …*
- *Die Figur zeichnet sich durch gewisse Widersprüche aus, die darin bestehen, dass …*
- *Man kann bei dieser Figur eine Entwicklung beobachten, insofern …*

b Arbeiten Sie sprachliche Besonderheiten in Ihre Figurenanalyse mit ein. Nutzen Sie Ihre Vorarbeiten aus Aufgabe 3 b, Seite 231 f., und ggf. die Formulierungsbausteine unten.

Formulierungsbausteine: Inhalt, Sprache und Form in Beziehung setzen (Drama)

- *Durch das sprachliche Mittel … wird … deutlich.*
- *Mithilfe des Bildes … wird die Aufmerksamkeit auf … gelenkt.*
- *Der parataktische/hypotaktische Satzbau zeigt …*
- *Der Wechsel der Anredeform von … zu … veranschaulicht …*
- *Der metaphorische Vergleich … deutet darauf hin, dass …*
- *Durch die rhetorischen Fragen … wird … erreicht.*

5 Formulieren Sie einen prägnanten Schlussteil, der die Ergebnisse zusammenfasst und ein Fazit zieht.
Die Interpretationshypothese kann durch die Analyse bestätigt / teilweise bestätigt / nicht bestätigt werden, weil …
Die Analyse zeigt zusammenfassend, wie …

Den eigenen Text überarbeiten

1 Lesen Sie Ihre Ausführungen noch einmal durch und korrigieren Sie zunächst unter Berücksichtigung der folgenden beiden Aspekte:

a Überprüfen Sie, ob Fachbegriffe zur Beschreibung der dramatischen Handlung und zur Analyse von Dramenszenen (▶ Methode, S. 209) richtig verwendet werden.

b Prüfen Sie, ob der Aufbau Ihres Aufsatzes schlüssig ist und die Textteile sinnvoll verknüpft sind.

2 Kontrollieren Sie Ihren überarbeiteten Text abschließend im Hinblick auf die übrigen Punkte der folgenden Checkliste.

Checkliste **Eine Dramenszene interpretieren**

- Hat Ihr Aufsatz einen klaren **Aufbau,** der durch Absätze gegliedert ist?
- Haben Sie **einleitend** Textsorte, Titel, Autor/-in, Entstehungsjahr und Thema genannt?
- Haben Sie alle in der Aufgabe genannten **Untersuchungsaspekte** berücksichtigt und **Inhalt, Sprache und Form in Beziehung gesetzt?**
- Endet Ihr Aufsatz mit einem zusammenfassenden **Fazit?**
- Haben Sie **fachsprachliche Termini** korrekt angewendet?
- Haben Sie sachlich formuliert und Ihre Beobachtungen durch **Verweise** und **Textzitate** belegt? Haben Sie korrekt zitiert bzw. paraphrasiert (▶ Information, S. 332, 361)?
- Ist der Text **sprachlich richtig** (Rechtschreibung, Grammatik, Zeichensetzung)?

B6 Film im Fokus

Traditionelles Filmtheater

1 Formulieren Sie in der Klasse Ihre ersten Eindrücke zum obigen Foto.

2 Sammeln Sie Gründe, warum sich Menschen lieber einen Film im Kino ansehen als zu Hause auf dem Sofa.

In diesem Kapitel erwerben Sie folgende Kenntnisse und Kompetenzen

- Meilensteine der Filmhistorie kennenlernen,
- die Möglichkeiten des filmischen Erzählens erfahren,
- Grundlagen der Filmanalyse kennen,
- filmsprachliche Mittel beschreiben und bewerten: Kamera, Schnitt, Montage, Ton und Musik,
- Mittel des filmischen Erzählens selbst anwenden.

6.1 Film – ein Medium mit Geschichte und Zukunft

Meilensteine der Entwicklung des Films

1895	Kinematograf wird von den Brüdern Lumière vorgestellt → bewegte Bilder können gezeigt werden
1905	Erste Filmreportage der russischen Revolution
1914	Erste Wochenschauen in deutschen Kinos zu aktuellen Ereignissen
1917	Erster Film in Technicolor
1927	Beginn der Tonfilmära
1952	Erster 3-D-Film in den USA
1992 1993	Erster interaktiver Kinofilm
1994	Die digitale Bildbearbeitung setzt sich durch

1 Kopieren Sie die Zeitleiste und setzen Sie sie bis heute fort. Nutzen Sie neben eigenen Recherchen die Angaben auf dem hinteren Vorsatzblatt dieses Buches.

Hendrik Lehmann: **Die Zukunft des Films** (2018)

[…] wie könnte sie aussehen, diese Zukunft des Films? Eine Vorahnung bekommt man im wintergrauen Babelsberg. Da trifft man zum Beispiel Daniel von Braun in den Räumen von *Baby Giant Hollyberg,* einem Studio für Animation und Virtual Reality. Hier wird alles produziert, was man nicht filmen darf: „Wir sprengen zum Beispiel das Weiße Haus oder fackeln den Reichstag ab“, sagt Braun. Es gibt aber auch Mitarbeiter, die hauptsächlich auf die Animation natürlicher Bewegungen spezialisiert sind, auf das realistische Wehen von Haaren oder das Fließen von Wasser. Doch es gibt immer noch Grenzen: „Das Animieren von Gesichtern ist extrem schwer“, sagt Braun. Unterbewusst erkennt der Mensch feinste Unterschiede und die Züge der Animierten sind oft zu glatt. […]

Dazu kommt das gleiche Problem wie bei den ausgedachten Landschaften […]: Je echter es scheinen soll, desto teurer wird es. Gleichzeitig haben aber die Fernsehsender aufgrund sinkender Werbeeinnahmen immer weniger Geld. Der gesamte Markt ordnet sich neu. Brauns Studio setzt deshalb vermehrt auf eigene Produktionen. Und auf „Edutainment". Das bedeutet, dass beispielsweise Kindern durch Virtual-Reality-Brillen ermöglicht wird, mit animierten Begleitern in das Innere des Körpers zu reisen, anstatt sie vor Bücher und Tafeln zu setzen.

„Das Tolle an Virtual Reality ist, dass es noch keine Erzählregeln gibt", sagt Braun, „wir können sie erfinden." Denn Filme, in denen der Betrachter umherlaufen kann, die haben nicht einen Handlungsstrang, sondern Dutzende bis Tausende, je nachdem, welchen Charakter man anschaut, wohin man läuft oder was man fragt. Film war nie dafür gemacht, dass der Zuschauer frei ist. […]

Dreidimensionaler Sound, Animationen und immer aufwendigere Produktionsverfahren. Worin das alles münden könnte, weiß Ernst Feiler, Technischer Direktor bei der Ufa, einer der ältesten europäischen Filmproduktionsfirmen. Er hat selber einmal Regie und Dramaturgie an der Deutschen Film- und Fernsehakademie Berlin studiert. Und er war einer der Mitinitiatoren des *MediaTech Hubs*. Für ihn ist die logische nächste Entwicklungsstufe des Films der „volumetrische Film". Das bedeutet, dass Szenen mit Kameras aufgenommen werden, die rund herum aufgebaut sind. So viele, dass hinterher ein vollständiges dreidimensionales Abbild der Szenen besteht. Es wird also nicht animiert, sondern eingescannt.

„Der Unterschied zu 360-Grad-Aufnahmen ist dabei, dass man sich völlig frei in der Szenerie bewegen kann", sagt Feiler. Die Ufa hat gemeinsam mit Microsoft und dem Fraunhofer Heinrich Hertz Institut in Berlin bereits so einen begehbaren Film entwickelt, bei dem die Zuschauer mit einer VR-Brille um die Schauspieler herumgehen und sie von allen Seiten betrachten können.

Feiler glaubt, dass es schon immer das Bestreben des Films war, Abbilder der Realität zu schaffen, die so echt wie möglich sind. Dass es aber noch lange dauern wird, bis sich für solche Technik überhaupt geeignete Erzählungen finden werden, findet er ganz normal. Es gäbe aber gute Anknüpfungspunkte. „Vielleicht können wir in solchen Filmformaten auf die Erzähltechniken des Theaters zurückgreifen", sagt er. Dort habe man schließlich lange Erfahrung, wie man die Aufmerksamkeit der Zuschauer auf die wichtigste Szene lenkt. Bis die Techniken in Spielfilmen einziehen, sei es aber noch ein weiter Weg. „Vorher werden wir so etwas womöglich in der Werbung sehen", sagt Feiler, „beispielsweise könnte ich dann im Laden von Adidas virtuell Manuel Neuer gegenüberstehen." Das bringt Nähe. Und das werde irgendwann auch für den Erfolg im breiteren Film sorgen. „Je näher man an die Wahrnehmung im normalen Leben kommt, desto mehr Emotionen kann man transportieren." Und das sei schließlich der Kern von Film.

1 **a** Welcher der Filme, die Sie gesehen haben, hat Sie besonders beeindruckt? Begründen Sie Ihre Wahl.
b Führen Sie eine Metaplan-Abfrage (▶ Methode, S. 45) durch, um festzustellen, welche Filme Ihre Mitschüler/-innen besonders beeindruckend fanden.
c Stellen Sie Kategorien zur Beurteilung von Filmen zusammen. Gehen Sie auch darauf ein, ob besondere technische Finessen für Ihre Beurteilung entscheidend waren.

2 **a** Stellen Sie aus dem Text zusammen, welche Techniken den Film der Zukunft bestimmen werden.
b Diskutieren Sie, wie der Einsatz dieser neuen technischen Möglichkeiten das Erleben von Filmen verändern könnte.

3 Erklären Sie das folgende Textzitat aus dem Zusammenhang des ganzen Textes: „Film war nie dafür gemacht, dass der Zuschauer frei ist" (Z. 36 f.). Nehmen Sie dann Stellung zu der Aussage.

4 Ergänzen Sie die Kopie der Zeitleiste von Seite 236 mit weiteren Meilensteinen, die im Text genannt werden und die Sie bisher nicht berücksichtigt haben.

6.2 Kategorien der Filmanalyse produktiv erkunden

Um selbst einen Film oder ein Video drehen zu können, ist es notwendig, die einzelnen filmischen Gestaltungsmittel genau zu kennen. Es ist wichtig zu verstehen, wie Bild, Bewegung und Ton ineinandergreifen. Auch die Wirkung auf den Zuschauer muss berücksichtigt werden, damit man die verschiedenen Gestaltungsmittel gezielt für bestimmte Effekte einsetzen kann.

1 Erläutern Sie, welche Besonderheiten man berücksichtigen sollte, wenn man eine Geschichte filmisch umsetzen möchte. Greifen Sie auf eigenes Vorwissen zurück und nutzen Sie auch die Information zum filmischen Erzählen.

Information **Filmisches Erzählen**

Die Kamera übernimmt im Film die **Funktion der Erzählerin.** Ihre Sprache ist die Bildsprache, die sich aus **Kameraeinstellungen** *(z. B. Panorama, Halbtotale, Detail),* **Kameraperspektiven** *(Normalsicht, Vogel- oder Froschperspektive)* und **Kamerabewegungen** *(Bewegung der Objekte vor der Kamera, Bewegung der Kamera selbst, z. B. in Form von Schwenken, Neigen, Fahrt)* zusammensetzt. Diese bestimmen die Haltung zum gezeigten Geschehen und zu den Filmfiguren.
Die Einstellungsgröße ist der **Bildausschnitt,** den die Kamera zeigt. Mit ihr kann unsere emotionale **Beziehung zum Gezeigten** beeinflusst werden. Extreme Nähe zwingt in der Regel zu Teilnahme, genauer Beobachtung und zu gesteigerter Aufmerksamkeit, während zunehmende Entfernung auch emotional distanziert.

Filmisches Erzählverhalten
- **Allwissende Kamera:** verfügt über das Geschehen und kommentiert, z. B. durch die Perspektive
- **Subjektive Kamera:** Der Kamerablick deckt sich mit dem der Figuren.
- **Mindscreen:** innere Bilder der Filmfigur, wie z. B. Erinnerungen, Wahrnehmungen
- **Neutrale Kamera:** sachlich-objektive Distanz auf Augenhöhe, Beobachtung der Handelnden

2 a Nutzen Sie Ihr Smartphone, um in Gruppen Beispielfotos für die verschiedenen Einstellungsgrößen und Kameraperspektiven zu schießen. Lesen Sie die Information zur Filmsprache (▶ Information unten und S. 239) und machen Sie sich bewusst, wo sich die Kamera bei den Einstellungsgrößen jeweils befindet.
b Setzen Sie danach in der Gruppe ein gemeinsam gewähltes Thema (z. B. *Kleine Tiere – ganz groß*) in einer kurzen Kamerafahrt filmisch um. Nutzen Sie Ihr Smartphone oder eine Digitalkamera und filmen Sie in zwei unterschiedlichen Einstellungsgrößen und Kameraperspektiven (▶ Information). Beschreiben Sie anschließend die Wirkung mit eigenen Worten.
c Präsentieren Sie Ihrer Klasse die Ergebnisse der Aufgaben 2 a und b und geben Sie sich gegenseitig ein konstruktives Feedback (▶ Methode, S. 34 f.).

Information **Filmsprache – Fachbegriffe und Funktionen im Überblick**

Einstellungsgrößen
Die Einstellungsgröße bestimmt, wie groß das Dargestellte auf der Leinwand zu sehen ist:

- **Panorama/Supertotale:** Überblick über den Ort des Geschehens → Vermittlung von Atmosphäre

- **Totale:** Übersicht über den Schauplatz → räumliche Orientierung
- **Halbtotale:** Figuren in ihrer gesamten Körperlänge → Wahrnehmung der direkten Umgebung
- **Halbnah/Amerikanisch:** Figuren in kommunikativen Situationen etwa vom Knie an aufwärts
- **Nah:** Figuren von der Brust an, häufig in Sprechsituationen → Gestik, Mimik im Vordergrund
- **Groß:** z. B. nur das Gesicht → Nähe und genaue Beobachtung des mimischen Ausdrucks
- **Detail:** extremste Nähe → Steigerung der Aufmerksamkeit, besondere Bedeutung der Dinge

Kameraperspektiven

Durch die Position der Kamera werden die Zuschauer/-innen in eine bestimmte Wahrnehmungsperspektive gedrängt.

- **Normalsicht** (auf Augenhöhe): suggeriert Authentizität und Objektivität
- **Froschperspektive** (Untersicht, niedriger Standpunkt): Personen/Gegenstände werden als überlegen, mächtig, bedrohlich erlebt. Die Zuschauer/ -innen fühlen sich klein und unterlegen.
- **Vogelperspektive** (Aufsicht, erhöhter Standpunkt): Personen/Gegenstände werden als untergeordnet, schwach, verloren erlebt. Die Zuschauer/-innen fühlen sich überlegen, können aber auch die angstvolle Situation der Filmfigur miterleben.

Totale

Nah

Vogelperspektive

Information **Kamerabewegung**

Im Film können sich zwei Dinge bewegen: die Objekte vor der Kamera **(Handlungsachse)** und die Kamera selbst **(Kameraachse).** Verläuft die Handlung vor der still stehenden Kamera, so hat der Betrachter das Gefühl, distanzierter Beobachter der Szene zu sein. Die Bewegung der Kamera selbst erzeugt zumeist eine hohe Realitätsillusion und das Gefühl unmittelbaren Dabeiseins. Beim **Kameraschwenk** verändert die still stehende Kamera den Winkel schräg zum Objekt, sodass dem Betrachter suggeriert wird, die Kamerabewegung entspreche seiner Kopfbewegung. Bei der **Kamerafahrt** bewegt sich die Kamera ohne Winkelveränderung zum Objekt von der Stelle. Mit dem **Zoom** kann man Bewegung vortäuschen, indem bei unbewegter Kamera Objekte „herangeholt" bzw. „entfernt" werden.

3 Wählen Sie eine bekannte Filmszene aus, die vor allem durch ihre Musik bekannt geworden ist, und unterlegen Sie diese mit einer anderen Melodie. Beschreiben Sie, wie sich Ihr Empfinden als Zuschauer ändert.

Information **Ton: Filmmusik und Geräusche**

- **Musik:** ein unterschwellig im **Unbewussten** wirkendes Gestaltungsmittel; sie erzeugt und verdichtet **Emotionen.** Bestimmte Klänge können Gefühlslagen erzeugen (z. B. sinfonische Streichmusik: Liebe; Popmusik: Lebensfreude; atonale Musik: Gefahr; hallende Musik: Träume). Figuren, Gegenständen oder Situationen wird durch **musikalische Leitmotive** eine besondere Bedeutung zugewiesen. Filmmusik kann **atmosphärisch historische, soziale oder kulturelle Authentizität** suggerieren. Sie rhythmisiert und strukturiert Filmbilder und beeinflusst das **Zeitempfinden** des Zuhörers und Zuschauers.
- **Geräusche** sind meistens unmittelbar präsent und steigern die **Wirklichkeitsillusion. Geräuschverstärkung** oder Plötzlichkeit können alarmieren und schockieren.
- **On-Ton/Synchron-Ton:** Die Quelle des Tons ist sichtbar oder ergibt sich aus dem Zusammenhang.
- **Off-Ton:** Die Quelle des Tons ist im Bild nicht sichtbar.

4 Um Filmbilder zusammenzufügen, können Sie kostenlose Video-Schnitt-Programme nutzen. Bilden Sie sechs Gruppen und setzen Sie jeweils eine der in der Information unten beschriebenen Montagearten um. Präsentieren Sie danach Ihre Ergebnisse der gesamten Klasse.

Information **Montage**

Der französische Begriff „Montage“ meint das Zusammenfügen einzelner Einstellungen, also die Schnittfolge der Filmbilder. Sie ist das wesentlichste Gestaltungsmittel des Films, da sie den Rhythmus vorgibt, Assoziationen lenkt und einen Sinnzusammenhang erzeugt.

- **Erzählende Montage:** Die Einstellungen sind inhaltlich so aufeinander bezogen, dass man die Schnitte kaum wahrnimmt (z. B. Wechsel von Totale auf Nah bei demselben Motiv). Es können auch räumlich und zeitlich sehr unterschiedliche Einstellungen verbunden werden, solange die erzählerische Kontinuität, z. B. die Fortsetzung einer Handlung, gewahrt wird.
- **Kontrastmontage:** Hier prallen Gegensätze aufeinander, die zu einer Stellungnahme auffordern (z. B. lachende Person in Gesellschaft / dieselbe Person traurig und allein).
- **Assoziationsmontage:** Auch hier werden unterschiedliche Einstellungen miteinander konfrontiert, allerdings müssen die Zuschauer/-innen selbst eine gedankliche Verbindung schaffen (z. B. schlafendes Gesicht / Südseelandschaft = die Person träumt von der Landschaft; Gesicht/Messer = Mörder).
- **Analogmontage:** Kontraste in Raum und Zeit werden überbrückt, indem in unterschiedlichen Zusammenhängen eine gemeinsame Handlung/Haltung gezeigt wird (z. B. ein Astronaut steigt aus seinem Raumschiff / eine Person steigt aus ihrem Auto).
- **Parallelmontage:** Unterschiedliche Begebenheiten werden miteinander verschachtelt, indem sie mehrfach hintereinander abwechselnd gezeigt werden. So werden Handlungen miteinander in Beziehung gesetzt (z. B. wartende Person an einer Straßenecke / heranrasendes Auto).
- **Schuss-Gegenschuss:** Mit dem Wechsel der Kameraposition zwischen miteinander sprechenden Figuren wird die unmittelbare Teilnahme des Publikums am Gespräch suggeriert.

6.3 Erklärvideos

1 **a** Suchen Sie in einschlägigen Videoportalen nach Erklärvideos. Schauen Sie sich in der Klasse zwei bis drei Erklärvideos an und diskutieren Sie, was besonders gelungen ist und was Sie anders machen würden.
b Erarbeiten Sie in Kleingruppen einen Kriterienkatalog für ein gelungenes Erklärvideo.

2 **Projekt:** Setzen Sie Ihre in diesem Kapitel erworbenen filmischen Kenntnisse um, indem Sie selbst ein Erklärvideo im Legetrick-Stil (▶ Information unten) erstellen. Hinweise:
- Sie benötigen einen Bogen Tonkarton. Auf diesem werden die einzelnen Elemente bewegt.
- Außerdem brauchen Sie Papier, Stifte und Schere, um Symbole, Figuren, Bilder usw. herzustellen.
- Filmen Sie immer frontal von oben, mit einer Entfernung von ungefähr zwei Metern.
- Bereits während des Drehs sprechen Sie den Text simultan zu den Handbewegungen ein.
- Sie benötigen mindestens drei Personen: Kameramann/-frau, Animator/-in, Sprecher/-in.

a Wählen Sie eine berufsspezifische Tätigkeit (z. B. Bestellungen bearbeiten, Überweisungen tätigen o. Ä.), die Sie selbst bereits in Ihrem Praktikum oder Ihrer Ausbildung ausgeübt haben.
b Gliedern Sie diese Tätigkeit in einzelne Tätigkeitsschritte, die zur Ausübung notwendig sind.
c Entwerfen Sie ein kurzes Storyboard und planen Sie, wie und mit welchen Symbolen Sie Ihr Thema umsetzen wollen. Verfassen Sie danach den Text zu Ihrem Video.
d Nutzen Sie Ihr Storyboard, um den Ablauf Ihres Erklärvideos zu üben. Drehen Sie Ihr Video, wenn Sie das Gefühl haben, dass der Text und die Bewegungen der Schablonen eine Einheit bilden.
e Präsentieren Sie Ihre Erklärvideos Ihrer Klasse und nutzen Sie den Kriterienkatalog aus Aufgabe 1 b für die Rückmeldungen.

Information **Erklärvideos**

Erklärvideos haben sich in den letzten Jahren zu einem häufig genutzten Format auf Videoportalen entwickelt. In diesen Videos werden Sachverhalte und Tätigkeiten beschrieben oder vorgestellt. Die Themenpalette reicht von Schminktipps bis zu mathematischen Operationen. Es lassen sich drei unterschiedliche Erklärvideoformate unterscheiden:

- Beim **Erklärvideo-Clip** wird mit dem Legetrick-Stil gearbeitet. Dabei werden Flachfiguren und Symbole in einer Einzelbildanimation verwendet, die oft vor einem neutralen Hintergrund handeln. Die Erklärungen erfolgen aus dem Off, wobei kaum Soundeffekte eingesetzt werden. Die Clips eignen sich gut, um Strukturen, Konzepte oder Zusammenhänge zu erklären.
- **How-to-Videos** werden auch Videotutorials genannt. In diesen Videos wird eine Tätigkeit (Handwerken, Kochen, Schminken usw.) vorgemacht und kommentiert, damit der Zuschauer sie nachmachen kann. Die Videos haben den Charakter einer Gebrauchsanweisung.
- Bei **Erklärvideos im Vlogging-Stil** handelt es sich um Blogging im Videoformat. Hier steht meistens ein besonderes Themenfeld im Vordergrund und ein Moderator spricht direkt in die Kamera und damit zum Zuschauer des Videos. Das führt dazu, dass die Persönlichkeit und Meinung des Vloggers im Vordergrund stehen.

C Medien und materialgestütztes Schreiben

C1 Mediennutzung

C2 Medienanalyse und -kritik

C1 Mediennutzung

Bewegliche Metalllettern für den Buchdruck, wie sie von Johannes Gutenberg verwendet wurden

„Die Erfindung der Buchdruckerkunst ist […] die Mutter allen Umsturzes, eine Erneuerung menschlicher Ausdrucksmittel von Grund auf. Die gedruckten Gedanken […] fliegen wie eine Vogelschar auf, schwirren nach allen vier Winden auseinander und sind zur selben Zeit überall."

Victor Hugo, 1831

1 Erläutern Sie das Zitat von Victor Hugo.
2 Diskutieren Sie, inwiefern sich die Aussage auf die Erfindung des Internets übertragen lässt.

In diesem Kapitel erwerben Sie folgende Kenntnisse und Kompetenzen

- die Begriffe Medien, Mediatisierung der Gesellschaft und Medienkompetenz inhaltlich füllen,
- die geschichtliche Entwicklung der Medien kennen,
- den eigenen Medienkonsum untersuchen und bewerten,
- anhand ausgewählter Materialien über die Digitalisierung in der Arbeitswelt informieren,
- Grenzen der Digitalisierung in der Arbeitswelt erörtern,
- materialgestützt einen informierenden Text verfassen.

1.1 Was sind Medien?

Ingrid Bounin: **Begriff „Medien"** (2018)

Es gibt keine eindeutige Definition des Begriffs Medien. […]
In diesem Artikel wird der Begriff Medien verwendet als Bezeichnung für Hilfsmittel und Werkzeuge der Kommunikation, die mithilfe technischer Verfahren hergestellt wurden (zum Beispiel Bücher und Zeitungen, Bilder, Fotografien; sogenannte sekundäre Medien), oder solche, bei denen sowohl zur Erzeugung als auch zur Aufnahme der Mitteilung technische Hilfsmittel nötig sind (wie zum Beispiel bei Schallplatte, Radio, Fernsehen und Computer; sogenannte tertiäre Medien).

Der Begriff Medien bezieht sich also auf
- Medienprodukte (Buch, Zeitung, Tonträger, Film, Fernsehsendung etc., unabhängig davon, ob sie in digitaler oder analoger Form vorliegen),
- auf die Institutionen, durch die Medien hergestellt und verbreitet werden,
- auf die Medientechnologien (Computer, Übertragungstechnologien, Verfahren der Bewegtbildaufzeichnung, Drucktechniken etc.) und auf
- die Medien als symbolische Codes[1] […].

1 **Medien als symbolische Codes:** Medien als ein System von Bedeutungsträgern, die zum Informationsaustausch dienen

★ **1** Beschreiben Sie, was Sie unter Medien verstehen, und nennen Sie Beispiele.

2 **a** Lesen Sie den obigen Text von Ingrid Bounin und erläutern Sie, was die Autorin unter Medien versteht.

b Recherchieren Sie im Internet oder in Lexika nach weiteren Definitionen und vergleichen Sie diese. Berücksichtigen Sie dabei auch die mittlerweile diskutierte Erweiterung des Modells um „quartäre Medien".

3 Diskutieren Sie, wo Sie in der oben angeführten Aufzählung das Internet verorten würden.

Bernd Schorb, Ulrike Wagner: **Medienkompetenz – Befähigung zur souveränen Lebensführung in einer mediatisierten Gesellschaft** (2013)

[…] Medien und ihre inhaltlichen wie kommunikativen Angebote bilden für viele Kinder und Jugendliche Gegenstände des täglichen Gebrauchs, sie vermitteln Sichtweisen und Orientierungen, sie ermöglichen es, sich zu anderen in Beziehung zu setzen, und sie konstituieren individuelles und kollektives Handeln. Je nach Entwicklungsstand und Alter wenden sich die Heranwachsenden den verschiedenen Medien zu. Zusätzlich gehen sie über die Medientätigkeiten vielfältigen Bedürfnissen und Motivlagen nach. Der Umgang mit Medien umfasst dabei wesentlich mehr als die Zuwendung zu massenmedialen Inhalten wie Fernsehen, Musik oder Printmedien. Im Zuge einer fortschreitenden Mediatisierung von Alltagskommunikation gehören dazu Tätigkeiten wie Kommunizieren, Spielen und Produzieren sowie die Veröffentlichung eigener Werke. […]

Medienkompetenz bestimmt sich inhaltlich aus der Perspektive, Menschen als aktiv Gestaltende ihrer Lebensführung und als aktiv Handelnde im Umgang mit Medien anzusehen. Da die Möglichkeiten zunehmen, sich mit und über Medien auszudrücken, zu kommunizieren und zu interagieren, steigen auch die Anforderungen an die Fähigkeiten der Subjekte, mit diesen Medien umzugehen. […] Da die Medien zunehmend den Alltag durchdringen, ist ein kompetenter Umgang mit Medien notwendig, um ein souveränes und selbstbestimmtes Leben führen zu können.

Geht man in diesem Sinne davon aus, dass Medien Werkzeuge des täglichen Handelns sind, dann ist es von Bedeutung, diese Werkzeuge nicht allein zu beherrschen, sondern ihre Tauglichkeit für die Lebensgestaltung im individuellen wie im sozialen Raum bestimmen zu können. Diese Reflexion der Tauglichkeit der Medien wiederum basiert unter anderem auf der Fähigkeit, sich und sein

Leben an Normen und Werten auszurichten. […] In diesem Verständnis ist Medienkompetenz ein Konstrukt, das pädagogische Ziele in den drei Dimensionen Wissen, Bewerten und Handeln umfasst. […]

Wissen umfasst Funktions- und Strukturwissen: Unter Funktionswissen sind in erster Linie die instrumentell-qualifikatorischen Fertigkeiten und Kenntnisse zu fassen, die dem Umgang mit Medien z. B. als Hard- und Software vorausgesetzt sind. […]

Dem Strukturwissen kommt eine herausragende Bedeutung im Kontext heutiger hochkomplexer Mediensysteme zu. In diesem Wissensbereich geht es um die Netzwerke, in die Medien eingebunden sind bzw. die mittels Medien geschaffen werden. Das Wissen über Mediennetze, ihre Beschaffenheit, ihre Akteure und auch die Eigentümer dieser Netze sowie deren politisch-ökonomische Interessen ist zentraler Bestandteil des Strukturwissens. […]

Bewerten umfasst im Kontext von Medienkompetenz die Fähigkeiten, erstens die hinter den medialen Phänomenen liegenden Interessen zu erkennen und zweitens mediale Angebote, Strukturen und Techniken kritisch zu reflektieren. […]

Im *Handeln* realisieren sich Wissen und Bewertung als selbstbestimmtes und zielgerichtetes mediales Tun der Menschen. Sie verarbeiten reflektiert mediale Inhalte und Präsentationen, kommunizieren medienvermittelt, gestalten und veröffentlichen selbstbestimmt eigene Inhalte und Werke und können zudem an medial vermittelten Diskursen partizipieren.

Vor allem auf die Mediengestaltung ist an dieser Stelle besonderes Augenmerk zu legen: Sie braucht geistigen Freiraum, um Fantasie und Kreativität zu entwickeln. […]

So gehört es für viele Jugendliche dazu, sich medial zu artikulieren und zu kommunizieren. Im Zuge dessen ist es notwendig, die Konsequenzen des eigenen Handelns in Bezug auf eine (teil-) öffentliche Darstellung der eigenen Person und der eigenen Artikulationen sowie möglicher Auswertungen der preisgegebenen Daten durch Dritte abzuschätzen. […]

1 Was verstehen Sie unter Medienkompetenz? Verfassen Sie eine eigene Definition.

2 Erläutern Sie, weshalb Schorb und Wagner der Medienkompetenz so eine große Bedeutung beimessen.
Nach Ansicht der Autoren …
Medienkompetenz ist so wichtig, weil …

3 Stellen Sie die im Text genannten Dimensionen von Medienkompetenz in Form einer Mindmap dar.

4 Diskutieren Sie, welchen Beitrag die Schule bislang zu Ihrer individuellen Medienkompetenz geleistet hat bzw. leistet.

Methode **Mindmap**

Eine Mindmap (Gedankenlandkarte) ist eine kreative Visualisierungsmethode. Sie ist in unterschiedlichen Lern- und Arbeitssituationen einsetzbar, z. B. zur Ideenfindung, bei der Projektplanung, aber auch als Methode zur Texterfassung.

Das Thema steht als Wort, Bild oder Symbol im Zentrum. Ordnen Sie Ihre Assoziationen oder Informationen auf Haupt- bzw. Unterzweigen an. Auf den Hauptzweigen stehen die allgemeinen Oberbegriffe, auf den Unterzweigen notieren Sie die Besonderheiten, Details zum Oberbegriff. Beschreiben Sie jeden Aspekt mit einer kurzen, prägnanten Formulierung, die Sie auf die passende Linie schreiben (▶ S. 49).

Arbeiten Sie mit Bildern, Symbolen, Farben, Hervorhebungen. Stellt ein Text im Wesentlichen Abläufe, Vorgänge o. Ä. dar, ist ein Flussdiagramm (▶ Information, S. 148) oft eine sinnvolle Alternative zur Mindmap.

Hans-Dieter Kübler: **Ein kurzer Abriss der Mediengeschichte** (2003)

[…] Mit der Erfindung des Buchdrucks in der Mitte des 15. Jahrhunderts beginnt die *erste* Phase der Mediengeschichte (sofern der Medienbegriff eine technische Komponente berücksichtigt und nicht universell verstanden wird). Gutenbergs Erfindungen bewirken die Mechanisierung der Schriftproduktion […] und [lassen] erste professionelle Medienproduzenten (Drucker, Setzer, Binder, Verleger) entstehen. […]

Zeitschriften, gelehrte wie populäre, kommen vorzugsweise im 18. Jahrhundert hinzu und verkörpern Ansporn und Geist der Aufklärung, den Aufbruch der Wissenschaften wie die Herausbildung des Bürgertums als nunmehr selbstbewusste, tonangebende Klasse. […]

Mitte des 19. Jahrhunderts lässt sich die *zweite* Phase der Medienentwicklung markieren; es beginnt die Phase der Massenmedien […]. Es folgen erstmals „neue Medien", die weitere Kommunikationsformen ermöglichen und die vorhandenen diversifizieren: Die Fotografie erlaubt seit Ende der 1830er-Jahre die mechanische Reproduktion von Wirklichkeit in Bildern, bald nach Beginn des 20. Jahrhunderts lassen sie sich auch im massenhaften Druck reproduzieren, und es entstehen Pressefotografie und Fotojournalismus („Illustrierte"). […]

Insgesamt werden in den ersten beiden Phasen der Mediengeschichte Daten bzw. Informationen analog codiert, d. h., sie werden für den Transport, die Speicherung und/oder für die Präsentation von einem materiellen Zustand in einen anderen verwandelt. Ende des 19. Jahrhunderts werden die fotografischen Bilder beweglich, der Film entsteht und bewirkt als bald attraktives, unterhaltsames Massenmedium eine spezielle, sich rasch monopolisierende Industrie, zunächst in New York, später in Hollywood […]. Die Telegrafie[1] wird (ab 1897 durch Guglielmo Marconi) drahtlos und wandelt sich Anfang der 20er-Jahre zum ersten elektromagnetischen Programmmedium, dem Hörfunk. […]

Nach dem Walzenphonografen[2] (1877) von Thomas A. Edison (1847–1931) und der Schellackplatte (1897) entwickelt sich in den ersten Jahrzehnten des 20. Jahrhunderts die Tonaufzeichnung auf Schallplatte zum ersten populären Musikmarkt, der allerdings erst mit der Langspielplatte (1947) zur ansprechenden Qualität und erforderlichen Kapazität gelangt.

Ebenfalls in den letzten Dekaden des 19. Jahrhunderts werden die ersten privat nutzbaren Fotokameras zur Marktreife entwickelt […]. Für den Audiosektor werden das Tonbandgerät (ca. 1935), der Tonkassettenrecorder (ca. 1963) verfügbar; sie haben mit C(ompact)D(isc)-Recorder (seit 1981) und D(igital)A(udio)T(ape) (seit 1986) ihre digitale Weiterentwicklung erfahren.

Davor noch verbreitet sich seit den frühen 50er-Jahren das Fernsehen. Seit 1967 wird es farbig, und seit Mitte der 80er-Jahre lässt es sich nicht mehr nur über terrestrische Frequenzen, sondern auch über Kabel und Satellit verbreiten. Dadurch erhöht und internationalisiert sich sein Kanalangebot erheblich […]. Auch für das Fernsehen steht in der ersten Dekade des 21. Jahrhunderts die digitale Übertragung an, die seit 1996 technisch möglich ist. […]

Die *dritte* Phase der Mediengeschichte lässt sich etwa ab den 1940er-Jahren ansetzen: Aus dem jahrhundertealten Streben der Menschen, mechanisch rechnen, Daten und Zahlen speichern zu können, entwickeln Pioniergeister wie Alan M. Turing (1912–1954) ab 1936 und Konrad Zuse (1910–1995) ab 1937 die ersten Universalrechner

bzw. Relaiscomputer. […] In den 90er-Jahren lösen Pentium-Prozessoren die hergebrachten Chip-Rechner ab, und mit dem Internet steht nun einem ständig wachsenden Publikum ein weltweiter Daten-Highway zur Verfügung. Vernetzte Computer lösen zunehmend den solitären PC mit Festplatte und Disketten ab.
Die technische Entwicklung des Internets beginnt Ende der 60er-Jahre – und zwar wie bei den meisten Medien im militärischen Kontext […].
Der Durchbruch als privates Online-Medium kommt, als über dieses Netz ebenfalls Anfang der 70er-Jahre elektronische Post (E-Mail) verschickt werden kann. […] Ab 1992 ändert sich diese Beschränkung grundsätzlich: Das *World-Wide-Web (WWW)* oder der WWW-Browser machen das Internet benutzerfreundlich, und diese Instrumente stehen deswegen heute – zumindest im alltäglichen Verständnis – als Synonym für alle Dienste des Internet. […] Außerdem lassen sich Verweise oder „Links“ individuell nutzen: 1992 wird deshalb zum Startjahr der breiten und individuellen Internet-Nutzung weltweit […]. Eine gänzlich neue, eben nicht mehr materielle, sondern auf immateriellem Datentransfer und Informationsaustausch beruhende Infrastruktur – und dies zudem weltweit – wird annonciert, die Wirtschaft, Handel, Politik, Alltag, Konsum und Freizeit grundlegend umkrempelt. […]
Aus medientechnischer Sicht besteht weitgehend Einigkeit, dass mit Gutenbergs Drucktechnik und den daraus folgenden Veränderungen für Schrift, Kommunikation und Kultur die *erste* Kommunikationsrevolution erfolgt ist, über deren strukturelle Auswirkungen seither unentwegt räsoniert wird, nicht zuletzt aus heutiger Sicht, mit Blick auf die anstehenden Transformationen: nicht nur hinsichtlich der Entstehung des modernen Literaturmarktes, der Entwicklung der Printmedien und der Verbreitung der Lesefähigkeit, sondern auch und vor allem hinsichtlich der Herausbildung der Wissenschaften, von Tradition und der Kultur – etwa der Renaissance der Antike –, der Formierung des Bürgertums und seiner politischen Forderungen nach Öffentlichkeit und Demokratie sowie der Entwicklung individueller Bildung bis hin zu Fähigkeiten der sequenziellen Wahrnehmung und des logischen Denkens. […]
Mit der Entwicklung der Mikroelektronik, Telekommunikation und weltweiten Vernetzung ist die *dritte* Kommunikationsrevolution voll im Gang. Technisch löst sie die analoge Übertragung durch die digitale ab, die unbegrenzte Speicherung und Übertragung, egalitäre Konversion in alle Formate und beliebige Multimedialität, Interaktivität und permanenten Rollentausch, Echtzeit und Virtualität ermöglicht. […]

Konrad Zuse mit seinem Rechenautomaten (um 1946)

1 **Telegrafie:** „Fernschreiben“, Übermittlung codierter Daten über eine geografische Distanz

2 **Walzenphonograf:** technisches Gerät zur akustisch-mechanischen Schallaufnahme und -wiedergabe

1 a Bevor Sie den Text lesen: Fernsehen, Internet, Tonbandgerät, Hörfunk, Fotografie – kennen Sie diese Medien? Versuchen Sie, sie chronologisch nach ihrer Entstehungszeit zu ordnen.

b Überprüfen Sie Ihre Lösung anhand der Darstellung von Hans-Dieter Kübler.

2 a Stellen Sie in einer Tabelle wie auf der folgenden Seite dar, durch welche technischen Innovationen jede der drei Phasen der Mediengeschichte gekennzeichnet ist.

b Machen Sie horizontal in der Tabelle deutlich, wie sich die technischen Errungenschaften weiterentwickelt haben oder ob sie eine Sackgasse darstellten.

Medium	1. Phase der Mediengeschichte	2. Phase der Mediengeschichte	3. Phase der Mediengeschichte
Visuelle Medien	Buchdruck ...	...	...
Auditive Medien	...	Walzenphonograf → Schellackplatte → Tonbandgerät → ...	MP3-Dateien
Audiovisuelle Medien	...	...	...
Digitale Medien	...	...	...

3 Küblers historischer Abriss geht bis in die frühen 2000er-Jahre, aber er deutet bereits weitere Veränderungen an. Setzen Sie seine Übersicht fort, indem Sie darstellen, welche technischen Neuerungen es seitdem gegeben hat und wie sich diese auf die Medienlandschaft auswirken.

Ingrid Bounin: **Mediatisierung der Gesellschaft** (2018)

„Lebenswelten sind Medienwelten, Medienwelten sind Lebenswelten“: Diese Feststellung von Dieter Baacke ist hierzulande in der Medienpädagogik zum geflügelten Wort geworden. Dahinter steckt die Tatsache, dass der Alltag von Medien und den damit verknüpften Informations- und Kommunikationstechnologien bestimmt ist. Wissenschaftler sprechen inzwischen von der sogenannten Mediatisierung der Gesellschaft.

„Wir leben in einer historischen Phase, in der immer mehr neue Technologien entstehen, die durch die Verwendung und Etablierung in Kultur und Gesellschaft zu Medien werden, wobei diesen dabei eine immer größere Bedeutung zukommt. [...] Es macht [sic] Sinn, den grundlegenden und rapiden Wandel von Medien und Kommunikation, den wir erleben und der uns als Menschen, Zivilbürger und als WissenschaftlerInnen herausfordert, mit dem Konzept der Mediatisierung zu fassen.“ Friedrich Krotz (Universität Bremen) betont dabei, dass Mediatisierung als „Wandel von Kommunikation“ verstanden werden muss und nicht nur auf ein Mehr an Medien reduziert werden darf.

Wie fundamental dieser Wandel ist, drücken Praktiker wie Wissenschaftler ganz ähnlich aus: Es hat eine digitale Revolution stattgefunden, die in den vergangenen Jahren unglaubliche Entwicklungen ermöglicht und vielfältige Chancen eröffnet hat, die wir heute nicht mehr missen möchten. Schlicht und pragmatisch formuliert es Walter Klingler vom Medienpädagogischen Forschungsverbund Südwest: „Das Internet hat die Welt verändert.“ Bezogen auf die sozialen Netzwerke heißt es dort: „Sie haben eine Auflösung von Gewohnheiten mit sich gebracht, die der durch die Digitalisierung bedingten technischen Veränderung in nichts nachsteht.“

1 Diskutieren Sie die Aussage von Dieter Baacke (Z. 1 f.) vor dem Hintergrund Ihrer Lebens- und Medienerfahrungen.

2 **a** Erklären Sie mit eigenen Worten den Begriff der Mediatisierung der Gesellschaft.
b Diskutieren Sie die weitreichende These „Das Internet hat die Welt verändert“ (Z. 33 f.).

3 In dem Text von Ingrid Bounin heißt es, es entstünden immer mehr neue Technologien, denen auch eine immer größere Bedeutung in der Gesellschaft zukomme. Überlegen Sie am Beispiel des Smartphones, was für Sie persönlich anders wäre, wenn es diese technische Innovation nicht gäbe.

1.2 Veränderte Mediennutzung – Das Beispiel Fernsehen

Aleksandra Hiltmann: **Ein letzter Blick in die Röhre** (2018)

TV ist bei den Jungen zunehmend out. Zeit für ein paar nette Worte an das aussterbende Medium.

Zahlen zeigen, liebes Fernsehen: Die Jungen brauchen dich nicht mehr. Doch wir, die wir mit dir aufgewachsen sind, werden dich vermissen. Du schwarzer röhrenförmiger Kasten, vor dem wir als Kinder klebten, bis wir viereckige Augen hatten. Im Glauben, dass wir sie wirklich hatten, drückten wir „aus". Dann hörten wir dieses seltsame elektrisierende Knistern.

Warm warst du dann, verräterisch warm. Wenn sturmfrei war und wir den ganzen Morgen Cartoons auf RTL II schauten und den Erwachsenen vorlogen, das nicht getan zu haben. Deine Wärme verriet uns. Deshalb wurdest du rationiert. Schaltete man dich an, erschienen plötzlich diese vier Felder: „Bitte Code eingeben." Vier Zahlen zum Glück. Der Mutter auf die Finger schauen, wenn sie eine Ration erlaubte und die Zahlen auf der Fernbedienung eintippte – und schon saßen wir heimlich wieder stundenlang in deinem Flimmern.

Doch du hast uns auch oft auf die Probe gestellt. Programm lesen – analog – und dann feststellen, dass jeder etwas anderes will. Kampf um den Sender. Der Stärkere riss die Fernbedienung an sich. Doch die Geduldsprobe, die Werbung aushalten zu müssen, vereinte uns schnell wieder. Du konntest kein Vor- oder Zurückspulen. Du warst voll im Jetzt.

Aber was, wenn man gerade nicht zu Hause war und die Lieblingsserie verpasste? Jene, auf die man die ganze Woche gewartet hatte? Eine lange Zeit als Kind. Eine ganze Staffel an einem Tag? Unvorstellbar. Wir hatten Videokassetten. Die verpasste Folge wurde aufgenommen. Gott bewahre, man überspielte damit den bereits aufgenommenen Lieblingsfilm.

Doch nun scheinst du nicht mehr gebraucht zu werden, liebes TV. Man will alles, sofort, in rauen Mengen, parallel zu lustigen Tierclips vom Smartphone und dem neusten Selbstoptimierungsbericht vom Handgelenk. Sei nicht traurig. Vielleicht kommst du wieder in Mode, wie so viele andere Dinge, die wir verstoßen haben und mit denen wir uns heute wieder brüsten.

1 Fassen Sie zusammen, welche Erinnerungen die Autorin mit dem Medium Fernsehen verbindet. Tauschen Sie sich in der Klasse darüber aus, welche eigenen Erfahrungen Sie in Ihrer Kindheit mit dem Fernsehen (oder anderen Medien wie Gameboy, Spielkonsole o. Ä.) gemacht haben.

2 Beschreiben Sie, wie der Text auf Sie wirkt. Erläutern Sie danach, durch welche sprachliche Darstellungsweise (Stilmittel, Sprachebene, Wortwahl u. Ä.) diese Wirkung erzielt wird.
Indem sie das Fernsehen direkt anspricht, betont die Autorin ihre enge Bindung an das Medium. Der Text wirkt dadurch wie eine persönliche Rede. Die Metapher … erzeugt die Vorstellung, dass …

★ **3** Verfassen Sie einen Leserbrief an die Autorin des Textes und beziehen Sie sich darin auf ein Medium Ihrer Kindheit, das Sie als besonders prägend empfunden haben. Alternativ können Sie in Anlehnung an den Text von A. Hiltmann eine Hommage[1] an ein Medium Ihrer Kindheit verfassen.

1 **Hommage:** öffentliche Ehrung, Lob, Huldigung

Imre Grimm: **Wie Streamingdienste das klassische Fernsehen bedrohen** (2019)

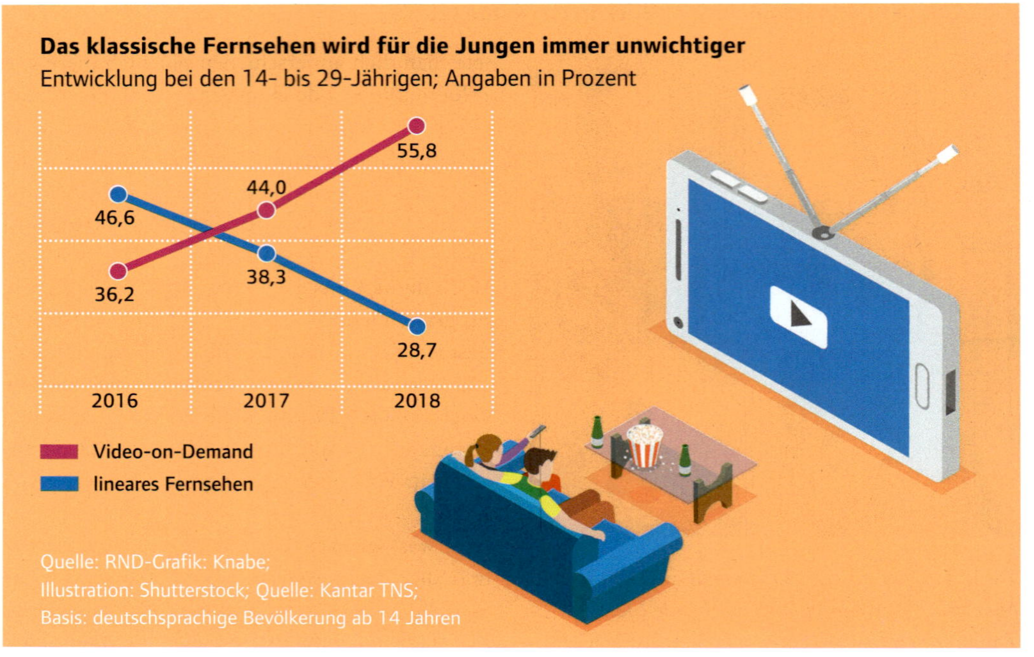

Bewegte Bilder boomen – aber das klassische Fernsehen kämpft ums Überleben. Digitalkonzerne und globale Streamingdienste haben die Macht übernommen. Was bedeutet die TV-Revolution für die Zuschauer? […]

Kollektiverlebnisse, die das Fernsehen stiftet, sind selten geworden. Ein paar Fußballländerspiele gehören dazu. Ab und zu ein „Tatort". Mal eine Schlagershow. Aber die ganz große Samstagabendshow etwa, jenes mediale Lagerfeuer namens „Einer wird gewinnen" oder „Ein Kessel Buntes" oder „Wetten, dass..?", das jahrzehntelang die Generationen versöhnte, ist tot. […]

Fernsehen funktioniert nicht mehr als nationales Heiligtum mit staatsstabilisierender Wirkung. Das Medium erlebt die radikalste Veränderung seit dem Startschuss für das Privatfernsehen. Vor 35 Jahren entstaubten und demokratisierten die schrillen Neuen das ergraute Volkshochschulfernsehen. Heute greifen als neue kreative Taktgeber des Milliardenmarktes die globalen Tech-Konzerne nach den Sternen, investieren Milliarden in eigene Serien und Filme, räumen Emmys ab und träumen von Oscars: Amazon, Apple, Youtube, Facebook und Netflix. Und plötzlich sitzen die Konkurrenten nicht mehr in Köln oder München, sondern in Kalifornien.

Fernsehserien sind ohne Zweifel die populärste und einflussreichste Kulturform der Gegenwart. Alle Welt buhlt mit selbst produzierten Inhalten um Kundschaft. Anlocken, anfixen, binden. Das ist das Rezept. […]

„Das klassische Fernsehen verliert seine große Bedeutung", sagt Timm Lutter vom Digitalverband Bitkom. „Die Zukunft gehört Streamingdiensten und Mediatheken. Die Fernsehzuschauer emanzipieren sich von passiven Verbrauchern zu aktiven Nutzern, die ihr TV-Programm selber bestimmen." Die Zuschauer sahen 2018 im Tagesdurchschnitt so wenig „klassisch" fern wie seit zehn Jahren nicht: 217 Minuten. 2011 waren es noch 225. Und für die jüngere Zielgruppe der 14- bis 29-Jährigen ist „Fernsehen" nur noch ein Nischenthema: Nur ein Drittel nutzte im vergangenen Jahr überhaupt lineares Fernsehen, also mit festem Schema und starren Anfangszeiten. Das waren 25 Prozent weniger als im Vorjahr.

Gleichzeitig stieg die Streamingnutzung an – um fast exakt jene 25 Prozent. […]
Es ist mit dem Fernsehen wie mit Karstadt: Ein Kaufhaus für alles funktioniert nicht mehr. Die TV-Welt 2019 ist ein globalisierter Gemischtwarenladen, ein Füllhorn des Entertainments für Milliarden kleine Programmdirektoren, die sich ihr Programm maßschneidern: mit intelligenten Algorithmen und flexiblen Anfangszeiten. Fast die Hälfte der Deutschen nutzt mindestens einmal pro Woche Video-on-Demand-Abonnements, ein Anstieg von mehr als 80 Prozent gegenüber 2016.
Die neue Vielfalt verändert nicht nur die Fernsehwelt. Die extreme Zersplitterung der Geschmäcker hat einen Preis, den die Gesellschaft zahlt: Gewöhnt an die sofortige, umfängliche Befriedigung all seiner Bedürfnisse, erlebt der verwöhnte Zuschauer eine kulturelle Vereinzelung. Eine heterogene Gesellschaft von Millionen Individuen aber ist auf gemeinsames Erleben angewiesen, sonst entfremden sich die Milieus. […]
Die TV-Ware, die aktuell in U-Bahnen und auf Schulhöfen Stadtgespräch ist, fließt extrem selektiv und permanent per Internet aus aller Herren Länder auf Millionen mobile Schirme. Ein komplexer Algorithmus, gehütet wie das Coca-Cola-Rezept, ermittelt aus der Guckstatistik die persönlichen Vorlieben der Kundschaft. „Cinematch" heißt die Analysesoftware.
„Netflix weiß, wer du bist", sagt der Big-Data-Experte des Unternehmens, Todd Yellin, dem RedaktionsNetzwerk Deutschland (RND). Das klingt für amerikanische Ohren wie eine Verheißung, für europäische wie eine Drohung. Netflix-Chef Reed Hastings prophezeit das Aussterben des klassischen Fernsehens in 15 bis 20 Jahren: „Lineares Fernsehen wird im Niedergang sein wie die Festnetztelefonie nach der Ausbreitung von Handys." […]
Sicher ist: Die Sehnsucht nach Gemeinsamkeiten im Publikum ist groß. Das ist der Grund, warum Liveerlebnisse wie Popkonzerte und Musicals boomen. Denn weniger vereinigende Kraft, weniger kollektives Erleben bedeutet am Ende: Jeder glotzt für sich allein. Genau das könnte dem linearen Fernsehen am Ende im Kampf gegen die globalen Geschichtenerzähler das Überleben sichern: Livefernsehen. Es ist ironischerweise ein Rezept aus der Frühzeit des Mediums. Das Motto könnte also lauten: Zurück in die Zukunft.

1 Erschließen Sie sich den Inhalt des Textes mit der Fünf-Schritt-Lesemethode (▶ S. 68) und stellen Sie die zentralen Aussagen, die durch statistische Angaben belegt werden, tabellarisch zusammen.

2 Erläutern Sie, welche Veränderungen in der klassischen Fernsehlandschaft Grimm schildert, und gehen Sie sowohl auf seine Argumentationsstruktur als auch die sprachliche Gestaltung des Textes ein.

3 Nehmen Sie Stellung zu der These, dass das Livefernsehen dem linearen Fernsehen möglicherweise das Überleben sichern könnte (Z. 93 ff.).

4 Informieren Sie sich über die aktuellen Nutzerzahlen von linearem und nicht linearem Fernsehen (▶ Information unten). Nutzen Sie die Grafik zu Beginn des Textes sowie Ihre Ergebnisse aus Aufgabe 1 und überprüfen Sie, ob sich die Prognosen Grimms bewahrheitet haben.

Information **Lineares und nicht lineares Fernsehen**

Beim linearen Fernsehen wird das Fernsehprogramm direkt vom Zuschauer empfangen, und zwar zu dem Zeitpunkt, zu dem es gesendet wird. Die freie Wahl eines bestimmten Inhalts ist nicht möglich.
Im Gegensatz zum linearen Programmfernsehen ist es beim nicht linearen Fernsehen möglich, den Inhalt selbst auszuwählen. Das nicht lineare Fernsehen umfasst sowohl das um wenige Minuten zeitversetzte Nutzen als auch die Aufzeichnung des Programms oder die Nutzung von Abrufdiensten. Diese werden auch Streamingdienste genannt.

Liane Watzel: **Warum die Serien-Sucht jeden treffen kann** (2018)

Sucht, Einstieg, Drogen – wer mit dem Wissenschaftler Claus-Peter Ernst über das Phänomen Binge-Watching spricht, hört diese Begriffe sehr oft. Das klingt dramatisch und schreit entweder nach Reglementierung oder wenigstens öffentlicher Diskussion. Oder ist es einfach nur ein Phänomen, das jeder mit sich selbst, Partnern oder Kindern ausfechten muss? […]

Aber kann man Drogensucht überhaupt im gleichen Atemzug wie Seriensucht nennen? Die Sucht nach Serien funktioniert jedenfalls ähnlich: Kann man sie nicht konsumieren, kriegt man schlechte Laune, man braucht ständig mehr, man kann nicht damit aufhören und nimmt in Kauf, dass man die Umgebung verärgert. Was unterscheidet die Binge-Watching-Sucht nun von der „klassischen" Drogensucht?

„Wenn ich süchtig bin nach Kokain oder Marihuana, habe ich größere Probleme, an diese Drogen heranzukommen. Ich muss wissen, wo bekomme ich sie, ich muss das Geld aufbringen und die Sachen besorgen. Für eine Fernsehseriensucht muss ich nur 9,99 Euro für ein Streaming-Abo investieren und habe mehr von der Droge, als ich realistisch in einem Monat konsumieren kann." (Prof. Dr. Claus-Peter Ernst)

Das macht für ihn das große Problem dieser „neuen Droge" aus: der leichte, schier unbeschränkte Zugang. Eine Einschränkung oder ein Abdrehen des Suchtmittels ist für Freunde oder Verwandte kaum möglich, glaubt Ernst. Bieten bereits Serien, die auf Jugendliche zielen, Einstiege in ein Suchtverhalten? Nicht unbedingt, meint der Forscher. Entscheidend sei das Verhalten der Eltern: „Wenn ich als junger Mensch keine Einschränkung erfahre oder es für mich normal ist, etwas ohne Einschränkung zu machen, wird es umso schwerer, (sich) dieses eingeübte Verhalten später wieder abzugewöhnen." […]

Über das „Komaglotzen" wird viel diskutiert: Ist es das tatsächlich oder einfach nur eine „Art des selbstbestimmten Konsums der aufgewachten Couch-Potatoes", wie es in einer Studie des Streaming-Anbieters Netflix heißt, der dieses Nutzerverhalten anhand seiner Abrufzahlen als „das neue Normale" erklärte. Ist es am Ende gar zu vergleichen mit dem „Phänomen" Buch? Der Begriff „Leseratte" für Vielleser ist schließlich ähnlich abfällig wie „Serienjunkie". Und wer ist eigentlich für die Sucht nach den marathonartigen Serien-Sessions anfällig? Das hat Professor Claus-Peter Ernst in zwei Online-Studien beleuchtet: Er suchte nach einem Zusammenhang von großem oder kleinem Selbstwertgefühl und Binge-Watching von Reality-Serien sowie nach der Bindung von Binge-Watchern zu den Serienfiguren. Ergebnis: Die Sucht nach dem Serien-Marathon kann selbstbewusste Menschen genauso treffen wie Unsichere.

Lediglich ihre Motive sind verschieden: Selbstbewusste geraten in Abhängigkeit, weil sie nach Zugehörigkeit suchen – mit Figuren aus Serien, die in ähnlichen Lebenswelten unterwegs sind wie sie selbst, oder außerhalb ihres Erfahrungskreises, wie in „House of Cards", wo sich ein Politiker mit halblegalen Mitteln an die Macht spielt: interessante Figuren, zu denen man sich hingezogen fühlt. Menschen mit schwachem Selbstwertgefühl dagegen suchen Ernst zufolge im Reality-TV nach Personen, denen es schlechter geht als ihnen selbst, um sich selbst besser zu fühlen – ein befriedigendes Gefühl, das ebenfalls süchtig machen kann. […]

In beiden Fällen garantieren Serienhelden dauerhafte Erfüllung des zutiefst menschlichen Bedürfnisses nach Zugehörigkeit. Ernst verdeutlicht das am Beispiel der „Lindenstraße" mit ihrem über Jahrzehnte konstanten Figurenkabinett: „Man kann als Zuschauer durchaus Anteil am Leben fiktiver Personen und deren fiktiven Leben nehmen, man hat die aufwachsen gesehen als kleine Kinder, heute haben sie einen Job." Solche Medien befeuern das Suchtverhalten zum Beispiel auch dann, wenn man den Wohnort wechselt und das soziale Umfeld nicht mehr greifbar ist: „Dann kann das Fernsehen diese Lücke, die sich bei einem aufgetan hat, in gewisser Weise schließen." Genau betrachtet, befriedigen Serienfiguren so die Sehnsucht nach Zugehörigkeit häufiger als Freunde oder Familie – und zwar wann und so lange, wie man will: Das macht das Ausschalten so schwer. […]

1 Stellen Sie auf Grundlage des Textes dar, aus welchen Gründen eine Seriensucht entstehen kann und wer dafür besonders anfällig ist.

2 Führen Sie in Ihrer Klasse eine Fishbowl-Diskussion (▶ Information, S. 41) zur Suchtgefahr von Serien durch. Nutzen Sie für die Vorbereitung auf die Diskussion neben eigenen Erfahrungen und Argumenten aus dem Text auch den Informationskasten zu Fernsehserien auf dieser Seite.

3 Stellen Sie in Ihrer Klasse Ihre Lieblingsserien zusammen und begründen Sie Ihre Wahl. Nutzen Sie danach den Informationskasten, um Ihre Serien einer Kategorie zuzuordnen.

Information **Fernsehserien**

Serielles Erzählen ist so alt wie das Erzählen selbst. Fernsehserien sind eine moderne Form der Fortsetzungsgeschichte. Man unterscheidet dabei verschiedene **Formate,** z. B. Reihen *(Tatort),* Mehrteiler *(Ku'damm 56/59),* Endlosserien *(Lindenstraße),* Daily Soaps *(Gute Zeiten, schlechte Zeiten),* Sitcoms *(The Big Bang Theory),* Telenovelas *(Sturm der Liebe),* Zeichentrickserien *(Die Simpsons)* und sogenanntes Quality-TV, Autorenserien mit langsamem Erzähltempo *(Breaking Bad).*

Serienfiguren können in unterschiedlicher Weise charakterisiert werden: über ihr Verhalten, ihr Sprechen und ihr Aussehen, die ihnen zugeordneten Gegenstände (z. B. Wohnungen, Autos) sowie durch Kommentare anderer Figuren oder eines Erzählers aus dem Off. Sie treten in manchen Serien als eher feste, stereotype Charaktere auf (z. B. *Die Simpsons*), können sich aber auch über mehrere Folgen und Staffeln hinweg entwickeln (z. B. Walter White in *Breaking Bad*).

Bei der **Handlungsdramaturgie** unterscheidet man **Episodenserien** (Series), bei denen die jeweilige Geschichte in jeder Folge abgeschlossen wird, und **Fortsetzungsserien** (Serials). Diese spannen über mehrere Folgen und Staffeln hinweg einen großen Erzählbogen mit zahlreichen sich entwickelnden Charakteren. Häufig treten beide Varianten in Mischformen auf.

Bei der **Zopfdramaturgie** werden unterschiedliche Handlungsstränge in einer Folge wie bei einem Zopf miteinander verflochten, also abwechselnd gezeigt, um Spannung zu erzeugen.

Die Unterbrechung eines Handlungsstrangs in einer zugespitzten Situation bezeichnet man als **Cliffhanger.** Er ist häufig am Ende einer Folge platziert und erzeugt beim Zuschauer Neugier auf die Lösung und damit auf die Fortsetzung in der nächsten Folge.

Fernsehserien **binden ihre Zuschauer langfristig** dadurch, dass diese sich mit den Figuren identifizieren und/oder parasoziale (scheinbar zwischenmenschliche) Beziehungen zu ihnen aufbauen. Diese Bindung der Zuschauer führt zu einer weitergehenden Kommunikation. So haben sich z. B. im Internet **Fankulturen** zu populären Fernsehserien entwickelt. Die Fans diskutieren ihre Serie und erschaffen eigene Produktionen (z. B. Videoclips, Geschichten). Dabei entsteht **Fanfiction** oft im Wechselspiel mit den Serienmachern, die in die Serien gezielt Lücken einbauen, welche dann von den Fans gefüllt werden.

1.3 Junge Medien(-welten) – Smartphone und Co.

1 Dokumentieren Sie Ihre eigene Mediennutzung für vier Tage. Legen Sie eine Tabelle nach dem folgenden Muster an, in der Sie Ihre Medienkontakte eintragen.

Medienkontakt am Montag, dem xx.yy.			
Medium	***Zeit***	***Tagesgesamtzeit***	***Nutzung für …***
Smartphone	*06:10–06:20*	…	*Social Media*
	…		…
Internet	…	…	…
…	…	…	…

2 **a** Berechnen Sie die durchschnittliche Tagesnutzungszeit für das jeweilige Medium. Visualisieren Sie die Daten in geeigneter Form (z. B. als Säulendiagramm) mit einem Datenverarbeitungsprogramm.

b Berechnen Sie die durchschnittlichen Zeiten für die unterschiedlichen Nutzungsarten (letzte Tabellenspalte). Visualisieren Sie die Daten in geeigneter Form (z. B. als Balkendiagramm, ▶ Information).

Information **Diagramme**

Diagramme dienen der komprimierten, übersichtlichen und optisch ansprechenden Darstellung von Zahlenmaterial, Entwicklungen, Abläufen etc. Je nach darzustellendem Sachverhalt bieten sich unterschiedliche Diagrammarten an.

- **Tabellen, Listen** verwendet man zur Darstellung von Zahlen, Werten, Eigenschaften.
- **Balken- und Säulendiagramme** zeigen vergleichend Größen, Mengen und Entwicklungen.
- **Kreisdiagramme** veranschaulichen die Aufteilung eines Ganzen in Teilmengen. Die Teile werden in Prozent angegeben.
- **Kurvendiagramme** bilden Entwicklungen und Prozesse ab.
- **Flussdiagramme** stellen Handlungsabläufe und -anweisungen bzw. Prozesse dar.
- **Organigramme** zeigen Organisationen (Aufbau, Hierarchie) oder Prozesse (Netzplan).

Balkendiagramm

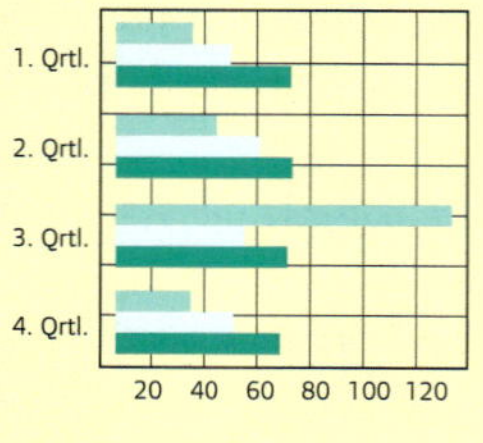

Säulendiagramm

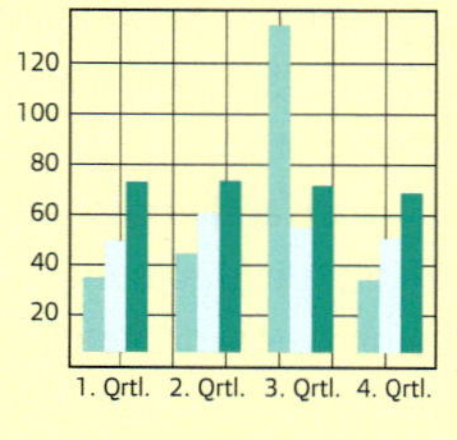

Kreisdiagramm

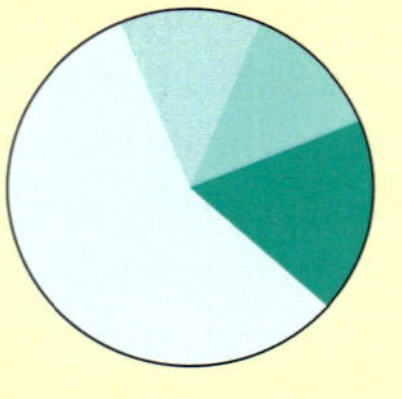

Kurvendiagramm

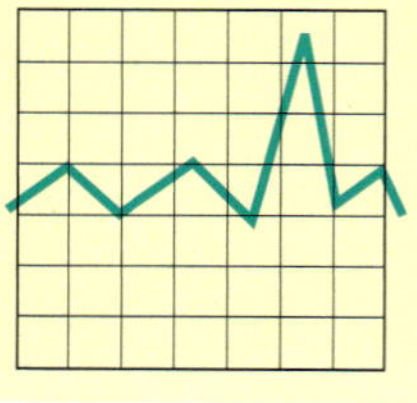

Flussdiagramm

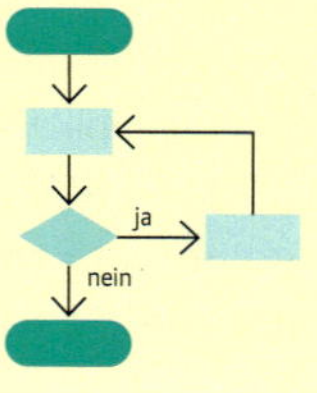

Organigramm

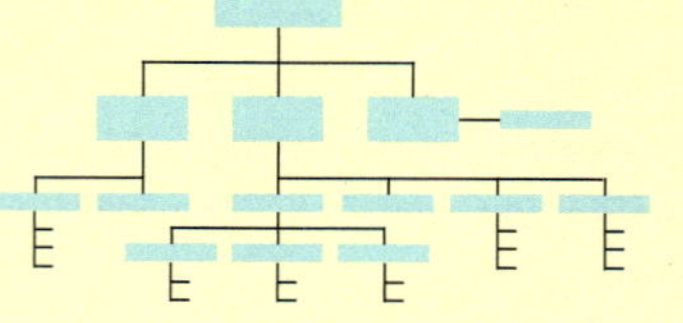

c Vergleichen Sie Ihre Diagramme in Kleingruppen und diskutieren Sie Gemeinsamkeiten und Unterschiede. Berücksichtigen Sie dabei folgende Aspekte:
- Welchen Medien und Nutzungsformen kommt die größte Bedeutung zu?
- Welche Bedeutung haben Medien für Ihre Lebensführung, vor allem im Hinblick auf eine Unterscheidung von privater und beruflicher/schulischer Nutzung?

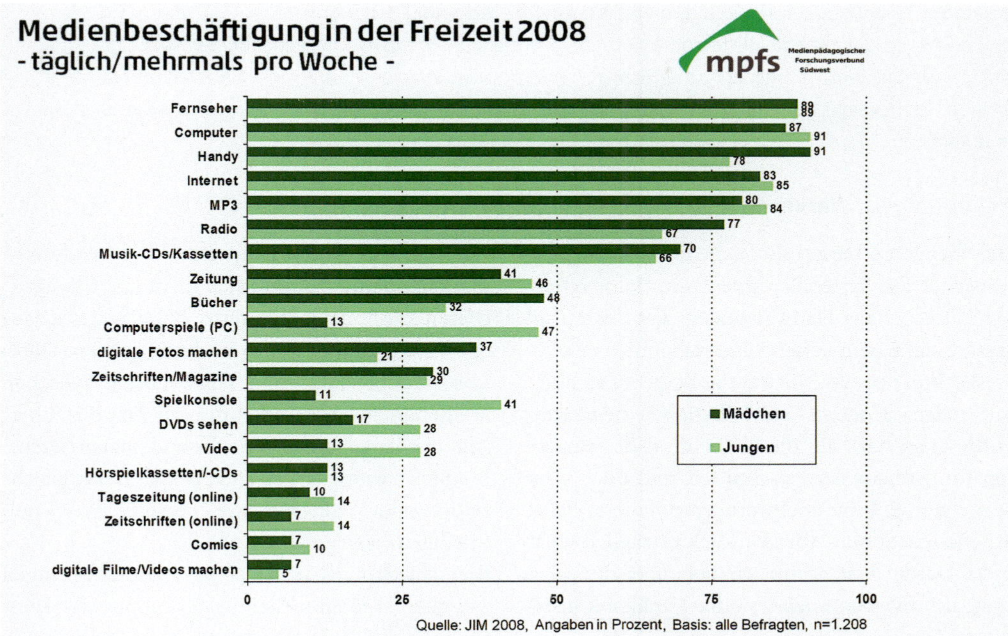

1 Vergleichen Sie die Diagramme von 2008 und 2018 auf Seite 255.
  a Verschaffen Sie sich zunächst einen Überblick über die angeführten Medien:
  – Welche werden 2018 nicht mehr genannt? Welche sind hinzugekommen?
  – Wo ergeben sich Probleme beim Vergleichen?
  b Benennen Sie die wesentlichen Veränderungen bei der Mediennutzung.
2 Stellen Sie Hypothesen auf, worin die Veränderungen begründet sein können.
3 Laden Sie sich die aktuelle JIM-Studie herunter. Vergleichen Sie diese mit der Studie von 2018.
4 Diskutieren Sie, welche Chancen und Risiken moderne Medien wie Internet oder Smartphone mit sich bringen. Berücksichtigen Sie dabei auch mögliche Folgen für die Gesellschaft, wenn das Internet zusammenbräche.

Philipp Nagels: **Warum du dein Handy beim Netflixen weglegen solltest** (2018)

Mit einer Tasse Tee aufs Sofa, die Füße hochlegen, Fernseher an, Serie auswählen und dann schön gemütlich … am Handy hängen. Gibt es etwas Besseres an einem kalten Winterabend?
Es ist schon pervers. Nie war das Angebot an popkulturellem „Content" so vielfältig wie heute, nie wurde er so stark auf die Bedürfnisse des einzelnen Konsumenten zugeschnitten und doch – es ist nie genug. Eine hochwertig produzierte Serie zu schauen ist nett, aber wirklich erträglich wird unser Dasein erst, wenn wir nebenbei dummes Zeug auf diversen Social-Media-Kanälen konsumieren. „Second Screening" nennt sich das.
Was macht diese Zerstreuung mit unserem Gehirn?
Darauf gibt es noch keine eindeutige Antwort, aber es gibt Tendenzen. Zwei Neurowissenschaftler haben untersucht, wie sich Media-Multitasking[1] auf unsere kognitiven Fähigkeiten auswirkt. Dafür analysierten sie 22 Studien zu dem Thema. […]
Ergebnis der Analyse: Wer nach eigener Einschätzung viel Media-Multitasking betreibt, schneidet bei Tests des Arbeitsgedächtnisses und der Aufmerksamkeit schlechter ab.
Ob dabei ein Wirkzusammenhang besteht, lässt sich nicht sagen. Zumindest zwei Interpretationen sind allerdings denkbar.
Eine Person, die ohnehin eine kurze Aufmerksamkeitsspanne hat und sich nicht lange konzentrieren kann, neigt eher dazu, beim Serienschauen zwischendurch zum Handy zu greifen. Oder: Das ständige Hin- und Herwechseln zwischen Medienquellen verringert mit der Zeit die Fähigkeit, uns länger auf eine Sache zu konzentrieren. Möglicherweise wirken auch beide Effekte gleichzeitig, oder Faktoren wie Persönlichkeit und Intelligenz spielen eine Rolle.
Klar ist jedenfalls, dass sich das ständige Springen zwischen Medienquellen negativ auf unsere Konzentrationsfähigkeit auswirkt.
Das wäre Grund genug, das Smartphone beim nächsten Serienabend beiseitezulegen – und dort liegen zu lassen. Am besten außer Reichweite, mit dem Bildschirm nach unten.
Unabhängig von dem Einfluss auf unsere kognitiven Fähigkeiten gibt es noch einen Grund, die Aufmerksamkeit mal für eine Stunde zusammenzuhalten.
Wenn eine Serie (oder gar ein Buch!) wirklich gut ist, wird sie uns für unsere ungeteilte Aufmerksamkeit belohnen – weil sie uns berührt, zum Nachdenken bringt, oder zum Lachen. […]

1 **Media-Multitasking:** beschreibt das häufige Springen zwischen verschiedenen Medienkanälen in kurzer Zeit

1 Überlegen Sie mit Ihrem Nachbarn: Was kann man eigentlich alles mit einem Smartphone machen?
2 Reflektieren Sie Ihren Umgang mit dem Smartphone. Wann greifen Sie parallel zu einer Tätigkeit zum Smartphone und was machen Sie dann konkret damit?
3 Um welche Textsorte handelt es sich bei diesem Text? Benennen Sie sie und begründen Sie Ihre Entscheidung. Nutzen Sie auch die Informationen im Kasten auf der folgenden Seite.

4 Erläutern Sie mit eigenen Worten die Folgen des Media-Multitaskings.

5 Nehmen Sie Stellung zu der These „Eine hochwertig produzierte Serie zu schauen ist nett, aber wirklich erträglich wird unser Dasein erst, wenn wir nebenbei dummes Zeug auf diversen Social-Media-Kanälen konsumieren" (Z. 9 ff.).

Information **Eine Auswahl journalistischer Textsorten**

Bei journalistischen Texten unterscheidet man verschiedene Sorten, die jedoch kaum noch in Reinform vorkommen. Typisch ist vielmehr eine Mischung verschiedener Textsorten.

- Die **Nachricht** informiert knapp und sachlich über ein aktuelles Ereignis. Der Nachrichtenstil ist geprägt durch die Beschränkung auf Tatsachen. Nachrichten sind oft im Lead-Stil aufgebaut, d. h.: Die wichtigsten Informationen stehen am Textanfang, dann folgen Detailinformationen. Der **Bericht** ist in der Regel eine umfangreichere Nachricht.
- Eine **Reportage** ist ein namentlich gekennzeichneter Text, der in besonders lebendiger und anschaulicher Weise über ein Ereignis und seine Hintergründe berichtet. Das entscheidende Merkmal: Der Reporter / Die Reporterin berichtet aus unmittelbarer Anschauung. Die Schilderung konkreter Situationen, die Wiedergabe wörtlicher Aussagen und die Darstellung persönlicher Umstände dienen oft der Veranschaulichung allgemeiner Hintergründe und Sachverhalte. Die Reportage beginnt in der Regel mit der Schilderung einer Szene, durch die das persönliche Erleben des Autors deutlich wird und die das Lesepublikum emotional miteinbeziehen soll.
- Der **Kommentar** ist ein namentlich gekennzeichneter, subjektiv wertender Text, in dem zu einem aktuellen Thema Stellung bezogen wird, um die Meinungsbildung zu beeinflussen. Er ist also überwiegend argumentativ formuliert mit dem Ziel, zu überzeugen und zu appellieren. Häufig werden im Kommentar Nachrichtenmeldungen in Zusammenhänge eingeordnet und die Hintergründe beleuchtet.
- Die **Glosse** (▶ Information, S. 93) ist ein ironisch-witziger, zuweilen auch polemischer Kurzkommentar. Sie kann sich großen Themen widmen, aber auch kleine Ereignisse in den Blick nehmen. Das Kommentieren geschieht manchmal nicht direkt, sondern durch eine sprachlich-stilistisch zugespitzte Beschreibung.
- Die **Rezension** kommentiert Aktuelles aus Kunst, Literatur, Film, Theater und Musik mit dem Ziel, eine Empfehlung oder eine Warnung auszusprechen. Das begründete Urteil des Rezensenten / der Rezensentin soll das Publikum also in seiner Entscheidung (Buchkauf, Theaterbesuch …) beraten und beeinflussen.
- Der **Essay** (der oder das; frz. essai: Versuch) ist ein subjektiv reflektierender Text über ein Thema, das aus den unterschiedlichsten Bereichen stammen kann. Er enthält neben erörternden Passagen oft auch beschreibende, schildernde oder erzählende Elemente.

Dany Schrader: **Sind wir alle Smartphone-Süchtige?** (2018)

[…] Der Begriff Phubbing – ein Kunstwort aus dem englischen „phone" für Telefon und „stubbing" für „vor den Kopf stoßen" – beschreibt unseren Drang, immer wieder den Sperrbildschirm unserer Telefone zu entriegeln und nachzusehen, was los ist, auch dann, wenn wir gerade anderen Menschen gegenübersitzen, gemeinsam abendessen oder an einer Konferenz teilnehmen. Vor wenigen Jahren noch wäre das als unhöflich empfunden worden, heute macht es eigentlich jeder. Verspannte Handynacken und ermüdete, mitunter entzündete Daumen sind eine Folge. Die Tatsache, dass unsere Konzentration stets nur so lange andauert, bis das Handy aufleuchtet oder vibriert – im Schnitt sind das gerade mal zehn Minuten –, eine andere. Es ist ein Fakt. Das Smartphone hat unsere Kommunikation verändert und unser Leben damit auch.

[…] Zahlen wir diesen Preis für ein Leben in der digitalen Transformation? Kritiker werden diese Fragen ohne jedes Zögern bejahen. Realistisch freilich ist das nicht. Der technische Fortschritt war noch nie aufzuhalten – und bisher hat sich der Mensch jeder technologischen Neuerung angepasst.

Und wenn man sich an die Unkenrufe der Zweifler erinnert, die bei der Einführung von Computer, Fernsehen, Radio oder gar dem Buchdruck laut wurden, lässt sich sagen, dass in den meisten Fällen die Vorteile die Nachteile überwiegen. Beim Smartphone ist das nicht anders […].

Mit ihm können wir nicht nur unser Büro mit uns herumtragen und uns mit seinem Navigator durch die Welt führen lassen, wir haben auch jederzeit Zugriff auf ganze Bibliotheken und Millionen von Songs. Natürlich kann man auch aus dem Fenster schauen oder einfach rausgehen, um zu sehen, wie das Wetter gerade ist. Das Ausmaß eines aufziehenden Unwetters erkennen wir beim Anblick der Wolken für gewöhnlich jedoch nicht. Zweifelsohne lässt sich das Smartphone als Bereicherung sehen – man muss es nur richtig anwenden. […]

Auch Regina Haack plädiert fürs Priorisieren. Die 51-jährige Sozialpädagogin ist Referentin der Fachstelle für Sucht und Suchtprävention in Verden. „Es ist wie bei allen technischen Entwicklungen“, sagt sie. „Sie sind so schnell über uns gekommen, dass wir keine Zeit hatten zu lernen, mit ihnen klug umzugehen.“ […]

Die Sozialpädagogin will nichts verteufeln, im Gegenteil. Sie ist selbst im Besitz eines Handys. Anregen will sie aber zu einem kritischen Umgang – unter anderem, weil sie weiß, dass jeder Blick auf das Smartphone im menschlichen Gehirn Glücksgefühle auslöst und gerade das Überraschungsmoment – ist das eine Nachricht oder nicht? – unseren ureigenen Jagdinstinkt weckt. Und sie will verhindern, dass Kinder […] in Konkurrenz zum Smartphone stehen.

Haack plädiert daher für klare Regeln und leichte Tricks: Etwa das Tragen von Armbanduhren – damit man beim Blick auf die Uhrzeit nicht in Versuchung kommt, schnell noch mal bei Facebook reinzuschauen. Eltern empfiehlt sie einmal in der Stunde eine feste Zeit am Handy anstelle des stetigen Nachrichtencheckens alle paar Minuten. […]

1 Überlegen Sie, wie oft Sie in Situationen wie einem gemeinsamen Abendessen in der Familie oder während eines Pausengesprächs zum Smartphone greifen. Diskutieren Sie mit Ihrem Nachbarn über diesen „kommunikativen Nebenschauplatz“ und seine Folgen.

2 Erläutern Sie die von Schrader beschriebenen Auswirkungen der Smartphone-Nutzung auf das Kommunikationsverhalten. Berücksichtigen Sie dabei auch die erwähnten Vor- und Nachteile.

3 Nehmen Sie in Form eines Leserbriefs Stellung zu den Vorschlägen für den Umgang mit dem Smartphone. Entwickeln Sie darin ggf. weitere Tipps.
In Ihrem Kommentar zur Smartphone-Nutzung nennt Schrader … Im Einzelnen ist dazu zu sagen …

Information **Leserbrief**

Ein **Leserbrief** ist eine Stellungnahme zu einem Sachverhalt oder Zeitungsartikel. In der **Einleitung** wird knapp dargestellt, worauf sich der Leserbrief bezieht. Achten Sie darauf, fremde Äußerungen als solche kenntlich zu machen (indirekte Rede, Zitat). Im **Hauptteil** formulieren Sie Ihre Meinung und begründen diese schlüssig mit überzeugenden Argumenten und Beispielen. Formulieren Sie einen **Schlusssatz,** der das Thema abrundet, z. B. mit einer Empfehlung oder einem Vorschlag.

Constanze Kainz (Interview), Marc Wittmann: **Zeitempfinden: Wie das Smartphone uns die Zeit klaut** (2019)

[Der Psychologe und Humanbiologe Marc Wittmann im Gespräch mit ZEIT Campus Online über die Frage, wie das Smartphone unsere Zeitwahrnehmung beeinflusst.]

ZEIT CAMPUS ONLINE: Herr Wittmann, sobald wir kurz auf den Bus warten müssen, holen wir unser Smartphone raus. Wir müssen uns also gar nicht mehr langweilen. Was macht das mit uns?

MARC WITTMANN: Wir erleben uns selbst nicht mehr. Das klingt komisch, heißt aber, dass wir gar nicht mehr wissen, wie es uns geht. Wenn ich gehetzt in die Arbeit komme und abends wieder nach Hause gehe und mir nicht einmal diese 15 Minuten oder halbe Stunde auf dem Nachhauseweg nehme, um über mich selbst nachzudenken und mich zu fragen: „Wie geht es mir eigentlich? Was will ich eigentlich? Was mache ich heute Abend?“, dann verliere ich irgendwann den Kontakt zu mir selbst. Der Bus kommt in drei Minuten, wir stehen nur fünf Minuten in der Schlange im Café, aber schon diese fünf Minuten sind zu viel – wir holen unser Handy raus.

ZEIT CAMPUS ONLINE: Warum machen wir das?

WITTMANN: Weil wir uns nicht langweilen wollen. Es ist aber interessant, was Langeweile in diesem Zusammenhang bedeutet: Mir ist es mit mir selbst langweilig. Das hat mit Zeitwahrnehmung zu tun. Denn sobald ich nichts zu tun habe, bemerke ich mich plötzlich selbst. Dadurch kommt mir die Zeit länger vor. Was man dann natürlich als Erstes machen will, ist, sich abzulenken. Und da ist das Smartphone natürlich dankbar: Ständig habe ich die ganze Welt verfügbar. [...] Es macht alle paar Minuten „Pling!“ und macht auf sich aufmerksam und versorgt uns ständig mit neuen Informationen. Das ist nicht grundsätzlich schlimm, aber wenn wir komplett verlernen, es mit uns selbst auszuhalten, verlernen wir eben auch, die Zeit wahrzunehmen, und verlieren dadurch auch Lebenszeit. [...]

ZEIT CAMPUS ONLINE: Das ständige Am-Smartphone-Sein verändert also, wie wir die Zeit wahrnehmen?

WITTMANN: Ja. Aus der Bewusstseinspsychologie wissen wir, dass ich die Zeit dann wahrnehme, wenn ich mich selber wahrnehme. Wir haben ja kein Organ für die Zeit, so wie wir Augen für das Sehen oder Ohren für das Hören haben. Wir haben auch keinen inneren Wecker, der in uns tickt, sodass wir Zeit messen könnten. [...]
Ich spüre sie eben genau dann, wenn ich sonst nichts tue. Wenn ich eben auf den Bus warte und spüre, wie ich da rumstehe. Dann bemerke ich mich selbst und die Zeit dehnt sich. Deswegen versucht man dann, sich abzulenken. Denn wenn ich abgelenkt bin, mich toll unterhalte oder einen spannenden Film sehe, komme ich in einen Flow, in eine anregende Tätigkeit. Dann bemerke ich mich selber häufig nicht, weil ich so eingehe in meine Tätigkeit. Dann verliere ich meine Selbstwahrnehmung und auch das Zeitgefühl. Das ist gut, es ist sozusagen das Ablenken über einen langen Zeitraum. Am Smartphone aber lenke ich mich immer wieder nur für kurze Zeiträume ab, bleibe auf keiner Seite wirklich lange und fast nichts bleibt hängen. [...]

1 Beschreiben Sie vor dem Hintergrund Ihrer eigenen Erfahrungen, weshalb man das Smartphone als „Zeitdieb“ bezeichnen kann.

2 Stellen Sie dar, inwiefern Marc Wittmann das Smartphone als Problem ansieht.

3 Recherchieren Sie zum Stichwort „Achtsamkeit“ und halten Sie einen Kurzvortrag zum Thema Smartphone-Nutzung und Achtsamkeit.

4 Erörtern Sie auf der Basis der Texte von Nagels, Schrader und Wittmann (▶ S. 256–259) die Fragestellung „Das Smartphone – Nervensäge oder treuer Freund?“ (▶ Information, S. 329 f.; Methode, S. 331).

1.4 Digitalisierung und Arbeitswelt – Informierendes materialgestütztes Schreiben

Situationsbeschreibung

Ihre Schule plant eine Ausstellung mit dem Titel „Digitalisierung und Arbeit: die Arbeitswelt 4.0". Unterschiedliche Berufs- und Fachverbände werden in diesem Rahmen darstellen, wie die neuen Technologien in den jeweiligen Berufen zum Tragen kommen. Zu den Präsentationen, Workshops und Postern der Ausstellung gibt es auch eine Broschüre mit Beiträgen der Verbände und Bildungsgänge. Ein einleitender Artikel zu dieser Broschüre soll die Besucherinnen und Besucher (Mitschüler/-innen, Eltern, Ausbilder/-innen) über das Thema zunächst allgemein informieren.

Aufgabenstellung

Verfassen Sie auf der Grundlage der Materialien **M1 bis M5** diesen Einleitungsartikel für die Broschüre. Stellen Sie darin dar,

- was unter der Arbeitswelt 4.0 zu verstehen ist,
- worin die technischen Veränderungen bestehen,
- welche Neuerungen und Herausforderungen sich für die Arbeitnehmer ergeben.

Der **Einleitungsartikel** sollte einen Umfang von ca. 400–500 Wörtern haben. Es reicht aus, einen Fließtext zu verfassen. Die grafische Gestaltung wird von anderer Seite übernommen.

Information **Informierendes materialgestütztes Schreiben**

Beim materialgestützten Schreiben liegt einerseits eine Situationsbeschreibung für einen konkreten Schreibauftrag vor. Andererseits gibt es eine Sammlung unterschiedlicher Materialien zu dem Thema, anhand derer der Schreibauftrag gelöst werden soll. Das können lineare Texte (z. B. Zitate, Lexikonartikel, Auszüge aus Zeitungsartikeln), diskontinuierliche Texte (z. B. Statistiken, Infografiken) oder auch rein bildliche Darstellungen wie Karikaturen sein.
Das informierende materialgestützte Schreiben zielt darauf ab, auf der Basis der Materialien einen informierenden Text, z. B. eine Reportage, einen Lexikonartikel oder einen Programmführer, zu verfassen.

M1 Der Weg zur Industrie 4.0

M2 Ulf Rinne, Klaus F. Zimmermann: **Die digitale Arbeitswelt von heute und morgen** (2016)

Werden wir Zeugen einer digitalen Revolution, die unsere Arbeitswelt schon bald auf den Kopf stellt? Wir können nicht mit Sicherheit sagen, wie unsere Arbeitswelt von morgen aussehen wird, aber der Wandel ist da. […]
Allerdings sind die möglichen Folgen der technischen Entwicklungen von heute auch nicht zu unterschätzen, zumal neben der Digitalisierung der demografische Wandel und die Globalisierung weiter an Bedeutung gewinnen werden. Diese Trends interagieren miteinander und verstärken so den fortschreitenden Wandel von Produktionsfaktoren, Berufen und Erwerbsformen. Im Ergebnis entstehen neue Risiken, aber es eröffnen sich auch vielfältige Chancen und Potenziale. […]
Die kommerzielle Nutzung von Informations- und Kommunikationstechnologien wird zuletzt häufig mit Phänomenen wie dem „Internet der Dinge", der „Industrie 4.0", der „Sharing Economy" oder auch „Crowdworking" in Verbindung gebracht. Damit wird vor allem der Trend beschrieben, dass intelligente und vernetzte Gegenstände sowie Online-Plattformen und virtuelle Marktplätze zunehmend in den (gewerblichen) Alltag und in Wertschöpfungsketten vordringen. […]

Digitale Teilhabe und Verteilungsfragen

Digitale Kompetenz wird zu einer Schlüsselkompetenz, denn soziale und wirtschaftliche Teilhabe ist künftig ohne digitale Teilhabe kaum mehr denkbar. Deshalb sollte nachdenklich stimmen, dass sich eine Sättigung der privaten IT-Nutzung bei knapp 85 Prozent der Bevölkerung abzeichnet.
Die Umwälzungen erfordern neue Aus- und Weiterbildungskonzepte. […] Doch gleichzeitig ergeben sich auch neue Potenziale für eine Realisierung dieser Vision: Bei der Verknüpfung von Kompetenzerwerb in der Weiterbildung mit dem Erwerb von Qualifikationen könnten zum Beispiel Online-Portale für Kompetenztests in Verbindung mit Kreditpunkten eine wichtige Rolle einnehmen. […]
Darüber hinaus zeichnen sich weitreichende Umwälzungen ab: Denn während in der Vergangenheit das Humankapital[1] der Unternehmen eng an die physische Präsenz der Mitarbeiter gebunden war, könnten Fortschritte im Bereich der künstlichen Intelligenz diese Verbindung herausfordern. Auch wenn dieser Forschungsbereich noch „in den Kinderschuhen" steckt (so wird unter anderem versucht, das Lernverhalten von Kleinkindern mit Robotern nachzubilden), werden schnell Fortschritte erzielt. Dabei kommen zum Beispiel Sensoren und Kameras zum Einsatz, die auch bei modernen Spielkonsolen verwendet werden und so schon Einzug in viele Haushalte und Kinderzimmer gehalten haben. Sie können Personen und Gesten erkennen; dies ermöglicht die Interaktion mit Menschen, die sehr wichtig ist, wenn Roboter etwas lernen sollen.
Die technischen Voraussetzungen für lernfähige Roboter und Maschinen sind also längst in unserem Alltag gegenwärtig. Es scheint nur eine Frage der Zeit zu sein, wann sie entsprechend eingesetzt werden. Dies hat auch Implikationen für künftige Verteilungsfragen: Denn die Besitzverhältnisse an den Maschinen der Zukunft werden entscheidend für die Aufteilung in Gewinner und Verlierer sein. […]
Dennoch werden die Veränderungen in der Welt der Berufe erhebliche Implikationen für Bildung und Ausbildung haben. Abgesehen davon, dass die Automatisierungswahrscheinlichkeit für Geringqualifizierte systematisch höher ausfallen dürfte, stellt sich womöglich sogar die Frage, inwieweit sich die Arbeitswelt gänzlich von dem tradierten Konzept der „Berufe" löst. Es könnte durch einen stärkeren Fokus auf einzelne Aufgaben und Tätigkeiten (Tasks) ersetzt werden. […]

Fazit und offene Fragen

Die Erwerbsgesellschaft der Zukunft bietet neben neuen Risiken und einer größeren Unübersichtlichkeit auch neue Chancen und vielfältige Potenziale. Um diese bestmöglich zu nutzen, müssen Gesellschaft, Wirtschaft und Politik umdenken. Auch wenn kein „Ende der Arbeit" in Sicht ist, so deutet sich ein erheblicher Wandel von Produktionsfaktoren, Berufen und Erwerbsformen an. Es gilt, diesen Wandel zu begleiten und geeignete Institutionen in Wirtschaft und Gesellschaft zu schaffen. Gerade weil es sich um einen Prozess handelt, ist es (noch) möglich, die Rahmenbedingungen zu gestalten. Darüber hinaus muss Bildung zum Topthema gemacht werden, um der Bevölkerung digitale Teilhabe als Voraussetzung zur wirtschaftlichen und sozialen Integration zu ermöglichen. […]

1 **Humankapital:** Wissen und Fähigkeiten der Mitarbeiterinnen und Mitarbeiter

M3 Jan Mölleken: **Wo Pflege-Roboter noch immer an ihre Grenzen stoßen** (2019)

[…] Peppers Arme gestikulieren unbeholfen, das Tablet auf seinem Oberkörper wechselt in eine Kalenderansicht. „Heute, um 15 Uhr, ist eine MRT-Untersuchung angesetzt. Möchten Sie Näheres zu dieser Methode erfahren?“ Pepper rattert eine Erklärung des Verfahrens herunter, zeigt ein MRT-Bild und spielt das laute Geräusch ab, das Patienten während der Untersuchung hören. „Diese Geräusche sind völlig normal“, beruhigt er sein Gegenüber.

Karsten Schwarz grinst zufrieden. Er ist kein echter Patient: Der Wirtschaftsinformatiker hat das MRT-Szenario dem Roboter selbst beigebracht und demonstriert es gerade einer Besuchergruppe aus einer Berliner Klinik.

Fast alle Patienten reagieren positiv auf Pepper

In einer laufenden Studie zu einer ähnlichen Aufklärungssituation reagieren Patienten fast durchweg positiv auf den Roboter. Auch Marie Sohn und ihre Kollegen sind dem Charme erlegen und streicheln dem kleinen Roboter über den Kopf, was dieser mit wohligen Kommentaren quittiert. Sohn leitet im Berliner St.-Hedwig-Krankenhaus eine Geriatrie-Station. […]

Oftmals seien es die weniger spektakulären Produkte – etwa ein Rollator mit E-Motor oder ein Stationsbett, dessen Liegefläche sich zu einem drehbaren Sitz wandeln lässt – die tatsächlich Hilfe im Pflegealltag bieten, Roboter bislang eher nicht. Zwar werde am Thema „Roboter in der Pflege“ geforscht – noch gebe es aber keine Produkte, die tatsächlich in der Pflege zum Einsatz kommen könnten, berichtet Schwarz.

Pepper sei insofern eine Ausnahme, als dass er kommerziell verfügbar und mit einem Preis von rund 25.000 Euro halbwegs erschwinglich sei. Im Alltag könne man ihn aber nur in eng gefassten Bereichen einsetzen. […]

Das liege auch daran, dass jeder Dialog, den Pepper führen soll, händisch einprogrammiert werden muss – inklusive möglicher Antworten. Reagiert ein Patient in einer Weise, die nicht wörtlich vorgesehen war, weiß Pepper nicht weiter. […]

Einfacher, aber besser: Die künstliche Robbe überzeugt

Schwarz’ Kollegin Katrin Wedler ist von Pepper nicht überzeugt: „Aktuell nimmt er gar keine Arbeit ab. Man bräuchte vielmehr einen eigenen Techniker, der ihn die ganze Zeit betreut.“ Für das Geld könne man hilfreichere Dinge anschaffen, so die Pflegewissenschaftlerin.

Am Ende der Präsentation hat ein viel einfacherer Roboter das Herz von Pflegeleiterin Marie Sohn erobert: Paro, ein Roboter in Form eines Robbenbabys. Er reagiert auf Berührung und Ansprache, blickt Menschen direkt an, klimpert mit langen, computergesteuerten Wimpern und macht herzerweichende Geräusche. […]

Nach Erfahrungen der Format-Forscher wirke Paro gerade im Umgang mit Demenz-Patienten Wunder, berichtet Wedler: „Diese Patienten sind gerade bei der Aufnahme ins Krankenhaus oft sehr gestresst, was die Untersuchung und Behandlung für Ärzte und Pflegepersonal erschwert. Mit Paro haben die Patienten etwas zum Festhalten, oft verbessert sich ihre Stimmung rapide, sodass dann etwa viel einfacher ein Venenzugang gelegt werden kann.“

Auch im Pflegealltag helfe Paro spürbar. „Unruhige Demenz-Patienten, die sonst ihr Bett auseinandernehmen, beschäftigen sich stattdessen ganz ruhig mit der kleinen Robbe“, sagt die Pflegeforscherin. […]

M4 Andreas Albert: **Roboter-Hotel schmeißt Roboter raus** (2019)

[…] Dino-Roboter an der Rezeption, Maschinen, die das Gepäck aufs Zimmer bringen, und ein smarter Assistent, der auf Fragen und Wünsche der Gäste eingeht: Als das Roboter-Hotel Henn-na 2015 im westjapanischen Sasebo öffnete, machte es weltweit Schlagzeilen. Jetzt musste der Betreiber laut „Wall Street Journal" („WSJ") mehr als die Hälfte der 243 Roboter stilllegen. Sie verursachten demnach mehr Arbeit, als sie den menschlichen Angestellten abnahmen.

So sei beispielsweise der persönliche Assistent „Churi" auch mitten in der Nacht aktiviert worden. Mit den Worten „Entschuldigung, das habe ich nicht verstanden. Können Sie Ihre Frage wiederholen?" habe der Roboter den Gast geweckt. Offenbar hatte er auf zu laute Schnarchgeräusche reagiert. […]

Immer wieder wird diskutiert, ob Roboter den Menschen die Arbeitsplätze wegnehmen. Laut dem Bericht „The Future of Jobs", den das Weltwirtschaftsforum (WEF) Mitte September veröffentlichte, werden bis 2025 nur noch 48 Prozent der Arbeitsstunden von Menschen verrichtet. Den Großteil der Arbeit erledigen dann Maschinen und Algorithmen. Bis 2022 könnten weltweit rund 75 Millionen Arbeitsplätze wegfallen, heißt es weiter.

Doch es gibt Hoffnung für die Menschen: Der Studie zufolge sollen in den kommenden fünf Jahren 133 Millionen neue Stellen geschaffen werden. Für die würden teilweise aber ganz neue Fachkenntnisse nötig sein. Die Betreuung von Robotern könnte eine sein.

Concierge und Gepäckträger ausgemustert

Dem „WSJ" zufolge ist in dem japanischen Hotel auch der als Concierge eingesetzte Roboter ausgemustert worden. Er habe die Anfragen nach Flugverbindungen und Touristenattraktionen nicht beantworten können. Jetzt hat ein menschlicher Angestellter seinen Job übernommen.

Ähnlich erging es dem Bericht zufolge den automatischen Gepäckträgern: Sie hätten nur rund zwei Dutzend der mehr als einhundert Hotelzimmer erreichen können. Die Roboter funktionierten demnach nur auf ebenen Böden und versagten, wenn sie nass wurden. „Sie waren wirklich laut und langsam", zitiert das „WSJ" einen Gast. […]

Doch nicht alle Roboter fielen durch. So wird ein automatischer Greifarm auch in anderen Hotels der Kette weiterhin eingesetzt. Er deponiert das Gepäck der Gäste zur Aufbewahrung in Fächer.

Aufgeben wollen die Betreiber die Idee von einem vollständig roboterbetriebenen Hotel auch deshalb offenbar noch nicht: Er habe jedoch gelernt, dass viele Aufgaben derzeit nur für den Menschen geeignet seien, wird Hideo Sawada, Chef des Reiseveranstalters, dem die Kette gehört, zitiert. „Wenn du Roboter tatsächlich nutzt, erkennst du, dass es Plätze gibt, wo sie nicht gebraucht werden – oder Menschen einfach nur nerven."

M5 Dietmar H. Lamparter (Interview), Armin Grunwald: **„Wir können die Dinge in der Hand behalten"** (2019)

[Dietmar H. Lamparter befragte für die Wochenzeitung Die ZEIT den Physiker und Philosophen Armin Grunwald zur digitalen Herausforderung und wie man ihr begegnen kann.]

[…]

ZEIT: Brauchen Grundschüler schon ein Tablet?

GRUNWALD: Das ist ein seltsames Verständnis von Digitalisierung. Das heißt ja im Prinzip, die Menschen so früh wie möglich auf den Bildschirm zu dressieren. Ich hab auch Forderungen gehört, dass Kinder schon im Kindergarten programmieren lernen sollen. Das halte ich für den falschen Weg. Wichtiger wäre es, bereits in den Schulen zu vermitteln, was bei der Digitalisierung eigentlich passiert. Dass bei der Übertragung der analogen, realen Welt in die digitale Welt auch Wertentscheidungen einfließen und dass da natürlich auch Interessen von Firmen dahinterstehen. […]

Meine Sorge ist eher, dass wir zu sorglos mit den nun ja wirklich tollen Möglichkeiten der Digitalisierung umgehen. Suchmaschinen, Einkauf per Internet, Online-Banking – das ist alles supereinfach und bequem. Deshalb nehmen wir es hin, dass andere Leute mit unseren Daten Geld machen und uns vielleicht sogar manipulieren. […]

ZEIT: Ihr neues Buch heißt *Der unterlegene Mensch,* bedeutet das, dass die auf die Digitalisierung aufbauende künstliche Intelligenz, kurz KI, ihre Erfinder an den Rand drückt?

GRUNWALD: Das Buch heißt so, weil es die Menschen bei ihren Stimmungslagen, ihren Ängsten abholen soll. Aber es endet mit dem Kapitel „Der überlegene Mensch". Wir können die Dinge in der Hand behalten, wenn wir es schaffen, den Herausforderungen mit einer digitalen Mündigkeit zu begegnen. Wir dürfen nicht einfach blind in dieses Feld reinlaufen, sondern müssen uns rechtzeitig mit den Risiken und Nebenwirkungen befassen. Meine Sorge ist nicht, dass uns die Maschinen die Herrschaft entreißen, wir müssen aber aufpassen, dass nicht die großen Internetkonzerne mit ihren Algorithmen die Kontrolle übernehmen.

ZEIT: Was kann denn der Mensch noch besser als die Algorithmen?

GRUNWALD: Wir können uns Zukünfte ausdenken, die allen bisherigen Erfahrungen widersprechen. Auf solche Ideen kommt ein Algorithmus einfach nicht, auch wenn er dank Big Data[1] in Sekundenschnelle Millionen Operationen durchführen kann. Denn letztlich stammen alle Daten, die er analysiert, aus der Vergangenheit. Menschen können aus einer Routine ausbrechen. Ein Beispiel: Wenn ein Botenroboter eine kollabierte Person auf dem Weg wahrnimmt, fährt er vorsichtig darum herum, ein menschlicher Postbote würde aber zu helfen versuchen und den Notarzt rufen.

1 **Big Data:** Sammelbegriff für digitale Technologien, die im Zusammenhang mit digital motivierten Veränderungen in Kommunikation und Gesellschaft stehen

Information — **7 Schritte für das materialgestützte Schreiben**

Auf dem Weg vom Schreibauftrag zum fertigen Produkt helfen die folgenden sieben Schritte:

1. Die Schreibaufgabe klären – Kommunikative Planung
2. Die Materialien sichten und verstehen
3. Die Materialien aufbereiten und den Inhalt planen
4. Einen Schreibplan entwickeln
5. Die Planung überarbeiten
6. Den eigenen Text formulieren
7. Den eigenen Text überarbeiten

Die Schreibaufgabe klären – Kommunikative Planung

1 Lesen Sie die Aufgabe auf Seite 260 gründlich durch. Das sorgsame Lesen der Situationsbeschreibung und der Aufgabenstellung gibt Ihnen wichtige Hinweise hinsichtlich der Anforderungen und hilft Ihnen, zu einem guten Ergebnis zu kommen. Beantworten Sie die Fragen im Methodenkasten.

Methode **Die Aufgabenstellung verstehen**

Beim materialgestützten Verfassen eines Textes ist es besonders wichtig, die **Aufgabenstellung** gründlich zu lesen: Nur wenn Sie sich klarmachen, was die Aufgabenstellung von Ihnen verlangt, können Sie die Materialien strategisch lesen und Ihren Text sinnvoll gliedern. Die folgenden Leitfragen helfen Ihnen, die Aufgabenstellung genau zu verstehen:

- Was sind **Anlass** und **Intention** des geforderten Textes?
- Wer sind die **Adressaten** des Textes? Welche Erwartungen haben die Adressaten bezüglich des Inhalts und der Schreibweise an den Text?
- Welche **Textsorte** wird verlangt? Was wissen Sie über diese Textsorte? Informieren Sie sich ggf. über Merkmale und Anforderungen (▶ z. B. Information, S. 257).
- Was ist das **Thema** des informierenden Textes?
- Auf welche **Aspekte** sollen Sie in dem Text eingehen?

2 Vergleichen Sie Ihre Antworten mit einem Partner. Ergänzen Sie ggf. Ihre Aufzeichnungen.

3 Aktivieren Sie Ihr Vorwissen zum Thema Digitalisierung und Arbeit in Form eines Brainwritings (▶ Methode, S. 364) vor dem Hintergrund Ihrer Erfahrungen im Praktikum, in der Berufsausbildung oder im Laufe Ihrer Berufstätigkeit.

Die Materialien sichten und verstehen

1 Verschaffen Sie sich einen Überblick über die Materialien M1 bis M5.

a Betrachten Sie die Infografik M1. Was sagt sie über das Thema aus?

b Überfliegen Sie die Materialien M2 bis M5. Benennen Sie, in welchem Zusammenhang sie jeweils mit dem Thema stehen. Schätzen Sie ein, welchen Beitrag jedes Material zur Bewältigung der Schreibaufgabe leisten kann.

In dem Material xy geht es um …

Das Material xy bezieht sich auf das Thema …, indem es …

2 Nennen Sie die Kernaussagen des Schaubilds M1.

In der ersten Säule wird gezeigt, was …

Während bei … deutlich wird, zeigt sich bei …

3 Erschließen Sie die Materialien M2 bis M5, indem Sie

- unklare Begriffe nachschlagen,
- jeweils eine Gliederung in Sinnabschnitte vornehmen,
- jeden Sinnabschnitt mit einem kurzen Satz zusammenfassen.

Unter „Internet der Dinge“ versteht man …

„Sharing Economy“ bedeutet …

4 Tauschen Sie sich hinsichtlich Ihrer Textstrukturierungen und -erfahrungen mit einem Partner aus.

Die Materialien aufbereiten und den Inhalt planen

1 **a** Wählen Sie aus, auf welche Materialien Sie sich für die Lösung der Schreibaufgabe stützen wollen. Sie müssen mindestens vier der angebotenen Materialien verwenden.
b Begründen Sie Ihre Entscheidung.

2 Untersuchen Sie die ausgewählten Materialien und fertigen Sie Notizen mit wichtigen Informationen an. Kennzeichnen Sie jeweils, aus welchem Material die Informationen stammen. Unterscheiden Sie dabei zwischen Wiedergabe des Inhalts und wörtlichen Zitaten.

Inhaltswiedergabe	***Wörtliches Zitat***
M2 Rinne/Zimmermann (Z. 28 ff.): Veränderungen in der Arbeitswelt bedingen aufseiten der Arbeitnehmer eine höhere digitale Kompetenz und erfordern neue Konzepte in Aus- und Weiterbildung.	*M5 Grunwald (Z. 34 ff.): „Wir dürfen nicht einfach blind in dieses Feld reinlaufen, sondern müssen uns rechtzeitig mit den Risiken und Nebenwirkungen befassen."*

Methode **Gezielt lesen**

Bei materialgestütztem Schreiben ist es wichtig, die Materialien **mit Blick auf die Aufgabenstellung gezielt zu lesen.** Das bedeutet, dass Sie nicht alle Materialien systematisch analysieren, sondern schauen, welche offensichtlichen, aber auch versteckten oder widersprüchlichen Informationen Sie für das Verfassen Ihres Textes nutzen können. Dabei sollten Sie bedenken, dass einige Informationen möglicherweise für Ihren Text gar nicht relevant sind.

3 Notieren Sie mit Blick auf die Aufgabenstellung inhaltliche Aspekte, die für Ihren informierenden Text von Nutzen sein könnten, z. B. technische Aspekte, Begriffsklärung, Folgen für Arbeitnehmer …

4 Ordnen Sie die Auszüge und Notizen den Aspekten in Form einer Mindmap (▶ Methode, S. 245) zu.

Einen Schreibplan entwickeln

1 Erstellen Sie einen Schreibplan für Ihren Einleitungsartikel, indem Sie anhand der Aspekte eine Struktur entwickeln. Dazu können Sie z. B. die Aspekte in der Mindmap nummerieren oder farblich markieren. Alternativ können Sie auch eine zweispaltige Tabelle anlegen.

Information **Gedankliche Struktur und Gliederung informierender Texte**

Informierende Texte weisen in der Regel eine übergeordnete **gedankliche Struktur** auf.
Wenn alle Informationen in diese Struktur eingeordnet sind, wird für die Leserinnen und Leser klar, wie die einzelnen Informationen zusammenhängen.
Mögliche gedankliche Strukturen können sein:

- **Ursachen** → **Wirkungen** → **Folgen,** z. B. *Ursache: informationstechnische Entwicklung schreitet voran* → *Wirkung: wirtschaftlichere Produktionsweise …* → *Folgen: veränderte Anforderungen an Arbeitnehmer*
- **Problem** → **Lösung** → **Umsetzung,** z. B. *Problem: Ängste vor den Veränderungen durch die Arbeitswelt 4.0* → *Lösung: Aufklärung* → *Umsetzung: Verbreitung von Informationen …*

- **Frage → Antwort → Folgerung**, z. B. *Frage: Was heißt Arbeitswelt 4.0? → Antwort: digitale Vernetzung in der Arbeitswelt … → Folgerung: neue Anforderungen an die Arbeitnehmer …*

Manchmal kann es sinnvoll sein, die Struktur zu verändern, z. B. *Folgen → Wirkungen → Ursachen*.
Auch informierende Texte unterliegen in der Regel der formalen Gliederung des Textaufbaus in **Einleitung, Hauptteil** und **Schluss** und haben eine **Überschrift.**

2 Ergänzen Sie Ihre Gliederung um Stichpunkte für die Einleitung und den Schluss.

a Stellen Sie in der Einleitung einen Bezug zum Anlass des Schreibens her.
Die Arbeitswelt 4.0 als Teil der weltweiten Digitalisierung …

b Finden Sie einen passenden Schluss. Sie können z. B. ein Fazit ziehen oder zur Ausstellung überleiten.
Somit lässt sich abschließend festhalten …

Die Planung überarbeiten

1 Besprechen Sie Ihre Textplanung in Form einer Schreibkonferenz (▶ Methode, S. 357). Beschränken Sie sich in diesem Arbeitsschritt aber auf die inhaltlich-strukturelle Ebene. Überlegen Sie, ob und wie Sie die Vorschläge der anderen Konferenzteilnehmer in Ihre Planung einfließen lassen.

Checkliste **Materialgestützt einen informierenden Text verfassen: Inhalt und Aufbau**

- Zeigt der Schreibplan eine klare Einteilung in **Einleitung, Hauptteil** und **Schluss?**
- Weist der Schreibplan eine klare **gedankliche Struktur** auf?
- Wurden alle relevanten **Informationen** zum Thema aufgenommen und korrekt wiedergegeben?
- Erfüllt die Planung die **Anforderungen der Aufgabe** (Textart und Intention)?
- Wurde **zusätzliches Wissen aus dem Unterricht** ergänzt?
- Wurde **auf Aspekte verzichtet,** die für das Thema nicht relevant sind?

Den eigenen Text formulieren

1 Verfassen Sie auf der Grundlage Ihrer Inhaltsplanung sowie der Planungen für Einleitung und Schluss Ihren Informationstext.
- Verwenden Sie eine sachliche und dem Adressatenkreis angemessene, gut verständliche Sprache.
- Achten Sie bei der direkten oder indirekten Wiedergabe von Inhalten aus den Materialien auf die richtigen Formen der Redewiedergabe (▶ S. 382).

Das Schaubild zeigt den Unterschied zwischen …
Bezüglich der Rolle des Menschen behauptet Grunwald …

2 Finden Sie eine passende Überschrift.

Den eigenen Text überarbeiten

1 Stellen Sie Ihren Text erneut in einer Schreibkonferenz zur Diskussion. Richten Sie dieses Mal die Aufmerksamkeit auf die Textoberfläche. Orientieren Sie sich dabei an den in der Checkliste auf der folgenden Seite aufgeführten Kriterien.

2 Überarbeiten Sie Ihren Text anhand der Vorschläge aus Ihrer Arbeitsgruppe.

Checkliste **Materialgestützt einen informierenden Text verfassen: sprachliche Gestaltung**

- Hat der Text eine informative **Überschrift?**
- Ist der Text **sachlich** formuliert?
- Ist der Text für die Leserinnen und Leser **verständlich?**
- Werden die **Informationsquellen** kurz vorgestellt und korrekt zitiert bzw. paraphrasiert?
- Ist der Text **sprachlich richtig** (Rechtschreibung, Grammatik, Zeichensetzung)?

Alternative Bearbeitungsvorschläge zu den Materialien M1 bis M5

M1 Der Weg zur Industrie 4.0

1 Beschreiben Sie anhand der Infografik den Weg von der ersten industriellen Revolution zur vierten industriellen Revolution.

2 Prüfen Sie, inwiefern der Begriff der „industriellen Revolution“ für die Entwicklungen des 20. und 21. Jahrhunderts zutreffend ist. Legen Sie dabei zugrunde, was die erste industrielle Revolution kennzeichnet und was die weiteren Phasen miteinander verbindet.

M2 Ulf Rinne, Klaus F. Zimmermann: **Die digitale Arbeitswelt von heute und morgen** (2016)

1 Recherchieren Sie die Begriffe „Internet der Dinge“, „Industrie 4.0“, „Sharing Economy“ sowie „Crowdworking“ im Internet. Verfassen Sie eigene Definitionen.

2 Erklären Sie, was unter „Digitalisierung der Arbeitswelt“ verstanden wird.

3 Fassen Sie in Form einer geeigneten Visualisierung (▶ Methode, S. 245) zusammen, welche Veränderungen in der Arbeitswelt Rinne und Zimmermann prognostizieren.

4 Diskutieren Sie, inwiefern die Digitalisierung oder die Industrie 4.0 in Ihrem Berufsfeld bereits Einzug gehalten haben und welche Veränderungen dies mit sich bringt.

M3 Jan Mölleken: **Wo Pflege-Roboter noch immer an ihre Grenzen stoßen** (2019)

1 Nennen Sie Argumente für und gegen den Robotereinsatz in der Pflege, die Mölleken anführt.

2 Nehmen Sie begründet Stellung zum Thema Roboter in der Pflege, berücksichtigen Sie neben technischen Aspekten auch soziale.

3 Analysieren Sie, in welcher Weise der Verfasser die Meinung und das Wissen Dritter in seinen Text aufnimmt (▶ Information, S. 332 und S. 361). Erstellen Sie dazu eine Tabelle.

M4 Andreas Albert: **Roboter-Hotel schmeißt Roboter raus** (2019)

1 Vergleichen Sie diesen Text mit dem von Jan Mölleken (M3) hinsichtlich der angeführten Schwierigkeiten beim Einsatz von Robotern.

2 Wie schätzen Sie die Idee ein, ein Roboter-Hotel zu betreiben, in dem Sie anstatt von menschlichem Personal von Robotern bedient werden? Wäre das eine Option in der „Service-Wüste“ Deutschland?

★ 3 Verfassen Sie eine Glosse (▶ Information, S. 93) auf der Basis des Berichts „Roboter-Hotel schmeißt Roboter raus“.

M5 Dietmar H. Lamparter (Interview), Armin Grunwald: **„Wir können die Dinge in der Hand behalten“** (2019)

1 Nennen Sie die Schwierigkeiten, die Grunwald im Rahmen der Digitalisierung sieht.

2 Erläutern Sie, in welcher Hinsicht der Mensch der künstlichen Intelligenz überlegen ist. Geben Sie über den Text hinaus Beispiele.

C2 Medienanalyse und -kritik

1 **a** Beschreiben Sie die Karikatur.
b Deuten Sie die Karikatur. Auf welchen Sachverhalt spielt sie an?

In diesem Kapitel erwerben Sie die folgenden Kenntnisse und Kompetenzen

- Gründe für die Verbreitung von Falschmeldungen in sozialen Medien benennen können,
- Nachrichten in unterschiedlichen Medien analysieren und auf Falschmeldungen prüfen,
- Argumentationsweisen gegen die Verbreitung von Falschmeldungen anwenden,
- Argumente der Technologie- und Kulturkritik kennen und beurteilen,
- die Vor- und Nachteile der Präsenz in sozialen Medien erläutern und bewerten,
- materialgestützt einen argumentierenden Text verfassen.

2.1 Nachrichten – Was ist wahr, was ist falsch?

1 Was ist Ihre Hauptinformationsquelle für
- **a** Nachrichten und
- **b** Sachinformationen (z. B. für Referate)?

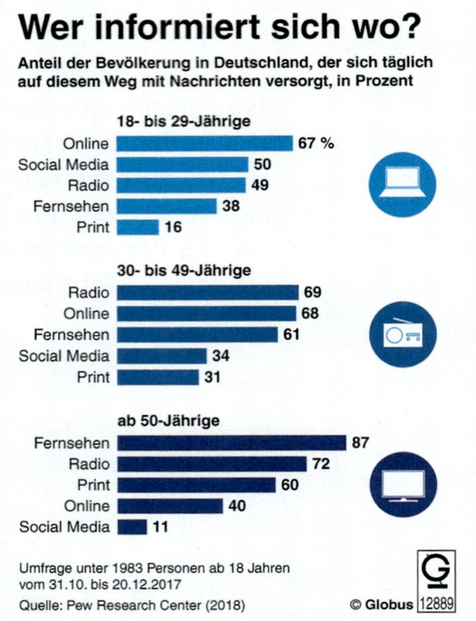

2 Erläutern Sie anhand des Schaubilds, wie sich die unterschiedlichen Altersgruppen in Deutschland mit Nachrichten versorgen. Machen Sie deutlich, welcher Stellenwert den einzelnen Medien zukommt, wenn man die Gesamtheit der Bevölkerung in Deutschland betrachtet.

3
- **a** Verfassen Sie in Gruppenarbeit einen Kurzvortrag. Wählen Sie dazu ein aktuelles Ereignis aus und vergleichen Sie die Berichterstattung in unterschiedlichen Nachrichtenformaten (z. B. verschiedenen TV-Sendungen, Online-Nachrichtenmagazinen, sozialen Netzwerken oder Mikroblogging-Plattformen).
- **b** Bewerten Sie in einem zweiten Schritt die Seriosität der Medien und damit die Qualität der Nachrichten. Welche Kriterien legen Sie für Seriosität an?
- **c** Überprüfen Sie, inwiefern bei der Nachrichtenvermittlung auf klassische journalistische Darstellungsformen (▶ Information, S. 257) zurückgegriffen wird. Berücksichtigen Sie dabei auch die Art des Mediums (technische Möglichkeiten und Adressatenkreis), in dem die Nachricht übermittelt wird.

Eva Wolfangel: **Lügen wird belohnt** (2019)

[…] Die MIT[1]-Forscher haben mehr als 4,5 Millionen Tweets der vergangenen zwölf Jahre ausgewertet. Es ist die größte Studie zu diesem Thema […]. In diesem riesigen Datensatz aus Posts zu wahren und falschen Meldungen fiel den Forschern vor allem ein zentrales Muster auf, erklärt Sinan Aral, einer der führenden Social-Media-Experten am MIT: „Falschmeldungen sind neuartiger als wahre Nachrichten; Nutzer scheinen also neuartige Informationen lieber zu teilen.“

Das klingt aufs Erste wenig überraschend: Diesen Mechanismus kennt man aus dem analogen Leben. Zeigt die Studie also lediglich das entsprechende Verhalten im Analogen nun im Digitalen? Aral sagt: „Wir können die Offline- und die Online-Welt nicht wissenschaftlich korrekt vergleichen, aber es ist offensichtlich, dass sich Falschnachrichten online in einem unglaublichen Tempo verbreiten – es ist eine andere Qualität.“ […]

Dazu kommt der Belohnungsmechanismus der sozialen Medien: „Wer viele überraschende Neuigkeiten verbreitet, dessen sozialer Status steigt“, sagt Aral. Für viele Nutzer sei es gar nicht wichtig, ob sie die Wahrheit verbreiten, ergänzt [der Computerlinguist Soroush] Vosoughi: „Sie sagen: Wahr oder falsch, ist mir egal. Es ist ein guter Post.“

Wieder andere verbreiten Falschmeldungen mit System, beispielsweise, um jemandem gezielt zu schaden oder eigenen Interessen zu dienen. Das könnte erklären, wieso Falschmeldungen aus dem Themenbereich Politik die höchste Verbreitung fanden, im Vergleich zu anderen Kategorien wie Naturkatastrophen. […]

Die Motivation der Nutzer ließe sich allerdings mit den vorliegenden Daten nicht klären, sagt Vosoughi. Umso wichtiger sei es, mehr darüber herauszubekommen, ergänzt Aral: „Wenn es um mögliche Interventionen geht, müssen wir wis-

sen, wieso Nutzer Falschmeldungen posten." Sollte es aus Unwissenheit geschehen, könnte Medienbildung helfen. Zudem gibt es technische Abhilfe: Vosoughi hat einen Algorithmus geschrieben, der Falschmeldungen mit 70-prozentiger Genauigkeit erkennt. […]
Und man könnte damit das Belohnungssystem „reparieren", sagt Aral: „Solange die Verbreitung von Falschnachrichten belohnt wird, solange werden sie verbreitet." Neben sozialem Status bringt viel Interaktion schließlich auch Geld in Form von Klicks auf anzeigenfinanzierte Angebote. […]
Die Algorithmen der sozialen Netzwerke könnten Falschnachrichten gewissermaßen bestrafen, indem sie diese niedriger in die Nachrichtenströme der Nutzer einsortieren. Aber haben die Unternehmen Interesse daran? Interaktion ist schließlich auch deren Währung. […]

1 **MIT:** Massachusetts Institute of Technology

1 Was sind Ihrer Ansicht nach Motive für die Verbreitung von Falschmeldungen in sozialen Medien?
2 a Fassen Sie die Gründe zusammen, die Wolfangel für die Verbreitung von Falschmeldungen anführt.
b Wie schätzen Sie die Chance ein, das „Belohnungssystem zu reparieren" (vgl. Z. 47 f.), das die Menschen motiviert, Falschmeldungen zu verbreiten?
3 Diskutieren Sie, worin die Gefahren absichtlich und unabsichtlich verbreiteter Falschmeldungen liegen. Berücksichtigen Sie dabei sowohl die persönliche als auch die gesellschaftliche Dimension.

Ingrid Brodnig: **Lügen im Netz: Sich davor schützen und andere aufklären** (2019)

Als Internetnutzer fühlt man sich womöglich ohnmächtig. Was soll man als Einzelner schon gegen die Flut an Desinformation ausrichten? Können Bürger da überhaupt etwas tun?
Ja. Jeder kann etwas dazu beitragen, dass die Situation eine Spur besser wird und es Fälscher damit insgesamt etwas schwerer haben. […]

Misstrauen Sie Fotos
Fälscher arbeiten häufig mit Bildern, weil diese authentisch anmuten. Fotos werden einerseits retuschiert, andererseits werden auch alte Aufnahmen verwendet und in einen neuen, verzerrten Kontext gestellt […].
Simpler Trick: Die Authentizität von Bildern kann man häufig überprüfen – Bildersuchmaschinen zeigen einem an, ob eine Aufnahme schon früher im Web hochgeladen wurde. […] Auch manipulierte Bilder lassen sich mitunter entlarven: Vergleicht man das Originalbild mit der neuen Version, sieht man die Unterschiede, also welche Details retuschiert wurden. […] Suchmaschinen können natürlich nicht jede Bild-Manipulation aufklären, aber sie sind doch ein hilfreiches Tool. Denn Fälscher sind oft überraschend faul und nehmen einfach das erstbeste Bild aus dem Netz.

Misstrauen Sie der Optik
Unseriöse Sites schauen oft überraschend „normal" aus. Es ist extrem günstig geworden, eine seriös wirkende Website zu starten (unabhängig von der Frage, ob die Inhalte dort seriös sind). […] Auf den ersten Blick schaut so ein Webauftritt dann sogar ähnlich wie ein professioneller Nachrichtenanbieter aus – und davon lassen sich Nutzer immer wieder täuschen. Wenn man eine Website nicht kennt, sollte man sich also fragen: Moment, wer betreibt denn diese Site?
Simpler Trick: Innerhalb der EU muss jede Site ein Impressum haben – und dort den Namen der Betreiber und eine Adresse angeben. Bietet eine deutschsprachige Website kein richtiges Impressum, ist dies ein absolutes Warnsignal. […] Wird man aus dem Impressum nicht schlau oder fehlt dieses, empfiehlt sich auch Folgendes: Googeln Sie den Namen der Ihnen unbekannten Site. Hat ein Online-Portal bereits einen Ruf als Desinformationsschleuder, dann werden Sie in der Google-Suche oft auch warnende Artikel oder Faktenchecks finden. […]

Andersdenkende aufklären?
Selbst keine Falschmeldungen zu verbreiten, ist ein guter erster Schritt. Will man aber zur Aufklä-

rung beitragen, stellt sich die Frage: Wie überzeuge ich Menschen davon, dass eine Behauptung gar nicht stimmt? […] Das Kernproblem beim Diskutieren im Netz ist, dass dieses häufig in einer feindlichen Atmosphäre stattfindet: Treffen Andersdenkende auf Facebook oder in Zeitungsforen aufeinander, dann oft um sich gegenseitig auszurichten, wie falsch der andere die Welt sieht. […] Meine Empfehlung: Diskutieren Sie lieber in jenen Gruppen oder auf jenen Seiten, wo es zwar unterschiedliche Meinungen, aber auch Grundregeln im Austausch gibt – etwa, dass Beleidigungen nicht stehen bleiben dürfen. […]

Liefern Sie Erklärungen

Die Korrektur einer Falschmeldung ist effizienter, wenn Menschen die Hintergründe verstehen. […] Indem ich Ihnen diese Erklärung liefere, erhöhe ich die Chance, dass Sie die Information in Erinnerung behalten: Wir Menschen sind keine Computer, die Daten stur abspeichern, wir merken uns eine Information eher, wenn sie für uns nachvollziehbar ist.

Zitieren Sie Quellen, der die konkrete Person vertraut

Ein Problem in polarisierten Debatten ist, dass ein Teil der Bürger selbst seriöse Quellen nicht akzeptieren will – dann heißt es schlimmstenfalls, der „Spiegel" sei die „Lügenpresse", und der öffentlich-rechtliche Rundfunk sei „gleichgeschaltet". Wenn Bürger so verfestigte Ansichten vertreten, gibt es einen argumentativen Umweg: Womöglich findet sich eine Quelle, die die richtige Information verbreitet hat, die aber trotzdem Ansehen bei dieser Person genießt. […]

1 Übertragen Sie die im Text genannten Probleme und die aufgezeigten Lösungen in eine Tabelle. Unterscheiden Sie dabei zwischen dem Aufdecken von Lügen und dem aktiven Vorgehen dagegen. Probleme und Lösungen müssen in der Darstellung nicht zwangsläufig aufeinander bezogen werden.

Probleme	Aufdecken von Lügen	Aktives Vorgehen gegen Falschmeldungen
…	…	…

★ **2** Wenden Sie die Wege zur Überprüfung von Bildmaterial und Internetseiten auf ein aktuelles Thema Ihrer Wahl an.

Information **Nachrichtenvermittlung im Fernsehen und in interaktiven Medien**

Nachrichtenvermittlung findet in verschiedenen Medien statt, setzt unterschiedliche Schwerpunkte und verfolgt unterschiedliche Intentionen (Information, Unterhaltung, Mischformen).

- **Nachrichtensendungen** setzen je nach Sender (z. B. öffentlich-rechtlich oder privat) und Publikum (Zielgruppe) unterschiedliche Schwerpunkte bezüglich der Inhalte (z. B. Politik, Wirtschaft, VIP), der Abfolge der Rubriken, der bevorzugten Textsorten (z. B. Interview, Korrespondentenbericht) und der filmgestalterischen Mittel.
- **Online-Nachrichtenmagazine** nutzen zunehmend Möglichkeiten der **Live-Berichterstattung** (Liveticker), welche die Entwicklung eines Ereignisses in einer Timeline veröffentlicht.
- In **Video-Blogs (Vlogs) mit Nachrichten im Internet** bereiten Vlogger Nachrichten individuell auf und kommunizieren mit ihren Fans über Kommentarfunktionen.
- **Mikroblogging-Plattformen, soziale Netzwerke** und **Kurznachrichtendienste** werden nicht nur zur Kommunikation, sondern auch als **partizipatives Netz** zur Nachrichtenvermittlung genutzt. So wird politische Teilhabe erleichtert.

2.2 Neue Technologie – alte Kritik?

Kathrin Passig: **Standardsituationen der Technologiekritik** (2009)

[...] Die Reaktion auf technische Neuerungen folgt in Medien und Privatleben ähnlich vorgezeichneten Bahnen. Das erste, noch ganz reflexhafte Zusammenzucken ist das „What the hell is it good for?“ (Argument eins), mit dem der IBM-Ingenieur Robert Lloyd 1968 den Mikroprozessor willkommen hieß. Schon Praktiken und Techniken, die nur eine Variante des Bekannten darstellen – wie die elektrische Schreibmaschine als Nachfolgerin der mechanischen –, stoßen in der Kulturkritikbranche auf Widerwillen. Noch schwerer haben es Neuerungen, die wie das Telefon oder das Internet ein weitgehend neues Feld eröffnen. Wenn es zum Zeitpunkt der Entstehung des Lebens schon Kulturkritiker gegeben hätte, hätten sie missmutig in ihre Magazine geschrieben: „Leben – what is it good for? Es ging doch bisher auch so.“

Weil das Neue eingespielte Prozesse durcheinanderbringt, wird es oft nicht nur als nutzlos, sondern als geradezu lästig empfunden. [...]

Wenn sich herausstellt, dass das neue Ding nicht so überflüssig ist wie zunächst angenommen, folgt das kurze Interregnum[1] von Argument zwei: „Wer will denn so was?“ „That's an amazing invention“, lobte US-Präsident Rutherford B. Hayes 1876 das Telefon, „but who would ever want to use one of them?“ [...]

Im Angesicht der Faktenlage – irgendwer will das Telefon dann ja doch benutzen – einigt man sich schließlich auf Argument drei: „Die Einzigen, die das Neue wollen, sind zweifelhafte oder privilegierte Minderheiten.“ In den Neunzigerjahren hieß es vom Internet, es werde ausschließlich von weißen, überdurchschnittlich gebildeten Männern zwischen 18 und 45 genutzt. [...]

Schon ab den frühen Neunzigerjahren wurde regelmäßig darauf hingewiesen, dass insbesondere Terroristen, Nazis sowie Pornografiehersteller und -konsumenten sich des Internets bedienten. Einige Zeit später ist nicht mehr zu leugnen, dass das neue Ding sich einer gewissen Akzeptanz nicht nur unter Verbrechern und Randgruppen erfreut. Aber vielleicht geht es ja auch einfach wieder weg, wenn man die Augen fest genug zukneift. [...] Ines Uusmann, die [ehemalige] schwedische Ministerin für Verkehr und Kommunikation, hoffte noch 1996: „Das Internet ist eine Mode, die vielleicht wieder vorbeigeht.“ So weit das seinerseits nicht sehr langlebige Argument vier.

Statt der Existenz des Neuen kann man danach noch eine Weile (Argument fünf) dessen Auswirkungen leugnen: „Täuschen Sie sich nicht, durch (das Maschinengewehr) wird sich absolut nichts ändern“, wie der französische Generalstabschef im Jahr 1920 vor dem Parlament versicherte. Oder „Das Internet wird die Politik nicht verändern“ (*taz*, 2000). [...]

Etwas später ist nicht mehr zu leugnen, dass das Neue sich weiter Verbreitung erfreut, keine Anstalten macht, wieder zu verschwinden, und sogar kommerziell einigermaßen erfolgreich ist. Es ist also im Prinzip ganz gut, aber, so Vorwurf Nummer sechs, nicht gut genug. Zum Beispiel kostet es Geld und wird immer teurer werden. [...] Es ist langsam und umständlich und wird immer langsamer werden: „Experten befürchten, dass das Überlastproblem in wenigen Jahren einen kritischen Punkt erreicht, wenn nicht zuvor eine Lösung gefunden wird. Bis dahin wird die Geschwindigkeit im Netz weiter spürbar zurückgehen“, kündigte Peter Glaser 1996 im *Spiegel* unter dem Titel „World Wide Wait“ an. [...]

Den meisten dieser Vorwürfe ist gemein, dass ihre Anhänger die jeweiligen Probleme für naturgegeben und unvermeidlich halten und von einer weiteren Verschlechterung der Lage ausgehen, obwohl dafür historisch gesehen eher wenig spricht. [...]

In dieselbe Kategorie gehören die Vorwürfe, ins Internet könne ja jeder ungeprüft alles hineinschreiben, die ihrerseits schon dem nicht mehr handgeschriebenen Buch entgegenschlugen.

Spätestens zu diesem Zeitpunkt muss man sich Gedanken darüber machen, was das Neue in den Köpfen von Kindern, Jugendlichen, Frauen, der

Unterschicht und anderen leicht zu beeindruckenden Mitbürgern anrichtet. „Schwächere als ich können damit nicht umgehen!", lautet Argument sieben. Der damals zweiundachtzigjährige Computerpionier Joseph Weizenbaum erklärte 2005: „Computer für Kinder – das macht Apfelmus aus Gehirnen." Medizinische oder psychologische Studien werden ins Feld geführt, die einen bestimmten Niedergang belegen und einen Zusammenhang mit der gerade die Gemüter erregenden Technologie postulieren. [...]
Im Zusammenhang mit der Erziehung anderer zur richtigen Nutzung des Neuen stehen die jetzt auftauchenden Etikettefragen (Argument acht), bei denen es sich streng genommen nicht um Fragen handelt, denn sie werden weniger gestellt als ungefragt beantwortet. [...] Das Herumsitzen in Cafés mit aufgeklapptem Computer wird von Gastronomen nicht gern gesehen – es vermittle ein ungeselliges Bild und schmälere die Einkünfte –, während das öffentliche Herumsitzen mit Buch oder aufgeklappter Zeitung schon seit einiger Zeit keinen Anstoß mehr erregt. Unausgesprochen geht es letztlich darum, dass Gegner einer Neuerung nicht ungefragt mit ihr konfrontiert werden wollen.
Hat die neue Technik mit Denken, Schreiben oder Lesen zu tun, dann verändert sie, Argument neun, ganz sicher unsere Denk-, Schreib- und Lesetechniken zum Schlechteren. [...]

Das eigentlich Bemerkenswerte am öffentlich geäußerten Missmut über das Neue aber ist, wie stark er vom Lebensalter und wie wenig vom Gegenstand der Kritik abhängt. [...]
Wer darauf besteht, zeitlebens an der in jungen Jahren gebildeten Vorstellung von der Welt festzuhalten, entwickelt das geistige Äquivalent zu einer Drüberkämmer-Frisur: Was für einen selbst noch fast genau wie früher aussieht, sind für die Umstehenden drei über die Glatze gelegte Haare. [...]

1 **Interregnum:** Zwischenherrschaft

1 Überlegen Sie in Partnerarbeit, welche Argumente gegen neue Technologien (nicht nur in Bezug auf das Internet) Ihnen aus dem Alltag bekannt sind.

Technologie	***Kontra-Argumente***
Smart Speaker mit digitalem Assistenten	...
Haushaltsroboter	...
...	...

2 Geben Sie die von Passig angeführten Argumente der Technologiekritik mit eigenen Worten wieder und nennen Sie auch die angeführten Beispiele. Vergleichen Sie die Argumente mit Ihren Ergebnissen aus Aufgabe 1.

3 Untersuchen Sie die sprachliche Gestaltung von Passigs Text. Berücksichtigen Sie dabei insbesondere, wie sie die Einwände gegen Neuerungen kommentiert.

4 Beurteilen Sie Passigs Fazit (Z. 117 ff.) zur Technologiekritik.

Werner Faulstich: „Jetzt geht die Welt zugrunde …" – Kulturkritik, „Kulturschocks" und Mediengeschichte: vom antiken Theater bis zu Multimedia (2000)

[…] Eng verbunden mit den grandiosen Visionen der neuen Medienwelt ist das genaue Gegenteil – jene Ängste und Befürchtungen vieler Menschen, die in der neuen Technologie nur die Reiter der Apokalypse[1] sehen, des Weltuntergangs. Der Medieneuphorie steht die Kulturkritik als „Kulturschock" kontradiktorisch[2] gegenüber.

[…] Subjektiv wird ein Kulturschock erlebt, wenn einem der Boden unter den Füßen weggezogen wird, wenn die vertrauten, traditionellen Maßstäbe, Weltperspektiven und Handlungsregeln auf einmal nicht mehr gelten. Solche Kulturschocks haben sehr viel mit Mediengeschichte zu tun. Unterteilt man die Mediengeschichte im Gesamtüberblick grob in drei große Entwicklungsphasen: die Phase der Dominanz der Menschmedien, der Druck-Medien und der elektronischen Medien, so lässt sich an je wenigen Beispielen erkennen, dass es jeweils Medienrevolutionen waren, die Kulturkritik im Sinne von „Kulturschocks" ausgelöst haben: Solche Kulturschocks waren im Kern Medienschocks. […]

Aufzugreifen wäre hier vor allem die bekannte Kritik Platons an den Dichtern: eines der ältesten Exempel von Kulturkritik. […] Platon sah sich um 400 vor unserer Zeitrechnung mit einem Phänomen konfrontiert, das ebenso total war wie entropisch[3] und irreversibel[4]: […] Kaum mehr als hundert Jahre, nachdem ein neues Medium entstanden war, hatte es sich bedrohlich bereits weitgehend durchgesetzt: das Theater.

[…] Aus einer als faktisch vorgegebenen Welt der Götter, welche die Gesetze für das Zusammenleben auch der Menschen unverrückbar vorgab und damit Identität garantierte, wurde die fiktiv erscheinende subjektive Gestaltung, welche zur Unterhaltung diente und mithin ihrer Verbindlichkeit verlustig gegangen war. In der Tendenz war das ein Prozess der Profanisierung[5], von den Göttern als Fokus hin zu den Menschen, von den Gesetzen zu deren Auswirkungen.

[…] Das dritte Beispiel ist in der zweiten Phase einer übergreifenden Mediengeschichte angesiedelt, geprägt von der Dominanz der Druckmedien. Das Medium Buch, noch heute von manchen nostalgisch als Kulturmedium par excellence gefeiert, hat zunächst exakt dieselbe Kritik und Abwehr erfahren wie das Theater in der Antike […].

Die Konkurrenz von mündlicher Predigt und gedrucktem Buch rekurriert hier deutlich auf die Gefahr einer Destabilisierung der bestehenden Ordnung. Es geht um das Monopol im Buchbesitz, im Lesenkönnen, im Auslegen der Texte, im Selberschreiben von Büchern – mithin um ideologische Macht und Herrschaft. […]

Auch für die zweite Phase der Mediengeschichte sollten weitere Beispiele zumindest erwähnt werden – so vor allem das an der Wende vom 16. zum 17. Jahrhundert neu aufkommende Medium der periodischen Presse: die Zeitung. […] Die Legitimität von Sakralität und politischer Macht stand hier infrage. Aber auch schon während des gesamten 17. Jahrhunderts wurden die Zeitungen angeklagt, Lügen und Verleumdungen zu verbreiten. Ihnen wurde vorgeworfen, die öffentliche Meinung zu beeinflussen. Man bezweifelte ganz generell, wozu denn diese gewaltige Menge an wöchentlichen und dann täglichen Informationen und Nachrichten überhaupt nütze sei. Die dauernde Aktualität bringe nur Hektik ins Leben der Menschen. Die Orientierung an Einzelpersonen befördere den Personen- und Starkult statt die Wahrheit. Die Zeitung, als Medium der Lüge, schüre nur den Weltekel. Sie mache Leser süchtig, befördere Parteilichkeit und die primitive Neu-Gier. […]

Beispiel Nr. 5 kann den Übergang zur Dominanz der elektronischen Medien in unserem 20. Jahrhundert indizieren: die Fotografie. […]

Die Kulturkritik setzt nur an beim Medium, meint tatsächlich aber den alten Wertemaßstab, der durch das neue Medium hinfällig wurde. Bei Platon war das die Ordnung der Götter, die durch das Theaterspiel der Menschen beiseitegeschoben wurde. […] In der frühen Neuzeit hat die Ablösung des geschriebenen Buchs durch das gedruckte Buch den Wert des Lateinischen, der Schreibkunst, der unerschütterlichen Herrschaft der Kirche erschüttert und nicht minder unaufhaltsam durch ein zumindest im Prinzip demokratisches Wertesystem ersetzt – noch offensichtlicher bei der Zeitung. Und der Wert des Gemäldes schließlich, des Originals, war im 19. Jahrhundert angesichts der europaweiten industriellen, maschinellen Produktion ohnehin anachronistisch; das Kultursystem verlor hier nur seine Illusion als vorgeblich letzte Bastion gegen die Herrschaft des Massenhaften.

Mit dem Foto sind wir fast schon im 20. Jahrhundert angekommen, bei der Dominanz der elektronischen Medien, der dritten Entwicklungsphase im Rahmen einer übergreifenden Mediengeschichte. Die Übel sind hier Telefon, Fotografie, Phonografie und Telegrafie, Radio, Film, Fernsehen und Video. […]

Die Kultureuphorie der neuen digitalen Medien spiegelt nicht minder emphatisch als die gute alte Kulturkritik von Platon bis Anders die Sehnsucht nach der magischen, der mythischen Welt. Es ist die immer gleiche Sehnsucht, die hier nur den „alten" Medien enttäuscht den Frust nachwirft. Kultureuphorie bei Medienrevolutionen als Kulturschocks verwendet denselben Immunisierungs- und Verweigerungsgestus wie die wohlbekannte und von den Fortschrittsaposteln belächelte Kulturkritik […]. Insofern ist Kultureuphorie, gleichermaßen wie Kulturkritik, die Abwehr von Kultur selber. Es ist nicht die Welt, die hier zugrunde geht, sondern es fehlt nur die Fähigkeit und Bereitschaft, sich mit ihr gestaltend auseinanderzusetzen.

Bedroht der Computer, bedroht Multimedia unsere Kommunikation, unsere Kultur, unsere Welt? Beim Computer hat man den Schock (Volkszählung, maschinenlesbarer Personalausweis, gläserner Patient usw.) in konkret benannte Gefahren gebannt: Verarmung der Kultur, Allmachtsfantasien der Freaks auf der einen Seite, Ohnmachtsgefühle der Nichtkundigen auf der anderen. Alltagsleben werde rationalisiert und industriellen Effizienzanforderungen unterzogen. Soziale Vereinsamung werde gefördert. Vorgegebene Wahlmöglichkeiten würden schematisiert und reduziert. In der politischen Öffentlichkeit werde durch Fremd- statt Selbstbestimmung, durch zentralstaatliche Kontrolle, durch ökonomische Werbung und ein absolutes Unterhaltungsdiktat das Ende der demokratischen Gesellschaft eingeläutet. […]

1 **Reiter der Apokalypse:** vier Reiter, die in der biblischen Offenbarung des Johannes das Jüngste Gericht ankündigen

2 **kontradiktorisch:** sich widersprechend

3 **entropisch:** im Ausgang ungewiss

4 **irreversibel:** unumkehrbar

5 **Profanisierung:** Entweihung, Entwürdigung

1 Verstehen Sie sich eher als Befürworter neuer Medienentwicklungen oder als Kritiker? Begründen Sie Ihre Position mit zwei Argumenten.

2 **a** Benennen Sie die Leitthese Faulstichs.

b Erläutern Sie die von Faulstich angeführten Beispiele zum Zusammenhang von Medienrevolution und Kulturschock. Machen Sie dabei deutlich, gegen was sich die Kritik richtet.

3 Im letzten Absatz deutet Faulstich bereits mögliche Kritikansätze gegenüber der Weiterentwicklung der digitalen Technik an. Erörtern Sie diese im Hinblick auf eines der folgenden Beispiele: Internet, soziale Medien, Smartphone.

Hans Magnus Enzensberger[1]: **Wehrt Euch!** (2014)

Für Leute, die keine Nerds, Hacker oder Kryptographen sind und die Besseres zu tun haben, als sich stündlich mit den Fallgruben der Digitalisierung zu befassen, gibt es zehn einfache Regeln, wie sie sich ihrer Ausbeutung und Überwachung widersetzen können:

1

Wer ein Mobiltelefon besitzt, werfe es weg. Es hat ein Leben vor diesem Gerät gegeben, und die Spezies wird auch weiter existieren, wenn es wieder verschwunden ist. Der abergläubischen Verehrung, die ihm zuteilwird, sollte man nichts abgewinnen. Smart sind nicht diese Geräte oder diejenigen, die sie benutzen, sondern die, die sie uns anpreisen, um unermessliche Reichtümer anzuhäufen und gewöhnliche Menschen zu kontrollieren.

2

Wer immer einem ein kostenloses Angebot macht, ist verdächtig. Man sollte unbedingt alles ausschlagen, was sich als Schnäppchen, Prämie oder Gratisgeschenk ausgibt. Das ist immer gelogen. Der Betrogene zahlt mit seinem Privatleben, mit seinen Daten und oft genug mit seinem Geld. [...]

4

Regierungen und Industrien möchten das Bargeld abschaffen. [...] Münzen und Scheine sind Banken, Händlern, Sicherheitsbehörden und Finanzämtern lästig. Plastikkarten sind nicht nur billiger herzustellen. Sie sind auch unseren Aufpassern lieber, denn sie erlauben es, jede beliebige Transaktion zurückzuverfolgen. Deshalb tut jeder gut daran, Kredit-, Debit- und Kundenkarten zu meiden. Diese ständigen Begleiter sind lästig und gefährlich.

[...]

7

E-Mail, zu Deutsch: Strompost, ist schön, schnell und kostenlos. Also Vorsicht! Wer eine vertrauliche Botschaft hat oder nicht überwacht werden möchte, nehme eine Postkarte und einen Bleistift zur Hand. Handschrift ist von Automaten schwer zu lesen. Niemand vermutet auf einer Ansichtskarte, die 45 Cent kostet, wichtige Nachrichten. Man braucht also nicht zu einem toten Briefkasten zu greifen, wie er in altmodischen Spionageromanen vorkommt.

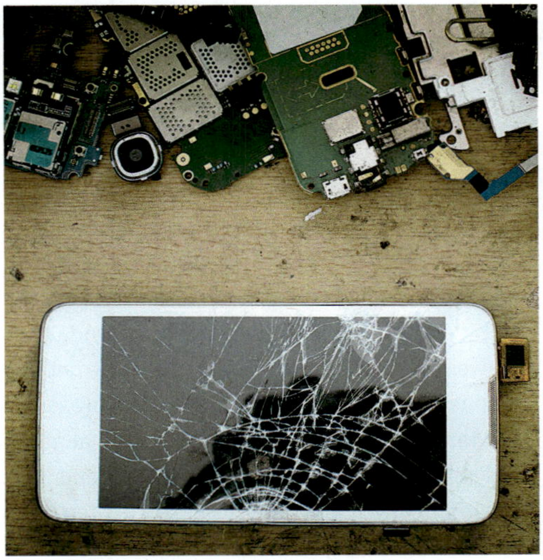

8

Waren oder Dienstleistungen via Internet sollte man meiden. Anbieter wie Amazon, Ebay und so weiter speichern alle Daten und belästigen ihre

Kunden mit Reklamemüll. Anonymer Einkauf ist besser. Einzelne Adressen, die man gut kennt, können als Ausnahmen durchgehen.

[…]

Der Schlaf der Vernunft wird bis zu dem Tag anhalten, an dem eine Mehrheit der Einwohner unseres Landes am eigenen Leib erfährt, was ihnen widerfahren ist. Vielleicht werden sie sich dann die Augen reiben und fragen, warum sie die Zeit, zu der Gegenwehr noch möglich gewesen wäre, verschlafen haben. R

1 **Hans Magnus Enzensberger** (*1929): dt. Schriftsteller, der sich wiederholt kritisch mit elektronischen Medien auseinandergesetzt hat

1 An wen richtet sich Enzensberger mit seinen (Auf-)Forderungen? Fühlen Sie sich angesprochen?

2 Erläutern Sie, worauf Enzensbergers Thesen abzielen und was er unter „Fallgruben der Digitalisierung" (Z. 3 f.) versteht.

3 **a** Benennen Sie den Sachtexttyp und die Intention sowie die Textsorte (▶ Information, S. 75).

b Analysieren Sie die sprachliche Gestaltung der Thesen. Gehen Sie dabei auf den Satzbau ein und nennen Sie besonders herausragende rhetorische Figuren sowie deren Wirkung auf den Leser.

4 Nehmen Sie Stellung zu Enzensbergers Position. Berücksichtigen Sie insbesondere, inwiefern eine „Gegenwehr" (Z. 62) überhaupt noch möglich ist oder wo sie sinnvoll erscheint.

5 Von Enzensbergers zehn Regeln sind hier nur fünf abgedruckt. Formulieren Sie selbst zwei weitere.

Information **Medien und ihr gesellschaftlicher Einfluss**

Medien vermitteln Informationen, Meinungen und Kulturgüter zwischen Sender und Empfänger, sie sind also **Kommunikationsmittel.** Die **Medienwissenschaft** untersucht, wie die Kommunikation bei dem jeweiligen Medium funktioniert und welche Auswirkungen die Nutzung eines Mediums auf den Einzelnen oder die Gesellschaft hat. So stellt sie z. B. die Frage, inwiefern die Beschäftigung mit unterschiedlichen Medien (wie Buch oder Computer) die Wahrnehmung von Wirklichkeit beeinflusst. Sie richtet den Blick auch auf die Produktionsbedingungen von Medien und deren Wirkung auf die Inhalte.

Medienkritik existiert seit der Antike: Ersetzt ein neues Medium die gewohnte Vermittlung von Inhalten, so befürchten Kritiker oft den Verfall traditioneller Werte oder den Verlust bestehender Herrschaftsstrukturen durch die veränderte Weitergabe von Wissen.

Mit dem Aufkommen des **Internets** und der immer stärkeren Verbreitung **mobiler, vernetzter Kommunikation** (z. B. über Smartphones) gerieten besonders die **sozialen Auswirkungen** der neuen Medien in den Brennpunkt von Kontroversen. Hier stehen sich zwei Sichtweisen gegenüber: Nach der einen fördert der Umgang mit neuen Medien (z. B. Computerspiele, soziale Netzwerke) durch seine Komplexität und Interaktivität die Intelligenz und unsere sozialen Beziehungen. Die Vertreter der anderen Sichtweisen befürchten dagegen, dass Internet und Computer unsere sozialen Fähigkeiten schädigen, einen negativen Einfluss auf unsere Denkprozesse haben und unsere Privatsphäre aufheben.

Das **Massenmedium Fernsehen** prägt maßgeblich die Entwicklung der Alltagskultur. Es bietet die Möglichkeit, eine große Anzahl von Zuschauerinnen/Zuschauern auf bestimmte Themen zu fokussieren (z. B. Informationssendungen, Sportberichterstattung, anspruchsvolle TV-Serien und Spielfilme). Kritiker des Mediums beklagen, dass das Fernsehen Inhalte vereinfache, um ein Massenpublikum zu bedienen, und dass infolge dieser inhaltlichen Verflachung auch die Fernsehkonsumenten mit der Zeit weniger komplex denken. Ethische Probleme werden darin gesehen, dass nicht Prominente, sondern „Normalbürger" sich in bestimmten TV-Formaten für einen Moment des scheinbaren Ruhms öffentlich zur Schau stellen und demütigen lassen.

2.3 Sprachtraining

1 Erweitern Sie Ihren Wortschatz: Sortieren Sie die Wörter nach Wortarten in eine Tabelle wie unten. Ergänzen Sie bei den Nomen den Artikel.

hypen streamen chatten downloaden vernetzen analog smart
digital kollaborativ Internet Cloud Link posten App Shitstorm
Community User liken Follower Influencer bloggen Selfie virtuell
mailen irreal global Cypermobbing medial online surfen aktiv

Nomen (Substantiv)	***Adjektiv***	***Verb***
das Internet	*analog*	*hypen*
...	...	...

2 Tragen Sie zum Thema soziale Medien weitere englische und deutsche Begriffe zusammen und klären Sie deren Bedeutung. Ergänzen Sie mit diesen Wörtern die Tabelle aus Aufgabe 1.

3 Bilden Sie zu den Verben jeweils das Präteritum und das Partizip II. Formulieren Sie Beispielsätze dazu.
posten: postete – gepostet → Mein Freund hat einen interessanten Beitrag gepostet.

4 Leiten Sie von fünf Nomen das jeweils dazugehörige Verb ab und von fünf Verben das dazugehörige Nomen. Überprüfen Sie die korrekte Schreibweise nötigenfalls mit einem Wörterbuch.
hypen – der Hype; streamen – das Streaming ...

5 Erklären Sie mithilfe der Information unten oder eines Wörterbuchs die Schreibweise der folgenden Fremdwörter.

Eyetracker Small Talk Livestream Topmanager Break-even-Point Hightechindustrie
Desktop-Publishing Start-up Selfiestick Crowdfunding Fair Trade

Information **Zusammen- und Getrenntschreibung von Fremdwörtern aus dem Englischen**

Grundsätzlich gelten für die Zusammen- und Getrenntschreibung von Fremdwörtern die gleichen Regeln wie für deutsche Wörter.

- Zusammengesetzte Substantive werden zusammengeschrieben oder durch Bindestrich gekoppelt: *Facilitymanagement* oder *Facility-Management*.
- Bei Zusammensetzungen aus Adjektiv und Substantiv gilt normalerweise Getrenntschreibung: *Global Player*. Wird bei Adjektiv-Substantiv-Zusammensetzungen der erste Bestandteil betont ausgesprochen, ist sowohl Getrennt- als auch Zusammenschreibung möglich: *Happy End* oder *Happyend*.
- Zusammensetzungen aus Fremdwort und deutschem Ausdruck schreibt man zusammen oder man koppelt mit Bindestrichen durch – Letzteres sorgt oft für mehr Übersichtlichkeit: *Highendgerät* oder *High-End-Gerät*.
- Handelt es sich bei dem Fremdwort um eine Aneinanderreihung oder Zusammensetzung von Wortgruppen, z. B. um ein Nomen, das auf einer Verbindung aus Verb und Partikel (Adverb) basiert, schreibt man gewöhnlich mit Bindestrich. Die Kleinschreibung des Partikels verändert sich nicht: *Make-up*. Daneben ist häufig auch Zusammenschreibung möglich: *Take-over* oder *Takeover*.

2.4 Klausurtraining: Materialgestützt einen argumentierenden Text verfassen

Situationsbeschreibung

In der Wochenendbeilage Ihrer regionalen Tageszeitung soll eine Sonderseite unter dem Titel „Mein digitales Ich" erscheinen. Die Redaktion hat Sie als Schüler/-in der örtlichen berufsbildenden Schule gebeten, einen Kommentar zu Chancen und Gefahren der Nutzung sozialer Medien für diese Beilage zu verfassen. Dabei sollen Sie auch die Arbeitswelt miteinbeziehen.

Aufgabenbeispiel

Verfassen Sie auf der Grundlage der Materialien **M1 bis M6** einen Kommentar für die Wochenendbeilage. Berücksichtigen Sie dabei:
- Informationen zu den Nutzungsmotiven jugendlicher Nutzerinnen und Nutzer,
- die Chancen, die eine Präsenz in sozialen Netzwerken mit sich bringt,
- die Risiken, die sich aus einem unreflektierten Umgang mit privaten Daten ergeben können,
- Informationen zu einem sinnvollen Nutzungsverhalten.

Der Kommentar sollte einen Umfang von ca. 500–600 Wörtern haben.

Information **Argumentierendes materialgestütztes Schreiben**

Beim materialgestützten Schreiben liegt einerseits eine Situationsbeschreibung für einen konkreten Schreibauftrag vor. Andererseits gibt es eine Sammlung unterschiedlicher Materialien zu dem Thema, anhand derer der Schreibauftrag gelöst werden soll. Das können lineare Texte (z. B. Zitate, Lexikonartikel, Auszüge aus Zeitungsartikeln), diskontinuierliche Texte (z. B. Statistiken, Infografiken) oder auch rein bildliche Darstellungen wie Karikaturen sein.
Das **argumentierende** materialgestützte Schreiben zielt darauf ab, auf der Basis der Materialien einen argumentierenden Text, z. B. einen Kommentar, einen Essay oder eine Rede, zu verfassen. Beim argumentierenden materialgestützten Schreiben ist zu beachten, dass die Texte immer auch informierende Anteile haben.

M1 Dagmar Hoffmann, Astrid Eichstedt (Übers.): **Soziale Medien und Identität**[1]

[…] Wenn Jugendliche soziale Netzwerke nutzen, beeinflusst das ihre Identität. Die Identität von einem Menschen ist, wie er sich fühlt und sich selber sieht. Das kann sich im Lauf der Zeit verändern. […]
Warum nutzen Jugendliche soziale Netzwerke?
- Sie wollen Neuigkeiten erfahren. Zum Beispiel Neuigkeiten von Freunden und Bekannten. Oder Neuigkeiten von Menschen, die gleiche Interessen haben. Und Neuigkeiten von Prominenten.
- Sie wollen Kontakte knüpfen. Zum Beispiel Kontakte zu Menschen, die ihnen wichtig sind.
- Sie wollen Spaß haben. Zum Beispiel beim Ansehen von Fotos. Es kann auch Spaß machen, etwas über die Erlebnisse von anderen zu erfahren.
- Sie wollen Lob und Anerkennung bekommen. Lobende Kommentare von anderen machen selbstbewusst.

Manche Jugendliche verstellen sich im Internet
Jugendliche nutzen soziale Netzwerke unterschiedlich. Manche schauen sich vor allem Bilder an. Manche lesen am liebsten nur, was andere geschrieben haben. Andere beteiligen sich selber viel. […]

Jugendliche zeigen im Internet oft Fotos und Videos von sich. Darauf wollen sie möglichst gut aussehen. Ihre Vorbilder sind oft Stars aus Film und Fernsehen. Für die perfekten Star-Fotos wird meistens ein sehr großer Aufwand getrieben. Normale Jugendliche können da nicht mithalten. Darunter leiden viele Jugendliche. [...]

Jugendliche sind oft unzufrieden mit sich

Jeder Jugendliche kann selbst entscheiden, was er auf einem Online-Netzwerk von sich zeigen will. Er entscheidet, was er betonen will. So kann er zum Beispiel zeigen, dass er gerne Sport treibt. Oder er zeigt, dass er gerne kocht. Andere sehen sich das an. Sie haben dann eine Vorstellung von dem Jugendlichen. Auch er selber sieht sich das an. Wenn er nicht zufrieden ist, kann er nachbessern. Zum Beispiel kann er Fotos wieder wegnehmen. Und er kann neue Fotos hinzufügen. Das kann er so oft machen, wie er will. So kann er herausfinden, was ihm wirklich wichtig ist. Und er kann sich selbst besser kennenlernen. Aber manche Jugendliche stellen sich im Internet ganz anders dar, als sie wirklich sind. Sie sagen zum Beispiel, dass sie viel Sport machen. In Wirklichkeit machen sie aber nur wenig Sport. Oder sie zeigen Fotos, auf denen sie viel besser aussehen als in Wirklichkeit. Sie wollen unbedingt perfekt sein. Das kann dazu führen, dass sie sich sehr schlecht fühlen. Weil sie ja wissen, dass sie in Wirklichkeit nicht perfekt sind. Und es kann dazu führen, dass sie Probleme mit anderen bekommen. [...]

1 Der Text von Dagmar Hoffmann wurde in einfache Sprache übersetzt. In der hier vorliegenden Form können ihn auch Menschen mit Beeinträchtigungen gut verstehen.

M2 Jaron Lanier[1]: **Zehn Gründe, warum du deine Social-Media-Accounts sofort löschen musst** (2018)

1. Du verlierst deinen freien Willen

[...] Heute bekommt jede Person, die in einem sozialen Netzwerk unterwegs ist, individualisierte und ständig optimierte Reize serviert, pausenlos, solange sie ihr Smartphone benutzt. Was früher Werbung genannt wurde, muss heute als unaufhörliche Verhaltensmodifikation in gigantischem Umfang verstanden werden.

Sei jetzt bitte nicht beleidigt. Ja, ich will andeuten, dass du dich vielleicht [...] in einen wohlerzogenen Hund verwandelst, oder vielleicht in etwas nicht ganz so Sympathisches, etwa eine Laborratte oder einen Roboter. Dass du von den Kunden großer Konzerne ferngesteuert wirst [...].

5. Social Media machen das, was du sagst, bedeutungslos

[...] Postings von Frauen werden häufig auf groteske Weise aus dem Zusammenhang gerissen, um sie zu demütigen, bloßzustellen oder zu belästigen. [...]

Zu solchen extremen Beispielen kann es nur kommen, weil du laut den auf den Bummer[2]-Plattformen geltenden Spielregeln nicht weißt, in welchen Kontext deine Äußerung gestellt wird, und weil du nicht sicher wissen kannst, wie sie anderen Usern präsentiert wird.

[...] Wir haben keinen Einfluss mehr auf den Kontext. Social Media schreddern Bedeutung. Was immer du sagst, gewinnt seine Bedeutung durch die Art und Weise, wie Algorithmen, Gruppen von Menschen und Gruppen von Fake-People – die ebenfalls Algorithmen sind – sie kontextualisieren und mit dem vermengen, was andere Leute sagen.

6. Social Media töten dein Mitgefühl

Algorithmen bestimmen, was du zu sehen bekommst. Das bedeutet wiederum, dass du nicht weißt, was andere zu sehen bekommen. [...] Du kannst also nicht wissen, inwieweit die Sicht der Welt anderer Menschen durch Bummer verzerrt und geprägt wird. Die Ursachen dieses Problems sind personalisierte Suchen, Feeds, Streams und so weiter.

[...] Tatsache ist, dass wir immer weniger von dem zu sehen bekommen, was die anderen sehen, und wir damit auch immer seltener die Möglichkeit bekommen, einander zu verstehen.

7. Social Media machen dich unglücklich

[…] Auf einmal steckst du mit anderen in einem Haufen dämlicher Wettbewerbe, um die niemand gebeten hat. Warum bekommst du weniger coole Bilder zugeschickt als dein Freund? Warum hast du weniger Follower? Diese konstante Dosis sozialer Versagensangst bindet die Nutzer stärker an Social Media. […]

Das ist so, wie wenn statt eines einzelnen Fußballspiels mit zwei Mannschaften eine große, endlose Partie mit der ganzen Welt stattfindet, bei der jeder gegen jeden antritt und die meisten immer verlieren. Der schlimmste Sport aller Zeiten. […]

1 **Jaron Lanier** (*1960): US-amerikanischer Informatiker und Künstler, der die digitale Entwicklung kritisch betrachtet

2 **Bummer:** Ausdruck für etwas Negatives wie „Mist". Lanier verwendet das Wort als Akronym für „Behaviors of Users Modified, and Made into an Empire for Rent" („Verhaltensweisen von Nutzern, die verändert und zu einem Imperium gemacht werden, das jedermann mieten kann").

M3 Katja Bigalke: **Machen Social Media uns zum Narziss[1]?[2]** (2018)

[…] Der Medienwissenschaftler Markus Appel hat an der Universität Würzburg den Zusammenhang zwischen Narzissmus und Social Media in einer Meta-Analyse untersucht. Bei einer Meta-Analyse werden verschiedene Studien zu einem Thema zusammengefasst und die daraus entstehenden Ergebnisse neu interpretiert.

Appels Fazit: Es gibt einen zunehmenden Narzissmus, der auch mit dem Netz zusammenhängt. Andererseits sei dieser Zusammenhang aber so gering, dass kein Anlass bestehe, eine ganze Generation Social-Media-affiner Menschen zu diffamieren. Insbesondere fehle dem Social-Media-Narzissmus die Gefühlskälte und das übersteigerte Selbstwertgefühl, das oft mit Narzissmus in Zusammenhang gebracht werde. Eine Gefahr sehe er darin, dass in ihrem Selbstkonzept noch unbeständige Jugendliche zu hohen Vergleichsstandards durch beschönigende Selbstdarstellung ausgesetzt werden.

1 **Narziss:** Figur aus der griechischen Mythologie. Narziss verliebte sich in sein eigenes Spiegelbild.

2 Bei diesem Text handelt es sich um die Einleitung zu einem Interview, das Katja Bigalke mit Markus Appel führte.

M4 **Wie Social Media auf Jugendliche wirken** (2017)

Nutzungsverhalten der befragten Jugendlichen und Auswirkungen

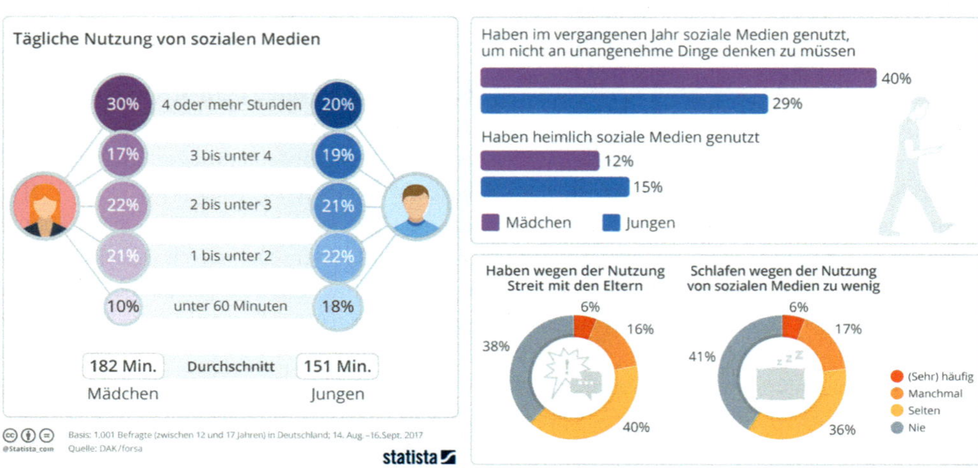

M5 Ratgeberinhalt des F. A. Z. Stellenmarkts: **Wie soziale Netzwerke Sie Ihren Job kosten, bevor Sie ihn überhaupt erst bekommen haben**

[...]

Wer etwas über seine Bewerber erfahren will, das ein weiterführendes Bild über sie vermittelt, der schaut sich in den sozialen Netzwerken um. Dank der schlechten Privatsphäre-Einstellungen der meisten Nutzer ist das sogar relativ einfach. Der Personaler gibt bei Google einfach den entsprechenden Namen ein und kriegt beinahe treffsicher angezeigt, wo sich der Bewerber, im schlimmsten Falle also Sie, so herumtreibt.

[...] Vielleicht stößt er so auch auf Ihre politische Einstellung, Ihre Familienbeziehungen und weitere brisante Infos, die ein Personaler – oder Chef – eigentlich niemals wissen sollte. [...]

Tatsächlich ist die Horrorgeschichte von „Sozialen Netzwerken und Bewerbungen" kein Ammenmärchen, sondern die harte Wahrheit. Mittlerweile ist es gang und gäbe, einen Hintergrundcheck seiner Bewerber durchzuführen. Und wenn man dann zu viel über Sie entdeckt, ist es mit dem neuen Job zu Ende, bevor er überhaupt begonnen hat.

[...]

Neben präsenten, sehr tief blickenden Netzwerken gibt es auch Seiten, bei denen Sie die volle Kontrolle über das haben, was man über Sie erfährt. Dazu gehören unter anderem LinkedIn und Xing, zwei der bekanntesten Jobnetzwerke hier in Deutschland. Dort können Sie sich im richtigen Licht darstellen, Ihre Fähigkeiten und bisherigen Jobs angeben und die Bilder auswählen, die zu Ihnen passen.

Damit der potenzielle neue Arbeitgeber aber auch einen Blick auf dieses Profil wirft, müssen Sie bei Facebook & Co. so wenig Angriffsfläche wie möglich bieten. Checken Sie also die Einstellungen Ihrer Privatsphäre und geben Sie sich bei Ihrem Jobprofil ganz besonders viel Mühe. Das hilft am Ende nicht nur bei der Jobsuche, sondern später auch beim Netzwerken. Sie ziehen also einen doppelten Nutzen daraus, sich die Mühe zu machen, den Account einzurichten. [...]

Am Ende haben nämlich nur Sie in der Hand, welchen Eindruck Sie hinterlassen – persönlich und online.

M6 „SCHAU HIN! Was Dein Kind mit Medien macht": **Diese Chancen bieten soziale Medien**

[...] Kinder können durch Texte, Bilder und Fotos die eigenen Gefühle und Gedanken zum Ausdruck bringen. Soziale Medien fördern das dialogische Schreiben und eine produktive Mediennutzung, wie den Ausdruck eigener Gefühle und Gedanken durch Texte, Bilder oder Fotos. Eine wichtige Rolle bei der schnellen Kommunikation spielen Abkürzungen, Jugend-, Netz- und Bildsprache.

[...] So helfen soziale Netzwerke bei der Beziehungspflege, unterstützen das soziale Lernen und bieten die Möglichkeit, sich darzustellen, auszudrücken, sich auszutauschen und zu informieren. Neben Freundschaften können soziale Medien auch die Bindungen innerhalb von Familien stärken, etwa über eigene Familien-Chats in Messengern und Netzwerken.

[...] Heranwachsende können in sozialen Medien wichtige Kompetenzen erwerben: etwa Informationen zu sortieren, kritisch zu analysieren und eine eigene Haltung zu entwickeln. Über Facebook & Co. können Jugendliche sich schnell über aktuelle Nachrichten informieren. Aber auch hier sollte man kritisch bleiben und die Quellen genau prüfen, da gerade in sozialen Medien Fake News kursieren.

Jugendliche können über soziale Medien auch Anteil nehmen, etwa wenn sie bei schweren Unglücken ihr Beileid ausdrücken oder einen bekannten Verstorbenen betrauern. Sie können sich dort engagieren, indem sie sich an Initiativen, Petitionen oder Spendenaufrufen beteiligen und andere darauf aufmerksam machen. [...]

Information **7 Schritte für das materialgestützte Schreiben**

Auf dem Weg vom Schreibauftrag zum fertigen Produkt helfen die folgenden sieben Schritte:
1. Die Schreibaufgabe klären – Kommunikative Planung
2. Die Materialien sichten und verstehen
3. Die Materialien aufbereiten und den Inhalt planen
4. Einen Schreibplan entwickeln
5. Die Planung überarbeiten
6. Den eigenen Text formulieren
7. Den eigenen Text überarbeiten

Die Schreibaufgabe klären – Kommunikative Planung

1 Lesen Sie die Aufgabe auf Seite 280 gründlich durch. Beantworten Sie die folgenden Fragen:
- Was sind **Anlass** und Intention des geforderten Textes?
- Wer sind die **Adressaten** des Textes? Welche Erwartungen haben die Adressaten bezüglich des Inhalts und der Schreibweise an den Text?
- Welche **Textsorte** wird verlangt? Was wissen Sie über diese Textsorte? Informieren Sie sich ggf. über Merkmale und Anforderungen (▶ z. B. Information, S. 257).
- Was ist das **Thema** des argumentierenden Textes?
- Auf welche **Aspekte** sollen Sie in dem Text eingehen?

2 Tauschen Sie sich mit einem Partner über Ihre Antworten aus. Ergänzen Sie ggf. Ihre Notizen.

3 Erläutern Sie, welche Inhalte eher in den informierenden und welche eher in den argumentierenden Teil gehören.

4 Aktivieren Sie Ihr Vorwissen zum Thema soziale Netzwerke und digitales Ich in Form eines Brainwritings (▶ Methode, S. 364). Berücksichtigen Sie dabei eigene Erfahrungen und Kenntnisse aus dem Deutschunterricht.

Die Materialien sichten und verstehen

1 Verschaffen Sie sich einen Überblick über die Materialien M1 bis M6.

a Überfliegen Sie die Materialien M1 bis M3 sowie M5 und M6. Benennen Sie, wie diese jeweils mit dem Thema im Zusammenhang stehen. Schätzen Sie ein, welchen Beitrag jedes Material zur Bewältigung der Schreibaufgabe leisten kann. Berücksichtigen Sie dabei bereits, ob ein Material eher Argumente oder Informationen liefert.
In dem Material xy geht es um …
Das Material xy bezieht sich auf das Thema, indem es …
Der Verfasser spricht sich im Material xy dafür aus, dass …

b Betrachten Sie die Infografik M4. Was sagt sie über das Thema aus?

2 Besprechen Sie zur Absicherung Ihr erstes Verständnis der unterschiedlichen Materialien mit einem Partner.

3 Erschließen Sie die Materialien M1 bis M3 sowie M5 und M6, indem Sie
- unklare Begriffe nachschlagen,
- jeweils eine Gliederung in Sinnabschnitte vornehmen,
- jeden Sinnabschnitt mit einem kurzen Satz zusammenfassen.

4 Nennen Sie die Kernaussagen des Schaubilds M4.
Im oberen Balkendiagramm wird gezeigt, dass …
Die Kreisdiagramme zeigen …

Die Materialien aufbereiten und den Inhalt planen

1 Wählen Sie mindestens vier Materialien aus, auf die Sie sich für die Lösung der Schreibaufgabe stützen wollen. M4 muss auf jeden Fall darunter sein.

2 Vergegenwärtigen Sie sich, in welcher Beziehung die Materialien zueinander stehen, indem Sie z. B. die folgenden Verben verwenden: *ergänzen, widersprechen, übereinstimmen, informieren, diskutieren …*

3 **a** Lesen Sie die Materialien gezielt (▶ Methode, S. 266) im Hinblick auf die informierenden Anteile im Kommentar. Markieren Sie auf Kopien der Materialien die jeweiligen Stellen in Rot und notieren Sie am Rand ein geeignetes Stichwort.

b Schreiben Sie die wichtigen Informationen heraus und überlegen Sie, welche Form der Darstellung (z. B. wörtliches Zitieren oder indirekte Wiedergabe) für die Aufnahme in Ihren Text sinnvoll erscheint. Nutzen Sie eine Tabelle wie unten.

Inhaltswiedergabe	***Wörtliches Zitat***
M4 Wie Social Media auf Jugendliche wirken: Mädchen nutzen soziale Netzwerke stärker als Jungen, um nicht über Unangenehmes nachdenken zu müssen. …	*M1 Hoffmann (Z. 20): „Manche Jugendliche verstellen sich im Internet“* …

4 **a** Stellen Sie aus den Materialien stichwortartig die Argumente für und gegen eine Nutzung sozialer Medien zusammen. Markieren Sie die Stellen auf den Kopien der Materialien in Grün und ordnen Sie die Argumente anschließend in eine Tabelle ein. Führen Sie in der Tabelle immer einen Beleg an.

Pro Nutzung sozialer Medien	***Kontra Nutzung sozialer Medien***
Soziale Medien fördern eine produktive Mediennutzung (vgl. M6, Z. 3–5) …	*Soziale Medien führen durch einen Wettbewerb zu sozialer Versagensangst (vgl. M2, Z. 52 f.)* …

b Sammeln Sie zu den Argumenten, wenn möglich, eigene Beispiele zur Unterstützung oder Veranschaulichung. Reflektieren Sie dabei auch, „wie soziale Netzwerke Sie Ihren Job kosten“ können, anhand der Aussagen aus M5 (▶ S. 283).

Einen Schreibplan entwickeln

1 Welche Meinung vertreten Sie zum Thema? Vergegenwärtigen Sie sich Ihre persönliche Meinung in Form von ein bis zwei Sätzen.

2 Erstellen Sie einen Schreibplan für Ihren Kommentar, indem Sie anhand der beiden Tabellen eine sinnvolle gedankliche Struktur entwickeln. Darüber hinaus können Sie auch eigene Argumente und Beispiele aufnehmen. Achten Sie auf eine für den Leser deutliche Unterscheidung zwischen informierenden und argumentierenden Textabschnitten. Als Strukturierungshilfe können Ihnen z. B. die Stichworte in den Tabellen dienen, die Sie in der gewünschten Reihenfolge nummerieren.

3 Sammeln Sie Ideen für eine Einleitung, die zum Thema hinführt und Interesse beim Leser weckt. Beachten Sie, dass es sich bei einem Kommentar um eine journalistische Textsorte handelt und nicht um eine Erörterung.
20 Bewerbungen und wieder den Job nicht bekommen, obwohl du alle online an deinem Leben teilhaben lässt? …

Information **Die gedankliche Struktur und Gliederung eines argumentierenden Textes entwickeln**

Es ist wichtig, argumentierende Texte einer gedanklichen Struktur folgen zu lassen, damit die Informationen und Argumente nicht ohne Bezug nebeneinanderstehen und für die Leser/-innen besser nachvollziehbar sind. Beispiele:

- **Ursachen** → **Wirkungen** → **Folgen / Vergangenheit** → **Gegenwart** → **Zukunft,** z. B.: *Ursache: Jugendliche möchten in sozialen Medien perfekt wirken* → *Wirkung: Sie stellen geschönte Bilder von sich ein* → *Folge: Probleme mit den Menschen, die die reale Person kennen*
- **Problem** → **Lösung** → **Umsetzung,** z. B.: *Problem: Ich bin mit mir selbst unzufrieden* → *Lösung: perfektes digitales Ich* → *Umsetzung: Ich stelle optimierte Bilder in soziale Netzwerke ein*
- **Frage** → **Antwort** → **Folgerung,** z. B.: *Frage: Warum bekomme ich nie die guten Jobs?* → *Antwort: kompromittierende Fotos in sozialen Netzwerken* → *Folgerung: Privatsphäreeinstellungen anpassen*

Manchmal kann es sinnvoll sein, die Struktur zu verändern, z. B.: *Folgen* → *Wirkungen* → *Ursachen.*
Auch argumentierende Texte unterliegen in der Regel der formalen **Gliederung** in **Einleitung, Hauptteil** und **Schluss.** Zudem haben sie eine **Überschrift,** die das Thema auf den Punkt bringt.

4 Finden Sie einen passenden Schluss. Sie können z. B. ein Fazit ziehen, mit einem besonders prägnanten Zitat enden, einen Ausblick oder einen Ratschlag geben.

Die Planung überarbeiten

1 Besprechen Sie Ihren Schreibplan im Rahmen einer Schreibkonferenz (▶ Methode, S. 357). Überlegen Sie, wie Sie die Vorschläge der anderen Konferenzteilnehmer/-innen in Ihre Planung einfließen lassen.
2 Überarbeiten Sie Ihren Schreibplan mithilfe der Checkliste. Beschränken Sie sich in diesem Arbeitsschritt auf die inhaltlich-strukturelle Ebene.

Checkliste **Materialgestützt einen argumentierenden Text verfassen: Inhalt und Aufbau**

- Weist der Schreibplan eine **klare gedankliche Struktur** auf?
- Gibt der Schreibplan eine deutliche **Gliederung** in **Einleitung, Hauptteil** und **Schluss** vor?
- Wurden **alle relevanten Informationen zum Thema** aufgenommen und korrekt wiedergegeben?
- Wurde der eigene/geforderte **Standpunkt** mithilfe von **Argumenten** aus den Materialien und dem Unterricht überzeugend vertreten?
- Erfüllt die Planung die **Anforderungen an die Aufgabe** (Textart und Intention)?
- Wurde **zusätzliches Wissen aus dem Unterricht** ergänzt?
- Wurde **auf Aspekte verzichtet,** die für das Thema nicht relevant sind?

Den eigenen Text formulieren

1 Verfassen Sie auf der Grundlage Ihrer Inhaltsplanung sowie der Planungen für Einleitung und Schluss Ihren Kommentar.
- Verwenden Sie eine sachliche und dem Adressatenkreis angemessene, gut verständliche Sprache. In einem meinungsbetonenden Text wie dem Kommentar können auch rhetorische Figuren (▶ Information, S. 337 f.) zur Pointierung eingesetzt werden.

Tipp: Wählen Sie vor allem solche rhetorischen Figuren aus, die besonders eingängig und illustrierend sind, z. B. Alliteration, Anapher, Klimax, Vergleich …
- Achten Sie bei der direkten oder indirekten Wiedergabe von Inhalten aus den Materialien auf die richtigen Formen der Redewiedergabe.

Das Schaubild zeigt den Unterschied zwischen …
Bezüglich der Folgen von Bildern empfiehlt der Ratgeber der F. A. Z. …

2 Formulieren Sie eine passende Überschrift.

Information **Umgang mit Informationsquellen**

Wenn Sie fremde Darstellungen mit eigenen Worten, in indirekter Rede oder als Zitat wiedergeben, sollten Sie Ihre Informationsquellen benennen und kurz vorstellen. Zeilenangaben müssen allerdings nicht gemacht werden, z. B.:
Der Informatiker Jaron Lanier gibt in seinem Positionspapier zu bedenken: „Du verlierst deinen freien Willen.“
Die Soziologin Dagmar Hoffmann betont, dass Jugendliche auf den gezeigten Fotos möglichst gut aussehen wollen.

Den eigenen Text überarbeiten

1 Setzen Sie sich erneut mit Ihrem Text auseinander. Stellen Sie dieses Mal die Textoberfläche in das Zentrum der Aufmerksamkeit. Orientieren Sie sich dabei an den in der Checkliste aufgeführten Kriterien. Machen Sie Notizen und/oder Anmerkungen am Seitenrand. Nehmen Sie für die sprachliche Richtigkeit ein Wörterbuch zu Hilfe.

Checkliste **Materialgestützt einen argumentierenden Text verfassen: sprachliche Gestaltung**

- Hat der Text eine informative **Überschrift?**
- Ist der Text **sachlich** formuliert?
- Ist der Text für die Leserinnen und Leser **verständlich?**
- Werden die **Informationsquellen** kurz vorgestellt und korrekt zitiert bzw. paraphrasiert?
- Ist der Text **sprachlich richtig** (Rechtschreibung, Grammatik, Zeichensetzung)?

2 Überarbeiten Sie Ihren Text anhand Ihrer Anmerkungen.

D Sprache und Rhetorik

D1 Sprache und Sprachen

D2 Sprachliche Varietäten

D3 Sprachwandel

D4 Rhetorik

D1 Sprache und Sprachen

1 **a** Betrachten Sie das Bild und benennen Sie alle Zeichen und Formen der Kommunikation, die Sie entdecken können.

b Welche Formen alltäglicher Kommunikation und welche in Ihrer Umwelt oft genutzten Zeichen finden Sie nicht im Bild?

In diesem Kapitel erwerben Sie folgende Kenntnisse und Kompetenzen

- grundlegende Einsichten in die Struktur von Sprache (insbesondere in ihren Zeichencharakter) gewinnen,
- verschiedene Ansätze zur Erklärung des Verhältnisses von Sprache, Denken und Wirklichkeit ermitteln und beurteilen,
- sich mit persönlichen Spracherfahrungen auseinandersetzen und Sprachbewusstsein aufbauen,
- Phänomene der Mehrsprachigkeit erläutern und sich zu strittigen Fragen im Zusammenhang mit Mehrsprachigkeit begründet positionieren.

1.1 Der Zeichencharakter der Sprache – Zeichen unterscheiden

Chinesisches Schriftzeichen

1 Bei der Abbildung handelt es sich um ein chinesisches Schriftzeichen. Welche Bedeutung könnte es haben? Sammeln Sie Ideen in der Gruppe.

2 **a** Recherchieren Sie die Bedeutung dieses Schriftzeichens.
b Untersuchen Sie anschließend, welcher Bezug zwischen dem Zeichen und dem Bezeichneten besteht, und überlegen Sie, für wie eindeutig Sie das Zeichen halten.

3 Beschreiben Sie die Gemeinsamkeiten und Unterschiede zwischen chinesischen Schriftzeichen und unseren Buchstaben.

Arthur Conan Doyle: **Studie in Scharlachrot** (1887)

[Dr. Watson ist als Militärarzt verwundet aus dem afghanisch-britischen Krieg (1878–80) zurückgekehrt. Von einem Freund wird er Sherlock Holmes vorgestellt, der wie Dr. Watson beabsichtigt, eine Wohnung in London anzumieten. Bei ihrer ersten Begegnung erkennt Holmes sofort, dass Watson aus Afghanistan kommt, was Watson in äußerstes Erstaunen versetzt. Nachdem beide schon eine Weile eine Wohnung in der Baker Street geteilt haben, erklärt Holmes, wie er zu seiner Schlussfolgerung gekommen war.]

„Im Geiste zu notieren, was meine Sinne wahrnehmen, ist mir zur zweiten Natur geworden. Sie waren überrascht, als ich Ihnen bei unserer ersten Begegnung auf den Kopf zusagte, Sie kämen aus Afghanistan."
„Das wird Ihnen jemand erzählt haben."
„Keineswegs. Ich wusste es. Durch ständige Schulung ist mein Denkapparat so daran gewöhnt, blitzschnell zu reagieren, dass ich zu meinem Ergebnis gelange, ohne mir der einzelnen Gedankenstufen voll bewusst zu werden. Diese waren bei Ihrem Anblick freilich da und berichteten etwa Folgendes: Dieser Mann sieht wie ein Arzt aus, hat aber etwas Soldatisches in der Haltung. Er wird also Militärarzt sein. Sein dunkles Gesicht deutet darauf hin, dass er eben aus den Tropen zurückgekehrt ist. Den dunklen Teint hat er nicht von Natur, denn an den Handgelenken ist seine Haut fast weiß. Dass er viel mitgemacht hat und nicht gesund ist, verraten seine eingefallenen und abgehärmten Gesichtszüge. Er muss am linken Arm, den er steif und ungelenk hält, verletzt sein. In welchem Teil der Tropen kann sich ein englischer Militärarzt eine solche Verwundung zugezogen haben? Doch nur in Afghanistan. Keine Sekunde dauerten all diese Überlegungen. Daher stellte ich im Handumdrehen fest, Sie kämen aus Afghanistan, was Sie sehr verwunderte."
„Wenn man Ihnen so zuhört, ist es das Selbstverständlichste von der Welt!", erwiderte ich lächelnd.
[…]

1 Notieren Sie, was Sie mit der Figur Sherlock Holmes assoziieren.

2 Erklären Sie, wieso Watson überrascht war, als Holmes sofort erkannte, dass Watson gerade aus Afghanistan zurückgekehrt war.

3 Manchmal kann es schwierig sein, Zeichen richtig zu deuten. Betrachten Sie nochmals das Straßenbild auf Seite 289 und überlegen Sie, welche Zeichen hier unterschiedlich interpretiert werden könnten.
Die rot lackierten Fingernägel der Frau im Vordergrund könnten …

4 Nennen Sie weitere Zeichen, die Ihnen im Alltag begegnen und mit bestimmten Assoziationen und Bedeutungen verknüpft sind.

Ferdinand de Saussure: **Die Natur des sprachlichen Zeichens** (1916 / dt. 1931)

[Wie hängen ein Wort bzw. ein Ausdruck und seine Bedeutung bzw. sein Inhalt zusammen? Antworten dazu liefert der folgende Auszug aus der berühmten Abhandlung „Die Natur des sprachlichen Zeichens" des schweizerischen Sprachforschers Ferdinand de Saussure (1857–1913). Dieser definiert – wie auch die folgende Grafik zeigt – das sprachliche Zeichen als die Verknüpfung eines Lautbildes mit einer Vorstellung (von einem Gegenstand, von einem Sachverhalt).]

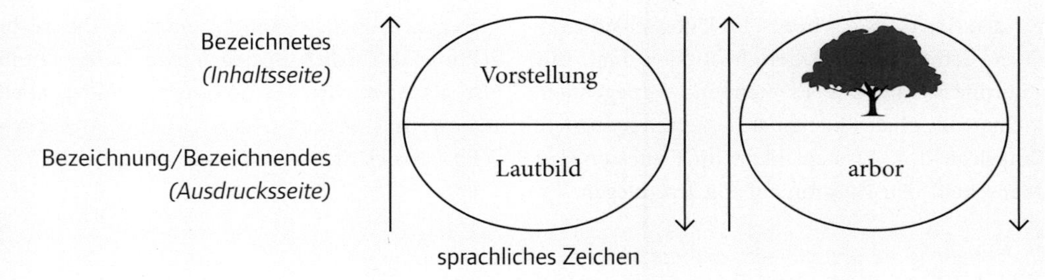

[…] Mit dieser Definition wird eine wichtige terminologische Frage aufgeworfen. Ich nenne die Verbindung der Vorstellung mit dem Lautbild das **Zeichen;** dem üblichen Gebrauch nach aber bezeichnet dieser Terminus im Allgemeinen das Lautbild allein, z. B. ein Wort (*arbor* usw.). Man vergisst dabei, dass, wenn *arbor* Zeichen genannt wird, dies nur insofern gilt, als es Träger der Vorstellung „Baum" ist, sodass also diese Bezeichnung außer dem Gedanken an den sensorischen Teil den an das Ganze einschließt.

Die Mehrdeutigkeit dieses Ausdrucks verschwindet, wenn man die drei hier in Rede stehenden Begriffe durch Namen bezeichnet, die unter sich in Zusammenhang und zugleich in Gegensatz stehen. Ich schlage also vor, dass man das Wort **Zeichen** beibehält für das Ganze, und Vorstellung bzw. Lautbild durch Bezeichnetes und Bezeichnung (Bezeichnendes) ersetzt; die beiden letzteren Ausdrücke haben den Vorzug, den Gegensatz hervorzuheben, der sie voneinander trennt und von dem Ganzen, dessen Teile sie sind. Für dieses selbst begnügen wir uns mit dem Ausdruck „Zeichen", weil kein anderer sich dafür finden lässt. […]

Das Band, welches das Bezeichnete mit der Bezeichnung verknüpft, ist beliebig; und da wir unter Zeichen das durch die assoziative Verbindung einer Bezeichnung mit einem Bezeichneten erzeugte Ganze verstehen, so können wir dafür auch einfacher sagen: **Das sprachliche Zeichen ist beliebig.**

So ist die Vorstellung „Schwester" durch keinerlei innere Beziehung mit der Lautfolge *Schwester* verbunden, die ihr als Bezeichnung dient; sie könnte ebenso wohl dargestellt sein durch irgendeine andere Lautfolge: Das beweisen die Verschiedenheiten unter den Sprachen und schon das Vorhandensein verschiedener Sprachen: Das Bezeichnete „Ochs" hat auf dieser Seite der Grenze als Bezeichnung *o-k-s,* auf jener Seite b-ö-f (bœuf). […]

Das Wort „beliebig" erfordert hierbei eine Bemerkung. Es soll nicht die Vorstellung erwecken, als ob die Bezeichnung von der freien Wahl der sprechenden Person abhinge […]; es soll besagen, dass es **unmotiviert** ist, d. h. beliebig im Verhältnis zum Bezeichneten, mit welchem es in Wirklichkeit keinerlei natürliche Zusammengehörigkeit hat. […]

Werner Kallmeyer u. a.: **Beliebigkeit und Konventionalität des sprachlichen Zeichens** (1974)

Anzeichen

Umgangssprachlich sprechen wir sehr oft von Zeichen, wenn keine beliebige Verbindung von Bezeichnendem und Bezeichnetem vorliegt. Wir sagen z. B., Erröten sei ein Zeichen von Verlegenheit oder das Abreisen der Zugvögel ein Zeichen für den Beginn des Winters. Im Unterschied zum oben definierten Zeichen lässt sich hier die Zuordnung von z. B. Erröten und Verlegenheit nicht willkürlich ändern, sie ist naturgesetzlich festgelegt, d. h., es steht nicht im Ermessen des Menschen, den Zusammenhang festzulegen. Er kann ihn nur unter bestimmten Voraussetzungen erkennen. Solche Fälle, in denen keine „Beliebigkeit“ vorliegt, werden auch terminologisch von den anderen unterschieden. Wir interpretieren Phänomene als *Anzeichen,* sofern wir sie als Erklärung oder Indiz für etwas anderes ansehen, ganz gleich, ob dieses andere seinerseits der Beobachtung zugänglich ist oder nicht. Erröten kann also als Anzeichen (Symptom) für Verlegenheit interpretiert werden. Aufgrund von Anzeichen stellt z. B. der Arzt seine Diagnose auf. […]

1 Benennen Sie die Bestandteile eines sprachlichen Zeichens laut de Saussure.

2 Erklären Sie anhand eines eigenen Beispiels, was mit der Beliebigkeit eines sprachlichen Zeichens gemeint ist.

3 Finden Sie eigene Beispiele für Anzeichen und machen Sie den Unterschied zwischen einem Anzeichen und einem sprachlichen Zeichen deutlich.
Rauch zeigt an, dass es brennt. Es handelt sich um ein Anzeichen für …, weil …

4 **a** Übersetzen Sie den Satz auf dem Bild von René Magritte. Nehmen Sie ggf. ein Französisch-Wörterbuch zu Hilfe.
b Diskutieren Sie mögliche Deutungen der Bildaussage. Beziehen Sie dazu auch den Titel des Bildes mit ein.

René Magritte: La trahison des images (Der Verrat der Bilder) (1929)

Peter Bichsel: **Ein Tisch ist ein Tisch** (1969)

Ich will von einem alten Mann erzählen, von einem Mann, der kein Wort mehr sagt, ein müdes Gesicht hat, zu müd zum Lächeln und zu müd, um böse zu sein. Er wohnt in einer kleinen Stadt, am Ende der Straße oder nahe der Kreuzung. Es lohnt sich fast nicht, ihn zu beschreiben, kaum etwas unterscheidet ihn von andern. Er trägt einen grauen Hut, graue Hosen, einen grauen Rock und im Winter den langen grauen Mantel, und er hat einen dünnen Hals, dessen Haut trocken und runzelig ist, die weißen Hemdkragen sind ihm viel zu weit.

Im obersten Stock des Hauses hat er sein Zimmer, vielleicht war er verheiratet und hatte Kinder, vielleicht wohnte er früher in einer andern Stadt. Bestimmt war er einmal ein Kind, aber das war zu einer Zeit, wo die Kinder wie Erwachsene angezogen waren. Man sieht sie so im Fotoalbum der Großmutter. In seinem Zimmer sind zwei Stühle, ein Tisch, ein Teppich, ein Bett und ein Schrank.

Auf einem kleinen Tisch steht ein Wecker, daneben liegen alte Zeitungen und das Fotoalbum, an der Wand hängen ein Spiegel und ein Bild.

Der alte Mann machte morgens einen Spaziergang und nachmittags einen Spaziergang, sprach ein paar Worte mit seinem Nachbarn, und abends saß er an seinem Tisch.

Das änderte sich nie, auch sonntags war das so. Und wenn der Mann am Tisch saß, hörte er den Wecker ticken, immer den Wecker ticken.

Dann gab es einmal einen besonderen Tag, einen Tag mit Sonne, nicht zu heiß, nicht zu kalt, mit Vogelgezwitscher, mit freundlichen Leuten, mit Kindern, die spielten – und das Besondere war, dass das alles dem Mann plötzlich gefiel.

Er lächelte.

„Jetzt wird sich alles ändern", dachte er.

Er öffnete den obersten Hemdknopf, nahm den Hut in die Hand, beschleunigte seinen Gang, wippte sogar beim Gehen in den Knien und freute sich. Er kam in seine Straße, nickte den Kindern zu, ging vor sein Haus, stieg die Treppe hoch, nahm die Schlüssel aus der Tasche und schloss sein Zimmer auf.

Aber im Zimmer war alles gleich, ein Tisch, zwei Stühle, ein Bett. Und wie er sich hinsetzte, hörte er wieder das Ticken, und alle Freude war vorbei, denn nichts hatte sich geändert.

Und den Mann überkam eine große Wut.

Er sah im Spiegel sein Gesicht rot anlaufen, sah, wie er die Augen zukniff; dann verkrampfte er seine Hände zu Fäusten, hob sie und schlug mit ihnen auf die Tischplatte, erst nur ein Schlag, dann noch einen, und dann begann er auf den Tisch zu trommeln und schrie dazu immer wieder:

„Es muss sich ändern, es muss sich ändern!"

Und er hörte den Wecker nicht mehr. Dann begannen seine Hände zu schmerzen, seine Stimme versagte, dann hörte er den Wecker wieder, und nichts änderte sich.

„Immer derselbe Tisch", sagte der Mann, „dieselben Stühle, das Bett, das Bild. Und dem Tisch sage ich Tisch, dem Bild sage ich Bild, das Bett heißt Bett, und den Stuhl nennt man Stuhl. Warum denn eigentlich?" Die Franzosen sagen dem Bett „li", dem Tisch „tabl", nennen das Bild „tablo" und den Stuhl „schäs", und sie verstehen sich. Und die Chinesen verstehen sich auch.

„Weshalb heißt das Bett nicht Bild", dachte der Mann und lächelte, dann lachte er, lachte, bis die Nachbarn an die Wand klopften und „Ruhe" riefen. „Jetzt ändert es sich", rief er, und er sagte von nun an dem Bett „Bild".

„Ich bin müde, ich will ins Bild", sagte er, und morgens blieb er oft lange im Bild liegen und überlegte, wie er nun dem Stuhl sagen wolle, und er nannte den Stuhl „Wecker".

Er stand also auf, zog sich an, setzte sich auf den Wecker und stützte die Arme auf den Tisch. Aber der Tisch hieß jetzt nicht mehr Tisch, er hieß jetzt Teppich.

Am Morgen verließ also der Mann das Bild, zog sich an, setzte sich an den Teppich auf den Wecker und überlegte, wem er wie sagen könnte.

Dem Bett sagte er Bild.

Dem Tisch sagte er Teppich.

Dem Stuhl sagte er Wecker.

Der Zeitung sagte er Bett.

Dem Spiegel sagte er Stuhl.

Dem Wecker sagte er Fotoalbum.

Dem Schrank sagte er Zeitung.

Dem Teppich sagte er Schrank.

Dem Bild sagte er Tisch.

Und dem Fotoalbum sagte er Spiegel.

Also:

Am Morgen blieb der alte Mann lange im Bild liegen, um neun läutete das Fotoalbum, der Mann stand auf und stellte sich auf den Schrank, damit er nicht an den Füßen fror, dann nahm er seine Kleider aus der Zeitung, zog sich an, schaute in den Stuhl an der Wand, setzte sich dann auf den Wecker an den Teppich und blätterte den Spiegel durch, bis er den Tisch seiner Mutter fand.

Der Mann fand das lustig, und er übte den ganzen Tag und prägte sich die neuen Wörter ein. Jetzt wurde alles umbenannt: Er war jetzt kein Mann mehr, sondern ein Fuß, und der Fuß war ein Morgen und der Morgen ein Mann.

Jetzt könnt ihr die Geschichte selbst weiterschreiben. Und dann könnt ihr, so wie es der Mann machte, auch die anderen Wörter austauschen:

läuten heißt stellen,
frieren heißt schauen,
liegen heißt läuten,
stehen heißt frieren,
stellen heißt blättern.

Sodass es dann heißt: Am Mann blieb der alte Fuß lange im Bild läuten, um neun stellte das Fotoalbum, der Fuß fror auf und blätterte sich auf den Schrank, damit er nicht an die Morgen schaute.

Der alte Mann kaufte sich blaue Schulhefte und schrieb sie mit den neuen Wörtern voll, und er hatte viel zu tun damit, und man sah ihn nur noch selten auf der Straße.

Dann lernte er für alle Dinge die neuen Bezeichnungen und vergaß dabei mehr und mehr die richtigen. Er hatte jetzt eine neue Sprache, die ihm ganz allein gehörte. Hie und da träumte er schon in der neuen Sprache, und dann übersetzte er die Lieder aus seiner Schulzeit in seine Sprache, und er sang sie leise vor sich hin.

Aber bald fiel ihm auch das Übersetzen schwer, er hatte seine alte Sprache fast vergessen, und er musste die richtigen Wörter in seinen blauen Heften suchen. Und es machte ihm Angst, mit den Leuten zu sprechen. Er musste lange nachdenken, wie die Leute den Dingen sagen.

Seinem Bild sagen die Leute Bett.
Seinem Teppich sagen die Leute Tisch.
Seinem Wecker sagen die Leute Stuhl.
Seinem Bett sagen die Leute Zeitung.
Seinem Stuhl sagen die Leute Spiegel.
Seinem Fotoalbum sagen die Leute Wecker.
Seiner Zeitung sagen die Leute Schrank.
Seinem Schrank sagen die Leute Teppich.
Seinem Tisch sagen die Leute Bild.
Seinem Spiegel sagen die Leute Fotoalbum.

Und es kam so weit, dass der Mann lachen musste, wenn er die Leute reden hörte.

Er musste lachen, wenn er hörte, wie jemand sagte: „Gehen Sie morgen auch zum Fußballspiel?“ Oder wenn jemand sagte: „Jetzt regnet es schon zwei Monate lang.“ Oder wenn jemand sagte: „Ich habe einen Onkel in Amerika.“

Er musste lachen, weil er all das nicht verstand.

Aber eine lustige Geschichte ist das nicht. Sie hat traurig angefangen und hört traurig auf.

Der alte Mann im grauen Mantel konnte die Leute nicht mehr verstehen, das war nicht so schlimm. Viel schlimmer war, sie konnten ihn nicht mehr verstehen. Und deshalb sagte er nichts mehr.

Er schwieg, sprach nur noch mit sich selbst, grüßte nicht einmal mehr.

1 Lesen Sie die Kurzgeschichte „Ein Tisch ist ein Tisch“ von Peter Bichsel und fassen Sie die Erzählschritte kurz zusammen. Vergleichen und verbessern Sie Ihre Ergebnisse in Partnerarbeit.

2 Peter Bichsel spielt mit dem Zeichencharakter der Sprache. Erläutern Sie anhand der Kurzgeschichte, welche Rolle die Konventionalität (d. h. die innerhalb einer Sprachgemeinschaft festgelegte Verknüpfung von Vorstellung und Lautbild) in der alltäglichen Kommunikation spielt.

3 Vergleichen Sie die Textaussage der Kurzgeschichte „Ein Tisch ist ein Tisch“ mit der Bildaussage von Magrittes Bild „La trahison des images“ (▶ S. 292).

Petra Schütz: **Die Macht der Marken** (2001)

[…] Der „Marken-Software“, insbesondere der Werbung in jeder Form, kommt dabei die Aufgabe zu, die in Kultur und Gesellschaft vorhandenen Zeichen und Bedeutungen über symbolische Gemeinsamkeiten und Parallelen mit der „Person“ der Marke und ihren Produkten assoziativ zu verknüpfen.

Helene Karmasin beschreibt das Zusammenwirken von Marken-Software und -Hardware folgendermaßen:

„[Produkte] transportieren diese Bedeutung über ihre physisch beobachtbaren Merkmale, aber natürlich wird die Bedeutung im Prozess der Werbung den Produkten sehr nachdrücklich zugeordnet, indem diese mit Zeichen und Zeichenwelten verbunden werden.“

Durch neue hedonistische[1] gesellschaftliche Grundströmungen treten die Konsumenten bewusst noch stärker mit den Marken in eine wechselseitige Kommunikation ein, wobei die

Ansprüche des Individuums sich zunehmend von den Werten des Umfelds lösen, sodass die ganz persönliche Beziehung zwischen Marke und Mensch in den Vordergrund rückt. [...] Mithilfe möglichst konnotationsstarker visueller Zeichen werden gesellschaftsübergreifend starke Gefühls- und Werteassoziationen erzeugt, die über die eigentlich verwendeten Zeichen und deren Bedeutungsinhalt weit hinausgehen und sinnstiftend wirken. [...]

1 **hedonistisch:** nach Genuss strebend

1 Lesen Sie den Auszug aus „Die Macht der Marken" und erläutern Sie die Kernaussagen:
- **a** Überlegen Sie, welche Marken Sie aus dem Alltag oder aus der Werbung kennen. Erläutern Sie, welche „Werteassoziationen" Sie mit diesen verbinden.
- **b** Erklären Sie anhand eines selbst gewählten Beispiels mit den Begriffen „Zeichen", „Bezeichnetes" und „Gefühls- und Werteassoziationen", wie Werbung funktioniert.

2 Diskutieren Sie, inwieweit es möglich ist, die eigene Individualität über Marken oder ein eigenes Markenzeichen auszudrücken.

Auch die Gebärdensprache ist ein System von Zeichen. Sie wird nicht nur von gehörlosen Menschen genutzt, sondern auch von hörenden Menschen, die mit gehörlosen oder schwerhörigen Menschen kommunizieren möchten.

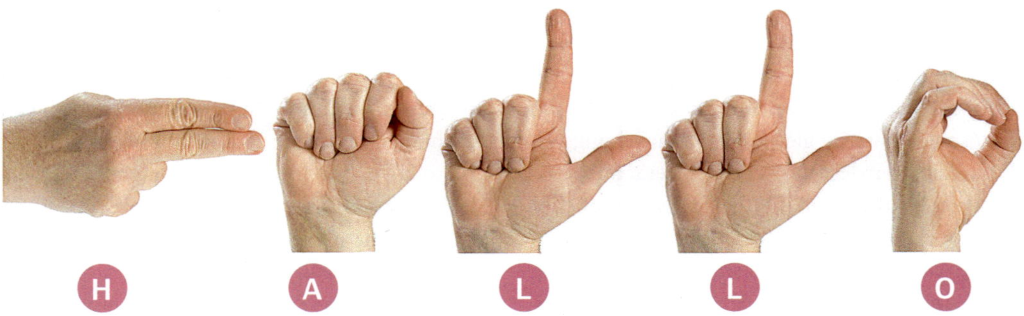

1 Betrachten Sie die Abbildung und vergleichen Sie die Zeichensprache mit der Lautsprache.
Beide Sprachen müssen erlernt werden.
Es gibt unterschiedliche Zeichen für ...

2 Suchen Sie in einer Mediathek eines öffentlich-rechtlichen Fernsehsenders eine Nachrichtensendung aus, die von einem Gebärdendolmetscher übersetzt wird.
- **a** Schauen Sie sich die ersten drei bis fünf Minuten ohne Ton an und stellen Sie Vermutungen an, was gesagt wird.
- **b** Vergleichen Sie Ihre Vermutungen danach mit der Version mit Ton.
- **c** Überprüfen Sie, inwieweit Gebärdensprache in Hinblick auf „Beliebigkeit" und „Konventionalität" (▶ S. 292) funktioniert.

3 Recherchieren und erklären Sie die Unterschiede zwischen den Gebärdensprachen unterschiedlicher Länder.

1.2 Sprache – Denken – Wirklichkeit

Sprache ermöglicht nicht nur, die Wirklichkeit zu beschreiben und über diese zu kommunizieren. Sie beeinflusst auch, wie die Wirklichkeit wahrgenommen wird. Dies kommt beispielsweise auch im Verhältnis der Geschlechter zum Tragen.

1 **a** Betrachten Sie das Toilettenschild rechts und erläutern Sie, um welche Art Zeichen es sich handelt.
b Reflektieren Sie, inwiefern diese Zeichen Einfluss auf unsere Wahrnehmung der Wirklichkeit nehmen.

Gerd Brantenberg: **Die Töchter Egalias. Ein Roman über den Kampf der Geschlechter** (1979)

Direktorin Bram und ihre Familie: Kristoffer, Petronius und Ba

„Schließlich sind es noch immer die Männer, die die Kinder bekommen“, sagte Direktorin Bram und blickte über den Rand der Egalsunder Zeitung zurechtweisend auf ihren Sohn. Es war ihr anzusehen, dass sie gleich die Befrauschung verlor. „Außerdem lese ich Zeitung.“ Verärgert setzte sie ihre Lektüre fort, bei der sie unterbrochen worden war.

„Aber ich will Seefrau werden! Ich nehme die Kinder einfach mit“, sagte Petronius erfinderisch.

„Und was glaubst du wohl, wird die Mutter des Kindes dazu sagen? Nein, mein Lieber. Es gibt gewisse Dinge im Leben, mit denen du dich abfinden musst. Du wirst allmählich lernen, auch das zu mögen, womit du dich abfinden musst. Selbst in einer egalitären Gesellschaft wie der unseren können es nicht alle Wibschen gleichhaben. Es wäre zudem tödlich langweilig. Grau und trist.“

„Es ist viel grauer und trister, nicht werden zu dürfen, was dam will.“

„Wer hat denn gesagt, dass du nicht werden darfst, was du willst? Ich sage nur, du sollst realistischer sein. Keine kann das Ei essen und zugleich das Küken haben wollen. Bekommst du Kinder, so bekommst du Kinder. Hör mal zu, Petronius. In meiner Jungmädchenzeit hatte ich auch eine Menge hochfliegender Träume von dem, was ich werden wollte. Seefrauenromantik. Daran leidest du. Du solltest aufhören, all die abenteuerlichen Erzählungen über die Taten von Frauen zu lesen, und dich lieber in Jünglingsromane vertiefen. Dabei bekommst du viel realistischere Vorstellungen. Außerdem ist das kein richtiger Mann, der zur See fahren will.“

„Aber die meisten Seefrauen, die ich kenne, haben doch auch Kinder!“

„Das ist doch etwas ganz anderes! Eine Mutter, Petronius, kann nie Vaterstelle bei einem Kind vertreten.“

Seine Schwester lachte gemein. Sie war anderthalb Jahre jünger als er und ärgerte ihn immer. „Haha! Ein Mann soll Seefrau werden? Denkste!“ Neunmalklug fügte sie noch hinzu, dass der Widersinn doch schon in den Wörtern liege. „Eine männliche Seefrau! Der blödeste Ausdruck seit Wibschengedenken. Ho, ho! Vielleicht solltest du Schiffs*junge* werden? Oder Zimmer*mann*? Oder Steuer*mann*?! Ich lach' mich tot. […]“

1 Fassen Sie die Handlung des Romanauszugs in eigenen Worten zusammen.

2 Im Roman werden die Rollen von Mann und Frau getauscht. Benennen Sie die „typischen“ Verhaltensweisen von Männern, die hier Frauen zugewiesen werden.

3 Die Autorin ersetzt maskuline Wortteile durch feminine. Listen Sie entsprechende Begriffe aus dem Text auf.
Beherrschung → Befrauschung, ...

4 Erläutern Sie mit Bezug auf den Roman, inwieweit unsere Sprache unser Denken und unser Handeln beeinflussen könnte.

5 Lesen Sie die Information zu „Doing Gender". Diskutieren Sie in der Klasse, inwieweit Sie dieser Sichtweise auf die Geschlechter folgen können bzw. widersprechen. Begründen Sie Ihre Argumente und belegen Sie sie mit Beispielen.

Information **Doing Gender**

Der Analyseansatz des **Doing Gender** geht davon aus, dass das soziale Geschlecht (engl. „gender") – d. h. die Rollen und Verhaltensweisen, die Männer und Frauen traditionell ausüben – nicht auf den biologischen Unterschieden (engl. „sex" für biologisches Geschlecht) beruht, sondern gesellschaftlich konstruiert wird. Vertreter einer biologischen Sichtweise sehen Verhaltensunterschiede zwischen den Geschlechtern als angeboren bzw. genetisch an, z. B., dass Frauen empathischer seien und daher oft soziale Berufe ausübten. Vertreter eines Doing-Gender-Ansatzes führen diese Tendenzen bereits auf die Erziehung im Baby- und Kleinkindalter zurück, z. B. darauf, dass Mädchen öfter gerügt würden, wenn sie zu laut oder wild seien. Zudem vollziehe sich diese Sozialisation in der Sprache, z. B. durch Berufsbezeichnungen, die nur für ein Geschlecht verwendet und deshalb auch meistens nur mit diesem assoziiert werden (wie „Hebamme", „Prostituierte", „Matrose", „Feldwebel", „Zimmermann"). Doing Gender bedeutet, den persönlichen Anteil an der Konstruktion von Geschlechtlichkeit zu betonen.

Lera Boroditsky: **Wie die Sprache das Denken formt** (2012)

Menschen leben in unterschiedlichen Kulturen und sprechen die verschiedensten Sprachen. Deren Strukturen prägen in ungeahntem Ausmaß die Art und Weise, wie wir die Welt wahrnehmen.

Pormpuraaw ist eine kleine Siedlung der Aborigines am Westrand der Halbinsel Cape York in Nordaustralien. Ich bitte ein fünf Jahre altes Mädchen, nach Norden zu zeigen. Ohne zu zögern, deutet sie in eine bestimmte Richtung. Mein Kompass bestätigt: Sie hat recht. [...]

Eine Fünfjährige aus einer bestimmten Kultur bringt ohne Weiteres etwas fertig, was angesehene Forscher einer anderen Kultur überfordert. Was ist der Grund für die höchst unterschiedliche kognitive Fähigkeit? Die überraschende Antwort lautet: die Sprache. Die Idee, dass Sprachunterschiede die Kognition beeinflussen, ist an sich jahrhundertealt; [...]. Wenn Menschen grundverschieden sprechen, dann denken sie auch unterschiedlich. [...]

Der Einfluss der Wörter

Rund um den Globus kommunizieren Menschen miteinander auf vielfältige Weise, und jede der schätzungsweise 7000 Sprachen verlangt von denen, die sie verwenden, ganz unterschiedliche Leistungen. Angenommen, ich möchte Ihnen mitteilen, dass ich Anton Tschechows Drama „Onkel Wanja" auf einer Bühne in der 42. Straße New Yorks gesehen habe. Auf Mian, das in Papua-Neuguinea gesprochen wird, würde das Verb aussagen, ob das Stück soeben, gestern oder vor langer Zeit gespielt wurde. Das Indonesische dagegen gibt damit nicht einmal preis, ob die Aufführung bereits stattfand oder noch bevorsteht. Auf Russisch enthüllt das Verb mein Geschlecht. Wenn ich Mandarin verwende, muss ich wissen, ob Onkel Wanja ein Bruder der Mutter oder des Vaters ist und ob er blutsverwandt oder angeheiratet ist, denn für jeden dieser Fälle gibt es einen speziellen Ausdruck.

Tatsächlich besagt die chinesische Übersetzung eindeutig, dass Wanja ein Bruder der Mutter ist. Und mit Pirahã, einer in Amazonien beheimateten Sprache, könnte ich „42. Straße" gar nicht ausdrücken, weil es darin keine exakten Zahlwörter gibt, sondern nur Bezeichnungen für „wenige" und „viele". Sprachen unterscheiden sich auf unzählige Arten voneinander, aber das muss nicht automatisch heißen, dass die Sprecher auch unterschiedlich denken. Lange war unklar, ob der Gebrauch von Mian, Russisch, Indonesisch, Mandarin oder Pirahã wirklich zu jeweils eigenen Wahrnehmungen, Erinnerungen und Überlegungen führt. Doch zahlreiche Forschungen – unter anderem in meinem Labor – haben inzwischen gezeigt, dass die Sprache sogar die grundlegenden Dimensionen menschlicher Erfahrung prägt: Raum, Zeit, Kausalität und die Beziehung zu anderen. […]

Raum- und Zeitvorstellungen

In den vergangenen zwei Jahrzehnten haben Stephen C. Levinson vom Max-Planck-Institut für Psycholinguistik in Nimwegen (Niederlande) und John B. Haviland von der University of California in San Diego nachgewiesen, dass Menschen, die Sprachen mit absoluten Richtungen verwenden, auffallend gut in unbekannten Gegenden oder Gebäuden zurechtkommen. Sie orientieren sich besser als Personen, die dort zu Hause sind, aber nicht solche Sprachen sprechen – ja sogar besser, als die Forscher dies für menschenmöglich gehalten hatten.

Die Erfordernisse dieser Sprachen erzwingen und trainieren demnach eine erstaunliche kognitive Fertigkeit. Wer anders über den Raum denkt, hat vielleicht auch eine andere Zeitvorstellung. Meine Kollegin Alice Gaby von der University of California in Berkeley und ich legten daher Kuuk Thaayorre sprechenden Aborigines Bildfolgen vor, die Zeitabläufe zeigten: Ein Mann altert, ein Krokodil wächst, eine Banane wird verspeist. Dann baten wir sie, die durchmischten Fotos zeitlich zu ordnen. Wir führten den Test je zweimal durch, wobei die Person jedes Mal in eine andere Himmelsrichtung schaute. Jemand, der Englisch oder Deutsch spricht, ordnet die Bilder so, dass die Zeit von links nach rechts fortschreitet. Hebräisch oder Arabisch Sprechende legen die Karten eher von rechts nach links.

Dies zeigt, dass die Schreibrichtung beeinflusst, wie wir Zeit organisieren. Doch die Aborigines sortierten die Karten weder grundsätzlich von links nach rechts noch umgekehrt, sondern stets von Osten nach Westen. Wenn die Testperson so saß, dass sie nach Süden schaute, verliefen die Karten von links nach rechts. Schaute sie nach Norden, ordnete sie die Bilder von rechts nach links. Hatte die Person Osten vor sich, lief die Kartenfolge auf den Körper zu, und so weiter. Dabei sagten wir den Probanden nie, welche Himmelsrichtung sie vor sich hatten – die Aborigines wussten das ohnehin.

Zeit wird je nach Kultur ganz unterschiedlich dargestellt: Wir zum Beispiel betrachten die Zukunft als „vorn" und die Vergangenheit als „hinten". Im Jahr 2010 entdeckte Lynden Miles von der University of Aberdeen (Schottland), dass Englisch Sprechende unwillkürlich ihren Körper vorwärtsneigen, wenn sie an die Zukunft denken, und rückwärts bei Gedanken an die Vergangenheit. Aymara, eine in den Anden verbreitete indigene Sprache, verlegt die Vergangenheit dagegen nach vorne und die Zukunft nach hinten. Dem entspricht auch die Körpersprache: Wie Raphael Núñez von der University of California in San Diego und Eve Sweeter von der University of California in Berkeley 2006 feststellten, deuten die Aymara vor sich, wenn sie über die Vergangenheit reden, und hinter sich, wenn sie die Zukunft meinen. […]

Was formt was?

Aber rufen nun Sprachunterschiede unterschiedliches Denken hervor – oder ist es eher umgekehrt? Wie sich zeigt, trifft beides zu: Unsere Denkweise prägt die Art, wie wir sprechen, aber der Einfluss wirkt auch in der Gegenrichtung. Bringt man Menschen zum Beispiel neue Farbwörter bei, verändert dies ihre Fähigkeit, Farben zu unterscheiden. Lehrt man sie, auf eine neue Weise über Zeit zu sprechen, so beginnen sie, anders darüber zu denken. Man kann sich der

Frage auch anhand von Menschen nähern, die zwei Sprachen fließend sprechen. Nachweislich ändern bilinguale Personen ihre Weltsicht je nachdem, welche Sprache sie gerade verwenden. Wie zwei Studien 2010 zeigten, hängen sogar grundlegende Vorlieben und Abneigungen von der Sprache ab, in der danach gefragt wird. [...]
All diesen Forschungsergebnissen zufolge wirken die Kategorien und Unterscheidungen, die in speziellen Sprachen existieren, stark auf unser geistiges Leben ein. Was die Forscher „Denken" nennen, ist offenbar in Wirklichkeit eine Ansammlung linguistischer und nicht linguistischer Prozesse. Demnach dürfte es beim Erwachsenen kaum Denkvorgänge geben, bei denen die Sprache keine Rolle spielt. Ein Grundzug menschlicher Intelligenz ist ihre Anpassungsfähigkeit – die Gabe, Konzepte über die Welt zu erfinden und so abzuändern, dass sie zu wechselnden Zielen und Umgebungen passen.
Eine Folge dieser Flexibilität ist die enorme Vielfalt der Sprachen. Jede enthält eine Art und Weise, die Welt wahrzunehmen, sie zu begreifen und mit Bedeutung zu füllen – ein unschätzbarer Reiseführer, den unsere Vorfahren entwickelt und verfeinert haben. Indem Wissenschaftler erforschen, wie die Sprache unsere Denkweise formt, enthüllen sie, wie wir Wissen erzeugen und die Realität konstruieren. Diese Erkenntnis wiederum hilft uns zu verstehen, was uns zu Menschen macht.

1 Nennen Sie mindestens zwei unterschiedliche Beispiele dafür, wie die Sprache laut Boroditsky das Denken beeinflusst.

2 Erläutern Sie, inwieweit der Einfluss zwischen Sprache und Denken wechselseitig sein kann.
Unsere Sprache beeinflusst, wie wir Räume wahrnehmen und über sie sprechen ...

3 Weshalb kann es hilfreich sein, sich der Wechselwirkung zwischen Sprache und Denken bewusst zu sein? Erörtern Sie diese Frage ausgehend von den drei in der Information dargestellten Positionen.

Information **Sprache – Denken – Wirklichkeit**

Die Beziehung zwischen Sprache, Denken und Wirklichkeit zu klären, ist ein wichtiger Gegenstand philosophischer und sprachwissenschaftlicher Betrachtungen. Drei Positionen sind maßgeblich:
Das **„Prinzip des sprachlichen Relativismus":** Der Ethnologe und Linguist Benjamin L. Whorf vertritt die These, dass die Wahrnehmung der Wirklichkeit durch das Sprachsystem (Lexikon und Grammatik) dessen, der spricht, determiniert wird. Alles Denken und somit die Sicht der Welt sind demnach von der jeweils gesprochenen Sprache abhängig. Diese Position knüpft an Wilhelm von Humboldt an: „Die Sprache ist das bildende Organ des Gedanken."
Nativistischer Ansatz – Sprachliche Strukturen sind angeboren: Gegenüber der Annahme einer einseitigen Determination des Denkens durch die Sprache meint die kognitionsorientierte Sprachforschung, dass alle Sprachen über gleiche logische Grundstrukturen verfügen, die dem jeweiligen grammatischen System der Einzelsprache zugrunde liegen. Damit ist allen Sprecherinnen und Sprechern eine identische sprachliche Fähigkeit vorgegeben, Wirklichkeit wahrzunehmen.
Neurolinguistischer Ansatz: In Kooperation mit der Hirnforschung und Evolutionsbiologie gehen einige Sprachwissenschaftlerinnen und -wissenschaftler gegenwärtig von der Annahme aus, dass das Beziehungsgeflecht von Sprache, Denken und Wahrnehmung sehr komplex gestaltet ist. Nicht nur sprachliche Strukturen steuern den Wahrnehmungsprozess, auch räumliche Kategorien und bildhafte Vorstellungen haben wesentlichen Anteil an Denkvorgängen, Bewusstseinsbildung und Wahrnehmung der Welt.

1.3 Sprachenvielfalt und Mehrsprachigkeit

1 Beschreiben Sie die Karikatur und erklären Sie die Pointe.

★ **2** Reflektieren Sie, welche Bedeutung die deutsche Sprache in Ihrem Leben hat.

Nikolaus Nützel: **Wie viele Sprachen gibt es auf der Erde?** (2007)

Es wäre eine ziemlich fiese Frage für ein Quiz: Wie viele Sprachen werden in den Ländern gesprochen, die ein Reisender durchquert, wenn er von Portugal halbwegs direkt nach Deutschland fährt?

Viele Quizmitspieler würden sich eine Landkarte vors innere Auge rufen und an einer Hand abzählen: Portugal – Portugiesisch, Spanien – Spanisch, Frankreich – Französisch, Deutschland – Deutsch. Klare Antwort: vier Sprachen.

„Na, na", könnte da der Quizmaster sagen: „Sind es nicht vielleicht 40?" Und dann könnte er hämisch grinsend loslegen und erklären, dass in Portugal nicht nur Portugiesisch gesprochen wird, sondern auch die wenig bekannte Sprache Mirandesa. Oder das Galizische. Und schließlich Asturianisch. Und in Spanien erst: Da gibt es Aragonesisch, Extremeño, Caló, Baskisch, Katalanisch, Aranés – in einigen dieser Sprachen werden sogar eigene Fernsehprogramme ausgestrahlt. Und das vermeintlich so einheitliche Frankreich überrascht mit Minderheitensprachen wie Okzitanisch, Bretonisch, Korsisch oder Provenzalisch, könnte der Quizmaster erklären. Auch für Deutschland zählt der angesehene Sprachenkatalog „Ethnologue" neben dem Deutschen eine ganze Reihe weiterer Sprachen auf: Alemannisch, Bairisch, Ostfriesisch, Nordfriesisch, Kölsch, Letzeburgisch, Plautdietsch, Sorbisch – um nur einige zu nennen.

Klare Frage – ungenaue Antwort

Der kluge Quizteilnehmer wird auf die Frage nach den Sprachgebieten auf der Fahrt von Portugal nach Deutschland also wissend lächeln und antworten: „Kommt drauf an." Und die gleiche Antwort wird er geben, wenn man ihn fragt, wie viele Sprachen es denn auf der ganzen Welt gibt: „Kommt drauf an." Und zwar darauf, wie man zählt.

Je nach Zählweise kommen die meisten Wissenschaftler auf 4000 bis 6000 Sprachen, die derzeit weltweit gesprochen werden. Die niedrigste Schätzung geht von 3000 aus, die allerhöchste kommt auf 10 000. Auf die Frage, warum die Fachleute sich so schwertun, die Sprachen zu zählen, gibt es eine etwas eindeutigere Antwort: Es herrscht keine Einigkeit darüber, was eine Sprache ist.

1 Lesen Sie den Text von Nikolaus Nützel und erklären Sie den Begriff „Sprachenvielfalt".

2 Erläutern Sie die verschiedenen Definitionen von Sprache, die im Text angedeutet werden.

3 Diskutieren Sie, welcher Definition Sie folgen, und erklären Sie Ihren Standpunkt.

Hans-Joachim Roth: Mehrsprachigkeit als Ressource und als Bildungsziel (2006)

Einsprachigkeit ist kein natürlicher Zustand, sondern eine historisch gewachsene Position zur Durchsetzung nationalstaatlicher Homogenität[1]. Die durch Migration entstandene Zwei- und Mehrsprachigkeit wird häufig als ein Problem betrachtet. Dem ist eine Sichtweise gegenüberzustellen, die sie als eine Ressource wertet, die Gesellschaften nach außen hin den internationalen Austausch erleichtert und nach innen Integration und Partizipation ermöglicht. Gefordert ist deshalb ein Recht auf Sprache und mehrsprachige Bildung.

Deshalb haben auch die Sophisten gesagt, die Schrift sei dunkel und rede so seltsam. Aber sie sehen nicht, dass der Mangel auf den Sprachen beruht; andernfalls wäre nichts Klareres je gesprochen worden als Gottes Wort, wenn wir die Sprachen verständen. Ein Türke, den doch ein türkisches Kind von sieben Jahren gut versteht, wird für mich ganz dunkel reden, weil ich die Sprache nicht kenne. […] So ist's denn noch viel mehr Sünde und Verderben, dass wir nicht Sprachen lernen (Martin Luther, 1524).

Das Thema Mehrsprachigkeit ist in einem engen Zusammenhang mit der Konstruktion der europäischen Nationalstaaten zu sehen. Vor Anbruch der Neuzeit war die sprachliche Wirklichkeit nicht an ein staatliches Gebilde gebunden, und die sprachliche Situation der Menschen war eine mehrsprachige. Erst durch die Herausbildung der Nationalstaaten wurden die Sprachen in Europa zu Identitätsmerkmalen von Zugehörigkeit zu einem Staatswesen. Einsprachigkeit ist also kein quasi natürlicher Zustand einer Gesellschaft oder eines Staates, sondern das Ergebnis einer gesellschaftlichen Entwicklung im Kontext des „Nationbuilding"[2].

Es handelt sich um eine Dialektik[3] der Geschichte, dass Sprachen wie das Deutsche spätestens seit dem 18. Jahrhundert zum Identitätsmerkmal eines sich konstituierenden Staates dienen sollten. Denn zu dieser Zeit lag die Emanzipation der deutschen Sprache als einer Bildungssprache noch gar nicht lange zurück. Die Übersetzung der Bibel ins Deutsche mag aus der Sicht der evangelischen Theologie eine Zwangsläufigkeit sein, wenn das Verhältnis des „Christenmenschen" zu Gott als ein unmittelbares bestimmt wird, in das keine Kirche als Institution vermittelnd einzugreifen hat. Historisch gesehen handelt es sich dabei um eine Emanzipation, ja man kann sagen um eine Enthierarchisierung des Verhältnisses von Mensch und Gott – und das unterstellt dann immerhin, dass Gott mehrsprachig ist. Der babylonische Turm der Sprachenverwirrung als Symbol eines radikalen Polyglottismus[4] ist somit eine Konstruktion der Macht; Einsprachigkeit ist eine historisch gewachsene Ideologie zur Durchsetzung staatlicher Homogenität.

Das Unfrieden stiftende Wort von der „Parallelgesellschaft" ist ein passender Ausdruck für das Fortleben der Ideologie der Einsprachigkeit heute. Hinter dem Begriff steckt die Vorstellung von einer hegemonialen[5] einheitlichen Gesellschaft, von der sich eine ebenfalls einheitliche andere Gesellschaft abkapselt und parallel daneben lebt und spricht. Im Umgang mit den Familiensprachen der Einwanderer ist das gut zu erkennen: In der Diskussion um das Deutschlernen und die mangelhaften Deutschkenntnisse von Schülerinnen und Schülern mit Migrationshintergrund erscheint die andere Familiensprache als „Risikofaktor". […]

1 **Homogenität:** Einheitlichkeit
2 **Nationbuilding:** Aufbau einer nationalen Identität
3 **Dialektik:** einer Sache innewohnende Gegensätzlichkeit
4 **Polyglottismus:** Mehrsprachigkeit
5 **hegemonial:** vorherrschend, die Vormachtstellung besitzend

1 Lesen Sie den Text von Hans-Joachim Roth und erläutern Sie die Funktion von Nationalsprachen in ihrer historischen Entwicklung.

2 Erläutern Sie die Aussage „Der babylonische Turm der Sprachenverwirrung als Symbol eines radikalen Polyglottismus ist somit eine Konstruktion der Macht; Einsprachigkeit ist eine historisch gewachsene Ideologie zur Durchsetzung staatlicher Homogenität" (Z. 51 ff.).

3 Diskutieren Sie, inwieweit Mehrsprachigkeit als Problem, aber auch als Ressource betrachtet werden kann.

Jutta Limbach: **Plädoyer[1] für die Mehrsprachigkeit in der Europäischen Union** (2012)

[...] Wer wollte den Wert einer *Lingua franca*[2] leugnen? Ob auf Reisen oder bei dem Zusammentreffen mit Sprechern fremder Idiome[3] kommt uns allenthalben und allerorten zustatten, dass wir in der englischen eine weltweit gesprochene Sprache besitzen, die uns eine Verständigung ermöglicht. Solange wir noch der Maschinen entbehren, die unsere muttersprachlichen Äußerungen automatisch in das Idiom unseres Gegenübers übersetzen, werden wir einer oder einiger weniger internationaler Verkehrssprachen bedürfen. Für die deutsche Sprache allerdings ist der Traum von der Weltsprache ausgeträumt.
Der englischen Sprache ist diese Rolle zugefallen. [...]

Zukunft der deutschen Sprache

[...] In Europa wird die deutsche Sprache am häufigsten als Muttersprache gesprochen, laut Eurobarometer von rund 83 Millionen Menschen in der EU. Seit der Osterweiterung sprechen überdies rund 63 Millionen Menschen Deutsch als Fremdsprache. Auf der Rangliste der in der Union am häufigsten gesprochenen Fremdsprachen teilt sich die deutsche mit der französischen Sprache inzwischen den zweiten Platz. Allerdings, das sei nicht verschwiegen, ist die englische mit weitem Abstand vor diesen beiden Sprachen die am häufigsten in Europa gesprochene Fremdsprache.

[...] Voraussagen für das Jahr 2050 prophezeien, dass die chinesische Sprache Mandarin, Hindu/Urdi, Englisch, Spanisch und Arabisch die großen internationalen Verkehrssprachen sein werden. Jede dieser Sprachen wird ihre Einflusssphäre haben.

Sprachenregime der Europäischen Union

[...] Im Prozess der europäischen Integration ist die Sprachenvielfalt stets hochgehalten und für die Mehrsprachigkeit gekämpft worden. Auch im bisher letzten Vertrag, in dem von Lissabon, sind die Mitgliedstaaten dem Versprechen treu geblieben, dass die Europäischen Gemeinschaften und nunmehr die Europäische Union den Reichtum ihrer kulturellen und sprachlichen Vielfalt zu wahren hat. Auf den ersten Blick berechtigen die offiziellen Sprachregeln der Europäischen Union zu großen Erwartungen: Alle offiziellen Sprachen der Mitgliedstaaten sind gleichberechtigt. Weder die Größe, die Bevölkerungszahl noch die Wirtschaftskraft der einzelnen Länder sollen eine Rolle spielen. [...]

Ein neues Sprachenregime der Europäischen Union

[...] Das Politik- oder Bildungsziel der Mehrsprachigkeit macht nicht nur aus der Europa kennzeichnenden Sprachenvielfalt eine Tugend. Es verdankt sich der Einsicht, dass Sprache nicht nur ein Mittel der Kommunikation ist. Sie teilt auch etwas über kulturelle Eigenheiten und Traditionen mit. Sprache ist – so Wilhelm von Humboldt – auch Ausdruck der Verschiedenheit des Denkens, jede Sprache ist „auch eine Ansicht von der Welt". Für den, der eine Fremdsprache erlernt, sind Wörter gleichsam Fenster in eine andere Welt. Regen sie doch zum Vergleich wie zum Nachdenken an und befördern die Lust, sich auf eine andere Welt einzulassen. Das Erlernen einer Fremdsprache trägt auch mit dazu bei, dass man über die Eigenheiten der eigenen Sprache nachzudenken beginnt. Wer fremde Sprachen nicht lernt, so Goethe, kennt seine eigene nicht.
Einsprachigkeit bringt nicht nur Einfältigkeit mit sich, sie birgt auch die Gefahr der Dominanz. Treffend weist der Sprachwissenschaftler und Politiker Hans Joachim Meyer auf die Tatsache hin, dass von dem Maß der Sprachbeherrschung wie auch von der inneren Verbundenheit mit einer Sprache abhängt, „ob die Kommunikationsteilnehmer als Gleiche miteinander umgehen oder nicht". Ein guter Wortschatz und eine gute Kenntnis der Grammatik reichten – so Meyer – nicht aus, um ein gegenseitiges Verstehen sicherzustellen. Der Gesprächspartner müsse wissen, in welchem Maße der fremdsprachige Wortschatz kulturell geprägt und aufgeladen sei. Wer sich in den höheren Diskurswelten seiner Gesprächspartner bewegen möchte, muss „in deren sprachlich kodierten Begriffen, Bildern und Vorstellun-

gen denken können, die ihrerseits Teil eines tradierten kulturellen Zusammenhangs sind".
Aus alledem folgt, dass der Gebrauch einer Fremdsprache die Ungleichheit der Gesprächspartner im Regelfall verschärft. Dagegen befördert die Mehrsprachigkeit die grundlegenden europäischen Prinzipien der Demokratie, der Gleichbehandlung und der Transparenz. Das meint vor allem die Durchschaubarkeit des politischen Geschehens. [...]

1 **Plädoyer:** Rede für oder gegen etwas
2 **Lingua franca:** Verkehrssprache, Weltsprache
3 **Idiom:** eigentümliche Sprache oder Sprechweise

1 Welche Sprachen haben Sie gelernt bzw. welche Sprachen und Varietäten (▶ Information, S. 307) sprechen Sie? Erstellen Sie eine Tabelle wie unten mit Ihrem eigenen Sprachprofil. Geben Sie eine grobe Einschätzung Ihrer Kompetenz mithilfe von Smileys.

	Sprache	*schriftlich*	*mündlich*
1. Erstsprache	*z. B. Türkisch*	☹	☺
2. Erstsprache	...	...	...
1. Zweitsprache	*z. B. Deutsch*	😐	...
...	...	...	...
1. Fremdsprache	*z. B. Englisch*	☹	😐
...	...	...	...
Varietät	*z. B. Plattdeutsch*		😐

2 Erklären Sie den Begriff „Mehrsprachigkeit" mit Bezugnahme auf den Text von Seite 302.

3 Arbeiten Sie die Argumente heraus, die die Autorin für Mehrsprachigkeit (anstatt z. B. Englisch als Einheitssprache) in der Europäischen Union nennt.
Mehrsprachigkeit wirkt der Gefahr der Dominanz entgegen ...

4 Benennen Sie die Kompetenzen, die beim Erlernen einer Fremdsprache benötigt bzw. gefördert werden. Beziehen Sie sich zunächst auf den Text und erweitern Sie die Liste mit Ihren eigenen Ideen.
Das Erlernen einer Fremdsprache trägt dazu bei, dass ...

5 Diskutieren Sie, ob innere und äußere Mehrsprachigkeit (▶ Information) mehr Chancen oder mehr Risiken für eine Gesellschaft darstellen.

Information **Mehrsprachigkeit und Codeswitching**

Von **äußerer Mehrsprachigkeit** wird gesprochen, wenn jemand zwei oder mehr Sprachen beherrscht. **Innere Mehrsprachigkeit** liegt vor, wenn innerhalb einer Sprache zwischen unterschiedlichen Varietäten (▶ Information „Sprachvarietäten", S. 307), z. B. Dialekten, Jugendsprachen, Fachsprachen, gewechselt wird. Mehrsprachigkeit zeichnet sich zudem durch den situationsangemessenen Sprachwechsel aus, auch **Codeswitching** genannt. Codeswitching beschreibt die Fähigkeit, Sprachen innerhalb eines Dialoges, einer Äußerung oder eines Satzes kontrolliert zu wechseln und je nach Kontexten und Gesprächspartnern gezielt einzusetzen.

Inken Keim: **Formen von Mehrsprachigkeit** (2016)

[…] Aus der Perspektive der Kontakt- und Soziolinguistik[1] ist Zwei- und Mehrsprachigkeit weltweit die Regel und Einsprachigkeit eher die Ausnahme. Die meisten Menschen leben in sozialen Welten, in denen mehr als eine Varietät gesprochen wird. Mehrsprachigkeit bedeutet keineswegs das gleichwertige Nebeneinander von zwei Sprachen in einer Person, also keine doppelte Einsprachigkeit. Bei mehrsprachigen Personen ist meist eine Sprache dominant, die andere(n) untergeordnet. Welche Sprache dominant ist, kann sich im Laufe des Lebens eines Mehrsprachigen mehrfach ändern. Die Verwendung der einen oder anderen Sprache hängt von verschiedenen Faktoren ab, z. B. von der sozialen Situation, den Gesprächspartnern und der Beziehung zwischen ihnen, dem beruflichen und fachlichen Kontext oder dem verwendeten Medium (gesprochen oder geschrieben). Kinder und Jugendliche sprechen untereinander anders als gegenüber Erwachsenen oder im Unterricht. Erwachsene verwenden verschiedene Sprachformen, je nachdem ob sie eine Liebeserklärung machen, ein Streitgespräch führen oder mit einem Behördenangestellten sprechen. […]

Ethnolekte entwickeln sich in multilingualen Peergroups (Schulklassen, Jugendzentren), in denen die Kinder und Jugendlichen die Erstsprache der anderen nicht verstehen. Als Verkehrssprache dient die regionale Umgangssprache, die verändert und an die sprachlichen Voraussetzungen der Sprecher angepasst wird.

[…] Sprachmischungen (Codeswitching, Codemixing) sind charakteristische Kommunikationspraktiken unter Bilingualen und sind weltweit für bilinguale Lebenswelten beschrieben. Sie sind charakteristisch für mündliche Kommunikation und auch in SMS-Mitteilungen, in E-Mails oder Facebook-Einträgen zu finden, also in schriftlichen Formen, in denen Merkmale des Mündlichen vorherrschen. Dabei wird in größeren oder kleineren Abständen zwischen Elementen aus zwei oder mehreren Sprachen gewechselt […].

1 **Soziolinguistik:** Teilgebiet der Sprachwissenschaft, das das Sprachverhalten sozialer Gruppen untersucht

1 Halten Sie zentrale Aussagen des Textes in Form von Thesen fest. Suchen Sie eigene Belege und Beispiele, um diese Thesen zu stützen, zu veranschaulichen oder ggf. auch einzuschränken.

2 Erklären Sie die Begriffe „Varietät", „Ethnolekt" und „Codeswitching" anhand passender Beispiele.

3 Erläutern Sie, inwieweit sich Sprachformen bei der Begrüßung in unterschiedlichen sozialen Situationen unterscheiden. Beobachten und protokollieren Sie dazu über einige Tage Ihren eigenen Sprachgebrauch.
Begrüßung mit Handschlag, …

Information **Bilingualität (Zweisprachigkeit)**

Man unterscheidet verschiedene Stufen der Zweisprachigkeit:

- Menschen mit **früher Bilingualität** (lat. lingua: Zunge, Sprache) sind meist von früher Kindheit an zweisprachig.
- Von einer **späten Bilingualität** spricht man bei einem Erwerb der Zweitsprache ab dem Schulalter.
- Von **dominanten Bilingualen** spricht man dann, wenn eine der beiden Sprachen besser beherrscht wird.
- Werden beide Sprachen nahezu perfekt gesprochen, nennt man dies **balancierte (= ausgeglichene) Bilingualität.**

D2 Sprachliche Varietäten

1 **a** Betrachten Sie die Karikatur und beschreiben Sie, worum es geht.
b Welche Merkmale der Jugendsprache werden verwendet?

In diesem Kapitel erwerben Sie folgende Kenntnisse und Kompetenzen

- verschiedene Dimensionen einer Sprache benennen und an Beispielen veranschaulichen sowie ihre vielfältigen Zusammenhänge erläutern,
- Sachtexte zum Thema Sprachvarietäten erschließen und mit dem eigenen Sprachgebrauch in Verbindung bringen,
- unterschiedliche Positionen zu den Themen Dialekt, Jugendsprache und Ethnolekt referieren und selbst dazu Stellung nehmen,
- Merkmale von Fachsprachen beschreiben und mit diesen umgehen können.

2.1 Standardsprache – Umgangssprache – Dialekt

Astrid Stedje: Die Sprachen in der Sprache (2007)

Gliederung der Sprache

Die Sprache lässt sich aus verschiedenen Dimensionen gesehen verschieden gliedern. Leider ist die Terminologie aber nicht vereinheitlicht. Für die gleiche Sprachschicht oder den gleichen Bereich werden oft mehrere Bezeichnungen nebeneinander gebraucht, z. B. *Hoch-, Normal-, Gemein-, Allgemein-, Gebrauchs-, Standardsprache* für die überregionale, nicht gruppengebundene Sprache; und manche Begriffe werden in unterschiedlichen Bedeutungen verwendet oder undeutlich definiert (bes. *Umgangssprache*). Vereinfacht lassen sich […] fünf Dimensionen unterscheiden: Medium [gesprochene oder geschriebene Sprache], historische, regionale, soziale und stilistische Dimension. […]

[Zur regionalen bzw. dritten Dimension schreibt Stedje:]

Große geografische Unterschiede, vor allem was Wortschatz und Aussprache betrifft, weisen die Mundarten (Dialekte) aus. Nichtregional (oder überregional) ist die Standardsprache (auch Gemeinsprache oder Hochsprache). Zwischen beiden liegen die regional gefärbten Umgangssprachen, die kleinere geografische Variationen aufweisen. […]

Die überregionale Standardsprache

Die Standardsprache […] ist […] das Resultat einer langen Entwicklung. Ihre grammatischen, stilistischen und orthografischen Normen wurden endgültig erst im vorigen Jahrhundert festgelegt. Sie verändern sich jedoch langsam, indem sie sich an den Sprachgebrauch anschließen. Die Standardsprache nähert sich also allmählich der Umgangssprache […], und sie ist eher eine geschriebene als eine gesprochene Sprache.

Die Mundart

Die Mundart ist die älteste Form der Sprache […]. Aussprache und Wortschatz wechseln stark von Dialekt zu Dialekt, manchmal sogar von Ort zu Ort. Der Dialekt hat deshalb gegenüber der Standardsprache nur eine begrenzte Reichweite. Da die Mundart hauptsächlich gesprochen wird und ihre Orthografie und Grammatik nicht normiert sind, ist sie leichter veränderlich als die geregelte Standardsprache. […]

Heute ist die Gesamtzahl der Menschen, die reine Mundart sprechen, stark zurückgegangen, obwohl die meisten Erwachsenen einen Dialekt jedenfalls zum Teil beherrschen. […]

Hauptsächlich drei Faktoren haben während der letzten 150 Jahre den Rückgang der Dialekte verursacht […]. Andererseits erleben wir wieder eine gewisse Renaissance der Mundarten. […]

Die regionale Umgangssprache

Die Umgangssprache steht zwischen Mundart und Standardsprache. Entstanden in fnhd. [frühneuhochdeutscher] Zeit, hat sie sich in der sozialen

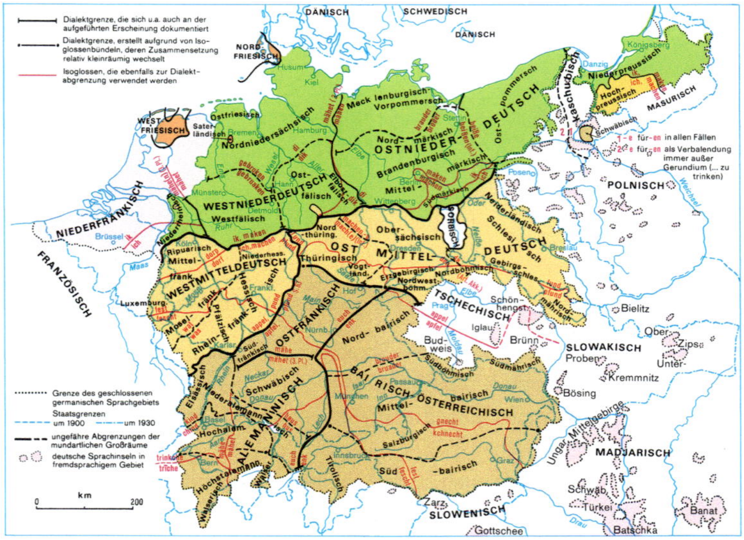

Gliederung der mitteleuropäischen Mundarten germanischer Abkunft (Stand: 1900)

Oberschicht der Städte entwickelt, unterschiedlich in den verschiedenen Teilen Deutschlands. Auch die Umgangssprache ist hauptsächlich eine gesprochene Sprache. Sie ist überregional verständlich, weist aber mehr oder weniger starke landschaftliche Züge auf, an denen man die Herkunft des Sprechers erkennt, z. B. an

- der Intonation,
- einer regionalen Färbung der Aussprache (z. B. von *r, st, -ig*),
- dem süddeutschen Gebrauch von *sein* bei *liegen, sitzen, stehen* gegenüber nord- und mitteldeutsch *haben,*
- den wortgeografischen Unterschieden, d. h. in Wörtern und Ausdrücken, die als regionale Varianten der Gemeinsprache nebeneinander gelten […]. Es sind vor allem Berufsbezeichnungen und Ausdrücke auf den Gebieten Küche und Haushalt usw.

In den letzten Jahren ist jedoch die Tendenz zum überlandschaftlichen Ausgleich im Wortgebrauch stärker geworden. Unter anderem wirken die Nahrungsmittelindustrie und die Werbung hier vereinheitlichend.

Bezeichnung für Brötchen in den deutschen Umgangssprachen

1 Sammeln Sie, welche Dialekte von Ihnen und Ihren Mitschülern gesprochen werden.

2 **a** Lesen Sie den Text von Astrid Stedje. Legen Sie dar, welche Faktoren zum Rückgang der Dialekte geführt haben könnten.

b Die Autorin spricht jedoch auch von einer „Renaissance [Wiedergeburt] der Mundarten" (Z. 63). Stimmen Sie dieser Aussage zu? Sammeln Sie Belege dafür oder dagegen.

3 Erörtern Sie, in welchen Bereichen des privaten und öffentlichen Sprechens Ihnen der Gebrauch von Dialekt oder Mundart angemessen erscheint und in welchen Bereichen nicht.

4 Erläutern Sie die Karte „Gliederung der mitteleuropäischen Mundarten germanischer Abkunft" und die Karte „Bezeichnung für Brötchen in den deutschen Umgangssprachen" mithilfe des Textes von Stedje.

Information **Sprachvarietäten**

Mit dem Begriff Sprachvarietäten werden **verschiedene Varianten, Erscheinungsweisen einer Sprache** bezeichnet. Solche Varianten gibt es vor allem

- durch Unterschiede zwischen der geschriebenen und der gesprochenen Sprache,
- in Form der **Dialekte** in verschiedenen Regionen z. B. des deutschsprachigen Raums,
- in Form zahlreicher **Fachsprachen,**
- durch unterschiedliche Sprachverwendung je nach sozialer Gruppe/Situation **(Soziolekte),**
- durch die – unter dem Einfluss der eigenen Muttersprache – von den Regeln abweichende Sprachverwendung von Sprechern, für die die Sprache eine Zweitsprache ist **(Ethnolekte).**

In der Forschung werden außerdem die Fragen diskutiert, inwiefern es geschlechtsbezogene Varietäten („Frauensprache", „Männersprache") und altersbezogene Varietäten („Jugendsprache") gibt. Regionale, soziale, situative und weitere besondere, ggf. auch ethnische Merkmale verbinden sich bei jedem Einzelnen zu einer individuellen Sprechweise **(Idiolekt).**

2.2 Jugendsprache und andere Soziolekte

Nikolaus Nützel: **Wenn Digger endkrass dissen – Oder: Sprechen Jugendliche eine eigene Sprache?** (2007)

Sechzehnjährige sprechen anders als Sechzigjährige – man muss kein Sprachforscher sein, um das bestätigen zu können. Doch ob es wirklich eine eigene „Jugendsprache“ gibt, darüber können sich Sprachwissenschaftler die Köpfe heißreden. Am Ende solcher Debatten steht dann meist das Ergebnis: „Ja, es gibt eine Jugendsprache, aber irgendwie auch wieder nicht.“ Die Sprachforschung tut sich enorm schwer zu beschreiben, was man hört, wenn Jugendliche den Mund aufmachen.

Immerhin: Alle Experten können sich darauf einigen, dass es Besonderheiten gibt, die man eher von Jugendlichen als von Rentnern hört:

- Jugendliche haben eigene Wörter beim Grüßen, sie sagen eher „Hey, Digger“ oder „Was geht, Alter“ als „Guten Tag, mein lieber Freund“. (Sprachforscher reden von *sondersprachlichen Grußformeln.*)
- Jugendliche kleben Silben an Wörter, wie es Erwachsene nicht tun würden: „Ich war endsauer.“ (Sprachforscher reden von *expressiver Steigerung durch Präfigierung.*)
- Jugendliche verwenden noch mehr Begriffe aus dem Englischen, als es Erwachsene ohnehin schon tun: „cruisen“, „chillen“, „scratchen“ usw. (Sprachforscher reden von *Entlehnung.*) [...]
- Jugendliche verwenden Wörter, die viele Erwachsene als anstößig empfinden: Rudelpissen, Fressbrett, Analhusten. (Sprachforscher reden von *diastratisch* [gesellschaftlich] *niedrig markierten Lexemen.*)
- Jugendliche malen mit ihrer Sprache gerne Bilder: Münzmallorca (Solarium), Taschentiger (Katze), behaarte Bifi (kleiner Hund). (Sprachforscher reden von *metaphorischer Sprechweise.*)
- Jugendliche lassen Wörter aus: „Ich geh nachher Karstadt, kommst du?“ – „Auf jeden!“ (Sprachforscher reden von *elliptischer Sprechweise.*)
- Jugendliche verwenden gebräuchliche Wörter mit neuem Sinn: Biotonne für Vegetarier [...]. (Sprachforscher reden von *Verfremdung, die zur Polysemie*[1] *führt.*)
- Jugendliche verwenden die Regeln der Grammatik völlig neu: Sie nehmen beispielsweise die Vorsilbe „un-“, steigern sie (was eigentlich in der deutschen Grammatik nicht erlaubt ist) und erschaffen somit ein neues Wort: unst oder unsten. (Sprachforscher reden von *paradoxer Superlativbildung zu einem Präfix.*)
- Jugendliche verwenden gerne Füllwörter: „irgendwie“, „und so“, „na ja“. (Sprachforscher reden von *Abtönungspartikeln.*)
- Jugendliche schneiden Wörter hinten oder auch vorne ab: Alk (statt Alkohol), türlich (statt natürlich). (Sprachforscher sprechen von *Kopfwörtern und Schwanzwörtern.*)

Alles in allem sprechen Jugendliche also anders. Und man kann dieses andere Sprechen sogar mit hochwissenschaftlichen Fachbegriffen beschreiben. Aber eine eigene Sprache, die wirklich durchgängig unverständlich für Erwachsene wäre, sprechen junge Leute wohl doch nicht. Das, was typisch ist für die Sprache der Jugendlichen, macht nur einen kleinen Teil von dem aus, was sie erzählen, beklagen, belachen. Sprachstatistiker haben errechnet, dass sich Jugendsprache zu weniger als einem Prozent von der durchschnittlichen Erwachsenensprache unterscheidet. [...]

Neben der Jugendsprache, mit der sich die einschlägigen Lexika und Bücher von Professoren der Sprachwissenschaft beschäftigen, gibt es eine weitere Spielart des jugendlichen Sprechens – und sie wird in den letzten Jahren immer wichtiger: die Sprache der Jungen und Mädchen in Deutschland, deren Eltern einen türkischen, bosnischen oder russischen Pass haben oder die selbst von den deutschen Gesetzen als Ausländer behandelt werden (obwohl sie in Deutschland geboren wurden).

Die „Kanak Sprak", wie sie der gebürtige Kurde Feridun Zaimoglu getauft hat, ist extremer als die rein deutsche Jugendsprache. Die jungen Alis und Ayshas kennen noch mehr Spezialbegriffe. Sie bilden noch unvollständigere Sätze. Sie mischen Deutsch mit Türkisch. Sie rollen das „r" im Wörtchen „krrrrass" noch stärker. Sie machen gerne aus einem „ch" ein „sch". Und vor allem bildet die „Kanak Sprak" ihr eigenes Universum. Aber sie hat offenbar auch einen besonderen Unterhaltungswert. Die kommerziell aufgepeppte Kanak Sprak, mit der Erkan und Stefan oder auch der „Was guckst du?!"-Moderator Kaya Yanar ihre Comedys bestücken, hat ihre Schöpfer reich gemacht. Das hätten sich die ersten Jugendlichen, die im 19. Jahrhundert anfingen, eine Jugend-Sondersprache zu basteln, wohl nicht träumen lassen, dass man damit mal richtig Geld (also Cash, Kohle, Asche, Kies, Money, Flocken, Heu, Steine usw. usf.) verdienen könnte.

1 **Polysemie:** Bedeutungsvielfalt

1 Sammeln Sie Wörter, die Sie verwenden, aber Erwachsene für gewöhnlich nicht.

2 Lesen Sie den Text von Nikolaus Nützel. Suchen Sie für jedes von Nützel genannte Merkmal für Jugendsprache (Z. 15–59) weitere Beispiele.

Rolfgang vong Goethe: Hallo i bims der Faust! (2018)

Doktor Heinrich Faust ist 1 Wissenschaftler vong Beruf her – abba er findet sein Studieren ultra lame. „Was is das für 1 life?", fragt er sich. Beschwört Geister und hofft auf Hilfe vong magic her. Übelster Freak.

Sein nerdiger Helfer, Famulus Wagner, checkt nicht, was Faust für 1 Problem mit seim life hat, und Faust beschließt, sich selber zu killen. Hört Osterglocken, denkt an wo er jung war und sein Mudda und traut sich doch nicht, weil er so sendimental is vong Gefühl her. Mimimi.

Also geng Faust und Wagner spazieren. Voll gay. Faust redet wirres Zeug: „Zwei Seelen wohnen, ach, in meiner Brust und 1 will lieber denken und 1 lieber nich so." Dabei läuft ihnen so ein hässlicher Köter nach.

Später is Faust wieder in seiner Hood, auf einmal der Hund so: „Hallo i bims der Teufel!"

Beide gehen erst mal saufen.

Danach gibt der Teufel Faust ein Zaubertrank, der ihn jünger macht vong Alter her. Alle Chicks so: „Was für 1 geiler Typ!" Faust trifft Gretchen und is sofort deep in love. Abba Gretchen denkt, Faust is 1 netter Mann vong Niceigkeit her, weil er ihr 1 Kette schenkt. Diese Nullchecke. […]

1 **a** Lesen Sie den Auszug aus „Hallo i bims der Faust!". Listen Sie alle jugendsprachlichen Elemente auf und beschreiben Sie das jeweilige sprachliche Phänomen. Greifen Sie ggf. auf die von Nützel aufgelisteten Merkmale (▶ S. 308) zurück. Erstellen Sie eine Tabelle wie unten.

Textbeispiel	***Merkmal***
„ist 1 Wissenschaftler" (Z. 1)	*Kurznachrichtenstil, unbestimmter Artikel wird durch Ziffer ersetzt*
„vong Beruf her" (Z. 1 f.)	*Internetphänomen, Neuschöpfung einer Präposition*
„abba" (Z. 2)	…
„ultra lame" (Z. 2 f.)	…
…	

b Erklären Sie, welche Merkmale sich dem Ethnolekt (▶ Information, S. 310) zuordnen lassen.

2 „Hallo i bims der Faust!" ist eine satirische Übertragung des Dramas „Faust. Der Tragödie Erster Teil" von Johann Wolfgang von Goethe in die Jugendsprache der Gegenwart. Lesen Sie den Auszug aus dem Originaltext und vergleichen Sie, inwieweit sich die beiden Faustversionen (Original und Satire) voneinander unterscheiden. Berücksichtigen Sie vor allem die sprachliche und formale Gestaltung.

FAUST: Habe nun, ach! Philosophie,
Juristerei und Medizin,
Und leider auch Theologie!
Durchaus studiert, mit heißem Bemühn.
Da steh' ich nun, ich armer Tor!
Und bin so klug als wie zuvor;
Heiße Magister, heiße Doktor gar,
Und ziehe schon an die zehen Jahr,
Herauf, herab und quer und krumm,
Meine Schüler an der Nase herum –
Und sehe, dass wir nichts wissen können!
Das will mir schier das Herz verbrennen.
Zwar bin ich gescheiter als alle die Laffen,
Doktoren, Magister, Schreiber und Pfaffen;
Mich plagen keine Skrupel noch Zweifel,
Fürchte mich weder vor Hölle noch Teufel –
Dafür ist mir auch alle Freud entrissen,
Bilde mir nicht ein was Rechts zu wissen,
Bilde mir nicht ein ich könnte was lehren
Die Menschen zu bessern und zu bekehren.
Auch hab ich weder Gut noch Geld,
Noch Ehr und Herrlichkeit der Welt;
Es möchte kein Hund so länger leben!

Will Quadflieg (Faust) und Gustaf Gründgens (Mephisto) in der verfilmten Inszenierung des Hamburger Schauspielhauses von 1960 (Regie: Peter Gorski)

3 Erschließen Sie mögliche Wirkungsabsichten bzw. Wirkungen auf die Leser/-innen der satirischen Version.

Information **Ethnolekt**

Als Ethnolekt bezeichnet man eine **Sprachvarietät, die innerhalb einer Sprache von einer ethnisch fremden Gruppe verwendet wird** und sich durch bestimmte Merkmale (z. B. Weglassen der Artikel, veränderte Verbstellung) von der regulären Hochsprache unterscheidet (z. B. die deutsche Sprechweise von italienischen oder polnischen Einwanderern in Deutschland). In Wechselwirkung zu diesem **primären Ethnolekt** sind der sekundäre und tertiäre Ethnolekt zu unterscheiden.

- **Sekundärer Ethnolekt:** die Art und Weise, wie der primäre Ethnolekt durch die Medien aufgegriffen und nachgeahmt wird, z. B. zur Charakterisierung von Serien- oder Filmfiguren oder als Mittel der Komik in Comedy-Sendungen, also meistens zu Unterhaltungszwecken.
- **Tertiärer Ethnolekt:** der in den Medien präsentierte sekundäre Ethnolekt, der wiederum in den Sprachgebrauch von Sprecherinnen und Sprechern einfließt, obwohl diese gar keinen unmittelbaren Kontakt mit der ursprünglichen ethnischen Gruppe haben.

2.3 Fachsprache

Christina Noack / Wenke Mückel: **Was ist Fachsprache?** (2014)

Unter Fachsprache wird in der Sprachwissenschaft eine Varietät verstanden, die der fachlichen Kommunikation dient und die hierfür einen eigenen, differenzierten Wortschatz ausgebaut hat. Fachsprachliche Begriffe sind präzise und eng definiert, was sie von der Alltagssprache abgrenzt, in der z. T. dieselben Wörter vorkommen […]. Wenn wir etwa alltagssprachlich den Ausdruck „Energie" gebrauchen, meinen wir z. T. ganz Unterschiedliches:

- *„Ich habe zurzeit keine Energie, Sport zu treiben." (Kraft, Motivation)*
- *„Wir brauchen mehr Energie in der Firma." (Leistungsbereitschaft)*
- *„Welche Energie nutzt ihr zum Heizen?" (Energieträger, Heizsystem)*

In den naturwissenschaftlichen Fachsprachen bezeichnet *Energie* dagegen die Fähigkeit eines Stoffes, Arbeit zu verrichten, wobei unterschieden wird zwischen Wärme-, Bewegungs- und chemischer Energie. Alltags- und fachsprachliche Bedeutung sind also ähnlich, aber nicht identisch. Ein anderes Beispiel hierfür ist das Wort *Familie,* welches wir im alltagssoziologischen Sinn für die Gruppe unserer engeren oder weiteren Verwandtschaft gebrauchen, während es in der Biologie eine bestimmte Ebene in der Abstammungshierarchie bezeichnet (vgl. „Familie der Kamele aus der Ordnung der Paarhufer" etc.). […]

Neben diesen fachspezifischen Besonderheiten, die jede Fachsprache auszeichnet, stellt sich aber auch die Frage, welche gemeinsamen Merkmale Fachsprachen aufweisen. Schon der Ausdruck „Fachsprache" suggeriert[1] jedenfalls, dass es solche übergeordneten Merkmale gibt. Roelcke […] macht in der Forschungsliteratur insgesamt fünf kognitive Funktionen für das Verstehen von Fachtexten aus, und zwar Deutlichkeit (die u. a. durch die Bedeutungsenge eines Fachwortes erreicht wird), Verständlichkeit (die allerdings entsprechendes Fachwissen des Rezipienten voraussetzt), Ökonomie (maximale fachliche Darstellung bei einem bestimmten sprachlichen Einsatz), Anonymität (das Zurücktreten des Handelnden hinter den Sachgegenstand, formal umgesetzt u. a. durch Passivkonstruktionen und Substantivierungen), Identitätsstiftung (Erreichbarkeit aller Personengruppen, die sich über ein bestimmtes Gebiet austauschen, gleichzeitig aber auch Abschottung gegenüber Gruppen, die fachlich nicht involviert sind). […]

1 **suggerieren:** nahelegen

1 Formulieren Sie mithilfe des Textes „Auf dem Weg zur Fachsprache" und der Information von Seite 312 einen eigenen kurzen Informationstext zum Begriff „Fachsprache".

2 Notieren Sie mindestens drei weitere Beispiele für Wörter, deren alltagssprachliche Bedeutung von der fachsprachlichen abweicht.

3 Erstellen Sie eine Tabelle mit Vor- und Nachteilen von Fachsprache.

Vorteile	*Nachteile*
Verständlichkeit unter Fachleuten	*Unverständlichkeit für Laien*
…	…

4 Formulieren Sie jeweils zwei Argumente, die für die Verwendung von Fachsprachen sprechen, und zwei, die dagegensprechen. Begründen Sie Ihre Behauptungen und belegen Sie sie mit Beispielen. Nutzen Sie hierfür Ihre Ergebnisse aus den Aufgaben 2 und 3.

Louis Borgenicht / Joe Borgenicht: **Aktivierung des Schlafmodus** (2014)

Jedes Baby wird in der Regel mit vorinstallierten Signalmeldern geliefert, die anzeigen, dass sich das Baby auf den Schlafmodus einstellt. Dazu zählen Reiben der Augen oder Ziehen an den Ohren. Aktivieren Sie umgehend den Schlafmodus, wenn Sie diese Signale wahrnehmen. Bleiben die Signale aus, ist das Baby wahrscheinlich überreizt, der Schlafmodus verzögert sich auf unbestimmte Zeit.

Durch User aktivierter Schlafmodus

Bei dieser Methode wird das Baby während des Tages konstant stimuliert, alle nächtlichen Aktivitäten werden eingeschränkt.

[1] Beschäftigen und stimulieren Sie das Baby während des Tages. Tragen Sie es oft in einer Babytrage. Spielen, singen und tanzen Sie mit dem Baby.

[2] Führen Sie feste Bettzeiten ein und halten Sie diese auch ein.

[3] Sorgen Sie für Entspannung vor dem Zubettgehen. Füttern, baden, wiegen Sie das Baby oder lesen Sie ihm vor.

[4] Konditionieren Sie das Baby mit einer der folgenden Techniken auf Schlafen:

Füttern Sie es in den Schlaf. Darf das Baby nach dem Essen einschlafen, erkennt es das Füttern mehr und mehr als Vorläufer zum Schlafen.

Lassen Sie das Baby vom nicht stillenden User zu Bett bringen. Die Fähigkeit des Babys, Muttermilch zu riechen, könnte dazu führen, dass sich das Baby eher auf Nahrung als auf Schlaf einstellt.

[…]

1 Lesen Sie den Auszug und notieren Sie die spezifischen sprachlichen Merkmale.

2 Erläutern Sie, welche Wirkung durch die Verwendung von Fachsprache erzeugt werden soll.

3 Sammeln Sie Fachbegriffe aus verschiedenen Fachgebieten nach folgendem Muster:

	spezifisch definierter Begriff	Fremdwort	Neologismus (Wortneuschöpfung)	Abkürzung
Technik	*Industrie 4.0*	*Globalisierung*	*Laptop*	*IT*
…	…	…	…	…

★ **4** Schreiben Sie selbst eine Betriebsanleitung, bei der Sie (technische, juristische, medizinische etc.) Fachsprache auf ein ungewöhnliches Thema (z. B. Liebe) anwenden.

Information **Fachsprachen und Fachbegriffe**

Fachsprachen ermöglichen eine differenziertere Darstellung fachlicher Zusammenhänge und eine präzise Kommunikation von Fachleuten und Spezialisten in Forschung und Wissenschaft, Betrieb, Produktion und Verkauf. Von der Standardsprache unterscheiden sich Fachsprachen vor allem durch einen eigenen Wortschatz. Ein **Fachbegriff** ist ein Wort, dessen Bedeutung für Fachleute eines Gebietes eindeutig definiert ist, teilweise in Abgrenzung zu seiner Verwendung in der Alltagssprache. Häufig werden **Fremdwörter** (▶ S. 319) als Fachbegriffe verwendet. Fachbegriffe können aber auch Kunstwörter oder **Neologismen** sein. Auch **Abkürzungen** werden in Fachsprachen häufig verwendet. – Im Austausch mit Laien können sich Fachsprachen als Kommunikationsbarrieren erweisen. Übertriebener Gebrauch eines Fachvokabulars kann imponieren, einschüchtern oder sogar manipulierend wirken.

D3 Sprachwandel

Josef Scharl: Das Foyer oder Der Babylonische Turm (1932)

1 Beschreiben Sie, was auf dem Gemälde zu erkennen ist.

2 **a** Recherchieren Sie, was es mit dem babylonischen Turm auf sich hat.

b Stellen Sie Thesen zum Zusammenhang zwischen der Geschichte vom babylonischen Turm und dem Gemälde auf.

In diesem Kapitel erwerben Sie folgende Kenntnisse und Kompetenzen

- die geschichtliche Entwicklung von Sprache reflektieren und Aspekte der Entwicklung des Deutschen nachvollziehen,
- Sprachkontakte als Ursache des Sprachwandels an Beispielen aufzeigen,
- den Bedeutungswandel einzelner Wörter untersuchen,
- aktuelle Sprachwandelprozesse beschreiben und sich kritisch damit auseinandersetzen.

3.1 Sprachgeschichte – Ursprung und Entwicklung von Sprache(n)

Peter von Polenz: **Die Geschichte der deutschen Sprache** (2009)

Sprache hat, als ein hörbares Kommunikationsmittel, linearen Zeichencharakter, z. B. im Unterschied zu einem bildlichen Verkehrsschild: Sie existiert nur im Zeitablauf. Das zeitliche Nacheinander der Laute und Wörter muss zwar bis zum Abschluss des Satzes oder einer anderen kleineren Redeeinheit als ein Miteinander gegenwärtig bleiben. Aber schon eine vor fünf Minuten gesprochene Äußerung kann der Vergessenheit anheimfallen; und der einzelne Sprachteilhaber wie die ganze Sprachgemeinschaft wissen in der Regel nicht viel mehr von dem, was sie vor zehn oder zwanzig Jahren gesprochen haben. Sprache ist in hohem Grade immer wieder ein Neuvollzug, bei dem das schon oft Gesagte meist anders gesagt wird. Schon aus diesem Grundcharakter der Sprache – nicht nur aus dem Wandel der Welt und der Menschen selbst – erklärt es sich, dass sich jede Sprache ständig verändert. Zwar kann die schriftliche Fixierung einer Sprache diesen Prozess verlangsamen; und die Gewöhnung an eine geregelte Schriftsprache kann über die Unaufhaltsamkeit des Sprachwandels hinwegtäuschen. Aber stillgelegt wird der Sprachwandel niemals, es sei denn, es handelt sich um eine in der Tradition erstarrte reine Schriftsprache wie das Latein, das von keiner wirklichen Sprachgemeinschaft mehr gesprochen wird und deshalb heute keine Geschichte mehr hat.

Der Sprachwandel wird vom normalen Sprachteilhaber gewöhnlich nicht bemerkt, denn Sprache funktioniert immer nur als unbedingt gültiges **synchrones**[1] Kommunikationssystem einer gegenwärtigen Sprachgemeinschaft, muss also als grundsätzlich unveränderlich erscheinen. Nur demjenigen, der ein außergewöhnliches Erinnerungsvermögen hat oder mit Sprachdokumenten aus der Vergangenheit zu tun hat, ist die **diachronische**[2] Blickrichtung möglich, die den **Sprachwandel** erkennen lässt. Wer nur selten dazu Gelegenheit hat und nur zufällige Einzelheiten des Sprachwandels beobachtet, ist meist darüber verwundert und neigt zu der Ansicht, früher habe man noch „falsch“ gesprochen, oder aber (in sentimentaler oder historischer Ehrfurcht vor der Vergangenheit): Die Sprache der Vorfahren sei noch nicht vom modernen Zeitgeist „verderbt“ gewesen. […] [D]ie Klage über den ständigen **„Sprachverfall“** ist noch heute ein beliebter Topos[3] in der kulturpessimistischen Sprachkritik, nicht zuletzt weil man gewohnt ist, die lebende Sprache der Gegenwart am Vorbild des „Klassischen“ oder des „Urtümlichen“ zu messen. Seit der Aufklärung werden Sprachwandel und Sprachverschiedenheit mehr und mehr als selbstverständliche Erscheinungen der menschlichen Sozialgeschichte anerkannt. Moderne Soziolinguistik meidet die Verabsolutierung des abstrakten Begriffes „eine Sprache“ und sieht „Sprachgeschichte“ mehr als Geschichte des sprachlichen Handelns und Handelnkönnens von Gruppen. […]

1 **synchron:** als sprachliche Gegebenheit in einem bestimmten Zeitraum geltend

2 **diachron:** unterschiedliche Zeiträume vergleichend

3 **Topos:** feste Formel, hier: Thema

1 Lesen Sie den Text von Peter von Polenz und fassen Sie kurz zusammen, weshalb sich Sprache laut Polenz ständig verändert.

2 Erklären Sie in eigenen Worten, was mit „synchronem Kommunikationssystem“ und „diachronischer Blickrichtung“ gemeint ist.

3 Erläutern Sie den Umstand, dass Sprachwandel oft als Sprachverfall gedeutet wird. Finden Sie Beispiele. Klären Sie die Position des Autors und nehmen Sie Stellung dazu.

Hans Ulrich Schmid: Einführung in die deutsche Sprachgeschichte (2017)

Sprachliche Periodisierungen sind – wie alle historischen Epochenabgrenzungen – problematisch. Ebenso wenig wie die Antike oder das Mittelalter, das reformatorische oder das industrielle Zeitalter zu einem bestimmten Datum zu Ende gingen, endeten das Alt- oder Mittelhochdeutsche an einem bestimmten Stichtag. Typisch „neuhochdeutsche“ Phänomene kündigen sich bereits im frühen Mittelhochdeutschen an, und typisch „Mittelhochdeutsches“ konnte sich in den Dialekten sogar bis in die Gegenwart halten. Auch hier gilt die oft zitierte Gleichzeitigkeit des Ungleichzeitigen. […] Dass Zusammenhänge zwischen der veränderlichen **außersprachlichen Welt** und den Veränderungen in Sprachen bestehen, ist nicht zu bestreiten, und man kann – sehr stark vereinfacht! – die Perioden der Vorgeschichte und Geschichte der deutschen Sprache, auch der Literatur, zu historischen Epochen in Beziehung setzen […].

Wenke Mückel: Sprachentwicklung des Deutschen (2017)

Althochdeutsch ca. 750–1050	500	Laut- und morphologischer Formenwandel	*z. B. Hildebrandslied, Ludwigslied, Abrogans* *Textbeispiel: Beginn des Hildebrandsliedes: „Ik gıhorta dat ſeggen/dat ſih urhettun ænon muotın/ hıltıbrant entı hadubrant untar herıun tuem“*
Mittelhochdeutsch ca. 1050–1350	ca. 1050	Vokalveränderungen, Entstehung des ʃ-Lautes, regelmäßiger Artikel- und Pronomengebrauch	*z. B. Minnesang, ritterlich-höfische Dichtung (etwa Nibelungenlied)* *Textbeispiel: Beginn des Parzivalromans:* *„Ist zwîvel herzen nâchgebûr,* *daz muoz der sêle werden sûr.“*
Frühneuhochdeutsch ca. 1350–1650	ca. 1350	vokalischer Lautwandel, syntaktischer Wandel (Fixierung der Wortstellung, Partizipialkonstruktionen)	*Luthers Bibelübersetzung, religiöse und philosophische Schriften, Kirchenlieder, Volkslieder, Volksbücher* *Textbeispiel: Beginn Sebastian Brant: Das Narrenschiff: „Zů nutz vnd heylsamer ler/vermanung vnd ervolgung der wyßheit /vernunfft vnd gůter sytten“*
Neuhochdeutsch ca. ab 1650	ca. 1650 2017	Entstehung einer einheitlichen Schriftsprache, Normierungen und Standardisierungen in Grammatik und Orthografie sowie Aussprache	*literarische Epochen mit jeweils typischen Textbeispielen aus Barock, Aufklärung, Sturm und Drang, Klassik, Romantik, Realismus, Naturalismus, Impressionismus, Symbolismus, Expressionismus, Neue Sachlichkeit, Moderne, Postmoderne*

1 Lesen Sie den Text von Hans Ulrich Schmid. Fassen Sie die wichtigsten Inhalte mit eigenen Worten zusammen und stellen Sie Bezüge zu Wenke Mückels Übersicht über die Sprachentwicklung des Deutschen her.

2 Erklären Sie, warum klare Abgrenzungen zwischen den Sprachstufen laut Schmid nützlich, aber auch problematisch sind. Beziehen Sie dabei die Übersicht zur Veranschaulichung mit ein.

Agnes Jäger / Katharina Böhnert: **Warum verändert sich Sprache?** (2019)

Unsere Sprache ist uns normalerweise völlig selbstverständlich. Unhinterfragt und ohne groß darüber nachzudenken, sprechen wir, ähnlich wie wir laufen. […] Durch das Nachdenken über Sprache als System und ihren Gebrauch, d.h. deskriptive „Spracherkundung und deren metakognitive[1] Einordnung", wird **Sprachbewusstheit** ausgebildet, also die Kompetenz, „explizit über sprachlich-kommunikative Gegenstände und Sachverhalte zu reflektieren und das eigene Sprachverhalten ggf. diesen Fähigkeiten gemäß zu organisieren" […]. Aber warum ist die Sprache eigentlich nicht so geblieben, wie sie vor 1000 oder 500 Jahren war? Wieso ist sie so geworden, wie sie heute ist? Warum verändert sie sich überhaupt? Und: Ist es in Ordnung, dass sie sich verändert, oder ist es schlecht, sollte man es verhindern?

Wenn Sprecher wahrnehmen, dass sich ihre Sprache verändert, kann dies wie jede Veränderung von Gewohntem, vermeintlich Unveränderlichem zu Verunsicherung führen. Die Spanne eines Menschenlebens genügt als Zeitraum, um Sprachwandel punktuell selbst zu erleben. Man bemerkt entsprechend umso mehr Veränderungen, je älter man wird: früher sagte man doch *sie bäckt,* heute eher schon *sie backt,* früher war *voll* bloß das Gegenteil von *leer,* heute verwenden es viele auch im Sinn von „sehr" z.B. in *voll lustig* usw. Im Vergleich zu den umfassenden Veränderungen unserer Sprache im Verlauf ihrer Geschichte […] sind dies nur minimale Details. Diese sprachhistorische Perspektive ist den Sprechern einer Sprache […] jedoch natürlich nicht bewusst. Daher führt die Verunsicherung angesichts des Wandels oft zu vorschneller Sprachkritik und Sorge um einen angeblichen **„Sprachverfall".** […] Doch auch die Sprachverfallsklagen sind so alt wie die Sprache selbst. So war der Sprachwissenschaftler Jacob Grimm (einer der beiden Brüder Grimm) Mitte des 19. Jahrhunderts überzeugt, dass jeder fühlen müsse, „dasz es schöner und deutscher klinge zu sagen *buk wob boll* (früher noch besser *wab ball*) als *backte webte bellte*" […]. Dieses Gefühl teilen wir heute nicht mehr. […]

Grundsätzlich lässt sich zwischen internen und externen **Ursachen des Sprachwandels** unterscheiden. In der Öffentlichkeit werden besonders **externe Ursachen,** also solche, die außerhalb des jeweiligen Sprachsystems liegen, gesehen. Dazu gehört Sprachwandel durch Sprachkontakt, der insbesondere auf der Ebene des Lexikons, also des Wortschatzes, in Form von Fremd- und Lehnwörtern wie den angesprochenen Anglizismen zu beobachten ist […].

Die meisten und durchgreifendsten Veränderungen unserer Sprache sind aber durch **interne Ursachen** des Sprachwandels bedingt, also solche, die in der Sprache selbst liegen. Im Gegensatz zum oft eher zufälligen extern bedingten Wandel ist intern verursachter Wandel eher systematisch, tritt oft in ähnlicher Weise wiederholt […] oder sprachübergreifend auf […]. […]

1 **metakognitiv:** sich mit den eigenen kognitiven (geistigen) Prozessen auseinandersetzend

1 Lesen Sie den Text von Agnes Jäger und Katharina Böhnert. Fassen Sie zusammen, welche Kompetenzen durch das Reflektieren von Sprache gefördert werden können.

2 Erklären Sie den Unterschied zwischen internen und externen Ursachen für Sprachwandel.

3 Führen Sie Aussagen von Peter von Polenz, Hans Ulrich Schmid, Wenke Mückel sowie Agnes Jäger und Katharina Böhnert in einem eigenen Informationstext zum Thema Sprachwandel zusammen.

4 Stellen Sie Thesen auf, inwieweit Sprachwandel positiv oder negativ eingestuft werden kann. Begründen und belegen Sie Ihre Thesen.

Der Sprachwandel ist notwendig (These), damit die Sprache neue Entwicklungen abbilden kann (Begründung), so entstehen z. B. neue Wörter für neue technische Geräte oder Kommunikationsplattformen, wie „Laptop" oder „Social Media" (Beleg).

Walther von der Vogelweide: Saget mir ieman, waz ist minne? (ca. 1200)

Saget mir ieman, waz ist minne?
weiz ich des ein teil, sô west ich es gerne mê.
der sich baz denne ich versinne,
der berihte mich, durch waz sie tuot sô wê.
Minne ist minne, tuot sie wol;
tuot sie wê, sô heizet sie niht rehte minne.
sus enweiz ich, wie sie denne heizen sol.

1 Lesen Sie den Auszug aus dem Gedicht Walthers von der Vogelweide und ordnen Sie dieses mithilfe der Übersicht auf Seite 315 einer Sprachstufe des Deutschen zu. Begründen Sie Ihre Auswahl mit Wortbeispielen.

2 Stellen Sie Vermutungen zum Inhalt der Strophe an. Überprüfen Sie anschließend mithilfe der folgenden neuhochdeutschen Übersetzung von Horst Brunner, ob Ihre Vermutungen zutreffend waren.

Sagt mir jemand, was Liebe ist?
Wenn ich davon auch schon einiges weiß, so wüsste ich doch gern mehr darüber.
Wer mehr davon versteht als ich,
der belehre mich, wodurch sie so wehtut.
Liebe ist Liebe, wenn sie einem guttut.
Tut sie weh, nenne ich sie nicht zu Recht Liebe.
In diesem Fall weiß ich nicht, wie sie dann genannt werden soll.

3 Recherchieren und erklären Sie den Begriff „Minne“. Welche Bedeutung hatte er im Mittelalter?

4 Lesen Sie die Information zum Bedeutungswandel von Sprache. Loten Sie das heutige Bedeutungsspektrum der Wörter „Arbeit“ und „Urlaub“ aus und vergleichen Sie die heutige mit der mittelhochdeutschen Bedeutung.

5 Auch heutzutage gibt es viele Wörter, deren Bedeutungswandel wir selbst beobachten können. Diskutieren Sie die Bedeutung des Wortes „Freund“ im Hinblick auf Ihr persönliches Verständnis und im Zusammenhang mit sozialen Netzwerken und sogenannten Freunden in diesen.

Information **Bedeutungswandel von Sprache**

Sprache entwickelt sich stetig weiter. So gibt es viele Wörter, deren Bedeutung sich über die Jahrhunderte bzw. die verschiedenen Sprachstufen des Deutschen hinweg verändert hat.
Das Wort „Arbeit“ (mhd. *arbeit*) beispielsweise hat heute eine andere Bedeutung als im Mittelalter. Damals war damit jede Form von Anstrengung und Belastung gemeint, die Menschen auf sich nehmen mussten; *arbeit* zu leisten im Minnedienst oder im ritterlichen Kampf galt als höfische Tugend.
Auch die Bedeutung des Wortes „Urlaub“ hat sich im Laufe der Zeit gewandelt. Das mittelhochdeutsche *urloup*, die Nominalbildung zum Verb *erlôuben*, bedeutete „Erlaubnis“ oder auch „die Erlaubnis zu gehen“, besonders im Rahmen des Minnedienstes zwischen Ritter und Dame.

Die Entwicklung des Deutschen – Sprache(n) im Kontakt

Agnes Jäger / Katharina Böhnert: **Wie verändert sich Sprache durch Sprachkontakt?** (2018)

[...] daß man die Hochdeutsche Sprache in jhren rechten wesen und standt / ohne einmischung frembder außländischer wort / auffs möglichste und thunlichste erhalte.

Dieses Zitat stammt aus dem „Kurtzen Bericht“ der *Deutschen Akademie des 17. Jahrhunderts Fruchtbringende Gesellschaft,* einem Verein, der sich der Pflege und Reinigung der deutschen Sprache, v. a. von „frembde[n] außländische[n] w[örtern]“, verschrieben hatte. Im besonderen Fokus dieses Sprachreinigungsvorhabens standen **Lehnwörter,** also aus anderen Sprachen übernommene und – im Gegensatz zu Fremdwörtern – ins Deutsche integrierte Wörter wie *Fenster* oder *Fieber,* für die von der Fruchtbringenden Gesellschaft „genuin deutsche“ Wortbildungen wie *Tageleuchter* oder *Zitterweh* als Alternativen vorgeschlagen wurden. Aus heutiger Perspektive ist hierbei nicht nur interessant, dass sich die vorgeschlagenen Alternativen in vielen Fällen nicht durchsetzen konnten (durchsetzen konnte sich aber z. B. *Durchmesser* gegenüber *Diameter*) und heute eher Belustigung hervorrufen. Es lässt sich vielmehr feststellen, dass die im 17. Jahrhundert kritisierten „fremden Wörter“ heute zu einem ganz natürlichen Bestandteil unseres Wortschatzes geworden sind.

Sprachverfallsklagen sind vermutlich so alt wie die Sprache selbst [...] und doch gibt es bis heute keinen Beleg für eine Sprache, die durch fremdsprachliche Einflüsse tatsächlich verfallen ist. Aktuell übt z. B. der *Verein Deutsche Sprache* (VDS) Kritik am „Mangel an Sprachloyalität und [der] schwach ausgeprägten Förderung der deutschen Sprache von staatlicher Seite“ [...]. Diese Forderungen aufgreifend hat der VDS einen „Anglizismenindex“ entwickelt, der deutschsprachige Entsprechungen für englische Fremd- und Lehnwörter wie *Babysitter (Kinderhüter/-in, -betreuer/-in)* oder *Airbag (Prallkissen)* bereithält. [...]

[Es] wird deutlich, dass es sich bei den aktuellen Entlehnungen aus dem Englischen um natürliche Prozesse lexikalischen Wandels handelt. Sprecher entlehnen aus sozial, politisch und kulturell bedeutenden Prestigesprachen Wörter, für die es im Wortschatz der Nehmersprache keine Entsprechung gibt (z. B. *Selfie*), die sie als expressiver als einheimische Wörter empfinden (z. B. *Party* statt *Feier*), oder verwenden Entlehnungen, um modern und zeitgemäß zu wirken (z. B. *Facility-Manager*). In der Sprachgeschichte waren vor allem Latein und Französisch solche Prestigesprachen, heute nimmt das Englische diese Rolle ein. [...]

Selbst wenn Wörter noch deutlich sichtbare [...] Merkmale der Gebersprache aufweisen und somit als **Fremdwörter** im Deutschen wahrnehmbar sind (z. B. *Pizza* oder *surfen*), lassen sie sich oftmals problemlos in das deutsche Flexionssystem integrieren – bei *Pizza* z. B. hinsichtlich der Pluralbildung *(Pizzen/Pizzas),* im Falle von *surfen* z. B. die Tempusflexion betreffend *(surfen, surfte, gesurft).* [...]

Zusammenfassend wird deutlich, dass zum einen die deutsche Grammatik von Lehneinflüssen weitgehend unberührt bleibt – ganz im Gegenteil hierzu sind es eher die fremden Wörter, die sich an das deutsche Sprachsystem anpassen. Zum anderen findet durch die Entlehnung von Fremdwörtern keine willkürliche „Verdrängung“ des deutschen Erbwortschatzes statt. Vielmehr bereichern Entlehnungen wie im 15./16. Jahrhundert *Konto* oder aktuell *Fake News* den deutschen Wortschatz, da sie neue oder zumindest von Sprechern als passender oder expressiver empfundene sprachliche Mittel bereitstellen. [...]

1 Gliedern Sie den Text „Wie verändert sich Sprache durch Sprachkontakt?“ in Abschnitte und geben Sie diesen Überschriften.

2 **a** Erläutern Sie mit eigenen Worten die Absicht der „Fruchtbringenden Gesellschaft“ im 17. Jahrhundert.

b Listen Sie alle Fremd- und Lehnwörter auf, die im Text genannt werden, und stellen Sie Vermutungen darüber an, weshalb sich die deutschen Übersetzungen im Alltag nicht durchgesetzt haben.

3 Stellen Sie mithilfe der Informationen im Text und in der Information „Fremdwort und Lehnwort“ Merkmale von Fremdwörtern und Lehnwörtern tabellarisch gegenüber.

Information **Fremdwort und Lehnwort**

Ein **Fremdwort** ist ein Wort, das aus einer fremden Sprache ins Deutsche gelangt ist und seine ursprüngliche Lautung (Aussprache), Schreibung und Flexion (Beugung) zum Teil noch bewahrt hat. Beispiel: (engl.) *download,* Pl. *downloads* → (dt.) *der Download,* Pl. *die Downloads.*
Ein **Lehnwort** (entlehnen = entleihen) stammt aus einer Fremdsprache, hat sich jedoch dem Deutschen in Lautung, Schreibung und Flexion so weit angepasst, dass es nicht mehr als Fremdwort erkannt wird. Beispiel: (lat.) *murus,* Pl. *muri* → (dt.) *die Mauer,* Pl. *die Mauern.*

4 Erörtern Sie, ob es sich bei den Wörtern „Rhythmus“, „Niveau“, „Fenster“ (von lat. „fenestra“), „Komödie“ (von lat. „comoedia“) jeweils um ein Fremdwort oder um ein Lehnwort handelt. Begründen Sie mit Lautung, Schreibung und Flexion sowie Ihrem eigenen Sprachempfinden. Beachten Sie, dass der Übergang vom Fremdwort zum Lehnwort fließend sein kann.

5 Sammeln Sie Kontaktsituationen, die heute dazu beitragen, dass sich das Deutsche entwickelt und verändert.
z. B. *digitale Globalisierung, Urlaubsreisen, Auslandsaufenthalte …*

6 Übertragen Sie die folgende Grafik auf ein Plakat und ergänzen Sie weitere Sprach- und Wortbeispiele.

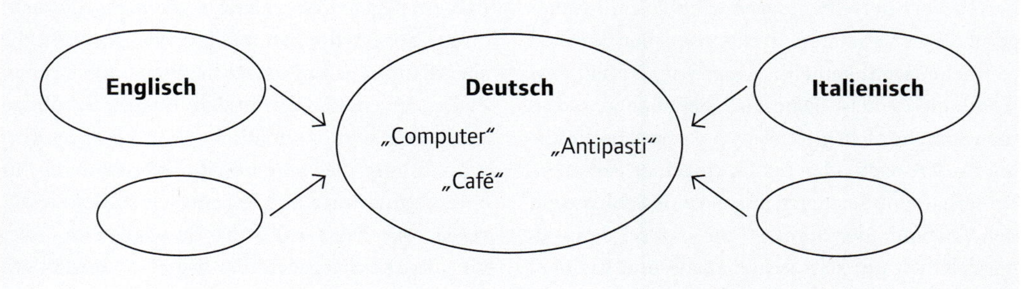

Information **Sprachkontakt**

Die Geschichte des Deutschen kann vor allem als eine Geschichte des **Sprach(en)kontakts** angesehen werden. In den ersten Jahrhunderten (ab ca. 500 n. Chr.) stand die sich entwickelnde deutsche Sprache vor allem unter dem Einfluss des Lateinischen. Mit der höfischen Kultur wurden zudem viele französische Begriffe übernommen. Im 15. und 16. Jahrhundert wurden darüber hinaus auch griechische Wörter entlehnt und aus dem Arabischen einzelne Wissenschaftsbegriffe übernommen. Im 17. Jahrhundert war es wieder das Französische, das die deutsche Sprache beeinflusste, während seit dem 20. Jahrhundert vornehmlich das Angloamerikanische starken Einfluss ausübt.

3.2 Entwicklungen der Gegenwartssprache

Rudi Keller: Ist die deutsche Sprache vom Verfall bedroht? (2004)

[…] Es ist wichtig, vorab zu klären, in welchem Sinne man das Wort *Sprache* verwendet, wenn man über deren Verfall redet; denn dieses Wort wird in unserer Umgangssprache äußerst vieldeutig gebraucht. In den Ausdrücken „die Sprache des jungen Goethe“, „die Sprache der Jugendlichen“ und „die deutsche Sprache“ wird „Sprache“ in je verschiedener Bedeutung verwendet. Im ersten Fall meint man einen bestimmten Idiolekt, eben die typischen Besonderheiten des Sprachgebrauchs des jungen Goethe; im zweiten Fall eine bestimmte gruppenspezifische Varietät des Deutschen, einen bestimmten Soziolekt. *Sprache* im Sinne von Deutsch, Englisch oder Suaheli meint ein bestimmtes System von konventionellen Regeln – phonologischen, syntaktischen und semantischen Konventionen –, die gegenwärtig gelten. Da gesellschaftliche Konventionen ständigem Wandel unterliegen und außerdem (beispielsweise) sozial, regional, alters- und möglicherweise geschlechtsspezifisch variieren, ist der Begriff „die deutsche Sprache“ notwendigerweise äußerst unscharf. Aber immerhin gibt es einen harten Kern derselben, sagen wir die Schnittmenge all dieser Varietäten. In einem solchen Sinne ist „Sprache“ wohl gemeint, wenn vom Verfall derselben die Rede ist. Damit ist aber auch klar, dass man Sprache nicht gleichsetzen darf mit bestimmten Äußerungen oder Texten einzelner Personen. Fehlerhafte Äußerungen lassen keine Schlüsse auf den Zustand „der Sprache“ zu – es sei denn, es handelt sich um sehr systematisch und frequent vorkommende Fehler. Damit sind wir an einem Punkt, der ausschlaggebend sein könnte für die verbreitete Ansicht, die Sprache gehe allmählich zugrunde: Jede Veränderung einer Konvention beginnt notwendigerweise mit deren Übertretung, und Übertretungen sprachlicher Konventionen nennt man „Fehler“. Wenn der Fehler schließlich zum allgemeinen Usus geworden ist, dann hat er aufgehört, ein Fehler zu sein, und eine neue Konvention ist entstanden. Solange das Präteritum des Verbs *schrauben* noch *schrob* lautete, machte der, der *schraubte* sagte, einen Fehler. Heute machen wir alle diesen „Fehler“ und genau deshalb ist es keiner mehr. (Erhalten geblieben ist uns nur noch die starke Form des Partizips von *verschrauben* in seiner metaphorischen Bedeutung: *verschroben.*) Dieses Beispiel macht deutlich, weshalb aufmerksame Sprachbeobachter immer und überall den Eindruck gewinnen müssen, dass ihre Sprache verwahrlost. Wir nehmen den Beginn eines Wandelprozesses wahr, der notwendigerweise eine Regelverletzung darstellt. Unsere Wahrnehmung lässt nach in dem Maße, in dem die anfängliche Regelverletzung zum allgemeinen Usus wird. Denn damit verliert sie jede Auffälligkeit. Sehr deutlich wird dies an orthografischen Regeln: Wer heute vorschlägt, *Spaghetti* ohne „h“ zu schreiben, riskiert den Vorwurf, die abendländische Kultur zu schänden (wobei er den Plural *Spaghettis* vermutlich ungestraft bilden darf). Wer aber das englische Wort *cakes* als *Keks* schreibt und dies (wie bei *Straps*) auch noch für eine Singularform hält, macht sich keines Frevels verdächtig. Der Grund für die allgemeine Toleranz den *Keksen* gegenüber liegt aber ausschließlich darin, dass diese Schreibweise bereits vor 90 Jahren eingeführt wurde und wir uns mittlerweile daran gewöhnt haben.

1 Lesen Sie den Text von Rudi Keller und formulieren Sie Teilüberschriften.

2 Recherchieren Sie, wie sich die Schreibung des Wortes „Spaghetti“ (Z. 59) bis heute gewandelt hat.

3 Sprache entwickelt sich ständig weiter. Dabei beeinflussen mehrere Faktoren die Sprachentwicklung.

a Betrachten Sie die Übersicht auf der folgenden Seite und benennen Sie die unterschiedlichen Faktoren.

b Finden Sie für alle Faktoren weitere Beispiele.

Beispiel für Anglizismus: Date/daten, …

Wenke Mückel: **Tendenzen der Gegenwartssprache** (2017)

Fremdworteinfluss	Adaption von Anglizismen/Amerikanismen; Pseudoanglizismen und Hybridformen	Power/powern; Layout/layouten; Jogging/Jogger/joggen; outsourcen; chillen; Handy; Servicepoint; Jobcenter; Kaffee to go
Normveränderung	Rechtschreibreform	▪ Nutzung der Basisgrafeme statt der fremdsprachigen Orthografeme; z. B. Delfin [...] ▪ Anwendung des Stammprinzips, z. B. überschwänglich, Quäntchen, Gämse ▪ Regelungen der Getrennt- und Zusammenschreibung, z. B. zurzeit, zurate [...] ▪ Kleinschreibung der Anredepronomen in der persönlichen Form vs. Großschreibung in der Höflichkeitsform, z. B. *Mit dieser Karte lade ich dich zur Feier ein. – Mit dieser Karte lade ich Sie zur Feier ein.*
Subsprachen	Kiezdeutsch/Jugendsprache/Fachsprachen	Hey, du Penner, gehst du Kino?
Kommunikationswandel	Formen konzeptioneller Mündlichkeit, z. B. WhatsApp, SMS, Social Media	Wg – Ggd – Auch gg. Wmds? – Nix. Du? – Chill auf Sofa und TV – Nice – Jep – Ok. Bd – Bd
Varietätenwandel	Dialektausgleich, Regionalsprachen, Determinologisierung	▪ Ausbreitung des süddeutschen *Samstag* und *Schauen wir mal* in den Norden (eigentlich *Sonnabend, Sehen/Gucken wir mal / werden wir sehen*) ▪ Verbreitung der Aussprache von *schon* mit [oː] anstelle von *schon* mit kurzem [ɔ] ▪ Determinologisierung, z. B. bei *Er spricht mit einem Berliner Dialekt,* wenn eigentlich gar kein Dialekt vorliegt, sondern nur bestimmte lautliche oder lexikalische Auffälligkeiten.
Sprachliche Aufmerksamkeit für gesellschaftliche Normensetzungen	politisch korrekte Sprache, gendersensible Sprache	▪ *Negerküsse/Mohrenköpfe* ersetzt durch *Schaumküsse/Schokoküsse* ▪ Bildung weiblicher Formen, z. B. Amt*frau*/Beamt*in,* oder neutraler Formen, z. B. die Lehr*person,* die Lehren*den*

4 **a** Notieren Sie Anglizismen, die Ihnen spontan einfallen.

b Lesen Sie die Information zu Anglizismen und kategorisieren Sie Ihre Beispiele. Notieren Sie Beispiele für alle Kategorien entsprechend der folgenden Tabelle.

Wortentlehnung	***Wort-für-Wort-Übersetzung***	***Kopie des englischen Satzbaus***	***Scheinanglizismus***
shoppen	*Gehirnwäsche (engl.: brainwash)*	*Das macht Sinn (engl.: That makes sense)*	*Handy*
...	...	...	...

Information **Anglizismen**

Anglizismen sind Übernahmen aus dem Englischen/Amerikanischen in die deutsche Sprache. Man **unterscheidet:**

- **Wortentlehnungen,** die an die deutsche Aussprache, Schrift oder Grammatik angepasst sind, z. B. *shoppen, gemanagt,*
- **Wort-für-Wort-Übersetzungen,** z. B. *Gehirnwäsche* (engl.: *brainwash*), und **Kopien des englischen Satzbaus,**
- **Scheinanglizismen,** die zwar englische Sprachelemente enthalten, in der englischen Sprache aber so nicht existieren, z. B. *Handy* (engl.: *mobile phone, cell phone*).

Die **Gründe** dafür, dass Anglizismen sich etablieren, sind vielfältig: Manchmal, z. B. in Fachsprachen (▶ S. 312), gibt es für das englische Wort keine geeignete deutsche Bezeichnung. Manche Anglizismen werden allerdings nur verwendet, weil sie besonders professionell und modern klingen. Die Verwendung von Anglizismen wird u. a. **kritisiert,** weil sie nicht notwendig sei, reinem Imponiergehabe diene oder den Verfall der deutschen Sprache befördere. Ein Kommunikationsproblem wird auch darin gesehen, dass viele Menschen eine mit Anglizismen gespickte Sprache nicht verstehen und ihre Aussagen entsprechend auch nicht inhaltlich beurteilen können. Diese **Kritikpunkte** werden jedoch auch wieder **relativiert,** weil z. B. die Zahl der Anglizismen nicht so groß oder nur auf bestimmte Bereiche beschränkt sei, weil sich ihr Einfluss von selbst wieder reguliere und weil sich Anglizismen gut in die Grammatik des Deutschen einfügten und die deutsche Sprache bereicherten.

Seriös oder kurios? Moderne Jobtitel verstehen und erklären (2019)

Visitenkarten sollten Auskunft darüber geben, wen man vor sich hat. Was aber, wenn anhand der aufgedruckten Berufsbezeichnung niemand versteht, was jemand in einem Unternehmen treibt? Über den richtigen Umgang mit komplizierten Titeln.

Berlin. Ob Feel Good Manager, Chief Evangelist oder Success Consultant: Der Trend zum fantasievollen Jobtitel kann auf den ersten Blick kuriose Züge annehmen. Gerade im Management und im digitalen Bereich sind englische Berufsbezeichnungen aber längst gang und gäbe.

Das ist nicht nur Marketing, sondern hat zum Teil gute Gründe. Denn neue Jobanforderungen erfordern neue Namen. „Englische Jobbezeichnungen halten in allen Bereichen Einzug – insbesondere auf der Topmanagement-Ebene“, sagt Nicole M. Pfeffer, Finanzvorstand des Deutschen Managerverbands. Unternehmen arbeiten mehr und mehr auf internationaler Ebene. „Im Zwei-

felsfall muss auch der chinesische Zulieferer oder der spanische oder südamerikanische Abnehmer wissen, mit wem er es da zu tun hat", erklärt Jochen Mai, Geschäftsführer und Chefredakteur des Blogs „Karrierebibel".

Auskunft über die Stellung und Aufgaben

„Jobtitel haben die Funktion, über die Position, berufliche oder akademische Qualifikation einer Person zu informieren", sagt Mai. Einerseits sollen sie Auskunft über die Stellung im Unternehmen geben, andererseits inhaltlich beschreiben, worin die Aufgaben bestehen. Einfacher gesagt: „Das Gegenüber soll sich vorstellen können, was man macht."

Ein englischer oder französischer Begriff ist da sinnvoll, wo es notwendig ist. Wenn ein Job ohne ersichtlichen Grund mit einem ausgefallenen Namen aufgewertet werden soll, ist das Mais Ansicht nach lediglich „Unfug und ein bisschen Titelkosmetik". Dass englische Berufsbezeichnungen jedoch nicht nur moderner klingen, sondern durchaus sinnvoll sein können, erklärt Nicole M. Pfeffer: Gerade durch die Digitalisierung entstünden Geschäftsfelder und Aufgabengebiete, für die es neue Bezeichnungen brauche. „Alte Jobbeschreibungen müssen angepasst und weiterentwickelt werden."

Gewandelte Berufsfelder

Neue Titel seien häufig nicht einfach Übersetzungen von deutschen Begriffen, sondern zeigten, dass sich Strukturen und Arbeitsfelder in Unternehmen gewandelt haben. „Man sieht zum Beispiel, dass sich klassische Hierarchie-Strukturen auflösen und stattdessen Netzwerke wichtiger werden", erklärt Pfeffer. Inzwischen seien viele Arbeitnehmer in mehreren Unternehmensbereichen aktiv und arbeiteten inhaltlich an verschiedenen Projekten. Alles, was beispielsweise mit „Innovation" oder „New Business Development" zu tun habe, betreffe das ganze Unternehmen.

„Bestimmte englische Berufsbezeichnungen beschreiben einfach moderner und besser, was die eigentliche Tätigkeit ist", sagt Claudia Baumer, die bei der Acoris AG für Marketing und Vertrieb zuständig ist. Ein Beispiel sei der Consultant: „Er ist mehr als ein einfacher Berater, [er] setzt Projekte um und hat ein tiefes technisches Wissen." [...]

1 Listen Sie mithilfe des Textes auf, welche Vor- und welche Nachteile durch die neuen englischen Jobbezeichnungen entstehen.

Vorteile	*Nachteile*
international verständlich	*Titelkosmetik*
...	...

2 Diskutieren Sie, inwieweit ein Jobtitel wie „First Impression Manager" für Rezeptionist/-in sinnvoll oder lediglich beschönigend ist. Lesen Sie hierzu auch die Information „Anglizismen" (▶ S. 322).

★ **3** Erörtern Sie, inwieweit Sprache vom Verfall bedroht ist. Finden Sie Argumente in den Kapiteln D1 bis D3 und sammeln Sie auch eigene Argumente. Nutzen Sie den Argumentationszirkel (▶ Methode, S. 329), um Ihre Argumentation aufzubauen.

Tatsächlich ist der Fremdworteinfluss eine Tendenz, durch die sich Sprache ständig verändert. So sind in der Alltagssprache zahlreiche Hybridformen zu finden, z. B. „Kaffee to go" ...

3.3 Sprachtraining

1 Erweitern Sie Ihren Wortschatz.

a Sammeln Sie Adjektive aus dem Bereich Sprache, die auf das Suffix -al enden.
verbal, global, regional, …

b Wählen Sie fünf Adjektive aus und finden Sie dazu wortverwandte Verben und/oder Nomen. Ordnen Sie sie in einer Tabelle wie unten der jeweiligen Wortart zu. Schreiben Sie die Nomen mit Artikel.

Adjektiv	**Verb**	**Nomen**
verbal	*verbalisieren*	*das Verb*
regional	*…*	*die Regionalisierung / die Regionalität*

c Wählen Sie fünf Adjektive aus und integrieren Sie jedes in einen Satz zum Thema Sprache.
Die Hochsprache ist überregional, d. h., dass sie über die Regionen hinweg Gültigkeit hat.

2 **a** Finden Sie weitere fünf Nomen mit den Endungen -ation, -ierung oder -ität aus dem Bereich Sprache. Bilden Sie mit jedem dieser Nomen einen Satz.
Die Konventionalität ist ein Merkmal des sprachlichen Zeichens.

b Vergleichen Sie Ihre Sätze in Partnerarbeit und korrigieren Sie sich, wenn nötig.

3 Üben Sie die richtige Getrennt- und Zusammenschreibung.

a Klären Sie, ob die Verbindungen in den folgenden Sätzen getrennt- oder zusammengeschrieben werden müssen.

a) Verben muss man *klein schreiben / kleinschreiben*.
b) Es ist faszinierend, *wie viele / wieviele* verschiedene Sprachen es auf der Welt gibt.
c) Als professioneller Redner sollte man *frei sprechen / freisprechen* können.
d) Ich wünschte, wir könnten *beisammen sein / beisammensein*.
e) Es wird mir nicht *schwer fallen / schwerfallen*, die Getrennt- und Zusammenschreibung zu üben.
f) Die Mauer konnte dem Druck der Wassermassen nicht *Stand halten / standhalten*.
g) Diese Lösung halte ich für besonders *Zeit sparend / zeitsparend*.

b Vergleichen Sie Ihre Lösungsvorschläge in Partnerarbeit und klären Sie Zweifelsfälle. Die Hinweise im Grammatikteil (▶ S. 388) helfen Ihnen weiter.

c Formulieren Sie fünf weitere Sätze mit anderen Wortverbindungen. Korrigieren Sie Ihre Sätze anschließend in Partnerarbeit.

Information **Die Nomenendungen -ation, -ierung und -ität**

Insbesondere von Verben auf -ieren lassen sich Nominalformen auf **-ation, -ierung** und **-ität** ableiten. Nomen mit den Endungen -ation und -ierung unterscheiden sich häufig nur marginal und werden oftmals synonym gebraucht.

- -ation zeigt oft einen Ergebnisbezug (z. B. *die Motivation*)
- -ierung zeigt häufig einen Prozessbezug (z. B. *die Motivierung*)

Nomen mit dem Suffix -ität bezeichnen meist Eigenschaften (z. B. *die Sensibilität*), Gegenstände (z. B. *die Rarität*) oder Abstrakta (z. B. *die Qualität*).

Alle Nomen, die auf -ation, -ierung oder -ität enden, sind weiblich. Ihr Artikel lautet „die" *(die Interpretation, die Rationalisierung, die Internationalität).*

1 **a** Klären Sie in Partnerarbeit die Bedeutung aller Nomen im Wortspeicher. Ziehen Sie nötigenfalls ein Wörterbuch hinzu.

Utopie	Oxymoron	Ironie	Poesie	Parallelismus	Historismus	Realismus
Dystopie	Expressionismus		Paradoxon	Humanismus	Fantasie	Liberalismus

b Bilden Sie zu den Nomen im Wortspeicher die Pluralform, falls der Plural gebräuchlich ist.

c Vergleichen Sie die Pluralformen mit Ihrer Partnerin / Ihrem Partner.

2 Üben Sie die Verwendung von rhetorischen Figuren.

a Benennen Sie die jeweilige rhetorische Figur und notieren Sie den Fachbegriff in Ihr Heft. Die Information auf Seite 337 f. hilft Ihnen weiter.

Ich kam, sah und siegte. → *Klimax*

a) schwarzer Schimmel (Pferd)
b) Vater Staat
c) Man muss Marmelade mögen.
d) Glauben Sie etwa, ich hätte nichts zu tun?
e) Er hat Geld wie Heu.
f) ein Meer von Tränen
g) Was dieser heute baut, reißt jener morgen ein.
h) Ich warte schon eine Ewigkeit.
i) Er klammert wie ein Krake.

b Beschreiben Sie die Wirkung der rhetorischen Figuren aus Aufgabe 2 a.

c Nennen Sie Beispiele für die folgenden rhetorischen Figuren.

rhetorische Frage → *Wer ist schon perfekt?*

a) Allegorie
b) Anapher
c) Chiasmus
d) Ellipse
e) Neologismus
f) Parallelismus
g) Personifikation

Information **Rhetorische Figuren im Singular und Plural**

Rhetorische Figuren sind Stilmittel, die häufig schon in der Antike eingesetzt wurden und deren Namen deshalb oftmals auf das Griechische zurückgehen. Man erkennt dies beispielsweise an den Endungen (Suffixen), wie **-ismus** (z. B. *der Euphemismus, der Neologismus, der Parallelismus*), **-ie** (z. B. *die Allegorie, die Ironie, die Metonymie, die Onomatopoesie*) oder **-on** (z. B. *das Oxymoron, das Paradoxon*).

- Maskuline Nomen auf -ismus bleiben **im Singular ohne Flexionsendung** (z. B. des *Parallelismus*, nicht: *des Parallelismusses*). Im Plural haben sie – falls der Plural gebräuchlich ist – die Endung **-ismen** (z. B. *der Neologismus – die Neologismen*).
- Feminine Nomen auf -ie bilden den Plural im Allgemeinen mit **-ien** (z. B. *die Allegorie – die Allegorien*).
- Nomen im Neutrum mit dem Suffix -on haben im Plural oftmals die Endung **-a** (z. B. *das Paradoxon – die Paradoxa, das Oxymoron – die Oxymora*).

(▶ Mehr zu rhetorischen Figuren, S. 337 f.)

3.4 Klausurtraining: Eine textgebundene Erörterung schreiben

Information **Die textgebundene Erörterung**

Eine Erörterung ist eine Textform, die der Meinungsbildung und Entscheidungsfindung dient. Erörtert werden strittige Wertungsfragen oder noch nicht hinreichend geklärte Sachfragen. Sowohl für Alltagsdiskussionen als auch für die wissenschaftliche und journalistische Arbeit ist die mündliche und schriftliche Erörterung von grundlegender Bedeutung.

Die **textgebundene Erörterung** stellt dar, auf welche Weise ein Text ein Problem aufwirft und erschließt. Erfasst werden sollen die zentrale Problemstellung des Textes, der gedankliche Zusammenhang der Thesen, Argumente und Argumentationsstützen (Erläuterungen, Belege, Beispiele usw.), außerdem die Strukturierung des Textes (Argumentationsstruktur) und seine sprachlich-rhetorische Gestaltung. Geklärt wird also, mit welchen Positionen eine Autorin / ein Autor in einen Meinungsstreit eingreift und welche Mittel sie/er dabei nutzt. An die Analyse der Textvorlage schließt sich in der Regel eine zweite Aufgabe an, in der Sie aufgefordert werden, auf der Grundlage eigener Kenntnisse (z. B. aus dem Unterricht) zu einer aus dem Text abgeleiteten Problemstellung eine eigene Stellungnahme zu entwickeln. Diese soll bestimmten Argumentationsstandards entsprechen.

Aufgabenbeispiel

1 Stellen Sie die Kernaussagen der Autorin dar und analysieren Sie die Argumentationsstruktur des Textes.

2 Erörtern Sie anschließend die Frage, ob in Schulen Dialekte nicht nur geduldet, sondern sogar aktiv gefördert werden sollten.

Anne Richter: **Fischkopp und Lumpeseggler: Warum wir Dialekte feiern sollten** (2018)

Oft gehört und selten geliebt: der Dialekt. In der Schule und bei der Arbeit ist es oft sogar verpönt, kein Hochdeutsch zu reden. Warum unsere Autorin Dialekte trotzdem cool findet.

Dit is ja jottweedee! – Ich muss jetze uffe Kleeche. – Du kannsch mer mol de Buggl nunner rudsche, Lumpeseggler! – Joa freilich, Depp, damischer! – Klei mi an Mors.

Na, auch nichts verstanden? Das geht wahrscheinlich vielen so, denn der Dialekt ist vom Aussterben bedroht. […] Kein Wunder: In Deutschland hat der Dialekt ein echtes Imageproblem, dabei gibt es gute Gründe, ihn zu pflegen. Die Zahl der Deutschen, die überhaupt noch ihre regionale Sprache sprechen können, nimmt immer weiter ab. Bei einer Studie des Instituts für Demoskopie Allensbach gaben nur 48 % der Befragten an, Dialekt sprechen zu können. Vor 100 Jahren hingegen war es noch fast die gesamte Bevölkerung. Besonders im Norden und Westen von Deutschland geht die regionaltypische Sprache immer mehr verloren.

Hochdeutsch – das „richtige" Deutsch

Auf dem Gymnasium in Halle, meiner Heimatstadt, war es ein absolutes No-Go, Dialekt zu sprechen. Dafür gab es keinen besonderen Grund. Vielleicht war es bei uns besonders verpönt, weil Hallesch dem Sächsischen sehr ähnlich ist und Sächsisch der unbeliebteste Dialekt Deutschlands ist.

Doch die wenigsten konnten überhaupt Dialekt sprechen. Es kam gar nicht infrage. Obwohl einige Eltern sogar hörbar Mundart sprachen, hatten die Kinder damit nichts am Hut. Über diejenigen, die

Hallesch redeten, machten sich die anderen teilweise sogar lustig. Es galt als bäuerlich und minderwertig. Die Lehrer lobten nur für besonders schönes Hochdeutsch. Doch irgendwann dachte ich mir: Warum in aller Welt soll es eigentlich so schlimm sein zu hören, woher man kommt?

Dialekte als Gesprächsthema Nummer eins

Als ich 2016 in Weimar anfing zu studieren, zog ich zu Hause aus. [...] Wie für viele andere Studenten ging es aus Kostengründen erst mal in eine WG. Dort wohnte ich mit einem Münchener, einem Neubrandenburger und einer Berlinerin zusammen – also alle aus ganz verschiedenen Ecken Deutschlands. Ich war plötzlich umzingelt von völlig verschiedenen Kulturen und Dialekten. Meine Mitbewohner und ich waren sofort auf einer Wellenlänge. Wir verbrachten oft unsere Abende zusammen auf dem Balkon oder in der Küche. Tranken Bier, kochten zusammen und quatschten. Oder schnackten. Oder tratschten. Was denn nun? Jedes Mal freuten wir uns, wenn in einem Gespräch plötzlich jemand fragte: „Äh, sorry, aber was hast du gerade gesagt? Hab ich noch nie gehört!" Und dann begann die Diskussion. Jeder erörterte erst einmal, wie denn die regionale Übersetzung bei ihm oder ihr laute.

Seid ihr bilingual?

Dialekt sprechen hat aber neben der Grundlage für Gesprächsthemen auch noch andere Vorteile. Studien belegen: Das Vorurteil, dass Kinder, die mit Dialekt aufwachsen, einen Nachteil in der Schule haben, ist kompletter Schwachsinn. „Ganz im Gegenteil", sagte Professor Anthony Rowley, Sprachforscher und Mundart-Experte an der Ludwig-Maximilians-Universität München, der Zeitung „Baby und Familie": „Wenn ein Kind gleichzeitig mit Dialekt und Standardsprache aufwächst, gilt das für die Hirnforschung als eine Variante von Mehrsprachigkeit." Wenn ihr einen Dialekt sprecht, seid ihr sozusagen bilingual. [...] Mehr noch: „In der Wissenschaft weiß man heute, dass Mehrsprachigkeit von Vorteil für die geistige Entwicklung von Kindern ist", so Rowley. Dies bestätigt auch eine Studie der Universität Oldenburg, die über mehrere Jahre hinweg Aufsätze von Dritt- bis Sechstklässlern untersuchte. Heraus kam dabei, dass Mundart sprechende Kinder 30 Prozent weniger Rechtschreibfehler machen.

Dialekte – ein wichtiger Teil unserer Kultur

Hätte ich das mal eher gewusst. Denn früher war auch ich Dialekten abgeneigt. Für mich klang es einfach nur primitiv, wenn jemand kein Hochdeutsch sprach. Heute finde ich es total genial, dass es so viele verschiedene Mundarten gibt. Sie sind ein wertvoller Teil der Kultur und das sollten wir feiern! Ich selber finde es schade, dass ich keinen Dialekt sprechen kann. Natürlich heißt das nicht, dass niemand mehr Hochdeutsch sprechen soll. Ich finde es sogar sehr wichtig. Schließlich müssen wir uns ja auch alle untereinander verständigen und manchmal ist Dialekt doch sehr schwer zu verstehen. Allerdings sollten wir aufhören, Dialekte schlechtzumachen oder uns für sie zu schämen – denn sie bieten immer wieder etwas, worüber man zusammen lachen kann [...]. In diesem Sinne: Pfiat eich! Machet jut meinor! Tschöö! Tschüssing!

Die Aufgabenstellung verstehen

1 Geben Sie die Schlüsselbegriffe in der Aufgabenstellung auf Seite 326 an.

2 **a** Die Aufgabenstellung enthält zwei verschiedene Anforderungen: Zum einen soll der Text analysiert und erschlossen werden (Aufgabe 1), zum anderen soll eine Auseinandersetzung mit der Position Richters erfolgen (Aufgabe 2). Überlegen Sie in Partnerarbeit, welche Methoden Sie zur Bearbeitung der beiden Schritte wählen sollten, z. B.:

- *Zur Texterschließung unterstreicht man in einem ersten Schritt Schlüsselwörter und unterteilt den Text in Sinnabschnitte, die ...*
- *Um den argumentativen Aufbau des Textes zu untersuchen, ...*
- *Die Erörterung der Position des Autors sollte man wie eine Argumentation vorbereiten ...*

b Vergleichen Sie Ihre methodischen Überlegungen mit dem Methodenkasten am Ende dieses Teilkapitels (▶ Methode, S. 333 f.). Machen Sie sich klar, welche Arbeitsschritte Sie noch aufnehmen sollten.

Erstes Textverständnis und Ideen formulieren

1 Lesen Sie den Text und benennen Sie sein Thema in zwei Sätzen.

2 **a** Arbeiten Sie mit einer Kopie des Textes und markieren Sie beim zweiten Lesen wichtige Aussagen. Sie können hier bereits Thesen und Argumente durch zwei unterschiedliche Farben unterscheiden.

b Gliedern Sie den Text in Abschnitte und halten Sie den gedanklichen Aufbau in Stichworten fest.

3 Machen Sie sich klar, ob Sie selbst Dialekten eher positiv oder eher negativ gegenüberstehen. Notieren Sie erste Stichworte für Ihre eigene Argumentation, z. B. in einer Mindmap (▶ Methode, S. 245).

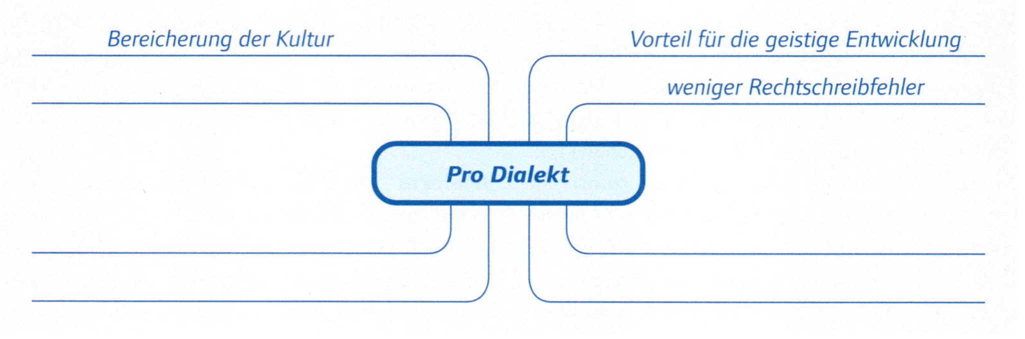

Die Argumentation analysieren und eigene Argumente entwickeln

1 Untersuchen Sie mithilfe der Modelle „Argumentationsbausteine“ bzw. „Argumentationszirkel“ (▶ Methode, S. 329), wie Richter ihre Argumentation aufbaut.

a Notieren Sie, inwieweit sie Thesen, Argumente, Belege und Erläuterungen verwendet. Nutzen Sie dazu die Visualisierungsmöglichkeit der Argumentationspyramide (▶ Methode, S. 86).

These: …

Argument 1: …

b Untersuchen Sie auch, auf welche Argumenttypen (▶ Information, S. 89 f.) sie zurückgreift, und erläutern Sie deren Funktion.

2 **a** Halten Sie zunächst Ihren globalen Eindruck von der Argumentationsweise Richters fest: Inwieweit können Sie der Autorin folgen oder nicht? Beachten Sie dabei auch, wie sprachliche Besonderheiten die Wirkung des Textes auf Sie beeinflussen.

b Lesen Sie den Text von Richter noch einmal kritisch bzw. nehmen Sie sich die von Ihnen zusammengetragenen Argumente Richters vor. Notieren Sie dann stichpunktartig:
- mögliche Gegenpositionen zu Richter,
- bestätigende Zusatzargumente für Richters Position,
- gedankliche Erweiterungen.

Nutzen Sie dazu Ihre Überlegungen aus Aufgabe 3 oben und erweitern Sie diese.

Z. 5–22: Dialekte sind in Deutschland vom Aussterben bedroht

…

c Wählen Sie mithilfe der Information auf Seite 329 f. einen Grundtyp für Ihre Texterörterung aus.

Methode **Argumentationsbausteine und Argumentationszirkel**

Muster I: Argumentationsbausteine

These (Meinung, Behauptung, Werturteil, Empfehlung bzw. Forderung) z. B.: *Dialekte haben in Deutschland ein Imageproblem.*	→	**Argumente** (Begründungen für eine These in Form von Fakten, Grundsätzen) z. B.: *„Auf dem Gymnasium in Halle, meiner Heimatstadt, war es ein absolutes No-Go, Dialekt zu sprechen“ (Z. 24 ff.).*	→	**Beispiele** veranschaulichende Fälle		
			→	oder **Belege,** z. B. Zitate		
			→	oder **Erläuterungen** verdeutlichende Zusätze	→	z. B.: *„Über diejenigen, die Hallesch redeten, machten sich die anderen teilweise sogar lustig“ (Z. 34 ff.).*

Muster II: Argumentationszirkel

These: *Dialekt zu sprechen ist etwas Positives.*

Begründung: *Verschiedene Dialekte bringen Menschen mit unterschiedlicher Herkunft miteinander ins Gespräch (vgl. Z. 55 ff.).*

Erläuterung: *Viele Wörter aus einem anderen Dialekt sind einem unbekannt und müssen erst „übersetzt“ werden (vgl. Z. 56 ff.).*

Beispiel: *Der spannende Austausch mit den Kommilitoninnen in der WG (vgl. Z. 48 ff.).*

Forderung/Ergebnis: *Dialekte bringen Vielfalt (vgl. Z. 88 f.).*

Information **Grundtypen kritischer Texterörterung**

In einer Erörterung können Sie mit einem vorgelegten Text auf unterschiedliche Weise umgehen, um einen eigenständigen Gedankengang zu entwickeln. Am anspruchsvollsten sind ein begründeter Widerspruch (Grundtyp I) und eine weiterführende Problematisierung (Grundtyp IV).

Grundtyp I: Begründeter Widerspruch / kritische Distanzierung

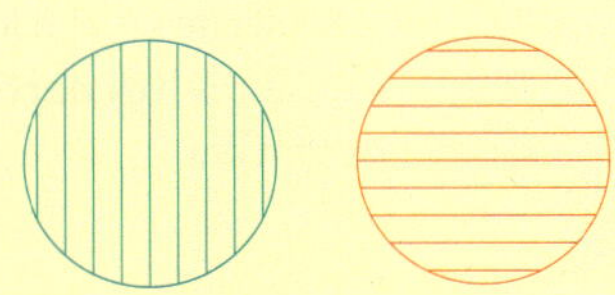

Stimmen Sie mit zentralen Aussagen eines Textes nicht überein, sollte es Ihr Ziel sein, die Argumentation zu entkräften und eine Gegenargumentation aufzubauen. Das kann wie folgt gelingen:

- Sie ziehen die Stichhaltigkeit einer These im Text durch **Gegenargumente** und/oder **Gegenbeispiele** in Zweifel. Dazu können Sie z. B. die Ihnen bekannten **Gegenpositionen** anderer Autoren referieren oder eigene **Gegenerfahrungen** anführen.
- Weniger weitreichend ist das Verfahren, Thesen im Text teilweise gelten zu lassen, indem Sie deren **Geltungsbereich eingrenzen** und so die Position differenzieren („Sowohl-als-auch-Methode“).

- Sie setzen sich kritisch mit dem **Begründungsverfahren** auseinander, indem Sie z. B. den behaupteten Zusammenhang zwischen einer These und einem zugehörigen Argument oder Beispiel darstellen und in Zweifel ziehen. Sie können z. B. den logischen Schritt von einem Einzelfall oder einzelnen Argumenten zu einer These mit allgemeinem Anspruch als nicht zureichend problematisieren.

Grundtyp II: Teilweise Übereinstimmung
Dieses Verfahren stellt eine Mischung der Grundtypen I und III dar. Es eignet sich dann, wenn Sie mit einigen der im Text vertretenen Positionen übereinstimmen, mit anderen aber nicht.

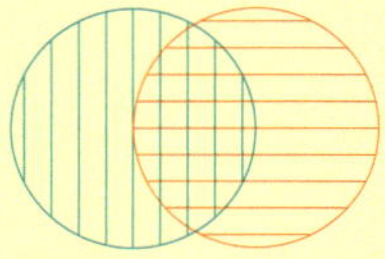

Grundtyp III: Begründete Zustimmung
Falls Sie keine stichhaltigen Gegenargumente zu der im Text vertretenen Position finden, können Sie den darin dargestellten Gedankengang argumentativ erweitern. Das kann wie folgt gelingen:

- Sie unterstützen die Positionen mit **weiteren Argumenten** und **eigenen (Erfahrungs-)Beispielen.**
- Sie benennen mögliche **Gegenpositionen** und **entkräften** diese mit Argumenten und Beispielen.
- Sie weisen die Folgerichtigkeit der im Text vertretenen Position durch eine **persönliche Rekonstruktion der Hauptgedanken** nach.

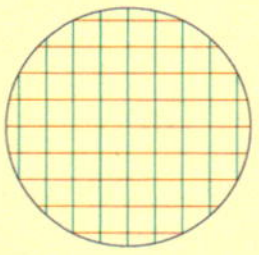

Grundtyp IV: Weiterführende Problematisierung
Oft sollen Sie eine Textaussage erörtern, die in ein Ihnen gut bekanntes Sachgebiet fällt. In diesem Fall können Sie die im Text vertretene Position in einen größeren gedanklichen Zusammenhang einordnen, indem Sie Fragen, die der Text aufwirft, auf eine neue Ebene heben und so den Blick weiten. Dieses Verfahren setzt einen souveränen Umgang mit einem Thema voraus. Das kann wie folgt gelingen:

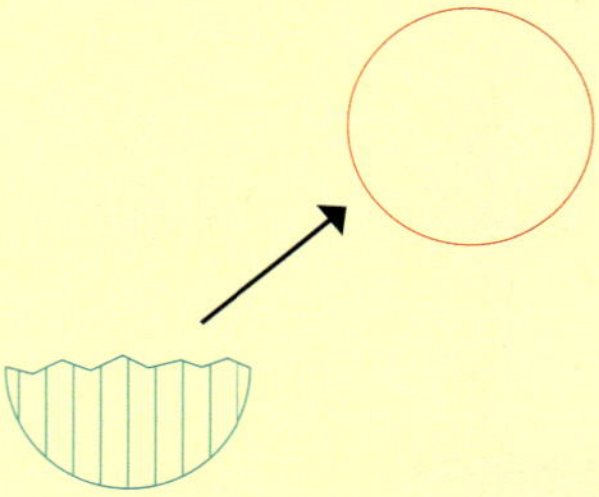

- Sie sehen den Text als einen Beitrag zu einer **vertiefenden Problemstellung.** Sie umreißen dieses Problemfeld und machen deutlich, was der Text evtl. zur Klärung beitragen kann.
- Zu der im Text aufgeworfenen Problemstellung bringen Sie **zusätzliche Problemdimensionen** zur Sprache, die im Text nicht formuliert sind. Schweifen Sie jedoch nicht vom Thema ab.
- Sie stellen nicht **mitgedachte Konsequenzen** der im Text vertretenen Position dar.

3 Nachdem Sie den zu Ihrer Position passenden Grundtyp für Ihre Erörterung festgelegt haben, gilt es, sich im Hinblick auf die Lösung der zweiten Aufgabenstellung zu entscheiden, wie Sie Ihren Erörterungsaufsatz insgesamt strukturieren wollen. Wählen Sie dazu ein Aufbauschema aus dem folgenden Methodenkasten (▶ S. 331) aus.

Methode **Strukturierung einer Erörterung – Steigernder und dialektischer Aufbau**

Modell I: Steigernder (linearer) Aufbau

Sie reihen die Argumente für Ihre Position aneinander, sodass sich eine Steigerung ergibt, d. h., das stichhaltigste Argument steht am Ende Ihrer Argumentationskette, bevor Sie ein Fazit ziehen.

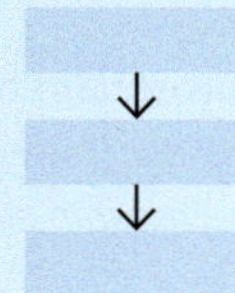

Modell II: Dialektischer Pro-und-Kontra-Aufbau in Blöcken („Sanduhr-Prinzip")

Bei diesem Modell werden zwei sich widersprechende Positionen systematisch aufgearbeitet und einander gegenübergestellt: Zuerst führen Sie Argumente, Beispiele etc. auf, die Ihrer eigenen Position widersprechen. Es folgen Argumente etc., die die Gegenposition entkräften und die eigene Position bestärken. Auch hierbei sollte das in Ihrem Sinne stärkste Argument am Schluss Ihrer Argumentation stehen. Gegenüber Modell III ist es übersichtlicher, kann jedoch weniger lebendig wirken.

Mögliche Formulierungsbausteine:

▪ *Ich vertrete die Ansicht, dass …*	These
▪ *Zwar …, aber …*	Gegenargument
▪ *Ich gebe aber zu bedenken, dass …*	Entkräftung des Gegenarguments
▪ *Ich berufe mich hier auf den Wissenschaftler …*	Autoritätsargument
▪ *Hinzu kommt, dass … Erinnert sei auch an …*	Beispiele/Belege
▪ *Am wichtigsten ist sicherlich das Argument, dass …*	Schlussargument
▪ *Alles in allem kann man sagen, dass …*	Fazit/Bestätigung der These

Modell III: Fortlaufender antithetischer Pro-und-Kontra-Aufbau („Pingpong-Prinzip")

Bei diesem Modell führen Sie die Argumente, Beispiele etc. gegen und für Ihre Position in laufendem Wechsel auf, wobei die Gegenpositionen sofort entkräftet werden. Auch hier steht das für Sie stichhaltigste Argument, das die eigene Position stützt, am Schluss. Dieses Verfahren kommt der Alltagskommunikation mit ihrer Abfolge von Rede und Gegenrede nahe und wirkt daher in der Regel besonders lebendig. Es ist jedoch oft schwierig, passende gedankliche Übergänge zu finden.

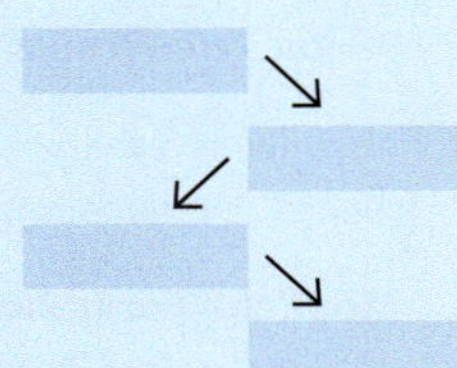

Den Schreibplan erstellen und den eigenen Text schreiben

1 Bringen Sie die folgenden Gliederungspunkte für Ihre Klausur in eine sinnvolle Reihenfolge.
Nennung der Position, die Sie in der Erörterung vertreten möchten – Fazit der Erörterung – Nennung der im Text von Richter aufgeworfenen Fragestellung – Überleitung zur Erörterung – Einleitungssatz – Darstellung von Richters Argumentationsstruktur – geordnete Ausführung eigener Argumente – Nennung zentraler Aussagen des Textes von Richter

2 Verfassen Sie nun entsprechend Ihrer Gliederung aus Aufgabe 1 Ihren Text:

a Formulieren Sie eine Einleitung mit den notwendigen Informationen (Autorin, Textsorte, Titel, Erscheinungsjahr). Führen Sie in das Thema des Textes ein, z. B. durch Fragen, eine Anbindung an eine aktuelle Diskussion oder ein aktuelles Ereignis.

b Geben Sie schriftlich den gedanklichen Zusammenhang des Textes mit eigenen Worten wieder, indem Sie eine Paraphrase (▶ Information) anfertigen. Verwenden Sie den Konjunktiv der indirekten Rede (▶ S. 381 f.).

Zunächst führt die Autorin mit Beispielen verschiedener Dialekte ins Thema ein (vgl. Z. 5 ff.). Sie stellt ferner die These auf, dass Dialekte in Deutschland unbeliebt seien (vgl. Z. 11 ff.). Dies bringe auch mit sich, dass immer weniger Deutsche Dialekte sprächen (vgl. Z. 13 ff.). Richter führt weiterhin aus, dass ...

Information **Mit eigenen Worten wiedergeben – Die Paraphrase**

Die Paraphrase ist eine **Umschreibung einer Textaussage mit eigenen Worten.** Anders als beim Zitat, das einen Text wörtlich wiedergibt, löst sich die Paraphrase von der Wörtlichkeit des Textes; dennoch versucht sie, die Aussage des Textes so genau wie möglich zu treffen. In einer Paraphrase wird erkennbar, inwieweit eine Textaussage genau verstanden worden ist. Positionen des Ausgangstextes werden in indirekter Rede oder mit entsprechenden sprachlichen Signalen wiedergegeben, z. B. *Die Autorin fordert … Sie begründet dies mit … Sie unterstreicht die Aussage durch … Mit Beispielen wie … untermauert sie ihre These zur …*

c Erläutern Sie präzise Richters Argumentationsweise auf der Grundlage Ihrer Vorarbeiten. Sie können dazu folgende Formulierungshilfen nutzen:

Formulierungsbausteine: Struktur und Sprache einer Argumentation beschreiben

- *Ihre Position entwickelt die Autorin Schritt für Schritt / teilt die Autorin einleitend sofort mit.*
- *Gegenpositionen werden ausführlich / gar nicht vorgestellt / referiert / zur Sprache gebracht.*
- *Insgesamt verfügt der Text über eine geringe/hohe/auffällige Argumentdichte.*
- *Aufschlussreich ist, welche Argumenttypen vorzugsweise gewählt wurden: Mit einer Reihe von Autoritätsargumenten wird der Zweck verfolgt, …*
- *Verifizierbare Tatsachenaussagen kommen in dem Text gar nicht / kaum / häufig vor.*
- *Die Autorin nutzt sprachliche Besonderheiten wie Redensarten und Sprichwörter, um …*

d Formulieren Sie eine Überleitung zu Ihrer Erörterung. Schreiben Sie diese auf der Grundlage Ihrer Vorarbeiten. Sie können dazu folgende Formulierungshilfen nutzen:

Mögliche Formulierungsbausteine:

■ *Ich bin der Überzeugung, dass …*	These
■ *Unumstritten ist eine solche Position nicht: …*	Gegenargument
■ *Allerdings muss man auch hier fragen, …*	Entkräftung
■ *Ich stütze mich hier auf die Tatsache, dass …*	Faktenargument
■ *Eingewendet werden könnte auch, dass …*	weiteres Gegenargument
■ *Dem steht jedoch gegenüber …*	Entkräftung
■ *Allerdings sollte auch bedacht werden, dass …*	Gegenbeispiel/Gegenbeleg
■ *Vergleicht man beide Aspekte, so …*	Gewichtung
■ *Abschließend komme ich zu dem Ergebnis, dass …*	Fazit

e Formulieren Sie einen Schluss, indem Sie abschließend Pro und Kontra abwägen und ein Fazit ziehen.

Den eigenen Text überarbeiten

1 Überprüfen Sie Ihren Aufsatz anhand der folgenden Checkliste (▶ S. 333). Beachten Sie besonders die anschließenden Hinweise zu Textwiedergabe, Tempus und Zitaten.

Checkliste **Eine textgebundene Erörterung schreiben**

Analyse
- Wird der untersuchte Text in der **Einleitung** kurz vorgestellt?
- Sind die in der Aufgabe benannten **Aspekte** angemessen erfasst?

Erörterung
- Wird die **Erörterungsfrage** deutlich gemacht?
- Ist eine **klare Position** erkennbar?
- Wird die Position durch eine **schlüssige Argumentation** begründet?
- Wird auf **Gegenargumente** eingegangen?
- Ist die Erörterung sinnvoll **aufgebaut**?
- Ist der Text durch den **Schluss** abgerundet?
- Haben Sie Ihren Text auf **Rechtschreib-, Grammatik-** und **Zeichensetzungsfehler** geprüft?

Information **Allgemeine Hinweise – Textwiedergabe, Tempus, Zitate**

- Bei der Textwiedergabe wird das Präsens verwendet.
- Wird bei der Wiedergabe von Textäußerungen keine indirekte Rede mit Konjunktiv verwendet, sollte mit Redewendungen wie „Nach Ansicht der Autorin / des Autors ist …" klargestellt werden, dass es sich um die Wiedergabe einer Fremdposition handelt.

2 Lassen Sie sich zu Ihrem Text ein Feedback geben. Gleichen Sie mögliche Schwächen mit den im Folgenden aufgeführten Arbeitsschritten zur Anfertigung einer textgebundenen Erörterung ab. Machen Sie sich klar, bei welchen Schritten Sie nächstes Mal sorgfältiger und gründlicher vorgehen sollten.

Methode **Arbeitsschritte zur Anfertigung einer textgebundenen Erörterung**

Arbeitsschritte	Besondere Anforderungen
Vorbereiten	
Klärung der Aufgabenstellung	
■ die thematischen Schwerpunkte der gestellten Aufgabe nachvollziehen und die Anforderungen erfassen und abgrenzen ■ die Aufgabengewichtung beachten	■ mit einer ersten Planung Vorsorge treffen, dass vom Thema nicht abgewichen wird ■ auf die geforderte Schwerpunktsetzung achten
Gedankliche Erschließung des vorgelegten Sachtextes	
■ den Text mehrmals aktiv lesen, Thesen und Argumente mit verschiedenen Farben markieren, am Rand möglichst viele Notizen machen, z. B. zu Argumenttypen ■ durch intensives Lesen erste Analyseergebnisse prüfen und durch Zitatmarkierung absichern	■ den Text distanziert und intensiv im Hinblick auf die Aufgabenstellung lesen ■ überblicken, wie das Thema entfaltet wird: Welche Aspekte werden hervorgehoben, welche eher am Rand behandelt? ■ zwischen wichtigen und weniger wichtigen Aussagen unterscheiden

■ eigene kritische Notizen machen	■ den Kernaussagen und den gedanklichen Zusammenhängen nachspüren ■ Aussageabsicht und Ansprache ermitteln
Gedankliche Vorbereitung der Erörterung	
■ Gesichtspunkte zur Lösung der Aufgabe übersichtlich zusammenstellen ■ Vorwissen aktivieren ■ einen Grundtyp der Erörterung festlegen (z. B. begründete Zustimmung, Ablehnung oder weiterführende Problematisierung) ■ Schreibplan/Gliederung festlegen	■ das Vorwissen nur aufgabenspezifisch notieren ■ Vorwissen und Textaussage miteinander konfrontieren, um weiterführende Reflexion anzustoßen ■ die Vorbereitung gründlich prüfen und das Material sinnvoll gliedern
Schreiben	
Einleitung des Aufsatzes	
■ Autor/-in, Titel, Textsorte, Thema und evtl. Erscheinungsjahr angeben ■ kurz in die Problemstellung einführen	■ das Thema weder zu weit noch zu eng fassen ■ Scheinaktualisierungen vermeiden
Textanalyse (Argumentation und Sprache)	
■ die im Text vorgestellte Problemsicht umreißen ■ Thesen und Argumente in ihrem gedanklichen Zusammenhang klar darstellen ■ wichtige Aussagen wiedergeben ■ die spezifische Argumentationsstruktur darstellen und belegen ■ die sprachlichen Besonderheiten herausarbeiten	■ Textaussagen ohne Vermischung mit eigenen Wertungen wiedergeben ■ Einzelaussagen nicht nur aneinanderreihen, sondern ihren sachlich-logischen Zusammenhang herausarbeiten ■ Gedankensprünge vermeiden ■ Wiederholung unwichtiger Aussagen vermeiden ■ Fachbegriffe überlegt einsetzen
Erörterung und Fazit	
■ zu dem in der Aufgabenstellung aufgeworfenen Thema eine klar strukturierte Stellungnahme abgeben ■ zur eigenen Orientierung das in der Vorbereitungsphase gewählte Gliederungsprinzip und die Materialgliederung nutzen	■ eigene Thesen, Argumente, Beispiele, Belege und Erläuterungen schlüssig zuordnen ■ bei fortlaufender Argumentation die Argumente so formulieren, dass sie aufeinander Bezug nehmen ■ die Hauptargumente am Schluss nennen ■ verschiedene Konjunktionen verwenden
Überarbeiten	
Textkontrolle/Textüberarbeitung	
■ den Aufsatz insbesondere in Hinblick auf Ausdruck, Rechtschreibung, Zeichensetzung überprüfen	■ die Ausführungen Satz für Satz (ggf. vom Ende her) überprüfen

D4 Rhetorik

1 Sammeln Sie in der Klasse: Zu welchen Anlässen können Reden gehalten werden?

2 Worüber könnten die oben gezeigten Personen sprechen? Begründen Sie Ihre Vermutungen.

In diesem Kapitel erwerben Sie folgende Kenntnisse und Kompetenzen

- Redesituation, Argumentationsaufbau, Redeabsicht, Funktionen sprachlich-rhetorischer Mittel sowie Strategien der Beeinflussung in einer Rede untersuchen,
- rhetorische Gestaltung und inhaltlich-argumentative Überzeugungskraft bei der Beurteilung von Reden unterscheiden,
- Reden unterschiedlicher Zeiten hinsichtlich ihrer zeitgebundenen und überzeitlichen Aussageform und Aussagekraft analysieren und bewerten,
- die Bedeutung des Sprachgebrauchs und der Redekunst (Rhetorik) für die Wahrheits- und Entscheidungsfindung wahrnehmen und einschätzen,
- selbst eine Rede verfassen und vortragen.

4.1 Redestrategien und rhetorische Mittel – Reden analysieren

Loriot: **Der Vampyr** (1993)

Meine Damen und Herren. Haben Sie sich schon einmal Gedanken darüber gemacht, daß es in unserem Wohlstandsstaat eine notleidende Bevölkerungsgruppe gibt, an der sogar die Reformpläne einer sozialistischen Regierung vorübergegangen sind?

Der Vampyr gehört in der Bundesrepublik zu einer Minderheit. Als Wähler ist er somit uninteressant. Noch vor wenigen Jahren in aller Munde, ist er heute nahezu in Vergessenheit geraten. Was wird für alternde oder unverschuldet in Not geratene Vampyre getan? Nichts! Im Gegenteil: wir werden unter Mißachtung des Grundgesetzes in der freien Ausübung unserer Lebensgewohnheiten vorsätzlich behindert.

Es sind Fälle bekannt, in denen unbescholtene Vampyre öffentlicher Verfolgung ausgesetzt wurden, weil sie nächtlichen Straßenpassanten, in netter Form, Blut entnommen hatten. Ein gesunder Vampyr benötigt pro Nacht ein bis zwei Liter frisches Damen- oder Herrenblut. Dafür verzichtet er aber auch auf Teigwaren, Obst, Käse und Gemüse.

Durch die ablehnende Haltung der Bevölkerung greifen schwere Depressionen und Ernährungsschäden gerade unter jugendlichen Vampyren in erschreckendem Maße um sich. Allein in Rheinland-Pfalz waren im Jahre 1970 mehr als 2000 Vampyre zwischen zwei- und dreihundert Jahren bettlägerig.

Was ist das für ein Staat, der in jedem Jahr Milliarden für die Rüstung ausgibt und keinen Tropfen Blut für seine Vampyre übrig hat. Da stimmt doch was nicht!

Es ist kurz vor 12. Wir wenden uns an die Öffentlichkeit. Wer spendet Blut, Särge, warme Decken und Zahnersatz? Wer nimmt junge Vampyre in den Ferien auf? Wer schnell hilft, hilft doppelt. Geldspenden erbeten auf Postscheckkonto[1] Baden-Baden 22648. R

1 **Postscheckkonto:** ein Konto, das für den bargeldlosen Zahlungsverkehr genutzt wurde

1 a Lesen Sie Loriots „Der Vampyr" zunächst still für sich. Unterstreichen Sie Wörter oder Passagen, die Sie besonders betonen müssten, um diese Rede eindringlich vortragen zu können.

b Üben Sie unter Berücksichtigung der Vortragstipps unten den Vortrag der Rede in Partnerarbeit. Geben Sie sich gegenseitig Rückmeldung hinsichtlich Ihrer Performance.

c Tragen Sie Loriots Rede vor der Klasse vor. Diskutieren Sie in der Klasse, welche Vorträge Ihnen besonders gefallen haben und warum.

Methode **Vortragstipps**

- **Kontakt zum Publikum:** Halten Sie Augenkontakt, wann immer es geht.
- **Nonverbales Verhalten:** Stehen Sie betont aufrecht und sicher auf beiden Beinen. Kontrollieren Sie die Bewegungen Ihrer Hände: Weniger ist mehr!
- **Paraverbales Verhalten (Stimmführung und Pausen):** Reden Sie deutlich und langsam. Planen Sie Pausen ein. Wiederholen Sie Passagen, wenn diese z. B. wegen Applaus untergehen.

Sprachliche Mittel benennen – Funktionen beschreiben

★ **1** Schauen Sie sich zunächst die Liste rhetorischer Figuren an (▶ Information, S. 337) und finden Sie weitere Beispiele zu den einzelnen Fachbegriffen.

Information **Rhetorische Figuren**

Rhetorische Figur	Beispiel	Definition
Akkumulation, die	„die Schwarzen, die Roten, die Grünen"	Reihung von Begriffen zu einem – genannten oder nicht genannten – Oberbegriff
Allegorie, die	„Gott Amor" für Liebe, der Staat als „Schiff"	konkrete Darstellung abstrakter Begriffe, oft durch Personifikation
Alliteration, die	„Vertrauen und Verantwortung", „Wir alle wissen"	Wiederholung des Anfangslauts benachbarter Wörter
Anapher, die	„Wir wissen …, wir müssen …, wir fordern …"	Wiederholung eines oder mehrerer Wörter an Satz- oder Versanfängen
Antithese, die	„Krieg und Frieden", „Himmel und Hölle", „harte und weiche Themen"	Entgegenstellung von Gedanken oder Begriffen
Chiasmus, der	„Eng ist die Welt und das Gehirn ist weit."	spiegelartig über Kreuz angeordnete Stellung einzelner Wörter oder Satzglieder
Correctio, die	„Es ist gut, es ist viel besser …"	Korrektur eines zu schwachen Ausdrucks
Ellipse, die	„Je früher der Abschied, desto kürzer die Qual."	unvollständiger Satz
Euphemismus, der	„entschlafen" statt „sterben"	Beschönigung
Hyperbel, die	„Sie wartete eine Ewigkeit."	starke Übertreibung
Inversion, die	„Unendlich war die Freude."	Umkehrung der geläufigen Wortstellung im Satz
Ironie, die	„Du bist mir ein schöner Freund!"	Behauptung, die erkennen lässt, dass das Gegenteil gemeint ist
Klimax, die	„Veni, vidi, vici" („Ich kam, sah und siegte", Julius Cäsar)	Steigerung, häufig dreigliedrig
Metapher, die	„Insel der Freiheit", „Klaviatur der Medien"	Bedeutungsübertragung; sprachliche Verknüpfung zweier semantischer Bereiche, die gewöhnlich unverbunden sind
Metonymie, die	„Er hat den ganzen Goethe gelesen."	Ersetzung eines gebräuchlichen Wortes durch ein anderes, das zu ihm in unmittelbarer Beziehung steht, z. B. Ort für Person, Autor für Werk
Neologismus, der	„Inszenierungsdemokratie"	Wortneuschöpfung
Onomatopoesie, die	„zwitschern und tirilieren"	Lautmalerei
Oxymoron, das	„schwarze Milch" (Paul Celan)	Verbindung zweier Vorstellungen, die sich ausschließen

Paradoxon, das	„Wenn man's im Leben zu etwas bringen will, muss man's zu etwas gebracht haben –!" (Kurt Tucholsky)	Scheinwiderspruch
Parallelismus, der	„Das haben wir immer gesagt, das hat sich bewahrheitet."	Wiederholung gleicher syntaktischer Fügungen
Personifikation, die	„Schläft ein Lied in allen Dingen" (Joseph von Eichendorff)	Vermenschlichung
rhetorische Frage, die	„Wer ist schon perfekt?", „Machen wir nicht alle Fehler?"	scheinbare Frage, auf die jeder die Antwort kennt
Symbol, das	„Taube" als Symbol für Frieden, „Ring" als Symbol der Treue und der Ewigkeit	Sinnbild, das auf etwas Allgemeines verweist
Vergleich, der	„Die Debatte verlief wie ein Trauerspiel."	Verknüpfung zweier semantischer Bereiche durch ein Vergleichswort („wie", „gleich") zur Hervorhebung des Gemeinsamen

Die Bestimmung rhetorischer Figuren ist wichtig für die Erkenntnis ihrer Funktion und Wirkung. Rhetorische Mittel können unterschiedliche Wirkungen erzielen, z. B.:

- Zugewinn von Anschaulichkeit, Vorstellbarkeit,
- Schaffung von Sinnlichkeit, ästhetischem Reiz,
- Nachdruck, Betonung, Eindringlichkeit,
- Erhöhung der Spannung, Erwartung,
- Kommunikationsgewinn bzw. Einbezug der Leserin / des Lesers.

2 Untersuchen Sie Loriots Rede (▶ S. 336) hinsichtlich der darin vorkommenden rhetorischen Figuren. Überlegen Sie, welche Wirkung diese erzielen. Übertragen Sie dazu die folgende Tabelle in Ihr Heft.

Zeile	*Rhetorische Figur*	*Wirkung*

3 Identifizieren Sie die Redegattung (▶ Information) der Loriot-Rede. Begründen Sie Ihre Entscheidung.

Information **Rhetorik – Redegattungen**

Rhetorik heißt „Redekunst". „Kunst" hat dabei die Bedeutung von „Wissenschaft". Rhetorik ist also die Lehre von der (richtigen) Rede. Seit der Antike ist Rhetorik im öffentlichen Leben von großer Bedeutung. Im alten Griechenland war die wichtigste Form der öffentlichen Rede die Gerichtsrede. Später hat man drei Redegattungen unterschieden:

- die **Gerichtsrede**
- die **beratende, politische (Entscheidungs-)Rede**
- die **Lob- und Festrede**

Alle Redeformen sind Mittel zur Überzeugung; ihre wichtigste Funktion ist der Appell (▶ S.16 f.).

4 Welchen Sprachstil nutzt Loriot in seiner Rede? Ziehen Sie das „Haus der Stile" (▶ Information) zurate und begründen Sie Ihre Entscheidung.

Information **Haus der Stile**

dichterisch:	sehr gewählte, bisweilen feierlich wirkende, oft bildhafte Ausdrucksweise; z. B.: *Odem* (für Atem), *Lenz* (für Frühling)
bildungs-sprachlich:	gebildete, gewisse Kenntnisse voraussetzende Ausdrucksweise; z. B.: *fundieren* (statt: mit Argumenten untermauern), *postulieren* (statt: behaupten), *Resümee* (statt: Ergebnis), *evaluieren* (statt: bewerten oder beurteilen)
gehoben:	gepflegt wirkende, in Alltagsgesprächen oft überheblich klingende, in anspruchsvollen Textsorten verwendete Ausdrucksweise; z. B. *wandeln* (für spazieren gehen), *etwas verhehlen* (für etwas verschweigen)
amts-sprachlich:	unpersönlich wirkende, steif-offizielle Ausdrucksweise; z. B.: *Indienststellung* (für Einstellung), *Verausgabung* (für Ausgabe)
normal-sprachlich:	allgemein verwendete Ausdrucksweise, die in den meisten Kommunikations-situationen am wenigsten auffällt; z. B.: *behaupten, Ergebnis, Beispiel*
umgangs-sprachlich:	locker wirkende, im Alltag verwendete Ausdrucksweise, die in offizielleren Gesprächen unangebracht ist und in den meisten Textformen vermieden wird; z. B.: *meckern* (für kritisieren), *es geregelt kriegen* (statt: etwas bewältigen)
salopp:	emotional gefärbter Alltagsstil, der in vielen Gesprächssituationen und in geschriebenen Texten nicht verwendet werden kann, z. B.: *Kohle, Kröten* (für Geld)
jargonhaft:	Ausdrucksweise, die an eine bestimmte soziale Gruppe oder Altersgruppe gebunden ist (z. B. Jugendsprache); z. B.: *supergeil, fett* (für sehr gut)

5 Überlegen Sie nun zusammenfassend, welche Wirkung Loriots Rede insgesamt auf Sie hat und wie diese Wirkung zustande kommt.

★ **6** **a** Loriot stellt in seiner Rede die Ernährungsgewohnheiten einer Minderheit humorvoll in den Vordergrund. Schreiben Sie eine eigene Rede anlässlich der Eröffnung eines neuen Schülercafés. Nehmen Sie dabei die unterschiedlichen Ernährungsgewohnheiten heutiger Jugendlicher in den Fokus. Entscheiden Sie sich für einen passenden Sprachstil (▶ „Haus der Stile") und setzen Sie gezielt rhetorische Figuren (▶ Information, S. 337 f.) ein, um die Wirkung Ihrer Rede zu verstärken.

b Halten Sie die Rede vor Ihrer Klasse und geben Sie sich gegenseitig Feedback.
- Haben Sie die Vortragstipps von Seite 336 berücksichtigt?
- Welche Redegattung und welchen Redestil erkennen Ihre Mitschülerinnen und Mitschüler in Ihrer Rede?
- Entspricht die Wirkung Ihrer Rede der Absicht, die Sie damit verfolgt haben?

Angela Merkel: Rede bei der Graduationsfeier der Harvard University (30. 05. 2019)

[…] Hermann Hesse schrieb: „Jedem Anfang wohnt ein Zauber inne, der uns beschützt und der uns hilft zu leben.“ Diese Worte Hermann Hesses haben mich inspiriert, als ich mit 24 Jahren mein Physikstudium abschloss. Es war das Jahr 1978. Die Welt war geteilt in Ost und West. Es war die Zeit des Kalten Krieges. Ich bin in Ostdeutschland aufgewachsen, in der DDR, dem damals unfreien Teil meines Heimatlandes, in einer Diktatur. Menschen wurden unterdrückt und überwacht. Politische Gegner wurden verfolgt. Die Regierung der DDR hatte Angst, dass das Volk weglaufen würde in die Freiheit. Deshalb hatte sie die Berliner Mauer gebaut. Sie war aus Beton und Stahl. Wer bei dem Versuch entdeckt wurde, sie überwinden zu wollen, wurde verhaftet oder erschossen. […]

Dann kam das Jahr 1989. Überall in Europa setzte der gemeinsame Wille zur Freiheit unglaubliche Kräfte frei. In Polen, in Ungarn, in der Tschechoslowakei und auch in der DDR wagten sich Hunderttausende auf die Straße. Die Menschen demonstrierten und brachten die Mauer zu Fall. Was viele Menschen nicht für möglich gehalten hatten – auch ich nicht –, wurde Realität. […]

In diesen Monaten vor 30 Jahren habe ich persönlich erlebt, dass nichts so bleiben muss, wie es ist. Diese Erfahrung, liebe Graduierte, möchte ich Ihnen für Ihre Zukunft als meinen ersten Gedanken mitgeben: Was fest gefügt und unveränderlich scheint, das kann sich ändern.

Und im Großen wie im Kleinen gilt: Jede Veränderung fängt im Kopf an. […]

Lieber Harvard-Jahrgang 2019, Ihre Generation wird in den kommenden Jahrzehnten den Herausforderungen des 21. Jahrhunderts gegenüberstehen. Sie gehören zu denjenigen, die uns in die Zukunft führen werden.

Protektionismus[1] und Handelskonflikte gefährden den freien Welthandel und damit die Grundlagen unseres Wohlstands. Die Digitalisierung erfasst alle Lebensbereiche. Kriege und Terrorismus führen zu Flucht und Vertreibung. Der Klimawandel bedroht die natürlichen Lebensgrundlagen. Er und die daraus erwachsenden Krisen sind von Menschen verursacht. Also können und müssen wir auch alles Menschenmögliche unternehmen, um diese Menschheitsherausforderung wirklich in den Griff zu bekommen. Noch ist das möglich. Doch dazu muss jeder seinen Beitrag leisten und – das sage ich auch selbstkritisch – besser werden. […]

Veränderungen zum Guten sind möglich, wenn wir sie gemeinsam angehen. In Alleingängen wird das nicht gelingen. Und so ist dies mein zweiter Gedanke für Sie: Mehr denn je müssen wir multilateral statt unilateral denken und handeln, global statt national, weltoffen statt isolationistisch. Kurzum: gemeinsam statt allein.

Sie, liebe Absolventinnen und Absolventen, werden dazu in Zukunft noch ganz andere Chancen haben als meine Generation. Wahrscheinlich hat Ihr Smartphone weitaus mehr Rechenleistung als der von der Sowjetunion nachgebaute IBM-Großrechner, den ich 1986 für meine Dissertation in der DDR nutzen konnte.

Heute nutzen wir künstliche Intelligenz, etwa um Millionen von Bildern nach Symptomen von Krankheiten zu durchsuchen und zum Beispiel Krebs besser diagnostizieren zu können. Zukünftig könnten empathische Roboter Ärzten und Pflegern helfen, sich auf die individuellen Bedürfnisse einzelner Patienten zu konzentrieren. Wir können gar nicht absehen, welche Anwendungen möglich werden. Aber die Chancen, die sich damit verbinden, sind wahrhaftig atemberaubend. [...]

Als Bundeskanzlerin muss ich mich oft fragen: Tue ich das Richtige? Tue ich etwas, weil es richtig ist, oder nur, weil es möglich ist? Das sollten auch Sie sich immer wieder fragen – und das ist mein dritter Gedanke für Sie heute. Setzen wir die Regeln der Technik oder bestimmt die Technik unser Zusammenleben? Stellen wir den Menschen mit seiner Würde und in all seinen Facetten in den Mittelpunkt oder sehen in ihm nur den Kunden, die Datenquelle, das Überwachungsobjekt?

Das sind schwierige Fragen. Ich habe gelernt, dass auch für schwierige Fragen Antworten gefunden werden können, wenn wir die Welt immer auch mit den Augen des anderen sehen. Wenn wir Respekt vor der Geschichte, der Tradition, der Religion und der Identität anderer haben. Wenn wir fest zu unseren unveräußerlichen Werten stehen und genau danach handeln. Und wenn wir bei allem Entscheidungsdruck nicht immer unseren ersten Impulsen folgen, sondern zwischendurch einen Moment innehalten, schweigen, nachdenken, Pause machen.

Freilich, dafür braucht es durchaus Mut. Vor allem braucht es Wahrhaftigkeit gegenüber anderen und – vielleicht am wichtigsten – gegenüber uns selbst. [...] Dazu gehört, dass wir Lügen nicht Wahrheiten nennen und Wahrheiten nicht Lügen. Es gehört dazu, dass wir Missstände nicht als unsere Normalität akzeptieren.

Was aber, liebe Absolventinnen und Absolventen, könnte Sie, was könnte uns daran hindern? Wieder sind es Mauern: Mauern in den Köpfen – aus Ignoranz und Engstirnigkeit. Sie verlaufen zwischen Mitgliedern einer Familie ebenso wie zwischen gesellschaftlichen Gruppen, Hautfarben, Völkern, Religionen. Ich wünsche mir, dass wir diese Mauern einreißen – Mauern, die uns immer wieder daran hindern, uns über die Welt zu verständigen, in der wir ja gemeinsam leben wollen. Ob es gelingt, liegt an uns. Deshalb, liebe Graduierte, mein vierter Gedanke: Bedenken Sie: nichts ist selbstverständlich. Unsere individuellen Freiheiten sind nicht selbstverständlich, Demokratie ist nicht selbstverständlich, Frieden nicht und Wohlstand auch nicht.

Aber wenn wir die Mauern, die uns einengen, einreißen, wenn wir ins Offene gehen und Neuanfänge wagen, dann ist alles möglich. Mauern können einstürzen. Diktaturen können verschwinden. Wir können die Erderwärmung stoppen. Wir können den Hunger besiegen. Wir können Krankheiten ausrotten. Wir können den Menschen, insbesondere Mädchen, Zugang zu Bildung verschaffen. Wir können die Ursachen von Flucht und Vertreibung bekämpfen. Das alles können wir schaffen.

Fragen wir deshalb nicht zuerst, was nicht geht oder was schon immer so war. Fragen wir zuerst, was geht, und suchen wir nach dem, was noch nie so gemacht wurde. [...]

Und genau mit diesen Worten möchte ich Ihnen auch meinen fünften Gedanken sagen: Überraschen wir uns damit, was möglich ist – überraschen wir uns damit, was wir können! [...]

1 **Protektionismus:** Außenhandelspolitik, die versucht, Anbieter aus dem eigenen Land vor ausländischer Konkurrenz zu schützen (z. B. durch Zölle oder Einfuhrbeschränkungen)

Wer, worüber, wo, wann? – Thema und Redesituation wiedergeben

1 Notieren Sie in einem möglichst prägnanten Satz, mit welchem Thema sich Angela Merkel befasst. Suchen Sie dazu nach dem roten Faden, der sich inhaltlich durch ihre gesamte Rede zieht.

2 Prüfen Sie, welche der Fragen zur Redesituation im Methodenkasten auf Seite 342 Sie auf Merkels Rede beziehen können, und beantworten Sie diese. Recherchieren Sie nötigenfalls Hintergrundinformationen.

Methode **Eine Rede analysieren I – Redesituation**

Hinweis: Die folgenden Leitfragen können sowohl für die Konzeption eigener Reden als auch für die Analyse von Redetexten sowie Redeaufzeichnungen (z. B. aus Fernsehen oder Internet) nützlich sein. Hier und in den folgenden Listen werden demnach auch Aspekte abgedeckt, die für gedruckte Reden nicht unbedingt relevant sind.

- Gibt es einen besonderen Anlass für die Rede? Wie wird dieser aufgegriffen?
- Wo wird die Rede gehalten? Welche Bedeutung hat dieser Ort für die Anwesenden?
- Welche Art von Publikum hört und sieht zu (soziale Schichten, Bildungsniveau, Fach- oder Laienpublikum)? Wie stellt die Rednerin / der Redner sich darauf ein?
- Wie ist die Raumsituation: Blickkontakt zwischen Redner/-in und Publikum, erhöhte Position der Rednerin / des Redners, Raumarrangement/-gestaltung (Fahnen) usw.?
- Welche Übertragungsmedien sind einbezogen und welche Folgen hat das?

Die Problemstellung erfassen – Inhalt und Argumentationsaufbau darstellen

1 **a** Gliedern Sie Angela Merkels Rede (▶ S. 340 f.) in Sinnabschnitte.
Tipp: Nutzen Sie Merkels eigene Strukturierung in fünf Gedanken.
b Fassen Sie jeden Sinnabschnitt mit einer Schlüsselaussage zusammen.

2 Nutzen Sie die folgenden Leitfragen (▶ Methode unten), um Inhalt und Argumentationsaufbau weiter zu analysieren. Beantworten Sie hierzu die Fragen schriftlich und stellen Sie dabei einen gedanklichen Zusammenhang zwischen Ihren Antworten her.

Methode **Eine Rede analysieren II – Inhalt und Argumentationsaufbau**

- Auf welches Problem konzentriert sich die Rednerin / der Redner?
- Wie ist die Rede gegliedert? Entspricht der Redeaufbau dem üblichen Muster?
  - Einleitung: die Aufmerksamkeit der Zuhörer/-innen gewinnen
  - Hauptteil: argumentative Entfaltung des Themas
  - Schlussteil: abschließender Versuch, die Zuhörenden für die vorgestellte Sicht zu gewinnen oder zu entsprechendem Handeln zu bewegen, oft direkter Appell
- Welche Hauptaussagen enthält die Rede? Wie hängen diese gedanklich zusammen?
- Mit welchen Argumenten und Beispielen (▶ S. 44) werden die Aussagen untermauert?
- Welche weltanschaulichen Positionen werden in der Rede vertreten?
- Von welchen anderen Positionen grenzt die Rednerin / der Redner sich ab?

Die Redeabsicht erkennen – Strategien der Beeinflussung darstellen

1 Öffentliche Reden verfolgen stets ein Ziel: In der Regel versuchen sie, das Publikum zu beeinflussen.
a Erarbeiten Sie anhand der Leitfragen im folgenden Methodenkasten (▶ S. 343 oben) die Redeabsichten (Intentionen) Merkels.
b Bringen Sie Angela Merkels Hauptabsicht in einem Satz auf den Punkt.

Methode Eine Rede analysieren III – Redeabsicht und Argumentationsweise

- Welche Wirkung soll mit der Rede erzielt werden? Woran ist das zu erkennen?
- Auf welche Vorbilder bzw. Autoritäten beruft sich die Rednerin / der Redner?
- Werden in der Rede die eigenen Interessen und Ziele offengelegt?
- Soll die Rede eher informieren oder belehren, aufrütteln, motivieren, angreifen oder sich/andere verteidigen, Gegensätze ausgleichen oder verschärfen, vermitteln oder spalten, zum Nachdenken anregen oder manipulieren, diffamieren oder sachlich kritisieren?
- Wer sind die Adressaten von Kritik, Vorwürfen, Appellen, Forderungen usw.?
- Welche Argumenttypen (▶ S. 89 f.) werden verwendet? Welche Redeabsicht steht dahinter?
- Welche rhetorischen Strategien der Beeinflussung (▶ Information, S. 346 f.) enthält die Rede? Welche Wirkung haben diese?

1 Untersuchen Sie die sprachliche Gestaltung von Merkels Rede. Arbeiten Sie zuerst mit Stichpunkten. Achten Sie dabei zunächst besonders auf folgende Aspekte:

a Untersuchen Sie die Wortwahl: Kommen bestimmte Wortarten vermehrt vor? Welcher Sprachstil kommt zum Tragen (▶ „Haus der Stile“, S. 339)? Kommen bestimmte Schlagwörter immer wieder vor?

b Analysieren Sie den Satzbau: Sind die Sätze einfach oder komplex? Bestehen sie aus einem Hauptsatz mit einem oder mehreren Nebensätzen oder werden mehrere Hauptsätze aneinandergereiht (▶ Information „Parataxe und Hypotaxe“, S. 108)? Wie wirkt die Art des Satzbaus auf die Zuhörer?

c Aus welcher Perspektive spricht Angela Merkel? Macht sie Ich- oder Wir-Aussagen? Wie adressiert sie das Publikum? Wie wirken diese Strategien?

d Welche Formen der Wiederholung nutzt Frau Merkel? Welche Absicht verfolgt sie damit?

2 Analysieren Sie die rhetorische Gestaltung der Rede Merkels in folgenden Schritten:

a Geben Sie jeweils die Zeile an, in der sich eine rhetorische Figur (▶ Information, S. 337 f.) findet, und benennen Sie sie mit dem passenden Fachbegriff.

b Erklären Sie die Wirkung, welche die rhetorischen Figuren jeweils beim Publikum erzielen.

3 Wählen Sie aus den folgenden Leitfragen weitere aus, die Sie für die Analyse der Rede Angela Merkels für besonders geeignet halten. Beantworten Sie diese Fragen ebenfalls in Stichpunkten.
Tipp: Rezipieren Sie die Rede nach Möglichkeit auch in einer Ton- oder Videoaufnahme.

4 Lesen Sie sich Ihre Stichpunkte noch einmal in Ruhe durch. Verfassen Sie nun einen durchgängigen Analysetext. Achten Sie dabei auf einen gedanklichen Zusammenhang zwischen Ihren Antworten.

Methode Eine Rede analysieren IV – Sprachliche und rhetorische Mittel

- Sind die Gedankenverbindungen eher logisch (z. B. durch kausale, konsekutive oder finale Konjunktionen) oder eher assoziativ angelegt? Wie passt das zur Redestrategie?
- Welcher Satzbau, welche Satzarten überwiegen? Welche Funktion und Wirkung haben sie?
- Welche rhetorischen Figuren (▶ Information, S. 337 f.) finden sich in welcher Funktion?
- Enthält die Rede Leitbegriffe der politischen Auseinandersetzung?
- Aus welchen Bereichen stammen Bilder und Metaphern (▶ S. 337)? Wie erklärt sich die Auswahl?
- Enthält die Rede Anklänge an bestimmte Sprachschichten (▶ „Haus der Stile“, S. 339)?
- Welche anderen sprachlichen Besonderheiten fallen in der Rede auf?
- Wie wird die Rede vorgetragen (Redefluss, Tempo, Lautstärke, Mimik, Gestik)?

Die Qualität einer Rede kritisch beurteilen

Kurt Tucholsky: **Ratschläge für einen schlechten Redner** (1930)

Fang nie mit dem Anfang an, sondern immer drei Meilen *vor* dem Anfang! Etwa so:
„Meine Damen und meine Herren! Bevor ich zum Thema des heutigen Abends komme, lassen Sie mich Ihnen kurz …"

Hier hast du schon so ziemlich alles, was einen schönen Anfang ausmacht: eine steife Anrede; der Anfang vor dem Anfang; die Ankündigung, dass und was du zu sprechen beabsichtigst, und das Wörtchen kurz. So gewinnst du im Nu die Herzen und die Ohren der Zuhörer. […]
Sprich nicht frei – das macht einen so unruhigen Eindruck.
Am besten ist es: du liest deine Rede ab. Das ist sicher, zuverlässig, auch freut es jedermann, wenn der lesende Redner nach jedem viertel Satz misstrauisch hochblickt, ob auch noch alle da sind. […]
Sprich mit langen, langen Sätzen – solchen, bei denen du, der du dich zu Hause, wo du ja die Ruhe, deren du so sehr benötigst, deiner Kinder ungeachtet, hast, vorbereitest, genau weißt, wie das Ende ist, die Nebensätze schön ineinandergeschachtelt, sodass der Hörer, ungeduldig auf seinem Sitz hin und her träumend, sich in einem Kolleg wähnend, in dem er früher so gern geschlummert hat, auf das *Ende* solcher Periode wartet … nun, ich habe dir eben ein Beispiel gegeben. So musst du sprechen.
Fang immer bei den alten Römern an und gib stets, wovon du auch sprichst, die geschichtlichen Hintergründe der Sache. […]
Kümmere dich nicht darum, ob die Wellen, die von dir ins Publikum laufen, auch zurückkommen – das sind Kinkerlitzchen. Sprich unbekümmert um die Wirkung, um die Leute, um die Luft im Saale; immer sprich, mein Guter. Gott wird es dir lohnen.
Du musst alles in die Nebensätze legen. Sag nie: „Die Steuern sind zu hoch." Das ist zu einfach. Sag: „Ich möchte zu dem, was ich soeben gesagt habe, noch kurz bemerken, dass mir die Steuern bei Weitem …" So heißt das.
Trink den Leuten ab und zu ein Glas Wasser vor – man sieht das gerne.
Wenn du einen Witz machst, lach vorher, damit man weiß, wo die Pointe ist.
Eine Rede ist, wie könnte es anders sein, ein Monolog. Weil doch nur einer spricht. Du brauchst auch nach vierzehn Jahren öffentlicher Rednerei noch nicht zu wissen, dass eine Rede nicht nur ein Dialog, sondern ein Orchesterstück ist: eine stumme Masse spricht nämlich ununterbrochen mit. Und das musst du hören. Nein, das brauchst du nicht zu hören. Sprich nur, lies nur, donnere nur, geschichtele nur.
Zu dem, was ich soeben über die Technik der Rede gesagt habe, möchte ich noch kurz bemerken, dass viel Statistik eine Rede immer sehr hebt. Das beruhigt ungemein, und da jeder imstande ist, zehn verschiedene Zahlen mühelos zu behalten, so macht das viel Spaß.
Kündige den Schluss deiner Rede lange vorher an, damit die Hörer vor Freude nicht einen Schlaganfall bekommen. […] Kündige den Schluss an, und dann beginne deine Rede von vorn und rede noch eine halbe Stunde. Dies kann man mehrere Male wiederholen. […]
Wenn einer spricht, müssen die andern zuhören – das ist deine Gelegenheit! Missbrauche sie.

1 Lesen Sie Kurt Tucholskys „Ratschläge für einen schlechten Redner". Welches sprachliche Mittel (▶ Information, S. 337 f.) zieht sich durchgängig durch diesen Text?

2 Zählen Sie die Qualitäten auf, die Tucholsky einem guten Redner zuweisen würde.

3 Setzen Sie sich kritisch mit den Reden Loriots (▶ S. 336) und Angela Merkels (▶ S. 340 f.) auseinander. Handelt es sich bei diesen Reden um gelungene Beispiele im Sinne Tucholskys?

4.2 Demagogie und Rhetorik – Politische Appelle kritisch reflektieren

Manipulation durch Sprache – Propaganda im Dritten Reich

Adolf Hitler: **Rede an die Hitlerjugend auf dem Reichsparteitag** (1935)

Deutsche Jugend!

[…] Unser Volk wird zusehends disziplinierter, straffer und strammer, und die Jugend beginnt damit. […]

Was wir von unserer deutschen Jugend wünschen, ist etwas anderes, als es die Vergangenheit gewünscht hat. In unseren Augen da muss der deutsche Junge der Zukunft schlank und rank sein, flink wie ein Windhund, zäh wie Leder und hart wie Kruppstahl. Wir müssen einen neuen Menschen erziehen, auf dass unser Volk nicht an den Degenerationserscheinungen der Zeit zugrunde geht.

Wir reden nicht, sondern wir handeln. Wir haben es unternommen, dieses Volk durch eine neue Schule zu erziehen, ihm eine Erziehung zu geben, die schon mit der Jugend anfängt und nimmer enden soll. Von einer Schule wird in Zukunft der junge Mann in die andere gehoben werden. Beim Kind beginnt es, und beim alten Kämpfer der Bewegung wird es enden. Keiner soll sagen, dass es für ihn eine Zeit gibt, in der er sich ausschließlich selbst überlassen sein kann. Jeder ist verpflichtet, seinem Volke zu dienen, jeder ist verpflichtet, sich für diesen Dienst zu rüsten, körperlich zu stählen und geistig vorzubereiten und zu festigen. […]

Wir werden uns so stählen, dass jeder Sturm uns stark findet. Wir werden aber auch nie vergessen, dass die Gesamtsumme aller Tugenden und aller Kräfte nur dann wirksam werden kann, wenn sie einem Willen und einem Befehl untertan ist. Wir stehen jetzt hier, nicht durch Zufall gefügt, nicht, weil jeder Einzelne tat, was er wollte, sondern weil euch der Befehl eures Reichsjugendführers hierhergerufen hat und weil dieser Befehl sich umsetzte in tausend einzelne Befehle. Und indem jeder dieser Befehle seinen Gehorsam fand, ist in Deutschland aus Millionen einzelnen deutschen Jungen eine Organisation geworden und aus Zehntausenden in Deutschland lebenden Kameraden diese heutige Kundgebung, dieser heutige Appell. Nichts ist möglich, wenn nicht ein Wille befiehlt, dem immer die anderen zu gehorchen haben, oben beginnend und ganz unten erst endend. Und das ist neben der körperlichen Erziehung und Ertüchtigung die zweite große Aufgabe.

Wir sind eine Gefolgschaft, aber wie das Wort schon sagt, Gefolgschaft heißt folgen, heißt Gefolgschaft leisten. Unser ganzes Volk müssen wir erziehen, dass immer, wenn irgendwo einer bestimmt ist zu befehlen, die anderen ihre Bestimmung erkennen, ihm zu gehorchen, weil schon in der nächsten Stunde vielleicht sie selbst befehlen müssen und es genauso nur dann können, wenn andere wieder Gehorsam üben. Es ist der Ausdruck eines autoritären Staates, nicht einer schwachen, schwätzenden Demokratie, eines autoritären Staates, bei dem jeder stolz ist, gehorchen zu dürfen, weil er weiß: Ich werde, wenn ich befehlen muss, genau so Gehorsam finden. Deutschland ist kein Hühnerstall, in dem alles durcheinanderläuft und jeder gackert und kräht, sondern wir sind ein Volk, das von klein auf lernt, diszipliniert zu sein. […]

Und ihr, *meine Jungens und Mädchen,* ihr seid nun lebendige Zeugen für das Gelingen dieses Werkes. Ihr seid die Zeugen, dass diese Idee im Deutschen Reich lebendig geworden ist. Und ihr seid der Beweis, wie diese Idee nun ihre Verwirklichung erfahren hat. Glaubt mir, es wird einmal eine Zeit kommen, da wird die deutsche Jugend ein wunderbar gesundes und strahlendes Antlitz besitzen, gesund, offen, aufrichtig, kühn und friedliebend.

Wir sind keine Raufbolde. Wenn uns die übrige Welt in unserer Disziplin verkennt, können wir nicht helfen. Aus dieser Disziplin werden für die Welt weniger Händel entstehen als aus dem parlamentarisch-demokratischen Durcheinander der heutigen Zeit! Wir gehen unseren Weg und wollen keines andern Weg durchkreuzen. […]

Nie aber wollen wir vergessen, dass Freundschaft nur der Starke verdient und der Starke gewährt. Und so wollen wir uns denn stark machen, das ist unsere Losung. Und dass dieser Wunsch in Erfüllung geht, dafür seid ihr mir verantwortlich. Ihr seid die Zukunft der Nation, die Zukunft des Deutschen Reiches.

1 Klären Sie die situativen Bedingungen der Rede. Recherchieren Sie dazu weitere Informationen, z. B. in Ihrem Geschichtsbuch oder im Internet, etwa zu den „Reichsparteitagen".

2 Erstellen Sie einen Überblick über die Themen der Rede.

3 Erläutern Sie vor dem Hintergrund der Rede, welche „Werte" die nationalsozialistische Erziehung bestimmen. Nehmen Sie kritisch Stellung.

> „Persuasion ist eine partielle[1] und sporadische[2] Überredungstechnik, mit der situationsbedingt Meinungen und Verhaltensweisen eines Hörers gelenkt werden sollen; Manipulation ist eine globale und langfristige Überrumpelungsstrategie, die auf eine tief greifende Bewusstseinsveränderung zielt und dabei die wahren Absichten der Sprecher verschleiert."
>
> *(Gerhart Wolff)*

1 **partiell:** einseitig, zeitweise
2 **sporadisch:** vereinzelt, gelegentlich

4 **a** Erläutern Sie die Begriffe „Persuasion" und „Manipulation" mit eigenen Worten.
b Untersuchen Sie, inwieweit Hitler in seiner Rede Mittel der Persuasion und Manipulation einsetzt. Nutzen Sie für Ihre Antwort auch die Information unten.

5 Die Sprache des Nationalsozialismus ist von rhetorischen Figuren (▶ Information, S. 337 f.) besonders geprägt: von Neologismen mit dem Begriff „Volk" (z. B. „Volksschädling"), Euphemismen (z. B. „Sonderbehandlung" statt „Exekution"), nochmals gesteigerten superlativistischen Größen (z. B. „total" → „totaler", „radikal" → „radikaler"), biologischen Metaphern (z. B. der „Volkskörper", der durch „Parasiten" und „Schmarotzer" gefährdet wird), Emotionalisierung des Ausdrucks (z. B. „unerschütterlicher Glaube") und sakralen Aufwertungen (z. B. „ewig", „heilig", „Glaube", „Mission", „Opfer").
a Arbeiten Sie die rhetorischen Mittel in Hitlers Reichsparteitagsrede heraus.
b Erstellen Sie ein Wortnetz zu den Begriffen „Volk", „Führer" und „Kampf". In welcher Nachbarschaft zu welchen anderen Wörtern, in welchen typischen Zusammenhängen (Kollokationen) kommen sie im Text vor?

6 Welche anderen Mittel der Beeinflussung kommen in der Rede zum Tragen (▶ Information)?

Information **Rhetorische Strategien der Beeinflussung**

Strategien der Beeinflussung sind oft kämpferisch und außer in politischen Reden und Debatten vor allem in der Alltagskommunikation zu finden. Ihre eigentlichen Ziele werden in der Regel nicht offengelegt.

Aufwertung der Wir-Gruppe

- eigennützige Ziele oder Gruppeninteressen als Ziele der Allgemeinheit ausgeben
- von einer Sache, die man vertritt, nur günstige Aspekte erwähnen
- Einzelfälle, die für die eigene Ansicht günstig sind, verallgemeinern
- ein „Wir-Gefühl" herstellen (z. B. durch entsprechende Personalpronomen)

- „neutrale" Unterstützer der eigenen Meinung benennen (▶ Autoritätsargument, S. 89)
- der Wir-Gruppe positiv besetzte Begriffe, Metaphern und Vergleiche zuschreiben
- Polarisierung durch Freund- und Feindbilder

Abwertung der Gegner

- Desinformation: andere Positionen verzerren oder umdeuten, den Gegner entstellt zitieren
- Verdächtigung, Diffamierung, Schuldzuweisung: dem Gegner Fehler zuschreiben, auch wenn er nicht für diese verantwortlich ist; ihm manipulative Absichten unterstellen
- dem Gegner negative Eigenschaften zuschreiben, abwertende Begriffe und Bilder verwenden
- die gegnerische Gruppe spalten, ihr „Zerstrittenheit" vorwerfen
- Drohung, Kampfansage

Emotionalisierung und Dramatisierung

- Probleme übertreiben
- durch emotionalisierendes Vokabular z. B. Ängste und Befürchtungen wecken
- dramatisierende Metaphern einsetzen, z. B. aus den Bereichen „Krieg" oder „Unfall"

Beschwichtigung und Ablenkung

- problematische Sachverhalte z. B. durch Euphemismen (Beschönigungen) herunterspielen oder sie als „natürlich" bzw. „unabwendbar" darstellen
- mithilfe einer „Gemeinschaftsideologie" Interessenunterschiede verdecken
- problematische Sachverhalte tabuisieren, um sie aus der Diskussion herauszuhalten

Überzeugen

- die eigenen Ziele und Maßstäbe offenlegen, zu Kritik und Selbstkritik ermuntern
- mit rationaler Argumentation Denkanstöße liefern
- Brücken bauen und sich um Konsens bemühen
- Appelle in mahnend-unterstützender Form vortragen

7 Verfassen Sie eine vollständige Redeanalyse zu Hitlers Parteitagsrede. Orientieren Sie sich dabei an den Methodenkästen auf den Seiten 342 und 343.

Aufruf zum Widerstand – Die Appelle der „Weißen Rose"

„Weiße Rose": **Flugblatt VI** (1943)

[1942/43 verbreitete die studentische Widerstandsgruppe „Weiße Rose" Flugblätter gegen Hitler und das nationalsozialistische Regime. – Im Folgenden einige Auszüge aus dem 6. Flugblatt 1943, dessen Verteilung zur Entdeckung der „Weißen Rose", zur Verhaftung und Hinrichtung ihrer Mitglieder führte.]

Mitglieder der „Weißen Rose" (von links): Hans Scholl, Sophie Scholl, Christoph Probst

[…] Der Tag der Abrechnung ist gekommen, der Abrechnung der deutschen Jugend mit der verabscheuungswürdigsten Tyrannis, die unser Volk je erduldet hat. Im Namen des ganzen deutschen Volkes fordern wir vom Staat Adolf Hitlers die persönliche Freiheit, das kostbarste Gut der Deut-

schen, zurück, um das er uns in der erbärmlichsten Weise betrogen hat.
In einem Staat rücksichtsloser Knebelung jeder freien Meinungsäußerung sind wir aufgewachsen. HJ, SA und SS haben uns in den fruchtbarsten Bildungsjahren unseres Lebens zu uniformieren, zu revolutionieren, zu narkotisieren versucht. „Weltanschauliche Schulung“ hieß die verächtliche Methode, das aufkeimende Selbstdenken und Selbstwerten in einem Nebel leerer Phrasen zu ersticken. Eine Führerauslese, wie sie teuflischer und zugleich bornierter nicht gedacht werden kann, zieht ihre künftigen Parteibonzen auf Ordensburgen zu gottlosen, schamlosen und gewissenlosen Ausbeutern und Mordbuben heran, zur blinden, stupiden Führergefolgschaft. […]
Freiheit und Ehre! Zehn lange Jahre haben Hitler und seine Genossen die beiden herrlichen deutschen Worte bis zum Ekel ausgequetscht, abgedroschen, verdreht, wie es nur Dilettanten vermögen, die die höchsten Werte einer Nation vor die Säue werfen. Was ihnen Freiheit und Ehre gilt, das haben sie in zehn Jahren der Zerstörung aller materiellen und geistigen Freiheit, aller sittlichen Substanz im deutschen Volk genugsam gezeigt. Auch dem dümmsten Deutschen hat das furchtbare Blutbad die Augen geöffnet, das sie im Namen von Freiheit und Ehre der deutschen Nation in ganz Europa angerichtet haben und täglich neu anrichten. Der deutsche Name bleibt für immer geschändet, wenn nicht die deutsche Jugend endlich aufsteht, rächt und sühnt zugleich, ihre Peiniger zerschmettert und ein neues geistiges Europa aufrichtet.
Studentinnen! Studenten! Auf uns sieht das deutsche Volk! Von uns erwartet es, wie 1813 die Brechung des napoleonischen, so 1943 die Brechung des nationalsozialistischen Terrors aus der Macht des Geistes. […]
Unser Volk steht im Aufbruch gegen die Verknechtung Europas durch den Nationalsozialismus, im neuen gläubigen Durchbruch von Freiheit und Ehre!

1 Bestimmen Sie die Textintention und ermitteln Sie Textstellen, die insbesondere dazu geführt haben können, dass die Nazis die Verfasser des Flugblatts zum Tode verurteilten.
2 Analysieren Sie die Sprache des Flugblatts. Nutzen Sie die Informationen auf den Seiten 337 f. und 346 f.
3 Vergleichen Sie die Hitler-Rede (▶ S. 345 f.) und das Flugblatt inhaltlich und sprachlich.

Joachim Gauck: **Gedächtnisvorlesung zum 70. Jahrestag der Hinrichtung von Mitgliedern der studentischen Widerstandsgruppe „Weiße Rose“** (2013)

„Einer muss ja doch mal schließlich damit anfangen.“ So sagt es Sophie Scholl am 22. Februar 1943 Roland Freisler ins Gesicht – dem gefürchteten Präsidenten des sogenannten Volksgerichtshofs, und der hat sie noch am selben Tag zum Tode verurteilt und hinrichten lassen. Wie ihren Bruder Hans, wie Christoph Probst, den dreifachen jungen Familienvater, wie später die Mitstreiter Alexander Schmorell und Willi Graf, wie ihren Professor, Kurt Huber, und wie zwei Jahre später, im Januar 1945, Hans Leipelt. Ermordet, weil sie hingeschaut haben, weil sie sich empört haben, weil sie gehandelt haben, weil sie Verbrecher Verbrecher nannten und Morde Morde, und Feigheit Feigheit. Sie machten das Unrecht öffentlich – mit ihren so bescheidenen Mitteln. Weil sie auch andere bewegen wollten, hinzusehen und nicht mehr zu schweigen. […]
Wir leben – zum Glück – in völlig anderen Zeiten. In einem Staat, in dem das offene Wort oder Kritik an politischen Zuständen nicht ins Gefängnis führt oder gar aufs Schafott. […] Und dennoch kennen wir – angesichts der Herausforderungen unserer Zeit – diese als Fragen getarnten Ohnmachtserklärungen: „Was kann denn ein Einzelner schon ausrichten?“ „Was nützt es, wenn ich anfange, solange die anderen nicht mitziehen?“ […]
Es gibt immer noch keine Formel für Zivilcourage. Aber es gibt Vorbilder. Wer bereit ist, sogar sein eigenes Leben zu opfern, um andere – viel-

leicht viele – zu retten: Was sollte er oder sie anders sein als ein Vorbild? […]

Liebe Studentinnen und Studenten, heute nun leben wir in einigermaßen sicheren Verhältnissen und wir wissen: Es ist unsere Demokratie. Niemand, wirklich niemand, schwebt über ihr, um sie zu beschützen. Wir selbst, Sie müssen es tun. […]

Hans Scholl mit seinem Ruf „Freiheit“, Sekunden vor seinem Tod, Kurt Huber mit seiner Verteidigungsrede vor Gericht: „Ich fordere die Freiheit für unser deutsches Volk zurück!“ Beide sprachen für ein Volk, das seine Freiheit ziemlich freiwillig aufgegeben hatte. […]

Unsere besondere Wachsamkeit gilt heute denen, die […] nicht akzeptieren wollen, dass Deutschland ein vielfältiges Land ist, in dem Menschen unterschiedlicher Herkunft und unterschiedlichen Glaubens ihre selbstverständliche Heimat haben. […]

Nur dort, wo Zivilgesellschaft stark ist, können sich menschenfeindliche Haltungen nicht ausbreiten. […]

So ist unser heutiges Gedenken Verneigung vor dem Mut und der Tapferkeit von Oppositionellen und Widerstandskämpfern. Aber zugleich ist es Aufforderung an uns Heutige, mit unserer Kraft für das einzustehen, wofür sie damals ihr Leben gegeben haben: für Menschlichkeit und Anstand, für Freiheit und Rechtsstaat. […] Holen wir doch die jungen Frauen und Männer der „Weißen Rose“ immer wieder herein in unsere Hörsäle, in unsere Schulen, lassen wir sie doch zwischen uns sitzen. Und hören wir sie sagen: „Einer muss ja doch mal schließlich damit anfangen!“

1 Analysieren Sie die sprachliche Gestaltung der Gauck-Rede (▶ Methoden, S. 342 f.).

2 Setzen Sie sich kritisch mit Gaucks Verständnis von der Rolle des Einzelnen in der Demokratie auseinander.

★ **3** Ihre Schule plant einen Projekttag im Gedenken an die Geschwister Scholl. Schreiben Sie in Ihrer Rolle als Schülersprecher/-in eine Rede zu dessen Eröffnung. Gehen Sie bei der Gestaltung der Rede in der Schrittigkeit der IDEMA-Methode (▶ unten) vor.

Eine Rede verfassen und halten – Die IDEMA-Methode

Bereits die Rhetoriker der Antike verwendeten die IDEMA-Methode: fünf Schritte zur Vorbereitung und Durchführung einer Rede. Das Modell bietet auch heute noch Hilfe, um den Anforderungen beim Planen und Halten einer Rede gerecht zu werden.

→

- **I** **Inventio:** eine Sammlung von Gedanken und Einfällen zum Thema der Rede
- **D** **Disputio:** die Gliederung des gesammelten Materials
- **E** **Elocutio:** die sprachliche Gestaltung und Ausschmückung der Rede
- **M** **Memoria:** das Einprägen der Rede
- **A** **Actio:** der Redevortrag und seine Gestaltung

→

E Wege zur Texterstellung

E1 Schreiben in Schule und Beruf

E2 Grammatik, Rechtschreibung, Zeichensetzung – Sprachkompetenz festigen

E1 Schreiben in Schule und Beruf

Mit Schreiben und Lesen fängt eigentlich das Leben an.

Eintragung auf einer Wachstafel mit Schulübungen aus Mesopotamien, 4. bis 5. Jahrhundert n. Chr.

1 Schreiben Sie den oben angegebenen Satz (Übersetzung des Tafeltextes) in die Mitte eines großen Papierbogens und führen Sie in Vierergruppen ein **Schreibgespräch** durch:

a Notieren Sie in einer Ecke des Papierbogens Ihre Assoziationen zu dem Satz. Drehen Sie nach wenigen Minuten das Blatt um 90 Grad, sodass Sie mit der vorherigen Schreiberin / dem vorherigen Schreiber in Dialog treten. Setzen Sie das Schreibgespräch fort, bis Sie wieder am Ausgangspunkt angekommen sind.

b Besprechen Sie Ihre Ergebnisse im Plenum.

In diesem Kapitel erwerben Sie folgende Kenntnisse und Kompetenzen

- den Schreibprozess mithilfe eines Schreibplans organisieren und planen,
- Texte sprachlich angemessen verfassen und in einer Schreibkonferenz gemeinsam verbessern,
- recherchieren und Quellen bewerten,
- korrekt zitieren und Quellen richtig angeben,
- eine Bibliografie erstellen,
- formale, inhaltliche und sprachliche Aspekte von Geschäftsbriefen kennen, anwenden und bewerten,
- Gegenstands- und Vorgangsbeschreibungen verfassen,
- Mitschriften und Protokolle anfertigen.

1.1 Texte planen, schreiben, überarbeiten

Gedankliche Vorgänge sind beim Schreiben miteinander verwoben und nicht linear. Sie lassen sich durch folgende Fragen und Teilkompetenzen systematisieren:

Was schreibe ich?
Inhaltliche Kompetenz

Warum und für wen schreibe ich?
Pragmatische Kompetenz

Fragen im Schreibprozess

Wie formuliere ich und überarbeite ich den Text?
Formulierungskompetenz

Wie baue ich einen Text auf?
Strukturierungskompetenz

1 **a** Listen Sie frühere Schreibanlässe auf und ordnen Sie diesen die folgenden Gesichtspunkte zu: schulisch/außerschulisch – Schreiben für mich/für andere – Schreiben, um mich auszudrücken / etwas darzustellen / etwas mitzuteilen – Mischformen.

b Überlegen Sie, welche Unterschiede Sie sehen
- zwischen privatem, also außerschulischem Schreiben
- und dem Schreiben in Lern- und in Leistungssituationen.

c Halten Sie Ihre Ergebnisse in Form einer Mindmap (▶ Methode, S. 245) fest.

2 Machen Sie sich eigene Schreiberfahrungen und -schwierigkeiten bewusst. Schreiben Sie dazu in der Ich-Form Fragen oder Aussagesätze auf ein gesondertes Blatt, z. B.: *Wie fange ich an? Wie kann ich ein Formulierungsproblem beseitigen? Was hat mir früher geholfen? Diesen Text kann ich ähnlich gliedern wie …, nämlich …*

3 Welche Ihrer Fragen weist auf eigene Stärken/Schwächen bei welcher der in der Tabelle oben aufgeführten Teilkompetenzen hin?

Schreiben als Prozess

Erster Schritt: Den Schreibanlass analysieren – Einen Schreibplan entwickeln

Die Planung eines Textes hängt entscheidend davon ab, mit welcher Intention er geschrieben wird und an wen er gerichtet ist.

Ein Schreibanlass

Sie haben einen Flug nach Mallorca gebucht, Abflug von Köln am 2. Mai, 10.00 Uhr. Wegen eines technischen Defekts verzögert sich der Abflug. Die Abflugzeit wird im Laufe des Tages mehrfach korrigiert, schließlich startet die Maschine um 22.30 Uhr.
Das Flugzeug samt Besatzung gehört nicht zu der Fluggesellschaft, bei der Sie gebucht haben, sondern wurde für diesen Flug vom ausführenden Unternehmen angemietet.

1 Nach Ihrer Rückkehr aus dem Urlaub wollen Sie wegen der erheblichen Verspätung Ansprüche an die Fluggesellschaft geltend machen und planen einen privaten Geschäftsbrief.

a Analysieren Sie die Aufgabe: Welche Absicht verfolgen Sie? Wer ist Adressat Ihres Briefes?

b Welche sprachlichen und formalen Konsequenzen ergeben sich aus den Ergebnissen von Aufgabe 1a?

c Welche Informationen benötigen Sie für Ihr Vorhaben?

Methode **Einen Schreibplan entwickeln**

Schreiben ist ein Prozess, der in drei Phasen abläuft: planen – formulieren – überarbeiten. Das Schreiben verläuft meist **nicht linear,** vielmehr müssen Sie während der Arbeit am Text immer wieder zu den vorausgehenden Phasen zurückkehren.
Eine intensive **Planungsphase** nimmt viel Zeit in Anspruch, ermöglicht aber eine effiziente Arbeit am Text. Wichtig ist vor allem die Auseinandersetzung mit dem **Schreibanlass,** denn er gibt Aufschluss über die **Schreibabsicht** und bestimmt damit auch die Aufbereitung der Informationen, den Aufbau des Textes und die Wahl von Sprache und Stil. Die Vorüberlegungen zu einem Text sollten Sie schriftlich festhalten.
Erst nach der gründlichen Planung eines Textes folgt die **Formulierungsphase.**
In der **Überprüfungsphase** sollten Sie mehrmals Korrektur lesen. Konzentrieren Sie sich nacheinander auf folgende Aspekte: **Inhalt** (Vollständigkeit, Logik), **Stil** (angepasst an Schreibanlass und Adressat), **Form** (formale Kriterien wie DIN-Vorgaben), **Sprache** (Rechtschreibung, Zeichensetzung, Grammatik).

Planen ⟷ **Formulieren** ⟷ **Überarbeiten**

Planen ↓
- Schreibanlass analysieren
- Informationen sammeln
- Gliederung/Aufbau planen
- Sprache und Stil sach- und adressatengerecht planen

Formulieren ↓
- Inhalt auswählen
- Aufbau festlegen
- Text formulieren
- formale Vorgaben umsetzen

Überarbeiten ↓
- Inhalt auf Vollständigkeit und Schlüssigkeit prüfen
- Sprache und Stil überprüfen
- Einhaltung formaler Vorgaben kontrollieren

Zweiter Schritt: Informationen sammeln

Bettina Klein: **Bei Flugverspätung zahlt die anbietende Airline** (2018)

Der Europäische Gerichtshof hat ein verbraucherfreundliches Urteil gefällt. Bei stundenlanger Verspätung bekommen Passagiere eine Entschädigung von der Airline, bei der sie ihren Flug gebucht haben – auch wenn das Flugzeug samt Besatzung zu einer anderen Gesellschaft gehört.

Nicht immer bemerkt man überhaupt, was vor sich geht. Eine Fluggesellschaft hat nicht genügend Flugzeuge parat – und leiht sich für bestimmte Flüge Maschinen von einer anderen Gesellschaft, komplett mit Besatzung. „Wet lease" wird das Geschäftsmodell genannt, sinnbildlich vergleichbar im Deutschen mit „Warmmiete", Nebenkosten inbegriffen. Aber nur ein vorübergehender Vertrag ist das, keine dauerhafte Kooperation. Wenn etwas schiefgeht, wenn die

Maschine sich verspätet – wer ist dann verantwortlich?
Im vorliegenden Fall hatte TUIfly eine Maschine bei Thomson Airways gemietet für einen Flug von Hamburg ins mexikanische Cancún. Der Flug hatte sich verspätet. Ein Passagier klagte auf Entschädigung gemäß der europäischen Verordnung über Fluggastrechte. Doch wer trägt die Verantwortung? TUIfly, der Veranstalter, oder Thomson Airways, deren Maschine tatsächlich geflogen ist?

Bei „Code Sharing" ist die Rechtslage anders

Der Europäische Gerichtshof stellte heute klar: Die Verantwortung liegt bei TUIfly. Denn diese Airline hatte die Entscheidung getroffen, einen bestimmten Flug durchzuführen und für den Luftverkehr anzubieten. Inklusive der Entscheidung, ein Flugzeug dafür anzumieten. Somit trägt sie auch die Verantwortung für eine etwaige Annullierung oder große Verspätung des Fluges. In diesem Sinne ist TUIfly das „ausführende Luftfahrtunternehmen". Und nicht das Unternehmen Thomson Airways, das das Flugzeug samt Besatzung zur Verfügung gestellt hat.
Das Landgericht Hamburg hatte den EuGH gebeten, den Begriff ausführendes Luftfahrtunternehmen für diesen Fall zu klären. Denn er war für diesen Fall juristisch strittig. […]
Nach Angaben aus der Branche stehen insbesondere nach der Air-Berlin-Pleite bei anderen Gesellschaften noch immer nicht ausreichend eigene Flugzeuge zur Verfügung, um Routen zu übernehmen. Wenn sich Kunden nicht sicher sind, sollten sie, Verbraucherschützern zufolge, im Zweifel bei beiden Fluggesellschaften Schadensersatz bei drastischen Verspätungen einfordern. Bis zu fünf Stunden müssen demnach allerdings in der Ferienzeit in Kauf genommen werden.

1 Entscheiden Sie, welche Informationen Sie zum einen aus dem Sachverhalt (▶ grauer Kasten, S. 352 unten), zum anderen aus dem Rundfunkbericht von Bettina Klein in Ihren Text übernehmen wollen.
2 Notieren Sie die Informationen in einer Mindmap.
3 Schlagen Sie die formalen Vorgaben eines Geschäftsbriefs (▶ Methode, S. 364) nach.

Dritter Schritt: Die Gliederung erstellen – Den Aufbau festlegen

1 Wie wollen Sie Ihr Schreiben gliedern? Notieren Sie kurz Aufbau und Inhalt der Absätze.

Wie baue ich den Text auf?
Äußerer Aufbau nach DIN-Norm 5008 für Geschäftsbriefe
Inhaltliche Gliederung:
→ Sachverhalt schildern
→ Anspruch auf Entschädigung
→ Begründung
→ …

Vierter Schritt: Den Text formulieren

1 **a** Überlegen Sie, welche Anforderungen an Satzbau, Stil, Sprachebene Ihr Schreibauftrag beinhaltet.
b Begründen Sie, ob Sie die folgenden Sätze in Ihren Text aufnehmen könnten.

- *Leider startete unser Flugzeug mit erheblicher Verspätung von sage und schreibe 12,5 Stunden. Daher müssen Sie eine Entschädigung zahlen, denn die steht uns nach einem EuGH-Urteil zu.*
- *Stundenlang mussten wir auf unseren Abflug warten. Das war nicht nur langweilig, sondern auch ziemlich nervig, weil wir mit fortschreitender Zeit wussten, dass wir unser Ferienziel nicht mehr erreichen konnten.*

- *Wir fordern von Ihnen daher eine angemessene Entschädigung.*
- *Der Abflug, der für 10.00 Uhr geplant war, konnte wegen eines technischen Defekts erst um 22.30 Uhr erfolgen. Für diese Verspätung von 12,5 Stunden steht uns nach einem Urteil des EuGH (AZ ...) eine Entschädigung zu.*
- *Der EuGH hat in einem Urteil (AZ ...) festgelegt, dass Sie als „ausführendes Luftfahrtunternehmen" verantwortlich für diese Verspätung sind, obwohl das Flugzeug zu einer anderen Fluggesellschaft gehörte. Deshalb haben wir das Recht auf eine angemessene Entschädigung.*

Checkliste **Besser schreiben**

Treffende und abwechslungsreiche Verben finden
Beispiel: statt *sagen* präzisere Verben finden, z. B.: *ausführen, hinweisen, erläutern, deutlich machen, feststellen, erklären, ausgehen von, zu verstehen geben, versichern, durchblicken lassen, ankündigen, versprechen*

„Gestreckte" Verben vermeiden
Schlüsse ziehen → *schließen*
Ankündigungen machen → *ankündigen*
Feststellungen treffen → *feststellen*

Füllwörter streichen
gewissermaßen, regelrecht, echt, eigentlich, praktisch, quasi ...

statt	besser
Die Probleme ergaben sich quasi aus einem technischen Defekt, der einen Start praktisch unmöglich machte.	*Ein technischer Defekt verhinderte den Start.*
Irgendwie können wir vielleicht doch letztendlich zu einer Einigung kommen.	*Wir können uns vielleicht einigen.*

Unübersichtliche Sätze auflösen

statt	besser
Der Abflug, der für 10.00 Uhr vorgesehen war, verzögerte sich, wie uns mitgeteilt wurde, wegen eines technischen Defekts, der so schnell nicht behoben werden konnte, immer wieder.	*Der für 10.00 Uhr vorgesehene Abflug wurde mehrfach verschoben. Als Grund wurde ein technischer Defekt angegeben, der so schnell nicht behoben werden konnte.*

Häufung von Konjunktionen vermeiden

statt	besser
Der Angestellte erläuterte, dass, wenn das Aggregat ausgetauscht sei, der Start sofort erfolgen könne.	*Der Angestellte erläuterte, dass der Start sofort erfolgen könne, wenn das Aggregat ausgetauscht sei.*

Auf den richtigen Bezug achten

statt	richtig
Für den Defekt entschuldigte sich ein Angestellter, der leider nicht zu verhindern war.	*Ein Angestellter entschuldigte sich für den Defekt, der leider nicht zu verhindern gewesen sei.*

2 Überprüfen Sie in Partnerarbeit den folgenden Ausschnitt aus einem anderen privaten Geschäftsbrief (Beschwerdebrief wegen Mängel einer Hotelunterkunft) im Hinblick auf Stil, Adressatenbezug und Absicht. Vergleichen Sie Ihre Ergebnisse.

> *Sehr geehrte Damen und Herren,*
> *für die Zeit vom 5. bis 10. Juni dieses Jahres hatten wir bei Ihnen 11 Doppel- und 2 Einzelzimmer im Hotel in London gebucht. Diese wurden uns von Ihnen bestätigt. Die Zimmer sind auf Ihrer Website und im Katalog als „sauber" und „zweckmäßig eingerichtet" beschrieben. Leider waren bei unserer Ankunft keine Zweibettzimmer mehr frei, sodass die Unterbringung in Drei- und Vierbettzimmern erfolgte. Die gebuchten Einzelzimmer für die beiden Begleitpersonen standen ebenfalls nicht zur Verfügung. Die Lehrkräfte mussten daher in den Gruppenzimmern mit den Schülern untergebracht werden, was für beide Seiten unerfreulich war. Außerdem waren die Unterkünfte weder „sauber" noch „zweckmäßig eingerichtet", sondern eher in einem miserablen Zustand: Die Bettwäsche war verschmutzt und in einigen Zimmern gab es sogar Ungeziefer. Kleiderschränke, die wohl zu der zweckmäßigen Ausstattung eines Hotelzimmers gehören, waren nicht vorhanden, was ein ziemliches Chaos in den Zimmern zur Folge hatte.*

3 **a** Schreiben Sie jetzt den privaten Geschäftsbrief an die Airline, in dem Sie Ihre Ansprüche auf Entschädigung wegen des verspäteten Abflugs nach Mallorca geltend machen.

b Beantworten Sie zur Kontrolle während Ihres Arbeitsprozesses die folgenden Fragen (▶ Methode).

Methode — Fragen stellen während und nach der Niederschrift

Während der Niederschrift:
- Habe ich alle erforderlichen Informationen berücksichtigt?
- Habe ich die Aussagen logisch aufgebaut und sinnvoll verknüpft?
- Sind die Formulierungen stimmig und abwechslungsreich?
- Habe ich Wichtiges (noch einmal) hervorgehoben?
- Habe ich Überleitungen formuliert und Informationen noch einmal zusammengefasst?

Nach der Niederschrift:
- Habe ich die Textteile verknüpft, sind sie stimmig, logisch und sachlich richtig?
- Habe ich die Regeln der Rechtschreibung und Zeichensetzung beachtet?
- Habe ich bei Verbesserungen, Ergänzungen und Umstellungen beachtet, dass Gedankenführung, Grammatik und Zeichensetzung schlüssig bleiben?
- Habe ich zur besseren Leserführung Absätze eingefügt?

Information — Geschäftskorrespondenz auf Englisch

- In Geschäftsbriefen auf Englisch drückt man sich indirekter aus als im Deutschen und bevorzugt den Konjunktiv. Gebräuchlich sind höfliche Floskeln wie *please, would you mind, I see what you mean but …, could you please, I would like to …*
- Bei unbekannten Ansprechpartnern oder -partnerinnen lautet die Anrede: *Dear Sir or Madam.*
- Ist man mit dem Adressaten vertraut, ist es sehr üblich, statt *Dear Mr xy* oder *Dear Ms xy* den Vornamen zu benutzen.
- In Geschäftsbriefen folgt der Betreff *(subject line)* nach der Anrede *(salutation line).*
- Das Datum schreibt man wie folgt: *16 September 2019* (UK); *September 16, 2019* (US).

Fünfter Schritt: Den Text überarbeiten

1 Lesen Sie Ihren Text nach der Niederschrift mehrmals gründlich durch (▶ Methode, S. 356).

2 Diskutieren und überarbeiten Sie Ihre Texte in einer Schreibkonferenz (▶ Methode).

Methode **Schreibkonferenz**

In einer Schreibkonferenz wird ein **Text in der Gruppe überarbeitet.** Dazu werden eigene Texte einem kritischen Publikum vorgestellt, um Typen von Schreibproblemen zu erkennen und voneinander abzugrenzen, Textqualitäten und -schwächen genau zu bezeichnen und Fehlerhaftes sowie Unpassendes gezielt zu verbessern. Gehen Sie so vor:

- Bilden Sie Gruppen mit drei bis fünf Mitgliedern. Die Stärken der Mitglieder sollten sich ergänzen.
- Sammeln Sie erste Reaktionen auf Ihren Text.
  Kleben Sie dazu Ihren Text auf ein DIN-A3-Blatt und lassen Sie einen angemessenen Rand für Anmerkungen oder arbeiten Sie mit den Kommentarfunktionen der gängigen Textverarbeitungsprogramme.
- Lesen Sie sich Ihre Texte gegenseitig vor. Danach können Sie Einschätzungen bezüglich Wirkung, Kernaussage, Verständlichkeit geben und Verbesserungsvorschläge am Textrand oder in einer Tabelle notieren:

	Beispiel
Das gefällt mir am Text besonders gut. (Symbol: +)	...
Das gefällt mir nicht. (Symbol: –)	...
Hier fällt mir etwas auf. (Symbol: !)	...
Das habe ich nicht verstanden. *Oder: Hier habe ich noch Fragen. (Symbol: ?)*	...

- Beachten Sie bei Ihrer Einschätzung folgende Aspekte, die Sie untersuchen sollten:
  - Textaufbau
  - Aufbereitung der Informationen
  - Qualität eigener Formulierungen (▶ Information „Haus der Stile", S. 339)
  - Vermeiden von Monotonie
  - Prägnanz und Stimmigkeit der verwendeten Begriffe und Aussagen
  - Vermeiden von Widersprüchen, Ungenauigkeiten in der Gedankenführung (Inhalt)
  - Grammatik (z. B. Satzbau, Verwendung des Konjunktivs), Rechtschreibung und Zeichensetzung (▶ S. 374–390). Nutzen Sie die bekannten Korrekturzeichen: Sb, Gr, Bz, A/W ...
- Überarbeiten Sie Ihren eigenen Text unter Berücksichtigung der Verbesserungsvorschläge, sofern Sie diese als begründet ansehen. Es können auch weitere Konferenzrunden einberufen werden, bis die Überarbeitung Ihren Ansprüchen und denen der Gruppe genügt.
- **Tipp:** Bei der handschriftlichen Überarbeitung, z. B. einer Klausur, müssen Sie durch geeignete Zeichen (etwa *) oder Nummerierungen am unteren Textrand das Verbesserte bzw. Hinzugefügte eindeutig markieren.
- Präsentieren Sie Ihre überarbeiteten Texte im Kurs (Vorlesen, Plakat etc.).

1.2 Mit Informationen umgehen

Zum Schreiben eines Textes benötigen Sie häufig neue Informationen. Für die Beschaffung dieser Informationen stehen Ihnen viele verschiedene Quellen zur Verfügung – nicht nur das Internet. Bei der Vorbereitung Ihres Referats, Ihrer Präsentation, Ihres Vortrags oder Ihrer Facharbeit sollten Sie sich auf ein breites Quellenspektrum stützen. Je nach Informationsquelle ist allerdings ein unterschiedlich hoher Zeitaufwand einzuplanen.

Informationsquellen

- textgestützt
  - Internet (Quellen aller Art, verifizierbar und nicht verifizierbar)
  - Bücher (Bibliotheken, Archive etc.)
  - Zeitschriften (Bibliotheken, Archive etc.)
  - Zeitungen (Bibliotheken, Archive etc.)
  - andere schriftliche Dokumente (Archive etc.)
- recherchegestützt/investigativ
  - Interviewpartner/-in
  - Experte/Expertin
  - Umfrageprobanden
  - eigene Beobachtungen

Informationen beschaffen, Quellen prüfen und auswerten

1 Für ein Fachreferat zum Thema „Veränderungen in der Arbeitswelt durch die fortschreitende Digitalisierung" suchen Sie in Partnerarbeit nach Informationen. Führen Sie zunächst eine Internetrecherche durch (▶ Methode unten). Benutzen Sie verschiedene Suchmaschinen und vergleichen Sie die Ergebnisse (Trefferzahl, Sortierung, Qualität der gefundenen Seiten) mit Ihrer Partnerin / Ihrem Partner.

Methode **Planung einer Internetrecherche**

Leitfragen	Suchmöglichkeiten
Aus welchem Bereich möchte ich Informationen erhalten?	… evtl. spezialisierte Suchmaschine für diesen Bereich benutzen
Gibt es in dem Bereich, in dem ich suche, bestimmte Organisationen, die ich kenne?	… den Namen als Internetadresse eingeben
In welchem sprachlichen und/oder geografischen Raum möchte ich suchen?	… Suche nach Sprache und Raum einschränken (z. B. nur auf deutschen Seiten suchen)
Sind die Informationen von besonderer Art?	… Suche in speziellen Foren

- Grenzen Sie Ihre Themenstellung ein und sammeln Sie mithilfe geeigneter Methoden (Brainstorming, Mindmap) möglichst viele Suchbegriffe (auch Synonyme).
- Kombinieren Sie mehrere Suchbegriffe oder schließen Sie bestimmte Begriffe aus. Die Suchmaschinen geben Ihnen nähere Informationen, wie Sie vorgehen müssen (unter Links wie „erweiterte Suche", „Profisuche" o. Ä.).
- Schauen Sie sich nicht nur die ersten Treffer an, auch niederrangige Treffer können helfen.

2 Die meisten Bibliotheken verfügen über einen Online-Katalog (OPAC, Online Public Access Catalogue). Suchen Sie online nach Büchern sowie Zeitschriften- und Zeitungsartikeln zu Ihrem Thema.

3 Wählen Sie drei der gefundenen Quellen aus und kontrollieren Sie deren Qualität. Orientieren Sie sich an der Methode unten. Nutzen Sie auch die Checkliste zur Seriosität von Internetquellen (▶ S. 360), um die Quellen zu bewerten.

Methode **Einschätzung und Bewertung von Print- und Internetquellen**

Folgende Hinweise helfen, die Zuverlässigkeit von Quellen und Informationen einzuschätzen:

- **Mehrfach belegt:** Eine Information ist in der Regel umso zuverlässiger, je mehr Belege aus unterschiedlichen Quellen für sie existieren.
- In **Behörden, Verlagen** und **Medienhäusern** überprüfen in der Regel Lektorate und Redaktionen die Richtigkeit der veröffentlichten Informationen (Print oder Online). Deshalb sind Informationen aus diesen Quellen meist verlässlich. Bei der Internet-Enzyklopädie **Wikipedia** beruht die inhaltliche Qualitätssicherung auf der Erwartung, dass sich die freiwillig beitragenden Teilnehmer gegenseitig kontrollieren und ihre Fehler zügig gegenseitig berichtigen.
- **Experten** für ein bestimmtes Fachgebiet sind meist vertrauenswürdige Quellen. Man erkennt sie daran, dass sie zu ihrem Gebiet oft eine **Vielzahl von Veröffentlichungen** – gedruckt oder online – vorweisen können. Zudem werden Experten häufig von anderen Experten zitiert und als Quelle angegeben. Seiten von Universitäten bieten zuverlässiges Expertenwissen.
- Bei **Kommentaren, Einschätzungen** und **Satiren** gilt die Meinungs- und Kunstfreiheit. Hier geht es nicht um korrekte Fakten.

Grundsätzlich gilt speziell für den Online-Bereich: Es gibt viele wertvolle Informationen, aber auch fragwürdige oder falsche Darstellungen. Dies betrifft z. B. Veröffentlichungen in Blogs, Foren und sozialen Netzwerken, aber auch in Hausaufgabenportalen. Bei derartigen Inhalten ist daher stets Vorsicht geboten.

4 Halten Sie zu jedem der von Ihnen gefundenen Texte die Quellenangaben schriftlich fest und machen Sie sich Notizen zum Inhalt. Nutzen Sie z. B. Quellenprotokolle der folgenden Art:

Quellenprotokoll

Bibliografische Angaben	**Notizen**
■ Rinne, Ulf / Zimmermann, Klaus F.: Die digitale Arbeitswelt von heute und morgen. In: APuZ 18–19/2016, S. 3–9	*Neue Risiken und Chancen der zukünftigen Erwerbsgesellschaft; Wandel von Produktionsfaktoren, Berufen und Erwerbsformen*
■ Arntz, Melanie / Gregory, Terry / Zierahn, Ulrich: Digitalisierung und die Zukunft der Arbeit: Makroökonomische Auswirkungen auf Beschäftigung, Arbeitslosigkeit und Löhne von morgen. In: http://ftp.zew.de/pub/zew-docs/gutachten/DigitalisierungundZukunftderArbeit2018.pdf [17.07.2019]	*Studie des Zentrums für Europäische Wirtschaftsforschung zu den Auswirkungen des technologischen Wandels; Ergebnis u. a.: wachsende Beschäftigungs- und Lohnungleichheit*

5 Arbeiten Sie die von Ihnen zusammengetragenen Texte kritisch durch:

a Nutzen Sie die Strategie des aktiven Lesens (▶ Methode, S. 70 f.).

b Notieren Sie inhaltliche Beziehungen (Thesen und Gegenthesen) zwischen den Texten.
c Ergänzen Sie Ihr Textstudium durch eigene Gedanken.
d Formulieren Sie gliedernde Überschriften, die Ihnen helfen, das gesamte Material zu ordnen.
Beispiel:
1. Risiken und Chancen der Digitalisierung
- *weniger technologieaffine Berufe sterben aus*
- *mehr Homeoffice-Arbeit*
- *Geringqualifizierte haben schlechte Chancen (Beispiele nennen!)*

...

Checkliste **Seriosität von Internetquellen**

- Ist der Verfasser / die Verfasserin der Informationen namentlich genannt? Ist ein Impressum mit Ansprechpartner, Postanschrift und Mailkontakt vorhanden?
- Ist der Verfasser / die Verfasserin ein Experte oder eine Expertin für ein Sachgebiet bzw. handelt es sich um die Internetseite einer Organisation, die über Spezialwissen verfügt?
- Dient die Darstellung der Information, ohne dass weitere Absichten verfolgt werden (Verkauf von Produkten bzw. politische, persönliche, religiöse Beeinflussung der Leser/-innen)?
- Werden die Texte und Bilder durch seriöse Quellenangaben belegt?
- Können die Informationen auf anderen Seiten / mit anderen Medien überprüft werden?
- Ist die Internetseite themen- und adressatengerecht?
- Werden die Informationen objektiv dargestellt?
- Sind die Sachinformationen detailliert?
- Stehen die relevanten Themen im Zentrum der Internetseite und werden entsprechend umfassend und übersichtlich dargestellt?
- Ist die Homepage auf einem aktuellen Stand?
- Sind die Literaturangaben neueren Datums?
- Stimmen Grammatik, Orthografie und Zeichensetzung?

Zitieren und Paraphrasieren

Wenn Sie etwas, das ein anderer gesagt oder geschrieben hat, in Ihren Text übernehmen, müssen Sie es entweder als Zitat kennzeichnen oder in Form einer Paraphrase (Umschreibung, sinngemäße Übernahme; ▶ Information, S. 332) einfügen. Beim Zitieren sind bestimmte Regeln zu beachten (▶ Information, S. 361). Ein Zitat muss stets seiner Quelle zugeordnet werden können. Aus diesem Grunde sollten Sie in den laufenden Text kurze Quellenangaben einfügen. Die ausführliche Quellenangabe befindet sich am Ende eines wissenschaftlichen Textes im Literaturverzeichnis. Orientieren Sie sich bei der Quellenangabe an der Information im Kasten unten.

Information **Quellenangaben machen**

- Quellenangaben stehen nach einem Zitat, am Ende eines Gedankenganges oder am Abschnittsende.
- Die Quellenangaben in einem Text sollten einheitlich gestaltet sein, das gilt sowohl für Kurzangaben im laufenden Text als auch für die ausführliche Angabe im Literaturverzeichnis.

- Anhand der Quellenangaben muss die genaue Fundstelle im zugrunde liegenden Text klar zu identifizieren sein.
- Kurzangaben bestehen aus dem Namen des Autors bzw. der Autoren, dem Erscheinungsjahr und einer Seitenangabe. Anhand der Kurzangaben müssen die vollständigen bibliografischen Angaben im Literaturverzeichnis zu finden sein. Beispiel: *Rinne/Zimmermann, 2016, S. 3–9.*

1 Ordnen Sie den Zitaten in der linken Spalte die passenden Regeln zu.

Zitatbeispiele	Regeln des Zitierens
(a) „Rationalisierungsmaßnahmen haben bislang in erster Linie Beschäftigte mit geringer bis mittlerer Qualifikation betroffen" (Rinne/Zimmermann, 2016, S. 6).	**I** Zitate, die in einen eigenen Satz eingefügt werden, müssen evtl. grammatisch angepasst werden. Veränderungen sind in eckigen Klammern anzuzeigen.
(b) Nachweislich beträgt der „Anteil [der digitalen Wirtschaft] an der gewerblichen Wertschöpfung [...] 4,6 Prozent", womit sie „fast gleichauf [liegt] mit dem Fahrzeugbau und vor dem Maschinenbau" (ebd., S. 3).	**II** Vollständig zitierte Sätze werden allein gestellt und durch einen Doppelpunkt abgetrennt. Werden in solchen Zitaten Wörter ausgelassen, ist das durch drei Punkte in eckigen Klammern zu kennzeichnen.
(c) Ulf Rinne und Klaus F. Zimmermann erklären, unsere Arbeitswelt werde „vielschichtiger und informeller" (ebd., S. 7).	**III** Zitate werden am Anfang und am Ende durch Anführungszeichen kenntlich gemacht. Nach einem Zitat wird am Ende des Satzes oder Abschnitts in einer Klammer die Quelle in Kurzform angegeben.
(d) Rinne und Zimmermann ziehen folgendes Fazit: „Die Erwerbsgesellschaft der Zukunft bietet [...] auch neue Chancen und vielfältige Potenziale."	**IV** Kurze Zitate werden in einen selbst formulierten Satz integriert. Wird eine Quelle wiederholt, kann der Kurztitel durch „ebd." ersetzt werden.

Tipp: Die vollständige Quelle ist in der Bibliografie (▶ S. 363) anzugeben. Sie können aber auch hinter das Zitat eine hochgestellte Zahl einfügen und die Quelle in einer Fußnote vermerken.

Information **Richtiges Zitieren**

- Zitate sind wörtliche Übernahmen eines Wortes, mehrerer Wörter, ganzer Sätze oder Abschnitte. Wortlaut und Rechtschreibung dürfen dabei nicht verändert werden.
- Zitate werden am Anfang und Ende durch **Anführungszeichen** kenntlich gemacht.
- Bei Sachtextanalysen und literarischen Interpretationen folgt nach jedem Zitat die **Zeilen- oder Versangabe** in runden Klammern.
- **Auslassungen** werden durch drei Punkte in eckigen Klammern kenntlich gemacht: [...]
- Zitiert man einen Text, in dem sich wiederum ein Zitat oder wörtliche Rede befindet, wird dies durch **eingestrichene Anführungszeichen** kenntlich gemacht, z. B.: *„So warnte bereits in den 1930er-Jahren der Ökonom John Maynard Keynes vor ‚technologischer Arbeitslosigkeit'."*
- Zitate, die in den eigenen Satzbau integriert sind, werden **grammatisch angepasst,** wobei die **Veränderungen in eckigen Klammern** kenntlich zu machen sind.

2 Zitieren Sie aus den von Ihnen gefundenen Texten und integrieren Sie die Zitate in eigene Sätze. Überprüfen Sie die Sätze anhand der Checkliste „Zu vermeidende Fehler beim Zitieren".
Beispiel: *Der Ansicht der Autoren, dass „Vorsicht bei der Einschätzung der Geschwindigkeit von Änderungen unseres Lebensalltags" (ebd., S. 3) geboten sei, kann nicht widersprochen werden.*

Checkliste **Zu vermeidende Fehler beim Zitieren**

- **Verfälschung:** Durch Herauslösung einzelner Begriffe oder Schlagwörter aus dem Zusammenhang besteht die Gefahr der Veränderung der ursprünglichen Aussage. Das Zitat muss auch außerhalb seines originalen Kontextes seinen Sinn bewahren.
- **Nicht korrekte Grammatik:** Das in den eigenen Text eingefügte Zitat passt nicht in den Satzzusammenhang. Zitate und eigener Fließtext sollten stets richtige Sätze ergeben.
- **Fehlende Kommentierung:** (Lange) Zitate werden nicht ausführlich kommentiert. Zitate können nicht die eigene gedankliche Leistung ersetzen.
- **Unnötiges Zitieren:** Eher selbstverständliche bzw. nebensächliche Aussagen brauchen in der Regel nicht zitiert zu werden. Zitate sollten die Kernaussagen des Textes beinhalten.

3 Anstelle von Zitaten können Sie Fremdpositionen auch in Form einer Paraphrase (Umschreibung, sinngemäße Übernahme; ▶ Information, S. 332) in Ihren Text einfügen. Wählen Sie drei Zitate aus den von Ihnen zusammengetragenen Texten aus und paraphrasieren Sie sie durch den Konjunktiv der indirekten Rede.
Beispiel:
Die Autoren erklären, Rationalisierungsmaßnahmen hätten in erster Linie bislang Beschäftigte mit geringer bis mittlerer Qualifikation betroffen (vgl. Rinne/Zimmermann: Die digitale Arbeitswelt, S. 6).

4 Untersuchen Sie die Funktion einiger Fußnoten in diesem Buch, z. B. auf den Seiten 26, 74 und 93.

5 Wählen Sie einen Sachtext aus dem Kapitel B2 (▶ S. 74–95) und fassen Sie die Fremdpositionen mithilfe von Zitaten und Paraphrasen zusammen. Überprüfen Sie Ihre Zusammenfassungen in Partnerarbeit anhand der Checkliste unten.

Information **Fußnoten**

Eine Fußnote ist eine Anmerkung, Bemerkung, Quellenangabe oder weiterführende Erklärung zu einem Text oder Bild. Sie wird aus dem Fluss des Textes ausgelagert. Dies gestaltet den Text leichter lesbar. Die hochgestellte Ziffer steht, wenn die Fußnote nur auf ein Wort bzw. eine Wortgruppe Bezug nimmt, direkt hinter dem letzten Bezugswort (und damit vor einem eventuell folgenden Satzzeichen). Bezieht sich die Fußnote auf einen durch Satzzeichen (z. B. Punkt, Komma oder Semikolon) eingeschlossenen Satzteil oder einen ganzen Satz, so steht die hochgestellte Ziffer stets nach dem letzten Satzzeichen. Diese Ziffer wird vor der eigentlichen Fußnote wiederholt. Der Text in der Fußnote wird kleiner gesetzt.

Checkliste **Texte wiedergeben**

- Sind die Aussagen der Autorin / des Autors sinngemäß richtig wiedergegeben?
- Sind Gedankenübernahmen sprachlich gekennzeichnet, z. B. durch den Konjunktiv der indirekten Rede oder Formulierungen wie „Der Autor ist der Meinung, dass …"?
- Wird auf die Quelle verwiesen (z. B.: *vgl. Statistisches Bundesamt, November 2018*)?

Bibliografieren – Quellen vollständig angeben

Zum wissenschaftlichen Arbeiten gehört der Nachweis der von Ihnen verwendeten Quellen in Form einer nach Nachnamen alphabetisch sortierten Bibliografie (Literaturverzeichnis). Damit stellen Sie zum einen wichtige Literatur zum Thema zusammen und zum anderen bieten Sie die Möglichkeit, dass Ihre Zitate und Textverweise überprüft werden können. Innerhalb der Bibliografie sollte man Primärliteratur (z. B. Texte von Annette von Droste-Hülshoff) und Sekundärliteratur (z. B. Texte über Annette von Droste-Hülshoff) sowie verschiedene Quellentypen (▶ Information) unterscheiden.

1 Untersuchen Sie die Literaturverzeichnisse in verschiedenen Ihnen zugänglichen wissenschaftlichen Büchern: Wie werden Fundstellen in Büchern, Zeitschriften etc. angegeben?

2 Überlegen Sie gemeinsam in der Klasse: Wird in den von Ihnen untersuchten Literaturverzeichnissen nachvollziehbar und korrekt bibliografiert? Ziehen Sie auch den Informationskasten „Korrekt bibliografieren“ zurate.

Information **Korrekt bibliografieren**

Im Literaturverzeichnis müssen alle verwendeten Quellen vollständig angegeben werden. Oft ist es üblich, nach Quellentypen (z. B. Primärliteratur – Sekundärliteratur, Fachbuch, Fachbuch mit Herausgeber, Zeitschriftenartikel, Zeitungstext, Internetquelle) zu sortieren und innerhalb dieser alphabetisch zu ordnen. Auch für Literaturverzeichnisse gibt es keine einheitlichen Regelungen, wichtig ist, dass eine einmal gewählte Systematik eingehalten wird. Erkundigen Sie sich ggf. bei Ihren Fachlehrern, ob an Ihrer Schule eine bestimmte Systematik gewünscht ist.

- **Fachbuch:** Name, Vorname: Titel des Werks. Untertitel des Werks. Ort: Verlag Jahr, ggf. Auflage. Bei bis zu drei Autoren werden alle genannt: Name, Vorname / Name, Vorname / Name, Vorname: … Bei mehr als drei Autoren wird nur der erste genannt; der Zusatz „u. a.“ verdeutlicht, dass weitere Autoren beteiligt sind: Name, Vorname u. a.: …
  Beispiel: *Ehlers, Michael: Rhetorik. Die Kunst der Rede im digitalen Zeitalter. Kulmbach: Börsenmedien 2018.*
- **Fachbuch mit Herausgeber:** Name, Vorname: Titel des Werks. Untertitel des Werks. Hrsg. v. Vorname Name. Ort: Verlag Jahr, ggf. Auflage.
  Beispiel: *Schulz von Thun, Friedemann / Ruppel, Johannes / Stratmann, Roswitha: Miteinander reden: Kommunikationspsychologie für Führungskräfte. Hrsg. v. Friedemann Schulz von Thun. Hamburg: Rowohlt Taschenbuch Verlag 2017, 18. Auflage.*
- **Zeitschrift:** Name des Verfassers, Vorname: Titel des Aufsatzes. Aus: Name der Zeitschrift. Jahrgang, Erscheinungsjahr, Heftnummer, Seitenangabe.
  Beispiel: *Rinne, Ulf / Zimmermann, Klaus F.: Die digitale Arbeitswelt von heute und morgen. Aus: APuZ – Aus Politik und Zeitgeschichte. 66. Jahrgang, 2016, Heft 18–19, S. 3–9.*
- **Zeitung:** Name des Verfassers, Vorname: Titel des Aufsatzes. Aus: Name der Zeitung. Erscheinungsdatum des Artikels, Seitenangabe.
  Beispiel: *Vollmuth, Hannes: Macht Platz. Süddeutsche Zeitung, 06./07. 04. 2019, S. 3.*
- **Internet:** Name des Verfassers / des für die Website Verantwortlichen, Vorname: Dateititel, Angabe der vollständigen Webadresse mit allen Links [Datum des Abrufs].
  Beispiel: *Lamparter, Dietmar H.: „Wir können die Dinge in der Hand behalten“. Aus: Zeit online, 09. 01. 2019, https://www.zeit.de/2019/03/armin-grunwald-digitalisierung-herausforderung-buch-der-unterlegene-mensch [16. 05. 2019].*

1.3 Berufliches Schreiben

Geschäftsbriefe

1 Welche Arten von geschäftlicher Korrespondenz haben Sie selbst schon einmal verfasst? Woran haben Sie sich dabei orientiert?

2 Welche Erwartungen stellen Sie an die Form und den Inhalt eines Geschäftsbriefs? Was würden Sie als unangemessen empfinden? Sammeln Sie positive und negative Beispiele für Form und Inhalt eines Geschäftsbriefs, indem Sie ein Brainwriting (▶ Methode) in der Gruppe durchführen.

3 Formal hat die Absenderin des Geschäftsbriefs auf der folgenden Seite die DIN-Norm 5008 für Geschäftsbriefe eingehalten. Legen Sie mithilfe der Vorlage und der Methode unten eine Checkliste für Geschäftsbriefe an.

Checkliste für einen Geschäftsbrief

- *Absenderadresse, beginnend in der 5. Zeile, im Block schreiben, ggf. mit Telefonnummer*
- *Empfängeradresse, beginnend in der 16. Zeile, im Block schreiben*
- …

Methode **Brainwriting**

Diese Methode ähnelt dem **Brainstorming** (▶ Methode, S. 189), jedoch schreiben Sie Ihre Ideen hier spontan und unkommentiert auf ein Blatt Papier, statt sie lediglich zu nennen. Beachten Sie unbedingt, dass Sie keine Selbstzensur Ihrer Gedanken ausüben, sondern tatsächlich alles, was Ihnen spontan einfällt, auch notieren.

Methode **Geschäftsbrief**

Für Geschäftsbriefe gilt die DIN-Norm 5008, die die formale Gestaltung von geschäftlichen Briefen regelt (▶ Brief, S. 365). Die Briefe müssen neben den formalen noch weitere Kriterien erfüllen. Sie sollten

- **optisch übersichtlich und ansprechend** sein, d. h., dass bereits beim ersten Überfliegen die wesentlichen Inhalte erfassbar sein sollten, z. B. durch eine gut leserliche, einheitliche Schriftart, Hervorhebungen;
- **gut gegliedert** sein, d. h., jeder neue Gedanke gehört in einen eigenen Absatz, die Absätze werden durch passende Überleitungen miteinander verbunden;
- **klar und deutlich formuliert** sein, und zwar durch kurze, prägnante Sätze;
- **höflich und adressatenorientiert** geschrieben sein;
- in **Grammatik, Rechtschreibung und Zeichensetzung fehlerfrei** sein.

4 Bewerten Sie den Inhalt, die sprachliche Gestaltung und den Stil des Geschäftsbriefs. Ist das Anliegen klar verständlich? Ist der Sprachstil stets höflich und angemessen?

Michaela Hansmann 24. 05. 20xx
Peterstraße 3
77789 Großkleinstadt
Tel.: +49 8421 6899769

Arche Elektronik-Handels-GmbH
Hans Klein
Jagdstraße 250
55116 Mainz

Reklamation eines defekten Notebooks der Marke xyz, Typ abc

Sehr geehrter Herr Klein,

auf meine schriftliche Bestellung vom 17. Mai hin erhielt ich am 22. Mai per Post von Ihnen ein Notebook der Marke xyz, Typ abc. Leider ist bei diesem Gerät die Kunststoffummantelung stark beschädigt. In diesem Zustand ist das Gerät nicht zu verwenden und ich schicke es deshalb an Sie zurück.

Bitte senden Sie mir schnellstmöglich ein Notebook gleichen Fabrikats in einwandfreiem Zustand zu. Über eine zügige Erledigung würde ich mich freuen.

Mit freundlichen Grüßen

M. Hansmann

Anlage
1 defektes Notebook der Marke xyz, Typ abc

1 Benennen Sie die Teile des Briefes unten, aus denen Sie entnehmen, dass der Kunde bisher überwiegend pünktlich gezahlt hat.

> Sehr geehrter Herr Menger,
>
> im Rahmen unseres Forderungsmanagements ist uns aufgefallen, dass Sie unsere Rechnung vom 10. Mai über Euro 1.400,00 bis heute noch nicht beglichen haben.
>
> Dies ist sicher Ihrer Aufmerksamkeit entgangen und wir bitten Sie, den Rechnungsbetrag in den nächsten Tagen zu überweisen.
>
> Falls Sie den Rechnungsbetrag inzwischen überwiesen haben, betrachten Sie dieses Schreiben als gegenstandslos.
>
> Mit freundlichen Grüßen

2 Schreiben Sie einen Brief, in dem ein Kunde aufgefordert wird, eine Rechnungssumme zu bezahlen. Orientieren Sie sich an einer der folgenden Informationen und verfassen Sie ein Mahnschreiben der ersten, zweiten oder dritten Stufe:

- *Unsere Rechnung ist noch nicht beglichen. Wir haben die Rechnungsdaten nochmals angegeben. Der Kunde wird gebeten, unsere Angaben zu prüfen und die Rechnungssumme bis zum 30. 06. 20xx zu bezahlen.*
- *Trotz unserer ersten Mahnung vom 15. 06. 20xx ist bis zum 30. 06. 20xx keine Zahlung zum Ausgleich unserer Rechnung Nr. … über Euro 1.400,00 eingegangen. Wir bestehen auf umgehender Zahlung. Weitere Lieferungen sind vom Rechnungsausgleich abhängig.*
- *Auch auf die zweite Mahnung hat der Kunde nicht reagiert und die überfällige Rechnung noch immer nicht beglichen. Wir fordern ihn ein letztes Mal auf, die Rechnungssumme einschließlich Verzugszinsen und Mahngebühren bis zum 25. 07. 20xx zu überweisen. Wenn die Zahlung nicht zum angegebenen Termin eingeht, wird der Rechtsweg genutzt.*

3 Arbeiten Sie in Partnerarbeit. Verfassen Sie Geschäftsbriefe aus folgenden Anlässen:
- Sie reklamieren ein falsch geliefertes Mobiltelefon. Der Fehler lag offensichtlich in der Verwechslung zweier Zahlen in der Bestellnummer.
- Sie sind in Vorkasse getreten und haben das online bestellte Smartphone nach 14 Tagen immer noch nicht erhalten.

a Erstellen Sie einen Schreibplan (▶ Methode, S. 353) für den Geschäftsbrief. Nutzen Sie das Briefmuster (▶ S. 365) und beachten Sie die Hinweise in der Methode (▶ S. 364).
b Schreiben Sie zuerst einen Entwurf des Briefes.
c Korrigieren Sie im Anschluss diesen Entwurf. Ziehen Sie dabei Ihre selbst erstellte Checkliste für einen Geschäftsbrief (▶ S. 364) zurate sowie den Methodenkasten „Geschäftsbrief" (▶ S. 364). Schreiben Sie dann die endgültige Version.

4 Wählen Sie für weitere Briefe Anlässe aus dem privaten Bereich (z. B. Anforderung von Informationsmaterial, Kündigung einer Mitgliedschaft) oder aus dem beruflichen Bereich (z. B. Mängelrüge). Verfassen Sie einen Brieftext und achten Sie auf das Einhalten der Form. Diskutieren und überarbeiten Sie Ihre Texte in einer Schreibkonferenz (▶ Methode, S. 357).

Geschäftliche E-Mails

Von: info@example.com
An: henriette.zimmer@example.com
Betreff: Ihre Bestellung 12345678 vom 09.09.20xx

Sehr geehrte Frau Zimmer,
wir nehmen Bezug auf o.g. Auftrag.

Leider müssen wir Ihnen mitteilen, dass für die von Ihnen bestellten Drehstühle (Art. Nr. 67676) ein unerwarteter Lieferverzug seitens des Herstellers besteht. Nach Auskunft des Herstellers werden die Stühle voraussichtlich Ende nächster Woche wieder lieferbar sein.
Die hierdurch entstandene Verzögerung und die daraus resultierenden Unannehmlichkeiten bitten wir zu entschuldigen.
Selbstverständlich haben Sie die Möglichkeit, auf die von Ihnen bestellten Drehstühle zu warten oder von dieser Auftragsposition zurückzutreten.
Wir sind jedoch aufgrund unserer langjährigen Geschäftsbeziehungen davon überzeugt, dass Sie unserem Hause nicht nur wegen der äußerst günstigen Konditionen gewogen bleiben.

Für Rückfragen stehe ich Ihnen gerne zur Verfügung.

Mit freundlichen Grüßen

Gabriele Tau

Kundenservice
Alles für Ihr Büro
Lieferstraße 22
12345 Lieferstadt
Tel.: +49 621 39158707
www.ihrbuero/example.com

1 Bewerten Sie den Inhalt, die sprachliche Gestaltung und den Stil der E-Mail bezüglich eines Lieferverzugs. Ist das Anliegen klar verständlich? Ist der Sprachstil höflich und angemessen?

2 Sie sind kaufmännische Mitarbeiterin / kaufmännischer Mitarbeiter in einem Büro und müssen geschäftliche E-Mails im Namen Ihres Chefs schreiben. Von Ihrem Chef erhalten Sie nur die wenigen unten aufgeführten Informationen als Grundlage. Arbeiten Sie in Partnerarbeit und beraten Sie sich mit Ihren Partnern, wie Sie am besten formulieren. Notieren Sie Ihr Ergebnis.
- Ein Ausbildungsvertrag soll zur Unterschrift verschickt werden.
- Ein Kollege soll zu einer Fortbildungsveranstaltung angemeldet werden.
- Ein neuer Kunde soll Antwort auf seine Preisanfrage erhalten.
- Sie sollen eine Bestellung bei einem bekannten Lieferanten in Auftrag geben. Ihr Chef möchte die hohen Rabatte noch erhalten, obwohl die zeitlichen Fristen dafür bereits überschritten sind.

3 Recherchieren Sie im Internet und klären Sie folgende Frage: Ist ein per E-Mail gesendeter Vertrag mit einer Unterschrift in jedem Fall rechtsgültig? Erläutern Sie Ihre Antwort.

4 Formulieren Sie Gebrauchsanweisungen für geschäftliche E-Mails in Form von Dos- und Don'ts-Listen. Nutzen Sie dafür auch die Informationen im Kasten „E-Mail" (▶ S. 368).

5 Recherchieren Sie im Internet unter dem Stichwort „Netiquette" weitere Empfehlungen für den Schriftverkehr im Internet. Fügen Sie die Empfehlungen Ihrer Liste aus Aufgabe 4 hinzu.

Information **E-Mail**

Viele Geschäftsbriefe werden per **E-Mail** versandt. Sie erreichen die Geschäftspartner/-innen sehr schnell, können sofort beantwortet werden und beschleunigen somit die geschäftlichen Vorgänge im Vergleich zur Briefpost enorm. Ebenso wie bei Geschäftsbriefen gilt bei geschäftlichen E-Mails die DIN-Norm 5008. Stil und Sprache müssen wie in einem Geschäftsbrief verwendet werden.
Bei geschäftlichen E-Mails ist in den meisten Fällen die **förmliche Anrede** „Sehr geehrte/-r …" die richtige Wahl. Für eine schriftliche Antwort gilt allerdings: Wie man angeschrieben wird, darf man zurückschreiben. Legere Abkürzungen wie „MfG" statt „Mit freundlichen Grüßen" oder „asap" für „as soon as possible" sind in elektronischer Geschäftspost zu vermeiden. Auf Emojis, Smileys oder Emoticons sollte man in der Geschäftspost, wenn man den Empfänger nicht persönlich kennt, zumindest aber zu Beginn einer Korrespondenz, unbedingt verzichten.

Gegenstands- und Vorgangsbeschreibung

Der Touchscreen auf Smartphones oder Tablets ist längst gängige Technik – doch wie funktioniert er eigentlich?
Der kapazitive Touchscreen ist der am häufigsten gebrauchte Touchscreen. Er wird in fast allen modernen mobilen Smartgeräten verwendet und besteht aus zwei Glasplatten. Ein halbleitender Stoff, das Indiumzinnoxid (ITO), liegt in Bahnen zwischen und unter diesen Platten. Die Bahnen bilden ein Raster, an das eine Wechselspannung angelegt werden kann.
Durch Antippen mit einem leitenden Objekt, z. B. dem eigenen Finger, verändert sich an der jeweiligen Stelle die Spannung. Ein Chip erfasst die Spannungsänderung und ermittelt die exakten Koordinaten des Kontaktpunktes.
Manche Systeme können mehrere gleichzeitige Berührungen zu Befehlen verarbeiten (Multi-Touch), um z. B. angezeigte Elemente zu drehen oder zu skalieren.

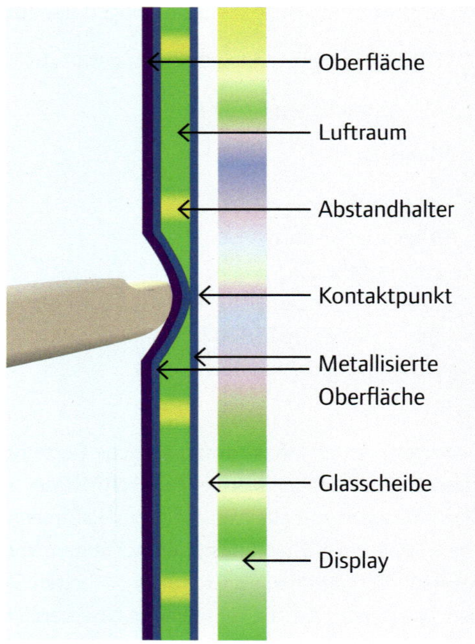

1 a In welchen Textteilen der Beschreibung findet sich die Gegenstandsbeschreibung, in welchen die Vorgangsbeschreibung? Legen Sie eine Folie über den Text und markieren Sie die jeweiligen Textteile mit zwei verschiedenen Farben. Beschreiben Sie den Aufbau des Textes und beurteilen Sie begründet, ob er gelungen ist.

b Erläutern Sie, weshalb die beiden Beschreibungsarten kombiniert werden.

2 Bewerten Sie die Beschreibung des Touchscreens: Ist sie verständlich? Sind die Tätigkeiten eindeutig nachvollziehbar dargestellt? Ist die Abbildung hilfreich?

3 Welche besonderen sprachlichen Merkmale kennzeichnen die Beschreibung? Beachten Sie dabei Satzbau, Wortwahl, Zeitform.

4 Verfassen Sie eine kombinierte Gegenstands- und Vorgangsbeschreibung: Beschreiben Sie, wie man mit Ihrem Smartphone fotografiert, Bilder bearbeitet und über Messenger-Dienste verschickt. Lassen Sie eine Partnerin oder einen Partner die Beschreibung nachvollziehen.

Methode **Gegenstands- und Vorgangsbeschreibung**

Gegenstandsbeschreibungen finden sich häufig in Bedienungsanleitungen, Werbeprospekten sowie Testberichten. Sie sollen der Leserin / dem Leser eine sachgerechte Bedienung ermöglichen bzw. eine konkrete Vorstellung vom Gegenstand vermitteln. Die Gegenstands- und Vorgangsbeschreibung erfordert daher eine möglichst große Genauigkeit. Meist wird zusätzlich eine Zeichnung oder ein Foto mit Beschriftung der einzelnen Teile und Funktionen abgebildet.
Aufbau: Vom Einzelnen zum Ganzen und umgekehrt.
Sprache: Sachbezogene Nomen (Substantive), Fachbegriffe, konkrete Verben, anschauliche und erklärende Adjektive.
Zeitform: Präsens als Ausdruck der Allgemeingültigkeit.

Mitschrift und Protokoll

Dhala Rosado: **10 Gründe, warum wir mehr mit der Hand schreiben sollten** (2019)

[…] Ein Plädoyer für mehr Handschrift und eine Liebeserklärung an Stift und Papier – denn es gibt gute Gründe, den Stift in die Hand zu nehmen:

1. Ihr spart Zeit

Klingt erst mal unlogisch, weil die meisten mit der Tastatur schneller schreiben – vor allem, weil sie in Sachen Handschrift aus der Übung sind. Trotzdem hat eine Studie an der University of Washington gezeigt, dass Kinder mit Stift und Zettel mehr Text in kürzerer Zeit aufschreiben können als mit einer Tastatur.
Jetzt kann man natürlich einwenden, dass Kinder im Benutzen einer Tastatur ungeübt sind – doch das sind sie im Benutzen eines Stifts auch. Die Forscher gehen davon aus, dass ihre Ergebnisse auf Erwachsene übertragbar sind. […]

2. Worte werden bewusster gewählt

Wer etwas handschriftlich aufschreiben will, muss sich vor dem Schreiben genau überlegen, was er festhalten will. Immerhin kann nichts gelöscht oder ausgetauscht werden. Mit der Hand schreibt ihr also durchdachter und effizienter.

3. Ihr seid kreativer

Die Konzentration auf den Inhalt hat einen weiteren Vorteil: Man kann bildhafter schreiben. Die Studie aus Washington zeigt, dass mit dem Stift aufgeschriebene Geschichten kreativer verfasst sind als Geschichten, die am Computer getippt werden.
Der Stift wirkt wie eine direkte Verlängerung des Gehirns, unsere Fantasie und unsere Vorstellungskraft werden verstärkt. Genau aus diesem Grund schreiben viele Schriftsteller ihre ersten Entwürfe für einen neuen Text mit der Hand auf.

4. Ihr lernt besser

Egal, wie lange eure letzte Prüfung her ist – die wenigsten von uns haben direkt aus dem Buch gelernt, oder? Für gewöhnlich macht man sich Notizen. Tatsächlich empfiehlt es sich, diese Notizen von Hand zu schreiben. Denn auch hier ist das Tipptempo ein Problem: Die meisten tippen schneller, als sie denken können. Während des Schreibens bleibt also weniger hängen.

Formuliert ihr eure Lerninhalte handschriftlich, haben sie genug Zeit, sich ins Hirn einzubrennen.

Oft reicht es dann, die Notizen kurz vor der Prüfung noch mal durchzulesen.

5. Handschrift ist chaotisch

Auf der Tastatur sieht jedes A gleich aus – mit der Hand geschrieben nicht. Unordnung kann sich das Gehirn besser merken. Also: Schämt euch nie wieder für euer Gekritzel! Ein bisschen Chaos schadet nicht.

6. Eure Handschrift ist einzigartig

Irgendwie ist dieser Gedanke romantisch, oder? Unsere Kleidung, unsere Frisur, sogar unsere Nasenform und Augenfarbe können wir ändern – doch unsere eigene Handschrift nicht. Seid stolz darauf – sie ist so individuell wie ihr! Experten zählen die Handschrift sogar zur Körpersprache.

7. Es trainiert euer Gehirn

Das Gehirn denkt mit der Hand. Experimente haben gezeigt: Wer mit der Hand schreibt, aktiviert seine Feinmotorik – und damit die Hirnregionen fürs Denken sowie für Sprache und Erinnerungen. Die sind beim Tippen weitestgehend lahmgelegt.

8. Ihr erinnert euch leichter

Mit der Hand zu schreiben, ist aus den genannten Gründen also schlicht anstrengender, als zu tippen. Doch es kann zur besten Gedankenstütze werden: Ihr könnt euch nicht nur Lernnotizen besser einprägen, sondern auch Termine, Aufgaben und To-dos. Alles, was ihr mit einem Stift ins Papier ritzt, ritzt ihr gleichzeitig auch in eure Hirnwindungen.

9. Ihr versteht besser

Zudem prägt ihr euch die Inhalte nicht nur ein – ihr verinnerlicht sie tatsächlich. In dem Moment, in dem ihr zum Stift greift, „begreift“ ihr besser, was ihr aufschreibt. Das Greifen und Fühlen des Stifts visualisiert eure eigene Handschrift – und die vergisst man nicht so schnell. […]

10. Nur ein Wort: Liebesbriefe

Mal ehrlich: Eine Liebeserklärung zu bekommen, ist immer schön. Natürlich kann auch eine WhatsApp-Nachricht romantisch sein – aber ein echter Liebesbrief ist doch eine ganz andere Nummer, oder?

1 Die Autorin des Textes Dhala Rosado führt zahlreiche Gründe an, die dafür sprechen, mit der Hand zu schreiben. Teilen Sie die Auffassung der Autorin? Begründen Sie Ihre Meinung.
Tipp: Nutzen Sie die Brainwriting-Methode (▶ S. 364), um Ihre persönlichen Ideen zum Schreiben mit der Hand zu notieren.

2 Bei welchen Schreibanlässen bevorzugen Sie handgeschriebene bzw. am Computer geschriebene Texte? Tauschen Sie sich aus.

3 Führen Sie in Ihrer Lerngruppe zu der Frage, ob man Mitschriften (beispielsweise einer Unterrichtsstunde) mit der Hand schreiben sollte, ein Meinungsbarometer (▶ Methode, S. 371) durch. Achten Sie darauf, dass alle Teilnehmerinnen und Teilnehmer Gelegenheit bekommen, ihre Meinung zu begründen, nachdem sie sich im Raum positioniert haben.

Methode: Meinungsbarometer

Diese Methode ist geeignet, um das differenzierte Stimmungs- oder Meinungsbild einer Gruppe zu einem umstrittenen Thema räumlich darzustellen. Dazu wird der (Klassen-)Raum in zwei Hälften geteilt. Auf der einen Seite des Raumes wird z. B. ein Schild mit der Aufschrift „ja" aufgehängt, auf der gegenüberliegenden Seite ein Schild mit „nein". In der Mitte des Raumes wird ein Trennstrich gezogen (z. B. mit Klebeband). Die Gruppenmitglieder beziehen nun Position zu einer strittigen Frage oder Behauptung, indem sie sich – je nach Zustimmung oder Ablehnung – im Raum aufstellen. Der Trennstrich in der Mitte des Raumes markiert den Übergang von „ja" zu „nein". Mit dem Strich sind zugleich auch Haltungen wie „sowohl – als auch", „weder – noch" oder „ich weiß nicht" möglich. Wenn alle ihre Position gefunden haben, können die Teilnehmerinnen und Teilnehmer ihren eigenen Standpunkt begründen.

Methode: Mitschriften anfertigen

Regeln für die Gestaltung einer Mitschrift

- Notieren Sie am Anfang jeder Seite **Thema** und **Datum.**
- **Nummerieren** Sie die Einzelseiten.
- Arbeiten Sie mit **Symbolen,** z. B. mit Pfeilen, Frage- und Ausrufezeichen.
- **Differenzieren** Sie Ihre Notizen je **nach Wichtigkeit,** z. B. durch Kästen, Unterstreichungen, Druckschrift, Großbuchstaben.
- **Strukturieren** Sie das Geschriebene auch optisch, z. B. durch Abschnitte, Einrückungen, Unterstreichungen.
- Benutzen Sie **Abkürzungen.**

Regeln für den Inhalt einer Mitschrift

- Versuchen Sie **nicht, wörtlich** mitzuschreiben, sondern notieren Sie nur **stichwortartige Formulierungen,** z. B. Kurzsätze, Schlüsselwörter.
- Beschränken Sie sich auf die **wichtigsten Informationen,** z. B. Kernaussagen, Argumente, evtl. Zahlen, Daten, Definitionen.

Regeln für das Lernen mithilfe von Mitschriften

- **Bearbeiten** Sie die Notizen **so schnell wie möglich,** damit die Erinnerung noch frisch ist.
- **Sammeln** Sie Ihre Unterlagen in **Ordnern** oder **Dateien.**
- **Nutzen** Sie die Mitschriften als Grundlage **für die Vorbereitung,** z. B. einer Diskussion oder Präsentation.

Vorteile des Anfertigens von Mitschriften

- Das **Gedächtnis** wird **entlastet.**
- Es erfolgt eine **aktive Auseinandersetzung** mit dem Gehörten.
- Die Fähigkeit, **Wichtiges von Unwichtigem** zu unterscheiden, wird trainiert.
- **Mehrere Sinne** werden aktiviert.
- Die **Konzentration** wird **erleichtert.**
- Es entsteht eine **Grundlage für Wiederholungen** und weiterführende Auseinandersetzungen mit dem Thema.

Abschlussfeier der Klassen 12 FOS
(Besprechung der SV aus den Abschlussklassen FOS am 28. 02. 20xx)

Beschlüsse:

Verantwortlich für die Raumorganisation ist: Timo M.

Verantwortlich für die Absprache mit der SL ist: Hanna S.

Verantwortlich für die Technik (Beleuchtung, Sound, Verkabelung im Saal) ist: Josua T. → mit Hausmeister absprechen!

Verantwortlich für das Catering (Essen/Getränke) mit Preiskalkulation ist: Mehmet Ö. → Beauftragung eines Cateringunternehmens, Fingerfood, attr. drapiert + 2 Warmspeisen zur Auswahl, alkoholfreie Getränke (Wasser, Cola, Säfte); der günstigste Lieferant vor Ort mit den besten Bewertungen für dgl. Feiern soll genommen werden → Zahlungsbedingungen checken!

Wer bringt zusätzlich Essen mit? Eltern ansprechen!

Musik: Es spielt die Schulband „Green Directions" → Musikrichtungen abklären, nicht alle sind mit Heavy Metal einverstanden; danach DJ Bobby → Honorar?

DJ macht das ohne Honorar, hat Spaß dran

Verantwortlich für die Raumdeko: Pia S.

Noch offen: Reden? → Keine Rede des Dir.; es soll eine Schülerin / ein Schüler gefunden werden

Nächstes Treffen: am 07.03.20xx

- *Endgültige Beschlussfassung zu Caterer/Reden steht noch aus!*
- *Mit SL abklären, ob alkoholische Getränke (Bier, Wein) ausgeschenkt werden dürfen!*

1 Beurteilen Sie das Beispiel für eine Mitschrift unter Berücksichtigung der Methode von S. 371.
2 Stellen Sie für die Lerngruppe eine verbindliche Liste von Symbolen und Kürzeln zusammen.
3 Fertigen Sie von einem Vortrag, einem Film, einer Unterrichtsstunde arbeitsteilig Mitschriften in linearer Form bzw. in Mindmaps oder Diagrammen an. Vergleichen Sie die Ergebnisse. Stellen Sie Vor- und Nachteile von linearer Form und Mindmaps/Diagrammen zusammen.

Information **Protokolle**

Protokolle richten sich an andere, d. h., sie müssen die Informationen zu dem protokollierten Ereignis nachvollziehbar, verständlich und korrekt formuliert darbieten. In der Ausdrucksweise ist auf Sachlichkeit und Neutralität zu achten. Als Grundlage dienen Stichwortprotokolle, die nach denselben Regeln angefertigt werden wie eine Mitschrift. Je nach Verwendungszweck werden unterschiedliche Protokolle angefertigt:

Ergebnisprotokoll: Festhalten von Resultaten
Sie dienen der knappen Wiedergabe von Anträgen, Abstimmungsergebnissen oder Absprachen, etwa über die Verteilung von Aufgaben, und enthalten daher keine Informationen über den Verlauf von Diskussionen oder Beratungen. Eine chronologische Reihenfolge ist nicht zwingend.

Verlaufsprotokoll: Wiedergabe von Abläufen
Sie sind umfangreicher als ein Ergebnisprotokoll und orientieren sich am chronologischen Ablauf. Redebeiträge werden entweder in indirekter Rede („Herr Schmidt führt aus, er sei enttäuscht über die fehlende Unterstützung …“) oder in der Form des Redeberichts („Herr Schmidt äußert sich enttäuscht über die fehlende Unterstützung …“) wiedergegeben. Anträge werden wörtlich festgehalten.

Protokoll der SV-Sitzung am 22.09.20xx
Berufliche Schule Groß-Kleinau, SV-Raum 104
Anwesende: *Andrea Hilbert, Katja Lehmann, Marius Schubert, Volkan Öztürk, Sarah Stern*
entschuldigt: *Cedrik Thomaschek*
Leitung: *Katja Lehmann (Schulsprecherin)*
Protokollant: *Marius Schubert*
Zeit: *14.00 Uhr bis 15.30 Uhr*

Tagesordnung:
1. *Ausstattung eines digitalen Lernzentrums (LZ)*
2. *…*

TOP 1: Lizenzen Lernsoftware
Sarah Stern berichtet von ihrem Treffen mit der Schulleitung und dem LZ-Verantwortlichen, Herrn Gutmann. Nach Aussage von Herrn Gutmann werde es keine neue (dringend benötigte!) Lernsoftware für die Fächer Deutsch, Englisch und Mathe geben, sondern (nur!) die im Kreis schon angeschaffte Lernsoftware des Ministeriums, die auch den anderen beruflichen Schulen und der VHS für Abendkurse als Lizenz zur Verfügung steht. Diese sei in Teilen veraltet, aber für unsere Lernzwecke durchaus brauchbar. Wir sollen sie mit dem Schülerblickwinkel prüfen!
TOP 2: …

Groß-Kleinau, 22.09.20xx

____________________ ____________________

Katja Lehmann, Leitung *Marius Schubert, Protokoll*

1 Kommentieren Sie das Beispielprotokoll anhand des vermittelten Wissens über Protokolle.

2 **a** Verfassen Sie ein Protokoll (▶ Methode unten) zu der Mitschrift auf Seite 372.

b Schreiben Sie ein Ergebnis- und ein Verlaufsprotokoll zu einer weiteren Veranstaltung, z. B. Unterrichtsstunde, Teambesprechung etc. Vergleichen Sie die Protokolle nach ihrem Informationsgehalt.

Methode **Ein Protokoll anfertigen**

Ein Protokoll gliedert sich in drei Teile:
- Der **Kopf** enthält alle Rahmendaten: Ort, Datum, Zeit, Anlass, Leitung, Teilnehmende, Protokollantin/Protokollant, Verteiler.
- Der **Hauptteil** hält die Resultate fest bzw. gibt den Hergang wieder.
- Im **Schlussteil** wird angegeben, wann, wo und von wem das Protokoll erstellt wurde. Er enthält außerdem die Unterschriften der Protokollantin / des Protokollanten sowie der Leiterin / des Leiters der Veranstaltung.

Protokolle werden im **Präsens** formuliert.

E2 Grammatik, Rechtschreibung, Zeichensetzung – Sprachkompetenz festigen

VORSICHT FEHLER!

Sehr beehrte Dame und Herren,

wenngleich die Post kommt, um dieses schreiben mit zunehmen, Blicke ich auf ein ein halb Stunden konzentrische Tätlichkeit am Schreibtisch zurück. Solange habe ich nämlich zur Verfassung dieses Schriebs gebracht.
Das Fern-See-Gerät, dass ich mir von ihrer Firma vor fasst zwei Jahren an schuf, ist unbewegt defekt, weil es mal zu Boden viel. Gleich wohl habe ich mich bis her noch nicht an sie Gewand und Alles selber bezahlt. Aber das jetzt mein Mohrhuhn Video nur mehr schwarz weiß kommt, dass lässt mich für die Zukunft Gans schwarzsehen. Ich biete Sie also, mich als Kulanzfall an zusehen, so, das ich nicht zufiel bezahlen muss.

Fiele Güsse,
Ihr Dick Tat

1 **a** Kommentieren Sie den Text: Welche Fehler fallen schon beim Hören auf, welche erst beim Lesen? Lassen sich Kategorien von Fehlern bilden?
b Vergleichen Sie dies mit Ihren eigenen Schwierigkeiten im schriftlichen Sprachgebrauch.
2 Finden und korrigieren Sie alle im Text enthaltenen Fehler.
3 Klären Sie, warum die Rechtschreibhilfe am Computer die meisten dieser Fehler nicht anzeigt.

In diesem Kapitel erwerben Sie folgende Kenntnisse und Kompetenzen

- Wortarten erkennen und voneinander abgrenzen,
- Fachbegriffe im Bereich der Deklination und Konjugation festigen,
- Satzglieder und Gliedsätze unterscheiden und bestimmen,
- den Konjunktiv I und II bilden und anwenden können,
- schwierige Bereiche der Rechtschreibung und Zeichensetzung beherrschen.

2.1 Grammatik und Stil – Fachbegriffe und Funktionen

Wortarten

Mark Twain: **Ein Amerikaner lernt Deutsch – Die schreckliche deutsche Sprache** (1880)

Es gibt zehn Wortarten, und alle sind sie schwierig. Ein Durchschnittssatz in einer deutschen Zeitung ist eine erhabene und Ehrfurcht gebietende Kuriosität; er nimmt eine Viertelspalte ein; er enthält alle zehn Wortarten – nicht in der gehörigen Reihenfolge, sondern alle durcheinandergewürfelt. Er ist hauptsächlich aus zusammengesetzten Wörtern gebaut, die der Schreiber an Ort und Stelle konstruiert hat und die in keinem Wörterbuch zu finden sind – sechs oder sieben in eines zusammengepresste Wörter ohne Naht oder Gelenk – das heißt ohne Bindestriche. […]

1 Veranschaulichen Sie Mark Twains Kritik an der deutschen Sprache anhand seines eigenen Textes.
2 Bestimmen Sie die Wortart aller Wörter im ersten Satz des Textes von Mark Twain mithilfe der folgenden Information.

Information **Überblick über die Wortarten**

Der Wortschatz unserer Sprache (ca. 350.000 Wörter) wird in Wortarten eingeteilt. Unterscheidungskriterien sind die Bedeutung, die Form bzw. Formbarkeit und die Verwendung im Satz.

flektierbar (veränderlich)

Konjugation	Deklination			
Verb (Zeit-/Tätigkeitswort)	**Nomen (Substantiv)** (Hauptwort)	**Adjektiv** (Eigenschaftswort)	**Artikel** (Geschlechtswort)	**Pronomen (Fürwort)**
lesen, gehen, werden, sein, wollen	*Buch, Schüler, Bedeutung, Computer, Karin*	*groß, rot, lieblich, bedeutsam* dazu zählen **Zahladjektive:** *zwei, dritte, wenig*	*der, die, das, ein, eine*	*ich, du, sie, mein, dein, dieser, jener, der, welcher, man, jeder, wer, was?*

Hauptwortarten (90 % des Gesamtwortschatzes) – Verb, Nomen, Adjektiv

Begleiter und Stellvertreter des Nomens (Substantivs) – Artikel, Pronomen

nicht flektierbar (unveränderlich)

Adverb (Umstandswort)	**Präposition** (Verhältniswort)	**Konjunktion** (Bindewort)	**Interjektion** (Ausrufewort)
dort, heute, gern, sehr, hoffentlich, deshalb	*an, auf, in, vor, nach, während, wegen, ohne*	*und, aber, denn, als, dass, weil*	*ach!, oh!, au!, bitte?*

Partikeln

3 Beschreiben Sie in den beiden folgenden Sätzen die Wörter unter Gesichtspunkten der Grammatik:

> Jeder, der die deutsche Sprache lernt, macht die Erfahrung, dass ihre Grammatik schwierig ist.
> Er sagte, jeder Lerner des Deutschen erfahre die Schwierigkeiten ihrer Grammatik.

a Ordnen Sie jedes Wort einer Wortart zu und vergleichen Sie Wörter mit gleichem Wortstamm.
b Bestimmen Sie die Formen der Prädikate und der Nomen (Substantive) mithilfe der Information auf Seite 376, z. B.:
lernt: 3. Person Singular Indikativ Präsens Aktiv; Sprache: Akkusativ Singular Femininum …

Information **Verb und Nomen (Substantiv) – Übersicht über ihre grammatischen Funktionen**

Wortarten übernehmen in Sätzen verschiedene Funktionen. Dazu werden sie grammatisch verändert (flektiert): Verben werden konjugiert, andere veränderliche Wortarten werden dekliniert.

Verb

Tempus (Präsens, Perfekt, Präteritum, Plusquamperfekt, Futur I u. II)

Person (1., 2., 3.)

Numerus (Singular, Plural)

Wortstamm

Modus (Indikativ, Konjunktiv, Imperativ)

Genus Verbi (Aktiv, Passiv)

Nomen (Substantiv)

Genus (Maskulinum, Femininum, Neutrum)

Numerus (Singular, Plural)

Wortstamm

Kasus (Nominativ, Genitiv, Dativ, Akkusativ)

Satzglieder

Carol Kloeppel: **Dear Germany. Eine Amerikanerin in Deutschland** (2008)

Die höchste Klippe, die es zu umschiffen gilt, ist die Aussprache. Mir war früh klar: Akzentfrei würde ich nie sprechen können. Aber dass ich die größten Probleme mit dem Wort „Brötchen" haben würde, hätte ich nicht gedacht. Schon in meines Vaters Lehrbuch steht: „Ö has no similar sound in English" und [es] empfiehlt, die Mundstellung für ein langes „O" einzunehmen, dann aber „E" zu sagen. Ähnlich schwer fällt es wohl den meisten Deutschen, wenn sie das englische „th" lernen müssen …

Es kostete mich auch viel Zeit, die deutsche Satzstellung zu verinnerlichen, denn in meiner Muttersprache taucht das Verb sehr früh in einem Satz auf, im Deutschen dagegen wird es gerne am Satzende versteckt. Dafür ist die Zusammensetzung der Wörter einfacher: Weiß man, was „krank" bedeutet, dann lassen sich „Krankenhaus", „Krankenwagen" oder „Krankenschwester" leicht ableiten – während dafür im Englischen drei völlig unterschiedliche Wörter (hospital, ambulance, nurse) existieren.

Nur scheinbare Nebensächlichkeiten sind die Vorsilben. Einmal bat ich den Fahrer eines Möbeltransporters, meine Einfahrt frei zu machen, ich müsse zum Arzt, meine Tochter sei „erstochen" worden. Der arme Mann war völlig aus dem Häuschen. Ich meinte natürlich: von einer Biene „ge-stochen". […]

1 Vergleichen Sie die Schwierigkeiten der Autorin beim Lernen des Deutschen mit denen von Mark Twain (▶ S. 374).

2 Testen Sie die Umstellprobe (▶ Methode, S. 377) an den folgenden Sätzen aus dem Text. Achten Sie auf Veränderungen in der Betonung und in der Wirkung, die sich durch die Umstellung ergeben:
„Mir war früh klar: Akzentfrei würde ich nie sprechen können." (Z. 2 f.)
„Nur scheinbare Nebensächlichkeiten sind die Vorsilben." (Z. 23 f.)

3 Bestimmen Sie die Satzglieder (▶ Information, S. 377) in diesen Sätzen.

Methode **Proben zur Ermittlung von Satzgliedern**

Durch **Umstellproben** kann man feststellen, welche Wörter ein Satzglied bilden, z. B.:

- *Dafür* ***ist*** *die Zusammensetzung der Wörter einfacher.*
- *Einfacher* ***ist*** *dafür die Zusammensetzung der Wörter.*
- *Die Zusammensetzung der Wörter* ***ist*** *dafür einfacher.*

Die Bestimmung von Satzgliedern ist wichtig, um Attribute (=Teile von Satzgliedern) von adverbialen Bestimmungen und Objekten (=selbstständige Satzglieder) zu unterscheiden.
Frageprobe: Satzglieder lassen sich durch Fragen (▶ Information) bestimmen, z. B.:

- ***Wer oder was*** *ist gestochen worden? Meine Tochter →* ***Subjekt***
- ***Wem*** *fällt das „th" in der Aussprache schwer? Den Deutschen →* ***Dativobjekt***

4 **a** Untersuchen Sie mithilfe der Umstell- und der Frageprobe die Satzglieder folgender Sätze:
Die Tochter der Frau kam ins Krankenhaus. – Der Arzt erklärte der Frau den Befund.
Das Auto in der Einfahrt gehört der Frau. – Die Frau parkt das Auto in der Einfahrt.

b Bilden Sie weitere Satzpaare und lassen Sie die Satzglieder von einem Partner bestimmen.

Information **Satzglieder**

Frage	Satzglied/Satzgliedteil	Besonderheit
Wer? Was?	**Subjekt** *Das Geplapper* regt mich auf.	ersetzbar durch Subjektsatz: *Dass geplappert wird*, regt mich auf.
Was ist? Was geschieht?	**Prädikat** (Satzkern) Ich *denke*.	oft mehrgliedrig: Das *hätte* ich nicht *gedacht*.
Wen? Was?	**Akkusativobjekt** *Diesen Fehler* vermeide ich.	ersetzbar durch Objektsatz: Ich vermeide, dass mir dieser Fehler passiert.
Wem?	**Dativobjekt** Sie folgt *dem Ratschlag*.	–
Wessen?	**Genitivobjekt** Ich nehme mich *des Auftrags* an.	sehr selten
Auf/für/über ... wen/was? usw.	**Präpositionalobjekt** Er freut sich *über das Buch*.	ersetzbar durch Pronominaladverbien: Er freut sich *darüber*.
Was für ein?	**Attribut** die *schwierige* Sprache	**Teil eines Satzglieds,** ersetzbar durch Relativsatz: die Sprache, *die schwierig ist*
–	**Prädikatsnomen/Prädikativ** Er ist *ein Freund*. Es wird *kalt*.	Ergänzungen zu den Verben „sein", „bleiben", „werden"
Wann? Wo? Warum? usw.	**adverbiale Bestimmung** (der Zeit, des Ortes, des Grundes usw.) Sie kommt *nach der Schule*.	ersetzbar durch Adverbialsatz: *Sobald die Schule aus ist*, kommt sie.

Satzformen

Abbas Khider: **Deutsch für alle** (2019)

(1) Für Menschen über zwanzig ist das Erlernen der deutschen Sprache in ihrer gegenwärtigen Form fast nicht zu bewältigen, es ist eine ungeheure Aufgabe. (2) Es ist eine Vielfalt des Entsetzens, die dieser Sprache innewohnt, sie hat schon so oft dazu geführt, dass Lernende deren Erwerb schon bald aufgaben. (3) Sie scheint ein Ozean ohne Boden zu sein, ohne Hafen und ohne Strände. (4) Ein tobender Ozean, in dem zu schwimmen unmöglich ist, selbst wenn man das Schwimmen doch eigentlich schon draufhat und nicht ganz dumm ist. (5) Ich kämpfte so sehr. (6) Ich fing so oft an. (7) Ich gab so oft auf. (8) Aber ich wollte es unbedingt. (9) Ich wollte Deutsch lernen. (10) Immer wieder kehrte ich zurück zu den Lehrbüchern, immer wieder bauten sich dieselben Kreaturen vor mir auf und verhinderten jeden weiteren Schritt nach vorne. (11) Es war ein jahrzehntelanger Kampf, den ich spät und auch nur zum Teil für mich entschied. […]

1 Geben Sie Abbas Khiders Schwierigkeiten, die deutsche Sprache zu lernen, mit eigenen Worten wieder. Was könnte ihm so schwergefallen sein? Beziehen Sie Ihre eigenen Erfahrungen mit der deutschen Sprache und mit dem Lernen von Fremdsprachen ein.

Information **Satzreihe und Satzgefüge**

Satzform

einfacher Satz
Nicht jedes Wort steht im Wörterbuch.

zusammengesetzter Satz

Satzreihe
(Hauptsatz + Hauptsatz)
Der Schiedsrichter pfeift, das Spiel beginnt.

Satzgefüge
(Hauptsatz + mind. 1 Nebensatz)
Der Trainer jubelt, als das Tor fällt.

Ein **Hauptsatz** kann allein stehen. Die Personalform des Verbs steht im Hauptsatz an der zweiten Satzgliedstelle. Ein **Nebensatz** ist vom Hauptsatz oder einem weiteren Nebensatz abhängig und kann in der Regel nicht alleine stehen. Nebensätze werden meist mit einer unterordnenden Konjunktion oder einem Relativpronomen eingeleitet. Die Personalform des Verbs steht im eingeleiteten Nebensatz an letzter Stelle.

2 **a** Klären Sie im Text von Khider für jeden nummerierten Satz, ob es sich um einen einfachen Satz, eine Satzreihe oder ein Satzgefüge handelt.

b Bestimmen Sie die im Text markierten Nebensätze mithilfe der Information auf Seite 379.

3 Untersuchen Sie die folgenden Satzpaare und fassen Sie Ihre Beobachtungen mit den entsprechenden Fachbegriffen zusammen:

Als ich hier ankam, sprach ich kaum Deutsch. – Bei meiner Ankunft hier sprach ich kaum Deutsch.
Der von mir besuchte Deutschkurs half mir. – Der Deutschkurs, den ich besuchte, half mir.
Dass ich mehrere Sprachen kenne, war mir von Nutzen. – Meine Sprachkenntnisse waren mir von Nutzen.

Information **Gliedsätze und Attributsätze**

Nebensätze, die die Stellung eines Satzgliedes einnehmen, werden auch Gliedsätze genannt. Gliedsätze, die ein Subjekt oder Objekt vertreten, lassen sich auch wie diese erfragen:

- **Subjektsatz:** *Wer Deutsch lernen will, sollte einen Sprachkurs besuchen.*
  Wer sollte einen Sprachkurs besuchen? → Wer Deutsch lernen will.
- **Objektsatz:** *Viele wissen nicht, dass das Deutsche und das Englische verwandt sind.*
  Was wissen viele nicht? → Dass das Deutsche und das Englische verwandt sind.

Auch adverbiale Bestimmungen können in Form eines **Adverbialsatzes** vorkommen.

Art des Gliedsatzes	Häufig verwendete Konjunktionen	Beispielsatz
Temporalsatz (Zeit)	*als, während, bevor, nachdem, bis u. a.*	*Bis das klappt,* musst du noch viel üben.
Kausalsatz (Grund)	*weil, da, zumal*	*Weil ich nichts verstehe,* frage ich nach.
Konsekutivsatz (Folge)	*dass, sodass*	Er erklärt es so, *dass ich es verstehe.*
Finalsatz (Zweck, Absicht)	*damit, auf dass, dass*	Ich notiere es, *damit ich es behalte.*
Konditionalsatz (Bedingung)	*wenn, falls, sofern*	*Wenn ich es schaffe,* freue ich mich.
Konzessivsatz (Einräumung)	*obwohl, wenngleich, obschon, obgleich*	*Obwohl es schwerfällt,* halten wir durch.
Modalsatz (Art und Weise)	*dadurch dass, indem, ohne dass*	Du hilfst mir, *indem du da bist.*
Adversativsatz (Gegensatz)	*anstatt dass, während*	Du träumst, *anstatt dass du aufpasst.*
Komparativsatz (Vergleich)	*wie, als, als ob, als wenn, wie wenn*	Es ist leichter, *als ich gedacht habe.*

Bestimmt der Nebensatz ein Bezugswort im Hauptsatz näher, vertritt er also ein Attribut, so handelt es sich um einen **Attributsatz**.
Relativsätze sind Attributsätze: „Das sind Erfahrungen, *auf die man nicht verzichten kann.*"

4 **a** Versuchen Sie, die Adverbialsätze in der Information oben, wenn möglich, zu adverbialen Bestimmungen umzuformen (z. B. *Du hilfst mir, indem du da bist. → Durch deine Anwesenheit hilfst du mir.*).
b Vergleichen und kommentieren Sie Ihre Probleme und Ergebnisse in Gruppen.
c Welche Vor- und Nachteile kann die Verwendung von Adverbialsätzen gegenüber der Verwendung von adverbialen Bestimmungen haben?

Tempusformen und Tempusgebrauch

Axel Hacke: **Panini** (2008)

Seit vielen Jahren gibt es bei meinem Bäcker um die Ecke eine Art großer länglicher Semmeln, die früher immer irgendeinen Namen hatten, den ich vergessen habe, könnte sein, dass es „Krusties" war. Ich habe das Wort nie im Leben über die Lippen gebracht, „Krusties" kann ich einfach nicht sagen, ich bekäme dann einen Lippenkrampf. Immer sage ich: „Zwei von den großen Semmeln dort."
Jedenfalls: Neuerdings heißen diese Semmeln „Panini", ein Wort, das ich aber auch nicht benutze, ich weiß nicht, warum. Immer noch sage ich: „Diese großen Semmeln dort." Und die Verkäuferin sagt: „Ja, Panini." „Ja", sage ich.
Aber neulich, ich weiß nicht, warum, ging ich doch in den Bäckerladen und sagte: „Ein Panino bitte." „Des san Panini", sagte die Verkäuferin, eine rundlich-freundliche Dame. „Ein Panino, zwei Panini", sagte ich und …

1 Schreiben Sie eine kurze Fortsetzung der Anekdote: *Morgen werde ich …*

2 Untersuchen Sie, wie die Anekdote verschiedene zeitliche Ebenen miteinander verknüpft:
  a Bestimmen Sie für jedes Prädikat dessen Tempus.
  b Erläutern Sie den Gebrauch der Tempusformen (▶ Information).
  c Überprüfen Sie auch den Gebrauch der Tempusformen in Ihrer Fortsetzung der Anekdote.

Information **Funktionen der Tempusformen**

- **Präsens:** Mit dem Präsens drücken wir aus, was im Augenblick geschieht. *(Ich esse gerade.)* Auch allgemeingültige Aussagen stehen im Präsens. *(Die Deutschen essen am liebsten Brötchen zum Frühstück.)* Man kann das Präsens auch verwenden, um etwas Zukünftiges auszudrücken (meistens mit einer Zeitangabe). *(Morgen kaufe ich Semmeln.)*
- **Perfekt:** Mit dem Perfekt drücken wir etwas in der Vergangenheit Abgeschlossenes aus, das noch in der Gegenwart fortwirkt. Es wird meistens in mündlichen Erzählungen verwendet. *(Ich habe mir nichts dabei gedacht.)*
- **Präteritum:** Mit dem Präteritum drücken wir etwas Vergangenes aus. Es wird bei schriftlichen Erzählungen und Berichten verwendet. *(Sie öffnete den Laden um sechs.)*
- **Plusquamperfekt:** Mit dem Plusquamperfekt drücken wir etwas Vergangenes aus, das einem anderen, ebenfalls in der Vergangenheit liegenden Ereignis vorausgeht. *(Bevor er den Laden betrat, hatte er sich seine Worte genau überlegt.)*
- **Futur I:** Mit dem Futur I drücken wir etwas in der Zukunft Geschehendes oder vielleicht Geschehendes aus. *(Ich werde Ihnen das morgen genauer erklären.)*
- **Futur II:** Mit dem Futur II drücken wir aus, dass etwas in der Zukunft abgeschlossen sein wird. *(Morgen um diese Zeit werde ich das Problem schon gelöst haben.)*

3 Klären Sie, welches Tempus in der Regel bei folgenden Textarten verwendet wird: Protokoll, Bericht, Textanalyse, Erzählung, Beschreibung, Textzusammenfassung/Inhaltsangabe.

4 Korrigieren Sie den Tempusgebrauch im folgenden Schülertext (▶ Information oben und S. 381 oben).
Die Anekdote von Axel Hacke hat den fehlerhaften Gebrauch von Fremdwörtern im Deutschen karikiert. Der Autor erzählte, wie er in einer Bäckerei Brötchen hatte kaufen wollen. Dort sagt man jetzt Panini dazu, was ihm aber nicht gefiel. Nachdem er das Wort doch einmal benutzt hat, ließ er sich auf eine Diskussion mit der Verkäuferin ein.

Information **Tempusfolge im Satzgefüge**

Zur Darstellung des zeitlichen Nacheinanders im Satzgefüge gilt eine festgelegte Tempusfolge:

- Perfekt vorzeitig zum Präsens: *Sobald ich gefrühstückt habe, mache ich mich an die Arbeit.*
- Plusquamperfekt vorzeitig zum Präteritum: *Nachdem er es der Verkäuferin erklärt hatte, kaufte er noch zwei andere Brötchen.*

Konjunktiv und Redewiedergabe

Ruprecht Skasa-Weiß: **Man nehme – wer gäbe nicht lieber?** (2007)

Den Unterschied zwischen *geben* und *nehmen* kennen die meisten. Aber den zwischen *geben* und *gäben* kennen die meisten schon nicht mehr. Wer drauflosspricht, pfeift bekanntlich gern auf preziöse Konjunktive, und wer sich schriftlich äußert in den Medien, ignoriert sie häufig gleichfalls. Sind die Möglichkeitsformen etwa solche, die wir nach Möglichkeit meiden?

Angenommen (muss ja nicht wirklich passieren), heute Abend beim Münchner WM-Spiel foulte Larsson den Mertesacker – was dann? „Dann gibt's 'ne gelbe Karte", sagt der Kumpel beim Bier. „Klar gäb's dann eine", bekräftigt die Frau, die im Geist schon sieht, wie man den Mertesacker vom Acker trägt. „Ach", schaltet sich ein Bebrillter vom Nebentisch ein, „Sie sind also der Meinung, es gebe dann –?" „Nein", faucht die Frau, „wir meinen bloß, es gäbe dann!" […]

Es gibt die feine alte Regel, die bestimmt, im abhängigen Satz (bei indirekter Rede) sei stets der erste Konjunktiv zu setzen: […] Bloß wenn der erste Konjunktiv eines Zeitworts genauso lautet wie dessen Indikativ Präsens, ist das Ausweichen auf den zweiten erlaubt, ja, dringend geboten […]. Es gibt diese Regel, oder sagen wir besser: es gäbe sie. Aber just beim Geben verheddern wir uns schon wieder in ihrem feinen Geflecht. […]

1 Erläutern Sie anhand des Dialogs in Zeile 11–18 den Unterschied zwischen „gibt" „gäbe" und „gebe".

2 Vergleichen Sie die Regeln, die der Text formuliert (Z. 19–24) genau mit den Regeln im folgenden Informationskasten. Bestimmen Sie die Übereinstimmungen und Unterschiede.

3 **a** Erläutern Sie, was der Autor mit seiner Korrektur in Zeile 25 f. („Es gibt diese Regel, oder sagen wir besser: es gäbe sie") ausdrücken möchte.

b Nehmen Sie Stellung zu dem Befund des Textes zum Konjunktivgebrauch, indem Sie Ihre eigenen Erfahrungen mit dem Konjunktiv beim Lesen und Schreiben von Texten einbringen.

Information **Regeln zum Konjunktiv in der indirekten Rede**

Bei der indirekten Rede steht die Personalform des Verbs im Konjunktiv I. Wenn sich der Konjunktiv I nicht vom Indikativ Präsens unterscheidet, verwendet man den Konjunktiv II als Ersatzform oder die Umschreibung mit „würde". Ist der Konjunktiv II formgleich mit dem Indikativ Präteritum, muss die würde-Form gewählt werden, z. B.:

- *Die Redakteurin sagt, sie **machen** keine Ausnahme.* (Konjunktiv I)
- *Die Redakteurin sagt, sie **machten** keine Ausnahme.* (Konjunktiv II)
- *Die Redakteurin sagt, sie **würden** keine Ausnahme machen.* (Umschreibung mit „würde")

Auf die Ersatzform mit „würde" kann man auch zurückgreifen, wenn der Konjunktiv II als ungebräuchlich oder unschön empfunden wird.

Thomas Böhm / Carsten Pfeiffer (Hrsg.): **Die Wunderkammer der deutschen Sprache** (2019)

Auf unsere Anfrage nach ihren 10 Lieblingswörtern erreichte uns von Felicitas Hoppe[1] die nachfolgende Antwort:
Sehr schöner Auftrag, aber nicht zu erfüllen, da meine Vorlieben ständig, täglich, sekündlich wechseln; unmöglich, sich festzulegen. Ich hab' aber ein verlässlich ausgeprägtes Faible für Einsilbiges einerseits und für Zusammengesetztes andererseits, mit dem man im Deutschen ja fast alles machen kann, schwanke also permanent zwischen kompakten Energiespeichern: Brot, Fleisch, Glück, Herz [...] und Verbindungen: Abldruck, Betschwester, Drecksack, Einsiedelei, Feuerlöscher [...]. Abstraktes ist mir eher abhold. Aber dann gibt es ja auch noch all die anderen Wortarten (*Wortart* ist auch ein tolles Wort!), so schöne einsilbige Adjektive wie fies oder feist, knapp oder prall, rank und schlank; Partizipien wie ausgeklügelt oder zartfühlend und Verben wie abwickeln, argwöhnen, besserwissen [...].

1 **Felicitas Hoppe:** deutsche Schriftstellerin, *1960, Trägerin des Georg-Büchner-Preises 2012

1 Formulieren Sie die Antwort von Felicitas Hoppe in einen Text um, der diese in indirekter Rede zitiert: *Felicitas Hoppe schreibt, das sei ein sehr schöner ...*

2 **a** Notieren Sie Ihr deutsches Lieblingswort und begründen Sie Ihre Wahl mit zwei bis drei Sätzen.
b Tauschen Sie sich mündlich in Dreiergruppen über Ihre Lieblingswörter aus.
c Halten Sie dann die schriftlichen und mündlichen Äußerungen eines Gruppenmitglieds in indirekter Rede schriftlich fest. Beginnen Sie zum Beispiel so: *Vera gibt an, ihr Lieblingswort sei ...*

Information **Indirekte Rede – Regeln zur Redewiedergabe**

In einem einleitenden Hauptsatz wird gesagt, um wessen Äußerung es geht. Dann folgt die Äußerung
- in einem uneingeleiteten Nebensatz mit Konjunktiv: *Die Schülerin sagt, sie sei fertig.*
- in einem dass-Satz mit oder ohne Konjunktiv: *Die Schülerin sagt, dass sie fertig sei/ist.*

Axel Hacke: **Hirnforscher und Grammatik** (2008)

Einmal las ich, im Tagesspiegel, ein Interview mit dem berühmten Hirnforscher Manfred Spitzer. Er sagte unter anderem, es gefalle ihm nicht, dass in unseren Schulen die Dinge nur abstrakt behandelt und die Regeln immer gleich als Regeln gepaukt würden. Für ihn, den Hirnforscher, bedeute Lernen, sich die Regeln selbst anhand von Beispielen zu erarbeiten. Wer sich immer wieder mit Konkretem befasse, dessen Hirn lerne die dahinterstehenden Regeln automatisch, unbewusst, „in der Grammatik unserer Muttersprache" etwa. „Ein Beispiel?", fragten die Interviewer. Der Hirnforscher sagte: „Meine Lieblingsregel der deutschen Grammatik lautet: Verben auf -ieren bilden das Partizip ohne ge-: interessieren – interessiert; spazieren – spaziert. Das machen Sie richtig, ohne nachzudenken." [...] Der Hirnforscher sagte, er könne den Interviewern sofort beweisen, dass auch deren Unterbewusstsein die Regel mit den Partizipien auf -ieren beherrsche. Er forderte sie auf, das Partizip von quangen zu bilden. „Gequangt", sagten die Interviewer. „Und von patieren?", fragte der Hirnforscher. „Patiert." „Sehen Sie!", sagte der Hirnforscher, so gehe das. „Sie können Wörter beugen, die es nicht mal gibt."

1 Erörtern Sie, wo die Grenzen eines intuitiv richtigen Sprachgebrauchs liegen.

2 Beschreiben Sie, wie der Autor Axel Hacke die Textzitate aus dem Zeitungsartikel in seinen eigenen Text einbaut. Vergleichen Sie dies mit der Information auf Seite 381 unten.

2.2 Rechtschreibung und Zeichensetzung – Regeln und Tipps

Urs Widmer: **Top Dogs** (1997)

3. DIE SCHLACHT DER WÖRTER

JENKINS/WRAGE Slump; slump, slump.
MÜLLER Management-buy-out.
KRAUSE Break-even-point.
WRAGE Kreativität.
NEUENSCHWANDER Point-of-no-return.
DEÉR Competition.
MÜLLER New-public-Management.
DEÉR Cash-flow.
JENKINS Unternehmensphilosophie.
WRAGE Firmenkultur.
NEUENSCHWANDER Anforderungsprofil.
MÜLLER Marketingstrategie.
KRAUSE Produktqualität.
TSCHUDI Einsatz.
MÜLLER Finanzrahmen.
DEÉR Revolution.
KRAUSE Umstrukturierung.
JENKINS Umsatzwachstum.
BIHLER Produktionsausstoß.
NEUENSCHWANDER Leistungsanreiz.
DEÉR Projektmanagement.
BIHLER Kostenkontrolle.
KRAUSE Motivation.
TSCHUDI Belastbarkeit.
WRAGE Kostenvorgabe.
KRAUSE Produkttraining.
DEÉR Investitionsstrategie. [...]

VORSICHT FEHLER!

In seinem 1997 veröffentlichten Theaterstück „Top Dogs", beschäftigt sich der schweizer Autor Urs Widmer mit den Strukturen unserer modernen Wirtschaft. Anders als man vielleicht erwarten könnte richtet er seinen Blick allerdings nicht auf die breite Masse der schlecht verdienenden kleinen Arbeiter und Angestellten sondern auf die großen des Systems, dass heißt die Manager (und Managerinnen). Er zeigt das auch sie zu den Verlierern gehören können weil auch sie von der Erfahrung des entlassen worden sein und des arbeitslos sein nicht verschont werden. Dann reagieren die Einen mit Depressionen, die Anderen mit Aggressionen. In der dritten Szene des Stückes, die „die Schlacht der Wörter" heißt lässt Widmer die Figuren eine lange Liste von marktwirtschaftlichen Begriffen sprechen. Die Wörter bezeichnen sowohl Anforderungen, die an Manager gestellt werden (z. B. „Kreativität" „Einsatz" „Motivation", sowie „Belastbarkeit") als auch verschiedene Marketing-Strategien wie „New-public-Management" u. v. a. Besonders wenn man sich die Szene in einer Inszenierung anschaut wird deutlich, das es sich hier um wirkliche „Schlagwörter" handelt. Widmer zeigt das mithilfe von Sprache sowohl Macht, als auch Gewalt ausgeübt werden kann. Nicht durch äußere Gewalt sondern allein durch das gezielte einsetzen von Begriffen wird die Wirtschaftswelt, und damit das Leben der darin arbeitenden bestimmt. Vor allem Dank der Beschönigungen und Verharmlosungen (z. B. „Management by love") gelingt es dem Autor außerdem die Scheinheiligkeit und Falschheit dieses Systems zu entlarven.

1 **a** Lesen Sie die Szene aus Widmers Stück „Top Dogs" mit verteilten Rollen. Probieren Sie verschiedene Ausdrucksformen.

b Suchen Sie einen Oberbegriff für alle genannten Begriffe und klären Sie deren Bedeutung.

2 **a** Legen Sie eine Folie über den Schülertext und markieren Sie darauf alle Rechtschreib- und Zeichensetzungsfehler.

b Erstellen Sie ein Fehlerprofil, indem Sie die Fehler in Fehlerkategorien (z. B. Groß- und Kleinschreibung, Kommasetzung usw.) einordnen. Welche Fehlerschwerpunkte stellen Sie fest?

3 **a** Ordnen Sie auch die Fehler aus Ihren letzten drei Deutschklausuren in Fehlerkategorien (▶ Beispiel Fehlerprofil) und bestimmen Sie so Ihre persönlichen Fehlerschwerpunkte.

b Klären Sie, welche Funktion es hat, ein solches „Fehlerprofil" zu erstellen.

Mein Fehlerprofil				***Fach: DEUTSCH***
	1. Klausur	*2. Klausur*	*3. Klausur*	*Fehlerschwerpunkt?*
1. Rechtschreibung				
Großschreibung				
getrennt/zusammen				
das/dass				
s/ß/ss				
Sonstiges				
2. Zeichensetzung				
Kommas				
Zeichen bei Zitaten				
Sonstiges				
3. Grammatik				
Satzbau				
Konjunktiv				
Tempus				
Kasus				

Zeichensetzung: Kommafehler vermeiden

1 **a** Sortieren Sie alle Kommafehler im Schülertext auf Seite 383 zunächst nach diesen zwei Fehlerarten: zu viel gesetzte Kommas – fehlende Kommas.

b Klären Sie, gegen welche Regel (▶ Information) jeweils verstoßen wurde.

2 **a** Überprüfen Sie anhand Ihrer Klausuren und Hausaufgaben, wo *Ihre* Kommaschwächen liegen.

b Entwerfen Sie einen „Warnzettel", auf dem Sie zu Ihren drei häufigsten Kommafehlern die Regel und Beispiele festhalten. Nutzen Sie den Warnzettel immer, wenn Sie einen Text schreiben.

Information **Kommafehler vermeiden**

Die häufigsten Kommafehler können Sie vermeiden, wenn Sie folgende fünf Regeln beachten:

Kommas

(1) stehen bei den entgegensetzenden oder einschränkenden Konjunktionen *aber, sondern, doch, jedoch, einerseits …, andererseits.*

(2) trennen **Haupt- und Nebensatz**. Eingeschobene Nebensätze werden von Kommas eingeschlossen.

(3) müssen bei **Infinitivsätzen** meistens gesetzt werden.

Kein Komma

(4) steht, wenn gleichrangige Teilsätze, Wortgruppen oder Wörter verbunden werden durch *und, oder, sowie, beziehungsweise, entweder … oder, sowohl … als auch, weder … noch.*

(5) steht bei Vergleichen mit *wie* oder *als*, wenn nur Wörter oder Wortgruppen in den Vergleich einbezogen sind, also durch *wie* oder *als* kein Nebensatz eingeleitet wird.

3 Schreiben Sie den folgenden Text ab und setzen Sie dabei die fehlenden Kommas. Achten Sie dabei auf die in der Information (▶ S. 384) genannten Regeln sowie auf die Tipps (▶ Information unten). Schlagen Sie ggf. weitere Regeln im Regelteil eines Wörterbuchs nach.

VORSICHT FEHLER!

Urs Widmer: **Aussagen zu „Top Dogs"** (Anhang)

(1) Sie die bis vor Kurzem noch unangreifbar schienen werden nun plötzlich entlassen weil Unternehmen umstrukturiert redimensioniert oder geschlossen werden. (2) Der Text ist das Echo vieler Gespräche die wir mit Betroffenen und Beratern geführt haben. (3) Ja man kann sagen dass diese an dem Stück mitgeschrieben haben auch wenn kein Interview im Maßstab 1:1 im Stück auftaucht. (4) Und dies nicht nur aus Gründen der Diskretion sondern auch aus künstlerischen. (5) Aber auch die Verdichtung und poetische Verwandlung dessen was uns erzählt worden ist enthält immer noch Wahrheiten und Informationen die nicht unserer Fantasie entsprungen sind. (6) Vielleicht sensibilisiert „Top Dogs" die Zuschauer für Vorgänge die bei vielen Betroffenen Scham auslösen obwohl sie durchaus wissen dass sie keine „Schuld" trifft. (7) Wir arbeiteten in unserer Inszenierung mit beweglichen Zuschauertribünen die immer neue Räume schufen. (8) So gab es Szenen […] die den ganzen großen Theaterraum brauchten und andere die […] die Szenen in die äußerste Intimität trieben indem die Schauspieler die Schauspielerinnen den Zuschauern radikal nahe kamen.

Information **Kommasetzung beim Nebensatz**

- Die Satzlänge allein ist kein (!) Kriterium dafür, dass ein Komma gesetzt werden muss!
- **Signalwörter für Nebensätze** sind vor allem die Relativpronomen *der, die, das* und Konjunktionen, die den Nebensatz einleiten: *dass, weil, obwohl, damit, sodass, nachdem, als, sobald* usw.
- Besondere Probleme bereitet häufig das zweite Komma beim eingeschobenen Nebensatz – also nicht vergessen!

1 **a** Schreiben Sie die folgenden Thesen ab, markieren Sie jeweils den erweiterten Infinitiv und setzen Sie entsprechend ein Komma.
Man kann eine Theateraufführung auch beurteilen ohne das Stück gelesen zu haben.
Man geht ins Theater um sich unterhalten zu lassen.
Anstatt ins Theater zu gehen sollte man sich einfach eine Aufführung auf DVD anschauen.
Die schauspielerische Darstellung hilft einem dabei sich die Figuren besser vorstellen zu können.
Es besteht immer die Gefahr von einer Inszenierung enttäuscht zu werden.

b Welche Arten von erweitertem Infinitiv lassen sich unterscheiden? Bilden Sie jeweils zwei weitere Beispiele zu jeder Kategorie.

2 Diskutieren Sie die Thesen, ggf. vor dem Hintergrund Ihrer eigenen Theatererfahrungen.

Methode **Kommasetzung beim erweiterten Infinitiv**

Infinitivgruppen („erweiterter Infinitiv" = Infinitiv + *zu* + mindestens ein weiteres Wort) sollte man durch Komma vom Rest des Satzes abtrennen. Es gibt Sonderregelungen, wann ein Komma gesetzt werden *muss* (z. B. vor *um* + Infinitiv mit *zu*). Es *kann* aber immer ein Komma gesetzt werden. Um Fehler zu vermeiden, empfiehlt es sich deshalb, generell ein Komma zu setzen.

das oder dass?

Urs Widmer: **Top Dogs** (Auszüge)

(1) Aber *** gibt es doch gar nicht *** einer *** nicht hört.
(2) Wir führen sogar *** Senior-Executive-Programm *** von Konzernchefs in Anspruch genommen wird.
(3) Ich bin die Hand oder *** Bein *** können Sie nicht so einfach wegamputieren.
(4) Wer sagt wenn man mir einen Flammenwerfer gibt *** ich *** nicht kann?
(5) Er hat *** Schicksal gefunden *** ihm seine ganze Belegschaft gewünscht hat.
(6) *** geht echt verloren in einer Arbeitsbeziehung *** hinter jedem Projekt immer auch ein Mensch steht.

1 **a** Schreiben Sie die Zitate aus „Top Dogs" ab und fügen Sie „das" oder „dass" ein. Ordnen Sie dazu jedes „das" bzw. „dass" den grammatischen Kategorien in der ▶ Information zu und wenden Sie die Ersatzprobe an.
b Setzen Sie auch die notwendigen Kommas.

Information **„das" – „dass"**

Die richtige Schreibung von *das* und *dass* kann man häufig durch Ersatzproben ermitteln.

- ***das* als Artikel:** ***Das*** *Thema könnte brisanter gar nicht sein.*
  Der Artikel *das* kann durch *dieses* ersetzt werden.
- ***das* als Demonstrativpronomen:** *Business,* ***das*** *ist Krieg, Blut und Tränen. So ist* ***das.***
  Das Demonstrativpronomen *das* kann durch *dieses* ersetzt werden.
- ***das* als Relativpronomen:** *... ein Honorar,* ***das*** *sich nach der Vermittlungsdauer richtet.*
  Das Relativpronomen *das* kann durch *welches* ersetzt werden.
- **die Konjunktion *dass*:** *Wichtig ist,* ***dass*** *der Kopf die Fortsetzung der Wirbelsäule ist.*
  Die Konjunktion *dass*, die einen Nebensatz einleitet, kann nicht ersetzt werden.

2 Überprüfen Sie im Schülertext auf Seite 383 alle Stellen, an denen „das" oder „dass" verwendet werden muss. Wenden Sie zur Kontrolle die Ersatzproben (▶ Information) an.

Schreibung des s-Lauts

1 **a** Der Chef **entlässt** seinen Stellvertreter. – Der Chef **entließ** seinen Stellvertreter.
Erklären Sie die unterschiedliche Schreibung des s-Lauts beim gleichen Verb (▶ Information, S. 387).
b Suchen Sie möglichst viele verwandte Wörter zu folgenden Wortstämmen. Achten Sie auf die – ggf. unterschiedliche – Schreibung des s-Lauts.
-gieß- -fließ- -pass- -mess- -süß- -schloss-
c Leiten Sie aus Ihren Ergebnissen zu den Aufgaben a und b eine Regel ab.

2 Schreiben Sie den folgenden Satz ab und ergänzen Sie jeweils den richtigen s-Laut:
Ich wei*, da* Wei*heit mit Wi*en zu tun hat, aber ich wü*te auch gerne, ob ich Wei*heit schreiben kann, wenn ich von der wei*en Farbe der Wand spreche.

Information **Schreibung des s-Lauts**

Vorfeld des s-Lauts: nach …	Aussprache	Schreibung	Anmerkungen
kurzem betontem Vokal	stimmlos	ss z. B.: *Hass*	Ausnahme: Kurzwörter, z. B. *das, was, bis*
langem Vokal oder Diphthong (au, eu, ei)	stimmhaft	s z. B.: *Apfelmus, Gras, Eisen*	Manchmal wird ein Laut erst durch eine Verlängerungsprobe stimmhaft, z. B. *Gras* → *Gräser.*
langem Vokal oder Diphthong (au, eu, ei)	stimmlos	ß z. B.: *beißen, Spaß*	Steht der s-Laut am Wortende, bleibt er auch in der Verlängerungsprobe stimmlos.

Groß- und Kleinschreibung

ich stelle mir vor, dass das inszenieren und aufführen dieses stückes für die regie führenden wie für die spielenden dank vieler ungewöhnlicher einfälle des autors etwas besonderes ist, eine besondere herausforderung.

1 Schreiben Sie den Satz mit der richtigen Groß- und Kleinschreibung ab und begründen Sie an schwierigen Stellen Ihre Schreibung.

Methode **Nomen (Substantive) erkennen – Artikelprobe**

Nomen (Substantive) werden immer großgeschrieben. Sie erkennen sie daran, dass Artikel, Pronomen oder Adjektive bzw. Zahladjektive (▶ Wortarten, S. 375) sie begleiten können, z. B. ***eine*** *Managerin,* ***diese*** *Aufführung,* ***seine*** *Inszenierung,* ***großer*** *Beifall,* ***viel*** *Interessantes.*
Findet sich kein Artikel oder Pronomen, ist die Artikelprobe hilfreich, z. B. *Durchatmen hilft gegen Aufregung.* → *Das Durchatmen hilft gegen die Aufregung.*

2 Überprüfen Sie, ob die markierten Wörter Merkmale von Nomen (Substantiven) aufweisen. Entscheiden Sie danach, ob sie groß- oder kleingeschrieben werden:
die großen / Großen des Systems – dank / Dank der Beschönigungen – das gezielte einsetzen / Einsetzen von Begriffen – wenige bekannte / Bekannte

Information **Nominalisierungen und Denominalisierungen**

- Wörter anderer Wortarten schreibt man groß, wenn sie als Nomen (Substantiv) gebraucht werden **(Nominalisierung):** *Alles* ***Gute,*** *im* ***Folgenden,*** *das* ***Lesen,*** *ein absolutes* ***Muss.***
- Klein schreibt man Wörter, die formgleich als Nomen (Substantiv) vorkommen, aber zu Präpositionen geworden sind **(Denominalisierung):** *Sie bewirkte dies* ***kraft*** *ihres Amtes. Er trieb* ***zeit*** *seines Lebens Sport.*

Getrennt- und Zusammenschreibung

Was würden Sie tun, wenn Sie morgen Ihren Arbeitsplatz räumen müssten?
„Mir würde das nicht Leid tun / leidtun und Nichtstun würde mir leicht fallen / leichtfallen."
„Ich würde im Büro sitzen bleiben / sitzenbleiben, bis mich jemand weg räumt / wegräumt."
„Ich würde es genießen, mehr mit meiner Familie zusammen sein / zusammensein zu können."
„Es fällt schwer, voraus zu sagen / vorauszusagen, wie ich mich verhalten würde."
„Ich würde die Gelegenheit nutzen, mich einmal richtig gehen zu lassen / gehenzulassen."

1 Klären Sie die richtige Schreibweise mithilfe der Information unten.

2 Trainieren Sie Ihre Fähigkeiten im Umgang mit dem Wörterbuch, indem Sie klären, ob folgende Ausdrücke zusammen- oder getrennt geschrieben werden müssen oder ob es beide Möglichkeiten gibt – unter Umständen mit unterschiedlicher Bedeutung:

> Heim kommen / heimkommen – frei sprechen / freisprechen – zunichte machen / zunichtemachen – klein schreiben / kleinschreiben – Gewinn bringend / gewinnbringend – Schlange stehen / schlangestehen

3 Schreiben Sie den folgenden Text in der richtigen Schreibung ab. Achten Sie auf Getrennt- und Zusammenschreibung, Groß- und Kleinschreibung sowie auf die richtige Zeichensetzung.

> Arbeitslosigkeitisteinschwerwiegendesproblemdurchdassichjederinseinerexistenzinfragegestellt
> fühltniemandmöchtedenganzentagnurspazierengehensichvonseinempartnerfreihaltenlassen
> müssenundinderarbeitsagenturschlangestehenumanderarbeitsgesellschaftteilhabenzukönnen
> isteinequalifizierteausbildungeineerfolgversprechendevoraussetzung

Information **Regeln zur Getrennt- und Zusammenschreibung**

- Verbindungen mit „sein" werden immer getrennt geschrieben, z. B. *beisammen sein, fertig sein.*
- Verbindungen aus zwei Verben werden in der Regel getrennt geschrieben, z. B. *spazieren gehen.*
- Zusammensetzungen aus einem Verb und einem kaum noch als Nomen (Substantiv) erkennbaren Bestandteil werden zusammen- und kleingeschrieben, z. B. *leidtun, teilnehmen, standhalten, stattfinden* usw.
- Verbindungen aus Verben mit Präpositionen oder Adverbien werden meist zusammengeschrieben, z. B. *abfahren, zwischenrufen, durchsagen, hereinkommen, voraussagen, rückwärtslaufen* usw.
- Adjektiv und Verb bzw. Verb und Verb werden zusammengeschrieben, wenn sich daraus eine neue Gesamtbedeutung ergibt, z. B. *schwerfallen* (Mühe haben), *schwarzfahren* (ohne Fahrschein fahren), *sitzenbleiben* (nicht versetzt werden) usw.

4 **a** Sammeln Sie zu jeder in der Information genannten Teilregeln drei Beispiele. Diktieren Sie diese wechselseitig einer Partnerin / einem Partner.

b Begründen Sie jeweils die richtige Schreibweise.

2.3 Umgang mit dem Wörterbuch

Ele|ment, das; -[e]s, -e ‹lat.› (Urstoff; Grundbestandteil; chem. Grundstoff; Naturgewalt; ein elektrisches Gerät; *meist Plur.: abwertend für* zwielichtige Person; *vgl.* Elemente); er ist, fühlt sich in seinem Element

Haus, das; -es, Häuser
- Haus halten *od.* haushalten; *vgl.* haushalten
- Lieferung frei Haus
- außer [dem] Hause; außer Haus; im Hause, *auch* Haus (*Abk.* i. H.)
- von Hause, von Haus, *auch* Hause aus; von Haus zu Haus
- nach Haus[e] *od.* nachhaus[e]
- zu Haus[e] *od.* zuhaus[e]
- von zu Haus[e] *od.* zuhaus[e]

Vgl. auch Zuhause

Nerd [nœ:ɐ̯t], der; -s, -s ‹engl. „Schwachkopf"› (*Jargon abwertend* sehr intelligenter, aber sozial isolierter Computerfan)

wi|der (*meist geh. für* [ent]gegen); *Präp. mit Akk.:* das war wider meinen ausdrücklichen Wunsch; wider [alles] Erwarten; wider alle Vernunft; wider besseres Wissen; wider Willen; *vgl. aber* wieder; das Für und [das] Wider

1 Welche Informationen können Sie den Einträgen entnehmen? Klären Sie Zeichen und Abkürzungen.

2 Erläutern Sie sich gegenseitig, wann und wie Sie mit einem Wörterbuch umgehen: Bei welchen Problemen suchen Sie dort Hilfe? Wie gehen Sie bei Ihrer Suche vor?

3 Stellen Sie in einer ausführlichen Übersicht zusammen, was Ihr Wörterbuch zusätzlich zur alphabetischen Liste der Wörter an Hilfen, Regeln, Verzeichnissen usw. bietet.

Methode **Im Wörterbuch nachschlagen**

- Beachten Sie: Die Wörter sind nicht nur nach ihrem Anfangsbuchstaben alphabetisch sortiert, sondern auch nach allen folgenden Buchstaben.
- Wenn Sie ein Wort nicht auf Anhieb finden, sollten Sie eine andere möglich erscheinende Schreibweise überlegen und darunter nachschlagen.
- Neben der alphabetischen Wörterliste gibt es in Wörterbüchern auch andere Hilfen, z. B. einen Teil mit Regeln und Beispielen. Hier können Sie etwa Fragen zur Zeichensetzung nachschlagen.

4 Die folgenden Wörter stammen aus der Szene „Die Schlacht der Wörter" in Urs Widmers Theaterstück „Top Dogs", das 1997 erschien:
Job-sharing – Marketingstrategie – Task-Force – Hot-line – Corporate Identity – Know-how – Jointventures – Outsourcing – Break-even-point – Lean Management – Training-on-the-Job – Cash-flow

a Kontrollieren Sie mithilfe eines Wörterbuchs, ob diese Wörter auch nach der heute gültigen Rechtschreibung so richtig geschrieben sind.

b Klären Sie die Bedeutung der Begriffe.

5 Suchen Sie im Regelteil des Wörterbuchs die Regeln, nach denen Sie bei Fremdwörtern entscheiden können, ob sie mit oder ohne Bindestrich, groß- oder kleingeschrieben werden.

6 a Diktieren Sie sich die folgenden Begriffe aus dem Deutschunterricht im Partnerdiktat:
Apostroph – Brainstorming – Essay – Euphemismus – Feuilleton – Genus – Jambus – lyrisches Ich – Metrum – Modus – Parallelismus – Ressort – Sitcom – Sonett – Talkshow – Theater – Trochäus

b Erläutern Sie die Bedeutung der Begriffe und setzen Sie sie, wenn möglich, in den Plural. Wenn Sie unsicher sind, schlagen Sie in einem Wörterbuch nach!

2.4 Textüberarbeitung – Sprachrichtigkeit und Stil

Abbas Khider: **Neudeutsch** (2019)

An de Sonntag gegen 6 Uhr de Kind aufwacht. Es aufweckt sein Vater. Sie kuscheln und plaudern. De Vater aufsteht und zubereitet de Frühstück. Ab 9 Uhr es losgeht mit de Spielen. De Kind spielt de Rolle min Robin Hood und sein Vater ist Little John: Sie stehlen Geld min die Reiche und geben es die Arme.

Um 12:30 Uhr de Vater ist fix und fertig. Er überlegt ernsthaft, de Disney-Film *Robin Hood* zu bestellen. Vielleicht de Kind anschaut er und lässt sein Vater für 120 Minuten in Ruhe. Er will spielen ja nicht de ganz Tag Little John. Sein echt Name fehlt er langsam.

Um 15 Uhr de Vater hat überstanden de Spielzeit, nun die Großeltern auftauchen und spazierengehen mit de Kind. De Vater beeilt sich, um de Satz „Mein echt Name fehlt mi langsam" in de Notizheft zu schreiben.

18 Uhr. De Vater umschaut sich in sein Arbeitszimmer und checkt sein E-Mails. De Kind ist wieder da. De Vater umarmt es. Nach de Abendessen es losgeht wieder mit de Spielen. De Kind fragt sein Vater: „Wollen wir Geld klauen, Little John?" – „Ja, mein Robin. Los!" […]

1 Mit diesem Text gibt der aus dem Irak geflohene Schriftsteller Abbas Khider ein Beispiel für die Vereinfachungsvorschläge, die er für die deutsche Sprache hat.
- **a** Übertragen Sie den Text Satz für Satz in reguläres Deutsch.
- **b** Arbeiten Sie durch einen Textvergleich genau heraus, welche Vereinfachungen der Autor vorgenommen hat. Verwenden Sie dazu die entsprechenden grammatischen Fachbegriffe.

2 Wäre es gut, die deutsche Sprache in ihrer Grammatik grundlegend zu vereinfachen?
- **a** Erörtern Sie diese Frage in einem ausführlichen Kommentar. Beziehen Sie das Beispiel von Khider sowie ggf. konkrete eigene Vorschläge mit ein.
- **b** Überarbeiten Sie Ihre Erörterungen anhand der Checkliste in einer Schreibkonferenz (▶ S. 357).

Checkliste **Sprachrichtigkeit und Stil selbst verfasster Texte**

1. Zeichensetzung
- Kommas (vor allem bei „dass"-Sätzen und Nebensätzen)
- Satzschlusszeichen
- Satzzeichen bei der wörtlichen Rede

2. Zitate
- Mit Anführungszeichen gekennzeichnet und mit Zeilen-/Seitenangabe versehen?
- Bei indirekter Rede Konjunktiv benutzt?

3. Rechtschreibung
- dass/das
- s-Laute
- Groß- und Kleinschreibung
- Getrennt- und Zusammenschreibung

4. Satzbau
- Sind alle Sätze vollständig und in ihrer Konstruktion korrekt?
- Keine „Bandwurmsätze"?
- Kein übertriebener Nominalstil?
- Richtige Tempusform gewählt?
- Korrekte grammatische Endungen gebildet?

5. Ausdruck
- Keine Umgangssprache verwendet?
- Passende Wörter und Fachbegriffe benutzt?
- Angemessene Stilebene gewählt?

Checklisten

Informationen

Methoden

Literarische Epochen und Strömungen im Überblick

Beginn und Ende literarischer Epochen und Strömungen lassen sich nur selten konkreten Jahreszahlen zuordnen, die chronologische Einteilung dient aber der Orientierung. Die folgende Übersicht gibt daher einen groben Überblick über die gängige Einteilung der Literaturgeschichte.

750 – 1470 – Epochenumbruch 1500

Anfänge der deutschen Literatur – Mittelalter (750–1470)
- religiöse Dichtung: Legende, Mystik
- höfische Dichtung: Minnesang, Epos, z. B. **Walther von der Vogelweide** (▸ S. 317)

Frühe Neuzeit (1450–1600)
- Volksbuch und Schwank, z. B. „Till Eulenspiegel“
- Fastnachtspiel, z. B. **Sachs**
- Kirchenlied, z. B. **Luther**

1740 – 1720 – 1600

Aufklärung (1720–1800, ▸ S. 205 ff.)
- Epik: Fabel, Parabel, z. B. **Lessing**
- Drama, z. B. **Lessing** (▸ S. 205 ff., 229 ff.)
- Philosophische Schriften (▸ S. 209 f.), z. B. **Kant**

Barock (1600–1750, ▸ S. 177 f.)
- Epik: Roman, z. B. **Grimmelshausen**
- Lyrik: Bildgedicht und Emblem, Sonett (▸ S. 177), z. B. **Gryphius**
- Poetik, z. B. **Opitz:** „Buch von der Deutschen Poeterey“

1750 – 1770 – 1780 – 1785 – Epochenumbruch 1800

Empfindsamkeit (1740–1780)
- Epik: Brief- und Bildungsroman, z. B. **La Roche:** Geschichte des Fräuleins von Sternheim
- Lyrik: Naturlyrik, z. B. **Klopstock, Claudius**

Sturm und Drang (1770–1785, ▸ S. 179 ff.)
- Drama: Bürgerliches Trauerspiel, z. B. **Schiller**
- Lyrik: Hymne, z. B. **Goethe,** politische Lyrik, z. B. **Bürger**

1820 – 1805 – 1800 – 1795 – Epochenumbruch 1800 · Epochenumbruch 1800

Romantik (1795–1835, ▸ S. 182 ff.)
- Epik: Roman, z. B. **Tieck**
- Novelle/Erzählung, z. B. **E. T. A. Hoffmann**
- Kunstmärchen, z. B. **Hauff**
- Lyrik, z. B. **Novalis, Brentano, Eichendorff** (▸ S. 173, 183)
- Sammlungen von Volksliedern und Volksmärchen, z. B. **Brüder Grimm**

Weimarer Klassik (1786–1805, ▸ S. 179 ff.)
- Dramen von **Goethe** (▸ S. 310) und **Schiller**
- Lyrik: Distichen, Ideenlyrik, Balladen von **Goethe** und **Schiller**

1830 – 1835 – 1848 – 1850 – Frührealismus · Frührealismus · Frührealismus

Biedermeier (1820–1850)
- Epik: Novelle, Erzählung, z. B. **Mörike, Stifter**
- Lyrik, z. B. **Droste-Hülshoff**

Vormärz (1830–1848)
- Lyrik: politische Lyrik, z. B. **Heine**
- Flugblatt, journalistische Schriften, z. B. **Büchner, Heine**

1880 · 1890 · Moderne / Epochenumbruch 1900

Poetischer/bürgerlicher Realismus
(1850–1890, ▸ S. 140 ff.)
- Epik: Roman, Novelle, z. B. **Keller, Fontane** (▸ S. 140 ff.)

Naturalismus
(1880–1900)
- Epik: Novelle, Roman, z. B. **Holz/Schlaf**
- Drama, z. B. **Hauptmann**

1900 · 1910 · Moderne / Epochenumbruch 1900

Ästhetizismus – Fin de siècle
(1890–1920): Impressionismus, Jugendstil, Décadence, Sezession, Neoromantik, Surrealismus
- Epik: Roman, z. B. **Musil,** Erzählung, Novelle, z. B. **Th. Mann**
- Lyrik, z. B. **Rilke**

Expressionismus
(1910–1925, ▸ S. 186 ff.)
- Drama, z. B. **G. Kaiser:** „Die Bürger von Calais"
- Lyrik (▸ S. 186 ff.), z. B. **Benn, Heym, Trakl**

Wichtiger Autor zur Zeit des Expressionismus: **Kafka** (▸ S. 30 f., 124, 126, 150)

1920 · 1925 · 1933 · 1945

Literatur der Weimarer Republik
(1919–1933, ▸ S. 143 ff.): z. B. Neue Sachlichkeit
- Epik: Roman (▸ S. 143 ff.), z. B. **Keun**
- Drama: episches Theater, z. B. **Brecht:** „Die Dreigroschenoper"
- Lyrik: Gebrauchslyrik
- Journalistische Texte: Reportagen, z. B. **Kisch**

Exilliteratur
(1933–1945)
- Epik: Roman, z. B. **Seghers, K. Mann**
- Drama: episches Theater (▸ S. 214 ff.), z. B. **Brecht**
- Lyrik: Gebrauchslyrik
- Journalistische Texte, z. B. **Tucholsky, E. Mann**

1960 · 1980 · 1989 · Vielfalt der Stile

Nachkriegsliteratur
(1945–1960, ▸ S. 118 ff.)
- Epik: Kurzgeschichte (▸ S. 118 ff.), z. B. **Borchert, Böll**
- Lyrik: konkrete Poesie, z. B. **Gomringer, Rühm**

Literatur der BRD und der DDR zwischen 1960 und 1989
- Epik: postmoderner Roman, z. B. **Süskind**
- Drama: politisches Dokumentartheater, z. B. **Weiss**
- Lyrik: politische Lyrik, z. B. **Enzensberger, Rühmkorf, Biermann**

Vielfalt der Stile · Vielfalt der Stile

Vielfalt der Stile / Postmoderne, Neorealismus, Popliteratur (1989 bis zur Gegenwart)
- Epik: postmoderne Erzählliteratur, z. B. **B. Strauß** (▸ S. 132 f.), **Ransmayr, Zeh,** neorealistische Erzählliteratur, z. B. **Grass, M. Walser,** Popliteratur, z. B. **Berg** (▸ S. 115 f.), **R. Goetz**

Gattungen und Textsorten

Die traditionelle Gliederung der (literarischen) Gattungen unterscheidet im Rückgriff auf die aristotelische Poetik **Epik**, **Dramatik** und **Lyrik**. Im „Informationszeitalter" gewinnt die Gattung der Sachtexte immer mehr an Bedeutung.

Gattungen	**Epik** (Kapitel B 3, S. 111 ff.) Der Begriff Epik umfasst viele Formen erzählender Literatur, heute in der Regel Prosatexte.			**Dramatik** (Kapitel B 5, S. 201 ff.) Dramen sind meist für eine Theateraufführung verfasst, die Handlung wird in Form von Dialogen und Monologen der Figuren vorangetrieben.		**Lyrik** (Kapitel B 4, S. 165 ff.) Kennzeichen für lyrische Texte sind die Verdichtung der sprachlichen Gestaltungsmittel und eine häufig in Versen gebundene Sprache.
	Epische Großformen	Mittlere Formen	Epische Kleinformen	Klassisches (aristotelisches) Drama	Modernes Drama (offene Form)	
Textsorten	– Roman (▸ S. 139 ff.) – Epos	– Erzählung – Novelle	– Kurzgeschichte (▸ S. 113 ff.) – Parabel (▸ S. 124 ff.) – Fabel – Anekdote – Kalendergeschichte – Märchen – Schwank	– klassische Tragödie – klassische Komödie – bürgerliches Trauerspiel	– episches Theater (▸ S. 214 ff.) – Dokumentartheater – absurdes Theater – experimentelles Theater	– Ballade – Romanze – Elegie (▸ S. 188) – Sonett (▸ S. 177) – Lied (▸ S. 168) – Figurengedicht – Konkrete Poesie

Sachtexte (Kapitel B 2, S. 73 ff.) Sachtexte haben im Unterschied zu fiktionalen Textsorten einen pragmatischen Zweck. Dabei kommen in einem Text häufig verschiedene Intentionen zum Tragen, es lassen sich jedoch Schwerpunkte bestimmen.

deskriptiv: informierende, dokumentierende, erklärende, darstellende Intention	narrativ: darstellende, unterhaltende Intention	argumentativ: begründende, abwägende, überzeugende Intention	appellativ: aufrufende Intention	normativ: verbindlich regelnde Intention	expressiv: sich selbst ausdrückende Intention
– Bericht – Lexikonartikel – Dokumentation – Protokoll (▸ S. 373) – Anleitung	– Reportage (▸ S. 60) – Werbung – Buchvorstellung (▸ S. 139 f.) – Predigt	– Erörterung – Antrag – politische Rede (▸ S. 340 f., 345 ff.) – Leserbrief – Rezension – Kommentar (▸ S. 84 f.)	– Wahlaufruf – Werbetext	– Hausordnung – Anordnung – Satzung – Gesetz (▸ S. 74, 76)	– Tagebuch – Liebesbrief

Text- und Bildquellenverzeichnis

Textquellenverzeichnis

Texte, die mit einem Sternchen (*) gekennzeichnet sind, wurden aus didaktischen Gründen gekürzt.

Albert, Andreas: *Roboter-Hotel schmeißt Roboter raus,* S. 263. Aus: Spiegel online, 16. 01. 2019, https://www.spiegel.de/wirtschaft/unternehmen/japan-roboter-hotel-schmeisst-massenhaft-roboter-raus-a-1248320.html [19. 02. 2020] (*)

Anderton, Julia: *Das ist privat! SMS, E-Mails, Zettelchen und WhatsApp: Gilt das Briefgeheimnis auch für Kinder?,* S. 74. Aus: WhatsApp, Zettelchen und E-Mails – die Privatsphäre der Kinder. Wormser Zeitung, 16. 05. 2019 (*)

Aristoteles: *Kennzeichen der Tragödie,* S. 212. Aus: Theorie des Dramas: Aristoteles. Hrsg. v. Ulrich Staehle. Stuttgart: Reclam 1973, S. 8 ff.

Arnim, Bettina von: *Auf diesem Hügel überseh ich meine Welt!,* S. 184. Aus: Heimat. Gedichte. Hrsg. v. G. Leitner. Stuttgart: Reclam 2017, S. 68

Ausländer, Rose: *Das Schönste,* S. 168. Aus: Regenwörter. Gedichte. Hrsg. v. Helmut Braun. Ditzingen: Reclam 1994; *Biografische Notiz,* S. 174. Aus: Lebensalter. Gedichte, gesammelt von Peter Härtling. München: C. H. Beck 2004, 2. Aufl., S. 169

Bahnsen, Ulrich: *Die Macht der Gene,* S. 76. Aus: Zeit Doctor, Nr. 1, Februar 2019, S. 10

Baier, Tina: *Die Zwillingskrisen,* S. 78. Aus: Süddeutsche Zeitung, 08. 05. 2019 (*)

Bauer, Ingeborg: *Annette von Droste-Hülshoff – eine Annäherung,* S. 46 f. Aus: Annette von Droste-Hülshoff – eine Annäherung. Norderstedt: Books on Demand 2010, S. 61 f. (*)

Bemmer, Ariane: *Können bitte alle aufhören, vom Klimaschutz zu reden!,* S. 95. Aus: Der Tagesspiegel, 10. 12. 2018, https://www.tagesspiegel.de/politik/klimagipfel-in-kattowitz-koennen-bitte-alle-aufhoeren-vom-klimaschutz-zu-reden/23741528.html [19. 02. 2020]

Berg, Sibylle: *Nacht,* S. 115 f. Aus: Das Unerfreuliche zuerst: Herrengeschichten. Köln: Kiepenheuer & Witsch 2001, S. 115 f.

Berthoud, Ella u. a.: *Die Romantherapie. 253 Bücher für ein besseres Leben,* S. 62. Aus: Die Romantherapie. Berlin: Insel 2014, S. 9 f. (*)

Bichsel, Peter: *Ein Tisch ist ein Tisch,* S. 292 ff. Aus: Kindergeschichten. Frankfurt/M.: Suhrkamp Tb. 1997, S. 21–30

Bigalke, Katja: *Machen Social Media uns zum Narziss?,* S. 282. Aus: Das schönste Ich. Macht [sic!] Social Media uns zum Narziss? Markus Appel im Gespräch mit Katja Bigalke. Deutschlandfunk Kultur, 27. 01. 2018, https://www.deutschlandfunkkultur.de/das-schoenste-ich-macht-social-media-uns-zum-narziss.1264.de.html?dram:article_id=409376 [19. 02. 2020] (*)

Böhm, Thomas / Pfeiffer, Carsten (Hrsg.): *Die Wunderkammer der deutschen Sprache,* S. 382. Aus: Die Wunderkammer der deutschen Sprache: Ein Füllhorn. Berlin: Verlag Das kulturelle Gedächtnis 2019, S. 178 f. (*)

Böll, Heinrich: *An der Brücke,* S. 120 f. Aus: Sonderbare Geschichten von heute. Erzählungen moderner deutscher Klassiker. Hrsg. v. Maria Friedrich. München: dtv 1979, S. 160 ff.

Borchert, Wolfgang: *An diesem Dienstag,* S. 118 ff. Aus: Das Gesamtwerk. Hrsg. v. Michael Töteberg unter Mitarbeit von Irmgard Schindler. Reinbek: Rowohlt 2009, 3. Aufl., S. 224 ff.

Borgenicht, Dr. Louis / Borgenicht, Joe: *Aktivierung des Schlafmodus,* S. 312. Aus: Baby – Betriebsanleitung: Inbetriebnahme, Wartung und Instandhaltung. Übers. v. Birgit Franz. München: Goldmann 2014, S. 117 (*)

Boroditsky, Lera: *Wie die Sprache das Denken formt,* S. 297 ff. Aus: Spektrum.de, 15. 03. 2012, https://www.spektrum.de/news/wie-die-sprache-das-denken-formt/1145804 [19. 02. 2020] (*)

Bounin, Ingrid: *Begriff „Medien",* S. 244, und *Mediatisierung der Gesellschaft,* S. 248. Aus: https://www.lmz-bw.de/medien-und-bildung/medienbildung/grundlagen-der-medienbildung/medienbildung-und-gesellschaft/ [19. 02. 2020] (*)

Brantenberg, Gerd: *Die Töchter Egalias. Ein Roman über den Kampf der Geschlechter,* S. 296. Aus: Die Töchter Egalias. Übers. v. Elke Radicke. Berlin: Olle und Wolter 1979, S. 7 ff. (*)

Brecht, Bertolt: *Der hilflose Knabe,* S. 124. Aus: Kalendergeschichten. Reinbek: Rowohlt Taschenbuch 1959, S. 127 f.; *Maßnahmen gegen die Gewalt,* S. 124. Aus: Geschichten vom Herrn Keuner. Text und Kommentar. Berlin: Suhrkamp 2012, S. 12; *Über die Bezeichnung Emigranten,* S. 190. Aus: deutschelyrik.de/ueber-die-bezeichnung-emigranten.html [19. 02. 2020]; *Der gute Mensch von Sezuan,* S. 214 f. Aus: Gesammelte Werke in 20 Bänden. Band 4. Frankfurt/M.: Suhrkamp 1967, S. 1489 ff. (*); *Die Bühne begann zu erzählen,* S. 219. Aus: Ebd. Bd. 15, S. 264 f.; *Die dramatische und die epische Form des Theaters,* S. 220. Aus: Große kommentierte Berliner und Frankfurter Ausgabe. Band 24: Schriften 4. Berlin u. a.: Aufbau, Suhrkamp 2003, S. 78 f.

Breckner, Johannes (Interview), **Ernst Osterkamp:** *Literaturkritik im Wandel,* S. 65 f. Aus: Akademiepräsident Osterkamp über Literaturkritik im Wandel. Wiesbadener Kurier, 25.10.2018 (*)

Brodnig, Ingrid: *Lügen im Netz: Sich davor schützen und andere aufklären,* S. 271 f. Aus: Digitale Desinformation. Bundeszentrale für politische Bildung, 02. 05. 2019, https://www.bpb.de/gesellschaft/digitales/digitale-desinformation/290492/luegen-im-netz-sich-davor-schuetzen-und-andere-aufklaeren?p=0#bio0 [19. 02. 2020] (*)

Bronsky, Alina: *Scherbenpark,* S. 146 f. Aus: Scherbenpark. Köln: Kiepenheuer & Witsch 2018, 15. Aufl., S. 9 ff. (*)

Brüggemeier, Beate: *Empathisch zuhören,* S. 32. Aus: Wertschätzende Kommunikation im Business. Wer sich öffnet, kommt weiter. Paderborn: Junfermann 2017, 4., überarb. Aufl., S. 91

Büchner, Georg: *Woyzeck,* S. 202 f. Aus: Woyzeck. Ein Fragment. Ditzingen: Reclam 1984, S. 4 f.

Can, Safiye: *Möglicherweise ganz und gar,* S. 172. Aus: Kinder der verlorenen Gesellschaft. Göttingen: Wallstein 2017, S. 10

Carius, Alexander: *„Es gibt kaum einen …",* S. 39. Aus: „Wir dürfen nicht nur über drohende Schreckensszenarien sprechen". Interview. Süddeutsche.de, 26.02.2019, https://www.sueddeutsche.de/politik/klimawandel-interview-1.4345073 [19. 02. 2020] (*)

Cumart, Nevfel: *Zwei Welten,* S. 167. Aus: Zwei Welten. Gedichte. Düsseldorf: Grupello 1996

Diderot, Denis: *„Durch Vernunft …",* S. 210. Aus: Hans Werner Wüst: Zitate & Sprichwörter. München: Bassermann 2010

Domin, Hilde: *Mit leichtem Gepäck,* S. 175. Aus: Auf dem Weg. Gedichte vom Pilgern und Unterwegssein. Ostfildern: Thorbecke 2011, S. 14

Doyle, Arthur Conan: *Eine Studie in Scharlachrot,* S. 290. Aus: Eine Studie in Scharlachrot. Übers. v. Gisbert Haefs. Frankfurt/M. und Leipzig: Insel 2007 (*)

Duve, Karen: *Romanauszug aus „Fräulein Nettes kurzer Sommer",* S. 48. Aus: Fräulein Nettes kurzer Sommer. Berlin: Galiani 2018, 7. Aufl., S. 18 ff. (*)

Ehlers, Michael: *Rhetorik – Die Kunst der Rede im digitalen Zeitalter,* S. 50 f. Aus: Rhetorik – Die Kunst der Rede im digitalen Zeitalter. Kulmbach: Börsenmedien 2018, S. 99 ff. (*)

Eichendorff, Joseph von: *Die Heimat,* S. 173. Aus: Werke. 1. Band. Leipzig: Voigt & Günther 1864, 2. Aufl., S. 317 f.; *Heimweh,* S. 183. Aus: Joseph von Eichendorff: Aus dem Leben eines Taugenichts. Stuttgart: Reclam 1970 u. ö. [1984], S. 53 f.

Enzensberger, Hans Magnus: *Wehrt Euch!,* S. 277. Aus: Technologischer Totalitarismus. Hrsg. v. Frank Schirrmacher. Berlin: Suhrkamp 2015, S. 70 ff. (*)

Faulstich, Werner: *„Jetzt geht die Welt zugrunde …" – Kulturkritik, „Kulturschocks" und Mediengeschichte: vom antiken Theater bis zu Multimedia,* S. 275 f. Aus: Medienkulturen. München: Fink 2000, S. 172 ff. (*)

Fontane, Theodor: *Irrungen, Wirrungen,* S. 140 f. Aus: Irrungen, Wirrungen. Berlin: Aufbau 2019, S. 5 ff. (*); *Effi Briest,* S. 156 und 158 f. Aus: Große Brandenburgische Ausgabe. Das erzählerische Werk. Hrsg. v. Gotthard Erler u. Christine Hehle. Berlin: Aufbau 1998, S. 5 ff. (*)

Fromme, Claudia: *Was für ein Wahnsinn,* S. 42 f. Aus: Süddeutsche Zeitung, 29./30. 12. 2018 (*)

Gastmann, Ulrike: *Zu jung für diese Welt,* S. 88 f. Aus: Die Zeit, 07.02.2019 (*)

Gauck, Joachim: *Gedächtnisvorlesung zum 70. Jahrestag der Hinrichtung von Mitgliedern der studentischen Widerstandsgruppe „Weiße Rose",* S. 348 f. Aus: http://www.bundespraesident.de/SharedDocs/Reden/DE/Joachim-Gauck/Reden/2013/01/130130-Weisse-Rose.html [19. 02. 2020] (*)

Goethe, Johann Wolfgang: *Aus dem Tagebuch der Schweizer Reise,* S. 179. Aus: Joachim Dyck: Die Physiognomie der Selbsterkenntnis: Goethes Gedicht „Auf dem See". Euphorion. Zeitschrift für Literaturgeschichte, Bd. 67, 1973, S. 75; *Auf dem See,* S. 179. Aus: Goethes Schriften, Bd. 8. Hrsg. v. G. J. Göschen. Leipzig: Göschen 1789, S. 144 f.; *Die Lustigen von Weimar,* S. 180. Aus: Goethes Werke, Bd. 1. Hrsg. v. Erich Trunz. München: C. H. Beck 1996, 16. Aufl., S. 274; *„Habe nun, ach! Philosophie …",* S. 310. Aus: Faust. Der Tragödie Erster Teil. Stuttgart: Reclam 2017, S. 13

Goethe, Rolfgang vong: *Hallo i bims der Faust!,* S. 309. Aus: Hallo i bims der Faust! München: riva 2018, S. 9 f. (*)

Goffman, Erving: *Wir alle spielen Theater,* S. 29. Aus: Wir alle spielen Theater. Die Selbstdarstellung im Alltag. Übers. v. Peter Weber-Schäfer. München: Piper 2017, 17. Aufl., S. 5 f. (*)

Gomringer, Nora: *Daheim,* S. 193. Aus: https://www.lyrikline.org/de/gedichte/daheim-2961 [19. 02. 2020]

Grimm, Imre: *Wie Streamingdienste das klassische Fernsehen bedrohen,* S. 250 f. Aus: Hannoversche Allgemeine, 06. 02. 2019, https://www.haz.de/Nachrichten/Politik/Deutschland-Welt/Wie-Streamingdienste-das-klassische-Fernsehen-bedrohen [19. 02. 2020] (*)

Grün, Max von der: *Das Stenogramm,* S. 151. Aus: Stenogramm. Erzählungen. Düsseldorf: Eremiten-Presse 1972 (*), S. 8 ff.

Gryphius, Andreas: *Tränen des Vaterlandes,* S. 177. Aus: Wolfgang Popp: Lesebuch I: Dreißigjähriger Krieg: Eine Textsammlung aus der Barockliteratur. Münster: LIT 1998, S. 111

Hacke, Axel: *Panini,* S. 380. Aus: Wortstoffhof. Sprachgeschichten von Äh bis Zeitfenster. München: Antje Kunstmann 2008, S. 152; *Hirnforscher und Grammatik,* S. 382. Aus: Ebd., S. 85 ff. (*)

Heidenreich, Elke: *„Die Lust an der Literatur …“,* S. 59. Aus: Wer nicht liest, ist doof. Aus: Kursbuch. Das Buch. Heft 133. Berlin: Rowohlt Berlin 1998

Heimann, Andreas: *Die Liebe der jungen Dichterin,* S. 47 f. Aus: Wiesbadener Kurier, 03. 01. 2019, S. 13 (*)

Heimes, Silke: *Erzählen als Grundhaltung,* S. 111 f. Aus: Lesen macht gesund. Die Heilkräfte der Bibliotherapie. Göttingen: Vandenhoeck & Ruprecht 2017, S. 24 ff. (*)

Heine, Heinrich: *In der Fremde III,* S. 196. Aus: Werke und Briefe in zehn Bänden. Bd. 1. Berlin und Weimar: Aufbau 1972, 2. Aufl., S. 279

Hermann-Ruess, Anita: *Professionell, wirkungsvoll und denkstilgerecht visualisieren,* S. 54 f. Aus: Wirkungsvoll präsentieren. Das Buch voller Ideen. Göttingen: BusinessVillage 2017, 4. Aufl. (*)

Herrmann-Neiße, Max: *In der Fremde,* S. 187. Aus: Gedichte. Band 1. Frankfurt: Zweitausendeins 1990, S. 394

Hesse, Hermann: *Kennst du das auch?,* S. 167. Aus: Sämtliche Werke. Hrsg. v. Volker Michels. Frankfurt: Suhrkamp 2002, S. 91

Heym, Georg: *Die Stadt,* S. 186. Aus: https://www.projekt-gutenberg.org/heym/gedichte/chap083.html [19. 02. 2020]

Hiltmann, Aleksandra: *Ein letzter Blick in die Röhre,* S. 249. Aus: Tagesanzeiger, 18.10.2018, https://www.tagesanzeiger.ch/kultur/fernsehen/ein-letzter-blick-in-die-roehre/story/28005861 [19. 02. 2020]

Hitler, Adolf: *Rede an die Hitlerjugend auf dem Reichsparteitag 1935,* S. 345 f. Aus: Die Reden Hitlers am Parteitag der Freiheit 1935. München: Franz Eher Nachf. 1935, S. 351 f. (*)

Hoffmann, Dagmar / Eichstedt, Astrid (Übers.): *Soziale Medien und Identität,* S. 280 f. Aus: https://www.aktion-mensch.de/dafuer-stehen-wir/das-bewirken-wir/menschen-magazin/einfache-sprache/soziale-netzwerke.html [19. 02. 2020] (*)

Hölderlin, Friedrich: *Die Heimat,* S. 184. Aus: Werke in zwei Bänden. 1. Bd. Stuttgart: Parkland (Lizenzausgabe), S. 283 f. © München/Wien: Hanser 1970

Hugo, Victor: *„Die Erfindung der Buchdruckerkunst …“,* S. 243. Aus: Füssel, Stephan: Johannes Gutenberg. Hamburg: Reinbek 2000, 2. Aufl., S. 141 (*)

Jäger, Agnes / Böhnert, Katharina: *Warum verändert sich Sprache?,* S. 316. Aus: Sprachgeschichte. Tübingen: Narr 2018, S. 33 ff. (*); *Wie verändert sich Sprache durch Sprachkontakt?,* S. 318. Ebd., S. 37 ff. (*)

Kafka, Franz: *Der Nachbar,* S. 30 f. Aus: Beschreibung eines Kampfes. Novellen, Skizzen, Aphorismen aus dem Nachlass. Gesammelte Werke. Hrsg. v. Max Brod. Frankfurt/M.: Fischer Taschenbuch Verlag 1983, S. 100 f.; *Kleine Fabel,* S. 124. Aus: Ebd., S. 91; *Heimkehr,* S. 126. Aus: Ebd., S. 107; *Die Verwandlung,* S. 150. Aus: Die Weißen Blätter. Eine Monatsschrift. Jg. 2., Heft 10. Hrsg. v. René Schickele, S. 1194 (*)

Kainz, Constanze (Interview), **Marc Wittmann:** *Wie das Smartphone uns die Zeit klaut,* S. 259. Aus: Zeit Campus, 22. 01. 2019, https://www.zeit.de/campus/2019-01/zeitempfinden-zeitforschung-langeweile-smartphone-psychologie [18. 07. 2019] (*)

Kaléko, Mascha: *Emigranten-Monolog,* S. 196 und 198. Aus: Verse für Zeitgenossen. Reinbek: Rowohlt 2012, 28. Aufl., S. 76

Kallmeyer, Werner u. a.: *Beliebigkeit und Konventionalität des sprachlichen Zeichens,* S. 292. Aus: Lektürekolleg zur Textlinguistik. Bd. 1. Frankfurt/M.: Fischer 1974, S. 5 ff. (*)

Kant, Immanuel: *„Aufklärung ist …“,* S. 209. Aus: Was ist Aufklärung? Thesen und Definitionen. Hrsg. v. Erhard Bahr. Stuttgart: Reclam 1974, S. 9 (*); *„Dass die Menschen, wie die Sachen jetzt stehen …“,* S. 210. Aus: Berlinische Monatsschrift. Hrsg. v. Johann E. Biester und Friedrich Gedike. Bd. 4, 1784, zwölftes Stück, S. 491 (*); *„Ein Fürst, der …“,* S. 210. Aus: Ebd., S. 491 (*); *„Es ist nur eine Religion …“,* S. 210. Aus: Die Religion innerhalb der Grenzen der bloßen Vernunft, Berlin: Holzinger 2016, 4. Aufl.; *„Es ist so bequem …“,* S. 210. Aus: Berlinische Monatsschrift. Hrsg. v. Johann E. Biester und Friedrich Gedike. Bd. 4, 1784, zwölftes Stück, S. 482 (*)

Keim, Inken: *Formen von Mehrsprachigkeit,* S. 304. Aus: Der Deutschunterricht, Heft 6/2016, S. 9 ff. (*)

Keller, Rudi: *Ist die deutsche Sprache vom Verfall bedroht?,* S. 320. Aus: https://www.phil-fak.uni-duesseldorf.de/uploads/media/Sprachverfall.pdf, S. 5 f. [19. 02. 2020] (*)

Keun, Irmgard: *Das kunstseidene Mädchen,* S. 143 f. Aus: Das kunstseidene Mädchen. Berlin: Ullstein/List 2004, 6. erw. Aufl., S. 7 ff. (*)

Khider, Abbas: *Deutsch für alle,* S. 378. Aus: Deutsch für alle. Das endgültige Lehrbuch. München: Hanser 2019, 3. Aufl., S. 27 f. (*); Neudeutsch, S. 390. Aus: Ebd., S. 109 f. (*)

Klein, Bettina: *Bei Flugverspätung zahlt die anbietende Airline,* S. 353 f. Aus: Deutschlandfunk, 04. 07. 2018, https://www.deutschlandfunk.de/eugh-urteil-bei-flugverspaetung-zahlt-die-anbietende-airline.769.de.html?dram:article_id=422069 [19. 02. 2020] (*)

Kleindienst, Jens / Lachmann, Markus: *Pro & Contra: Soll es auf Autobahnen ein Tempolimit geben?,* S. 87. Aus: Wiesbadener Kurier, 26. 01. 2019, S. 2

Kliemann, Fynn: *Zuhause,* S. 166. Aus: https://www.musixmatch.com/de/songtext/Fynn-Kliemann/Zuhause [19. 02. 2020]

Kloeppel, Carol: *Dear Germany. Eine Amerikanerin in Deutschland,* S. 376. Aus: Dear Germany. Eine Amerikanerin in Deutschland. Übers. v. Claudia Geng. Bergisch Gladbach: Bastei Lübbe 2008 (*)

Kramer, Bernd: *Meine Sklaven,* S. 90 f. Aus: Fluter, Nr. 69, 2018, S. 28 f. (*)

Kübler, Hans-Dieter: *Ein kurzer Abriss der Mediengeschichte,* S. 246 f. Aus: Kommunikation und Medien. Eine Einführung. Münster: LIT Verlag 2003 (*)

Lamparter, Dietmar H. (Interview), **Armin Grunwald:** *„Wir können die Dinge in der Hand behalten“,* S. 264. Aus: Zeit online, 09. 01. 2019, https://www.zeit.de/2019/03/armin-grunwald-digitalisierung-herausforderung-buch-der-unterlegene-mensch [19. 02. 2020] (*)

Lanier, Jaron: *Zehn Gründe, warum du deine Social-Media-Accounts sofort löschen musst,* S. 281 f. Aus: Zehn Gründe, warum du deine Social Media Accounts sofort löschen musst. Übers. v. Martin Bayer u. Karsten Petersen. Hamburg: Hoffmann und Campe 2018, S. 13, 94 f., 107, 117, 129 ff. (*)

Lasker-Schüler, Else: *Die Verscheuchte,* S. 189. Aus: Sämtliche Gedichte. Hrsg. v. Karl Jürgen Skrodzki. Frankfurt/M.: Suhrkamp 2004, S. 408

Latif, Mojib: *„Wir müssen zeigen …“,* S. 39. Aus: „Wir müssen zeigen, dass es möglich ist, dem Klimawandel mithilfe der sauberen Energien Herr zu werden“. WWF, https://www.wwf.de/aktiv-werden/bildungsarbeit-lehrerservice/klima/klimaforscher-mojib-latif/ [19. 02. 2020]

Lehmann, Hendrik: *Die Zukunft des Films,* S. 236 f. Aus: tagesspiegel.de, 20. 02. 2018, https://digitalpresent.tagesspiegel.de/die-zukunft-des-films [19. 02. 2020] (*)

Lessing, Gotthold Ephraim: *Nathan der Weise,* S. 205 ff., 229 ff. Aus: Nathan der Weise. Ditzingen: Reclam 1985, S. 4, 71 ff., 46 ff. (*)

Lichtblau, Quentin (Interview), **Alena Dausacker:** *„Den Begriff ‚Heimat‘ sollte man nicht einfach hergeben“,* S. 191 f. Aus: jetzt, 15. 02. 2018, https://www.jetzt.de/politik/alena-dausacker-ueber-das-heimatministerium [19. 02. 2020] (*)

Limbach, Jutta: *Plädoyer für die Mehrsprachigkeit in der Europäischen Union,* S. 302 f. Aus: Europäische Sprachenpolitik. Bundeszentrale für politische Bildung, 17. 01. 2012, APuZ 4/2012, http://www.bpb.de/apuz/59771/europaeische-sprachenpolitik?p=all [19. 02. 2020] (*)

Loriot: *Der Vampyr,* S. 336. Aus: Sehr verehrte Damen und Herren … Reden und Ähnliches. Hrsg. v. Daniel Keel. Zürich: Diogenes 1993, S. 43 f.

Lotz, Wolfram: *Rede zum unmöglichen Theater,* S. 225 f. Aus: Der große Marsch. Einige Nachrichten an das All. Die lächerliche Finsternis. Drei Stücke. Frankfurt/M.: Fischer 2016, S. 227 ff. (*)

Mayer, Christian: *Der Rausch einer Nacht,* S. 43 f. Aus: Süddeutsche Zeitung, 29./30. 12. 2018 (*)

Merkel, Angela: *Rede bei der 368. Graduationsfeier der Harvard University am 30. Mai 2019,* S. 340 f. Aus: https://www.bundeskanzlerin.de/bkin-de/aktuelles/rede-von-bundeskanzlerin-merkel-bei-der-368-graduationsfeier-der-harvard-university-am-30-mai-2019-in-cambridge-usa-1633384 [19. 02. 2020] (*)

Mölleken, Jan: *Wo Pflege-Roboter noch immer an ihre Grenzen stoßen,* S. 262. Aus: Hamburger Abendblatt, 13. 02. 2019, https://www.abendblatt.de/ratgeber/article216428693/Wo-Pflege-Roboter-noch-immer-an-ihre-Grenzen-stossen.html [19.02.2020] (*)

Mörike, Eduard: *Lied vom Winde,* S. 168. Aus: Sämtliche Werke in zwei Bänden. Bd. 1. München: Winkler 1967, S. 702 f.

Mückel, Wenke: *Sprachentwicklung des Deutschen,* S. 315, und *Tendenzen der Gegenwartssprache,* S. 321. Aus: Der Deutschunterricht, Heft 1/Februar 2017, S. 6 f. (*)

Mummendey, Hans Dieter: *Selbstdarstellung,* S. 13 f. Aus: Psychologie der Selbstdarstellung. Göttingen: Hogrefe 1995, 2., überarb. und erw. Aufl., S. 13 f. (*)

Muno, Martin: *Rodung der Regenwälder – die Kapitulation vor den Klimazielen,* S. 84 f. Aus: Deutsche Welle, 26.04.2019 https://www.dw.com/de/kommentar-rodung-der-regenw%C3%A4lder-die-kapitulation-vor-den-klimazielen/a-48480351-0 [19.02.2020]

Nagels, Philipp: *Warum du dein Handy beim Netflixen weglegen solltest,* S. 256. Aus: welt.de, 20.12.2018, https://www.welt.de/kmpkt/article185638006/Second-Screening-Warum-du-dein-Handy-beim-Netflixen-weglegen-solltest.html [19.02.2020] (*)

Noack, Christina / Mückel, Wenke: *Was ist Fachsprache?,* S. 311. Aus: Deutschunterricht, Heft 5/2014, S. 4 ff. (*)

Nützel, Nikolaus: *Wie viele Sprachen gibt es auf der Erde?,* S. 300. Aus: Sprache oder Was den Mensch [sic] zum Menschen macht. München: cbj 2007, S. 52 f.; *Wenn Digger endkrass dissen – Oder: Sprechen Jugendliche eine eigene Sprache?,* S. 308 f. Aus: Ebd., S. 138 f. (*)

Olson, Michael P. (Interview), **Martin Walser:** *„Es gibt nur subjektive Interpretation",* S. 127. Aus: Interview mit Martin Walser. New German Review 4 (1988), S. 41 f. (*)

Paech, Niko: *„Die hochgradig spezialisierte …",* S. 45. Aus: Globalisierung – verantwortungslos und verwundbar. Bundeszentrale für politische Bildung, 09.01.2019, https://www.bpb.de/politik/wirtschaft/freihandel/283566/globalisierung-verantwortungslos-und-verwundbar [19.02.2020]

Passig, Kathrin: *Standardsituationen der Technologiekritik,* S. 273 f. Aus: Merkur, Heft 727, Dezember 2009, S. 1144 ff. (*)

Pennekamp, Johannes: *„Wenn es in den vergangenen …",* S. 45. Aus: Die Globalisierung stockt – und ändert sich. Bundeszentrale für politische Bildung, 09.04.2018, https://www.bpb.de/politik/wirtschaft/freihandel/266540/die-globalisierung-stockt-und-aendert-sich [19.02.2020]

Polenz, Peter von: *Die Geschichte der deutschen Sprache,* S. 314. Aus: Geschichte der deutschen Sprache. Berlin: de Gruyter 2009, 10. Aufl., S. XI f. (*)

Pörksen, Bernhard / Schulz von Thun, Friedemann: *Die Macht des Empfängers,* S. 20. Aus: Kommunikation als Lebenskunst. Heidelberg: Carl-Auer Verlag 2016, 2. Aufl., S. 21 ff. (*)

Randow, Gero von: *Baby nach Wunsch,* S. 76 und 105. Aus: Die Zeit, 29.11.2018 (*)

Rauch, Ernst: *„Als Geophysiker kann ich …",* S. 39. Aus: Experte erklärt: Das steckt hinter dem Klimawandel. Interview. Augsburger Allgemeine, 01.12.2018

Reza, Yasmina: *Der Gott des Gemetzels,* S. 15 f. Aus: Der Gott des Gemetzels. Übers. v. Frank Heibert und Hinrich Schmidt-Henkel. Lengwil am Bodensee: Libelle 2006, S. 13 ff. (*)

Richter, Anne: *Fischkopp und Lumpeseggler: Warum wir Dialekte feiern sollten,* S. 326 f. Aus: stern.de/Neon, 14.06.2018, https://www.stern.de/neon/heimat/sprache-kultur/dialekt--warum-er-cool-ist-und-gefeiert-werden-sollte-8114176.html [19.02.2020] (*)

Richter, Hans Werner: *„Die Apokalypse …",* S. 118. Aus: Deine Söhne Europa. Gedichte deutscher Kriegsgefangener. München: Nymphenburger Verlagshandlung 1947, S. 7

Riecke, Torsten: *„Der US-Präsident versucht …",* S. 45. Aus: Globalisierung 4.0. Bundeszentrale für politische Bildung, 09.04.2018, https://www.bpb.de/politik/wirtschaft/freihandel/266543/globalisierung-4-0 [19.02.2020]

Rinne, Ulf / Zimmermann, Klaus F.: *Die digitale Arbeitswelt von heute und morgen,* S. 261 f. Aus: APuZ – Aus Politik und Zeitgeschichte. 66. Jahrgang, 2016, Heft 18–19, S. 3 ff. (*)

Rosado, Dhala: *10 Gründe, warum wir mehr mit der Hand schreiben sollten,* S. 369 f. Aus: N-JOY vom NDR, 23.01.2019, https://www.n-joy.de/leben/10-Gruende-warum-wir-mehr-von-Hand-schreiben-sollten,handschrift142.html [19.02.2020] (*)

Rosenberg, Marshall B.: *Der Prozess der Gewaltfreien Kommunikation,* S. 36. Aus: Gewaltfreie Kommunikation. Eine Sprache des Lebens. Paderborn: Junfermann 2016, 12., überarb. und erw. Aufl., S. 21 (*)

Roth, Hans-Joachim: *Mehrsprachigkeit als Ressource und als Bildungsziel,* S. 301. Aus: Mehrsprachigkeit macht Schule. Kölner Beiträge zur Sprachdidaktik (KöBeS), Reihe A. Hrsg. v. Michael Becker-Mrotzek u. a. Duisburg: Gilles & Francke 2006, S. 11 ff. (*)

Salis-Seewis, Johann Gaudenz von: *Abendsehnsucht,* S. 182. Aus: Gedichte. Zürich: Orell, Füssli und Comp. 1816, S. 41 f.

Salmen, Patrick: *Zehn, König,* S. 166. Aus: Das bisschen Schönheit werden wir nicht mehr los. Paderborn: Lektora 2014

Saussure, Ferdinand de: *Die Natur des sprachlichen Zeichens,* S. 291. Aus: Grundfragen der allgemeinen Sprachwissenschaft. Hrsg. v. Charles Bally und Albert Sechehaye. Berlin: de Gruyter 1967, S. 78 ff. (*)

Schmid, Hans Ulrich: *Einführung in die deutsche Sprachgeschichte,* S. 315. Aus: Einführung in die deutsche Sprachgeschichte. Stuttgart: Metzler, © Springer-Verlag GmbH Deutschland, 2017, S. 3 (*)

Schmidt, Marie: *Schlag mich auf,* S. 61. Aus: Süddeutsche Zeitung, 16./17.03.2019, S. 53 (*)

Schmitt, Stefan: *Wie geht es dem Klima?,* S. 80 ff. Aus: Die Zeit, 16.01.2019 (*)

Schneider, Birgit: *„Alarmismus führt uns …",* S. 39. Aus: „Der letzte Sommer hat etwas verändert". Zeit Campus, 09.10.2018

Schorb, Bernd / Wagner, Ulrike: *Medienkompetenz – Befähigung zur souveränen Lebensführung in einer mediatisierten Gesellschaft,* S. 244 f. Aus: Medienkompetenzförderung für Kinder und Jugendliche. Eine Bestandsaufnahme. Hrsg. v. Bundesministerium für Familie, Senioren, Frauen und Jugend, S. 18 ff., https://www.landkreis-coburg.de/files/medienkompetenzfoerderung_2013.pdf [19.02.2020] (*)

Schrader, Dany: *Sind wir alle Smartphone-Süchtige?,* S. 257 f. Aus: Hannoversche Allgemeine, 14.04.2018, https://www.haz.de/Nachrichten/Panorama/Kopf-hoch-Sind-wir-alle-Smartphone-Suechtige [19.02.2020] (*)

Schulz von Thun, Friedemann u. a.: *Der vierfache Gehalt einer Äußerung: das Kommunikationsquadrat,* S. 18 f. Aus: Miteinander reden: Kommunikationspsychologie für Führungskräfte. Hrsg. v. Friedemann Schulz von Thun. Reinbek: Rowohlt 2017, 18. Aufl., S. 33 ff. (*); *Alles unter einen Hut? Die Bewältigung der Rollenvielfalt,* S. 23 f. Aus: Ebd., S. 25 ff. (*)

Schütz, Petra: *Die Macht der Marken,* S. 294 f. Aus: Die Macht der Marken – Geschichte und Gegenwart. Diss. Universität Regensburg. Regensburg 2002, S. 229 ff. (*)

Sievers, Markus: *„Zunehmend erkennen Fachleute …",* S. 45. Aus: Globalisierung – Megatrend von gestern? Bundeszentrale für politische Bildung, 18.09.2018, https://www.bpb.de/politik/wirtschaft/freihandel/233280/globalisierung-megatrend-von-gestern [19.02.2020]

Skasa-Weiß, Ruprecht: *Man nehme – wer gäbe nicht lieber?,* S. 381. Aus: Weitere fünf Minuten Deutsch. Die vermurkste Gegenwartssprache. Stuttgart: Klett-Cotta 2007, S. 73 ff. (*)

Stamm, Peter: *Am Eisweiher,* S. 113 f. Aus: Der Lauf der Dinge. Gesammelte Erzählungen. Frankfurt/M.: Fischer 2014, S. 22 ff.

Stedje, Astrid: *Die Sprachen in der Sprache,* S. 306 f. Aus: Deutsche Sprache gestern und heute. Einführung in Sprachgeschichte und Sprachkunde. Paderborn: Fink 2007, S. 150 ff., 235 ff. (*)

Stern, Maurice Reinhold von: *Das Schwarzbrot,* S. 171. Aus: https://nddg.de/gedicht/822-Das+Schwarzbrot-Stern.html [19.02.2020]

Storm, Theodor: *Die Stadt,* S. 170. Aus: Sämtliche Werke in vier Bänden. Band 1. Berlin und Weimar: Aufbau 1978, 4. Aufl., S. 112

Strauß, Botho: *Drüben,* S. 132 ff. Aus: Sie/Er. Erzählungen. München/Wien: Hanser 1987, S. 15 ff.

Tauchert-da Cruz, Clara: *Insel,* S. 169. Aus: Über Grenzen. Berichte, Erzählungen, Gedichte von Ausländern. München: dtv 1987, S. 173

Tekinay, Alev: *Dazwischen,* S. 193. Aus: Die Deutschprüfung. Erzählungen. Frankfurt/M.: Brandes u. Apsel 1990, S. 7

Trakl, Georg: *In der Heimat,* S. 187. Aus: http://www.deutschestextarchiv.de/book/view/trakl_gedichte_1913?p=50 [19.02.2020]

Tucholsky, Kurt: *Ratschläge für einen schlechten Redner,* S. 344. Aus: Gesammelte Werke. Bd. 3: 1919–1935. Hrsg. v. Mary Gerold-Tucholsky und Fritz J. Raddatz. Frankfurt/M.: Zweitausendeins 2005, S. 600 f. (*)

Twain, Mark (eigentlich Samuel Langhorne Clemens): *Ein Amerikaner lernt Deutsch – Die schreckliche deutsche Sprache,* S. 374. Aus: The Awful German Language. Die schreckliche deutsche Sprache. Übers. v. Ulrich Steindorff Carrington. 8. erw. Aufl. Waltrop/Leipzig: Manuscriptum 2003, S. 9 ff. (*)

Vehling, Lea-Melissa: *Willst du mit mir hausen, mit der Bestie draußen?,* S. 92 f. Aus: faz.net, 13.06.2018, https://www.faz.net/aktuell/wissen/erde-klima/glosse-klimawandel-als-sozialer-motor-15635157.html [19.02.2020]

Vollmuth, Hannes: *Macht Platz,* S. 60. Aus: Süddeutsche Zeitung, 06./07.04.2019, S. 3 (*)

Voltaire: *„Was ist Toleranz? …“*, S. 210. Aus: Über die Toleranz. Berlin: eBook Suhrkamp 2015

Walther von der Vogelweide: *Saget mir ieman, waz ist minne?*, S. 317. Aus: Walther von der Vogelweide: Leich, Lieder, Sangsprüche. 14., völlig neu bearb. Aufl. der Ausgabe Karl Lachmanns. Hrsg. v. Christoph Cormeau. Berlin: Walter de Gruyter 1996, S. 151; *Sagt mir jemand, was Liebe ist?*, S. 317. Aus: Walther von der Vogelweide. Gedichte. Hrsg., übers. und komm. v. Horst Brunner. Stuttgart: Reclam 2012, S. 157

Watzel, Liane: *Warum die Serien-Sucht jeden treffen kann*, S. 252 f. Aus: MDR, 27.08.2018, https://www.mdr.de/wissen/mensch-alltag/warum-binge-watching-sucht-jeden-treffen-kann-100.html [19.02.2020] (*)

Watzlawick, Paul: *Man kann nicht nicht kommunizieren*, S. 11 und 27. Aus: Man kann nicht nicht kommunizieren. Das Lesebuch. Hrsg. v. Trude Trunk. Bern: Hogrefe 2016, 2. Aufl., S. 13 f. (*)

„Weiße Rose“: *Flugblatt VI*, S. 347 f. Aus: Sophie Scholl. Die letzten Tage. Hrsg. v. Fred Breinersdorfer. Frankfurt/M.: Fischer Tb. 5. Aufl. 2006, S. 19 ff. (*)

Widmer, Urs: *Top Dogs*, S. 221 f., 224 f., 383 und 386. Aus: Top Dogs. Frankfurt/M.: Verlag der Autoren 2018, 27. Aufl., S. 19 ff., 24 f., 87 ff. (*); Aussagen zu „Top Dogs“, S. 385. Aus: Ebd., S. 87 ff. (*)

Wilken, Etta: *Das provokative Essay: Ethische Fragen zur Bewertung Pränataler Diagnostik und zum Schwangerschaftsabbruch*, S. 77. Aus: Vierteljahresschrift für Heilpädagogik und ihre Nachbargebiete, Heft 4, 2008

Wohmann, Gabriele: *Heiraten oder nicht*, S. 24 ff. Aus: Scherben hätten Glück gebracht. Erzählungen. Berlin: Aufbau 2006, S. 97 ff.

Wolfangel, Eva: *Lügen wird belohnt*, S. 270 f. Aus: Spiegel online, 08.03.2018, https://www.spiegel.de/netzwelt/web/twitter-falschmeldungen-verbreiten-sich-schneller-als-wahre-meldungen-a-1197127.html [19.02.2020] (*)

Zeh, Miriam (Interview), **Rolf Parr:** *Neues Handbuch zur Leseforschung – Wir lesen in „unterschiedlichen Qualitätsstufen“*, S. 68 f. Aus: Deutschlandfunk, 04.01.2019, https://www.deutschlandfunk.de/neues-handbuch-zur-leseforschung-wir-lesen-in.700.de.html?dram:article_id=435827 [19.02.2020] (*)

Zuckmayer, Carl: *Elegie von Abschied und Wiederkehr*, S. 188. Aus: Gesammelte Werke in Einzelbänden. Abschied und Wiederkehr. Gedichte 1917–1976. Bd. 10. Hrsg. v. Knut Beck und Maria Guttenbrunner-Zuckmayer. Frankfurt/M.: Fischer 1997, S. 201

Unbenannte/unbekannte Autorinnen und Autoren

Berichte des Weltbiodiversitätsrats aus den Jahren 2016 bis 2018, S. 82 f. Aus: https://www.bmu.de/themen/natur-biologische-vielfalt-arten/naturschutz-biologische-vielfalt/biologische-vielfalt-international/weltbiodiversitaetsrat-ipbes/ [19.02.2020]

Das große Sterben – Weltbericht sieht Vielfalt in Gefahr, S. 83. Aus: Stern, 09.05.2019, S. 31

Diese Chancen bieten soziale Medien, S. 283. Aus: https://www.schau-hin.info/grundlagen/diese-chancen-bieten-soziale-medien [19.07.2019] (*)

Element, Haus, Nerd, wider, S. 389. Aus: Duden. Bd. 1: Die deutsche Rechtschreibung. 27., völlig neu bearbeitete und erweiterte Auflage. Berlin: Dudenverlag 2017, S. 394, 533, 790 und 1222

Gegenstands- und Vorgangsbeschreibung (Originalbeitrag), S. 368

Gesetz über genetische Untersuchungen bei Menschen (Gendiagnostikgesetz – GenDG), S. 76. Aus: https://www.gesetze-im-internet.de/gendg/BJNR252900009.html [19.02.2020]

Karl Bühlers Organon-Modell (Originalbeitrag), S. 16 f.

Romanvorstellung „Irrungen, Wirrungen“ (Originalbeitrag), S. 139

Schaubildanalyse der Informationsgrafik „Lebensmittel in der Tonne“ (Originalbeitrag), S. 99 f.

Seriös oder kurios? Moderne Jobtitel verstehen und erklären, S. 322 f. Aus: Hamburger Abendblatt, 01.04.2019, https://www.abendblatt.de/wirtschaft/karriere/article216795743/Moderne-Jobtitel-verstehen-und-erklaeren.html [19.02.2020] (*)

So einfach geht gesund – die richtige Ernährung (Originalbeitrag), S. 96

Strafbarkeit wegen der Verletzung des Briefgeheimnisses gemäß § 202 Ab. 1,2 des Strafgesetzbuches, S. 74. Aus: https://www.bundestag.de/resource/blob/407714/bba8911c894730300daf9d9184fc8e4f/wd-7-227-11-pdf-data.pdf [19.02.2020] (*)

Wie die Digitalisierung das Leseverhalten verändert, S. 63 f. Aus: wissenschaft.de, https://www.wissenschaft.de/gesellschaft-psychologie/wie-die-digitalisierung-das-leseverhalten-veraendert/ [11.07.2019] (*)

Wie soziale Netzwerke Sie Ihren Job kosten, bevor Sie ihn überhaupt erst bekommen haben, S. 283. Aus: Frankfurter Allgemeine Stellenmarkt, https://stellenmarkt.faz.net/karriere-lounge/bewerbung/soziale-netzwerke-bei-bewerbung/ [19.02.2020] (*)

Bildquellenverzeichnis

S. 11/akg-images, © Heirs of Josephine N. Hopper/VAGA at ARS, NY/VG Bild-Kunst, Bonn 2020, **S. 12**/mauritius images/Astrakan Images, **S. 19**/© TOM Körner, Cartoons & Comics, Berlin, **S. 22**/Shutterstock/Digital Fabiani, **S. 27**/© Axel Martens, Foto Juli Zeh, **S. 28** links/bpk/Kupferstichkabinett, SMB/Jörg P. Anders, **S. 28 rechts**/Shutterstock/Piyato, **S. 30 links**/picture alliance/arkivi, **S. 30 rechts**/picture alliance/APA/picturedesk.com, **S. 31**/mauritius images/Lichterwerk, **S. 36**/stock.adobe.com, **S. 37**/A. Paul Weber-Museum, Ratzeburg © VG Bild-Kunst, Bonn 2020, **S. 47**/mauritius images/Janus Pieńkowski/Alamy, **S. 50**/© Lightpoet/PantherMedia, **S. 59 oben links**/mauritius images/Inigo Bujedo Aguirre-VIEW/Alamy, **S. 59 oben rechts**/imago/Arnulf Hettrich, **S. 59 unten links**/imago/VCG, **S. 59 unten rechts**/© meinzahn/PantherMedia, **S. 61**/stock.adobe.com, **S. 62**/bpk/Museum der bildenden Künste, Leipzig/Ursula Gerstenberger, **S. 63**/stock.adobe.com, **S. 73**/picture alliance/imageBROKER, **S. 74**/Shutterstock/Motortion Films, **S. 87**/mauritius images/dieKleinert, **S. 92**/mauritius images/Terry Allen/Alamy, **S. 95**/stock.adobe.com, **S. 96**/stock.adobe.com, **S. 97 oben**/© dpa-infografik, **S. 97 Mitte**/© dpa-infografik, **S. 97 unten**/© krabat/PantherMedia, **S. 98**/VdF Verband der deutschen Fruchtsaft-Industrie e.V., **S. 99**/© dpa-infografik, **S. 100**/© dpa-infografik, **S. 101 links**/© dpa-infografik, **S. 101 rechts**/© dpa-infografik, **S. 102**/© dpa-infografik, **S. 111**/© Bridgemanimages.com, authorized by Tamara Art Heritage/VG Bild-Kunst, Bonn 2020, **S. 113**/akg-images/Anna Weise, **S. 116**/picture alliance/Ulrich Baumgarten, **S. 118**/© Bridgemanimages/SZ Photo/Kurt Schraudenbach, **S. 123**/INTERFOTO/Miller, **S. 124**/© Bridgemanimages/Granger, **S. 126**/akg-images, **S. 139 oben**/© Aufbau Verlag, Gestaltung U1 Berlin unter Verwendung eines Bildes von © Sotheby's/akg-images, **S. 139 unten**/© Ullstein Buchverlage, **S. 140**/© Verlag Kiepenheuer & Witsch, **S. 142**/© Bridgemanimages/SZ Photo, **S. 147**/imago/Prod.DB, **S. 155**/mauritius images/Westend61, **S. 167**/mauritius images/United Archives/TopFoto, **S. 172**/imago images/VIADATA, **S. 173**/mauritius images/Super-Stock, **S. 176 oben**/akg-images, **S. 176 unten**/INTERFOTO/Bildarchiv Hansmann, **S. 177**/akg-images/Erich Lessing, **S. 179 links**/mauritius images/The Picture Art Collection/Alamy, **S. 179 rechts**/akg-images, **S. 181**/INTERFOTO/Sammlung Rauch, **S. 183**/bpk/Hamburger Kunsthalle/Elke Walford, **S. 184**/INTERFOTO/Mary Evans, **S. 186**/bpk/Nationalgalerie, SMB/Jörg P. Anders, **S. 189**/akg-images, **S. 190 oben**/INTERFOTO/Mary Evans, **S. 190 unten**/akg-images, **S. 201**/picture alliance/ASSOCIATED PRESS, **S. 205**/imago stock&people, **S. 209**/mauritius images/Science Source, **S. 212**/Shutterstock/MidoSemsem, **S. 216**/akg-images/Thomas Bartilla, **S. 217**/imago stock&people, **S. 224**/© dpa-Report, **S. 235**/Shutterstock/Joao Seabra, **S. 236 oben**/INTERFOTO/Science & Society/National Media Museum, **S. 236 unten**/stock.adobe.com, **S. 239 oben**/mauritius images/Westend61, **S. 239 Mitte**/mauritius images/Westend61, **S. 239 unten**/mauritius images/Westend61, **S. 241**/Shutterstock/Dean Drobot, **S. 243**/Shutterstock/spr, **S. 246**/mauritius images/Markus Shimizu, **S. 247**/INTERFOTO/SF, **S. 249**/INTERFOTO/Wolfgang Maria Weber, **S. 250**/Shutterstock/TarikVision und RND, **S. 252**/mauritius images/Samuel Wordley/Alamy, **S. 255 oben**/JIM Studie 2018/Medienpädagogischer Forschungsverbund Südwest (www.mpfs.de), **S. 255 unten**/JIM Studie 2008/Medienpädagogischer Forschungsverbund Südwest (www.mpfs.de), **S. 260**/© dpa-infografik, **S. 263**/Shutterstock/MONOPOLY919, **S. 269**/© Svenner/Distr. Bulls, **S. 270**/© dpa-infografik, **S. 274**/mauritus images/Paul Springett A/Alamy, **S. 275**/stock.adobe.com, **S. 277**/Shutterstock/ijasper, **S. 282**/statista, **S. 289**/Cornelsen/Roxana Rahmlow, **S. 291**/mauritius images/Prafuldev V R/Alamy, **S. 292**/bpk/Los Angeles County Museum of Art/Art Resource, NY, **S. 295**/INTERFOTO/TV-Yesterday, **S. 296**/Shutterstock, **S. 300**/Karsten Schley/toonpool.com, **S. 305**/mauritius images/dieKleinert, **S. 306**/dtv Verlagsgesellschaft, **S. 307**/dtv Verlagsgesellschaft, **S. 310**/picture alliance/United Archives, **S. 313**/akg-images, **S. 317**/akg-images, **S. 318**/mauritius images/H.-D. Falkenstein/imageBROKER, **S. 323**/ClipDealer/Convisum, **S. 335**/Cornelsen/Nils Fliegner, **S. 340**/picture alliance/Omar Rawlings/dpa, **S. 344**/akg-images, **S. 345**/Bridgemanimages/© SZ Photo/Scherl, **S. 347**/George (Jürgen) Wittenstein/akg-images, **S. 349 links**/Shutterstock/GaudiLab, **S. 349 rechts**/Moodboard/PantherMedia, **S. 351**/bpk/Ägyptisches Museum und Papyrussammlung, SMB/Sandra Steiß, **S. 353**/Shutterstock/Mikhail Starodubov, **S. 364**/stock.adobe.com, **S. 370**/picture alliance/dpa Themendienst

Textartenverzeichnis

Autobiografische Texte

Dialogische und szenische Texte

Erzählungen/Kurzgeschichten

Flugblatt

Gedichte/Liedtexte

Gesetzestexte

Glossen

Interviews

Literaturtheoretische Texte

Medientheoretische Texte

Parabeln

Philosophische Texte

Reden

Rezensionen/Klappentexte

Romanauszüge

Sachtexte

Sprach- und kommunikationstheoretische Texte

Zeitungs-/Zeitschriftenartikel

Zitate

Sachregister

T

U

V

W

Z

Das Buch wurde erarbeitet auf der Grundlage
der Ausgabe 2011 von Birgit Derzbach-Rudolph,
Udo Franken, Jochen Janßen, Angela Mielke,
Petra Schappert, Heinz-Martin Schlenger,
Bernd Schurf und Claudette Suckrau.

Projektleitung: Uta Kural
Redaktion: der springende punkt / Eva Hauck, Berlin
Bildrecherche: der springende punkt / Eva Hauck, Berlin
Umschlaggestaltung: Studio SYBERG, Berlin
Umschlagfoto: stock.adobe.com/Gina Sanders
Layout und technische Umsetzung: LemmeDESIGN, Berlin

www.cornelsen.de

Die Links zu externen Webseiten Dritter, die in diesem Lehrwerk angegeben sind, wurden vor Drucklegung sorgfältig auf ihre Aktualität geprüft. Der Verlag übernimmt keine Gewähr für die Aktualität und den Inhalt dieser Seiten oder solcher, die mit ihnen verlinkt sind.

Dieses Werk berücksichtigt die Regeln der reformierten Rechtschreibung und Zeichensetzung. Bei den mit [R] gekennzeichneten Texten haben die Rechteinhaber einer Anpassung widersprochen.

1. Auflage, 1. Druck 2020

Alle Drucke dieser Auflage sind inhaltlich unverändert
und können im Unterricht nebeneinander verwendet werden.

Druck und Bindung: Mohn Media Mohndruck, Gütersloh

ISBN 978-3-06-451930-5

PEFC
PEFC/04-31-1033

PEFC zertifiziert
Dieses Produkt stammt aus nachhaltig bewirtschafteten Wäldern und kontrollierten Quellen.

www.pefc.de

Allgemeine Geschichte	
1849	Ende der Frankfurter Nationalversammlung
1866	Preußisch-österreichischer „Bruderkrieg“; Gründung des Norddeutschen Bundes unter preußischer Führung
1870–1871	**Deutsch-Französischer Krieg,** 1871 wird der preuß. König Wilhelm I. in Versailles zum dt. Kaiser proklamiert („klein-dt. Lösung“)
1871	**O. v. Bismarck** dt. Reichskanzler (bis 1890); „Kulturkampf“ mit dem Ziel der Trennung Kirche – Staat
1878	„Gesetz gegen die Ausschreitungen der Sozialdemokratie“
1888	Wilhelm II. dt. Kaiser; im Zeitalter des Imperialismus Bemühungen des Dt. Reiches um einen „Platz an der Sonne“ (Kolonien)
1905/06 und 1911	Erste und zweite Marokkokrise; in der Folge zunehmende Isolation des Dt. Reichs im Kreis der Großmächte
1914–1918	**Erster Weltkrieg**
1917	Oktoberrevolution in Russland
1918	revolutionäre Unruhen in Deutschland
1918	allgemeines Wahlrecht für Frauen
1919	Weimarer Nationalversammlung/**Weimarer Republik**; Unterzeichnung des Friedensvertrages in Versailles
1920	Kapp-Putsch (von rechts) in Berlin, Freikorps, kommunistische Aufstände
1929	**„Schwarzer Freitag“** an der New Yorker Börse; Weltwirtschaftskrise
1933	**Hitlers „Machtergreifung“**
1939–1945	**Zweiter Weltkrieg** Potsdamer Abkommen: Deutschland wird in vier Besatzungszonen unterteilt
1945	**Atombombenabwürfe** über Hiroshima und Nagasaki durch die USA
1948	UNO-Erklärung der Menschenrechte
1949	**Gründung der Bundesrepublik Deutschland und der Deutschen Demokratischen Republik**
1958	EWG (Europ. Wirtschaftsgemeinschaft)-Verträge treten in Kraft
1961	**Bau der Berliner Mauer**
1968	Studentenunruhen in der Bundesrepublik
1970	**„Ostpolitik“** (Willy Brandt)
ab 1985	pol. Liberalisierung Osteuropas (Gorbatschow)
ab 1989	Reformprozess auch in der DDR, Maueröffnung
1990	**3. Oktober 1990 Deutsche Einheit**
1991	Golfkrieg; Zerfall der UdSSR und des Ostblocks
1999	**Europäische Währungsunion**
2001	Terroranschläge am 11. Sept. in den USA; „Kampf gegen den Terror“ (ab 2001 Afghanistan, ab 2003 Irak)
2002	Einführung des Euro als gesetzliches Zahlungsmittel
2007	Ausbruch der globalen Finanz- und Wirtschaftskrise
2009	Ausweitung auf die Euro-Zone, v. a. Griechenland
2011	„Arabischer Frühling“; Bürgerkrieg in Syrien, Folge: Flüchtlingskrise
2020	Austritt des Vereinigten Königreichs aus der Europäischen Union

Deutsche Literaturgeschichte (Groborientierung)

Poetischer Realismus 1848–1890

F. Hebbel (1813–1863): „Maria Magdalene“; G. Freytag; **Th. Storm** (1817–1888): „Der Schimmelreiter“; **Th. Fontane** (1819–1898): „Effi Briest“; **G. Keller** (1819–1890): „Der grüne Heinrich“; C. F. Meyer; W. Raabe; W. Busch

Naturalismus 1880–1900

G. Hauptmann: „Die Weber“ (1892); A. Holz, J. Schlaf
Nobelpreis: G. Hauptmann (1912)

Ästhetizismus – Fin de Siècle (1890–1920)

A. Schnitzler (1862–1931); H. v. Hofmannsthal (1874–1929);

St. George (1868–1933); **R. M. Rilke** (1875–1926); H. Hesse (1877–1962);

Th. Mann erste Werke: „Buddenbrooks“ (1901), „Der Tod in Venedig“ (1912)

Expressionismus 1910–1925

E. Lasker-Schüler, A. Stramm, G. Benn, G. Heym, G. Trakl, F. Werfel; 1919: **„Menschheitsdämmerung“** als expressionist. Gedichtsammlung; **Franz Kafka** (1883–1924)

seit 1926 entwickelt **Bertolt Brecht** (1898–1956) das **„epische Theater“**; E. M. Remarque: „Im Westen nichts Neues“ (1929); große **Romane der Moderne** von H. Mann (1871–1950), **Th. Mann** (1875–1955), A. Döblin (1878–1957), R. Musil (1880–1942); Reportagen von Egon Erwin Kisch (1889–1948); Literatur der sozialistischen Bewegung: W. Bredel, E. Mühsam
Nobelpreis: Th. Mann (1929)

„Literatur unterm Hakenkreuz“: W. Vesper u. a.; **„Innere Emigration“:** E. Kästner, W. Bergengruen, Benn u. a.; **Exilliteratur:** Th. u. H. Mann, B. Brecht, L. Feuchtwanger; M. Horkheimer/Th. W. Adorno: „Dialektik der Aufklärung“ (ersch. 1947 in Amsterdam); **„Trümmerliteratur“:** W. Borchert: „Draußen vor der Tür“ (1947), H. Böll

Zwei deutsche Literaturen: BRD – DDR (1949–1989)

Gruppe 47 (–1967) Richter, Eich, Bachmann, Böll u. a.; **Sozialistischer Realismus** der DDR-Literatur; **F. Dürrenmatt** (Schweiz): „Besuch der alten Dame“ (1956); **M. Frisch** (Schweiz): „Homo faber“ (1957); **G. Grass:** „Die Blechtrommel“ (1959); 1960–1970: **Politisierung** der bundesdeutschen Literatur; seit 1970: **„Neue Subjektivität und Innerlichkeit“;** 1972: **H. Böll Nobelpreis**

Vielfalt der Stile (seit 1980): Postmoderne, Neorealismus, Popliteratur

Thomas Brussig, Durs Grünbein, Rainald Götz, Julia Franck, Ulla Hahn, Judith Hermann, Daniel Kehlmann, Sarah Kirsch, Heiner Müller, Bernhard Schlink, Ingo Schulze, Botho Strauß, Uwe Tellkamp, Uwe Timm, Hans-Ulrich Treichel, Christa Wolf, Feridun Zaimoglu, Juli Zeh; **Nobelpreis: G. Grass** (1999) und **Herta Müller** (2009)